诸暨年鉴
2023

诸暨市地方志编纂委员会　编

方志出版社

图书在版编目（CIP）数据

诸暨年鉴 . 2023 / 诸暨市地方志编纂委员会编 .--
4 版 .—北京：方志出版社，2023.11
ISBN 978-7-5144-5873-2

Ⅰ . ①诸… Ⅱ . ①诸… Ⅲ . ①诸暨— 2023 —年鉴
Ⅳ . ① Z525.54

中国版本图书馆 CIP 数据核字（2023）第 205554 号

责任编辑：刘方圆
责任校对：张玉霞
责任印制：梅中英
出 版 者：方志出版社
地　　址：北京市朝阳区潘家园东里 9 号（国家方志馆 4 层）
邮　　编：100021
网　　址：http://www.zgfzcb.cn
发　　行：方志出版社图书营销中心（010-67110500）
印　　刷：绍兴市越生彩印有限公司
开　　本：889 毫米 ×1194 毫米　1/16
印　　张：26.38
字　　数：775 千字
版　　次：2023 年 11 月第 1 版
印　　次：2023 年 11 月第 1 次印刷
定　　价：290.00 元

诸暨市地方志编纂委员会

顾　　问：沈志江　郭浩良　孟国锋
主　　任：张昆仑
副 主 任：潘超英　王孔羽　高　嵩
成　　员：戚中强　杨永水　寿浩波　孟东灼　王　琤
郭剑扬　楼　闯　周鹏飞　冯桢栋　黄一海
寿浩波　陈初明　杨华凤　谢　琦　孙一江
张建平　章　辉　杨纪誉　赵　辉　赵益军
陈国锋　石坚钢　王　跃　姚勇琪　孙陈超
楼云成　斯朝阳　周文彬

《诸暨年鉴》编辑部

主　　编：周鹏飞
副 主 编：占志锋
编　　辑：张卓杰
地图绘制：诸暨市自然资源和规划局
史志研究室成员：谢卫星　吴海京　金　星　陈琳瑜

编辑说明

一、《诸暨年鉴(2023)》(以下简称“本年鉴”)以马克思列宁主义、毛泽东思想、邓小平理论、“三个代表”重要思想、科学发展观、习近平新时代中国特色社会主义思想为指导,坚持辩证唯物主义和历史唯物主义的立场、观点和方法,全面、系统、客观地记载2022年度诸暨市自然、经济、政治、文化、社会等方面的基本情况,为各界人士了解和研究诸暨提供基本资料。

二、本年鉴采用分类编辑法,百科部分设类目、分目、条目三个层次。在保持上年度框架结构基本稳定的基础上,结合诸暨实际对部分内容作适当调整,在旅游类目中新增诸暨西施故里省级旅游度假区分目。卷首彩图根据年度热点和地方特色分类设置。

三、本年鉴所用文字、称谓、纪年、计量单位等,按国家有关规定执行。考虑到社会使用习惯,保留“亩”作为农田土地面积计量单位。

四、本年鉴所采用的稿件由各单位提供,并经各单位审核。文中所列数据,均保持各单位提供时的原貌,不作略省或改动。因统计方法或口径不同,不同部门提供的同项数据或有不一致,以统计部门公布的数据为准。

五、本年鉴设置目录和索引双重检索系统。目录详至条目,索引分为正文索引和图表索引两种。

诸暨市

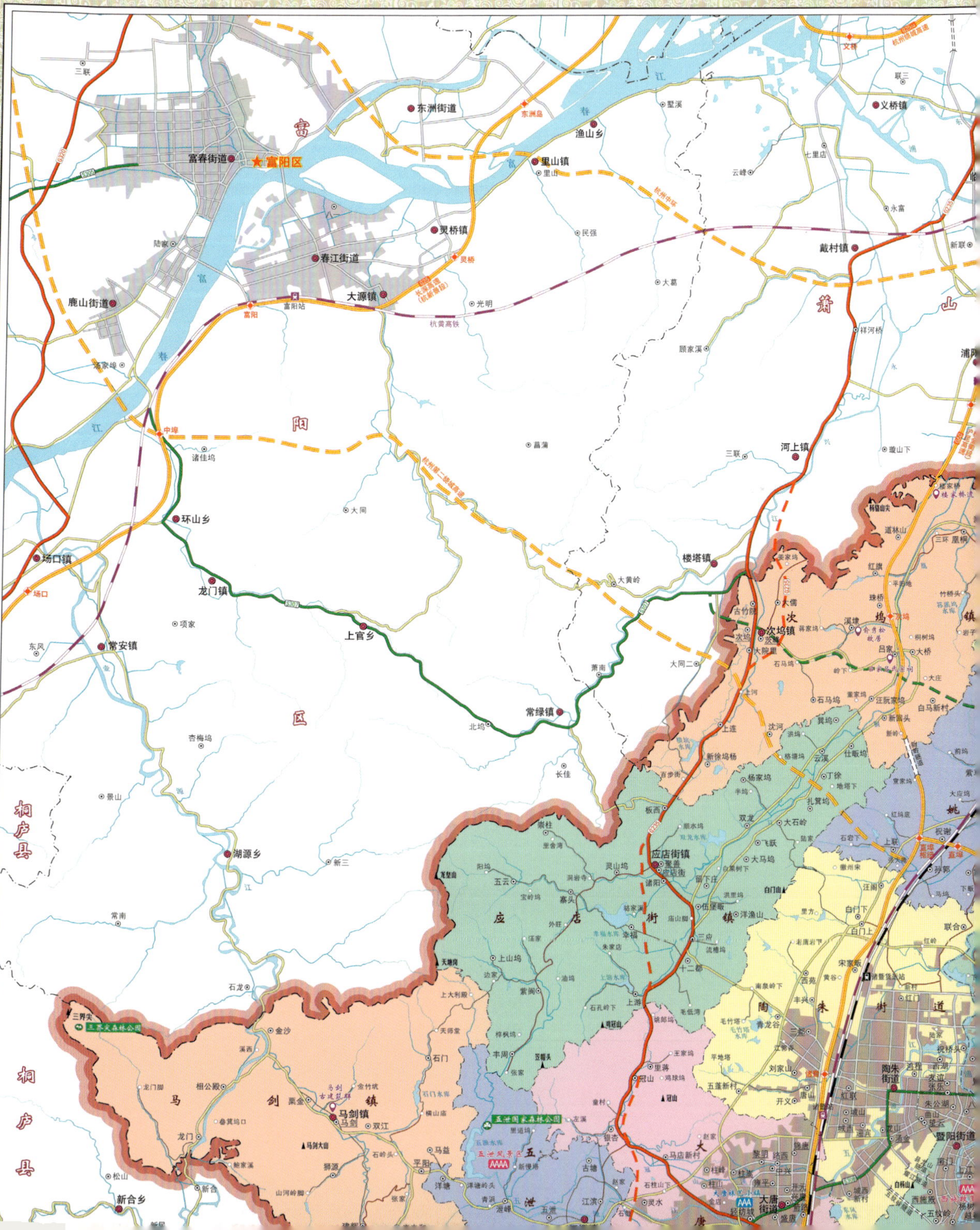

富阳区
富春街道
东洲街道
渔山乡
里山镇
灵桥镇
春江街道
大源镇
鹿山街道
富阳站
杭黄高铁
环山乡
场口镇
龙门镇
上官乡
常安镇
常绿镇
湖源乡
新合乡
河上镇
楼塔镇
戴村镇
义桥镇
次坞镇
应店街镇
马剑镇
陶朱街道
暨阳街道
富
春
江
阳
区
萧
山
应
店
街
镇
马
剑
镇
桐庐县
诸暨站
三联
东风
项家
杏梅坞
景山
常南
石龙
新三
大同
蒿溪
民强
光明
大葛
诸佳坞
大黄岭
萧南
北坞
长佳
三界尖森林公园
五泄国家森林公园
马剑古建筑群
马剑大山

地图

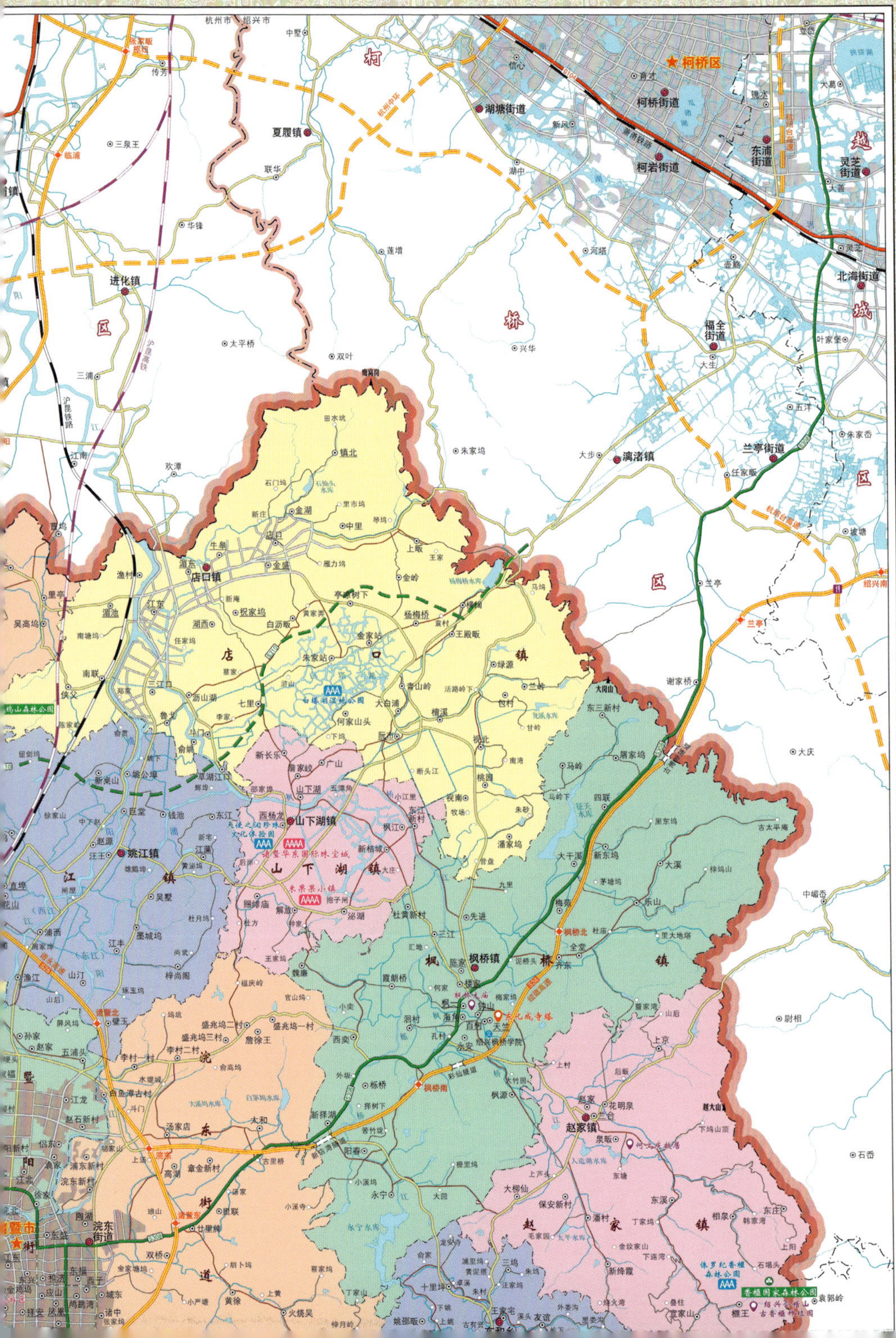

杭州市
绍兴市
柯桥区
柯桥街道
柯岩街道
湖塘街道
东浦街道
灵芝街道
北海街道
福全街道
兰亭街道
夏履镇
进化镇
漓渚镇
店口镇
山下湖镇
姚江镇
枫桥镇
赵家镇
浣东街道
诸暨市
越城区
柯桥区
店口镇
山下湖镇
枫桥镇
赵家镇
浣东街道
江镇
湄池
三江口
阮市
次坞
草塔
牌头
安华

2022 年 1 月 12 日，中国共产党诸暨市第十七次代表大会召开（融媒体提供）

2022 年 1 月 14 日，第三届新时代"枫桥经验"高端峰会开幕（融媒体提供）

2022 年 2 月 9 日，市领导开展“助企开门红”活动（融媒体提供）

2022 年 4 月 8 日，2022 中国（浙江・诸暨）三茶统筹发展大会暨首届西施石笕茶文化活动现场（农业农村局提供）

2022 年 5 月 16 日，作为全省唯一新时代文明实践“先行试验区”的诸暨市启动“浙江有礼·‘枫’尚诸暨”文明新实践活动（融媒体提供）

2022 年 8 月 17 日，市文化艺术中心组织创排的廉政主题越剧大戏《双玉佩》在西施大剧院首演（文广旅游局提供，徐可良摄）

2022 年 9 月 19 日，诸暨市领导观看西施故里《梦寻西施》舞台剧，图为市领导与演员交流（融媒体提供）

2022 年 10 月 16 日，诸暨市领导集中收看中共中央总书记习近平在中国共产党第二十次全国代表大会上的报告（融媒体提供）

2022 年省级美丽河湖——征天水库一角(水利局提供，摄于 2022 年 1 月)

春日里的城市广场(郦以念摄于 2022 年 3 月)

浙江省 2022 年度“新时代富春山居图”县域风貌样板区——“枫江明珠·榧乡古镇”局部(枫桥镇提供，摄于 2022 年 10 月)

诸暨市首条高架公路——店口高架夜景(何伟江摄于 2022 年 9 月 25 日，即高架公路通车前三天)

目 录

大事记

市情概要

对外经贸

城乡建设

生态环境

交通运输

金融业

财政·税务

综合监督管理

中共诸暨市委员会

诸暨市人民代表大会

诸暨市人民政府

政协诸暨市委员会

中共诸暨市纪律检查委员会诸暨市监察委员会

法　治

军 事

科学技术

教 育

医疗卫生

体 育

人力资源 · 社会保障

镇乡街道

人　物

附　录

专　题

索　引

大事记

1月

1日　高湖大桥通车，浦阳东江到高湖的通道打通。

3日　《诸暨日报》报道，陈宅镇消防应急救援站建设项目竣工验收。全市7个城市消防救援站加7个综合应急救援消防救援站的"7+7"模式全部建设完成。标志着诸暨市实现15分钟消防应急救援圈全覆盖。

4日　浙江省"千村示范、万村整治"工作协调小组办公室发文公布2021年度浙江省农村生活垃圾分类处理工作考核结果，诸暨连续5年获评优胜市。浣东街道盛兆坞三村、枫桥镇杜黄新村、山下湖镇解放村、五泄镇十四都村获评省级高标准农村生活垃圾分类示范村。

7日　《诸暨日报》报道，应店街镇通过省森林城镇验收。诸暨市拥有了13个浙江省级森林城镇。

10日　2022年诸暨市首批招商选资重大产业项目集中签约。

同日　《诸暨日报》报道，绍兴海关驻诸暨办事处为浙江德晓袜业有限公司签发出口日本的区域全面经济伙伴关系（RCEP）证书。这是RCEP自2022年1月1日正式生效后，诸暨首份RCEP原产地证书。

12日　中国共产党诸暨市第十七次代表大会召开。

14日　第三届新时代"枫桥经验"高端峰会举行，省内法治领域和社会治理领域专家学者通过线上线下相结合方式参会。

14日至20日，市供销社举办诸暨市网上农博会（年货节），邀请430家市内外农业主体，超2000款特色农产品参展。

17日　诸暨市政府门户网站报道，省医院评审专家委员会综合评定，省卫生健康委发文确定市人民医院、市中医医院分别晋升为省三级甲等综合医院、省三级甲等中医医院，这是目前省医院评定中的最高等级。

20日至30日，商务局主办的网络年货节在西施眼APP开启。

27日　诸暨市政府门户网站报道，诸暨市获得省新时代美丽城镇建设优秀县（市、区）称号，继2020年后再次获此荣誉。

2月

11日　诸暨市政府门户网站报道，诸暨市成功通过全国学前教育普及普惠县（市、区）省级认定、全国义务教育优质均衡发展县（市、区）省级认定。至此，全市实现省等级幼儿园、省义务教育标准化学校、省特殊教育标准化学校“全覆盖”。

16日 2022年浙江省文化和旅游重大项目集中开工仪式绍兴分会场活动以及绍兴市文化和旅游重大项目集中开工仪式在诸暨市西施故里“一江两岸”文化旅游项目现场举行。诸暨市5个重大文旅项目参与。

21日 中国人民政治协商会议诸暨市第十五届委员会第一次会议在西施大剧院开幕。23日闭幕。

22日 诸暨市第十八届人民代表大会第一次会议在市区开幕。24日闭幕。

27日 73岁蔡祖宁在诸暨市浣纱大桥下勇救落水男子。11月16日,蔡祖宁被浙江省政府记一等功。

28日 《诸暨日报》报道,27日由“长征八号”遥二火箭发射的22颗卫星中,2021年落户诸暨经济开发区的天链测控承担其中19颗卫星的测控任务,刷新中国商业航天企业在单次发射任务中保障卫星数量最多的纪录。

3月

2日 诸暨市通过乌克兰浙江商会,陆续将俄乌冲突发生后滞留乌克兰的侨胞和留学生撤离到斯洛伐克、罗马尼亚等国家,并联系当地商会照顾他们日常起居。

5日 “文明高地 志愿有你”诸暨市2021年度志愿服务先进典型表彰暨“爱心食堂·共享五福”活动启动仪式举行。2022年诸暨市将在2021年试点“爱心食堂”的基础上提质扩面,创新“爱心食堂+共享五福”志愿助老模式,打造“诸有颐养”金名片。

同日 《诸暨日报》报道,省委农村工作会议暨粮食安全工作会议上公布的2021年度浙江省“产粮大县”,诸暨榜上有名。2021年,诸暨市粮食总产量2.32亿公斤,居全省首位,“浙薯956”秋马铃薯攻关田平均亩产达2179.41公斤,首创浙江农业之最秋马铃薯攻关田最高亩产纪录。

7日 诸暨市政府门户网站报道,国家统计局诸暨调查队数据显示,2021年,诸暨市城乡居民人均可支配收入64766元,绝对值前移至全省县(市)第三位。高于绍兴平均水平(73101元)及全省平均水平(68487元)。

9日 诸暨市第十一期“政企亲清会”——女企业家专场召开,绍兴市委常委、诸暨市委书记沈志江出席并讲话。12名女性企业家代表参加。

21日 诸暨市政府门户网站报道,诸暨市探索宅基地所有权、资格权、使用权“三权分置”的具体实现路径,创新设计出“三权三票”制度体系。初步形成一套相对成熟的“诸暨经验”,并创下四项“全国第一”:颁发全国第一张“集体权票”和全国第一张“保留权票”,办理全国第一笔“集体权票”抵押授信,发放全国第一笔“保留权票”抵押贷款。

23日 《诸暨日报》报道,省高级人民法院发文公布全省首批15个示范“共享法庭”,东盛社区“共享法庭”榜上有名,为绍兴市唯一。

25日 市领导专题研究“枫桥经验”60周年纪念活动工作清单。绍兴市委常委、诸暨市委书记沈志江出席会议并要求强化发源地使命担当,高质量筹备纪念活动。

同日 全省首个检察院驻司法局检察官办公室揭牌。

29日 首届诸暨市退役军人就业创业直播招聘会举办,创新“直播带岗”退役军人就业创业新模式。

4月

2日 全省建设平安浙江工作会议表彰2021年度平安市、县(市、区)。诸暨被授予“平安牌”,这也是诸暨连续17年成功创建省平安县(市)。

7日 诸暨市政府门户网站报道,市教体局发布学前教育优质普惠发展第四轮行动计划。计划到2023年,全市新建、改扩建公办幼儿园16所,全市普惠园比率将达92%以上,公办园比率将达70%以上。

8日 《诸暨日报》报道,7日,省委书记袁家军到诸暨市调研经济运行情况,并主持召开一季度经济形势调研座谈会。省领导陈金彪、陈奕君,绍兴市领导盛阅春、施惠芳、陶关锋、俞流江,以及诸暨市领导沈志江、张昆仑分别参加相关活动。

11日 2022中国(浙江·诸暨)三茶统筹发展大会暨首届西施石笕茶文化节云上直播活动在东和乡十里

坪茶叶观光园举行。活动设置主场和外场，“场内场外联合互动 + 嘉宾采访对话”。活动期间，西施石笕茶新品正式发布。

同日 《诸暨日报》报道，山下湖镇首个村级珍珠电商公司成立，这标志着新长乐村珍珠电商产业走向新阶段，山下湖镇乡村振兴发展探出新模式。

12 日 诸暨市最高气温 35.2℃，历史首次在 4 月出现高温天气。

同日 诸暨市在省人民大会堂举行中金协鑫碳中和基金项目签约仪式。全国第一支以“碳中和”为主题的百亿级规模产业基金——中金协鑫碳中和基金项目落户诸暨，该基金将围绕碳中和领域进行投资布局，包括协鑫（诸暨）换电项目以及其他移动能源生态产业。

19 日 《诸暨日报》报道，璜山镇溪北村卫生室正式运营，这也是全市首家以中医理疗为特色的村卫生室。

同日 “三改”专项行动 11 个工作组在征收涉及的区域内张贴国有土地上房屋征收公告、国有土地房屋征收红线图，开始发放国有土地房屋征收通知书，2022 年“三改”专项行动全面启动。

25 日 《诸暨日报》报道，2021 年高质量发展建设共同富裕示范区工作考核诸暨市在全省 90 个县（市、区）中位列第八名，居绍兴市第一，获评优秀。

是月 浙江诸暨经济开发区和诸暨现代环保装备高新技术产业园区完成深化整合。整合后区域范围调整为北部、中部、南部三个片区，划定重点开发区，剔除部分建成区，共计 59.2 平方千米，形成“一带两区三心多园”的空间布局。

5月

5 日 诸暨市精神文明建设委员会印发《“浙江有礼·‘枫’尚诸暨”文明新实践实施方案》。诸暨市作为省高质量发展建设共同富裕示范区打造精神文明高地领域首批试点，全省唯一新时代文明实践“先行试验区”，启动“浙江有礼·‘枫’尚诸暨”文明新实践活动。

7 日 新时代“枫桥经验”与法治政府建设高端论坛举行。一个月内，诸暨市连续召开 5 场新时代“枫桥经验”相关研讨会。

14 日 《诸暨日报》报道，西施石笕茶在 2022 年度绍兴市春茶品鉴交流会上夺魁。

16 日 《诸暨日报》报道，“乐在浙江，诸暨—沐川东西部劳务协作农民工服务站”在市人力资源产业园揭牌，这意味着到诸暨务工的沐川人在诸暨有“娘家”了。

23 日 《诸暨日报》报道，诸暨市作为绍兴地区唯一一个全省生物多样性调查重点县市，自 2021 年 5 月启动的新一轮生物多样性调查评估工作取得阶段性成果，生物类群调查阶段性报告出炉。

27 日 诸暨市学习贯彻中国共产主义青年团成立 100 周年大会精神主题团日活动暨“青枫工程”两年行动计划发布仪式在枫桥学院举行，绍兴市委常委、诸暨市委书记沈志江出席并讲话。8 月 25 日，“青枫工作室”成立。

28 日 诸暨市开始开展“西施有礼·品质消费”系列促消费活动，活动开展 4 轮，推动住宿、餐饮、零售业回暖，发放消费券 2000 万元，带动销售 3.88 亿元。

同日 暨阳街道和团市委在凤凰社区凤凰城小区开展“团支部建在小区上”活动。这是诸暨首个建在小区上的团支部，是团建工作向基层延伸的创新实践。

6月

2 日 第二届“老家陈宅·农珍优选”祝农节石壁水库首轮捕鱼开始。

3 日 端午节，诸暨市举办“乡情乡音·同心圆梦”海峡两岸青年共度“云上端午”活动，百余名台青台属在线分享就业创业经历，共话亲情乡情。

4 日 《诸暨日报》报道，诸暨首个绿色节能 5G 基站——枫桥镇遮山 5G 基站的屋顶太阳能光伏板投入发电。“5G+ 光伏”方案降低单站址电费成本，降低电能损耗率，绿色环保、“永不停电”。

9 日 国际档案日，诸暨市档案馆利用馆内资料，在一楼举办“喜迎二十大 档案颂辉煌——共富路上的

‘诸’迹”主题展览，从生活富裕富足、精神自信自强、环境宜居宜业、社会和谐和睦、公共服务普及普惠五个不同角度反映近年诸暨市发展之路。

10日　市人力资源服务产业园开园，围绕“集聚产业、拓展服务、孵化企业、培育市场”四大核心功能开展运作，初步形成集招聘、培训、人力资源服务外包等业态于一体的产业链。

13日至14日　诸暨市党政代表团赴遂昌参加诸暨—遂昌山海协作联席会议。绍兴市委常委、诸暨市委书记沈志江，遂昌县委书记胡刚出席并讲话。会上，双方签订诸暨—遂昌2022年山海协作年度工作任务书、乡村振兴示范点共建协议书，并举行山海协作项目建设资金捐赠仪式。

17日　市委常委会审议通过《诸暨市贯彻落实扎实稳住经济一揽子政策措施实施方案》。在认真贯彻落实中央和省相关方案，承接落实好省政府“5+4”稳进提质政策体系的基础上，从财政、金融、扩投资、促消费、稳外贸稳外资等8个方面细化提出41项贯彻落实措施。

23日　诸暨市修订《关于高水平建设科技创新强市的政策意见》，着力构建“产学研用金、才政介美云”十联动的创新创业生态系统，以期率先在全省建成创新型城市。

29日　《诸暨日报》报道，省第四批“万亩千亿”新产业平台培育名单出炉，诸暨智能视觉产业平台成为其中之一。

7月

1日　诸暨市融媒体中心自主开发的《诸暨日报》电子报上线。标志着电视、电台、报纸三大传统端在APP端实现融合。

2日　省委副书记、政法委书记黄建发到诸暨宣讲省第十五次党代会精神并调研有关工作。绍兴市领导盛阅春，诸暨市领导沈志江陪同。

5日至6日　诸暨市承办中国水稻所中组（舜达）系列早稻新品种高产栽培示范现场观摩会，浙江省科技厅、浙江省农业农村厅等相关单位、种子管理（推广）单位、种业企业、家庭农场、专业合作社、种粮大户代表参加会议。

6日至7日　四川省乐山市沐川县党政代表团到诸暨市对接东西部协作工作。绍兴市委常委、诸暨市委书记沈志江，沐川县委书记余斌出席诸暨—沐川东西部协作工作对接会并讲话。

7日　《诸暨日报》报道，诸暨市共有院士（专家）工作站38家，数量位列绍兴各县市区第一。

20日　《诸暨日报》报道，2021年浙江省科学技术奖评选结果揭晓，诸暨市9项成果获得省科技进步奖，其中一等奖2个，三等奖7个，获奖总数为历年之最，作为第一完成单位的有5项，两个数量均位居绍兴市第一。

21日　《诸暨日报》报道，《2021年全国县域农村居民人均可支配收入监测报告》中诸暨市以农村居民人均可支配收入46535元，位列百强之首。农村常住居民人均可支配收入增幅已连续16年超过城镇居民收入增幅。

21日至10月7日　由诸暨市人民政府和浙江省博物馆主办的“铮铮越吟——越文化精品文物展”在诸暨市博物馆开展。展品荟萃上海博物馆、湖北省博物馆、浙江省博物馆、苏州博物馆、绍兴博物馆等省内外19家文博机构珍藏。

29日　诸暨海关监管点快速通关诸暨市首票中欧班列公铁联运货物，经金华海关“二次转关”后，可直接搭乘“中欧班列”发往欧亚国家，打通绍兴货物发往欧洲和“一带一路”共建国家的新通道。

8月

1日　市与中国工商银行股份有限公司浙江省分行携手推动经济稳进提质战略合作签约仪式举行。中国工商银行浙江省分行党委书记、行长戴春林，绍兴市委常委、诸暨市委书记沈志江出席仪式并见证签约。工行省分行将在未来五年里向诸暨辖内企业新投放专项融资800亿元。

3日　《财富》杂志发布2022世界500强企业榜单，海亮集团有限公司列第459位，营业收入2002.7

亿元。

12 日　诸暨市年最高气温 41.4℃出现，为有历史记录以来第二高。全年共出现 63 天高温天（日最高气温≥ 35℃），40℃高温以上 19 天，均创历史极值。

15 日　诸暨市政府与浙江大学、浙大控股集团共建浣江实验室签约仪式举行。浙江大学校长、中国科学院院士吴朝晖，绍兴市委书记盛阅春。绍兴市委常委、诸暨市委书记沈志江主持。

17 日　市文化艺术中心组织创排的廉政越剧大戏《双玉佩》参加第五届中国越剧节展演，并在诸暨西施大剧院首演。

18 日　诸暨市首次大学新生“送学礼”活动在西施大剧院举行。诸暨市深化教体高质量发展“五个年”行动，“诸有优学”已经成为教育金名片。

同日　“诸暨—上海港”海铁联运国际专线首发。往来诸暨和上海有了新的物流渠道。

19 日　诸暨市日供水量达 35.47 万吨，刷新日供水量历史纪录。

21 日　诸暨市欧美同学会全面启动“诸燕归巢助共富”三年行动方案。全国各地 52 位诸暨籍归国留学人员参加仪式。该计划主要是鼓励诸暨籍海外归国留学人员发挥人脉优势，当好诸暨的“引才大使”和“招商中介”。

26 日至 28 日　2022 世界珍珠大会在国际商贸城举办。2022 上海（夏季）珠宝首饰展览会（诸暨站）同期举办。节会期间，推出珍珠发展高峰论坛、淡水珍珠标准化研讨会、首届云上珍珠节、“2021 珍珠大赛”颁奖典礼等系列活动。

30 日 13 时 20 分　全年最高用电负荷为 189.639 万千瓦，同比增长 7.59%。

同日　围绕省数字化改革网络安全工作建设要求打造的诸暨市“网络安全智治应用”首次在省数字化改革推进会上作演示，并入选省数字化改革网络安全十大优秀案例。该应用集成防控运营、应急指挥、安全监管 3 个子场景，构建县域网络安全工作“四梁八柱”。10 月 17 日，省委改革办《数字化改革（领跑者）》第 18 期对“网络安全智治应用”作专题介绍。

9月

1 日　诸暨市在“健康生活日”举办第 15 届全民健身节健身展示活动，走进山下湖镇、店口镇何家山村、店口镇杭坞山村、东和乡养心谷等开展“最美风景线　你我暨阳行”美丽乡村徒步登山系列活动。

2 日　诸暨市政府门户网站报道，经 1 个多月的线上征集，首届“揭榜挂帅”项目征榜工作于 9 月 11 日结束，全市征集到 42 家企业的 44 个技术需求项目。是绍兴市首个通过省级重大数字化应用场景“科技攻关在线”开展“揭榜挂帅”的县市。

5 日　以“携手做慈善，传播真善美”为主题的 2022 年诸暨市“慈善一日捐”活动启动仪式在市会展中心举行，市四套班子领导参加并带头捐款。

6 日至 8 日　第十六届中国大唐国际袜业博览会在诸暨国际商贸城举行，本届袜博会联合 2022 上海国际袜业采购交易会（诸暨站）同期同地召开，展会面积 1.5 万平方米，参展企业 250 余家。

7 日　诸暨市举行第 17 次集体海葬仪式。海葬地点在舟山莲花洋观音神像附近指定海域。

13 日　《诸暨日报》报道，诸暨市首艘渔政执法艇列编水上渔政执法。

16 日　全省农业高质量发展大会上，诸暨获评省农业“双强”行动“赛马”激励单位，浙江国伟科技有限公司被认定为畜禽种业阵型企业，诸暨里联现代化农事服务中心入选首批省级现代化农事服务中心创建单位。

19 日　浙江帕瓦新能源股份有限公司登陆上海证券交易所科创板，成为绍兴市首家科创板上市企业。

21 日　诸暨市印发《诸暨市社会治理中心“三定”规定》，将诸暨市社会矛盾纠纷调处化解中心更名为诸暨市社会治理中心，挂诸暨市综合信息指挥中心、诸暨市社会矛盾纠纷调处化解中心牌子，为市委直属的公益一类事业单位，机构规格为正科级，由中共诸暨市委办公室统筹管理。

同日　省社科联命名诸暨市社科之家为第一批省级社科之家。11 月 7 日，诸暨市举行省级社科之家授牌仪式。

23日　以“竞当下·鉴未来 共创智能新视界”为主题的2022智能视觉产业峰会暨第二届中国·绍兴“万亩千亿”新产业平台人才全球创业大赛智能视觉系列赛专场颁奖典礼在经济开发区举行，8个获奖项目全部签约落地诸暨。

26日　《诸暨日报》报道，诸暨农商银行联合国家税务总局诸暨市税务局举行“银税互动”助企发展活动，向芯云半导体（诸暨）有限公司发放4000万元“留抵退税贷”，该笔贷款是全省单笔最大的“留抵退税贷”贷款。

28日　萧山至磐安公路（金浦桥至三江口大桥段）快速化改建工程（即店口高架）正式通车，为诸暨市首条高架公路。

30日　诸暨市举办“喜迎二十大 永远跟党走”机关干部集体荣休仪式，成为进一步规范干部退休工作的模板。

10月

1日　西施故里旅游区（东片区）自4月6日全封闭改造后重新开园。

8日　诸暨市政府门户网站报道，省建设厅、省美丽宜居办发文公布，同山镇布谷村、牌头镇坑西新村分别成功创建成2021年度全省美丽宜居示范村优秀村庄和合格村，至此，全市共有19个村获评省美丽宜居示范村。

10日　诸暨市政府门户网站报道，诸暨市9月10日出台楼市新政，内容包括实施契税补贴、加大住房公积金支持力度、降低首付比例、鼓励开展团购优惠等。新政发布一个月内，商品住房销量攀升。

11日　总投资1800万元的凰桐江堤防整治（一期）工程（凰桐村河坑桥至红旗村段）完工验收，整治河道全长2.25千米。

14日　诸暨市政府门户网站报道，诸暨市举办的“西施有礼”共富直播周活动，为诸暨产品直播带货4300余万元，探索融合发展“共富路”。

16日　诸暨全市上下收看中国共产党第二十次全国代表大会。新时代“枫桥经验”被写入中国共产党第二十次全国代表大会报告。

25日　全市总林长、总河湖长、总路长、市级田长会议召开。绍兴市委常委、诸暨市委书记沈志江在讲话中强调，持续擦亮生态底色，坚决守牢安全底线。

11月

3日　诸暨市“学习贯彻党的二十大精神暨坚持和发展新时代‘枫桥经验’专题研修班”在市委党校（枫桥学院）开课。

4日　诸暨市卫健局再次派遣对口支援沐川县医疗队4名专家入沐川开展工作。医院结对帮扶是诸暨市制定的东西部协作的重点工作清单内容之一，旨在提供精准帮扶，使东西部协作的红利惠及两地更多群众。

8日　“浙江同山 古酒新韵”浙江省白酒核心产区发布暨同山烧推介大会在成都举行。会上，中国酒类流通协会授予同山镇“中国白酒特色小镇”称号。

10日　2022年市政协“民生议事堂”（“协商驿站”）优秀案例展评活动在枫桥学院举行。“民生议事堂”是涵盖政协大部分协商活动的一项重要工作，它既是政协协商的主要平台，也是政协协商向基层延伸的重要渠道。

同日　绍兴市首个“枫桥式”存款保险宣传驿站在绍兴银行诸暨大唐支行揭牌。

15日　中国男子篮球职业联赛官方确定，2022年CBA全明星周末及2022—2023赛季中国男子篮球职业联赛常规赛第二阶段比赛将在诸暨市举行。这是CBA全明星周末第一次在县级市举行。

17日　诸暨市承办全国白蚁防治数字化建设现场会，市建设局在会上分享诸暨市白蚁防治数字化建设做法经验。

21日　《诸暨日报》报道，第13届七彩五泄山水节“好美今秋·西施伴游”活动在五泄风景区启动，拉开为期一个月的主题文化旅游活动。

22日　第一趟诸暨—宁波舟山港中小企业纾困项目海铁联运专列开出。这趟专列的首发意味着始于2022年8月的纾困政策开始落地见效。专列可节省费用 10% 左右。

25 日　第四届新时代“枫桥经验”高端峰会举行。会上，新时代“枫桥经验”指数成果发布，“枫桥经验”专题文献数据库启用。

30 日　诸暨市暨阳街道、暨南街道方舱接种点首次提供吸入用重组新冠病毒疫苗(5 型腺病毒载体)接种服务。

12 月

1 日　诸暨市普法宣传月暨第五个“宪法宣传周”活动启动。

6 日　在第九届“西湖论善”发布的《2017—2021 年浙江城市慈善发展指数五年报告》中，诸暨市在区、县(市)中位列全省第二。

同日　《诸暨日报》报道，2022 年全国综合竞争力百强县(市、区)等榜单发布。诸暨市在全国县域经济综合竞争力百强榜排名第十位，全国经济综合实力百强县市排名第 13 位，全国绿色发展百强县市排名第十位，全国科技创新百强县市排名第 16 位，全国新型城镇化质量百强县市排名第十位。

7 日　国务院联防联控机制综合组发布《关于进一步优化落实新冠肺炎疫情防控措施的通知》，诸暨市相应做好优化调整后的疫情防控及医疗救治工作。

9 日　《诸暨日报》报道，中央全面依法治国委员会正式公布第二批全国法治政府建设示范地区和项目名单，诸暨市被命名为“全国法治政府建设示范市(县、区)”，是该批次浙江省唯一入选的县级市。

12 日　《诸暨日报》报道，海亮外语中学篮球队夺得 2022 年全国青少年 U17 篮球联赛亚军。

14 日　诸暨市政府门户网站报道，2022 年省级化肥减量增效(化肥定额制)示范方名单中，诸暨市牌头镇牌一村、应店街镇扎箕坞村、暨南街道王家井村、浬浦镇陶姚村示范方入选。申报和通过总数并列全省第一。

15 日　全省公安机关践行“枫桥经验”助推营商环境现场会在诸暨召开，诸暨市公安局在会上作交流发言。

20 日　诸暨市政府门户网站报道，全省 2022 年度美丽河湖考评结果出炉，诸暨市申报创建的 4 条美丽河湖(马剑溪、浦阳江上游段、珍珠湖、征天水库)全部一次性通过“省考”，17 条(个)省级美丽河湖累计创建数量位居全省县(市、区)第一。

23 日　诸暨市政府门户网站报道，杭绍同城”三年行动计划(2023—2025 年)发布，重点实施交通互通共网提速、产业互联共链提质、创新协同共兴强化、文旅品牌共荣提升、民生智慧共享提标和生态共管共治扩面六大行动。此次三年行动除增加诸暨与绍兴在同城发展方面的互动，还在交通、产业、创新和民生四大重点板块基础上，增加文旅和生态两大重点任务。

29 日　安华水库扩容提升工程先行工程——同山镇临江片水环境整治工程开始建设。作为《国家水安全保障“十四五”规划》《浙江省水安全保障“十四五”规划》的重要工程，安华水库扩容提升工程估算总投资 88.15 亿元，并提升水库预泄排能力，进一步优化浦阳江流域的防洪格局。

市情概要

历史

【市名由来】诸暨为中国古越民族聚居地之一。先秦无诸暨之名，自秦王政二十五年（前 222 年）设会稽郡置诸暨县，除新莽时期（9—23 年）、唐光启年间（885—888 年）、元至正十九年（1359 年）曾一度改为疏虏、暨阳、诸全州以外，均以诸暨之名见于典籍，直至今日，为浙江望县。

关于诸暨县名的来历，历来众说纷纭，向无定说。清乾隆《绍兴府志》及光绪《诸暨县志》对前人陈说作了概括，但未能统一说法。《绍兴府志·地理志》载："（诸暨）周为越允常之都。《路史》：夏后氏后。诸暨有诸山暨浦，允常之都。春秋时句无地，或曰夫概王之故邑，先名上诸暨，亦曰句吴。《国语》：句践之地，南至句无。韦昭解：今诸暨有句无亭是也。《水经注》：诸暨县。故古越地也，夫概王之故邑。先名上诸暨，亦曰句无矣。寇仲温《诸暨县记》：诸暨，槠概也，吴王阖闾弟夫概所封之地。"

光绪《诸暨县志 · 沿革表》基本沿袭《绍兴府志》说法。

有一种说法是：县西有山，山上多槠木，所以称为槠山，省而为诸山，又有概浦，省而为既浦，转音为暨浦，诸暨因此而得名。另有一种说法是：境有五泄山七十二峰，峰峦林立，认为诸山即诸多山峰，又有概浦，因称诸暨。明隆庆《诸暨县志》则曰："诸者，众义；暨者，及也。或曰禹会计而诸侯毕及也。"意即因禹及众诸侯到达停留于此，故称"诸暨"。此外还有因诸国、暨国得名，因诸物萃聚得名等说法。

【建置沿革】秦王政二十五年（前 222 年）设县，属会稽郡。西汉属扬州刺史部会稽郡。新始建国年间（9—13 年）更名疏虏，东汉建武元年（25 年）复原名。西晋属会稽郡，东晋属会稽国，南朝复属会稽郡。隋文帝开皇中属吴州，大业中仍属会稽郡。唐属会稽郡及越州，唐光启三年（887 年）改称暨阳。五代属吴越国越州东府。吴越王天宝三年（910 年）复名诸暨。宋初属两浙东路越州，南宋绍兴元年（1131 年）属绍兴府。孝宗乾道八年（1172 年），分东北十乡置义安县，治枫桥。淳熙元年（1174 年）废义安，其地复入诸暨。元属江浙等处行中书省绍兴路。元贞元年（1295 年）升为诸暨州，至正十九年（1359 年）改名诸全州。明洪武二年（1369 年）改诸全州为诸暨县。明、清属绍兴府。

民国元年（1912 年）废府，直属浙江省。民国 3 年（1914 年）省下设道，诸暨属会稽道。民国 16 年（1927 年）废道，直属浙江省。民国 24 年（1935 年）9 月至民国 37

年(1948 年)4 月属浙江省第三行政督察区,民国 37 年(1948 年)4 月至 1949 年 5 月 5 日属浙江省第二行政督察区。

1949 年 5 月 6 日诸暨解放,诸暨属中共萧绍诸杭临时委员会领导。6 月 23 日至 11 月 26 日归浙江省第十专署管辖,其后属绍兴专区。1952 年 1 月绍兴专区撤销,直属省。1953 年 2 月划归金华专区。1957 年 9 月划归宁波专区。1964 年 9 月,复属绍兴专区。1968 年 5 月属绍兴地区。1983 年 7 月起属绍兴市。1989 年 9 月,经国务院批准,撤销诸暨县,设立诸暨市,由绍兴市代管。

【越国古都】诸暨春秋时属越国,越王允常曾先后在境内埤中(今次坞镇、店口镇、阮市镇一带)、大部(今枫桥镇一带)、勾乘(今牌头镇一带)建都,子勾践迁都会稽(今绍兴)。诸暨为越国古都早于绍兴,诸暨为都时,绍兴为诸暨属地。

【西施故里】西施,本名施夷光,越国美女。春秋末期出生于诸暨苎萝村。苎萝有东西二村,夷光居西村,故名西施。其父卖柴,母浣纱,西施亦常浣纱于溪,故溪又称浣纱溪。南北朝刘宋孔灵符《会稽记》云:“诸暨苎萝山,有西施浣纱石。”

《舆地志》、《十道志》、嘉泰《会稽志》载:“句践索美女以献吴王,得诸暨苎萝山卖薪女,西施。山下有西施浣纱石。”

在当年西施浣纱之处,有一大方石,古朴苍褐,上镌“浣纱”二字,为东晋大书法家王羲之手笔。

西施故里现已辟为旅游区,主要由西施殿、范蠡祠、中国历代名媛馆、鸬鹚湾古渔村、郑氏宗祠、民俗馆等景点组成,是国家级风景名胜区——浣江·五泄景区的重要组成部分。

【诸暨三贤】王冕、杨维桢、陈洪绶被称为“诸暨三贤”。因三人均系枫桥人,故又称“枫桥三贤”。

王冕(1287—1359),元代诗人、文学家、书法家、画家,字元章,号煮石山农,诸暨枫桥栎桥村人,以画梅著称,尤以墨梅见长,亦擅竹石,兼能治印,著有《竹斋集》《墨梅图题诗》等。

杨维桢(1296—1370),元末明初著名文学家、书法家,字廉夫,号东维子、铁崖等,诸暨枫桥全堂人,为元末诗坛领袖,“诗名擅一时,号铁崖体”,在元文坛独领风骚 40 余年。书法以行草最工,有真迹传世。

陈洪绶(1598—1652),明末清初书画家、诗人,字章侯,号老莲,诸暨枫桥陈家村人。一生以画见长,尤工人物画,人谓“明三百年无此笔墨”,有《九歌》《西厢记》插图及《水浒叶子》《博古叶子》等版刻传世。兼擅诗书,有《宝纶堂集》。

地理

【地理位置】诸暨市位于长江三角洲南翼、浙江省中北部、钱塘江流域中段,地处北纬 29°21′26″ ~ 29°59′5″、东经 119°53′3″ ~ 120°32′10″,东接绍兴柯桥区、绍兴嵊州市,南连金华东阳市、金华义乌市,西毗金华浦江县、杭州桐庐县、杭州富阳区,北邻杭州萧山区。浙赣铁路、杭金衢高速、诸永高速、绍诸高速、金杭公路贯穿全境,距上海 200 千米、杭州 90 千米,距萧山国际机场 60 千米。

【地形地貌】诸暨地处浙东与浙西丘陵山区两大地貌类型的交接地带,有山地、丘陵、河谷盆地 3 种地貌类型,分别占境内地域总面积的 28.96%、43.12%、27.92%。境内最高峰为东南部的东白山(太白尖),海拔 1194.6 米,最低平原为东北部的白塔湖,平均海拔 4.3 米,最低海拔 3.1 米。

山地和丘陵紧密相连,犬牙交错,集中分布在市境东南部(会稽山地)和西部(龙门山地)。

中部为河谷盆地,多沃土良田;北部为河网平原,水资源充沛。浦阳江纵贯南北,境内干流长 67.6 千米,东西 8 条支流呈叶脉形展开。

中部浦阳江河谷盆地位于市域中南部,浦阳江中游,南与浦江—苏溪盆地接壤,北至大侣湖,与“诸暨湖田熟”的河网平原接壤,东起高湖,西至筏畈。南北长 36 千米,东西宽 19 千米,呈北东狭长槽形。面积 83 万亩,占市域面积的 23.96%。区内地势平缓,海拔 8 ~ 50 米,两侧向中部倾斜,西南向东北倾斜。浦阳江河道弯曲,多河漫滩地,构成冲积平原阶地。盆地两侧为第四纪红土砾石层、白垩纪砂岩地层的基托阶地,和东部、西部丘陵阶地相接。

北部湖畈河网平原位于浦阳江中下游，南起连七湖，北与萧绍平原接壤；东起东泌湖，西至朱公湖。南北长 16 千米，东西宽 14 千米，面积 33 万亩，占市域面积的 9.47%。浦阳江自西南向东北、枫桥江由东南向西北穿流全区。河网如织，湖荡密布，田畈多为围湖而成，海拔多为 5.5 ～ 6.5 米，故称“诸暨湖田”。

【山脉水系】诸暨境内主要有两大山脉、两大水系。两大山脉即会稽山脉和龙门山脉；两大水系即浦阳江水系和壶源江水系。

会稽山脉在诸暨境内以会稽山地为主，位于市境东部，呈西南—东北走向，与义乌、东阳、嵊州、绍兴、萧山接壤，属浙东南丘陵山区地貌单元，面积 148 万亩，占市域总面积的 42.47%，其中海拔 500 米以上低山 15.2 万亩，占 10.27%。全区受开化江、枫桥江等大小溪流切割，重峦叠嶂，幽谷深涧，形成众多的河谷盆地和冲积扇。主峰东白山，为诸暨、嵊州、东阳三市交界处。山巅缓坡宽谷，西侧山坡变陡，属于浦阳江河谷盆地东缘，主脉南、北山势渐低。干脉以东白山为起点，分北干脉、南干脉两路。北干脉（东白山—大山坞）由东白山向东北达于诸暨、嵊州市界，主要高峰有螺蛳屁股(900 米)、白玉尖(990 米)、湖塘冈(861 米)、雾露尖(849.5 米)、走马岗(835 米)、龙头顶(737 米)，龙头顶为诸暨、嵊州、绍兴三市（县）界山。并有越大山(679 米)、刻石山(763.8 米)、古博岭。西至大北坞山，为诸暨、绍兴、萧山三市（县）界山，自此入萧山、绍兴界。南干脉（东白山—道人山）由东白山向西南达于诸暨、东阳界，主要高峰有南园尖(1090 米)、菜塔尖(758.5 米)、灵岩山(906.6 米)，灵岩山为诸暨、东阳、义乌三市界山。沿诸暨、义乌界有大坞尖(825 米)、龙花冈(789 米)、青山尖(803 米)、风车(621 米)共 4 个口，风车口为诸暨、义乌、东阳三市交道口。经道人山，入义乌境。支脉大体分为 19 路，其中最长的为走马岗—小孤山支脉，长 50 余千米。

龙门山脉位于市境西部，呈西南—东北走向，与浦江、桐庐、富阳、萧山接壤，属浙西北丘陵山区地貌单元，面积 84 万亩，占市域面积的 24.1%，其中海拔 500 米以上低山 6.44 万亩，占 7.6%。因受壶源江、五泄江、凰桐江等溪流切割，形成众多丘间谷地和冲积扇。龙门山脉属仙霞岭山系，主峰三界尖（海拔 1015.2 米），跨诸暨、桐庐、富阳三市界，为市境西部第一高峰。干脉以三界尖为起点，分东北、东南两路。东北干脉（三界尖—大龙冈）由三界尖向东北达于诸暨、富阳两市界，为浦阳江与富阳江分水岭。主要高峰有龙门冈(700 米)、船坞头(518 米)、双珠形(781 米)、天塘冈(943.6 米)、全泄(826 米)、高泄(882.8 米)、大岭尖(938.9 米)、龙皇山(831 米)、鸭坞大山(839.3 米)、五云岭(714 米)、茶叶岭(749 米)、风桐岭(740 米)、大龙冈(788.4 米)，自大龙冈西入富阳境。东南干脉（三界尖—日入柱山）由三界尖向东南达于桐庐、浦江界。主要高峰有南部岭(840 米)、仰天湾(857.3 米)、龙门大山(824 米)、鸳头山(694 米)，鸳头山为诸暨与桐庐、浦江界山。沿诸暨、浦江有大来山(507 米)、日入柱山(631 米)。支脉大体分为 5 路，其中最长的支脉为天塘冈—杭坞山支脉，全长 40 余千米。

浦阳江发源于浦江县花桥乡高塘村天灵岩南麓，干流总长 151 千米，流域面积 3431 平方千米。诸暨境内干流流长 67.6 千米，流域面积 2194.8 平方千米，常年流量每秒 36.8 立方米。干流呈南北走向，于同山镇界牌宣入境，至安华纳大陈江；向东北至丫江杨，纳开化江；流经苎萝山下至茅渚埠，分东、西两江。西江为浦阳江主流，向北至祝桥，纳五泄江，北流至店口镇，与东江相汇。东江自茅渚埠分流，往东折北经五浦头，至草江村，纳枫桥江；经白塔湖斗门，北流至店口镇，与西江合流。其下，至免石头出境，入萧山区。境内西北部次坞溪、凰桐江亦属浦阳江支流。次坞溪经次坞镇出境，入萧山区；凰桐江经陶湖出境入萧山区。浦阳江上游坡陡流急，中游河道弯曲。古江道原东流绍兴钱清，出三江入海，水势顺畅；自明代麻溪筑坝后，宣泄不畅。境内浦阳江主要支流有 5 条，东部集会稽山脉西麓诸水相汇的有大陈江、开化江、枫桥江，西部集龙门山脉东麓诸水相汇的有五泄江、凰桐江。

壶源江源出浦江县与建德市交界处天灵岩西麓，经桐庐县入境，向东北流经市境西部马剑镇境内，至富阳市场口注入富春江。全长 83 千米，境内流程 7 千米，流域总面积 848 平方千米，境内面积 105 平方千米。支流马剑江经马剑小溪口入壶源江。壶源江在境内河段弯曲，坡降大，水流急，水位暴涨暴落，西岸冲刷严重。

资源

【矿产资源】诸暨境内矿产资源丰富，主要矿种30余个，有金、银、铅、锌、铜、铀、钼、萤石、大理石等，多分布于南部；石煤、石灰石、锰、磷、钾等多分布于西北部；高岭土、石墨、地开石、白云石、黄沙等分布境内各处。有石煤、石灰石矿带6条，黄金矿带3条，为浙江省有色金属及建材矿产主要产地。

【野生动植物资源】植物资源主要有香果树、浙江七子花、杜仲、天目木姜子、天目木兰、凹叶厚朴、天目紫茎、花榈木等。

野生动物主要有80多科300多种，其中环节动物门7种、软体动物门14种、节肢动物门4纲88种、脊椎动物亚门5纲139种。

【水资源】境内水资源总量27.75亿立方米，其中自产水资源多年平均为17.20亿立方米，入境水资源量9.80亿立方米，引潮提灌水量0.75亿立方米。境内水能资源因有山高与湖低的有利因素，水力发电蕴藏量4.63万千瓦，已开发2.18万千瓦，占可开发量的58.97%。

【特产】诸暨土特产有枫桥香榧、淡水珍珠、板栗、银杏、短柄樱桃、茶叶等。

诸暨是中国香榧主要产地，产量占全国一半以上，质量居全国之首，尤其是枫桥香榧，壳薄仁满，风味独特，品质优良，驰名中外。“枫桥香榧”获国家农产品标志产品保护。枫桥香榧主产于会稽山脉中段的赵家镇相泉、钟家岭、西坑、黄坑、里宣、外宣、杜家坑一带，建成以香榧为主的省级农业综合区1个、省级香榧产业主导示范区2个、省级香榧特色精品园6个。在枫桥镇东南10千米的会稽山脉深处，建有国家级香榧森林公园。

诸暨有“中国珍珠之都”美誉，山下湖淡水珍珠年产量占世界总产量的73%、占全国总产量的80%，山下湖镇是世界上最大的淡水珍珠生产、加工、销售中心，华东国际珠宝城、浙江诸暨珍珠产业园区均设在该镇。

短柄樱桃是诸暨传统名果之一，因其果柄较短，故称短柄樱桃。与长柄樱桃相比，短柄樱桃具有果形大、色美味甜及成熟期早2～3天、可溶性固形物比长柄樱桃多2%左右等优点。诸暨为浙江省短柄樱桃主要产区，近年以同山、赵家等镇为主要产地，年产量超过4000吨。诸暨市自2016年开始申请登记“诸暨短柄樱桃”为国家农产品地理标志，保护地域范围为全市27个镇乡（街道）所有行政村，申请保护面积26万亩。2017年12月22日，中华人民共和国农业部正式批准对“诸暨短柄樱桃”实施农产品地理标志登记保护。

西施石笕茶产于西施故里诸暨，以高山茶树鲜叶为原料，按石笕茶工艺制作，定位于中高端茶。其外形挺秀，绿翠显毫，香味鲜醇，叶底细嫩成朵，汤色浅绿明亮。西施石笕茶原主产于诸暨市东白山麓，后逐步发展到东白湖镇、陈宅镇、同山镇、璜山镇、浬浦镇、暨南街道、东和乡、枫桥镇等镇乡街道，总种植面积约4万亩，年产量758吨，年产值1.64亿元，远销杭州、上海、江苏等地，代表品牌有“龙门顶”“东珍”“逸露”“西施银芽”“越江”等。

【旅游资源】诸暨旅游资源丰富，风景名胜众多，以西施故里旅游区、五泄风景区、斗岩·汤江岩风景区等组成的浣江·五泄景区为国家级风景名胜区。

五泄禅寺。坐落于五泄风景区核心地带，是越中有名的古刹，由唐五台山高僧灵默禅师初建。17岁的诸暨人良价拜灵默为师，随师研修13年，后云游四方，最终与其弟子曹山本寂同创曹洞宗，成为禅宗五家的重要一派，其影响远及日本，今日本曹洞宗，以永平寺、总持寺为两大本山，据称拥有1000万信徒，为日本最大的佛教宗派。

小天竺。位于枫桥镇紫薇山西麓，始建于明嘉靖十三年（1534年），原为处士骆骖别墅，其子骆问礼（湖广按察使副使）重修。整座建筑凿磐石为基，依山势而建，极林泉之胜。中以“见大亭”为最，亭前有碑廊，壁嵌有陈洪绶、祝枝山、文徵明、董其昌、王守仁等撰写的帖面，水池岩壁上，镌有“海眼”“忱流漱石”，为海瑞亲笔。

气候

【概况】诸暨市地处浙中内陆，属亚热带季风气候区，四季分明，雨水较多，光照充足，年温差大于同纬度邻县，小气候差异显著，具有典型的丘陵山地气候特征。年平均气温为16.9℃，多年平均降水量1380.4毫米，降水日年均156天，相对湿度约79.5%，日照年均1763.4小时。

2022年，年平均气温18.5℃，比常年偏高1.1℃，其中2月、5月、12月平均气温比常年同期偏低，10月、11月与常年同期持平，其余月份则偏高。年极端最高气温为41.4℃，出现在8月12日；年极端最低气温为−3.2℃，出现在12月18日。全年共有日极端最高气温≥35.0℃的高温天数63天，较常年偏多27.5天，创历史极值。日最低气温低于0℃的冰冻天数为14天。全年无霜。年降水量为1314.8毫米，比常年偏少113.4毫米。降雨月、季分布不均匀，其中7月雨量异常偏少，而1月、2月、3月雨量明显偏多。年雨日为199天，比常年偏多42.7天。总日照时数为1443.1小时，较常年偏少276.7小时。全年共有降雪16天，年雾日25天，霾19天，大风6天。

【2022年异常气候现象】高温。2022年，诸暨市出现历史罕见的晴热天气，高温强度特别强，多项数据创历史极值。共出现63天高温（日最高气温≥35℃），较常年偏多27.5天，37℃以上51天，40℃以上19天，均创历史极值。年极端最高气温为41.4℃，出现在8月12日，为有历史记录以来第二高。4月12日最高气温35.2℃，历史首次在4月出现高温天气。7月、8月月平均气温32.2℃，均破历史极值。10月出现罕见的38.8℃高温天气，创历史同期极值。

夏秋连旱。受夏季罕见晴热高温天气影响，2022年夏季和秋季大部分地区出现干旱现象，尤其是西部地区，部分时段达到重旱。

强对流天气。2022年3月起，强对流天气频发，其中3月14日出现的强对流天气，安华镇出现冰雹，东和乡、次坞镇出现七级雷雨大风。3月21日8时至22日18时，全市普遍出现中到大雨，部分地区暴雨，全市平均雨量57.9毫米，其中应店街镇、枫桥镇、次坞镇等累计雨量超过80毫米，最大为应店街镇的95.8毫米。4月25日，诸暨市自西向东普遍出现10～20毫米的降水和8～9级雷雨大风，五泄镇出现10级大风。7月25日傍晚，同山镇、陈宅镇、岭北镇、东白湖镇等地出现短时暴雨，最大为陈宅镇理家的105.1毫米，最大小时雨强也为该站的104.4毫米。7月27日，次坞镇、应店街镇、山下湖镇、同山镇、大唐街道、暨南街道、东和乡、暨阳街道、东白湖镇、安华镇、店口镇出现8～10级雷雨大风，最大风速为应店街镇紫阆的26.1米/秒（10级），五泄镇出现冰雹。8月12日下午，部分镇乡街道出现强对流天气，其中暨阳街道出现冰雹，暨南街道、暨阳街道等出现9～11级雷雨大风和短时暴雨，最大风速为暨南街道街亭站的28.5米/秒（11级）。

寒潮。11月28日后半夜至12月2日，受寒潮影响，诸暨市出现剧烈降温、大风和连阴雨（雪）天气，日平均气温过程降温幅度达14℃～16℃。12月16日至17日受寒潮影响，有大风、降温和降水过程，日平均气温过程降温幅度达7.1℃，18日至19日早晨最低气温降至−2℃～−3℃，山区−5℃～−8℃，有严重冰冻。

雨雪冰冻天气。2月17日至18日，诸暨市中南部镇乡街道出现雨夹雪或雪，山区积雪1～5厘米，部分高海拔山区积雪深度10厘米以上，最大为璜山镇晓居、赵家镇钟家岭的20厘米，东白湖镇东白山为15厘米。

【2022年重要性灾害性天气】全年暴雨（日雨量≥50毫米）仅出现1次，为6月5日，降水量为53.3毫米。

梅雨。2022年，诸暨市入梅正常、出梅早、梅期短，梅汛期梅雨不典型，梅雨量南多北少。6月10日入梅，跟常年相同，6月26日出梅，梅期16天，比常年（7月10日）偏早14天。梅雨不典型，梅雨量南多北少分布不均，强降雨区域重叠于南部。6月9日20时至25日20时，梅雨量111.6毫米，比常年（266.7毫米）偏少58%，有3个站超过200毫米，最大为岭北镇的202.9毫米，小时雨强最大为东白湖镇龙门顶的36.0毫米。

台风。2022年共有2个台风影响全市。受第11号台风“轩岚诺”影响，9月2日8时至5日14时，全市平均雨量81.8毫米，降水分布不均匀，东多西少，共11站累计雨量超过200毫米，37站累计雨量超过150毫米，74站累计雨量超过100毫米，最大为陈宅镇开化的291.1毫米。全市普遍出现5～7级阵风，最大东白湖龙门顶出现9级大风。受第12号台风“梅花”影响，9月12日8时至15日8时，全市降雨量63.2毫米，降水分布不均匀，东多西少，枫桥镇、赵家镇、东白湖镇、浬浦镇累计雨量超过150毫米，最大为枫桥镇择坞山塘的182.5毫米。局部出现6～8级阵风，最大为东白湖

镇龙门顶出现的10级大风。（许金凤）

行政区划

【边界线】诸暨市边界线总长411.72千米。境内有市际线2条（杭绍线诸暨萧山段长63.1千米、诸暨富阳段长40.3千米、诸暨桐庐段长28.56千米，绍金线诸暨浦江段长55.5千米、诸暨东阳段长41.56千米、诸暨义乌段长61千米），共290.02千米；县际线2条（诸绍线长73.9千米、诸嵊线长47.8千米），共121.7千米；市际三交点1个，县际三交点7个，边界线界桩20个。

【行政区划现状】2022年，全市共设有5个街道、17个镇、1个乡，分别为暨阳街道、陶朱街道、浣东街道、暨南街道、大唐街道，店口镇、枫桥镇、牌头镇、次坞镇、山下湖镇、璜山镇、应店街镇、姚江镇、安华镇、浬浦镇、东白湖镇、五泄镇、岭北镇、陈宅镇、同山镇、赵家镇、马剑镇，东和乡。有397个村民委员会，118个居民（社区）委员会，共515个群众自治组织。（民政局　徐建锋）

人口

【户籍人口】2022年年底，全市有户籍人口1076438人，出生申报5728人、死亡注销8081人。（公安局提供）

【老年人口】2022年，全市60周岁以上老年人口305332人，人口老龄化率为28.28%，其中65周岁以上231384人，80周岁以上高龄老人38288人，百岁老人113人（女性76名、男性37名）。最长寿老人2名，均为106周岁，分别为浣东街道的陈招球（女）和牌头镇的边冬球（女）。（民政局提供）

诸暨市主要组织机构及负责人名录（2022年年末）

中共诸暨市第十七届委员会

书　记　沈志江（绍兴市委常委）

副书记　张昆仑　潘超英（女）

常　委　沈志江　张昆仑　潘超英（女）　董海潮　王　琤　王孔羽（女）　李海裕　高　雷　郦小飞　董光辉　楼　闯

诸暨市第十八届人民代表大会常务委员会

主　任　郭浩良

副主任、党组副书记　杨元清

副主任　何鸿成　俞　越（女）　朱红伟　陈迪锋　杨　炬

诸暨市第十八届人民政府

市长、党组书记　张昆仑

常务副市长、党组副书记　郦小飞

副市长　陈军卫　高　嵩　谢　琦　应国伟　童云英（女）　陈文进

政协诸暨市第十五届委员会

主　席　孟国锋

党组副书记　王祖勇　楼　闯（兼）

副主席　袁岳军　陈　焕（女）　徐可以（女）　袁志刚　杨　雷　张凯歌（女）

市委部门

市纪律检查委员会（市监察委员会）

书　记　李海裕

副书记　徐亚萍（女）　徐剑森

常　委　李海裕　徐亚萍（女）　徐剑森　陶志勇　方建峰　许　斌

市监察委员会主任　李海裕

副主任　徐亚萍（女）　徐剑森

委　员　方建峰　俞　科　黄　斌

市委巡察办主任　陶志勇

副主任　周飞白（女）

案件审理室主任　周春松

信访室主任　傅晓瑛（女）

宣传教育室主任　孟　燕（女）

案件监督管理室主任　许科峰

第一纪检监察室主任　傅泽军

第三纪检监察室主任　张　金

第四纪检监察室主任　徐叶龙

第六纪检监察室主任 何迪永
驻市委办公室纪检监察组组长 戚新华
副组长 杨建清 周伟星
驻市人大常委会机关纪检监察组组长 寿玉萍（女）
副组长 蔡建根 钱志伟
驻市政府办公室纪检监察组副组长 俞国桥 郑江宏
驻市政协机关纪检监察组副组长 俞新初
宣晓临（女）
章建革
驻市委组织部纪检监察组组长 陈国超
副组长 斯咏梅（女） 王 明（女）
驻市委宣传部纪检监察组副组长 梁国其 邵小刚
驻绍兴市生态环境局诸暨分局纪检监察组组长 王建钢
驻市卫生健康局纪检监察组组长 陈鉴霖
驻市教育体育局纪检监察组组长 朱建锋
驻市公安局纪检监察组组长 宣 龙
驻市法院纪检监察组组长 赵亦良
驻市检察院纪检监察组组长 徐军能

市委办公室

主 任 戚中强
副主任 许晓峰 冯桢栋 朱福军（兼）
杨建江 徐 毅 商伟杰 毛晓华（女）
市委机要局（市密码管理局）局长 杨建江
市委市政府接待服务中心主任 毛晓华（女）

市委组织部

部 长 王 琤
副部长 何浩明 汪均德 杨纪誉（兼）
陈锡均（兼） 陈九平（女，兼）
市委新经济与新社会组织工作委员会书记 汪均德
副书记 翁叶江
市委直属机关工作委员会书记 王 琤
副书记 赵升平
部务会议成员 叶 雯（女）

市委宣传部

部 长 王孔羽（女）
常务副部长 郭剑扬
副部长 杨学锋 王明丽（女）
市社会科学界联合会主席 郭剑扬
副主席 章飞燕（女）
市政府新闻办公室主任 杨学锋
市互联网信息办公室主任 杨学锋
市精神文明建设委员会办公室主任 郭剑扬
副主任 王明丽（女）

市委统一战线工作部

部 长 楼 闯
常务副部长 蒋志军
副部长 周炜平 周高仁（兼） 吴伟东
市政府侨务办公室主任 周炜平
市民族宗教事务局局长 吴伟东

市委政法委员会

书 记 潘超英（女）
副书记 郦小飞（兼） 谢 琦（兼） 吴舒峰
杨涌涛 朱 蕾（女）
市法学会常务副会长 吴舒峰
专职副会长 汤国建
政治处主任 徐 杰

市委机构编制委员会办公室

主 任 陈九平（女）
副主任 赵 娅（女） 周明建

市委台湾工作办公室

副主任 余燕明 蒋柔刚 邵海潮

市委、市政府信访局

局 长 朱福军
副局长 邵 伟 许旭明 王 信
信访督查专员 李国女（女）

市委老干部局

局 长 陈锡均
副局长 陈 伟 寿武峰 周阳生

市关心下一代工作委员会

主 任 周雪芬（女）
专职副主任 林 捷（女）

市人大办、研究中心及工作委员会

人大常委会办公室

主 任 杨永水
副主任 周 威 孙水平（女）

人大常委会研究中心

副主任 骆仁东

监察和司法工作委员会

主　任 王学平

副主任 杨建波

财经工作委员会

主　任 戚志军

副主任 孟　龙　卢益刚

教科文卫工作委员会

主　任 朱玉荣（女）

副主任 吴科军

代表工作委员会

主　任 章新康

副主任 王　增　孟优娣（女）

农经工作委员会

主　任 朱坚阳

副主任 黄章才　周建江

城建环保工作委员会

主　任 周国忠

副主任 骆　强

社会建设工作委员会

主　任 边平浪

副主任 孟大善　杨可锋

市政协秘书长、办公室、研究室及专门委员会

秘书长 孟东灼

政协办公室

主　任 孟东灼

副主任 何焕军　周小龙

政协研究室

主　任 陈星明

副主任 张　跃　俞奇锋

委员工作委员会

主　任 张全民

副主任 吴　伟（女）

社会和法制委员会主任

主　任 赵国成

提案委员会

主　任 屠永生

经济委员会

主　任 边云峰

港澳台侨委员会

主　任 王克坚

教育科技卫生体育委员会

主　任 钟力群

人口资源环境委员会

主　任 吴国强

农业和农村委员会

主　任 冯伟明

文化文史和学习委员会主任

主　任 阮晓辉

市政府工作部门

市政府办公室

主　任 寿浩波

副主任 吕建东　吕靖江　袁建红（女，兼）
章忠潮　张利虎　寿晓东　傅海康　寿旺达

市发展和改革局

局长、党组书记 黄一海

副局长、党组副书记 黄雁飞

副局长 蔡利民　俞　露（女）　傅春江

市委社会建设委员会主任 潘超英（女，兼）

第一副主任 郦小飞（兼）

副主任（主持日常工作） 黄一海

副主任 郭剑扬（兼）

专职副主任 周　钰（女）

市经济和信息化局

局长、党组书记 寿浩波

副局长、党组副书记 赵玉丽（女）

副局长 冯晓勇　王仕委

总工程师 蔡暄盛

市教育体育局

局长、党委书记 陈初明

党委副书记 章妙锋（女）

副局长 詹晓春（女）　杨均力　沈宝伟

市委教育工作委员会书记 潘超英（女）
副书记 郭剑扬（兼） 汪均德（兼）
陈初明（兼）
专职副书记 章妙锋（女）
市科学技术局
局长、党组书记 杨华凤（女）
副局长 阮志浩 傅宇峰 郭海萍（女）
市公安局
局长、督察长、党委书记 谢 琦
政委、党委副书记 冯建飞
常务副局长、党委副书记 杨叶峰
副局长 詹坚均 石国红（女） 徐岳新 宋仕龙
政治处主任 詹国洪
交通警察大队大队长 魏肖飞
教导员 张 永
市民政局
局长、党组书记 孙一江
副局长 毛军超 钟利伟 胡杨光 洪一爆
市司法局
局长、党组书记 张建平
副局长 黄华江 陈叶飞 黄海啸 赵志万
市财政局
局长、党组书记 章 辉
副局长 戚俏新 杨列伟 朱向前
总会计师 斯 巍
市人力资源和社会保障局
局长、党组书记 杨纪誉
副局长 叶纯青 宋健珍（女） 应仲九
市社会保险事业管理服务中心主任 周国苗
市自然资源和规划局
副局长、党委副书记 赵 辉
副局长 胡建良 寿张松
专职市自然资源副督察 戚张力
总规划师 梁 新
市住房和城乡建设局
局长、党委书记 赵益军
副局长 蔡国烽 王 君
总工程师 郦 挺
市交通运输局
局长、党委书记 陈国锋
副局长 陈 伟 彭家春
总工程师 梅晨辉
市公路与运输管理中心主任 赵海明
市水利局
党组书记 石坚钢
局 长 吴国强
副局长 章汉军
总工程师 冯迪江
市农业农村局
局长、党组书记 王 跃
副局长、党组副书记 郦少刚
副局长 赵 坚 吴 挺 郭 裕
市农业行政执法队队长 孟秀飞（女）
市商务局
党组书记 姚勇琪
局 长 吕寒平（女）
副局长 刘建军 周益锋 丁国伟
市文化广电旅游局
局长、党组书记 孙陈超
副局长 郑轩扬 张 琪 王益琳（女）
总规划师 陈湛舒（女）
市卫生健康局
局长、党委书记 楼云成
党委副书记 郑 伟
副局长 蔡榆军 俞 明 张赟华
市计划生育协会副会长 章燕丽（女）
市退役军人事务局
局长、党组书记 寿培松
副局长、党组副书记 邱国炯
副局长 王铁路 邵泽明
市应急管理局
局长、党委书记 余海生
副局长 张建烽 陈小波 陈杰锋
总工程师 杨国贤
市审计局
局长、党组书记 张国锄

副局长 戚圣云 赵 薇（女）
总审计师 孙巍峰
市经济责任审计工作联席会议办公室主任 田 欣（女）

市市场监督管理局
局长、党组书记 斯朝阳
副局长 郭舜尧 孙永祥
总工程师 詹 飞（女）
市市场监管行政执法队队长 顾定建

市政府金融工作办公室
主任、党组书记 姚江海
副主任 冯 国 斯 晔

市统计局
局长、党组书记 周文彬
副局长 俞栋泉 楼满国 黄美丽（女）

市医疗保障局
局长、党组书记 俞海英（女）
副局长 钱伟江 侯科红（女）

市综合行政执法局
局长、党组书记 陈军涛
副局长、党组副书记 赵申易
副局长 何耿泽 冯 涛 吕 栋
市综合行政执法队副队长 葛勇军

事业单位

市委党校（市行政学校、市社会主义学校、绍兴枫桥学院）
校 长（院长） 王 琤（兼）
常务副校长（副校长、副院长） 田海斌
副校长（副校长、副院长） 何勇武 斯伟峰 陈 莹（女）

市党史和地方志研究室
主 任 周鹏飞
副主任 占志锋

市档案馆
馆 长 冯桢栋
副馆长 寿永江 管伟敏 宣迪梁

市融媒体中心
主 任 徐林焕
总编辑 叶淑秀（女）
副主任 宣浩军 毛红卫 周海荣

浙江新时代“枫桥经验”研究院
执行院长 丁光飞
副院长 王 强 张幼华（女）

市社会治理中心
主 任 潘超英（女，兼）
副主任 朱福军（兼） 吴舒峰（兼） 陈 挺 楼 薇（女）

市改革研究促进中心
主 任 许晓峰
副主任 寿祈祺 寿程虹（女）

市机关事务服务中心
主任、党组书记 孟 钧
副主任 叶若帆 王 棘

市供销合作总社（市农民合作经济组织联合会执行委员会）
党组书记 钱光辉
主 任 俞碧超（女）
副主任 杜 洁（女） 李国标

市大数据发展管理中心
主任、党组书记 袁建红（女）
副主任 阮伯虎 寿芒利（女）

市招商投资促进中心
主任、党组书记 吕朝阳
副主任 刘建军 楼 斌

绍兴市住房公积金管理中心诸暨分中心
主任、党组书记 何永钢
副主任 俞建东 何齐永

派出机构

绍兴市生态环境局诸暨分局
局长、党组书记 俞 军
副局长 黄拥冈 俞坚松 陈建锋 蔡鲁晟
市生态环境保护行政执法队队长 应俊杰

浙江诸暨经济开发区管理委员会

党工委书记 董光辉

主任、党工委副书记 吕朝阳

副主任 何科家 徐天培 黄剑刚

总经济师 褚科元

诸暨西施故里省级旅游度假区管理委员会

主任、党工委书记 周小峰

副主任 郑文明 钱海锋

诸暨商贸城建设管理委员会

党工委书记 董海潮（兼）

主任、党工委副书记 赵钦华

副主任 周玉华（女） 詹 飞 章林科

诸暨高湖建设管理办公室

党工委书记 钟亦飞（兼）

主任、党工委副书记 陈 勇

副主任 叶武斌 寿建江 骆 超 蒋建新 徐建军

市政务服务办公室

党工委书记 郦小飞（兼）

主任、党工委副书记 杨军燕（女）

副主任 姚东海 陆建勇 袁 金

市公共资源交易管理委员会办公室

主任、党组书记 屠鉴栋

副主任 边黎明 孙国建 褚丰华

诸暨科技城建设管理办公室

主任、党工委书记 何宇彬

副主任、党工委副书记 黄伟刚

副主任 楼欢燕（女） 杨 斌

市属国有企业

市国有资产经营有限公司

董事长、党委书记 楼文钢

总经理、党委副书记 斯利灿

副总经理 张钟亮 金 炯

市建设集团有限公司

董事长、党委书记 郭剑波

总经理、党委副书记 叶鹏飞

监事会主席 张晓满

副总经理 王钢锋 宣建慧（女） 黄天宇 吴 斌

市水务集团有限公司

董事长、党委书记 金伯渔

总经理、党委副书记 胡建法

党委副书记、纪委书记、监事会主席 杨利光

副总经理 王海江 金 益 骆 平

市文化旅游集团有限公司

董事长、党委书记 冯正满

总经理、党委副书记 王建军

副总经理 赵 梅（女）

浙江浣江传媒集团有限公司

董事长 徐林焕

副总经理 吴作浩

市国有资本投资控股有限公司

董事长 楼文钢（兼）

法、检

市人民法院

院长、党组书记 陈 键

副院长、党组副书记 陈仙萍（女）

副院长 何炯珉 叶 剑 赵敏凯

政治部主任 赵妍妍（女）

审判委员会专职委员 郦武亮 杜敏丽（女）

执行局局长 傅铁军

市人民检察院

检察长、党组书记 张 芸（女）

副检察长、党组副书记 柴小江

副检察长 王彬礼 陈 勇 沈佳丽（女）

政治部主任 孙永武

检察委员会专职委员 毛洪斌 周 锋

群众团体、民主党派

市总工会

主席、党组书记 吴建人

副主席 吴旭东 周卓平（女） 孙朝江 陈海裕

共青团诸暨市委员会

书 记 周 天

副书记 段松长 魏羽佳（女）

市妇女联合会
主席、党组书记 孟一微（女）
副主席 屠叶芳（女） 祝俞峰（女）
市科学技术协会
主席、党组书记 孟志康
副主席 余 群（女） 邵永建
市归国华侨联合会
主 席 王祖勇（兼）
副主席 蒋超群 孟建江
市工商业联合会
常务副主席、党组书记 周高仁
主 席 赵林中
副主席 方向前 黄钰明 丁守智 丁仁元
市文学艺术界联合会
主 席 杨国忠
副主席 蔡 英（女）
市残疾人联合会执行理事会
理事长、党组书记 郭 昌
副理事长 陈伟龙 戚全均 朱利强
市红十字会
执行委员会主任、党组书记 钟炜颖
执行委员会副主任 陈伟东
监事会监事长 朱玉荣（女，兼）
监事会副监事长 傅益江
市欧美同学会(市留学人员联谊会)
会 长 陈 江
常务副会长 马 键
专职副会长 马 沙

街道、镇乡

暨阳街道
党工委书记 骆 杰
副书记、办事处主任 慎 杰
监察办公室主任 朱建刚
陶朱街道
党工委书记 蒋宏伟
副书记、办事处主任 杨泽南
人大工委主任 赵佳水
监察办公室主任 张 佳
浣东街道
党工委书记 钟亦飞
副书记、办事处主任 杨高峰
监察办公室主任 朱 锋
大唐街道
党工委书记 楼征三
副书记、办事处主任 杨漫君
人大工委主任 应鲁潮
监察办公室主任 骆 鑫
暨南街道
党工委书记 董海潮（兼）
副书记、办事处主任 陈文鸟
人大工委主任 陈建平
监察办公室主任 柴光丰
店口镇
党委书记 张 营
副书记、镇长 蔡天军
人大主席 陈 浩
监察办公室主任 宣戈飞（女）
枫桥镇
党委书记 傅海林
副书记、镇长 何曙升
人大主席 陆武军
监察办公室主任 陈 霞（女）
牌头镇
党委书记 胡 冰
副书记、镇长 朱庭传
人大主席 周学军
监察办公室主任 方飞霞（女）
次坞镇
党委书记 徐 庆
副书记、镇长 张 纲
人大主席 周普伟
监察办公室主任 赵立港
山下湖镇
党委书记 余灵君（女）
副书记、镇长 郭 南

人大主席 何培忠
监察办公室主任 赵继君
璜山镇
党委书记 袁新江
副书记、镇长 吴海滨
人大主席 王少锋
监察办公室主任 郭玉烨（女）
应店街镇
党委书记 柴 锦
副书记、镇长 蒋 帅
人大主席 周伟永
监察办公室主任 蒋 艳（女）
姚江镇
党委书记 赵旦丹（女）
副书记、镇长 葛高烽
人大主席 张 潮
监察办公室主任 季 垲
安华镇
党委书记 郭剑东
副书记、镇长 郑 来（女）
人大主席 骆赵军
监察办公室主任 周建儿（女）
浬浦镇
党委书记 何 慧
副书记、镇长 戴梦喆
人大主席 章华卫
监察办公室主任 朱海浪
东白湖镇
党委书记 何 军
副书记、镇长提名人选 傅卫卫
人大主席 王金飞
监察办公室主任 陈莹飞
五泄镇
党委书记 许栋海
副书记、镇长 黄丹娣（女）
人大主席 戚伟平
监察办公室主任 周 龙
岭北镇
党委书记 吴鹏锋
人大主席 周向忠
监察办公室主任 黄徐天娃（女）
陈宅镇
党委书记 王其军
副书记、镇长 周功良
人大主席 谢新军
监察办公室主任 兰传亮
同山镇
党委书记 寿浙翔
副书记、镇长 张 薇（女）
人大主席 戚永欢
监察办公室主任 赵 博
赵家镇
党委书记 俞 燕（女）
副书记、镇长 边立松
人大主席 周春蕾（女）
监察办公室主任 许伟峰
东和乡
党委书记 寿军岳
人大主席 顾杰峰
监察办公室主任 王明慧（女）
马剑镇
党委书记 徐航锋
副书记、镇长 张宝庭
人大主席 陈兴均
监察办公室主任 赵 娜（女）

（市委组织部提供）

农业·农村

2022 年，全市农林牧渔业总产值达 82.16 亿元，增速 3.7%，居绍兴第一。农村常住居民人均可支配收入达 49695 元，增长 6.8%，绝对值居全省县（市）第一位，城乡居民收入倍差缩小至 1.62。

2022 年，全市村集体经济总收入 11.53 亿元，其中经营性收入 4.55 亿元，村均 98.9 万元，454 个村经营性收入达 50 万元以上，占总村数的 98.7%。

2022 年 4 月 11 日，以“越州茗品 西施石笕”为主题的 2022 中国（浙江·诸暨）三茶统筹发展大会暨首届西施石笕茶文化活动召开。活动采用“场内场外联合互动 + 嘉宾采访对话”的形式，以诸暨市东和乡十里坪千亩茶园为主场，开设东白湖镇石笕茶基地、诸暨茶博物馆、茶王大赛现场等 4 处外场。活动期间，西施石笕茶新品正式发布。

种植业

【粮食】2022 年，粮食播种面积 51.72 万亩，同比增长 0.08%，早稻播种面积 4.25 万亩，晚稻播种面积 26.50 万亩，粮食总产量 21.58 万吨，粮食生产面积和总产量均位列全省第一，诸暨市获“第四届‘河姆渡杯’粮食生产先进县”金奖。全市共建立百亩早稻示范方 87 个，面积 1.41 万亩。建立百亩以上春粮示范方 22 个，面积 0.42 万亩。建立 100 亩以上晚稻示范方 129 个，面积 2.47 万亩。

【茶叶】2022 年，全市茶园面积 10.2 万亩，茶叶总产量 3177.2 吨，同比

2022 年 4 月 8 日，茶农在东和乡十里坪茶园采茶（融媒体提供）

增长 0.4%，总产值 45619.4 万元，同比增长 2.7%。其中，名优茶产量 1950.3 吨，产值 44384.6 万元，分别同比增长 4.1% 和 3.0%。

【蔬菜】2022 年，全市蔬菜播种面积 11.66 万亩，同比增长 1%；总产量 16.85 万吨，同比增长 0.12%；总产值 6.84 亿元，同比减少 2.6%。

【水果】2022 年，全市园林水果种植面积 3.66 万亩；总产量 2.54 万吨，同比减少 3.04%；总产值 4.04 亿元，同比增长 8.57%。

林业

【概况】2022 年，诸暨市以不断深化林长制为总抓手，将林业工作融入全市发展大局，统筹推进林业改革发展各项工作，建设好、保护好、盘活好、利用好绿水青山，践行“绿水青山就是金山银山”理念，畅通“两山”转化路径，厚植高质量发展的生态优势，保护、培育并合理利用森林资源，推进国土绿化，建设生态文明。全年国土绿化新造林 3359 亩。林业行业总产值 159 亿元，香榧总产量 1800 吨，一、二、三产业总产值近 10 亿元。诸暨市赵家镇宣家山村入选第二批“浙江省自然保护地融合发展（村镇）”。11 月 1 日至 4 日，市自然资源和规划局组织全市 20 家企业参加第 15 届中国义乌国际森林产品博览会，浙江冠军香榧股份有限公司的千年香榧 1000 克金桶和 350 克铁礼盒精品香榧两个产品获得“浙山珍”省级优质林产品区域公共品牌授权。

【森林系列创建】2022 年，诸暨市创成省级森林城镇 1 个（岭北镇），全市省级森林城镇达到 14 个。成功创建“浙江省‘一村万树’示范村”5 个，分别为璜山镇寺下村、岭北镇岭顶村、岭北镇梅坞村、东白湖镇小东村、马剑镇龙门村。创建生态文化基地 2 个（东白湖镇里四村、陈宅镇开化村），省森林人家 2 个（同山镇临江村、陈宅镇开化村）。

【“一亩山万元钱”建设】2022 年，诸暨市共有 3 个浙江省“一亩山万元钱”林业科技富民模式示范创建任务，分别为浬浦镇浬浦村、陈宅镇开化村、陈宅镇东蔡村，均发展林下中药材种植，主要种植浙贝母、白芍等品种的中药材。按要求落实“一基地一方案”，并超额完成林下种植任务，11 月下旬完成项目实施地块的现场核验，报上级林业主管部门审核验收。根据《浙江省林业局关于公布 2022 年度“一亩山万元钱”高质量基地和典型案例的通知》（浙林字函〔2022〕393 号），浙江禾兮中药材股份有限公司的林下道地中药材产地加工及炮制一体化经营模式，被浙江省林业局选为“一亩山万元钱”十大共同富裕典型案例并在全省发文推广，为绍兴市唯一入选典型。诸暨市指导浙江朝雾山农业科技有限公司成功创建省级“一亩山万元钱”科技推广高质量示范基地，其林下套种和养鸡模式，成为可看、可学、可查证、可推广的示范模式。

【“千村万元”建设】2022 年，诸暨市两办发布的《进一步推动诸暨经济高质量发展的若干意见》（市委办〔2022〕40 号）文件中，制定了加快推进农业高质量发展的若干政策，其中包含诸暨市“千村万元”林下经济示范村建设奖补政策，对建设集中连片林下中药材基地 300 亩以上（含），并按要求通过全省“千村万元”林下经济增收帮扶工程核查验收的单位，按种植面积给予 1000 元／亩的补助，单个企业补助最高不超过 50 万元。全年共完成林下中药材种植项目 3 个，完成项目工

2022 年 10 月 25 日，诸暨市总林长会议召开（融媒体提供）

程量核验，补助 150 万元。

【珍贵彩色森林建设】2022 年，继续强化赠苗造林机制，在全市 8 个行政村（单位）完成年度珍贵彩色树种赠苗造林任务 3.28 万株。

【森林资源保护】2022 年，继续加强森林资源保护，推进生态文明建设。2 月，完成 2021 年度征占用省级公益林共 30 亩林地的变更调整工作，维持省级公益林保有量 688219 亩，发放 2022 年度公益林补偿资金 1957.42 万元。7 月至 12 月，开展 2022 年森林督查和森林、草地、湿地调查监测工作。调查结果显示，全市森林总面积 206.9493 万亩，林木蓄积量为 869.3632 万立方米，森林覆盖率为 59.69%（前期为 59.61%）。落实林长治林责任制，在全市全面建立覆盖市、镇乡街道、村三级的林长制管理体系，同时将林长制工作纳入乡镇岗位目标责任制考核，全市共设立林长 999 名、警长 149 名。建立林长制日常监管巡查制度，市级林长半年至少巡林 1 次，镇级林长每月至少巡查 1 次，村级林长每月至少巡查 2 次，并加强林木采伐管理，禁止天然林的商品性采伐。10 月 25 日，诸暨市召开总林长会议并及时发布林长令，对森林资源保护、林业生态建设、林业生态产业、森林灾害防控、护林执法监管等方面工作进行总体部署。10 月，开展 2022 年全省重要湿地矢量落界工作，完成诸暨白塔湖国家湿地公园矢量落界。11 月，完成 2022 年森林古道资源普查，对诸暨市境内的 14 个镇乡的 22 条（段）古道进行调查，掌握诸暨市境内古道的分布状况，了解古道建设保护情况，并对每一条古道进行 GPS 定位。

【野生动物宣传保护】2022 年，继续做好野生动物保护宣传工作。4 月，联合浣江—五泄风景名胜区、东兴社区组织开展世界野生动植物日、爱鸟周等宣传活动，设置展板 19 块，发放宣传册 200 份，悬挂横幅 73 条。开展野生动物的监测和救护工作，在野生动物主要分布区、越冬区、繁殖地、迁飞通道和集群活动区等重点区域设立监测点，及时掌握野生动物种类、分布情况及野生动物异常情况等。全年共开展救助行动 75 次，救助包括雕鸮、赤腹鹰、鼬獾、红隼、苍鹰、白鹇、白鹭等 137 只（条）野生动物，多数具备放飞条件的野生动物经检查无恙后放归自然，部分受伤动物暂存于米果果动物园。

【野猪危害防控】2022 年，根据《浙江省林业局关于做好野猪危害防控工作的通知》（浙林湿〔2021〕49 号）、《浙江省林业局关于确定野猪危害防控工作试点县的通知》（浙林字函〔2022〕121 号），诸暨市作为浙江省野猪危害防控工作试点县，积极开展各项工作。6 月，建立诸暨市野生动植物保护工作联席会议制度，并与中国太平洋财产保险股份有限公司诸暨支公司签订致害补偿协定，投保金额 6 万元。6 月至 8 月，开展野生动物致害调查。9 月，完成野猪危害评估。

【《中华人民共和国湿地保护法》宣传】2022 年 6 月 1 日起，《中华人民共和国湿地保护法》正式施行，这是中国首部湿地保护方面的专门法律。同日，为深入宣传、普及湿地保护法，丰富湿地保护知识，诸暨市自然资源和规划局联合浙江白塔湖生态旅游开发有限公司在白塔湖湿地进行该法宣传活动，在景区入口等显眼位置悬挂呼吁保护湿地及宣传湿地法的横幅 3 条，现场设置包括白塔湖湿地动植物资源简介、《中华人民共和国湿地保护法》（节选）、白塔湖国家湿地公园介绍等内容的展板 8 块，印制并发放《中华人民共和国湿地保护法》普法宣传册 100 份，号召市民从身边做起，自觉守护和珍惜身边的湿地。

【有害生物防治】2022 年 9 月，开展秋季松材线虫病疫情普查工作，共监测松林面积 116.22 万亩，全市松材线虫病发生面积 7.356 万亩，病死松树 1.662 万株，松材线虫病发生面积和病死松树数量同比实现“双下降”。其中，重点疫区岭北镇松材线虫病疫情发生面积和疫木病死数量同比下降 45.3% 和 68.5%；松林抚育提质工程对象陈蔡水库林场松材线虫病疫情发生面积和疫木病死数量同比下降 54.9% 和 94.4%。松材线虫病发生主要涉及 23 个镇乡街道和 2 个国有林场，127 个行政村，发病小班为 1385 个。普查采用无人机监测及卫星遥感等技术，结合普查员及林业管理员现场核对，准确率明显提高，为除治质量提升奠定基础。

继续加强综合防控，遏制松材线病的蔓延和扩散。持续建设松材线虫病一体化防治示范区，对 2 万亩斗岩景区、陶朱山公园等周边地段开展松材线虫病一体化防治示范区综合防控。对古松树、景区周边松树和城松树区进行打孔注药保护，注药6万瓶，保护约2万株松树。由属地镇乡街道组织专业除治队伍，开展年度枯死松树清除工作，全年共清理疫木985万公斤。委托第三方核查机构，在松材线虫除治期间对各除治单位进行实时核查，确保除治质量。

完善林业有害生物监测系统，新配置20个美国白蛾诱捕器、20个松墨天牛诱捕器；更换旧诱芯50个。加强对毛竹、板栗、苗木等主产地的联系和巡查，及时了解和掌握全市主要经济林、用材林、苗木林的病虫害发生动态。全面掌握病虫动态，及时发布病虫信息，发布诸暨森防简报4期。

委托有有害生物防治资质的单位开展森林医生服务，森林医生累计出诊30次，对主要经济林、绿化树种、庭园景观树木等的病虫害进行诊断和防治，对部分古树名木进行检查，提出保护方案，参与保护工作。

【香榧产业发展】2022年6月，诸暨市出台《关于香榧产业高质量发展的实施意见》，市财政从2022年至2024年每年安排2000万元专项资金，通过产业强基、双强补链、品牌拓市、古树更“芯”、文化赋能等五大行动，推动香榧产业高质量发展。以“枫桥香榧”区域公用品牌为牵引，促进香榧产业组织化、规模化、标准化发展，完成“枫桥香榧”团体标准制定工作。在香榧博物馆内建成“枫桥香榧”品牌运营中心。“榧香诸暨”数字应用在浙里办和浙政钉两个平台同步上线。与浙江农林大学完成科研合作框架制订，重点开展良种选育、标准化栽培加工、大健康产业研发等三个方向的科研合作。

香榧国家林木种质资源库新增香榧（榧树）种质资源15份，基地内新栽种香榧种质资源苗1000株。诸暨市林业科学（香榧）研究所和浙江农林大学合作实施的中央财政林业科技推广示范资金“香榧丰产优质栽培关键技术示范推广项目”顺利通过省林业局组织的专家验收。福建省科技厅立项的“香榧良种培育及高效栽培技术研究与推广项目”完成全部计划任务并通过专家验收。以诸暨市为主要参与单位的“浙江省特色经济林增汇提质技术与应用”完成成果鉴定，科技成果达国际先进水平。

2022年，香榧博物馆被评为浙江省自然教育基地、浙江省生物多样性体验地，全年共接待各类参观人员5000余人次、各类团体30余批次，组织中小学生科普活动3场。开展技术推广工作，全年开展香榧古树保护、香榧林地抚育管理、香榧后熟及加工技术等科技服务工作60余次，培训榧农500人次。

【东白山省级自然保护区管理】2022年，诸暨东白山省级自然保护区管理站贯彻自然保护区保护建设文件精神，守护绿水青山，守护自然保护底线，以保护建设为导向，推进项目实施，抓好专项任务。

完成东白山省级自然保护区总体规划修编项目送审稿编制。保护区管理站紧盯总体规划修编进度，积极与总体规划修编承接单位做好修编事项协调，及时交流探讨保护区总体规划修编举措，深入廖宅、里四、东白山等村庄和东白湖周边，开展野外规划调查。征求属地镇乡、市级相关部门对保护区总体规划修编的意见建议。10月，按国家局下达的保护区范围矢量图，修订保护区边界范围数据。11月，完

陈宅镇开化村香榧林下套种芍药（自然资源和规划局提供，摄于2022年4月）

成保护区总体规划修编送审稿编制，提交省林业局评审。

完成保护区“十四五”规划重点项目——东白山省级自然保护区综合科学考察项目。4 月至 7 月，组织开展春夏季植物科考调查，做好动物科考事项协调，收集保护区涉及部门单位的历年资料数据，为科考调查研究作准备。本次科考调查取得新的成果，动植物等自然资源调查有新的发现。调查结果显示，诸暨东白山省级自然保护区范围内共有维管植物 1476 种，隶属于 169 科 688 属。其科、属、种数分别占浙江全省维管植物科、属、种数的 64.5%、43.3% 和 30.3%。保护区有国家一级重点保护野生植物 3 种，国家二级重点保护野生植物 18 种。本次动物资源科考调查，手拍野生动物有效照片 524 张，野外红外相机拍摄照片 26181 张，短视频 8727 个。通过整理、图像识别、统计分析归类，调查共录到动物种数为 295 种，分属 5 纲 31 目 99 科 224 属。其中，国家一级重点保护野生动物 3 种，国家二级重点保护野生动物 28 种，浙江省重点保护野生动物28种。

2022 年诸暨东白山省级自然保护区植物区系组成一览表

表 1

<table>
<tr><th colspan="4">分类群</th><th>科数</th><th>比例</th><th>属数</th><th>比例</th><th>种数</th><th>比例</th></tr>
<tr><td colspan="4">总计</td><td>169</td><td>100.0%</td><td>688</td><td>100.0%</td><td>1476</td><td>100.0%</td></tr>
<tr><td rowspan="6">维管植物</td><td colspan="3">蕨类植物</td><td>21</td><td>12.4%</td><td>51</td><td>7.4%</td><td>121</td><td>8.2%</td></tr>
<tr><td rowspan="5">种子植物</td><td colspan="2">合计</td><td>148</td><td>87.8%</td><td>637</td><td>92.6%</td><td>1355</td><td>91.8%</td></tr>
<tr><td colspan="2">裸子植物</td><td>5</td><td>2.9%</td><td>15</td><td>2.2%</td><td>20</td><td>1.3%</td></tr>
<tr><td rowspan="3">被子植物</td><td>合计</td><td>142</td><td>84.6%</td><td>622</td><td>90.4%</td><td>1335</td><td>90.4%</td></tr>
<tr><td>双子叶植物</td><td>119</td><td>71.0%</td><td>502</td><td>73.0%</td><td>1108</td><td>75.1%</td></tr>
<tr><td>单子叶植物</td><td>23</td><td>13.6%</td><td>120</td><td>17.4%</td><td>227</td><td>15.3%</td></tr>
</table>

2022 年诸暨东白山省级自然保护区调查记录动物分类数一览表

表 2

纲名	目数	科数	属数	种数
鱼纲	5	13	36	38
两栖纲	2	8	18	22
爬行纲	2	15	39	48
鸟纲	15	46	99	142
哺乳纲	7	17	32	45

保护区日常管护。2022 年，完成专项监管任务。加强动植物等自然资源的管护，开展保护区山林巡查管护、设施设备检查 11 次。开展保护区人类活动违规问题监督检查 9 次，核查保护区内疑似违规图斑 7 处，及时完成图斑销号，按要求完成省林业局下达的工作任务。在保护区监督检查中发现有违规修建、违规建设苗头的，及时告知属地政府及相关单位处理。

持续做好保护区整合优化后的矢量图修订。7 月至 11 月，根据国家局新的保护区边界范围矢量图数据，开展保护区勘界定标实测检查，实地踏勘保护区边界和功能区范围变化情况，继续修订完善保护区边界范围矢量图。

自然保护区宣教。9 月，在浙江卫视、浙江新闻、《绍兴日报》、《绍兴晚报》、《诸暨日报》、“西施眼”等新闻媒体，以保护区首次用红外相机拍摄到国家一级保护野生动物白颈长尾雉为题材，发布科考成果新闻，并结合新闻主题做好自然保护区的宣传。

项目建设。协同东白湖镇政府做好保护区廖宅村部分区域硬件设施改造提升。以保护区为主体申请省级资金支持，及时做好廖宅环境提升工程项目立项，审核廖宅环境提升工程项目实施方案，监督廖宅环境提升工程项目招标推进、开工实施。

【森林消防】2022 年，继续开展森林火灾风险普查工作，普查成果按要求通过专家组评审。3 月，成立由 83 人组成，以森林防火宣传和野外违规用火劝导为主要业务的“诸暨市森林资源保护义警协会”；组织开展“3·19”森林消防宣传日活动，在 300 余辆公交车上滚动播放森林防火宣传视频 18 万次，发送短信总计 30 余万条，推送森林防火视频微信广告 95 万人次。4 月，按照“属地管理，分级负责”原则，签订森林消防责任书 26 份，确保“山有人管、林有人护、火有人扑、责有人担”；以资金补助的方式，指导全市 9 个镇乡街道以政府购买服务的方式，建立专业森林防火救火队伍，新增森林防火蓄水池 25 个，营造生物防火林带 3 千米，新增森林防火应急道路 3.3 千米；完善基层护林网格体系建设，将承担护林职责的 860 余名网格员调整为 390 名专（兼）职护林员，并完善各项规章制度。6 月，完成森林防火“十四五”规划草稿的编制工作；按要求开展林区输配电设施火灾隐患专项排查治理工作，累计排查林区树线火灾隐患点 92 处，并全部治理。全年发生森林火灾 1 起，火灾地为应店街镇幸福村，过火面积 10.05 亩。

【林业执法】2022 年，全市推进“网盾行动”“禁种铲毒”“2022 清风行动”“省林业检疫执法”“调查核实涉嫌网络非法交易‘下山兰’有关情况”“野生动植物保护”等专项行动。完成 55 件国家和草原林业局 2021 年森林督查案件的查处整改销号工作，完成省林业局 32 个自然保护地违规图斑和 2 个风景名胜区违规图斑的整改销号工作。针对“大综合一体化”中赋权乡镇和综合行政执法局的执法人员对林业案件业务不熟问题，专门邀请省林业局执法处专家，组织森林资源破坏案件的执法业务培训 1 次。对国家林业和草原局提供的 2022 年森林督查第一批违规图斑中的 71 宗涉嫌违法案件，组织人员调查取证，并及时移送赋权乡镇和综合行政执法局。全年处置各类涉林举报事项 60 余起，办理信访件 47 件。查处涉林行政案件 59 起，办结 45 起(14 起未办结)，处罚个人（组织）共 56 次(3 起不予处罚)，收缴行政罚没款 128.2 万余元(尚未缴纳 71.8 万余元)，没收野生动物 56 只(头)，没收野生植物 53 苗，拆除、收缴非法猎捕工具 15 件，移送行政处罚案件 49 件(综合行政执法局 29 件、农业农村局 1 件、赋权乡镇 19 件)。

（自然资源和规划局　杨舟琳）

畜牧业 · 渔业

【畜牧业】2022 年年末，生猪存栏 13.52 万头，同比减少 6.69%；出栏 16.46 万头，增长 6.15%。家禽存栏 175.98 万羽，同比减少 4.92%；出栏 192.83 万羽，同比减少 20.9%。

【渔业】2022 年，全市水产养殖面积 3331 公顷，实现水产品总产量 28605 吨，同比增长 3.45%；产值 88212 万元，同比增长 5.5%。

水利

【概况】2022 年，全年完成水利投资 9.4 亿元，完成水利设施投资 22.8 亿元，同比增长 36.97%，向上争取资金 2.2 亿元。安华水库扩容提升先行工程——同山镇临江片水环境整治工程开始建设。陈蔡水库加固改造工程通过蓄水验收，主体工程基本完成。浦阳江综合治理工程争取专项债券 18.5 亿元，完成房屋征迁 16 万平方米。浦阳江治理三期工程可行性研究报告通过省发改委评估咨询。全国水系连通及水美乡村试点县项目进度达 70%，超额完成省级年度任务，打造县域综合治水样板。

2022 年 2 月，市水利局被评为全省首批小流域山洪灾害预警数字孪生应用建设推广单位。6 月，获评水利建设投资项目落实、美丽幸福河湖建设和水库系统治理(除险加固)工作成效明显的县(市、区)。7 月,第五次获得“五水共治”(河长制)工作优秀市县“大禹鼎”。9 月,获评全省第二批水域监管“一件事”试点单位。连续第 9 年获全省水利工作综合绩效考评优秀。编制完成《诸暨市水文化遗产集萃》。水文化公园中刘光复、何文隆的首座全身雕像《对话》落成。

【水旱灾害防御】2022 年,梅期偏短、雨量偏少,出梅后持续晴热高温少雨,主要遭受“轩岚诺”“梅花”台风影响。汛期(4—10 月)平均降水量 793.5 毫米,较往年同期(998 毫米)偏少 20%,2 次启动应急响应,浦阳江干流未发生超警戒洪水。全市汛情平稳,旱情可控,未发生险情灾情。

诸暨市于 6 月 10 日入梅,7 月 5 日出梅,梅期 16 天,梅雨量仅 111.6 毫米,不到常年(266.7 毫米)的 50%。

出梅后持续晴热高温少雨。7 月后,全市累计雨量 338.5 毫米,比常年(440.9 毫米)偏少约 23%。9 月,受“轩岚诺”和“梅花”两个台风的影响,降水明显,对全市旱情起到缓解作用,但西部镇乡街道未在台风降水过程中受益,导致夏秋干旱期间,应店街、五泄、马剑、大唐等地蓄水量存在不同程度短缺,部分自然村如马剑镇石门村、相公殿村、中坑村,大唐兴隆村等送水入村,补充群众基本生活用水。

2022 年第 11 号台风“轩岚诺”、第 12 号台风“梅花”影响诸暨。9

2022 年 12 月 29 日,安华水库扩容提升先行工程开工仪式举行(水利局提供,蒋立奔摄)

陈蔡水库加固改造工程通过蓄水验收(水利局提供,摄于 2022 年 8 月)

全国水系连通及水美乡村建设试点县项目次坞片区凰桐江治理工程现场(水利局提供,摄于 2022 年 5 月)

月2日8时至5日16时，受第11号台风“轩岚诺”影响，全市面雨量81.8毫米，降水分布不均匀，东多西少，陈宅镇、东白湖镇、赵家镇累计雨量超过200毫米，最大为陈宅开化291.1毫米。本次台风期间，在确保水利工程运行安全的前提下，科学调度水库，统筹做好抗旱保供水工作。大中型水库蓄水率从9月3日8时的66%提高到80%（6日8时），小型水库蓄水率从30.5%增加到34.3%，一定程度缓解了旱情。12日8时至15日8时，受第12号台风“梅花”影响，全市面雨量63.2毫米，降水分布不均匀，东多西少，枫桥镇、赵家镇、东白湖镇、浬浦镇累计雨量超过150毫米，浦阳江干支流水位总体平稳。

【美丽水网建设】2022年，印发《诸暨市山塘系统治理工作方案》，开展水库除险加固20个，山塘综合整治33个，美丽山塘创建19个。中小河流综合治理4.17千米，提升改造泵站堰坝82座，农村供水管网改造22.37千米。省级幸福河湖试点县项目通过验收，创建6个水美乡镇、16个美丽池塘。新增征天水库、珍珠湖、浦阳江上游、马剑溪等4条（个）省级美丽河湖，累计创建（个）17条，数量居全省县市区第一。

【水利改革】2022年，编制并印发《2023—2025年诸暨市深化水利工程标准化管理实施方案》，实施诸暨市“三区三线”水利工程空间信息服务项目，建立水域空间数据库。水利工程“三化”改革超额完成省级任务，智慧水利二期建设完成480余处水雨情设备和视频监控设施安装。省级试点小流域山洪灾害预警数字孪生应用获绍兴市领导批示肯定，入选绍兴数字政府系统建设重点应用并在专报刊发；山洪预报“一件事”应用被列为绍兴市试点。（水利局　张愉翊）

农业监管与服务

【农业执法】2022年，诸暨市开展浙江省部署的“绿剑”系列、打假保春耕、“亮剑”护渔等集中执法行动，并自行开展种子繁育、夏季水产品养殖、诊疗机构医疗废物处置、兽药饲料隐性成分添加等专项执法检查行动，全年派出执法人员1884人次，检查生产经营场所712个，查办案件83起，办结违法案件82起，移送6起，在办1起，规定时限内案件办结率达100%。

【农产品质量监管】2022年，继续做好规模主体农产品质量安全巡查、监测，配合上级部门开展抽样496份，合格率99.2%。完成全市农产品定量抽检样品1220份（含牲畜尿样20份），其中完成监督抽查样品600份，风险监测620份（含牲畜尿样20份），合格率均为99.6%。完成全市农产品农残快检2.4万份，合格率99.99%。推进“三品一标”认证，完成绿色食品认证4个、绿色食品续展12个，无公害农产品复查换证26个。

【农机监管与服务】2022年，共检查农机合作社近170家次，派出检验人员170多人次。实施农机安全检验工作，完成检验拖拉机和联合收割机415台、插秧机和烘干机390台，全市拖拉机和联合收割机的总年检率为94.32%，居绍兴市各县排名第一位。开展农机机身反光贴安装“亮尾工程”及挂车喷涂放大牌号工作，免费发放、张贴反光贴共4300多条，提高在用机具夜间标识度。继续加强部门合作和信息互通。联合公安、交通等部门开展上路执法检查35次，派出检查人员330多人次，报废解体查扣拖拉机14台。全年新增补贴机具3400余台。开展植保无人机社会化服务38万亩次，创建农机服务中心6家、全程机械化应用基地6家、农机创新试验基地1家。创成省级特色产业农业“机器换人”高质量发展先行县（水稻），主要农作物耕种收综合机械化率达86.66%。

【农技推广】2022年7月5日至6日，诸暨市承办中国水稻所中组（舜达）系列早稻新品种高产栽培示范现场观摩会，浙江省科技厅、浙江省农业农村厅等相关单位领导和专家、相关地市种子管理（推广）单位负责人以及浙江、江西、安徽等省有关种业企业、家庭农场、专业合作社、种粮大户代表参加会议。7月10日至11日，召开早稻新品种“中组18”现场观摩会，浙江省种业管理部门、中国水稻研究所、浙江省相关地市县级推广（种子）部门领导以及代理商、大户代表参加会议并现场观摩水稻新品种示范展示基地。

农业现代化和绿色生态农业建设

【农业现代化建设】2022年，完成2万亩粮食生产功能区“非粮化”整

枫桥镇西奕村统防统治示范基地(农业农村局提供,摄于 2022 年 10 月)

治,新建高标准农田项目 0.62 万亩。农技中心参与实施的“适地养分管理技术集成创新及其在面源污染减排中的应用项目”获浙江省科学技术进步三等奖、“流域农业面源污染防控技术体系及其在南方湿润地区的应用项目”获浙江省农业农村厅技术进步二等奖、“绍兴市农田土壤典型污染修复治理技术集成与示范推广项目”获浙江省农业丰收奖一等奖。诸暨市先后被认定为全国测土配方数据采集工作考评优秀单位、全国农作物病虫害绿色防控整建制推进县、省级酸化耕地治理试点县。7 月 21 日,浙江国伟科技有限公司被列入国家畜禽种业阵型企业。9 月 13 日,诸暨里联现代化农事服务中心被列入首批省级现代化农事服务中心创建名单,诸暨市获全省农业“双强”行动“赛马”激励地区通报,浙江国伟科技有限公司被列入浙江省畜禽种业阵型企业名单。12 月 23 日,浙江纯禾生态农业科技有限公司被认定为全省 2022 年数字农业工厂。

【绿色生态农业建设】2022 年,继续推进农业绿色化发展,全年新建省级绿色防控(农药定额)示范区 2 个、绍兴市级绿色防控示范区 6 个、诸暨县级绿色防控示范区 11 个、绍兴市级化肥定额制示范区 2 个,省级美丽牧场 2 家,推广配方肥与按方施肥 2.1 万吨,减少不合理化肥施用量 310 吨。开展主要农作物病虫害统防统治,实施水稻二化螟性诱防控 10 万亩。培育省级示范性统防统治服务组织 4 家,并对全市 50 亩以上种植大户参与作业备案。发布《病虫情报》12 期,指导病虫防控,全年主要农作物病虫害统防统治面积达 19.3 万亩,实现农药减量 6.12 吨。创成全国农作物病虫害绿色防控整建制推进县,主要农作物测土配方施肥技术覆盖率达 90% 以上,受污染耕地安全利用率达 93.2%。屠宰环节无害化处理的生猪及生猪产品共计 1176 头,无害化处理率达 100%。开展示范性家庭农场培育,诸暨市小山坞家庭农场、诸暨市梦琦家庭农场、诸暨市丰趣家庭农场等 3 个农场被认定为 2022 年省级示范性家庭农场;诸暨市赵峰家庭农场、诸暨市缘水家庭农场等 10 家农场被认定为 2022 年绍兴市示范家庭农场。浙江清湖控股集团有限公司、浙江金大地农业科技有限公司、浙江米果果生态农业集团有限公司 3 家主体被认定为省级渔业共富主体,浙江佰瑞拉农业科技有限公司被新认定为浙江省水产绿色健康养殖“五大行动”骨干基地。新认证无公害水产品 1 家,新建二维码追溯主体 3 家。落实省级水产优良品种推广项目 1 个,新增 230 余亩“稻—罗氏沼虾”综合种养示范区。

新农村建设

【美丽乡村建设】2022 年,持续深化“千万工程”,集中政策、力量、资金,探索美丽乡村片区化、组团式建设模式,创成枫桥镇杜黄新村、枫桥镇枫源村、五泄镇十四都村、山下湖镇枫江村和新桔城村 5 个省级未来乡村,创成省级美丽乡村特色精品村 3 个、省级美丽乡村精品村 50 个、绍兴市级美丽乡村特色精品村 5 个,创成东白湖镇斯宅村、东和乡十里坪村和山下湖镇新长乐村等 7 个绍兴市级先行村,完成省级“十亩之间”美丽乡村集成示范带建设,启动第十批历史文化(传统)村落保护利用工作。

【农村人居环境治理】2022 年,继续以“一分两清三化”为重点,健全发现问题、整改落实、审核认定的闭环管理模式,启用农村人居环境线上问题整改平台,通过一年四轮次的线上问题整改逐步降低农村人居环境问题存量,推动农村人居环境持续改善,整改率98.9%。提升农村生活垃圾分类智慧管理水平,绍兴市内率先建设农村生活垃圾分类大数据监管平台,实现分、收、集、运、处全流程数字化监管和站点安全实时预警,覆盖110个行政村,获评2022年全省农村生活垃圾分类处理工作优胜县(市、区)。完成诸暨农村公厕应用"浙里办"上架,通过公厕查询、问题上报、公厕评价等服务,解决"寻厕难""用厕脏""管厕难"等问题,助力农村公厕服务大提升,实现公厕管理智能化、公厕服务便民化。

【农村集成改革】全国首创宅基地"三权三票"政策体系,颁发全国第一张集体权票和保留权票。宅基地制度改革工作被授予2022年诸暨市全面深化改革突出贡献奖。基本完成五美村、石壁湖村、溪埭村3个首轮试点,启动日溢村、五新村、霞朗桥村、岭北周村等二轮试点,改革相关的做法成效获农业农村部部长唐仁健、浙江省常务副省长徐文光等领导的点名表扬或批示肯定。积极推进数字化改革,建成"榧香诸暨"和"农培促富"两个特色应用场景,"农培促富"数字应用被列入省农业农村厅强村富民集成改革中浙农富裕重大应用农民培训场景全省唯一"先行先试"项目。积极贯通"浙农"系列应用,贯通任务量、贯通进度、先行先试推进等综合评分居全省前列。巩固提升全国集体产权改革试点建设成果,提升市、镇两级产权交易平台建设,实现产权交易1436笔,交易额1.35亿元。探索农村金融改革,巩固农村集体产权制度改革试点成果,累计发放各类产权贷款14752户,贷款余额22.30亿元。深入推进闲置农房激活,共激活农房447宗,吸引各类投资4.85亿元,陈宅镇和浬浦镇入选2022年绍兴市农村宅基地盘活利用(含"闲置农房激活")先进乡镇(街道)名单,陈宅镇石壁湖村和浬浦镇五美村被列入2022年绍兴市农村宅基地盘活利用(含"闲置农房激活")示范村。

【"三资"管理】按照村级财务"季度一检查""三年一轮审"和市级抽审的要求,下发"三资"工作函告单25份,季度检查通报4份。全面核查法律顾问新签订的5万元以上租赁发包合同325份,统一集中修订集体资产资源租赁发包合同模板。扎实推进村级财务审计,共审计164个村,其中市级抽审村21个。

(农业农村局　方可嘉)

暨南街道新南村水稻高产示范方(农业农村局提供,摄于2022年10月)

工 业

2022年，全市实现地区生产总值(GDP)1658.84亿元，按可比价格计算，同比增长4.6%。其中，第二产业增加值809.28亿元，增长5.2%；三次产业增加值结构为3.5:48.8:47.7。全市规上工业企业1243家，同比增加123家。全年实现规上工业产值1572.5亿元，同比增长9.1%；规上工业增加值359.3亿元，同比增长10.1%。全市战略性新兴产业、高新技术产业、装备制造业增加值分别为114亿元、165亿元和170亿元，同比增长9.5%、10.7%和10.1%，占规上工业比重分别达32.4%、47.8%和48.3%。从工业主导行业看，环保新能源产业、智能装备制造业、铜加工及新型材料业、纺织服装业、袜业和珍珠业六大主导行业合计产值1165.7亿元，同比增长9.5%，占全市规上工业企业总产值的74.1%，其中智能装备制造业产值增长7.0%，铜加工及新型材料业产值增长7.7%。六大主导行业合计利润31.3亿元，同比降低43.5%，占全市规上工业利润的59.6%。

2022年诸暨市规上工业主导行业主要经济指标进度一览表

表3

行业名称	企业家数（家）	产值（亿元）	同比 ±（%）	利润（亿元）	同比 ±（%）
环保新能源	43	97.8	36.8	5.6	1400.7
智能装备制造	313	280.9	7.0	15.4	20.6
铜加工及新型材料	141	411.5	7.7	4.3	−66.7
袜业	280	241.8	5.8	0.9	−96.3
纺织服装	193	128.9	10.0	1.9	−48.2
珍珠	8	4.8	44.8	—	—

续表 3

行业名称	企业家数（家）	产值（亿元）	同比 ±（%）	利润（亿元）	同比 ±（%）
主导行业合计	978	1165.7	9.5	31.3	−43.5
2000 万元以上企业合计	1243	1572.5	9.1	52.5	−38.0

2022 年，面对国内外疫情反复、传统产业订单部分转移、原材料价格飙升等困难，诸暨市主动求变、内外并进，扎实推进“稳盘提质强链”行动，打好工业运行逆周期调节组合拳。

产业链协同创新与精准招商。引导产业链上下游协同创新。推进产业链“链长制”，支持上下游企业通过共同组织、共担风险、共享收益的模式，主动面向产业链供应链关键环节和“卡脖子”技术，不断增强自主创新能力，实施首台（套）装备工程化攻关，推动关键设备国产替代进口。全兴精工牵头创建的电机及电控系统企业共同体、华海氨纶牵头创建的差别化氨纶纤维纺织品企业共同体相继入选省产业链上下游企业共同体名单；六方碳素半导体芯片外延托盘项目等 2 个项目被列入省制造业高质量发展示范创建县（市、区）产业链协同创新项目计划，全市累计培育省首台（套）装备超 45 项。聚焦重点产业链精准招商，按照“缺什么引什么、弱什么补什么”原则，制订铜材精密制造产业链、数智安防产业链精准招商实施方案，绘制产业“现状图”和“前景图”，明确招引方向和发展目标。发挥乡贤招商、平台招商、以商招商作用，紧盯头部项目、补链项目，逐步从“碎片化分散招商”向“体系化产业链招商”转变。

重点项目建设。以“抓项目、促投资、稳增长”为目标，发挥有效投资的关键作用，集中谋划储备一批、联审联批一批、开工建设一批重点项目。如加快推进少海汇智慧家居、恒久高精链条生产基地等重大项目开工投产，推进海亮股份智能制造、富润印染绿色制造生产制造方式转型。全年全市着力扩大有效投资、优化投资结构、提高投资效益，建设浙江省制造业重大项目共 10 个。

2022 年诸暨市重大制造业项目一览表

表 4 **单位 :万元**

项目名称	项目业主	总投资	2022 年计划投资	开工时间	拟建成时间
大唐袜艺智能产业园	诸暨大联袜艺小镇投资开发有限公司	136000	30000	2021 年 2 月	2022 年 12 月
诸暨华海氨纶有限公司年产 12 万吨差别化氨纶丝技改项目	诸暨华海氨纶有限公司	210900	40000	2020 年 3 月	2022 年 12 月
年产 15 万吨高性能汽车换热及供电系统用精密铝制品建设项目	浙江海亮股份有限公司	224995	30000	2021 年 6 月	2022 年 12 月
诸暨数字安防产业园建设项目	浙江友地安顺安防科技有限公司	150000	30000	2022 年 6 月	2022 年 6 月
浙江恒久传动科技股份有限公司 4 万吨高端细分应用领域链条生产基地	浙江恒久传动科技股份有限公司	104400	25000	2021 年 1 月	2022 年 3 月

续表 4

项目名称	项目业主	总投资	2022 年计划投资	开工时间	拟建成时间
年产 300 万套数字化家电家居类生产线项目	浙江欧意数字科技有限公司	208000	50000	2021 年 8 月	2023 年 8 月
新能源汽车二氧化碳空调集成系统生产项目	浙江伟众科技有限公司	107000	20000	2021 年 12 月	2023 年 6 月
浙江枫桥杭派服饰产业基地项目	浙江枫桥杭派服饰产业园有限公司	303820	5000	2019 年 4 月	2022 年 4 月
诸暨华都国际纺织产业城集团有限公司年产 15 亿米高档针纺织面料、6.5 万吨高档针织品项目	诸暨华都国际纺织产业城集团有限公司	218000	50000	2021 年 9 月	2023 年 6 月
年产 4 万吨三元前驱体项目	浙江帕瓦新能源股份有限公司	125900	5000	2022 年 1 月	2024 年 1 月

产业数字化与数字产业化。推进产业数字化。围绕装备智能化、生产数字化、管理智慧化“三化”赋能，精准实施“数字车间—智能工厂—未来工厂”新智造升级链，加快实现“加工制造”向“研发智造”蝶变。以时尚袜艺为代表的产业集群持续升级，袜业产业集群入选省级新智造试点，袜业中小企业数字化改造被列入省级培育名单，“袜业产业大脑”被列入省级试点，孵化叶晓、嘉志利等智能袜机生产企业 20 余家，年产织缝翻一体机规模超 8000 台。累计培育省级数字车间 9 家、省级工业互联网平台 9 个，实现设备联网超 5000 台，居绍兴前列；“机器换人工”“自动换机械”“成套换单台”持续推进，在役工业机器人达 4007 台，稳居绍兴第一；“两化融合”指数一直处于全省第一梯队。发展数字产业化。通过扶持发展和

位于诸暨市暨阳街道兴农路 9 号的智能视觉产业园（经开区提供，摄于 2022 年 6 月）

2022 年 9 月 19 日，绍兴市首家在科创板上市的企业浙江帕瓦新能源股份有限公司在诸暨举行首发上市鸣锣仪式（陶朱街道提供）

项目引进，数字经济核心产业制造业涌现出帕瓦新能源、大豪科技等亮点企业，对数字经济核心产业发展形成较大支撑。全市数字经济核心产业增加值占地区生产总值比重达 3.2%，数字经济核心产业制造业增加值突破 32 亿元。5G 基站网络初步形成，累计新建开通 5G 基站超 2800 个。

企业培育。2022 年，诸暨实施重点突进和分类提升“两手抓”，深化“长高长壮”专项行动，做强“压舱石”。锁定帕瓦新能源、元集新材料、芯云半导体等一批科技含量高、发展前景好的“新势力”，强化电水气地要素供应、政策快兑，实施“保姆式”、特事特办服务；着眼海亮股份、华海氨纶、全兴精工等 5 亿元以上龙头企业稳进提质，实施“一企一档”“白名单”精准服务；推动华纬科技、创格科技、金海高科等一批成长明星做精做强，实施“企业技术中心、省级工业新产品、浙江制造精品、首台套产品、产业协同创新”赋能服务。全市拥有各类市场主体 17.7 万家，规上工业企业 1243 家，销售超亿元企业 247 家，上市公司 16 家，世界 500 强、雄鹰企业各 1 家，单项冠军、小巨人等各类专精特新企业 123 家。

绿色制造体系构建。推动清洁生产。引导企业实施主动清洁生产审核，聚焦建材、印染、金属加工、电镀、化纤等重点行业，实现资源节约利用、节能降耗、降本增效。全市有 228 家（次）企业通过省级自愿清洁生产审核验收，居全省前列。推进绿色制造。支持企业实施节能降碳技术改造，推动生产制造方式绿色化。富润印染高档生态纺织品和功能性纺织品染整面料、高档针织袜子、成衣染色搬迁技改项目入选 2022 年国家支持先进制造业和现代服务业发展专项项目（节能降碳和绿色转型方向），获中央预算内投资支持超 3000 万元。推荐帕瓦新能源等 5 个项目入选 2022 年度浙江省生产制造方式转型（绿色化方向）示范项目实施计划，项目设备投资额超 4 亿元，预计实施后减碳量超 4 万吨，至年底 4 个项目基本实施完成，争取省级工信专项资金支持达 2370 万元，将全部用于支持节能降碳技术改造重点项目。培育绿色标杆。全市累计创建国家级绿色工厂 4 家、国家级工业产品绿色设计示范企业 2 家、绿色设计产品 1 个，创建省级绿色低碳工厂 4 家、绍兴市级绿色工厂 38 家，培育绿色循环化发展标杆，拉动绿色低碳产业能级提升。浙江富润印染有限公司入选 2022 年国家级工业产品绿色设计示范企业（第四批）名单。按全省万元增加值能耗低于 0.3 吨的行业大类测算，2021 年全市绿色低碳产业产值 702.4 亿元，同比增长 10.4%。（经信局　邱羽）

特色工业产业

【概况】2022 年，诸暨市锚定先进制造基地示范县市定位，“接沪融杭”，构筑“时尚袜艺、美丽珍珠、精密铜材、智能装备、环保装备、纺织服装六域支撑，数智安防、生命健康、新材料三业开拓”的现代产业体系。环保新能源产业、智能装备制造业、铜加工及新型材料业、大唐袜业、纺织服装和珍珠业等六大工业集群规上工业企业合计实现工业产值 1165.7 亿元，同比增长 9.5%，占全市规上工业企业总产值的 74.1%。

【大唐袜业】袜业是诸暨市起步最早、分布最广、从业人数最多的富民产业。全市共有制袜企业上万家，规上企业 280 家，年产袜子超 200

亿双，产业规模超 700 亿元。诸暨市大唐街道是国家新型工业化产业示范基地、全国袜业知名品牌创建示范区和首批中国特色小镇。全市袜业形成以织袜为主，涵盖装备制造、原料供应、研发设计、纺丝加弹、染整绣花、包装营销、市场服务等完整环节的产业链。在诸暨可以买到任何一款先进的袜机和配件，可以生产任何一款袜子，可以供应任何一种主要原料。

全市袜业有省级两化融合示范企业 2 家、省级工业互联网平台 1 个。建成数字化车间 47 个，实现设备联网超 5000 台。40 余家规上企业实施数字化改造。引育数字化工程服务和诊断公司 15 家。新业态形成 3000 多家电商主体、50 余亿元电商年销售额的规模。

【美丽珍珠产业】诸暨市作为“中国珍珠之都”，是全国最大的淡水珍珠养殖、研发、加工和交易基地，全市淡水珍珠年产量占全国的 80% 以上，占世界的 70% 左右。全市紧扣珍珠产业“生态化、时尚化、国际化”目标，加大科技研发投入，加快配套设施建设，推动珍珠产业转型升级，提升产业附加值和竞争力。2022 年，全市有珍珠企业 5600 余家，“山下湖珍珠”区域品牌价值达 560 亿元。

2022 年，已完成全部禁养区 2800 余亩退养和 8000 余亩内循环生态养殖改造，珍珠养殖区域水质由原来的“劣 V 类”优化到“IV 类”以上，每亩养殖河蚌密度由传统养殖的 1000 只 / 亩提高到 6000 只 / 亩以上。浙江清湖农业科技有限公司首创的“精准喂养”自动化管网式养殖模式，既能大大提高饲料利用率、降低养殖成本，还能有效净化水质、提升珍珠品质，被新闻媒体称为新一代“水质净化器”。诸暨市打造珍珠产业创新综合服务体，涵盖珍珠研究院、珍珠产业工程师协同创新中心等七大省级科创平台，推动珍珠产业科技成果的就地交易、转化和应用。继续发展网红直播、跨境电商、微信直播等销售新模式，网红直播销售形成电商销售、产品检测、物流配送等一体化全链条服务模式。跨境电商数量超 5000 家，日均快递订单超 20 万件。

【铜材精密制造产业】诸暨市店口镇铜加工产业是国内重要的铜材制造产业基地，是省有色金属改造分行业试点和铜加工智能化改造试点。2022 年，全市共有铜加工及新材料企业超 140 家，年产值 411.5 亿元，同比增长 7.7%。

诸暨市以店口镇为集聚地，基本形成以铜材制造为牵引，汽配水暖等下游产业紧密协作的百亿级产业集群。全市铜产品门类按合金成分可以分为紫铜、黄铜、青铜和白铜，按产品形态可以分为铜管、铜棒、铜线、铜板、铜带、铜条、铜锭、铜合金、覆铜板、复合管材和电线电缆等。以海亮集团为例，主要生产铜管、铜棒、管件、铝型材、铜铝复合材等有色金属产品，产品包括近百个牌号、数千种规格。海亮股份是全球最大、最具竞争力的铜材制造企业，铜管材全球市场占有率达 13.2%，居全球第一；盾安环境是中国第一家为核电站配套生产核级冷水机组且拥有自主知识产权的企业；灿根智能是国内最大锻压行业铜轴承（铜套）龙头企业，占国内市场份额的 85%；恒森实业是全国最大电动阀门生产厂家之一；永成集团是国内最大机械铜套、钢件加工生产商之一。

全市在役工业机器人超 800 台，有工信部贯彻国家标准企业 2 家（海亮集团、灿根智能）、省级制造业 + 互联网深度融合示范试点企业 5 家（海亮股份、盾安禾田、海亮集团、绅仕镭铜业、迪艾智控）、省级工业互联网平台 1 个（迪艾智控）。

【环保新能源产业】诸暨市先后被命名为国家重大技术装备国产化基地、中国环保机械行业协会理事长单位，环保新能源产业涵盖大气污染治理、水污染处理、固废处理等领域。新能源产业集中于新能源电池原材料、电控及新能源汽车电子集成线束等配套设备研发生产及分布式光伏电站建设。2022 年，全市有规上企业 43 家，实现规上产值 97.8 亿元、利润 5.6 亿元。诸暨市拥有世界 500 强企业海亮集团下属子公司 1 家（海亮环境），中国 500 强企业 1 家（天洁集团），上市企业 4 家（天洁环境、菲达环保、金海环境、帕瓦新能源），其中帕瓦新能源于 9 月 19 日在上海交易所上市。菲达环保除尘、脱硫等环保岛系统大成套技术国内一流，$PM_{2.5}$ 超低排放控制技术产品市场占有率居全国首位，电除尘器出口量在国内行业位列首位。天洁环境是中国静电除尘器的第三大制造商和第四大出口商，具备环境污染治理工程总承包资质，被原国家电力公司列入 50 兆～600

兆瓦机组配套电除尘器以及50兆～200兆瓦正压气力输灰系统的重点生产企业。新能源产业中帕瓦新能源生产的三元正极材料前驱体是杉杉新能源、LG等国内外知名企业原材料供应商，露笑新能源主攻新能源汽车车用驱动电机和电机控制器。

【智能视觉产业】智能视觉产业是诸暨市委市政府为加快产业转型升级，助力高质量发展，推进共同富裕示范区建设而精心谋划发展的未来产业，得到省委省政府的高度重视和肯定。2022年6月，诸暨智能视觉产业平台被列入浙江省第四批"万亩千亿"新产业平台培育名单，是全省唯一一个以"智能视觉"为方向的新产业平台。平台位于诸暨经济开发区内，规划总面积9975亩，已开发建设土地面积4432.5亩。

平台总体布局为"一心一廊三区"："一心"即智能视觉创新中心，聚力产业创新集群发展；"一廊"即协同创新走廊，聚焦产学研协同创新成果孵化转化；"三区"即智能视觉装备、半导体、智能视觉终端应用等3个高端制造功能区。平台主要面向类脑智能未来产业发展需要，以视觉感知为切入点，构建以智能视觉技术研发和设备制造为核心，关联半导体为支撑，赋能高端智能装备、智联新能源汽车、现代环保、航天航空等智能终端应用高质量发展的泛智能视觉产业链。在平台建设过程中，诸暨市坚持招大引强、龙头带动，集聚科大讯飞、朗迅科技、老鹰半导体等一批行业龙头企业和细分领域领军企业。科大讯飞合作项目于8月签约。经过2年培育，平台形成了一定规模集聚效应，集聚落户智能视觉产业相关企业80余家，其中重点项目30余个(已投产15个)，总投资超400亿元，总产值突破100亿元。(经信局　邱羽)

省级特色小镇

【珍珠小镇】山下湖珍珠小镇东至03省道东复线珠宝城支线，西至诸山路，南至枫山线，北至珍珠湖北规划道路。珍珠小镇是世界最大的淡水珍珠产销中心，淡水珍珠年产量占世界的73%、全国的80%，被国务院发展研究中心命名为"中国珍珠之都"。拥有国际国内最大的珍珠集散中心——华东国际珠宝城，入驻商户近1500家。

2022年，珍珠小镇继续加快网络直播销售，抖音、淘宝、快手等平台建成质检、仓储、物流一体化仓，星达汇直播基地和华东国际珠宝城珍珠产业电商直播基地创成省级直播电商基地。启动诸暨珍珠品牌"赋能出海"行动，30余家企业参与跨境电商独立品牌站建设，抢占海外市场。上线珍珠产业大脑应用场景18个，建成主播培训基地，发放全国首本"主播证"。促进珍珠网络销售规范化、标准化、品牌化发展。山下湖镇通过"政企亲清会珍珠产业高质量发展专场"，收集梳理问题32个。继续开展"万名干部走万企业"活动，选派30余名干部驻企服务，帮助企业解决问题70余个。

2022年8月26日，以"美美与共、珠耀未来"为主题的2022世界珍珠大会在珍珠小镇召开。本次大会先后举办了世界珍珠发展高峰论坛、诸暨产品设计大赛、全国首届珍珠电商直播大赛、淡水珍珠标准化研讨会、首届云上珍珠节等一系列活动。同期举办落地上海(夏季)珠宝首饰展览会(诸暨站)，为该展览会首次在上海以外的城市举办。展示销售K金、水晶、琥珀等各类

2022年8月26日，2022上海(夏季)珠宝首饰展览会(诸暨站)在商贸城举办(山下湖镇提供)

高端珠宝，吸引买家3000余人，累计销售额达2000余万元。展会期间，珠宝城人流量近6万人次，接待代购1.5万余人，线下累计交易额达3.96亿元，为日均交易额的2.3倍。德国华格芙等多家K金、彩宝龙头企业意向入驻珠宝城。

（山下湖镇　朱森森）

【袜艺小镇】诸暨袜艺小镇位于大唐街道集镇区域。小镇规划面积2.96平方千米，按照“产业与城市、经济与人文、资源与环境互融共促、集成转型”的主题，通过建设“智造硅谷、时尚市集、众创空间”三大区域，打造全球唯一的以袜子为图腾的特色小镇，力争成为全球最先进的袜业制造中心、全球最顶尖的袜业文化中心、全球唯一的袜业旅游目的地。诸暨袜艺小镇是绍兴市首个被浙江省政府正式命名授牌的特色小镇。

2022年，袜艺小镇聚焦数智应用和传统产业的深度融合，推动袜业全产业链改造提升，为袜业产业腾飞插上“数字翅膀”，全年完成固定投资5.62亿元，其中特色产业投资5.25亿元，占比93.42%。实现规上工业总产值36亿元，财政收入4.1亿元，同比增长28.1%；计划投资13.6亿元的大唐国际智能制造产业园一期竣工，计划投资5亿元的大唐袜业智能供应链一期投运。在小镇引擎带动下，大唐街道全年实现规上工业总产值210.1亿元，同比增长8.2%；一般公共财政预算收入6.1亿元，同比增长9.4%。6月，袜业大脑入选省第二批工业领域行业产业大脑建设试点名单。9月，袜业行业入选浙江省第二批中小企业数字化改造试点县（市、区）创建培育名单。

袜艺小镇聚焦智能制造，重塑“生产链”。2022年，实施数字车间“摸排、诊断、培育、改造、验收”五步创建法，加快实现从设计打样到织造、缝头、定型、包装等全流程数字化改造，建成数字化车间48个，实现工业互联网平台与辖区内5000余台智能袜机联云上网。培育织缝翻一体机研发企业，举办第三届“大唐杯”国际袜业机械装备大赛，配合落实《袜业数字赋能2.0版》政策，对购置一体机等智能装备企业最高给予投资额的40%、封顶1000万元的奖补，加速推进袜业装备“机械换人工”“一体换单台”进程。街道内已孵化浙江叶晓针织机械、浙江嘉志利智能科技等袜机生产企业16家，织缝翻一体机年度产量超8000台，全市袜业应用一体机数量已超6000台。

袜艺小镇建好高端平台，激活“创新链”。2022年，立足袜业及其细分领域，整合优化政府、企业、行业等海量数据，推动袜业产业大脑应用建设，实现产业地图、产业动态、行业聚焦等13个应用场景落地，手机版APP在第十六届中国·大唐国际袜业博览会正式发布。探索“产业大脑＋未来工厂”核心业务应用，全方位整合研发、设计、生产、销售、检验检测等数据资源，运用云计算、大数据、区块链等新技术，即时分析、引导、解决袜业产业数字化转型发展遇到问题，解决企业各类技术问题283个。升级打造2.0版大唐袜业创新服务综合体，完成新零售中心、品牌运营中心、袜业博物馆、数字化样板车间、袜业产业工程师协同创新中心运营中心等12个功能区建设。

袜艺小镇引培重大项目，做优“生态链”。2022年，坚持以现代化产业集群理念打造时尚袜艺产业集群，继续结合街道“一心双城三廊”总体规划，加快布局高端制造、智慧仓储等“未来”产业，以总投资13.6亿元的大唐国际智能制造产业园和总投资5亿元的大唐袜业产业智能供应链项目为突破口，进一步完善产业相关配套设施，加大“低散乱”企业整治力度，加快构建清洁、高效、低碳、循环的袜业生态体系。建强袜业工程师协同创新中心，打造“工程师人才库”“企业需求库”和“技术成果库”三大场景，推动人才、技术、服务等资源要素协同联动、高效配置的产业创新生态体系建设，中心拥有各类工程师210名。开展诸暨市首次袜业产业工程师社会化评价，相关经验被《人民日报》《新华每日电讯》等主流媒体报道。

袜艺小镇优化营商环境，延展“服务链”。重塑“店小二”服务机制，派驻82名机关干部担任181家袜业规上企业驻企服务员，落实127名专职网格员担任袜业小微企业联络员，开展问题清单收集和“销号式”办结。全年摸排问题312个，办结305个，办结率达97.7%。疫情期间，承办第十六届中国·大唐国际袜业博览会，组织外贸袜企在巩固传统渠道基础上，开发亚马逊、eBay、Wish等海外平台，政策引导外贸企业依托海外仓＋跨境电商发展外贸。与中国纺织工业联合会签订战略合作协议，借力 RCEP 帮助 282 家外贸袜企拓展欧盟、东盟、“一带一路”共建国家市场。坚持和发展“枫桥经验”，以“红袜子”党建为引领，高效运作“基层治理四平台”和街道矛盾纠纷调处化解中心。同步打造“小镇大脑”，综合运用大数据、人工智能、5G 等技术，涵盖平安巡防、环保监测、智慧市场、智慧交管等功能，实现小镇智慧化管理。建强“新大唐人”服务中心，在教育、医疗、培训等各个方面尽力提供优质保障。（大唐街道　魏永杭）

【环保小镇】诸暨环保小镇位于牌头，规划面积 3.53 平方千米，其中规划绿地和生态用地 851 亩，水域 161 亩，区域交通设施用地 249 亩，其他城镇建设用地 4043 亩。环保小镇依托牌头环保产业集群优势，打造大气除尘、水环境处理、新能源新材料、家用节能环保产业等四大板块的全产业链。有菲达环保、天洁环境等两家上市公司在内的企业 61 家。环保小镇是省级优秀培育小镇、第三批省级特色创建小镇。

2022 年，环保小镇继续依托牌头环保产业集群优势，围绕“双碳目标”落地，稳妥有序推进光伏等清洁能源项目的建设、运营，助力探索“零碳”目标实践途径。11 月，浙江宝鸿针织有限公司安装完成面积为 1991.47 平方米的光伏建设项目。自环保小镇光伏建设项目实施后，选择安装光伏建设项目的企业达 20 家。高效稳妥完成全市第一个大型国有工业用地收储（天洁新乐厂区 511 亩），为环保小镇突破土地要素瓶颈、招引落地新项目做好要素积累。新落地总投资 25 亿元微纳晶生态产业园项目。

2022 年，环保小镇客厅进行新一轮的设计装修，新增数字化平台可直观展现环保小镇的发展状况。

（牌头镇　楼科昂）

浙江诸暨经济开发区（诸暨现代环保装备高新技术产业园区）

【概况】2022 年，浙江诸暨经济开发区（诸暨现代环保装备高新技术产业园区）（简称经开区）围绕“加速开放发展”之问，紧扣“智造之区·品质之城”的目标定位，以经开区成立 30 周年为契机，以创建国家级经开区和“万亩千亿”新产业平台为主抓手，建好大平台，开展大招商，推动大发展。全年全区（暨阳、陶朱、大唐、店口、姚江）制造业投资 117.7 亿元，同比增长 30.9%；规模以上工业总产值 1059.3 亿元，同比增长 10.1%；规模以上工业增加值 238 亿元，同比增长 14.5%，连续 27 个月保持两位数增长。经开区有规上工业企业 863 家，其中产值超亿元企业 194 家，高新技术企业 344 家，上市公司 13 家。9 月，浙江帕瓦新能源股份有限公司成为绍兴首家科创板上市企业。

【发展规划】空间规划。2022 年 4 月，浙江诸暨经济开发区和诸暨现代环保装备高新技术产业园区深化整合提升，整合后区域范围调整为北部、中部、南部三个片区，划定重点开发区，剔除部分建成区，共计 59.2 平方千米，形成“一带两区三心多园”的空间布局，达到“瘦身强体”的效果。

产业方向。结合开发区、高新区原有产业基础和个性特色，制定完善新一轮产业规划，形成“1+2+1”产业体系（1 个未来产业即智能视觉产业；2 个新兴产业即新材料和生命健康产业；1 个系列配套现代服务业含科技金融、检验检测、现代物流等）。

城市设计。紧扣“品质之城”的定位，启动商务区及高教园区新一轮城市设计，完成对艮塔西路北侧工业区、迎宾大道北侧洁丽雅周边区域共 16 户约 40 万平方米的房屋征收工作。

【智能视觉“万亩千亿”新产业平台】2022 年 3 月，智能视觉产业园一期首批厂房建成交付，累计签约入驻企业 30 余家。6 月，智能视觉产业平台入选省第四批“万亩千亿”新产业平台培育名单。6 月至 9 月，通过线上线下形式组织举办第二届中国·绍兴“万亩千亿”新产业平台人才全球创业大赛——智能视觉系列赛（海外赛、杭州分站赛、北京分站赛、深圳分站赛），累计征集参赛项目 250 多个，最终 14 个项目在诸暨进行总决赛角逐。9 月 23 日，以“竞当下·鉴未来 共创智能新视界”为主题的 2022 智能视觉产业峰会暨第二届中国·绍兴“万亩千亿”新产业平台人才全球创业大赛智能视觉系列赛专场颁奖典礼在经开区举行，新华网进行图文直播，受到 150 多万人次关注，8 个获奖项目全部签约落地诸暨，会上发布诸暨智能视觉产业平台品牌 logo（标志）及宣传片。全年智能视觉产业平台新引进项目 40 余个，总投资超 200 亿元，该平台总产值达 124.8 亿元，同比增长 136.8%，累计集聚落户以科大讯飞、朗迅科技为龙头的企业 90 余家。

【科创飞地建设】2022 年，整合提升诸暨岛、杭州港等双向飞地，迭代升级为“一个飞地 + 一个产业 + 一个基金 + 一个园区”的发展模式，新设紫金港诸暨岛（面向智能视觉产业），建成杭州港二期，签约入驻项目 18 个，投产 12 个。至年底，经开区在杭州、上海、深圳、西安等地共设立“诸暨岛”6 个，在诸暨建立“杭州港”2 个，物理空间超 10 万平方米，引聚科技型企业 80 余家、省级以上人才 30 余名，弥补县级市人才招引短板、破解科创项目产业落地难问题，走出一条“异地研发孵化—本土转化生产”的区域联动产业培育新道路。“诸暨岛”获评省数字经济飞地示范基地、“杭州港”创成省级科技企业孵化器，“诸暨岛—杭州港区域联动创新塑造共富样板”获评第四届浙江省高质量发展智库论坛县域优秀案例。

【双招双引】2022 年，继续深入实施招商引智“一号工程”，制定完善经开区“1+2”主导产业、智造产业等扶持政策，聚焦智能视觉、新材料、生命健康等新兴产业招大引强选优。全年签约项目 56 个（智能视觉产业占 70%），总投资超 300 亿元，其中，50 亿元以上 4 个，20 亿 ~ 50 亿元 3 个，10 亿 ~ 20 亿元 8 个，1 亿元以上 19 个。科大讯飞、奥思伟尔、弘飞空天等重大项目落地。全年入选国家及省级引才计划人才 6 名，入选绍兴“名士之乡”英才计划、诸暨英才计划人才 28 名。浣江实验室、中俄（诸暨）国际实验室、西交网络空间安全研究院等一批高能级科创平台落地。

【项目建设】2022 年，扎实开展“项目推进年”活动，按照“分级分类、节点推进、闭环管理”原则，成立专班专项落实项目全生命周期服务。全年新建项目 285 个（其中亿元以上项目 21 个），总投资 131.89 亿元；续建项目 307 个，总投资 361.12 亿元。20 余个项目进入省级以上盘子（项目），篮球中心、都拓“一带一路”交流合作中心等 4 个项目参加全省重大项目集中开工仪式，天链航天、老鹰半导体等一批重大产业项目开工建设，协鑫换电、海亮生物、芯云半导体等近 20 个亿元以上项目建成投产。

【产城融合发展】2022 年，实施“城市提质年”活动，“八大城市客厅”

2022 年 9 月 23 日，第二届中国·绍兴“万亩千亿”新产业平台人才全球创业大赛智能视觉系列赛专场总决赛开赛（经开区提供）

位于诸暨陶朱街道文种路 7 号的杭州港二期一角（经开区提供，摄于 2022 年 12 月）

全面点亮，把“精心、精细、精品”的要求贯彻到城市规划、建设、管理全过程，全年实施基础设施建设项目28个(其中新建19个、续建9个)，累计完成基础设施投资5.4亿元。三马标准厂房建成交付，人力资源服务产业园开园，诸暨站城际列车专用候车厅、艮塔西路提升改造(友谊路—环城西路)等12个项目竣工投用，五泄江文化广场主体完工，艮塔西路青年文化街区改造提升、潭俞电排站、开元及西湖菜场等一批基础设施工程实施，篮球中心、崇真初中、祥海云景酒店、人民医院二期等一批高端配套项目开工建设，浣江书房—金石学馆入选首届浙江省最美公共文化空间。

【企业服务】2022年，实施“环境优化年”活动，健全项目全生命周期服务机制，建立“客户式”项目服务、“贴心式”企业关爱、“直通式”政策兑现“三大机制”，开展“五联五问”行动(联系企业问环境好坏、联系项目问进展快慢、联系人才问工作快乐、联系工人问工资保障、联系企业家问政策落实)助企纾困。累计兑现各类政策资金超2亿元，为小微企业及个体工商户减免租金共计2600多万元，惠及经营户785户。开发区行政服务中心与税务大厅、陶朱街道便民服务中心整合，集成872项涉企事项，项目管家及企业集成服务平台2.0版上线，对工业投资项目五大类评价实行政府买单，为企业提供“一站式”服务。

【新城集团】2022年，新城集团全年实现营业收入16.12亿元。全年累计完成融资131.2亿元。成功发行2022年第一期绿色债券，发行利率创全国区县级主体同评级同期限历史最低利率(3.73%)。发挥产业基金引导作用，累计投资17个优质项目，合计出资约17.31亿元，助力奥思伟尔新能源汽车电驱系统总部基地、弘飞空天超音速大机动隐身无人飞行器研发及制造基地、协鑫换电、天链测控诸暨国际商业航天飞行控制中心等重点产业项目落地经开区。（经开区　章江平）

2022年诸暨500强企业及上市企业

【世界500强企业】2022年8月3日，《财富》杂志发布2022世界500强企业榜单，海亮集团有限公司位列第459位，营业收入2002.7亿元。同时，其位列中国企业500强第132、中国制造业企业500强第55、中国战略性新兴产业领军企业100强第67、中国跨国公司100大及跨国指数第86。

【中国民营企业500强企业】2022年9月7日，中华全国工商业联合会发布2022中国民营企业500强榜单。海亮集团有限公司以营业收入20027392万元、天洁集团有限公司以营业收入2976362万元，分别排名中国民营企业500强第30位和第411位。

【2022中国制造业民营企业500强企业】海亮集团有限公司、天洁集团有限公司、露笑集团有限公司分别排名中国制造业民营企业500强第17位、第252位和第403位。

【上市企业】2022年，全市A股上市公司为15家，新增1家浙江帕瓦新能源股份有限公司，其于9月19日登陆上海证券交易所科创板，成为绍兴市首家科创板上市企业。

（经信局　邱羽）

2022年诸暨市上市公司名单一览表

表5

类别	序号	单位名称
上市公司	1	浙江富润数字科技股份有限公司
	2	浙江菲达环保科技股份有限公司
	3	海越能源集团股份有限公司
	4	浙江盾安人工环境股份有限公司
	5	创新医疗管理股份有限公司
	6	浙江海亮股份有限公司
	7	浙江大东南股份有限公司
	8	浙江步森服饰股份有限公司
	9	浙江万安科技股份有限公司
	10	露笑科技股份有限公司
	11	申科滑动轴承股份有限公司
	12	浙江金海高科股份有限公司
	13	浙江帕瓦新能源股份有限公司
	14	浙江天洁环境科技股份有限公司
	15	祥生控股(集团)有限公司
创业板上市培育企业	1	浙江亨戈机械股份有限公司
	2	浙江安特磁材有限公司
	3	浙江露笑光电有限公司
	4	卡迪丹集团有限公司
	5	浙江艾默樱零部件有限公司
	6	浙江金盾链条制造有限公司
	7	浙江省东大环境工程有限公司
	8	埃里斯克矿山工程机械有限公司
	9	浙江信胜缝制设备有限公司
	10	浙江远望软件有限公司
	11	浙江中泰环保科技有限公司
	12	浙江嵘润机械有限公司

续表 5

类别	序号	单位名称
创业板上市培育企业	13	浙江菲达通球环保有限公司
	14	浙江至信新材料股份有限公司
	15	浙江方圆机电设备制造有限公司
	16	浙江巨马游艺机有限公司
	17	浙江天使之泪珍珠股份有限公司
	18	浙江九牛农牧机械有限公司
	19	浙江诸暨虹绢纺织有限公司
	20	浙江康宇电缆有限公司
	21	浙江诸暨东港液压机械有限公司
	22	诸暨市和创电机科技有限公司
	23	诸暨意创磁性技术有限公司
	24	诸暨市乐业机电有限公司
	25	诸暨市昌达环保机械设备有限公司
	26	诸暨市海博小额贷款股份有限公司

建筑业·房地产业

建筑业

【概况】2022年，诸暨市完成建筑业总产值1197亿元，其中省内产值719亿元，同比增长8.6%；建筑业上缴税收11.19亿元，占全市税收比重10.04%，同比减少23.04%。

诸暨市继续做好企业资质升级指导服务，联合建工建设有限公司晋升施工总承包一级资质，4家企业晋升监理专项甲级资质。推进完善行业服务保障，制发《诸暨市促进建筑业高质量发展政策》，兑现政策资金2200万元，建筑业服务中心实现实体化运行。提升绿色建筑水平，全市新开工装配式建筑72.87万平方米，新开工装配式民用建筑占新开工民用建筑比例达到63.1%。浙江耀华建设构件科技有限公司二期生产线投产，实现业绩三连涨，年产值突破2.5亿元。兑现钢结构装配式农房奖补4户，合计18.8786万元。全年落实绿色建筑21项，建筑面积86.57万平方米，其中二星级及以上绿色建筑19项。

【品牌建设】2022年，全市建筑业共创省级及以上优质工程5项，其中钱江杯3项；创省级及以上优质安装质量、优秀园林工程奖4项，参建国优工程2项。5家绍兴技术中心通过复评认证。全行业共获授权专利14项；获评国家级QC成果2项，省级QC成果2项；创成省级工法5项；参编行业标准1项，省级标准规范2项，获评中国绿色建材产品三星级认证4项，建筑工程BIM（建筑信息模型）技术全过程应用8项，浙江展诚建设集团有限公司承建的诸暨总工会

获钱江杯荣誉的绍兴枫桥学院项目（建设局提供，摄于2022年1月）

BIM 工程应用获浙江省第七届“筑新杯”BIM 应用比赛三等奖；6 家企业获评浙江省 AAA 级“守合同重信用”企业。发挥诸暨市建筑业教育联盟的校企联动、定向培育作用，诸暨市职教中心开设 BIM 结构专业课程，设立 BIM 试验机房，累计获得全国高等院校 BIM 创新大赛各项荣誉 10 余项。

【行业管理】2022 年，疫情期间指导行业企业落实防控措施。持续开展安全隐患大排查大整治，实现隐患点动态“清零”。全年累计检查各类工程项目 6246 次，下发整改通知书 1683 份，停工通知书 166 份。推进 2 个拟建渣土消纳场建设，消纳渣土 153 万余立方米。深化工程渣土准核管理，累计向 26 个建设工地、268 辆渣运车办理准运证 2426 张。落实联合执法机制，累计开展专项整治行动 175 次，查扣车辆 541 辆次，立案查处 541 起，罚款 358.57 万元。开展“蓝天保卫战”建筑工地扬尘管控专项整治行动，累计检查工地 1126 次，出具整改通知单 217 份，移送扬尘管控不到位相关案件 9 起，涉及罚款 47 万元。深化“枫桥经验”在建筑领域的应用推广，依托建筑业矛盾纠纷调解中心，化解多起纠纷案件。

2022 年诸暨市建筑业创优夺杯项目一览表

表 6

工程项目	施工单位	获得奖项
温州奥林匹克体育中心—主体育场二期建设工程	浙江诸安建设集团有限公司	国家优质工程（参建）
北京市二十一世纪国际学校（成都分校）1 ~ 10 号楼	浙江诸安建设集团有限公司	国家优质工程（参建）
迎宾路整治提升工程设计采购施工 EPC 总承包项目	浙江建盛建设有限公司	中国风景园林学会科学技术奖
珍珠客厅（博物馆）及珍珠文化街区项目	浙江诸安建设集团有限公司	钱江杯
绍兴枫桥学院	浙江展诚建设集团股份有限公司	钱江杯
同济大学新建嘉定校区工程教育及科创中心项目	浙江省东海建设有限公司	上海市白玉兰（参建）
莘庄商务区地块商务大楼—办公楼	浙江诸安建设集团有限公司	上海市白玉兰（参建）
浦东城市规划和公共艺术中心新建工程	浙江诸安建设集团有限公司	上海市白玉兰（参建）
奉贤区南桥基地大型居住社区 14-11A-02A 地块 1# 楼	浙江诸安建设集团有限公司	上海市白玉兰（参建）
奉贤区南桥基地大型居住社区 14-11A-02A 地块 5# 楼	浙江诸安建设集团有限公司	上海市白玉兰（参建）
奉贤区南桥基地大型居住社区 14-11A-02A 地块 12# 楼	浙江诸安建设集团有限公司	上海市白玉兰（参建）
永农生物科学有限公司年产 3000 吨咪鲜胺原药厂区安装项目	浙江华汇安装股份有限公司	浙江省优秀安装质量奖
柯桥城区 R-16 地块项目消防工程	浙江华汇安装股份有限公司	浙江省优秀安装质量奖
珍珠小镇核心区景观提升工程	浙江建盛建设有限公司	浙江省优秀园林工程奖 绍兴市兰花杯（园林绿化工程）

续表 6

工程项目	施工单位	获得奖项
杭政储出〔2016〕1 号地块凤起潮鸣项目景观绿化工程(北区)	浙江中泰景观工程有限公司	浙江省优秀园林工程奖
印象枫桥(三和房产二期—四、五期)室外市政、景观绿化工程	浙江诸暨丰元园林建设有限公司	浙江省优秀园林工程奖
		绍兴市兰花杯(园林绿化工程)
诸暨祥生 · 铂悦湾项目一期、二期景观工程	浙江上匠园林建设有限公司	浙江省优秀园林工程奖
		绍兴市兰花杯(园林绿化工程)
宁波兹城张尚房修缮工程	浙江双林古建园林工程有限公司	浙江省优秀文物保护工程奖
中国福利会国际和平妇婴保健院区项目安装工程	浙江诸安建设集团有限公司	上海市申安杯
普洛斯外高桥物流园二期项目(仓库四)安装工程	浙江诸安建设集团有限公司	上海市申安杯
杨浦区 C090202 单元 R-04、T-02、T-04 地块商办项目 7 号楼机电安装工程	浙江诸安建设集团有限公司	上海市申安杯
杨浦区 C090202 单元 R-04、T-02、T-04 地块商办项目 1 号楼机电安装工程	浙江诸安建设集团有限公司	上海市申安杯
安吉经济开发区地下综合管廊(清远路至丰食溪路至广茗路)建设工程项目等地下管廊、控制中心	浙江鼎峰建设有限公司	湖州市飞英杯(市政)
辰熙新语苑(西区)景观工程	浙江万达建设集团有限公司	绍兴市兰花杯(园林绿化工程)
松阳延庆寺塔修缮工程	浙江双林古建园林工程有限公司	绍兴市兰花杯(园林绿化工程)
崧厦街道伞艺小镇配套工程—大江绿化工程	浙江九紫建设有限公司	绍兴市兰花杯(园林绿化工程)
诸暨商贸城 2021—2022 年绿化养护服务采购项目	浙江荣泽建设有限公司	绍兴市兰花杯(绿化养护工程)
诸暨市安顺保安服务有限公司开发区绿化养护工程(标段一)	浙江双林古建园林工程有限公司	绍兴市兰花杯(绿化养护工程)
海亮教育通信电子设备生产基地项目	恒中达建筑有限公司	中国钢结构金奖推荐奖(浙江省钢结构金刚奖)
		杭州市滨江区"滨江杯"
诸暨市总工会职校工人文化宫及群团培训中心重建工程	浙江展诚建设集团股份有限公司	诸暨市珍珠杯
浙江农林大学暨阳学院学生公寓新建工程项目	越烽建设集团有限公司	诸暨市珍珠杯

续表 6

工程项目	施工单位	获得奖项
华诚机械 1#、2#、3# 厂房和宿舍楼	浙江长誉建设有限公司	诸暨市珍珠杯
县龙山青少年红色教育基地	浙江展诚建设集团股份有限公司	诸暨市珍珠杯
浙江贝诺铜业有限公司 –1# 厂房、门卫	浙江宏坤建设集团有限公司	诸暨市珍珠杯
浙江新亿帆铜业有限公司 –1#、2# 厂房，设备用房	浙江宏坤建设集团有限公司	诸暨市珍珠杯
诸暨市消防大队城南消防站建设项目	浙江宏强建设有限公司	诸暨市珍珠杯
璞园景观工程	浙江万达建设集团有限公司	诸暨市珍珠杯
天樾府室外景观工程	浙江双林古建园林工程有限公司	诸暨市珍珠杯
零直排创建—诸暨市城区封闭小区环境综合整治—桂花园	浙江九紫建设有限公司	诸暨市珍珠杯

房地产业

【概况】2022 年，诸暨市继续贯彻中央、省房地产调控决策部署，坚持“房住不炒”定位和“稳地价、稳房价、稳预期”要求，严格落实“一县一策”方案，开展房地产市场监测分析和市场行为检查。稳妥推进房地产秩序维护和矛盾化解工作，着重解决重点楼盘问题风险，按照“一楼一策”方案，推动祥生云栖、恒大御澜庭、东渡玺悦、世纪江湾、五泄维罗纳庄园等项目交付。协调项目复工复产，推动恒大悦珑府、鸿润星广场以及祥生项目复工，房地产风险整体得到稳控，房地产市场总体保持健康稳定发展。实现房地产税收收入 13.8319 亿元，同比减少 55.31%，占税收收入的 12.41%。

【房地产市场规模】2022 年，完成房地产开发投资 129.36 亿元，同比增长 2.57%，位列绍兴第五(其中建安投资 66.18 亿元，同比增长 11.11%)；实现商品房销售面积 135 万平方米，同比减少 29.44%；房地产从业人员工资 3.48 亿元，同比增长 19.8%。全年销售住宅 3138 套，同比下降 72.07%；住宅销售面积 42.99 万平方米，同比下降 71.01%。全年批准商品房预售面积 71.89 万平方米，同比下降 46.02%，其中住宅面积 52.66 万平方米，同比下降 58.12%。至年末，全市可售商品房面积 157.5 万平方米，同比下降 18.55%，其中住宅面积 89.62 万平方米，同比下降 14.4%。商品房去化周期 29.74 个月，住宅去化周期 23.81 个月。

【房地产市场管理】2022 年，继续全面分析监测商品房价格波动，严格实行商品住房价格备案管理，规范房地产市场销售行为，联合媒体及时发布真实准确的市场行情数据。开展房地产市场专项执法检查 2 次，抽查检查在售及新开网签楼盘案场布置情况 468 次。持续净化房地产中介市场环境，成立房地产中介行业协会，开展中介机构规范经营日常巡查 205 次、专项检查 2 次、联合执法检查 1 次，累计实施中介机构备案管理 228 家，发放楼盘代理备案证明 16 份。加强物业专项维修资金和物业服务市场规范管理工作，物业服务合同备案 66 宗，实地检查物业管理住宅小区 254 次，发放检查整改单 200 余份。

（建设局　寿烨莎）

商贸·现代服务业

2022年，全市实现服务业增加值792.02亿元，同比增长4.1%，占地区生产总值比重47.7%。分行业看，批发业、零售业、住宿业、餐饮业、金融业、房地产业、营利性服务业、非营利性服务业、交通运输仓储和邮政业增加值分别增长9.3%、5.6%、10.1%、2.1%、10.6%、−4%、7.8%、0.9%和2.9%。“西施有礼·品质消费”活动成效显著，3000万元消费券撬动消费6.1亿元。全年实现社会消费品零售总额526.3亿元，同比增长5.2%。其中，限上社会消费品零售总额157.8亿元，同比增长8.2%。全市实现批发业销售额同比增长25.1%，其中限上批发业实现商品销售额1320.42亿元，同比增长30.1%；零售业销售额同比增长12.1%，其中限上零售业实现商品销售额152.37亿元，同比增长16.1%。

“下升上”工作。培育服务业市场规模主体，通过优化政策激励、增强要素支持、强化服务保障等措施，实现全年新增“下升上”企业138家。

“亩产效益”综合评价。继续深化服务业“亩均效益”评价工作，首次将限上批零住餐企业纳入评价范畴。首批21家服务业企业享受城镇土地使用税减免金额491.74万元。

商贸流通体系进一步完善。获评省供应链创新与应用专项激励城市，为绍兴市唯一。店口铜材精密制造产业被评为省内外贸一体化改革试点产业基地，露笑科技、万安科技、信胜科技、越隆缝制、全兴精工、莎耐特袜业6家企业申报省级内外贸一体化“领跑者”企业。　（发改局　王宁）

供销合作

【概况】2022年，诸暨市继续坚持从“三农”工作大局出发，牢记为农服务根本宗旨，持续深化“三位一体”综合改革，全年总经营性收入3.5亿元。诸暨市供销合作总社（简称“市供销社”）获2022年度绍兴市供销系统综合业绩考评特等奖。

【“三位一体”综合改革】2022年，继续按照省、绍兴市深化“三位一体”农合联改革目标任务，开展诸暨市农合联指标建设两年翻倍计划。创建五星级庄稼医院2个，3星级庄稼医院6个，完成诸暨市粮食产业农合联组建工作，不断完善为农服务平台建设；联合邮管局等单位，通过改造提升，实现全市行政村综合服务社全覆盖，延伸服务网络，提升服务能力。同时，对已建成的产业农合联开展指导和扶持，依托葡萄产业农合联，开展栽培技术培训3次，培训247人次，开展科普宣传2次，服务183人次，发布《诸暨葡萄通讯》46期，为农合联会员销售葡萄23万元，发挥产业农合联专业性服务的作用。实施供给端“配方肥替代平衡肥”行动，发布《诸暨市全面推进“配方肥替代平衡肥”行动实施方案》《诸暨市主要农作物主售配方》，全年配方肥应用量达到全市复合肥总量的80%以上。依托农合联理事单位，做好2022年度农药化肥应急储备，完成全市农业生产资料的平稳供应，确保农事生产平稳有序开展。

【“诸暨次坞打面”产业发展和品牌推广】2022年，市供销社出台《2022年诸暨次坞打面专项资金使用管理办法》，对相关补助政策进行调整和完善，更新示范门店标准，设计IP形象，提升“诸暨次坞打面”公共品牌形象。累计建成示范店315家，形象店5家，旗舰店8家。开展“诸暨次坞打面五一致敬劳动者”“我是面试官”“次坞打面非遗文化进校园”等各类宣传活动，完成次坞打面在中国男子篮球职业联赛、省委党校、“清风廉路”等平台的展示推广，提升“诸暨次坞打面”知名度。“诸暨次坞打面”相继通过绍兴市地方标准和浙江省文旅IP创建项目评审，获“浙江省非物质文化遗产代表性项目”“中国名小吃”等荣誉称号。

【“一乡一品”项目建设】2022年，启动诸暨市“一乡一品”项目建设，深入挖掘镇乡特色农业、传统小吃等富民产业，打造特色农产品品牌，对“岭北盐焗鸡产业化发展项目”等13个项目进项现场评审并立项。推动特色农业产业发展，带动农民增收致富。

【传统特色小吃产业发展】2022年，发挥“诸暨次坞打面”的辐射效应，将次坞打面门店作为诸暨农家特色小吃的展示展销窗口，在鲁迅故里、上海浦东打造次坞打面和诸暨小吃集合门店2家。联合诸暨农商银行出台金融优惠政策，对符合条件的打面和小吃门店进行70%贴息，引导新建SC（食品生产安全企业食品安全认证）标准食品生产企业3家，新升级小作坊生产企业5家。开展对口协作地区美食交流与展示展销活动，成立绍兴乐山东西部协作“小吃串门、越嘉有味”小吃联盟，将诸暨与乐山两地最具代表性的非遗美食，次坞打面与跷脚牛肉，同台展示同场竞技。

2022年1月11日，“诸暨次坞打面”和“百越膳”品牌首家集合门店在上海浦东开业（供销合作总社提供）

【“西施石笕”茶叶区域公用品牌推广活动】2022年，市供销社联合市农业农村局打造“西施石笕”茶叶公用品牌，牵头举办“2022中国（浙江·诸暨）三茶统筹发展大会暨首届西施石笕茶文化活动”，组织参与“2022三茶统筹共同富裕先行示范研讨会”、中秋茶会等茶事活动，宣传推介“西施石笕”茶叶公用品牌，和中国茶叶流通学会、中国科学院茶科所签订战略合作协议，不断提升“西施石笕”品牌价值。

【农业农村类“诸暨工匠”评定培育】2022年，市供销社联合人社局、总工会等多部门，开展第四届农业农村类诸暨工匠评定。弘扬诸暨文化，传承工匠精神，进一步挖掘和培养具备工匠技艺的专业人才，充分发挥其带动产业发展、促进增收致富及弘扬敬业风气的作用，评选出10人为农业农村类“诸暨工匠”。举办颁奖典礼，启动“诸暨工匠共富联盟”亮灯仪式，借助线上直播和短视频推广展开宣传。

【农产品供销服务】2022年1月14日至20日，市供销社举办诸暨市网上农博会（年货节），邀请430家市内外农业主体，超2000款特色农产品参展。同时组织农业企业参加浙江省网上年货节、绍兴市网上农博会、绍兴市网上茶叶节、浙江省农博会、中国森林产品博览会、浙江省"青耘中国—秋收硕果"直播助农活动、香港国际美食博览会、京东"浙江供销馆"开馆活动、2022 中国糖酒会等农业节会,打开诸暨市农产品销售渠道。

【农民素质培训】2022 年,继续围绕诸暨市产业特色,对接农民和市场需求,因地制宜开展农村实用人才培育工作。全年开展实用人才培训 45 期,共 2527 人。开展新民讲堂巡讲 44 期,共 22051 人次。开展"次坞打面""农家小吃""电商培训"等特色培训,参训 300 余人次,提升农村富余劳动力创业就业能力。

(供销总社　蔡文珑)

粮油购销

【概况】2022 年,全市粮食工作继续坚持以确保粮食安全为出发点,以改善仓储条件为手段,以"广积粮、积好粮、好积粮"为目标,完成粮食安全各项工作。

【粮食安全责任制考核】2022 年,继续严格执行粮食安全行政首长责任制,确保粮食播种面积、粮食总产量和粮食生产能力等考核指标全面落实。加强粮食市场的监测预警工作,合理布局粮情监测点,及时分析、掌握粮食市场的动态情况,全市共设置 10 家粮情监测点。落实粮食应急保障体系,完善粮食应急加工、应急供应工作,全市共设置 5 家粮食应急加工点和 31 家粮食应急供应点。

【粮食轮换和收购】2022 年,完成市级下达的储备粮油轮换计划共计 36913.125 吨。国有粮食收储公司全年粮油销售收入 1.333 亿元,资金回笼率 100%,年末库贷比例为 100%。全年收购采购各类粮食(油)58049 吨,加工稻谷 7689 吨。

【储备粮结构调整】2022 年,为进一步提高粮食安全保障能力,全市增加储备粮,新增食用油储备,晚稻储备占比达到 40%。

【惠农政策和服务】2022 年,继续实行小麦、早晚稻最低收购价,小麦、早籼谷和晚粳谷的最低收购价格分别为每 50 千克 115 元(中等质量,下同)、128 元和 135 元。继续实行订单粮食奖励政策,小麦、早籼谷的奖励标准为每 50 千克(下同)30 元,晚粳谷为 20 元。完成市内粮农粮食种植意向和订单意向调查工作,共计调查种粮大户 294 户。继续开展"五送"(送订单、送定金、送政策、送科技、送信息)活动,发放早稻预购定金 56 户计款 606 万元;累计与 626 户种粮大户签订粮食订单 32516 吨,其中小麦订单 90 户计 1776 吨、早稻订单 267 户计 15577 吨,晚稻订单 269 户计 15163 吨。粮食收购满意度调查显示,售粮农户收购满意率达 100%。

(发改局　王宁)

专卖专营

【烟草专卖】2022 年,诸暨市烟草专卖局(分公司)实现卷烟销量 5.08 万箱,同比增长 2.23%;单箱销售额 5.45 万元,同比增长 3.29%;销售额 27.72 亿元,同比增长 5.59%;税利 8.31 亿元,同比增长 6.42%。零售客户满意度综合得分 98.34 分,在全绍兴地区排名第一。实施智慧终端、农网建设方案,累计建成现代终端 1876 户,加盟终端 119 户,加快推广智能设备,累计铺设双屏机 1964 户、电子标价签 452 户、刷脸无感支

2022 年 10 月 28 日,诸暨烟草香溢志愿者在青山希望小学开展普法宣教活动(烟草专卖局提供)

付1881户、手持标签打印机428户。

卷烟市场监管。2022年，涉烟刑事案件共立案19起，刑事拘留95人，逮捕5人，判刑33人。破获2022年“5·7”特大运假售假网络案、2021年“12·22”销售假烟网络案。专车打假创历史新高，查获专车运假案件25起，共计查获假烟87412.8条。全年查获违法案件465起，查获违法卷烟115042.1条，同比增长87.27%，其中假私烟85077.4条，同比增长104.76%，省外烟7684条，查获“双五”以上案件81起。查处违法违规大户案件102起，取缔12户。违法嫌疑重点籍案件24起，退出9户。全年平均市场净化率99.35%。科学管控烟草专卖零售许可证，全市共有烟草专卖零售许可证7431本，其中电子烟零售许可证29本。累计受理各类许可证申请4417件，按期办结率100%，网上办证率99.93%，累计清退许可证740本，较年初减少66本。

企业管理。2022年，推进“香溢红色驿站”建设，高质量完成12家旗舰店、19家标准店的“香溢红色驿站”建设，其中2家获“全省系统百家优秀香溢红色驿站”称号，2家被授予“全省工会户外劳动者服务站点”，5家被诸暨市委宣传部、总工会授予“2022年诸暨市爱心驿站”。诸暨市烟草专卖局(分公司)被评选为2016—2020年浙江省烟草专卖商业系统普法工作先进单位。在全省分层分类对标中小组排名前三。在企业创新方面，获全市系统QC（质量控制）成果三等奖1个，与市局办公室合作QC成果三等奖1个；获全市系统金名片二等奖3个，三等奖5个。申请实用新型专利1项，软件著作权1项。在基层数字化转型方面，培养数字人才，13名青年参与“百名人才领跑数字绍烟”活动，深度参与数据产品开发，1人被评选为全市“数字先锋”，2人被评为“数字能手”，申报绍兴烟草人才库44人，建立7个专业技能人才工作室。以大唐专卖所为基层数字化所队试点，聚焦优化政务服务、精准监管市场，以数字技术赋能专卖管理所转型升级。

（烟草专卖局　陈楠）

【盐业专营】2022年，浙江省盐业集团绍兴市盐业有限公司诸暨分公司共购入盐产品8378吨，同比减少382吨，其中小包装口食盐4156吨，食品加工用盐3287吨，工业盐935吨。销售各类盐产品7077吨，同比减少420吨，其中销售小包装口食盐3671吨，同比持平；销售食品加工用盐2389吨，同比减少358吨；销售工业盐954吨，同比减少84吨。实现营业收入1933万元，同比增加155万元。实现利润总额262万元。

盐业业务经营。2022年，诸暨分公司围绕浙盐集团公司“健康浙盐、科技浙盐、数字浙盐、实现资产证券化”战略目标，加强渠道建设、强化终端控制。根据诸暨盐业市场实际情况，对渠道进行细分。配送商渠道方面，诸暨分公司与全市91家配送商签订配送协议，通过季返、年返配送费形式，形成业务共同体。重点扶持小型配送商，帮助解决实际困难，全年诸暨区域配送商销量占比50%，符合目标预期。本土连锁商超渠道方面，诸暨有3家本土连锁商超，均签订独家供货合同，在疫情期间，起到主渠道的作用。BC类超市渠道方面，BC类超市是终端市场的细分，在乡镇有一定影响力，是结构调整、新品展示的主要平台。全年与65家BC类超市签订排他性食盐保供协议。零售终端渠道方面，零售终端是渠道建设重要一环，诸暨分公司强化终端控制力，扩大直配范围，提高配送质量，直配销量占比逐年提高。诸暨分公司做好食品加工用盐和小工业用盐管理，加强与饲料厂、炒货厂联系，防止大包装盐冲击小包装口食盐市场，确保食品加工用盐安全。诸暨分公司抓好营销队伍建设，分片、分渠道包干，主业营利能力得到提升。

盐业市场配合监管。作为诸暨市盐业管理办公室成员单位，时刻关注食盐市场情况，特别关注外来食盐的销售情况，关注季节性用盐情况，对市场销售动向及不合规的销售行为及时向主管单位和市场监督管理局反映，联合经信局、市场监管局、公安局等对重点单位、重点市场进行联合检查，发现并阻止不正当竞争、非法竞争，严防不合格食用盐进入市场。

盐业专营法规宣传。2022年5月15日，联合市疾病预防和控制中心开展第29个“防止碘缺乏病日”系列活动，以“智慧人生健康路，科学补碘第一步”为主题，进行科学用盐宣传，持续引导群众树立科学补碘观。全年组织开展“四进”（进机关、进学校、进企业、进社区）活动65场，通过"一对一"解释、摆放宣传牌、展示盐品、发放宣传资料、推广公众号等形式，科普用盐知识，提倡健康用盐理念。

储备盐管理。2022年，完成食盐市场储备任务，继续落实储备盐进仓、堆放责任制，实行储备盐专人管理，一年轮换2次以上，完成市政府下达的食盐储备任务，多次与市场监管局、经信局、财政局协调，签订"诸暨市食盐储备协议"，明确职责，确保市场食盐安全，发挥国有企业主渠道作用。（周信忠）

电子商务

【电商成果】2022年，全市实现网络零售额283.2亿元，同比增长7.6%。推进电商纳统（纳入统计）试点工作，全年新增纳统电商企业25家。新增1个省级直播基地（诸暨经济开发区新动能直播基地），1个数字生活新服务特色镇（安华镇，数字商贸领域），36家省级电商专业村，10家企业上报资料争创新零售示范企业。新长乐村直播共富工坊、农创直播共富工坊被评为典型案例。

【直播兴农】2022年，强化直播电商共富功能，诸暨农创共富直播站提供共享直播空间及相应服务897人次，1138名直播零基础人员初步掌握直播技能。直播总站开展常规直播182场次，专题直播34场次，节会直播11场次，产生订单65000余单，销售额总计超100万元。单场直播点赞超过30万人次，观看人数超12500人。注重线上线下的结合，通过线上团购线下提货的形式拓展农产品销量，带动农商户经济增收。

（商务局　严宏杰）

邮政·寄递

【概况】2022年，诸暨市寄递行业在曲折中稳步发展，累计业务量超6.2亿件，同比增长9.4%，在绍兴地区占比66.33%，业务量位居绍兴地区第一。累计业务收入超16.36亿元，同比增长24.7%。全市共有国有、民营快递品牌14个，法人企业12家，在诸暨分公司7家，分支机构150家。末端网点656家，其中快递智能柜569个。从业人员逾3000人。

诸暨邮政分公司实现业务收入55377万元，列全省县市公司第三位，完成全年计划的112.58%；净利润8262万元，列全省县市公司第二位，完成全年计划的106.62%。邮政传统业务，全年累计完成邮务类业务收入2227万元，其中集邮收入416万元，函件收入完成357万元，报刊收入完成1454万元。全市受理各类缴费业务24.64万笔，金额3190.28万元。全市共有村邮站479个，信息化村邮站运营率80%。

【行业安全生产监管】2022年，诸暨市邮政管理局与全市寄递企业签订《安全生产责任书》，秉持"管生产、管安全"的原则，要求企业加强安全员队伍建设实现专人专职专岗，督促企业做好安全生产培训工作，牢固树立安全生产法治观念，提高安全生产水平。

全年累计派出检查人员154人次，开展例行检查88次，检查营业网点440家，发现并整改安全隐患125处，约谈企业22家次，下发责令整改通知书22份，立案查处企业10家次。分12次对13家配备X光机企业突击检查，发现并整改安全隐患2处。开展陌生人暗访4轮，检查网点406家，发现并整改安全隐患152处。

【快递进村】2022年，持续推进"三级物流体系建设"。在完成大唐街道、璜山镇、牌头镇3个区配中心建设的基础上促成大唐共配中心建设，提高进出口邮件的处理能力。全年建成三级物流体系便民服务站316个，同比增加199个，其中171个村级站点、145个自提点。快递进村业务量163.68万件，同比增长5倍。

【绿色邮政建设】2022年，全面推进"9917"工程，到年末，采购使用符合标准的包装材料比例达100%。抽样规范包装操作比例达100%。全年累计投放可循环包装箱（盒）1.09万个，累计回收瓦楞纸箱数量23.07万个。省内可循环中转袋使用比例达99.9%。一联电子面单应用中，特快专递产品和快递包裹产品的一联电子面单使用率均在90%以上。同步推进绿色运输，更新或新增的车辆全部为新能源和清洁能源车辆。

【邮政农村电商】2022年，诸暨邮政分公司完成活跃站点922个，完成农产品销售金额1704万元，年完成率115%。完成全国基地农产品销售额82万元，年完成率102%。完成农产品寄递收入383万元，年完成率412%。

【警医邮】2022年，全市有34个邮政网点开通公安交警、医疗机构、邮政寄递三方跨界融合服务，累计受理警医邮业务4.72万笔，实现业务收入106.17万元。

（邮政管理局　楼麒烽）

诸暨电信

【概况】2022年，中国电信诸暨分公司（简称诸暨电信）传承"听党指挥、信念坚定、一心为民、变革创新、崇尚科技、安全畅通"的红色电信精神，勇担央企责任，充分发挥信息通信业的基础性、先导性、融合性作用，全面助力诸暨市数字化改革。坚持"网是基础、云为核心、网随云动、云网一体"的云网融合思路，加快建设综合性数字化信息基础设施，为诸暨市经济社会运行持续提供网络支撑。致力于为数字化创新转型发展提供5G网络基础支撑，为诸暨市打造数字化设计、智能化生产、协同化制造、安全化管控和效益大幅提升的现代创新工业企业标杆提供个性化网络支撑。高度重视网络和信息安全工作，致力于成为信息基础设施的保卫者、清朗网络空间的守护者、智能安全服务的提供者、网络安全生态的建设者。全年业务收入超32300万元，同比增长2.5%。

【新型基础设施建设】高速泛在、天地一体。加快打造5G精品网络，深化5G共建共享，具备5G能力基站超600个，推进3.5G/2.1G/800M高中低频协同组网，实现全市主城区、重点乡镇的5G网络连片覆盖以及重点场景的深度覆盖。参与构建全国"四区六轴八枢纽、多通道、分区辐射"的骨干光缆大动脉，诸暨互联网出口总带宽达2T，至中西部区域网络延时控制在15毫秒以内。

云网融合、智能敏捷。衔接国家云建设，布局"天翼云"一城一池，打造分级算力部署、高速互联的分布式云，全市全域覆盖，实现泛在计算，围绕工业、教育、医疗、交通物流等千行百业，推进边缘云、5G、工业PON定制组网。2022年新建XGPON OLT 8套，新增XGPON端口3000个，持续实现10万XGPON（一种宽带无源光接入设备，端口带宽10万兆）能力，为打造千兆城市标杆更进一步。

【数字化改革助力】2022年，以"大场景＋小切口"打造标志性成果。加快推进新一代信息通信技术与数字政府、数字经济等领域的深度融合，聚焦民生热点，以数字化手段为载体，助力打造数字化改革标志性成果。通过数据融通、应用打通，注重作战、指挥、过程管理，打造务实管用的社会治理和城市运行中心。诸暨电信助推诸暨健康大脑＋医疗医保一体化平台、诸暨市人防地下指挥所、诸暨市应急可视化指挥调度平台等信息化建设；推动乡村治理"大脑"落地进程，开展乡村振兴"数智助力行动"，并提出数字乡村的三大标准，家家都装千兆宽带，户户都享智家生活，人人参与乡村治理，累计为178个村提供数字乡村云平台建设。

以"专班＋专项"融入数改"深水区"。聚焦重大任务，梳理业务流程，精准编制重大需求清单，基于场景与电信自有能力，推动数字化应用快速落地。承接浙里预防青少年新型违法犯罪应用部分实施工作，投入信息化专业人才12人，成立预防青少年新型违法犯罪平台专班，提供驻场人员3人。借助浙江电信自主研发的阳光厨房云平台，助力实现"一盒外卖的数智探索"，通过订餐平台观看直播实况的消费者达10万人次。

【5G定制网赋能应用】2022年，为推动行业数字化转型，加快5G应用场景拓展，中国电信发布致远、比邻、如翼三种5G定制网服务模式，给予"网定制(N)、边智能(I)、云协同(C)、X随选(E)、服务保障(S)"融合协同的综合解决方案，实现"云网一体、按需定制"，全面满足行业网络的个性化需求。在医疗层面，通过电信4G/5G融合的网络架构，提供无5G信号时无缝回落到4G网络的能力，采用3.5G赫兹全球主流频段，强化数据回传低时延，保证医疗业务在复杂网络条件下能够顺利接续。市中心医院完全实现5G移动查房，医保远程结算等功能，极大地提升护士查房和医保结算效率。2022年6月，市中医医院和上海市肺科医院成功开展远程医疗服务，利用电信5G定制技术，上海两位专家分别为中医医院的4位患者诊断，开启"云上门诊"新时代。在党政层面，对于不方便布网线的监控点位，采用5G定制网方式实现监控画面回传，视频数据通过5G传输至公安

网闸，过滤后接入公安内网。降低时延、提升便捷的同时，还能实现数据内外网数据的隔离，保证公安数据的安全性。在工业层面，结合定制网“云网一体，按需定制”的优势，为客户提供“网络定制＋防火墙系统集成”方案。例如为军联铜业提供的5G定制网中采用的“比邻模式”，通过UPF专线和DNN切片技术，保证客户园区内网的安全隔离，实现厂内物联终端如PDA和扫码枪的安全接入，而防火墙和上网行为管理可以有效管控外网的访问行为。

【网络信息安全保障】2022年，持续强化网络安全保障。推进全省资产脆弱性和“三无七边”整治、暴露面资产压降和集约化防护，完善网络安全监测和应急预案体系，定级备案完成率100%。深化电信网络诈骗防范治理。深入贯彻落实“断卡”行动要求，巩固电话实名制工作成效，从严落实行业防范治理各项重点任务。加快推进反诈技术能力整合，互联网反诈平台绍兴地区日均提醒1400万次，成功率达99.4%。落实用户个人信息保护和数据安全。建设数据安全管理平台，实施公司数据分类分级管理（四大类、三级）。开展APP索权合规整治，严格落实用户个人信息保护要求。

【电信助力疫情防控】2022年，在新冠肺炎疫情期间，为缓解相关部门疫情咨询压力，诸暨电信主动对接卫生健康局，承担起联防联控办热线电话建设工作。启用云呼平台，实现呼叫中心接续功能，开启呼入导航、录音管理、排队等待等功能；叠加AI智能云导航，对于脚本性问题机器人语音回复，针对问题复杂、较为个性的需求，采用7×24小时人工接听，实时解读本地疫情防控政策，极大提升接通率。从5月至12月，智能回复近7万呼，人工接听超4万通电话。同时，提供防疫产品助力疫情期间科学防控，提供智能门磁(NB-IoT智能门窗开关提醒器)，可装在隔离房屋内的每个房间门上，24小时实时监测房门开关状态，共计安装门磁近6000户。

【电信服务】2022年，深度优化残联“爱心家园”通信服务。承接残联爱心家园三期项目，诸暨电信利用属地支局优势，深入各村，为超2万名残疾人送上爱心家园通信服务。推进“爱心翼站”服务。建成19家“爱心翼站”，为外卖小哥、环卫工人等户外工作者提供基本药品、饮水热饭，开展幸福学堂20余场，服务超500人次。持续推进提速降费。持续推进中小企业提速降费，互联网专线资费降幅15%，宽带资费降幅12%，惠及中小企业超万家。全市有线宽带千兆率达22%，同比提升12.69个百分点。

（诸暨电信　董金萍）

诸暨移动

【概况】2022年，中国移动诸暨分公司（简称诸暨移动）继续秉持“客户为根、服务为本”的理念，营造全员服务文化，提升客户服务，融合推进服务工作。持续开展“总经理接待日”、服务明星评选等活动。深化“我为群众办实事”系列活动，社区服务超2万场次。配合公安部门做好反诈宣传，主动上报疑似涉诈号码。从客户服务角度出发，加强号码源头治理，做优携转服务。落实绍兴分公司“悦服务 越满意”服务子品牌要求，围绕银龄服务、便捷办理、五心厅店，提升老年人防诈意识。落实服务承诺和具体举措，联合组织部进行“爱心驿站”建设，打造服务热点。

诸暨移动以提升政企信息化收入为核心，拓展重点业务。利用诸暨IDC（互联网数据中心）机房优势，与诸暨市政府和离岸客户合作机房托管项目，稳步推进IDC业务发展，实现收入650万元。

诸暨移动通过与经济和行业组织合作，利用5G赋能企业数字化车间改造，完成凯马精工、军联铜业和苏博特新材料数字化车间升级改造项目。通过结合“5G+AI”视觉检测和未来工厂理念，使全兴精工集团未来工厂项目获得第五届“绽放杯”5G应用征集大赛浙江省二等奖。通过绿色农田数字化改造全省试点项目和珍珠赋能中心数字赋能项目，在特色产业方面实现突破。

全年新签订的ICT（信息通信技术）项目合同达到144个，同比增长71.4%，总金额1954.8万元，同比增长102%，带动5G、物联网、大数据等业务综合发展。

【移动网络建设】2022年，诸暨移动继续紧抓网络运维，4G、5G网络覆盖不断增强，扩容工程实施，家庭宽带支撑能力、政企产品质量持续提升。

4G网络建设。以“深度有突破、厚度有保障、广度稳投入，感知为精品”为指导，通过持续开展双层网建设和扩大新技术应用，保障网络容量和提升用户感知，落实FDD（频分双工）组网结构调整，保持无线网络领先地位。全年新建扩容4G宏站18个，室内分布系统56个，小微站110个。实现诸暨所有行政村100%全覆盖，4G网络覆盖面和网络承载能力持续增强。

5G网络建设。新建5G宏站581个。5G建设按照“以终为始、整体规划、分步实施”的思路，提前做好以下两项工作：加快节点机房的购买、建设和启用，加快SPN汇聚、接入环光缆布放，为后续5G网络规模建设做好传输准备；配合政府做好5G布点规划，同时开展原有4G基站的天面改造和电力改造，为5G发展准备无线侧资源。

家庭产品。继续坚持市场导向，持续推进有线宽带驻地网建设。家庭宽带支撑能力不断提升，新增驻地网覆盖数4.3万户，累计覆盖达89.3万户，覆盖规模列绍兴地区第二。完成轻纺南路、怡景苑、梅山、陈宅镇中、文嘉苑、银雁、中央路、山塔、荣怀公寓、三江新村、石佛、新农都、宏城时代、路西新村等14个ODN（光配网络）区块接入网优化工作，家庭宽带万投比（广义）从2021年年初的147下降到118。聚焦用户感知，深化“网格化管理+微格化服务”，开展质差整治，清单式质差整治完成率100%。

政企项目。继续加强全业务项目经理的现场支撑能力，按乡镇做好服务对接；设置VIP施工维护队伍，实现重要集团固定队伍上门服务。优化网络承载质量，建立政企城域专网，提升裸纤接入能力及乡镇万兆接入能力，实现AB类集团100%深覆盖。建立端到端客户感知评价体系，继续开展啄木鸟行动，完善客户主动关怀机制。城域网出口带宽扩容至1760G。

应急通信保障。诸暨移动践行社会责任，继续以构建科学高效的应急保障体系为目标，完善应急预案体系，组织开展应急演练、技能培训，提升应急通信保障和全方位灾害救援能力。全年主要完成诸暨山下湖啤酒节、诸暨国际商贸城珍珠节、诸暨国际商贸城袜业博览会、浙江农林大学暨阳学院中国男子篮球职业联赛等通信保障工作。

【社会服务】2022年，诸暨移动继续发挥“岗区队”优势，设立6个党员先锋岗、14个党员责任区和“4+X”支党员突击队，党员带头开展重点项目攻坚，参与智慧公厕、诸事小灵通、智慧农田等便民项目，开展各类现场志愿服务130余场。发挥数字化优势，统筹推进“实新”活动清单，深化营业“五心服务”、书记项目推动客户满意度持续提升。保障诸暨行政村和杭长高铁诸暨段5G全覆盖，完成方舱隔离点通信保障和中共二十大期间通信保障工作。

（朱杭燕）

旅　游

2022年，诸暨市锚定"打造长三角健康休闲文化旅游目的地"目标，聚焦数字赋能文旅，以全域创建为抓手，加快省级文旅消费试点城市建设，先行探索文化和旅游促进共同富裕路径。根据新测算口径，全年诸暨市共接待游客417.86万人次，实现旅游总收入61.95亿元。全市共有A级旅游景区16家，其中AAAA级旅游景区4家，AAA级旅游景区10家；共有星级酒店6家，其中五星级2家，四星级3家；等级民宿5家，其中省金宿级民宿1家，省银宿级民宿4家；旅行社36家。

旅游资源及建设

【概况】诸暨是中国优秀旅游城市、浙江省全域旅游示范县（市、区）、第二批长三角高铁旅游小城。2022年，拥有国家A级旅游景区16家，A级景区村庄412个（其中AAA级景区村庄32个），国家级风景名胜区1处（浣江·五泄风景名胜区），国家级湿地公园1处（白塔湖国家湿地公园），全国重点文物保护单位2家（斯氏古民居建筑群、东化成寺塔），省级生态旅游区2处（东白湖生态旅游区、白塔湖国家湿地公园），省级旅游风情小镇2家（山下湖镇、同山镇）。

2022年诸暨市A级旅游景区一览表

表7

景区名称	等级	评定时间	主管部门
五泄风景区	AAAA	2002年7月	诸暨市文旅集团
西施故里旅游区	AAAA	2009年1月	诸暨市文旅集团
珍珠小镇	AAAA	2009年10月	诸暨市文旅集团 山下湖镇人民政府
米果果小镇	AAAA	2017年6月	山下湖镇人民政府

续表 7

景区名称	等级	评定时间	主管部门
汤江岩风景区	AAA	2010 年 11 月	诸暨市文旅集团
千柱屋景区	AAA	2011 年 12 月	东白湖镇人民政府
裕昌号民间艺术馆	AAA	2014 年 9 月	东白湖镇人民政府
白塔湖国家湿地公园	AAA	2014 年 9 月	诸暨市文旅集团
诸暨国际商贸城	AAA	2015 年 12 月	诸暨商贸城建设管理委员会
斗岩风景区	AAA	2016 年 12 月	诸暨市文旅集团
大唐袜艺小镇	AAA	2017 年 12 月	大唐街道办事处
浙江天使之泪珍珠文化体验园	AAA	2019 年 11 月	山下湖镇人民政府
春风十里小镇	AAA	2021 年 1 月	东和乡人民政府
沉香湖景区	AAA	2021 年 1 月	大唐街道办事处
诸暨市香榧森林公园	AA	2015 年 1 月	赵家镇人民政府
乐航科技机器人主题馆	A	2019 年 2 月	陶朱街道办事处

【全域创建】2022 年，启动诸暨市文化和旅游资源普查工作，全市有资源单体 394 个。制定《2022 年诸暨市“微改造、精提升”项目清单》，全年完成计划投资 11.45 亿元，计划完成率达 100%。“百千万”工程纵深推进，全市 23 个镇乡街道创成浙江省 AAA 级及以上景区镇（乡、街道），实现景区镇（乡、街道）全覆盖；累计创成浙江省 AAA 级景区村庄 32 个，A 级景区村庄实现全覆盖；新增智慧景区 1 家、浙江省三级旅游驿站 2 家。11 月，“浙江省五泄旅游度假区”批准更名为“诸暨西施故里省级旅游度假区”。持续推进完善咨询服务体系、标识系统、旅游厕所、智慧旅游等全域旅游基础设施建设，游客集散中心、全域旅游大数据中心实现常态化运行。

【项目建设】2022 年，项目年度实际完成投资额达 89.54 亿元，年度投资完成率达 120%。推进文旅项目库建设，2022 年全国文旅项目库入库数量达 25 个，12 个项目被列入浙江省“四十百千”文化和旅游重大项目库。其中，西施故里“一江

2022 年 2 月 16 日，绍兴市文化和旅游重大项目集中开工仪式在诸暨市西施故里“一江两岸”文化旅游项目现场举行（文广旅游局提供，徐可良摄）

两岸”文化旅游项目、“云溪九里”文旅康养小镇项目、春风十里项目、珍珠小镇建设项目、五泄旅游基础设施综合开发建设项目、诸暨市文化中心项目6个项目被列入浙江省文化和旅游“四条诗路”类项目库，“醉美”同山风情小镇、尧舜度假养生谷、三贤文化馆项目、诸暨祥海云景酒店项目、飨街项目5个项目被列入浙江省“百张文旅金名片”类项目库，诸暨市高湖综合开发项目被列入“其他类”项目库。

【浙江省文化和旅游重大项目集中开工仪式绍兴分会场】2022年2月16日，2022年浙江省文化和旅游重大项目集中开工仪式绍兴分会场活动以及绍兴市文化和旅游重大项目集中开工仪式在诸暨市西施故里“一江两岸”文化旅游项目现场举行。集中开工的项目，是绍兴特色文旅资源转化利用的重要集成，也是全市精心提炼打造的文旅符号。诸暨的6个项目，有弘扬西施文化的重大引领性项目、彰显城市品位的文化地标类项目，也有品牌高端的星级酒店、特色鲜明的精致民宿。

分会场所在的诸暨市西施故里“一江两岸”文化旅游项目，位于西施故里旅游区内，总投资50亿元，建设内容包括西施殿景区二期扩建、西施故里业态提升、飨街配套设施打造等。

【1个项目入选浙江首批20个文化基因解码成果转化利用示范项目】2022年12月，西施故里“一江两岸”文化旅游项目入选浙江首批20个文化基因解码成果转化利用示范项目。2月，总投资50亿元的西施故里“一江两岸”文化旅游项目大幕开启。该项目是2022年度浙江省文化旅游重点项目，包括西施故里一期（东片区）提升改造工程和西施故里二期（西片区）扩建工程。涉及浣纱江一江两岸1.44平方千米范围。在一期项目中，诸暨已通过景观提升改造、智慧夜游、开元观堂酒店及古越街业态重植等项目，将西施故里打造成夜食、夜宿、夜游的新“夜”态区。

旅游业服务管理

【概况】2022年，全市开展文旅行业安全生产大检查活动、诸暨市旅游领域“除险保安百日攻坚”安全生产专项整治行动、文旅行业燃气安全百日攻坚、文旅行业消防安全百日攻坚等专项行动，指导各类文化和旅游经营单位认真落实疫情防控主体责任，执行行业疫情防控措施，保障文化和旅游活动正常开展、人员有序流动。通过《诸暨市旅游新业态项目安全管理规范——玻璃栈桥（试行）》等15类规范加强旅游新业态项目指导，针对旅游企业消防安全，旅游包车安全、燃气安全隐患排查等行业薄弱点开展隐患闭环梳理，统筹发展和安全。

【2个应用入选省级试点建设】2022年，“游客出行一件事”应用入选省交通与旅游融合发展试点名单，为绍兴唯一；“浙里登山—移步诸暨”应用场景入选省文化和旅游数字化改革第二批试点名单。“游客出行一件事”应用围绕游前、游中、游后，联动旅游、交通等实时数据，开设行程定制、智慧导览、公路大交通路况直播、景区数据实时发布、找厕所、商家电商平台等功能，打造一机畅游服务体系。“浙里登山—移步诸暨”由诸暨市文广旅游局协同公安局、消防大队、气象局等部门共同推出，通过打造服务、监管、共富三大多跨场景，构建“登山全要素、服务全过程、功能全集成、动态全掌握、监测全方位、处置可追溯”等流程，解决登山活动中存在的服务、监管等方面的痛点，探索乡村产旅融合发展新路径。

【旅游包车安全监管】2022年7月28日，市文广旅游局联合市交通局、市公安局发布《关于进一步加强旅游客运市场用车规范的通知》，率先完成“旅游用车申报”系统建设，并在全市旅行社推广，实现同绍兴市旅游系统的数据同步推送。运用数字化手段解决旅游包车安全监管盲区。

【饭店、民宿和旅行社培育】2022年，诸暨市巴巴坞民宿获评浙江省银宿级等级民宿。诸暨大酒店获评绍兴市文明旅游示范单位。完成2家旅行社星级复评。支持旅行社行业纾困工作，共有35家旅行社暂退、暂缓交纳保证金共283万元，退款率为100%。开展绍兴市旅行社行业规范化管理专项培训、诸暨市旅游品质提升专项培训、金牌导游带团案例分析培训等各类技能培训共计7场，参与510余人次。

旅游推广

【概况】2022年，诸暨市围绕“西施”

文旅 IP 加快省级文化和旅游消费试点城市建设。推进纾困政策兑现工作,完成 2000 余万元的奖补资金发放。针对长三角重点客源市场和杭州都市圈文化旅游城市以及省外重点市场,持续深入开展旅游推广活动,持续推进 FM104.5 旅游之声、FM93 交通之声等平台营销推介工作和高速、地铁、高铁等载体的广告投放工作。4 月起,好美诸暨全域旅游宣传口播在 FM93 浙江交通之声、FM104.5 浙江旅游之声上线。7 月起,"跟着西施游诸暨"全域旅游形象广告投放陆续进入杭金衢高速萧山服务区、高铁杭州东站、上海旅游交通地图以及杭州地铁 1 号线、机场线、武林门站和龙翔桥站等,进一步打响"西施故里 · 好美诸暨"文化旅游品牌。配合开展浙江省"青耘中国·秋收硕果"直播助农(绍兴站)暨诸暨市"西施有礼"共富直播周等活动。组织企业参加浙江(四川)旅游推介会、宁波杭州文旅推介会、苏州观前街文旅推介路演等各类展会、推介活动。

【2022 年"诗画浙江 文旅共富"央媒浙里行采风活动】2022 年 5 月,2022 年"诗画浙江 文旅共富"央媒浙里行采风活动走进诸暨探访工业旅游,相关报道在人民网、中国青年报、新华号等多个平台刊发,展示山下湖珍珠小镇、同山烧酒小镇工业旅游发展新成果。

【西施 IP 入选第二批浙江省示范级文化和旅游 IP 名单】2022 年 10 月,省文化和旅游厅公布第二批浙江省示范级文化和旅游 IP 名单,诸暨的西施 IP 入选。诸暨市深耕西施文化,不断推进西施 IP 项目建设,加快"西施 + 节庆""西施 + 旅游""西施 + 产业"多向融合,打造全长 196 千米的"西施之眼""西施之裳""西施之恋""西施之泪"精品线路,常态化开展"西施文化节""西湖—西施荷花会"等节庆推介,推出西施眼(香榧)、西施泪(珍珠)、西施恋(袜子)等"西施十美"文旅产品,推广西施家宴,培育"西施有礼"旅游名品超市,"西施故里 好美诸暨"文旅形象辨识度与影响力不断提升。

【诸暨入选"第二批长三角高铁旅游小城"名单】2022 年 12 月,经上海、浙江、安徽两省一市文旅厅(局)推荐,结合网友投票结果、专家评审意见及《长三角高铁旅游小城评分标准》,"第二批长三角高铁旅游小城"名单发布,诸暨在列,为绍兴唯一。

【2022 年西施主题文化创意暨旅游商品大赛】2022 年 3 月 9 日,2022 年西施主题文化创意暨旅游商品大赛启动。本次大赛由浙江省非物质文化遗产保护中心、诸暨市人民政府共同主办,中共诸暨市委宣传部、诸暨市文化广电旅游局共同承办,诸暨市博物馆(非物质文化遗产保护中心)、诸暨乃金文化传播有限公司协办。至 4 月 25 日截稿,共收到来自 40 多个城市的有效参赛作品 193 件(组),经专家组资格审查、打分评选,共评选出一等奖 1 名、二等奖 3 名、三等奖 10 名和优秀奖 16 名。赛事获得《浙江日报》、浙江新闻网等媒体平台关注,点击率达 100 万次。

【"情人眼里出西施 2022 心动诸暨"活动】2022 年 4 月,诸暨市文化广电旅游局举办"情人眼里出西施 2022 心动诸暨"活动,以"情人眼里出西施"为主题云游诸暨,推出三天两夜心动之旅线路,邀请浙江广播电视集团头部主播、全网 TOP 网红达人、知名博主等先期实地打卡体验,于"五一"期间上线,全网媒体阅读量累计达 120 万次。5 月 20 日,《中国旅游报》第 4 版诗画浙江版面专题刊发《赴诸暨 在"中国旅游日"解锁心动线路》。

【荷花神女纪念活动】2022 年 7 月 22 日,农历六月廿四,值民间西施娘娘生日之际,在西施故里旅游区西施殿景区按照诸暨传统民俗组织开展颂西施、画西施、写西施的纪念"六月荷花神女"活动。

东白湖生态旅游区

【概况】2022 年,东白湖生态旅游区继续坚持"保护优先"原则,把生态环境优势转化为旅游资源优势,推动"美丽资源"向"美丽经济"转化。累计接待游客 50 余万人次,其所在的东白湖镇创成浙江省 AAAA 级景区镇。

【生态环境保护】联合东白湖镇政府、自然资源和规划局、水利水电局,加大绿色生态屏障建设力度,运用视频监控系统对东白湖水库实行实时监控。加强生态旅游资源保护宣传教育,整治游客野餐烧烤、未经批准露营基地烧烤等露天烧烤行为,打造"干净整洁有序、宜业宜居宜游"的旅游环境。生态旅游区范围内景区实行定期保洁和绿化养护,全年无森林火灾。

【基础设施建设和维护】2022年，继续推进望回山景区建设工程及其周边环境综合整治，对建设区域进行围护和截水沟建设，完成灵塔子项目，为望回山景区建设工程及其周边环境综合整治主体项目做好保障服务。对省级自然保护区——东白山自然保护区实施基础设施提升改造，生态游步道整治维护、休息亭子修缮、护栏养护等；对西岩龙潭、香榧公园南园、斯舜梅园等旅游景点设施进行维护修缮。

（文广旅游局　赵珏）

白塔湖国家湿地公园

【概况】2022年，白塔湖国家湿地公园以宣传推广、基础设施建设、生态保护和疫情防控为工作重点。疫情期间，做好"限流、预约、错峰"工作。景区全年共接待游客129433人次，实现各项收入268.58万元。11月，浙江白塔湖生态旅游开发有限公司被浙江省林业局授予"浙江省湿地保护修复工作成绩突出集体"称号；12月，白塔湖国家湿地公园自然教育基地被浙江省林学会、浙江省自然保护地联合会、浙江省森林旅游协会评为"第四批浙江省自然教育基地"。

【旅游基础设施建设】2022年3月，将景区内江荡滩场地打造为休闲帐篷露营基地，项目内容包括帐篷露营、烧烤、土灶及拓展娱乐等。露营地经营状况良好，成为诸暨新网红打卡点。7月，白塔湖景区灾后修复工程完工并通过验收。

【旅游宣传推广活动】2022年2月2日，举办第26个世界湿地日宣传推广活动。9月，与教体局联合举办2022诸暨全民健身节"艇"进白塔湖首届皮划艇比赛，浙江卫视报道此次比赛。9—10月，举办"浙工缘"金秋文化系列活动，包括"喜迎二十大、共唱我的祖国""金秋缘来、相遇白塔湖""秋日花语、归心拾光"等青年联谊活动。11月，白塔湖湿地公园被授予"浙江省婚俗改革实验市婚礼户外颁证基地"称号。全年举办近10场户外草坪婚礼，并联合各级媒体宣传推广，打造"白塔湖浪漫之岛"品牌。12月，举办白塔湖"捕鱼节"和"鱼干季"活动。

【湿地生态保护】2022年，白塔湖景区通过打造高位监控点和无人机等智能化巡湖系统，着力抓好白塔湖湖面水域的专项清理及非法捕捞打击，日夜巡查1000余次，以劝阻为主，并拍照取证，将相关资料递交给执法部门。收缴367根抛竿，296

白塔湖国家湿地公园江荡滩休闲帐篷露营基地（文旅集团提供，摄于2022年9月）

根手竿，140个鱼袋汉斗，404张鱼丝网，5007个地笼，3728个两头通，460个钓瓶，20个钓箱，3艘小船，10艘遥控船，1套电瓶电鱼设备，劝导偷钓人员200多名，拆除捕鸟网17张，张贴资源保护告示200份，劝导非法种植180次，劝导非法填湖倾倒垃圾11次，发现水质污染1起并上报环保部门。全年投放鱼苗26万尾。（文旅集团　徐海琼）

五泄风景区

【概况】2022年，五泄风景区以项目建设、经营管理、资源保护、疫情防控为工作重点，以提升服务管理体系、强化安全生产管理为抓手，持续推动景区文明健康发展。五泄风景区共接待游客241721人次，实现收入508.84万元，全年未发生旅游安全事故和重大旅游投诉。11月1日起，班船行驶由45分钟／班调整为30分钟／班。6月，五泄风景区被中共诸暨市纪委、诸暨市监委授牌为“诸暨市清廉教育基地”，后金萧支队事迹陈列馆被授牌为“诸暨市清廉教育点”；9月，浣江·五泄风景名胜区入选“上天目新闻 品浙江美景”浙江首批醉美景区20强名单。11月，诸暨市五泄林场被浙江省林业局授予“浙江省护林先进单位”称号。

全年争取上级资金594.4425万元，包括以下项目：2022年度风景区专项资金浣江·五泄风景区五泄景区应急抢险工程（基础设施重建，500万元，2022年度公益林补偿金21.588万元，松材线虫病除治工作经费1.9176万元，河湖长制补助款（泄洪渠抢险及库区岸坡整治工程）30万元，旅游基础设施补助10万元，其余各类补助金30.9369万元。

【旅游基础设施建设】2022年2月，西源峡谷重新对外开放。4月至5月，完成“西施舫壹号”船舶的采购工作，并办理船舶相关证书（船检证书、国籍证书、所有权证书、最低配员证书等）。9月，完成五泄景区基础设施应急抢险工程的验收工作。12月，五泄景区码头提升改造工程完工；完成五泄水库电站安全生产标准化验收；完成“五泄游船码头1”“五泄游船码头3”上排保养维修项目并投入使用。

【旅游配套项目引进】2022年2月至5月，引进主题为“任逍遥伴游”的机器人游乐项目。7月，引进九幢小木屋及一处四合院房屋的运营合作单位（浙江黄金水岸酒店管理有限公司），完成品牌民宿（五泄·尧珈民宿）签订工作。

【森林及珍稀资源保护】2022年4月，完成中华水韭迁地保护工作（迁至西源酒家旁）。9月至10月，完成五泄林场20千米防火隔离带清理工作。10月至11月，五泄林场投入9.8万元，完成松材线虫病疫木清理工作，总计清理疫木7万公斤。

（文旅集团　徐海琼）

西施故里旅游区

【概况】2022年，西施故里旅游区以基础设施提升、混合制公司引入、到期物业处置、新型业态招商、西施文化弘扬和疫情防控为工作重点。疫情期间做好“限流、预约、错峰”工作。景区全年共接待游客305812人次，实现各项收入286.34万元。3月，浙江卓旅投资发展有限公司工商登记注册完成，该公司是由浙江安卓酒店集团有限公司出资2550万元，诸暨市浣江置业公司出资2450万元共同组建的国有控股混合所有制企业，是诸暨市文化旅游集团重组整合以后第一家混改落地公司。在西施故里景区引进“开元观堂”酒店品牌，丰富古越街商业旅游业态。10月，西施故里旅游区

五泄风景区西源峡谷（文旅集团提供，摄于2022年11月）

西施故里国庆开园夜景（文旅集团提供，摄于 2022 年 10 月）

重新开园。11 月，西施故里旅游区全新推出音乐剧《梦寻西施》，入选 2022 年杭州市文艺精品工程一般扶持项目。12 月，西施故里“一江两岸”文化旅游项目入选首批文化基因解码成果转化利用示范项目。

【旅游基础设施建设】2022 年 4 月至 12 月，西施故里东片区进行全面提升改造，全面更新景区各项旅游基础设施，并全新推出智慧夜游、历代名媛馆展陈改造及室外夜游提升、综合驿站等一系列项目。

【到期物业回收处置】西施故里旅游区内 16 间物业于 2016 年起陆续到期，但由于各种原因未能按期收回。2022 年，西施故里旅游区成立到期物业回收领导小组，核实研究西施故里到期物业的处置方案，通过上门做工作，寻求外围关系帮助做思想工作、帮助解决实际困难等方法，于 9 月完成问题物业的回收处置工作。

【新型业态招商】2022 年 10 月，西施故里景区内东片区提升改造除古越街区开园观堂外共招商 9 家新物业，包括诸暨特色小吃、咖啡、康养、餐饮等，并采用新型营收分账模式管理，第四季度实现营收 17.3 万元。

【《梦寻西施》沉浸式舞台剧创编】2022 年 10 月，西施故里旅游区和浙江鸿艺文旅传媒集团联合出品一台大型原创沉浸式舞台剧——《梦寻西施》。该剧由国家级团队打造，以古越文化、西施文化为背景，集声光电影、视听嗅触觉于一体，打造沉浸式互动体验。

（文旅集团　徐海琼）

诸暨西施故里省级旅游度假区

【概况】2022 年，根据《浙江省文化和旅游厅关于同意浙江省五泄旅游度假区更名为诸暨西施故里省级旅游度假区的批复》文件精神，浙江省五泄旅游度假区更名为诸暨西施故里省级旅游度假区。根据《中共绍兴市委机构编制委员会办公室关于同意浙江省五泄旅游度假区管理委员会更名的批复》文件精神，将浙江省五泄旅游度假区管理委员会更名为诸暨西施故里省级旅游度假区管理委员会。根据《中共诸暨市委机构编制委员会关于调整浙江省五泄旅游度假区管理体制等事宜的通知》文件精神，决定恢复浙江省五泄旅游度假区管理委员会独立运行。西施故里管委会为市政府派出机构，属正科级，负责宣传、贯彻落实省、市有关旅游度假区建设和发展的方针、政策、法律、法规，研究制定具体实施办法，并经批准后负责组织实施。2022 年，西施故里省级旅游度假区全年接待游客 143.45 万人次，其中境外游客 950 人次。全年旅游收入 14.72 亿元。

【总体规划修编】2022 年，为适应诸暨市国土空间规划调整和周边交通条件变化，使度假区建设发展与新时代经济、社会、生态发展相协调，对度假区总体规划进行修编，形成《诸暨西施故里省级旅游度假区总体规划（修编）》，并形成审批稿，提请省人民政府批准。该规划对度假区规划布局、景区运营、项目招商、品牌宣传等方面进行整合。规划调整后的度假区规划面积 22 平方千米，整体空间呈“一核”（五泄度假欢乐小镇）、“一带”（五泄山水景观带）、“三组团”（原乡生态度假组团、山水康养度假组团、野奢品质度假组团）格局，变“点状式、分散式”发展为“组团式、集聚式”发展。

【度假区基础设施建设】2022 年，投资约 3000 万元，用于全面改造提升度假区内旅游公共服务基础设施。新建游客服务中心，用地面积约1万平方米，拥有游客咨询、游客休息、母婴室、旅游厕所、文旅商品展示销售等功能，是集公共服务、购物消费、品牌宣传于一体的综合服务区块。新建西皇旅游驿站，集休憩、书吧、观景平台等多功能于一体，与五泄“三乡”景观带一体谋划。新建一批生态停车场，新增停车位470个，总量超过1300个。

打造荷花博览园。投资2.4亿元打造十四都荷花博览园项目，完成一期5000万元投资。波光跳泉、彩虹滑道、丛林漂流等项目投入运营，成为诸暨亲子游热门目的地。发展露营产业。由十四都村青年乡贤回乡投资建设的红枫岭村野奢露营基地用地约30亩，计划总投资500万元，一期已投资200万元。建设有野奢露营场地、运动休闲主题公园、自然与研学基地、露营品牌集合店等。基地于2022年3月试运营，接待游客1万余人，举办各类大小活动100余场次，接待省市级领导考察团30余次，同行业考察团50余次，获2022年度浙江省十佳森林营地荣誉。（马恩泽）

香榧国家森林公园一角（赵家镇提供，摄于2022年6月）

香榧国家森林公园

【概况】诸暨香榧国家森林公园是中国唯一的原生态香榧自然保护区，也是国内最大的古香榧集聚地。森林公园总面积约3万亩，核心区域位于诸暨市赵家镇。拥有香榧古树群126个，其中香榧古树树龄在百年以上的有2.9万株，500年以上的有2.5万株，古树香榧年产量占全国香榧总产量的60%以上。

森林公园内物产丰富，是农业农村部地理保护标志短柄樱桃原产地。拥有近万亩原生态茶园，为明清贡茶“九十蓬”核心产区。有毛竹、杨梅、桃树等众多名优农产品。森林公园“四时花不断，八季佳果香”。森林公园位于全球重要农业文化遗产——会稽山古香榧群核心地带，公园内宣家山、钟家岭等村落有千年以上历史，保留着大量农业文化和民间习俗。拥有世界灌溉工程遗产——古井桔槔。

森林公园以“古榧奇姿、林茂树古、佳果名茶、重岩飞瀑、人文点缀”为主要特色，集休闲观光、度假疗养等多种功能于一体。公园内山高林茂，拥有仙坪山古榧林、香榧文化会馆、香榧王、外宣三老、走马岗等特色景点。

【香榧王】“香榧王”位于榧王村，距今有近1400年历史，被誉为“千年活文物”。树高18米，胸围9.26米，树冠覆盖0.85亩，年产鲜蒲600千克。

【乡村特色旅游】2022年，赵家镇发挥香榧国家森林公园的核心优势，全力发展乡村特色旅游，打造农家乐特色村。环森林公园公路、游步道、会稽山古道等乡村旅游基础设施得到改善。区域内有省级农家乐特色村3个，绍兴市级农家乐特色村2个。拥有农家乐经营户35户，床位880个，餐位1650个，年接待游客近20万人次。宣家山村、榧王村是全国绿色小康村、全国生态文化村、浙江省旅游特色村、浙江省卫生村。森林公园内全域完成绍兴市“五星达标”创建，宣家山村、东溪村完成美丽乡村精品村和绍兴市3A示范村创建，森林公园总体规划调整启动。

（赵家镇　张灵杰）

对外经贸

2022年，全市实现进出口额697.95亿元，同比增长13.23%。其中出口618.40亿元，同比增长14.97%；进口79.55万元，同比增长1.34%。全市新批境外投资项目6个，投资总额1617万美元。境外承包劳务营业额6050万美元。

全年服务外包离岸执行额390.2万美元，同比下降30.7%；服务贸易进出口总额26.21亿元，同比增长35.11%，其中出口额24.62亿元，同比增长38.08%，进口额1.59亿元，同比增长1.37%。

对外贸易

【主要出口商品和出口额】2022年，全市纺织服装及面料出口1775872万元，同比下降4.02%，占比28.7%。其中袜子出口895391万元，同比增长5.37%，占比14.5%；提花布出口255812万元，同比增长7.14%，占比4.1%；服装出口342957万元，同比下降28.61%，占比5.5%。

五金机电产品出口3174646万元，同比增长33.11%，占比51.3%。其中机电产品出口1476753万元，同比下降2.17%，占比23.9%；五金产品出口1697893万元，同比增长93.9%，占比27.5%。

珍珠出口24573万元，同比增长9.30%，占比0.4%。化工塑料制品出口538650万元，同比增长17.51%，占比8.7%。鞋帽箱包家具产品出口187787万元，同比下降36.27%，占比3.0%。

【进出口国家(地区)】2022年，进出口国家(地区)213个，同比增加3个。出口超1亿元的国家(地区)78个，同比增加7个。出口前三位的国别地区依次是美国、菲律宾、印度，分别出口780117万元、311358万元、301867万元，增幅分别为−11.9%、78.4%和62.6%；在15个主要出口国家和地区中，增幅排在前列的是沙特阿拉伯、菲律宾和印度，分别增长95.2%、78.4%和62.6%。

对外招商及外资引进

【招商平台建设】2022年，诸暨市继续贯彻落实“招商强市”战略。完成开发区(高新区)空间和产业规划调整，通过省级高新区创建评审论证，智能视觉“万亩千亿”新产业平台入选省级培育名单；完成科技城航空航天产业发展规划编制，海创服务中心、科创基地开工建设。

【对外招商】2022年，全市共引进50亿元以上项目2个，10亿元以上项目15个，亿元以上项目72个。组建“京沪深蓉”4个驻外招商引智小组，将招商触角延伸至先进地区，扩大招商渠道，提升招商成效。

2022 年 1 月 10 日，2022 年诸暨市首批招商选资重大产业项目集中签约仪式举行（招商投资促进中心提供）

聚焦重大项目招引，高质量办好两次重大招商引资项目集中签约仪式，共计签约 32 个项目，计划总投资超 490 亿元，涵盖智能视觉、航空航天、新能源、现代农业、铜材精密制造等领域。

【外资引进】2022 年，全市新批外资企业 22 家，新设项目总投资规模平均 1170 万美元，合同外资平均规模 1062 万美元。全市累计总投资 34686 万美元，合同外资 28654 万美元，实到外资 7535 万美元，同比下降 44%。

（招商投资促进中心　杨铭霞）

境外投资及境外劳务承包

【境外投资】2022 年，全市新批境外投资项目 6 个，投资总额 1617 万美元，其中中方投资额 1604 万美元，同比下降 81.67%。

【境外承包劳务】2022 年，全市完成境外承包劳务营业额 6050 万美元，同比增长 339.04%。

（商务局　严宏杰）

2022 年诸暨市各类贸易方式进出口情况表

表 8

贸易方式	进出口总额（万元）	同比增长（%）	占比（%）	出口总额（万元）	同比增长（%）	占比（%）	进口总额（万元）	同比增长（%）	占比（%）
合计	6979491	13.23		6184015	14.97		795476	1.34	
1. 一般贸易	6228581	11.78	89.24	5579535	14.25	90.23	649045	−5.74	81.59
2. 加工贸易	386764	0.66	5.54	265520	−7.88	4.29	121244	26.33	15.24
来料加工贸易	133541	15.29	1.91	112417	14.76	1.82	21123	18.18	2.66
进料加工贸易	253223	−5.65	3.63	153103	−19.54	2.48	100121	28.19	12.59
3. 其他贸易	364147	75.6	5.22	338960	63.77	5.48	25187	6205.97	3.17

2022 年诸暨市主要出口地区情况表

表 9

地区	当月出口（万元）	上年同期数（万元）	同比增长（%）	出口额（万元）	上年同期数（万元）	同比增长（%）	占比（%）
合计	409198	572555	−28.5	6184013	5378894	15.0	
亚洲	194719	258780	−24.8	2909321	2267157	28.3	47.1

续表 9

地区	当月出口（万元）	上年同期数（万元）	同比增长（%）	出口额（万元）	上年同期数（万元）	同比增长（%）	占比（%）
东盟	75582	104695	−27.8	1206763	890700	35.5	19.5
非洲	51277	65671	−21.9	677512	578645	17.1	11.0
欧洲	62086	90176	−31.2	972644	941283	3.3	15.7
欧盟	45004	68759	−34.6	764167	718771	6.3	12.4
拉丁美洲	47920	63782	−24.9	620938	500810	24.0	10.0
北美洲	47104	86492	−45.5	893653	994623	−10.2	14.5
大洋洲	6091	7654	−20.4	109946	96376	14.1	1.8

2022 年诸暨市主要商品出口情况表

表 10

商品类别	当月出口额（万元）	上年同期数（万元）	当月增长（%）	累计出口额（万元）	上年同期数（万元）	累计增长（%）	占比（%）
全市总计	409198	572555	−28.53	6184015	5378894	14.97	
一、纺织原料及纺织制品	128833	170552	−24.46	1775872	1850278	−4.02	28.7
袜子	54632	81514	−32.98	895391	849733	5.37	14.5
提花布	21206	23704	−10.54	255812	238770	7.14	4.1
服装	27279	35325	−22.78	342957	480381	−28.61	5.5
二、五金机电产品	163753	260869	−37.23	3174646	2384980	33.11	51.3
五金制品	41832	90456	−53.8	1697893	875470	93.9	27.5
机电产品	121921	170413	−28.46	1476753	1509510	−2.17	23.9
绣花机	12547	11455	9.53	193849	128973	50.30	3.1
环保设备	4265	3909	9.12	52153	47984	8.69	0.8
三、珍珠及制品	2428	4398	−44.78	24573	22483	9.30	0.4
四、化工及塑料制品	40893	42984	−4.87	538650	458391	17.51	8.7
化工及其制品	10738	16008	−32.92	313575	233630	34.22	5.1
塑料及其制品	30155	26976	11.78	225076	224761	0.14	3.6
五、鞋帽箱包家具产品	31195	35532	−12.21	187787	294650	−36.27	3.0
六、其他	42096	58220	−27.7	482487	368112	31.1	7.8
全市高新技术产品出口	1037	603	71.93	6959	7843	−11.27	0.1

城乡建设

2022年，诸暨市聚焦市委市政府中心工作，推动城乡建设各项任务提速增效。推进美丽城镇专项行动，加快城市有机更新，推进“三改”专项行动，完成老旧小区综合改造提升。开展城区绿化管养工作，优化升级城区防汛排涝体系，推进水环境治理改造以及生活垃圾分类处置工作，持续提升城市建管水平和人居环境质量。

城乡规划

【概况】2022年，诸暨市深入学习贯彻中共二十大会议精神，锚定“两放三争”战略路径，以长三角区域一体化发展为统领，推进杭绍同城战略，开展融杭联甬接沪，强调规划引领、杭绍一体化萧诸绿色发展先导区建设、提升城市风貌等重点工作，做细做实专项规划，发挥城乡规划在谋划区域协同发展、强化空间管控、统筹城乡一体化发展等方面的主导作用，加快国土空间规划编制进度，提升规划精细化管理水平，严控规划审批制度，加强管理维护规划的权威性。

【国土空间规划】2022年，继续开展国土空间规划编制的各项工作。根据省市统一部署推进国土空间规划编制，及时报送“三区三线”划定过程中的各类数据，陆续完成国土三调和基数转换、国土空间规划编制前期调查分析研究、重要空间平台规划专题研究以及省重点水利、交通、能源等建设项目的核实、增补工作。

9月30日，自然资源部下发《关于浙江等省（市）启用“三区三线”划定成果作为报批建设项目用地用海依据的函》，国土空间规划“三区三线”方案经过四轮上报修改后启用，可以作为建设项目用地组卷报批的依据。按自然资源部、省自然资源厅统一部署，全年完成省级国土空间规划编制报批，市县级国土空间规划根据自然资源部批准的“三区三线”方案优化完善。及时启动各镇乡国土空间规划的前期编制工作。

根据省自然资源厅统一要求，及时做好省域空间治理数字化平台中“多规合一”应用贯通相关事宜。与省自然资源厅、绍兴市自然资源和规划局及时沟通对接，将各项基础资料清单填报汇总，已按要求完成控制性详细规划、村庄规划的归集上报，完成各部门重要控制线、各类专项规划、过渡期现有空间规划、重大项目平台的资料收集。按要求向省自然资源厅、绍兴市自然资源和规划局报送养老设施专项规划、历史文化名镇、名村保护规划、控规审查成果、城市有机更新控规等资料。

【专项规划】2022年年初，根据省自

然资源厅文件以及宅基地制度改革试点工作要求，启动《诸暨市域乡村建设规划》的编制工作，向各镇乡街道、各有关部门多次征询意见建议，组织并通过专家评审会议，基本完成规划。

依据省自然资源厅、绍兴市自然资源和规划局的要求，及时启动全市域村庄规划评估工作，及时将成果上报省自然资源厅系统，并结合上级工作要求和编制实际，对村庄规划全覆盖计划的表格定期调整，完成四个季度上报。

配合绍兴市自然资源和规划局做好19个自然村的《绍兴较大偏远山村的留迁规划》编制，并及时下发各镇乡做好涉及土地征收成片开发的控制性详细规划报批文件，完成《诸暨市土地征收成片开发方案》《诸暨市2020年度国土空间规划城市体检评估》《诸暨市工业用地控制线划定工作建议》《诸暨市中心城区停车设施专项规划》的项目验收。

【村庄规划】2022年，组织召开全市“多规合一”实用性村庄规划编制及宅基地改革和管理工作业务培训会议。根据市政府人民政府办公室《关于开展“多规合一”实用性村庄规划编制的通知》文件要求，全市各镇乡街道全面启动“多规合一”村庄规划编制工作，诸暨市自然资源和规划局、宅改办同步建立村庄规划编制月度工作通报制度，及时督促各镇乡街道此项编制工作的月度推进情况，需考核的村庄规划于12月底前完成报批。

【规划项目管理】2022年，继续优化诸暨市城乡规划管理委员会审议审查机制。共组织召开9次局建设项目审查会议，审查项目137个。召开3次市城乡规划委员会办公会议，审查项目102个。召开3次市城乡规划管理委员会会议，审查项目66个。全年审批项目46个，审批建设规模地上建筑面积约115.74万平方米，地下建筑面积约18.66万平方米。规划验收核实项目45个，验收规模地上建筑面积约114.5万平方米，地下建筑面积约27.9万平方米。

【测绘地理信息管理】2022年，继续严格落实测绘安全生产管理工作。4月底，对3家测绘单位开展安全生产实地检查。5月中旬，配合绍兴市自然资源和规划局对测绘单位及申请使用国家秘密基础测绘成果的单位开展测绘地理信息保密安全自查工作，并对2家单位开展实地检查，完成《诸暨市测绘与地理信息应急保障预案操作手册》的更新。5月，参加2022年全市测绘应急演练，提升测绘应急队伍的应急处置能力。协助绍兴市自然资源和规划局严格把控测绘资质审查工作，完成8家测绘单位及其测绘技术人员的信用信息征集。5月和9月，配合省自然资源厅及绍兴市自然资源和规划局对4家测绘单位开展“双随机”检查。持续推进综合测绘改革工作。6月，完成2019—2021年综合测绘项目开展情况的调研工作。推进地下市政基础设施普查工作，对2家普查单位开展实地抽查，加强对普查项目单位安全生产及数据保密安全的监督检查工作。组织开展地图专项检查工作。8月，对2家广告公司及1家文具用品销售店开展地图市场专项检查。

【数字诸暨成果共建共享】2022年，不断丰富基础地理信息资源。1:500与1:2000基础测绘资源建设进一步推进，0.5米全色航天遥感影像、

2022年8月29日，诸暨市在东兴社区党群服务中心开展2022年测绘法宣传日活动（自然资源和规划局提供）

0.2 米航空影像实现年度更新，开展三环线内地下空间普查、二环线内地下管线普查工作。有序开展地理国情监测工作，及时获取城市建成区、建成区绿化覆盖率及绿地率变化情况。稳步推进地理信息公共服务平台建设，实现基础测绘成果的应用与共享。为各行政机关、镇乡街道及企事业单位免费提供各类地形及影像数据总面积 2.3 万余平方千米，实现基础测绘数据共建共享价值约 6000 万元，避免重复测绘，节约财政资金。

【测绘法宣传日】2022 年 8 月 29 日，第 19 个全国测绘法宣传日，诸暨市以“规范使用地图 一点都不能错”为主题开展一系列的宣传活动。当日，在东兴社区党群服务中心开展诸暨市 2022 年测绘法宣传日暨国家版图意识宣传周活动，宣传人员发放《诸暨市政区图》《诸暨市地图集》以及宣传伞等宣传品，普及测绘知识、国家版图知识、地图知识。为公众提供咨询地图知识及举报“问题地图”的渠道。中国地图标准样图可以登录国家地理信息公共服务平台浏览和下载。本次宣传活动中，测绘企业主动参与，展示千寻翼 Q10 复合翼无人机、大疆 M300RTK 无人机、Navvis VLX 移动式三维激光扫描仪、天宝 X7 站式三维激光扫描仪等多种先进测绘设备。

（自然资源和规划局　杨舟琳）

市政建设

【概况】2022 年，诸暨市继续围绕全域美丽建设、城市有机更新、基础设施完善提升等重点任务，大力开展美丽城镇建设、“污水零直排区”创建、“三改”专项行动、城区老旧小区改造、市政设施建设维护、城市环境提升、垃圾污水分类处置等工作。11 月 17 日，诸暨市承办全国白蚁防治数字化建设现场会，市建设局在会上分享诸暨市白蚁防治数字化建设做法经验。

【美丽城镇建设】2022 年，东盛未来社区实现全省首批挂牌，3 个社区入选全省首批“一老一小”服务场景名单，完成第五批和第六批共 5 个社区一体化方案编制并启动项目实施。创成省级城乡风貌样板区 2 个、省级美丽城镇 8 个，其中“枫江明珠 · 榧乡古镇”县域样板区获评“新时代富春山居图样板区”，陶朱街道、店口镇为美丽城镇省级样板镇，山下湖镇、同山镇获评“我心中的最美小镇”全省 50 佳。创成省级美丽宜居示范村 2 个，其中同山镇布谷村获评省级优秀村庄。

【“污水零直排区”创建】2022 年，完成污水管网新建及改造 24.786 千米；完成雨水管网建设及提标改造 21 千米。完成“污水零直排区”创建小区 2 个，城镇污水智能化项目建设改造 2 处。

【“三改”专项行动】2022 年，诸暨市继续推进“三改”专项行动，完成房屋征收签约 3564 户，签约率 98.29%，腾空率 95.01%，征收面积达 119 万余平方米。

【城区老旧小区改造】2022 年，完成 6 个老旧小区改造（其中 2 个为示范小区）和 3 个邻里中心建设任务。完成既有住宅加装电梯 44 台，昶城名都小区开展整体加装试点。

【市政设施建设维护】2022 年，推进二环线智慧快速路改造，新建城区道路 2.46 千米。启动全市生活污水“厂网河一体”项目（一期）建设，开展可研编制。完成通天渠改造工程和白马墩片区渠系改造任务，推进实施 4 座新建电排站（潭俞、潭

2022 年 11 月 17 日，全国白蚁防治数字化建设现场会召开（建设局提供）

2022 年度都市节点型美丽城镇省级样板镇——店口镇鸟瞰图（建设局提供）

头、大侣湖、杨树畈）及配套渠系建设，完成骆家山电排站工程建设。完成城区积水点改造 140 处，累计实施城区重点道路雨水管（渠）清淤约 440 千米。新建改建供水管网 5.1 千米、改造二次供水设施 56 个。完成农污设施提升改造项目 46 个，标准化运维农污设施 1408 个，新建开工农污设施 31 个。整改完成闲置设施 10 个，完成 5 座污水处理厂清洁排放提标改造工作。完成 8 个农村生活污水截污纳厂试点工程。完成老旧燃气管网和表箱改造全年工作任务。

【城市环境提升】2022 年，诸暨市建成区绿地率达 38.21%，绿地面积 2731.25 千米，绿化覆盖率达 41.53%，绿地覆盖面积 44528.4 亩，人均公园绿地面积 13.9 平方米，公园绿地服务半径覆盖率 90.84%。完成口袋公园建设 2 个、园林式居住区创建 2 个（省级居住区 1 个，省级单位 1 个）、省级优质综合公园 1 个、省级绿化美化示范路 1 条以及省级绿道建设贯通任务，承办省第四届“绿道健走大赛”绍兴分会场特色活动，新增绿地 460.5 亩。完成城市公厕“五化”提升改造 15 座，打造“席地而坐”精细保洁示范区 2 个。

【生活垃圾分类处置】2022 年，继续提高生活垃圾分类处置能力。浬浦垃圾无害化处理中心项目稳定运营，日处理垃圾超 300 吨。全市城区所有主次干道(40 条）均实行生活垃圾“定时定点”上门收集模式，全市 75 个小区开展生活垃圾“定时定点”投放工作，累计撤除垃圾投放点位 400 余个。创成 2022 年度浙江省高标准生活垃圾分类示范小区 9 个。

诸暨国际商贸城建设

【概况】诸暨国际商贸城位于诸暨市城南，总规划面积 13.8 平方千米（核心区 4.5 平方千米），规划控制区北起环城南路，南至南三环线，东临开化江，西界洪浦江。2022 年，紧扣“车水马龙聚人气，打造活力金城南”的总体目标，不断丰富城南生活圈功能，推动商贸城高质量发展、竞争力提升，努力打造城市花园首选地、新经济发展腹地。

诸暨国际商贸城全年总投资超过 130 亿元，总建筑面积近 231 万平方米，在基本形成“一市十一城”（一期市场和 11 个企业投资项目）市场集群格局的基础上，通过加快项目建设和二次招商，着力盘活存量资源，提振市场活力，“城南新城”窗口形象基本显现。

【招商选资】2022 年，坚持以整体性招商为主线、以零星培育为突破点，扎实推进二次招商和整体项目招商。签约“诸暨茶叶一条街”项目入驻；重点签约落地“谷麦数字云创园”项目，计划总投资 5000 万元；洽谈新经济、新零售、网络直播带货等业态，全年累计接待客商项目20个。

【一期市场转型】2022年，综合研究分析市场各区块的经营状况，制定并实施2022年度租金收缴政策，市场商户续租率达96%。着力推动新零售集聚，新引进新零售业态企业15家，引导15家市场传统经营商户转型新零售。探索新经营模式，规划建设诸暨特色产品“工厂直销中心＋电商选品中心”项目。发展会展经济，做好会展场地微改造，新增会展场所面积7000平方米。全年举办世界珍珠大会、袜博会2个节会及7个系列子活动，累计吸引600余家国内外参展商近2万人次参会。

【项目建设】2022年，注重项目协调跟进，通过深入企业走访、召开项目协调会和约谈负责人等方式，促使项目建设展现良好形象。东门木制品市场B地块开业，越美商务楼和欢乐世界项目结顶。

【商贸城配套建设】2022年，商贸城配套道路工程完成统计入库投资1911万元，开化江左岸商贸城段堤防建设工程全年完成统计入库投资1305万元，暨南路西侧、新华医院南侧地块(2021年“三改”限价房地块)完成出让，出让土地面积55.433亩，落实暨南初中、篮球学校等新建项目用地保障。

（商贸城建管委　陈琳）

高湖建设管理

【概况】2022年，高湖建设工程主要有分洪闸改造升级工程、水质优化提升专项工程、数字高湖平台建设工程等。工程总投资约3.6亿元，累计完成投资约3亿元。推动高湖蓄滞洪区从建设逐步转向管理，抓好实质性开发建设“后半篇文章”，委托物业化管理单位对高湖蓄滞洪区实施全方位管理，建立健全泵站、水闸、堤防的工程监测，工程维修养护，生态修复和运行管理评价等标准化管理体系和运行管理机制，保障蓄滞洪工程效益和运行安全。

【高湖分洪闸改造升级】2022年，该项目总投资3600余万元，改造后的分洪闸实现单孔最大流量100米^3/秒，14个闸门全开流量1400米^3/秒的分洪能力，将有效缓解浦阳江流域防汛压力。

【水质优化提升专项工程】2022年，16千米引水管道全线贯通，主要入湖口6套日处理规模达18700立方米的水体净化设施设置完成，围堰入湖的小流量河道在补充水源的同时保障清水入湖。

高湖大桥水幕投影秀(何伟江摄于2022年7月)

【高湖大桥建设】2022年1月1日，高湖大桥通车，打通浦阳东江到高湖的通道。3月底，桥上夜景工程亮灯，成为诸暨市民新的网红打卡点。

【数字高湖平台建设】2022年，完成环湖管线设备、信息化集成中心以及湖区智能化设备安装工作，启动高湖范围安全监测、水质监测、视频监控、远程控制相关设施设备的共享调试并试运行，基本实现数字化、可视化和直观化的数字高湖管理目标。（高湖建管办　汤晓华）

城市管理

【概况】2022年诸暨市持续推进市容管理、控违拆违、综合执法改革、规范化建设等重点任务。市综合行政执法局共办理一般程序案件4353起，罚款1916.65万元，其中重大案件85起，非现场执法94起。积极探索综合执法事项新案由，拓展粮食、发改、地震、档案、气象、体

2022 年 4 月 12 日，省司法厅党委书记、厅长陈伟（前排中）到诸暨市枫桥镇调研指导“大综合一体化”行政执法改革（综合行政执法局提供）

育、民宗等多个办案领域。建成投用案管中心，实现“一站式”办案和“一体化”运行。

【“无违建”县市创建】2022 年，开展违建再排查再处置、迎亚运“两路两侧”违建整治、企业新改扩建、自建房乱搭乱建、阳光房（雨棚）安全整治等专项行动。出台《诸暨市违法建筑查处规范》《诸暨市违法建筑分类处置办法》，开展涉违安全隐患排查上门服务。累计处置违法建筑面积 108.2 万平方米，完成绍兴指定目标的 360.7%，拆后土地利用率达 95.1%，以全省第三的成绩获评省“无违建”县市和“无违建”创建创先争优示范县（市、区）。通过拆违，腾出建设用地 34.26 万平方米，助力项目落地 18 个。

【市容治理】2022 年，结合文明典范城市创建工作，加强辖区内垃圾分类、户外广告、车辆违停、占道经营等各项整治及巡查。重新划分城市化管理区域，建立城市管理问题月度曝光机制，以暗访片的形式直击管理痛点难点。以最严举措治理“小广告”，全市清理公共场所及居民小区外立面乱张贴 36520 起，粉刷乱涂写广告 312 处，立案查处 9 起，拘留 1 人，实现主次干道、居民楼院公共区域外立面“小广告”动态清零。坚持露头就打、越界就清、扰民就治，占路经营、露天烧烤、不文明养犬等问题明显减少。实施民生攻坚，抄告违停 52000 余起，清理“僵尸车”14 辆，建成 23 个城管驿站。

【示范街建设】2022 年，创建城市广场—滨江路省级高品质示范街区和东一路省级街容示范街，市综合行政执法局联合交警铁骑中队组建联合执法专班，对大桥路、暨东路、艮塔东路等 6 条文明示范街开展联合整治，加强日常巡查执法，发挥示范引领作用，打造样板街区。

【疫情防控助力】2022 年，市综合行政执法局参与全市 16 个交通要道路口值守执勤，日均派出 170 人次。牵头开展场所码核验监督管理，累计暗访各类重点场所 52000 余家，下发通报 6 期。配合属地镇乡街道做好人员居家隔离、核酸检测、物资转运等疫情防控工作，助力疫情防控平稳过渡。

【“除险保安百日攻坚”行动】2022 年，巩固“除险保安百日攻坚”行动成效，持续开展行业安全整治、市容安全整治、道路交通安全检查等专项行动，共开展燃气安全专项检查 121 次，立案查处 5 起，整改具有安全隐患的大型户外广告 68 处，疏通消防通道 12 条，处置渣土案件 168 起，规范渣土车辆运行 350 余台次。

【“大综合一体化”改革】2022 年，市综合行政执法局设立执法指导办公室，成立实体化改革专班，全市 5196 项行政处罚事项中 1486 项纳入综合执法，占比 28.6%；综合执法覆盖 27 个领域；综合行政处罚案件领域覆盖率 67.5%。精简部门专业执法队伍 8 支，形成“1+8”执法队伍体系，完成人员转隶工作。赋权 14 个镇乡街道，组建镇乡街道综合执法队 14 支，运行一室两队勤务模式，实现“一支队伍管执法”。强化部门合力，认领养老机构、户外广告、餐饮等领域“一件事”66 件，“大综合一体化”改革总体排名列绍兴第二位。

【“枫桥式”智治执法系统】2022 年，诸暨市首创“枫桥式”智治执法系统，全面掌握各中队和赋权镇乡办案情况，畅通案件移送通道，有效防止行政执法案件“体外循环”、监督困难。设置渣土案件“一案三查”及建筑工程批后管理应用场景，利用无人机开展城市管理巡查，提升管理效能。相关工作获得高兴夫副省长批示并入选省重大改革（重大应用）“一本账”S_2。

（市综合行政执法局　袁天一）

供电用电

【概况】国网浙江省电力有限公司诸暨市供电公司（以下简称供电公司）下设暨阳、大唐、草塔、大西、姚江、店口、枫桥、璜山、浬浦、牌头等10个供电所，担负着全市72.07万户客户的供用电任务。

2022年，完成供电量104.77亿千瓦时，同比增长1.20%；售电量101.94亿千瓦时，同比增长1.30%；最高用电负荷189.639万千瓦，同比增长7.59%，出现时间为8月30日13时20分。综合线损率2.70%，供电可靠性99.9922%，电压合格率99.781%。

2022年，全社会用电量109.0165亿千瓦时，同比增长1.28%。其中第一产业用电量0.3890亿千瓦时，同比增长10.81%，第二产业用电量79.4175亿千瓦时，同比下降2.88%，第三产业用电量12.0858亿千瓦时，同比增长2.74%；城乡居民用电量17.1241亿千瓦时，同比增长24.53%。

2022年，供电公司获评绍兴市政府质量奖、全国“安康杯”竞赛优胜单位、国网公司配网施工转型升级百强县、浙江省企业社会责任标杆企业。“厕所革命”项目荣获中国青年志愿服务项目大赛金奖，枫桥供电所、大唐供电所获评全国安康杯竞赛优胜班组，枫桥供电所创成国网公司百强供电所、省公司社会责任示范点，“电力老娘舅调解工作室”获评浙江省金牌调解室，草塔供电所获评省公司五星级供电所，变电运检三班获评绍兴市青年安全示范岗，配网抢修指挥班获绍兴市青年文明号。

【电力设施】电网。2022年底，诸暨电网有500千伏变电所2座，变电容量450万千伏安；220千伏变电所8座，变电容量372万千伏安；110千伏变电所36座，变电容量348.6万千伏安；35千伏变电所16座（包含斯宅临时变、城东临时变、下塘临时变、街亭临时变4座临时变），变电容量36.8万千伏安。110千伏主变72台，容量348.6万千伏安，35千伏变电所51座（含电厂和用户），主变压器112台（含电厂和用户），容量79.02万千伏安，35千伏线路68条（含电厂和用户），总长度564.53千米。10千伏变压器19500台（含电厂和用户），总容量756.499万千伏安，10千伏开关站367座、双电源高配客户191个。10千伏线路802条（含用户专线），总长度5956.27千米。低压线路8932.40千米。

电厂。2022年底，诸暨市共有火力发电厂4座，装机容量87.46兆瓦，同比增长1.62%，年发电量4.0333亿千瓦时，同比减少3.41%；水电站41座，与上年持平，装机总容量22.195兆瓦，与上年持平，年发电量0.2293亿千瓦时，同比下降13.96%。

余热发电企业和垃圾焚烧电厂。2022年，诸暨市有3家余热发电厂和2家垃圾焚烧电厂。垃圾焚烧电厂为浙江诸暨八方热电有限责任公司和诸暨三峰环保能源有限公司。全年装机容量34兆瓦，发电量14701.53万千瓦时，焚烧垃圾33.48万吨。共有供热管道100千米，用

位于次坞镇道灵山村的500千伏调相站（供电局提供，摄于2022年12月）

2022 年诸暨市余热发电企业发电情况一览表

表 11

企业名称	投产时间	装机容量（千瓦）	年发电量（万千瓦时）	最高发电负荷（千瓦）	出现时间	节能减排情况
浙江云石水泥有限公司	2009 年 1 月	4500	—	—	—	—
诸暨水泥有限公司	2008 年 8 月	4500	1453.73	4669	2022 年 12 月 2 日 17:00	节标煤 5087.5 吨，二氧化碳减排 11628.3 吨
浙江上峰建材有限公司	2010 年 10 月	4500	859.73	4031	2022 年 1 月 5 日 21:30	节标煤 3008.7 吨，二氧化碳减排 6876.9 吨
合　计	—	13500	4757.98	—	—	节标煤 8096.2 吨，二氧化碳减排 18505.2 吨

热客户 164 家。

水力发电。2022 年，诸暨市共有 500 千瓦及以上电站 22 座，装机容量 25.54 兆瓦；500 千瓦以下电站 20 座，装机容量 5.55 兆瓦。年总发电量 2293.65 万千瓦时，同比减少 371.74 万千瓦时。

光伏发电。2022 年，新增光伏并网 238 户、发电容量 11.37 万千瓦。总计光伏发电并网 5638 户、发电容量 37.82 万千瓦。全年发电量 27087.79 万千瓦时、上网电量 9496.72 万千瓦时。

【电网建设】2022 年，供电公司成立电网规划管理委员会，滚动修编“十四五”电网发展规划，建成 500 千伏特高压调相站、220 千伏西南部电网补强工程和 110 千伏建业变，开工建设 500 千伏绍兴中北部电网优化、诸暨变第三台主变扩建工程。打造高可靠性配电网，开展供电所网格化规划，全年投资 2.32 亿元，新建 10 千伏线路 142 千米，新上调换变压器 384 台，完成线路标准接线改造、末端联络、综合检修、大分支线治理等 177 条，全年供电可靠性达 99.9922%。自动化改造开关站 93 座，投运线路 FA82 条，276 条大分支架空线完成首端智能开关安装。试点推进配网施工转型升级，建立“1+3”项目管理体系，全面推行标准化设计、工厂化装配、机械化施工。

【安全生产】2022 年，严格执行全面强化责任落实 40 条措施、98 项要点，完善领导、部门、岗位三级安全责任清单，优化“两票”（工作票和操作票）安全绩效奖励。实施管理人员安全生产履职能力提升行动，打造班所安全日活动样板，开展全员停工专题安全学习 3 次。创新典型严重违章检查卡，开展清单化违章自查自纠、主题式反违章稽查，全年稽查作业现场 608 个、查处违章 659 起，创成“规范性、标准化”现场 4 个。完善“1+27”应急预案体系，高分通过省公司应急能力建设评估。科学落实疫情防控措施，高标准、严要求做好疫情期间优质服务、队伍稳定、宣传引导等工作。落实信访包案机制，化解省级信访积案 3 件。

【用电服务】2022 年，促成政府成立绍兴首个县级电力负荷管理中心，印发迎峰度夏六级错避峰负荷管理方案，安排应急机动负荷 6.5 万千瓦，建成需求响应资源池 20 万千瓦。合理安排电网运行方式，绍兴地区率先实现 35 千伏变电站“一键顺控”，10 千伏线路负荷转供 116 条次。完成迎峰度夏工程 33 项，整治重过载线路 18 条、变压器 78 台，整体抬升盾安福邸等低洼区域配电设施10处。建立政企协同保供机制，456人次7×24小时全天候监测值守，共计执行有序用电19天，参与企业1265家，日均压减用电负荷9.27万千瓦，打赢“三最”叠加电力保供攻坚战。

出台支撑经济稳进提质30项服务举措，推动电力接入工程费用分担机制落地，建立大客户工程督办和业扩（供电业务扩展）工程双客户经理负责制，新装增容送电同比增长5.40%。开展“能源综合服务商”走访，完成盾安谐波治理、恒森液氮储能等典型项目，免费改造高损耗、小容量用户专变105户，建成乡镇充电站13座。争取政策支持空调智慧节能管理，完成空调负荷无感调节改造3.17万千瓦，居绍兴首位。推动政府出台“新能源+储能”政策，合并综合能源事业部与新能源事业部，组建光伏专门团队，投资职教中心、全兴精工等光伏项目28个，并网容量达31.25兆瓦，率先完成“6·30”目标，获评省公司“光伏倍增建功立业功臣集体”。

剖析业扩工程、电力抢修等典型案例，完成营销2.0业务割接，实物ID扫码覆盖率位列绍兴第一。更换35千伏同山变、安华变变压器，投运王家井变、城南变SVG设备，全年清理树线矛盾679处。开展同期线损治理提升，草塔、暨阳入选国网同期线损“百强所”，公司入围“百强县”。落实非故障工单分级管控，完善故障抢修首问负责制，客户服务满意率达99.68%。严格“低小散”作业管控，轮换表计12万只，压减移动SIM卡1.8万张。完成暨阳供电所搬迁，开工建设暨南供电所，在枫桥试点“浙里办”表后报修微应用，“一所一风景”取得实效。完善带电作业项目部机构设置，完成中共二十大、CBA联赛等重大活动保电任务51次。

（供电公司　谢梦婷　戴雯雯）

燃气供气用气

【瓶装石油液化气】2022年，全市共有液化石油气储配企业11家，总储罐规模4000立方米，总用户数约25万户，实名登记率100%，在用钢瓶数42万个，信息化监管比例99.8%。

【管道天然气】2022年，诸暨市管输气气源为省级管网天然气，有2个管输气气源点，分别为“西二线”的诸暨分输站（接入大唐门站）和“杭甬支线”的临浦阀室（位于萧山区临浦镇，接入店口门

2022年诸暨市液化石油气储配站分布和规模情况表

表12

站名（位置）	储罐规模（立方米）
浙江海越股份有限公司（市区）	2200
诸暨市浙石液化气有限公司（大唐）	400
浙江省诸暨市湄池液化气有限公司（店口）	200
诸暨市天兴液化气有限公司（浬浦）	200
诸暨市余达燃气有限公司（店口）	200
诸暨市南光燃气有限公司（牌头）	300
诸暨佳乐燃气有限公司（次坞）	100
诸暨市枫桥煤气有限公司（枫桥）	100
诸暨市应店街煤气站（应店街）	100
诸暨市赵家液化石油气储配站（赵家）	100
诸暨市直埠新桥液化石油气储配站（直埠）	100

站)。应急气源为大唐应急调峰站(LNG应急站)。全市共有管道天然气企业2家,分别为诸暨市天然气有限公司和诸暨余达燃气有限公司。其中诸暨市天然气有限公司建有高压管线(已运行)6.4千米,管径为815毫米,次高压管线42.2千米,中压管线978千米,低压庭院管线787千米;设有办公大楼2处,场站7处;开发工商业用户2500户,居民用户18万户,年供气量1.71亿立方米。诸暨余达燃气有限公司共有次高压管线17千米,管径219毫米;中压管线110千米,管径89～315毫米;低压管线20千米,管径25～200毫米;有店口门站1座,其中工业用户185户,公服餐饮50余户,居民用户约1.1万户,全年供气量近3000万立方米。

【天然气汽车加气站】2022年,市交通运输局下属交投公司有天然气汽车加气站2座,分别为城西综合供能站(位于城山社区浪堰自然村)和城东公交加气站(位于安平东路与环城南路交叉口的交投集团停车场内)。全市有450辆天然气出租车、232辆天然气公交车和环卫车,全年用量LNG(液化天然气)325万千克、CNG(压缩天然气)251万立方米。(建设局　寿烨莎)

供油

【概况】2022年,全市共有64个加油站,正常营业为62家,2家歇业。分布在23个镇乡街道,全年汽油销售23.80万吨,柴油销售9.37万吨。

【加油站日常监管】2022年,共检查加油站178座次,发现问题79项,整改完成77项。检查通报2次。

(商务局　严宏杰)

供水排水

【概况】2022年,诸暨市供水总量1.05亿吨,同比增长2.42%。8月19日,日供水量达35.47万吨,刷新历史纪录。完成污水输送7737万吨,同比增长7.88%。全年实现营业收入21.04亿元,综合效益2.68亿元。

2022年,诸暨市水务集团成立20周年。集团凝聚企业向心力,创新开展"党建联建",下属5家单位党组织以"五心水管家"活动为载体,通过社企、企企、村企、校企结对共建等形式,定向输出"制水宣讲、供水保障、排水运维、企业服务、支部建设"五大核心内容,推动党建与经营工作深度融合,相关经验做法得到上级党组织肯定,并先后在学习强国、直播绍兴、诸暨新闻等主流媒体平台刊播。围绕"清廉企业示范点"建设与绍兴市"清廉国企"建设标杆工作目标,摸排权责清单,制订《深入推进全面从严治党"四责协同"实施方案》,进一步压实管党治党政治责任。优化"5+2"廉政防控机制,完成内部巡察首个"两年轮一遍"目标,提升纪检线监督执纪水平。中共二十大召开前,集团获绍兴市"清廉单元建设示范单位"荣誉称号。

【智慧水务建设】2022年,开展"智慧化应用年"行动,打造"126"水务数字化工作体系(优化1个综合数智平台,聚焦精细管理、优质服务2类场景,推进制水、供水、排水、财务、工程、党建6个模块建设),成立工作专班,注重业务梳理、数据归集、多跨协同、界面集成、流程再造,智慧建设进入加速期、攻坚期、成型期,基本实现"三年初步成型"目标。

【供水排水保障】2022年,应对冰冻、台风、干旱等恶劣天气时,适时调整取水口位置和生产工艺,开展专项课题研究,把好水质安全关。稳步推进现代化水厂创建,城南水厂高分通过现代化水厂复审;城北水厂按年度推进计划,完成总体任务中的32项,完成率达80%。制定"12345"农村供水站标准化运维管理办法,落实185座农村供水站管理职责,保障农村水质。

优化完善安全生产"365"精细化管理方案,创新管线隐患排查治理模式,完成全市重大会议、疫情隔离点、中高考供水保障任务。供水水质持续稳定,按时对外发布水质公报,居民饮用水合规率达100%。供水规模不断扩大,全年新增75毫米口径以上供水管道114千米,新增水表用户2.8万多户,辖区内供水区域覆盖22个镇乡街道、1103个自然村。

做好城区泵站及污水管网日常维护,完成26座泵站86台机泵设备的一轮次系统维护保养,完成城区污水管网清淤、疏通、检测约21千米。落实农村生活污水处理设施运维责任,完成年度1350个处

2022 年 8 月 8 日，市南路与环城南路交叉口的环城南路 DN800 给水管道迁改工程施工现场(水务集团提供)

理设施标准化运维任务及 50 千米农污管道“CCTV”检测任务。同时，完成 12 个乡镇委托协议签署工作，完成枫桥、陈宅、岭北、牌头、姚江等 6 个乡镇招标代理工作，完成姚江镇渔江村施工、监理、设备招标。

【重点工程】2022 年，稳步实施 9 项重点工程，其中 6 项续建、1 项新建、2 项资金保障项目(1 项农污项目、1 项水利项目)，全年超额完成任务。同时，按照市政府要求，完成市域供水管网优化工程、诸暨市排水系统综合提升工程、浦阳江综合治理工程、布谷湖综合整治工程、小型水库系统治理工程 5 个项目专项债储备申报工作。其中，浦阳江综合治理工程及小型水库系统治理工程争取到专项资金 14.5 亿元，市域供水管网优化工程、诸暨市排水系统综合提升工程进入国家专项债项目库。

【综合服务】2022 年，制定《供水服务标准》，并将《供水服务承诺》在公众号及《诸暨日报》进行公示发布，接受市民监督。优化完善低保户等群体免费接水方案，全年共受理低保用户申请 246 户，累计低保用户共 5187 户，减免水量约 19 万吨，减免水费 55 万元。落实各类优惠政策，全年共计减征水资源费 148 万元，为小微企业和个体工商户下调到户水价 578 万元，缓交污水费 1496 万元。

同步升级用水报装系统、微信掌上营业厅、“96390”供水服务热线等，整合优化 18 项供水业务实现“网上办”。全天候 24 小时供水热线精准一对一无差别服务。通过网上受理，后台流转，实时审结，实现综合性、一站式快办，确保“让数据多跑路，群众少跑腿”。全年完成微信公众号用户绑定 8 万户；全年派发工单 2.1 万多件，结案率 100%，满意率达 99.9%。

(水务集团　蒲狄)

新能源

【能源“双控”】2022 年，全市规上工业增加值能耗同比下降 11.9%，腾出用能空间 59888 吨标准煤，完成可再生能源应用面积 46 万平方米，完成公共建筑节能改造 3.5 万平方米。入选循环经济“850”项目(以“8 个一批”为抓手，每年确立并推进 50 项循环经济重大建设项目)7 个。

【充电桩建设】2022 年，继续做好充电桩建设相关工作，建设公用充电桩 341 个，完成上级任务的 180%。规范个人充电桩安装程序，超额完成充电基础设施建设任务。

【光伏工程推进】2022 年，全市完成光伏安装 113.5 兆瓦，做好 100 多家安装光伏的企业及 4000 余名自然人的补贴兑现工作，并做好光伏发电量的补贴兑现工作。

【萧义线工程】2022 年，萧义线工程竣工待验收，完成年度投资 3400 万元。

(发改局　许利保)

生态环境

2022 年，诸暨市继续以改善生态环境质量为核心，坚持减污降碳协同增效，打好生态环境巩固提升持久战，推进生态文明示范创建，抓好生态环境保护督察问题整改，深化生态环境数字化改革。全市 $PM_{2.5}$ 年平均浓度为 28 微克 / 立方米，AQI 优良天数比例为 93.7%，臭氧浓度为 142 微克 / 立方米；17 个县控及以上断面水质全部达到或优于Ⅲ类水，功能区达标率保持 100%，2 个县级以上、7 个“千吨万人”及乡镇级集中式饮用水水源地水质达标率保持 100%；重点建设用地安全利用率为 100%；环境质量总体保持稳定。

（生态环境局　严嘉佳）

环境质量

【水环境状况】2022 年，城市集中式饮用水源地水质达标率为 100%，全市饮用水源地水质平均指标达标率为 100%。诸暨市行政区域河流断面水质考核结果为良好，17 个考核断面中实际考核断面为 16 个，其中浦阳江石壁水库出口断面年均水质为Ⅰ类，11 个断面年均水质为Ⅱ类，4 个断面年均水质为Ⅲ类。五泄江跨湖桥断面和浦阳江江荡滩断面年均水质同比下降，浦阳江骆家桥村断面年均水质同比上升，其余断面年均水质均与上年持平。

【大气环境状况】2022 年，市区环境空气有效监测天数为 364 天，环境空气质量优良天数为 341 天，优良天数占 93.7%，同比下降 1.9 个百分点。轻度污染天数为 21 天，占 5.8%；中度污染天数为 2 天，占 0.5%；重度污染天数为 0 天。$PM_{2.5}$ 年平均浓度为 28 微克 / 立方米，同比上升 3.7%。城区降尘年平均值为 2.59 吨 / 平方千米 · 月，同比上升 0.01 吨 / 平方千米 · 月，低于浙江省大气降尘控制标准(8 吨 / 平方千米 · 月)。全年酸雨频率为 0，与上年持平。

【声环境质量】2022 年，城区居民文教区、混合区、工业区、交通干线两侧昼夜等效声级分别为 52.0 分贝、58.2 分贝、59.8 分贝和 64.6 分贝。城区居民文教区、混合区、交通干线两侧等效声级同比上升，工业区等效声级下降。交通噪声等效声级平均值为 61.2 分贝，同比下降 2.2 分贝，道路交通噪声质量等级为好，各路段均达标。城市区域环境噪声(白天)等效声级为 53.1 分贝，同比下降 1.5 分贝，等级为较好。

（生态环境局　冯材江）

【固体废物状况】2022 年，全市工业固体废物产生量为 30.94 万吨，其中危险废物产生量为 6.69 万吨。工业固体废物利用处置量为 30.92 万吨，处置利用率为 98.31%。全市医疗废物产生量为 1358.9 吨，无害化处置率为 100%。

【放射性污染管理】2022年，全市有放射源使用单位3家，有放射源10枚，其中IV类源2枚、V类源8枚；射线装置使用单位96家，有射线装置252台。对核技术利用单位实行辐射许可证管理，共办理辐射安全许可证事项42件，审批电离和电磁项目各1个。对辐射单位实施“双随机”监督管理，确保所有辐射工作单位安全、合法运营，无污染事故发生。（生态环境局　陈瑾）

环境监测

【概况】2022年，诸暨市开展辖区内地表水、饮用水源地、环境空气、城区噪声、重点流域地表水、地下水等环境质量监测工作，共获得水手工数据3.5万余个，自动环境质量监测数据333万余个。其中，水自动环境质量监测数据247万个，空气环境自动监测数据80万个，声环境质量监测数据6万个。全年共完成29家污水重点排污单位、19家废气重点排污单位、4家危废经营单位、4家一般固废经营单位、30家重点危废产生单位、109家辐射重点监管单位、24家其他监管企业等污染源采样监测工作，为环境管理提供数据依据。加大环境空气质量、饮用水地表水源地水质、重点污染源数据信息公开力度，保障公众的知情权，共发布空气质量日报365期、环境质量月报12期。

【环境监测能力建设】2022年，完善城市空气站点布局，完成城西工业园区城市环境空气质量自动监测站项目建设；新增城新小学城市环境空气质量自动监测站，投入使用并通过专家验收。新建两个地表水水质自动监测站，分别为浦阳江赵家埠断面和枫桥江山下湖断面，完善水质自动监测网络分布，加强开发区、山下湖两个工业区水质监测，为下游国控湄池断面数据分析提供支撑。进一步完善物流通道空气自动站监测因子，新装VOC、车流量等监测设备，为全省空气质量分析提供交通干线对大气环境影响因素的数据支撑。完善自动监测站点网络安全，全市站点统一安装安全壁垒，确保网络传输安全。

（生态环境局　冯材江）

治理与保护

【概况】2022年，诸暨市牢固树立和践行绿水青山就是金山银山的理念，深入推进环境污染防治，坚持精准治污、科学治污、依法治污，持续深入打好蓝天、碧水、净土保卫战，深入推进全域“无废城市”建设，做好各级生态环境保护督察问题整改工作，全年未发生较大以上环境污染事件和因环境问题引发的群体性事件。7月4日，诸暨市获2021年度“五水共治”（河长制）工作“大禹鼎”银鼎荣誉。（严嘉佳）

【大气污染防治】2022年5月26日，出台《诸暨市2022年大气污染防治行动方案》《诸暨市2022年大气污染防治考核办法》。5月31日，印发实施《诸暨市空气质量严控区“一点一策”管控方案》。加强扬尘管控治理，加强露天禁烧管控治理，重点区域实施蹲点式定时巡查。推进VOCs深度治理，完成49家企业低效设施升级工作，15家企业源头替代工作，完成VOCs突出问题整改155个。推进非道路移动源绿色化工作，加强建设工地柴油移动源排放管理，推进柴油动力移动源大气污染管理，完成非道路移动机械编码登记，车辆上牌500辆、绿色化改造45辆、新能源替代61台。

【水污染防治】2022年，诸暨市继续巩固工业园区“污水零直排区”建设成果，完成省级验收园区“回头看”检查整改，对25个工业园区开展“回头看”，累计整改问题167件。推进集中式饮用水水源保护区勘界定标，完成边界调查、界点测量、定标立标等工作。推进饮用水水源地规范化建设，开展污染源排查整治。加强浦阳江流域污染治理，做好水质监测和蓝藻防控工作。落实钱塘江流域水生态保护专项审计5个问题的整改工作。

（生态环境局　赵建松）

【土壤污染防治】2022年4月22日，印发实施《诸暨市土壤、地下水和农业农村污染防治2022年工作计划》。土壤重点监管单位中，38家企业完成有毒有害物质排放情况报告；37家企业完成土壤及地下水自行监测工作，并主动公开监测结果；1家企业开展设施设备拆除活动，按要求编制拆除方案，落实拆除活动污染防治责任。2022年度储存有毒有害物质的地下储罐企业备案5家，备案储罐11个。强化污染地块部门联动监管，严格执行用地性质变更前土壤污染调查制度，完成22个地块土壤污染状况调查评审工作。重点建设用地安全利用率为100%。

【固废污染防治】2022年，继续深化全域"无废城市"建设，按照《浙江省全域"无废城市"建设管理规程》，基本完成各项工作任务，达到"三星级"无废城市创建要求。完成涉新污染物企业排查、废弃危险化学品等危险废物风险集中治理、矿区历史遗留固体废物排查整治等工作。强化固体废物网上申报登记、转移计划审批、管理计划备案等制度落实，共计1280家企业完成固废在线申报登记。推进小微企业危险废物统一收运工作，全年工业源和社会源小微产废单位签约1390家，收运危险废物1472吨。建立一般工业固体废物统一收运体系，全年累计收运一般工业固废约570吨。

（生态环境局　陈瑾）

【生态环境监管执法】2022年，开展工业企业"大摸排大整治""绿剑2022"等各类生态环境专项执法行动，持续保持环境违法行为高压打击态势。累计立案171件，处罚125件，处罚金额750万余元，停产限产2件，查封5件，移送公安机关5件5人，通报批评15件。扎实推进"双随机、一公开"（在监管过程中随机抽取检查对象，随机选派执法检查人员，抽查情况及查处结果及时向社会公开）制度和全天候24小时生态环境监管执法机制，共抽查企业9535家次，其中"双随机"抽查488家。加强企业应急预案管理工作，推进重点工业企业突发环境事件应急预案备案和修编工作，全年累计编制申报备案企业157家。落实《三类"园区、企业、设施"安全生产专项整治行动方案》协同做好环保设施安全监管，累计排查（自查）企业家数316家，排查（自查）环保设施数量1490套。开展"守初心践使命"安全隐患排查行动，累计检查企业1086家次，发现各类环境问题324个。

（生态环境局　张菲柯）

【生态环境保护督察问题整改】2022年8月22日，印发实施《诸暨市贯彻落实2021年省委生态环境保护专项督察报告问题整改方案》，3个问题均完成整改。完成2022年生态环境保护专项督察9件交办信访件整改工作。（生态环境局　周楠）

【环境信访受理调处】2022年，妥善处理环境信访，受理调处各类环境信访512件，同比减少6.6%。化解信访积案，通过镇乡街道联动、部门联动，加大信访积案化解力度，全年完成积案化解7件。

（生态环境局　张菲柯）

【环境影响评价审批】2022年，继续做好项目环境影响评价审批服务，完成建设项目环评审批登记备案656件，其中报告表（书）项目295件、"区域环评＋环境标准"降级登记9件、"零土地"技改备案6件、登记表备案346件。深化镇乡街道工业园区"区域环评＋环境标准"工作，完成诸暨市浣东街道工业园区控制性详细规划（修编）的环评审查工作。（生态环境局　楼烜彤）

生态建设

【概况】2022年，诸暨市以习近平生态文明思想为指导，深入践行绿水青山就是金山银山理念，推进生态文明示范创建工作，为打造高质量发展建设共同富裕示范区县域范例作出贡献。3月17日，诸暨市荣获2021年度美丽绍兴建设（生态文明示范创建行动）工作考核优秀单位称号。7月4日，诸暨市荣获2021

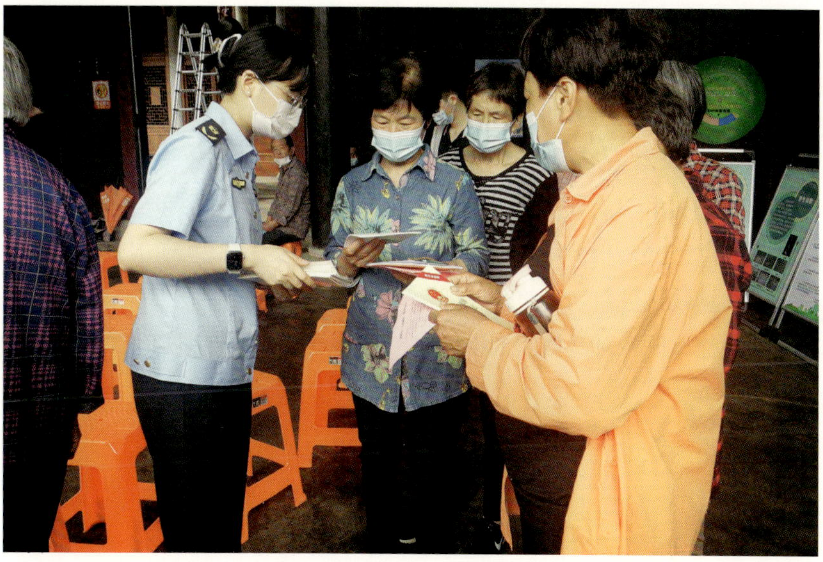

2022年6月5日，绍兴市生态环境局诸暨分局开展"6·5"环境日生态环境政策法规宣传咨询活动（生态环境局提供）

年度美丽浙江建设（生态文明示范创建行动计划）工作考核优秀单位称号。

【新时代美丽诸暨建设】2022 年，诸暨市开展“绿水青山就是金山银山”实践创新基地建设。12 月 22 日，发布《诸暨市“绿水青山就是金山银山”实践创新基地建设实施方案(2022—2025)》。重启浦阳江上下游生态补偿工作，同上游浦江县、下游萧山区签订《浦阳江流域水污染防治协作协商机制合作备忘录》和浦阳江流域水环境补偿协议。全面实施市镇两级生态环境状况报告制度。诸暨市山下湖镇以华丽珍珠助力共同富裕示范区建设，被评选为第三批全省生态环境系统共同富裕最佳实践。诸暨市 2022 年度全省生态环境公众满意度调查总得分 87.19 分，位列绍兴各县市区第二，创近三年新高。

【生态文明示范创建】2022 年 5 月 27 日，成立诸暨市生态文明示范创建工作领导小组，全面领导生态文明示范创建工作，下设指挥部，统筹协调推进落实示范创建工作。完成省级生态文明建设示范市复核、国家生态文明建设示范市自查工作；配合做好绍兴市国家生态文明示范市创建各项工作。12 月 16 日，诸暨市香榧博物馆被命名为第十二批浙江省生态文明教育基地。全年创建省级绿色家庭 2 户、绍兴市级绿色家庭 10 户。

【全域生物多样性调查评估】2022 年，作为全省 29 个、绍兴唯一省级生物多样性调查评估重点区域，诸暨市历时 2 年完成全域 12 类生物的调查与评估工作，实地调查并记录物种 1946 种。其中，被列入《中国物种红色名录》的珍稀濒危物种 42 种；国家一级、二级重点保护野生植物 28 种，重点保护野生动物 17 种；省重点保护野生植物 19 种，重点保护野生动物 25 种；鉴定出大型真菌中国新记录种 22 种，省新记录种 41 种，摸底调查成果为提升生物多样性保护成效提供基础支撑。7 月 7 日，诸暨市中国香榧自然博物馆入选省级生物多样性特色体验地培育名单。

（生态环境局　许蓉）

【低碳镇、低碳村试点建设】2022 年，开展第二批省级“零碳低碳”试点建设工作，成功申请低碳镇试点 1 个、低碳村试点 7 个，并派专家组对第一批、第二批共计 2 个试点镇、12 个试点村进行现场帮扶。

（生态环境局　赵建松）

【生态环境领域数字化改革】2022 年，继续深化生态环境领域数字化改革，落实“浙里无废”应用贯通使用，重点推进“无废城市·土壤整治一件事”数字化项目建设。提升环境监测监控能力，推进污染源自动监控系统建设和标准化提升改造。10 月，完成重点医疗机构废水自动监控系统建设。12 月，完成环境质量监测子站网络安全建设，提升生态环境监测监控网络安全防范能力。（生态环境局　寿童华）

【生态环境损害赔偿】2022 年，继续深化生态环境损害赔偿制度，严格落实资源环境违法案件损害赔偿责任与违法责任“一案双查”工作，健全信息报送、协调议事等制度。共计完成评估和赔偿项目 7 件，包括生态资源类案件 2 件，共涉及赔偿金 10 余万元，其中 1 件以增殖放流方式履行赔偿责任，涉及金额 1980 元，完成增殖放流 990 尾。诸暨市某企业大气污染生态环境损害赔偿案入选首届长三角区域生态环境损害赔偿十大典型案例，是全省两个入选的案例之一。

（生态环境局　韩姣囡）

【生态保护和环境治理业投资】2022 年，继续扩大生态环保投资，完成生态环保和环境治理业投资 9035 万元，同比增长 24.72%。其中，废酸、废碱等废物综合利用及处置、修复土水泥窑协同处置、工业废渣产业化等生态保护和环境治理项目投资均超千万元。

（生态环境局　寿童华）

交通运输

2022年，是关键之年。诸暨市学习贯彻党的二十大精神，紧扣构建都市区“半小时交通圈”目标，围绕“杭绍同城、共同富裕、改革争先、行业治理、清廉交通”主线，推进“数智交通”，实施“十四五”规划，为接沪融杭提供交通支持。

杭绍同城交通网络打造。柯诸高速、诸永高速公路改扩建工程诸暨直埠至街亭枢纽段姚江枢纽先行段工程开工建设；诸义高速完成工可（工程可行性）审查，基本完成初步设计编制；诸嵊高速、合温高速诸暨段完成工可审查；诸建高速诸暨段开展线位研究；03省道东复线（金浦桥至三江口大桥段）快速化改建工程完工通车；S211绍大线外迁工程完全利用段虎山隧道开工，主线开展施工图设计工作。杭诸市域铁路开展预工可编制工作。

交通强市继续推进。诸暨市超额完成交通强市相关指标，共有10个绍兴综合交通投资项目，计划完成投资25.3亿元，全年完成31.8亿元，完成年度计划的125.7%；完成统计交通投资36.1亿元，同比增长24.5%，位列绍兴第二。推进交通强省标志性成果重大项目，合温高速、诸义高速等长三角一体化外联内畅工程均如期完成年度目标；235国道萧山河上至诸暨安华段改建工程完成年度投资15.1亿元，总体形象进度达39%；国道新海线3.7千米路基路面养护工程完工并验收。

“四好农村路”推进建设。完成店口镇和东白湖镇2个“四好农村路”示范乡镇创建；“数字公路孪生”入选2022年交通数字化改革基层与社会试点项目清单，以诸暨试点为基础，获批交通运输部在役干线公路基础设施与安全应急数字化全国试点项目，获评省交通运输厅2022年交通数字化改革基层和社会“最佳实践”。

省、市、诸暨三级民生实事全部完成。省级民生实事：完成3.2千米国省道起伏不平等病害点段整治，新改建农村公路8.6千米。绍兴民生实事：新建公交候车亭33个，公交电子站牌10个，更新新能源公交车26辆，新增（更新）新能源出租车22辆，新建诸暨市第四人民医院、万风新天地ETC收费应用场景2处并投入运行，养护提升农村公路88千米。诸暨民生实事：更新新能源公交车26辆，新建公交候车亭33个。

数字化改革工作获评国家级试点项目2个（萧山至磐安公路快速化改建工程、《在役干线公路基础设施与安全应急数字化》）、省级试点场景3个（数字孪生试点“公路路网运行管理”、“两外”车辆精准治理系统、旅游市场规范用车源头治理系统）。

行政管理。严格新增危险货物

道路运输企业和运力审批管理，持续开展企业安全等级动态评价，实施分级分类监管；开展危险化学品运输企业风险隐患排查整治，强化部门联合监管，会同相关部门深化“四长五员”网格管理；开展危险货物道路运输安全专项治理行动，实现对全市危险货物道路运输装运卸实施全流程动态监管等。开展交通建设工程隐患排查工作，监督检查累计派出700余人次，下发意见书和通报共计77份，发现质量安全隐患计610项，实际整改及消除隐患610项，整改率100%。疫情期间，落实运输场站、运输工具的消毒通风、运输组织、测温验码、人员防护、防疫宣传等措施，联合公安等单位开展15个卡口管控勤务工作，强化进出中高风险地区客运管控。

全年共计办理行政处罚案件1363起，罚没款556.58万元。其中运政类案件647起，公路类案件664起，港航类案件46起，交通工程6起。非现案件办理674起，占比49.45%，2件危货案件获准强制执行。

交通基础设施建设

【公路大中修】2022年，结合“四好农村路”全国示范县创建工作，高标准做好公路大中修、小修保养、路域环境专项整治，完成国省道大中修工程里程合计6.2千米，总投资1300万元。完成县道大中修工程6条线路共计19千米，投资约3000万元。

【路面修补和病害处治】2022年，修补路面坑洞和路面病害处治共计442407平方米；使用沥青砼50539.56吨，冷料242.675吨，完成路面清扫280847.1千米，其中人工清扫161408.1千米，清扫车清扫119439千米；路面冲洗169010千米；疏通清理边沟798.39千米；整理路肩边坡112519平方米；清理堆积物1302.4立方米；路面灌缝148091米；服务站保洁1903次；公交亭清洗7471次；隧道巡查614次；巡查桥梁9266座。

【交通配套设施管理】2022年，完善及更换公路标志牌共计1797套，漆画标线75676平方米，增设及更换示警桩1942根、3M突起路标1784个，增设、更换桥梁限载标志744套，维护中间隔离护栏约13千米。

城市公共交通

【公交线网优化】2022年，新增城市公交线路1条，优化完善线路7条，城乡公交新增线路9条。完成自然村公交通达9个。

【基础站场建设】2022年，诸暨市有公交站场34个。完成建造公交候车亭33个，更换城乡公交豪华型站牌410块。

【新能源公交投放】2022年，继续优化公交车辆能源结构，新增（更新）城市、城乡新能源公交26辆，用于新增线路、增密班次、更新老旧车辆。城市公交新能源公交车占比达到98.38%，位于全省县级市前列。

公路客货运输

【旅客运输】2022年，全市公路旅客运输企业主要有8家，分别是诸暨市公共交通有限公司、诸暨市城乡公交有限公司、诸暨市客运旅游出租有限公司、诸暨市长运快客运输有限公司、诸暨市长龙汽车运输有限公司、诸暨市汽车运输有限公司、诸暨市联合旅游汽车出租有限公司、诸暨市长荣城际客运有限公司。有营业性客车186辆，7208个客位（不包括出租车和公交车）；全市营业性汽车客运量155.98万人。

【班线客运】2022年，全市旅客运输从业人员253人，拥有营运班线15条。其中，跨省2条2辆车105个客位，跨市10条29辆车1084个客位，跨县3条4辆车142个客位。

【城乡城市公交及出租车】2022年，全市有城乡公交车525辆20800个客位，城乡客运线路314条。拥有市内公交车371辆，公交线路50条。公交年运输量近4062.7万人。拥有出租车533辆。

【货物运输】2022年，全市汽车货运从业人员2977人，拥有营运货车3716辆，吨位共计48637.987吨，其中个体1301辆，占总营运货车的35.01%。危险品货物运输企业11家，拥有危险品运输车辆229辆。全市货运量3565.21万吨，货物周转量29951.413万吨千米。

【道路运输相关行业】2022年，全市共有货运代理经营123家。有汽车维修企业1150家（户），其中一类14家、二类122家、三类708家，摩托车修理53户，快修456家；汽车综合性能检测站5个；全年维修车辆87.6万辆，检测车辆5205辆次。汽车驾驶员培训学校18所，拥有教练车 1152 辆，全年培训汽车驾驶员 56572 人。

水路客货运输

【水路运输】2022 年，共完成水路客运量 19.3542 万人次，完成周转量 160.053 万人千米，受疫情影响，同比分别下降 40% 和 41%。完成水路货物运输量 574.5148 万吨，周转量 127186.2059 万吨千米，同比分别增长 4% 和 7%。

【港口吞吐量】2022 年，诸暨港诸暨市城郊铂盛港务经营有限公司、诸暨市姚江铂盛港务经营有限公司、诸暨市姚江港口服务有限公司正常经营。本港区实现货物进出口吞吐量 146.21 万吨，同比下降 20.9%。其中，出港吞吐量 14.6645 万吨，进港吞吐量 131.5455 万吨。诸暨市城郊铂盛港务经营有限公司集装箱吞吐量实现 26713 标箱，同比增长 22%。

【水路运力发展】2022 年，辖区拥有货船 224 艘，总载重 152778 吨（集散多用途船 27 艘、计 1146 标箱），货船平均吨位 682 吨，同比分别上升 1.8%、4.3%、2.4%。货船平均吨位居绍兴市航区首位。辖区水路货运企业 5 家，拥有船舶 34 艘，运力 33301 载重吨，其中集装箱船舶 14 艘，计 630 标箱。

（交通运输局　周云月）

铁路客货运输

【铁路客运】诸暨火车站位于诸暨市城西工业新城艮塔西路 168 号，为沪昆线上的二等站，隶属中国铁路上海局集团有限公司金华车务段管辖。车站站房占地面积 0.67 公顷，建筑面积 9485 平方米。有 10 个股道 6 个基本站台，共办理旅客列车 141 列，其中普速列车 54 列（上行往北方向 32 列、下行往南方向 22 列），高铁列车 87 列（上行往北方向 33 列、下行往南方向 54 列），高铁往北可直通至北京、天津、南京、合肥、上海，杭州、郑州、西安等，往南可至温州、贵阳、南昌、厦门、福州、广州、长沙、南宁、珠海等。高铁到杭州东站平均用时为 25 分钟，到上海虹桥平均用时为 1 小时 20 分，到南昌 2 小时 38 分，到长沙 4 小时 22 分，到福州 3 小时 21 分，到南京 1 小时 54 分。2022 年，增开直达重庆的 Z257、武昌的 Z33 次列车。

诸暨火车站 2022 年日均发送旅客 7323 人，高峰日发送旅客 1.7 万余人。全年发送旅客 169.27 万人次（其中高铁旅客 117.02 万人次），收入 15420.55 万元。受新冠肺炎疫情影响，旅客发送和客运收入明显下降。

诸暨火车站售票厅设立人工售票窗口 8 个，8 台自动售取票机。其中，13 号人工窗口和 8 台自动售取票机 24 小时提供售取票服务。为方便旅客出行，一楼候车大厅增设身份证临时打印机。进站口配备 3 台安检仪，同时新安装自动检票设备。火车站以管理规范化、作业标准化为重点做好相关工作，火车站推行 6S 现场管理，规范标识标牌和物品定置，加大站内厕所星级考评力度，提升车站形象。（黄保明）

【铁路货运】诸暨东货运站位于诸暨市陶朱街道宋家村西二环路 539 号，货场站前大道与千禧路东端连接。本站位于沪昆线，上海方向以下行进站信号机及反向进站信号机为站界，相邻站为湄池站，与湄池站的距离为 18.33 千米。株洲方向以上行进站信号机及反向进站信号机

2022 年 11 月 10 日，市交通运输局在新亭埠码头对船舶进行现场检查（交通运输局提供）

为站界，相邻站为诸暨站，与诸暨站的距离为 4.848 千米。

本站总占地面积 32.2 万平方米，配有 6 条正线和到发线，3 条货物线，7 条专用线，119 个货位。其中，标准仓库 6 座，面积 5832 平方米。本站按技术性质属中间站，按业务性质属货运站，核定等级为二等站。货场内办理整车、集装箱货物到发业务，同时开办长大、笨重和国际联运货物运输。货场配置类型为尽头式货场，货场年设计能力为 130 万吨。按现有设备条件，货场一次可送作业车最多为 203 辆；按装卸能力，货场一次作业 119 车。配有大型门吊 2 座（最大起重能力为 36/16 吨），专用卸煤抓斗门吊 1 台，8 吨走行电动吊 1 台，20 吨门吊 1 台（5 吨吸铁盘），3 吨内燃叉车 5 台，1.8 吨内燃叉车 1 台，2 吨内燃叉车 1 台，40E 型货物装载机 1 台，45 吨正面吊 1 台。

本站货场内主要发送货物有钢结构、整车单一品名货物、集装箱等，主要到达货物有化工品、粮食、化肥、盐、钢铁、集装箱等。专用线有汽油、柴油、煤炭等。2022 年装车量 10076 辆，年货物发送量 29 万吨。年到达车数 23834 辆，货物到达量 101.3 万吨。到达车数同比增长 52%，发送车数同比增长 71%。

2022 年 8 月，诸暨东货运站增加诸暨东到芦潮港首列集装箱班列。12 月，完成诸暨到宁波舟山港海铁联运 3 万标箱暨"海亮号"铁路联运专列首发。同时运用科技手段提高本站生产安全系数，做到安全、效益两不误。诸暨东货运站在货场进口处安装人脸、车辆识别系统，在货物线迁出线安装有红外报警装置，在货 13 线、15 线调车线路上安装有调车电动大门，消除外来人员进入货场甚至误入调车区间的安全隐患。诸暨东货运站根据下达的运输指标任务，调整货物结构，拓展集装箱海铁联运的业务，与各运输单位紧密对接，利用新场地、新设备优势满足市场需求，扩大品牌效应，加速铁路向现代化物流的转型。

（蒋定忠）

客货运行业管理

【危货运输企业整治】2022 年，严格新增危险货物道路运输企业和运力审批管理，持续开展企业安全等级动态评价，实施分级分类监管。全市未新增道路危险货物运输企业，11 家危货企业未新增经营范围和新增运力，安全等级动态评价均为蓝码。持续开展危险化学品运输企业风险隐患排查整治，强化部门联合监管，会同相关部门深化"四长五员"网格管理。共检查危货企业 120 余家次，发现隐患 60 余处，均落实整改。深入开展危险货物道路运输安全专项治理行动，实现对全市危险货物道路运输装运卸实施全流程动态监管。推进源头单位充装（装载）环节"亮码上岗、扫码作业"，100% 处置发现的异常线索，实现危货运输全链条闭环管理。共发现运输环节异常 194 处，均落实处理。加强危货"两外"车辆管控，深化"无证运输"打击、危险货物"全链条"监管的跨部门协同治理，共计查处非法运输危险货物行为 34 起，共处罚金 79.1 万元。深化道路危险货物运输企业安全监管，推进危货行业精密智控管理，诸暨市道路危险货物运输综合智控指数县级分解得分 93.33 分。

【蓝天保卫战】2022 年，老旧营运车辆淘汰 145 辆，完成总任务的 112.4%。严格检查各在建工程工地，确保各工程工地达到"8 个 100%"要求。部门联动落实扬尘污染防治责任制督查，检查镇乡街道扬尘防治责任机制、动态管理机制、日常巡查机制的落实情况。

【道路平安保障提升】2022 年，完成 3 处绍兴市级挂牌隐患点整治、验收，9 处诸暨市级隐患点整治。处置马路市场、占道经营 49 处。

【港航管理】2022 年，配合做好店口港建设工程，店口港建设项目主体完工。进一步加强航道航政行政处罚管理，依法保护航产航权。严查各类航道违法案件，保障航道畅通。开展航道巡查工作，共巡查航道 2806 千米，发现航标损坏 1 处，处理航道障碍物 3 次，未发现航道违法案件。（交通运输局　周云月）

金融业

2022年，诸暨市全面落实市第十七次党代会和市委十七届二次全会决策部署，深入学习贯彻中共二十大精神，改进金融服务，助推经济稳进提质，引导全市金融机构聚焦“实体经济”“共同富裕”“乡村振兴”等中心工作，保障诸暨市经济金融平稳运行。

2022年年末，诸暨市共有银行业金融机构23家，包括政策性银行1家(中国农业发展银行诸暨市支行)、地方性法人银行2家(浙江诸暨农村商业银行股份有限公司、浙江诸暨联合村镇银行股份有限公司)、小微企业专营支行3家(浙江泰隆商业银行股份有限公司绍兴诸暨小微企业专营支行、台州银行股份有限公司绍兴诸暨小微企业专营支行、平安银行股份有限公司绍兴诸暨小微企业专营支行)。地方金融机构(类金融机构)19家，包括小额贷款公司8家(浙江海博小额贷款股份有限公司系新三板挂牌企业)、典当行9家、融资性担保公司2家。另有农民资金互助会9家、民间投融资中心1家、数字金融产业园1个。

金融保障。12月末，全市各项存款余额2430.62亿元，较年初增长366.59亿元，同比增长17.76%；各项贷款余额2226.02亿元，较年初增长389.39亿元，同比增长21.2%，位列绍兴第二。新设绍兴银行次坞支行小微企业综合支行。组织并落实金融支持稳进提质考核政策，调整完善金融支持稳进提质考核相关条款内容。落实财政性资金存放考核共4期，调动各银行支持实体经济积极性和主动性。

实体支持。全市投向制造业的贷款余额461.16亿元，新增44.64亿元，占比20.72%。12月末，普惠型小微企业贷款余额851.21亿元，比年初新增197.66亿元，同比增长30.25%；制造业贷款余额461.16亿元，新增44.64亿元，同比增长10.72%；涉农贷款余额1675.63亿元，新增336.87亿元，同比增长25.16%。推动省工行分别与诸暨市政府签订5年300亿元的政府性项目专项融资和200亿元制造业企业专项融资协议，与8家企业签订授信协议合计330亿元。推动省国开行与市政府签订建设共同富裕示范区战略合作协议，为诸暨市9个重点政府性项目提供全面融资、融智支持。

企业帮扶。针对诸暨市经济金融实际情况，以维护诚信体系和保护现有生产力为原则，采用法制化、行政化、市场化综合处置手段，在加快风险企业出清，开展企业帮扶，健全信用体系建设等方面着手，防范化解金融风险。全年共开展帮扶协调会议123家次，出具会议纪要1份，为企业向法院、相关银行出具查封资产临时解封、不抽贷、不压贷等方面信函78份。全市利用财政转贷基金累计转贷企业170家196次，转贷金额58.4354亿元。

不良处置。继续坚持系统处置、灵活处置和分类处置原则，全年诸暨市内银行业机构累计处置不良贷款18.23亿元。其中，打包转让等548万元，核销8.34亿元，现金清收5.71亿元。不良贷款余额18.02亿元，不良率0.82%，比年初下降0.05个百分点；关注类贷款余额28.24亿元，比年初下降12.39亿元，关注率为1.29%，比年初下降0.92个百分点。（金融办　孙斌）

银行业

【概况】2022年，全市银行业运行总体稳定，存贷款双增，贷款增量增速显著。至年末，全市银行各项存款余额2430.62亿元，比年初增加366.59亿元，同比增长17.76%；各项贷款余额2226.02亿元，比年初增加389.39亿元，同比增长21.2%，在绍兴6个县市区中排名第二。

货币政策工具运用。2022年，全市2家法人机构累计申请普惠小微贷款支持工具6575.5万元，撬动普惠小微贷款新增40.32亿元。累计发放6项结构性货币政策工具36.79亿元，其中科技创新再贷款投放34.75亿元，设备更新改造再贷款投放1.85亿元。

金融服务实体经济。构建小微企业助企纾困敢贷、愿贷、能贷、会贷“四贷”长效机制，组织金融机构实施还本付息政策“应延尽延”。全市银行机构累计为中小企业及个人提供延期还本付息业务6245笔96.46亿元。全市信用贷款余额377.3亿元，占全部贷款余额的16.94%，新增信用贷款占全部贷款新增额的25.9%，同比提高17个百分点。聚焦首贷拓展和青年创业创新，全力开展“春潮”行动，联合市经信局、科技局、市场监管局、人保公司开展“支持十万市场主体融资畅通专项行动”，全年发放首贷户2021户75.6亿元，为850户青年首贷户发放贷款11.8亿元。推进“越信融”平台在全市的应用，打造融资信息无缝对接桥梁，累计11384家市场主体通过扫码获得融资409.26亿元。开展“百地千名行长进民企送服务”，累计走访企业1690家，为企业解决融资需求57.9亿元。持续推进供应链金融服务方式，通过应收账款融资服务平台促成融资67亿元，其中小微企业成交263笔63.7亿元。落地首笔由核心企业数字证书确权的应收账款质押业务。以全国农村宅基地制度改革试点县为契机，创新实践“三权三票”宅改政策体系，指导法人银行落地全国首批宅基地“权票”质押贷款，合计授信超过4500万元，发放贷款236.5万元，并在动产融资登记系统中进行登记，盘活农村闲置资源。坚持“常态化督导＋暗访”持续做好支付减费让利工作，降低市场主体经营成本，全市累计减免支付服务费1550万元，惠及小微企业、个体工商户2万余户。

2022年11月3日，在2022同山烧文化节上，各银行向同山烧产业授信（工行提供）

征信市场治理。通过国家企业信用信息公示系统、企查查等平台，对全市范围内登记名称或经营范围中含有“征信”“信用”等字样的市场主体进行全面排查，共发现类似企业30家，整改完毕29家。与市公安局、市场监管局、网信办、发改局等四部门签署征信市场乱象联合治理工作备忘录，建立信息共享、线索移交、舆情监控等工作机制。同时，通过用户画像确定重点人群，筛选年龄在 30 ~ 40 岁、贷款余额 10 万 ~ 20 万元的个体工商户，以短信形式提示重点人群防范“征信修复”骗局，从需求端抑制征信市场风险。探索建立征信异议、纠纷处理一站式矛盾化解机制，指导接入机构创建“枫桥式”征信服务工作室，并多次通过诸暨发布开展征信查询网点宣传，提高公众查询知晓度。

存款保险宣传。通过浙江省经信厅“企业码”网络直播间开展“深化运用‘枫桥经验’推动存款保险知识深入人心”直播课，通过播放存保公益宣传片、解读存保知识、设置有奖问答环节等方式吸引企业 1000 余家，获得点赞 5600 余次。相关工作在浙江新闻客户端上报道。2022 年 11 月 10 日，绍兴银行诸暨大唐支行揭牌成立绍兴首个“枫桥式”存款保险宣传驿站，切实发挥存款保险知识宣传教育、纠纷投诉一线处理、金融服务体验提升等方面的作用，实现宣传站、服务站、调解站、示范站“四站合一”。该工作在诸暨电视台、《诸暨日报》头版报道。

国库业务服务。共办理国库预算收入业务 289.08 万笔 412.20 亿元，支出业务 3.62 万笔 375.89 亿元。坚定走好退税“最后一公里”，累计办理各类退税 15.56 万笔 63.40 亿元，同比分别增长 85.99%、50.05%，其中，办理增值税留抵退退税 3951 笔 17.59 亿元，惠及企业 3000 余家。推进国债下乡，通过走访各承销银行网点，实现国债巡查、检查标准化，提高监管效率，提升监管质量，保障国债发行稳步推进。全市销售国债 9518.45 万元，其中镇乡销售 1758.34 万元，销售额同比增长 678.38 万元。

反诈防诈。开展打击治理电信网络诈骗“百场讲堂进礼堂”活动，并通过信息云共享方式提高宣传有效性和覆盖面。累计开展宣传 1839 场次，发放宣传资料 10.85 万份，发送防诈短信 146.95 万人次。加大对存量账户排查，不定期开展督查暗访，下发风险提示 14 次。共劝阻拦截电信网络诈骗案件 51 起 208.97 万元。开展重大案件和涉案账户倒查问责工作，发挥问责追责警示作用，对涉案账户开展追责 414 人次，罚款 311 人 27.54 万元。加强警银联动，打掉 1 个电诈团伙，30 余名嫌犯落网，冻结涉案银行卡 80 余张 500 多万元。

贸易投资便利化工作。开展跨境贸易投资便利化政策宣讲 3 期，落地绍兴首笔专精特新跨境融资便利化试点业务，相关工作在诸暨发布、越牛新闻上专题报道。新增贸易收支便利化试点企业 6 家、银行 2 家，落地便利化业务 3510 笔 12.34 亿美元。推进跨境金融区块链增量扩面，通过跨境金融服务平台为 40 家企业办理融资 3.82 亿元。充分发挥外汇联络员精准服务优势，开展多场政府性融资担保支持小微企业汇率避险增信服务对接会，做优做实小微企业汇率避险工作，176 名外汇联络员实地走访服务外贸企业 985 家次，10 家企业享受政府性融资担保汇率避险业务 1165 万美元，免交保证金 381 万元人民币。同时，将汇率避险“首办户”、签约额、套保率和汇率避险宣传等方面纳入“助企稳汇防风险”劳动竞赛，量化考核指标，激励银行机构不断创新产品、优化服务。16 家银行与政府性融资担保有限

2022 年 11 月 10 日，绍兴市首个“枫桥式存保驿站”在绍兴银行诸暨大唐支行揭牌（人民银行诸暨支行提供）

公司签约衍生品 14.55 亿美元，同比增长 0.08%。

数字人民币试点。2022 年，按照浙江省数字人民币试点部署要求，持续营造氛围、丰富场景、优化服务。牵头起草《诸暨市数字人民币试点工作实施方案》，明确总体推进计划及各主管单位的任务目标。6 月 29 日，开展绍兴首个“使用数字人民币 解锁收付新体验”专题直播宣传活动。8 月 5 日，指导牌头镇政府联合诸暨建行发放诸暨市首个数字人民币政府消费券，同时也是浙江省首个以镇级名义发放的消费券。落地省内首个淘宝直播数字人民币支付场景。此外，创新试点“1+3+N”应用场景。“1”即以“中国珍珠之都”山下湖镇为突破口，着力打造“数字人民币特色小镇”；“3”即搭建智慧政务、智慧校园、智慧消费等数字人民币民生场景，通过与市税务局对接，实现全省首笔数字人民币缴纳残保金落地，多个部门联动协作，推动辖内 2 家企业使用数字人民币缴纳土地出让金 29.93 亿元，标志全省规模最大的以数字人民币形式缴纳土地出让金落地诸暨；探索培育政务精准服务、卫健便捷服务、出行共享服务等“N”个应用场景，打造数币服务“生态圈”。全市累计开立对公钱包 2.22 万个、个人钱包 64.34 万个，完成交易笔数 119.13 万笔、交易金额 46.17 亿元，落地应用场景 3.09 万个。个人钱包开通数、交易金额居绍兴辖内第一，其余指标均列绍兴辖内第二。

（人民银行 张倩）

2022 年 8 月 1 日，中国工商银行浙江省分行与诸暨市人民政府签订战略合作协议（工行提供）

【中国工商银行股份有限公司诸暨支行】2022 年，中国工商银行股份有限公司诸暨支行（简称工行诸暨支行）有 16 家网点，其中城区 9 家，集镇 7 家，在职员工 293 人。本外币各项存款余额 301.23 亿元，比年初增加 55.98 亿元，增量居四大国有银行第一；贷款余额 283.06 亿元，比年初增加 55.71 亿元，增量同样位居第一。累计投放普惠贷款 11.49 亿元，中长期制造业贷款新增 14.91 亿元，绿色贷款新增 36.69 亿元，按揭贷款余额 70.92 亿元，按揭贷款全年投放 11.97 亿元。8 月 1 日，工商银行浙江省分行与诸暨市人民政府签订《携手推动经济稳进提质战略合作协议》，总授信 800 亿元。工行诸暨支行获人民银行 2022 年度“跨境人民币业务劳动和技能竞赛优胜集体”奖，营业室获总行级“巾帼文明示范岗”、省行级“优质服务五星级网点”称号。

不良贷款处置。继续加强清收处置工作，提升处置质效。全年累计清收处置不良贷款 8119 万元，其中现金清收 2082 万元、呆账核销 6037 万元。剪刀差余额（个贷余额）2535 万元，无公司剪刀余额。

外汇首选银行。2022 年，15 项主要竞争力指标中，工行诸暨支行领先指标（四大国有银行占比第一）达到 6 个，较年初增加 2 个。国际结算量、跨境人民币结算量、结售汇业务量、外币贷款增量、外汇收入等指标四大行占比排名第一。

助力乡村振兴。2022 年，涉农型贷款较年初新增 52.84 亿元，增幅 40.49%。投放兴农贷 4737 万元，投放金额为工行绍兴系统内最多。在新农都市场、山下湖镇新长乐村设立兴农通服务点，提供转账汇款、便民缴费、商户收单、贷款办理等一系列金融服务，为市场商户提供便利，打响乡村振兴金融服务品牌。11 月 3 日，在同山镇同山烧文化节上，工行诸暨支行与当地产业协会签订意向协议，授信2亿元，支持同山烧白酒产业发展，助力普惠金融及乡村振兴。

公益活动。2022年3月5日，工行诸暨支行与共建单位茅渚埠社区一同开展“弘扬雷锋精神 做好志愿服务”活动。8月25日，组织20名员工无偿献血。9月8日，开展“慈善一日捐”活动，行内员工捐款共计1.9万元。（赵洁玲）

【中国农业银行股份有限公司诸暨市支行】2022年，中国农业银行股份有限公司诸暨市支行（简称市农行）存贷款总量达到594.77亿元，比年初增加92.47亿元。其中，各项存款余额309.37亿元，比年初增加47.04亿元，总量重回四大国有银行第一。各项贷款余额285.4亿元，较年初增加45.43亿元，总量继续保持第一。实现营业收入9.77亿元，同比增加2.44亿元；拨备前利润8.2亿元，同比增加2.47亿元；拨备后利润3.74亿元；净利润2.69亿元；实现中间业务收入1.03亿元。立足诉讼现金清收，通过批量转让、不良核销等手段，全年累计处置不良贷款51176万元。逾期30天以上个贷的诉讼率达100%。市农行通过制订工作计划表、主题宣讲、下发文件等形式学习贯彻中共二十大精神，并将其融入反电信网络诈骗宣传、乡村振兴助力等工作。

信贷投放。2022年，全行实际新投放贷款达45.11亿元。聚焦打造共同富裕示范区诸暨范例，全年审批项目12个、金额83.6亿元，新投放项目9个、金额27.4亿元。审批个数、金额和投放个数、金额均居可比同业前列。服务实体经济。全行新增银保监口径制造业贷款15.98亿元，其中中长期贷款3.55亿元，总量52.54亿元，并落地全行首笔设备更新改造贷款2000万元。新增战略性新兴产业贷款5.97亿元、绿色贷款14.21亿元，分别高于各项贷款平均增速51.18个百分点、54.27个百分点。全年新增流动资金贷款全部投向实体经济。服务普惠小微企业。全行新增普惠金融领域贷款12.95亿元，余额72.07亿元，总量、增量均居全市系统及四行同业领先地位，并荣获2022年省分行“春蕾计划”普惠金融业务专项营销活动优秀集体称号。小微企业贷款余额31.05亿元，比年初增加3.64亿元，贷款户数633户，较年初净增68户，均完成全年计划。优化按揭中心、分期中心运作，线上线下配合，提升办贷专业性和效率，个人贷款余额116.5亿元，较年初增加7.24亿元，总量份额较年初提升1.06%。

农行服务乡村振兴。2022年，为进一步优化乡村振兴领域金融服务，成立17支以行领导为团队长的乡村振兴专职营销服务团队。至年末，全行涉农贷款余额232.4亿元，占比81.43%，增量62.92亿元，增速119.03%。在2022年人民银行的差准考核中连续四季度达标。其中，“惠农e贷”较年初增加4.7亿元，余额达22.69亿元，客户数较年初增加2户，合计4143户。余额和户数总量均居全市系统首位，是绍兴分行唯一实现客户数正增长的支行。全年新落地镇级平台账户2个、村级账户3个，新发放镇村级集体经济贷款1420万元、强村公司流动资金贷款1700万元，并成功接入首个农村集体“三资”管理平台，服务乡村振兴相关举措被《浙江日报》、钱江卫视等报道。

风险防范。2022年，持续推进党建线、纪检线、运营线和队伍网格化“三线一网格”管理新要求，压紧压实各级主体责任，对员工异常行为苗头“早发现、早识别、早控制”，对与客户发生异常资金往来、违规经商办企业、组织参与民间借贷、赌博等问题屡教不改的，从严从重处理，做到“零容忍”。加强舆情风险、道德风险、操作风险等防范案件和操作风险防控，坚持常规检查与突击检查相结合、现场检查与监控检查相结合、员工行为摸排与重点员工关注相结合、按季开展“枫桥经验”促基层治理效能检查等方式，不断提高合规经营管理水平。继续宣传普惠金融知识和打击治理电信网络诈骗。全年累计拒绝个人开户51人次，堵截风险事件43起，拦截转账13笔，合计金额35.72万元。（方燕芬）

【中国银行股份有限公司诸暨支行】2022年年末，中国银行股份有限公司诸暨支行本外币存款余额160.67亿元，较年初新增23.5亿元。本外币时点贷款余额190.90亿元，较年初新增37.75亿元。本外币贷款占四大国有银行市场份额的17.37%，较年初上升0.06个百分点。不良贷款余额1594万元，较年初下降3820万元，不良率0.08%，较年初下降0.27个百分点，不良余额与不良率均为四大行最低。2022年，被浙江省分行评为中银卓越集体。

政府项目支持。至2022年，三年累计为政府项目投放贷款57.16亿元，累计投债人民币11.6亿元、美元1.89亿元，撮合融资租赁10亿元，多方位支持地方经济发展。2022年，落实与诸暨市政府签订战略合作协议，政府项目投放再度发力，投放诸暨市建设集团有限公司有机更新贷款7亿元、诸暨市浣纱旅游开发有限公司有机更新贷款10亿元、诸暨市西施故里旅游开发有限公司有机更新贷款8亿元、浙江临杭投资有限公司有机更新贷款5.8亿元、诸暨市望云建设开发有限公司有机更新贷款5.39亿元。立足生态环境、产业规划和经济社会发展水平，聚焦节能环保、生态环境、清洁能源、基础设施等绿色发展重点领域，加强投向引导，做大绿色信贷规模，切实提升金融“含绿量”，推动金融发展与生态环境和谐共美。对公绿色信贷余额40.86亿元。

不良贷款化解。2022年，继续向上级行争取政策支持，努力提升清收化解质效，持续配合支持金融纠纷多元化解工作，将不良化解与服务实体和金融创新有机结合。完成不良清收化解2.16亿元，组织参与金融调解纠纷42例，妥善协商化解不良2例3350万元，不良余额、不良率双创新低。

普惠金融服务。继续推广线上产品，以信用贷、银税贷、抵押贷等线上产品，以“首贷培育贷”“乡村振兴贷”“诸暨农产贷”等授信创新线下产品为切入点进行针对性营销，以支持小微企业拓展融资渠道，支持地方政府推进乡村振兴，支持诸暨特色农产品企业发展壮大。投入村级宅改项目，获批“诸暨农宅共富贷”专项产品，获批试点业务3笔，总量2500万元，投放2190万元，后续拟对诸暨范围内40余个行政村进行支持，并将为510余亩宅基地改造提供全面金融支持。同时支持特色乡村项目发展，投放“枫桥经验”发源地枫桥镇枫源村村级经济合作社贷款500万元，后续拟探索推进“整村授信”模式。按照诸暨农业块状经济分布，定制“诸暨农产贷”特色服务方案，针对性支持同山烧酒、枫桥香榧、阮市炒货等地方代表性农产品发展。至年底，普惠贷款余额31.39亿元，当年新增贷款余额10.44亿元，其中乡村振兴贷款余额1.26亿元，新发展中小微企业客户数390户。新增首贷户108户，累计投放金额25354万元。针对流动资金贷款到期后临时存在资金困难的中小企业，推广“无还本续贷”业务，允许企业通过新发放贷款结清已有贷款，继续使用本行贷款资金，本年共计无还本续贷44774万元，较年初新增8406万元。

客户服务。2022年，面向小微企业举办线下普惠产品推介会、线上汇率套期保值培训会各1场，线下活动受疫情影响到会企业共计50家，线上活动邀请900余人参加。会议主要针对小微企业在融资、汇率等方面的难点进行针对性指导，为企业在复杂经济形势下提出合理性意见。持续开展客户管控与拓展五级联动机制，继续深入推进对公对私客户板块项目经理制度，以公私联动、普惠金融、手机银行、市民卡、三方存管等板块为抓手，明确目标，加强过程管理。至年末，新增服务对公客户1106户，合计11396户；新增服务对私客户14242户，合计110277户。

“惠风和畅”党建品牌。2022年，持续推进落实诸暨市委组织部“数字诸暨”建设工作，利用“复兴壹号”优势定制诸暨版，实现“西施眼”APP线上缴费，覆盖全市党组织及党员。与诸暨市应店街镇政府、浙江农林大学暨阳学院商学院、浙江农林大学经济管理学院四方签约共建协议，推进镇银联校，探索新时代校地银企共建新思路，以金融知识进高校、反诈宣传进社区等多种形式开展党建共建、公益宣传活动。

（中国银行　王泽慧）

【中国建设银行股份有限公司诸暨支行】2022年，中国建设银行股份有限公司诸暨支行本外币一般性存款余额153.85亿元，较年初增加6.3亿元。各项贷款余额153.75亿元，较年初增加20.17亿元，其中对公贷款余额69.16亿元，比年初增加17.03亿元。个人贷款余额84.59亿元，较年初增加3.14亿元。不良贷款余额2.87亿元，同口径相比年初减少1.14亿元，不良贷款率1.86%，较年初下降1.03个百分点；逾期贷款余额1.12亿元，贷款逾期率0.73%；实现不良贷款处置1.59亿元。

普惠金融。银保监口径普惠贷

款余额25.52亿元，普惠型小微企业贷款新增4.52亿元。

金融科技。通过金融科技社会化平台项目的资本性投入，实现与全市三大医共体单位的全面合作，与8家市级医院建立业务合作关系。通过主动与教育培训机构资金监管系统合作，监管账户开立总数占全市50%以上。

住房租赁。与诸暨市房地产管理中心合作开发“房小二”系统被省住建厅列为试点项目，具备全市推广条件。此外，拿到诸暨市保障房管理中心签发的诸暨市第一张用于银行融资的保障性租赁住房项目认定书。

裕农通业务。成立乡村振兴业务团队，扎实开展裕农通业务，全行裕农通服务点镇域、乡村覆盖率100%，裕农通服务点活跃率100%。

绿色金融拓展。2022年绿色信贷余额9.47亿元，新增6.12亿元，增幅183%。 （王 超）

【交通银行股份有限公司绍兴诸暨支行】2022年，交通银行股份有限公司绍兴诸暨支行围绕“服务实体经济、防控金融风险、推动深化改革”三大任务，聚焦价值创造，业务经营呈现稳中提升的良好态势。12月末，人民币各项存款余额75.96亿元，比年初新增19亿元，其中储蓄存款创历史新高，年末余额35.92亿元，新增10.32亿元，日均余额30.23亿元，新增6.81亿元，三年发展计划完成率124.4%；人民币各项贷款余额67.05亿元，比年初增加4.1亿元，乡村振兴完成全年任务，普惠两增完成全年任务；不良贷款余额3815万元，不良率0.6%；实缴地方税收1736万元。支行创建“交银红枫”党建品牌，并获得绍兴分行“胆剑先锋”党建品牌创建特色奖。

经济发展支持。2022年，落实市委市政府经济稳进提质工作要求和人民银行绍兴市中心支行、绍兴银保监分局稳经济一揽子政策措施，聚焦国家“十四五”规划重点领域，主动响应需求，畅通对接渠道，助推制造业转型升级，支持基础设施建设，创新金融产品，发展普惠金融，助力乡村振兴。参与诸暨城市建设重大项目，做好金融支持和服务保障工作，新发放国内信用证1亿元、国际信用证1560万美元、银行承兑4.09亿元。加大普惠金融发展力度，12月末“两增”口径贷款余额7.28亿元，新增1.34亿元，户数499户，新增135户；普惠“e”贷余额3205万元；无还本续贷余额11895万元，新增4595万元；小微企业信用贷款余额1107万元；完成“双保”应急融资贷款500万元。结合地方区域特点，坚持“一行一品”，将金融活水引入乡村振兴。12月末，支行涉农贷款余额41.36亿元，较年初增加9.22亿元，净增位居绍兴分行第一，开发出“新农都商户贷”“店口五金城商户贷”等金融产品，为涉农企业畅通资金链。

业务发展。2022年，依托绍兴分行各类劳动竞赛，通过专项行动促零售业务发展。期缴保险销售922万元，趸缴保险销售3489万元，实现中收253万元，开门红完成率为152%，排名全辖第三。累计销售重点首发基金3353万元，销售重点持营基金5379万元，开门红完成率75.8%，排名全辖第一。营业部获交通银行代理基金业务开门红营销活动百强网点称号。聚焦追源拓客，全年组织开展“相约星期六”专题客户活动100多次，组织开展私人银行大型活动2次。12月末，私人银行客户109户，新增1户；沃德客户2577户，新增193户。

内控合规建设。落实好中央巡视组整改、内部审计整改评估和财经纪律自查、个人征信业务自查、质押贷款排查等工作，全年安全运营无事故，2022年支行征信工作在绍兴分行考核中列第一，对公贷后管理在绍兴分行考核中列第二。建立清廉合规文化教育基地，加强全员合规意识教育和关键岗位员工行为管控，狠抓异常行为排查，全年无违规违纪事件发生。 （交行 杨琼）

【中国邮政储蓄银行诸暨市支行】2022年，中国邮政储蓄银行诸暨市支行（简称邮储银行诸暨支行）全年实现自营收入27872万元，在全省一级支行中排名第三。实现利润18132万元，全省一级支行中排名第二。邮储银行诸暨支行获诸暨市2022年度“打造共同富裕新高地突出贡献奖——金融支持实体经济先进集体”称号以及中国人民银行诸暨市支行授予的2022年度反假货币工作先进集体称号。辖内店口镇支行获2020—2021年度浙江省青年文明号称号。

全年各项贷款规模（含公贷、票据）105.98亿元，净增20.12亿元，增速 23.44%。服务乡村振兴战略和共同富裕示范区建设，涉农贷款净增 11.19 亿元，增长 229%。全辖评定信用村 397 个、新建信用户 7628 户。服务碳达峰碳中和战略，绿色贷款余额 5.39 亿元，较年初增长 13%。走访退役军人事务局并取得合作，为退役军人提供优待证办理服务市场份额达 50%。

全年累计现金清收 3044.52 万元，呆账核销 472.39 万元。全年不良资产实现量率双降，不良额 4104.07 万元，较年初减少 554.55 万元，不良率 0.48%，较年初下降 16 个百分点。全年逾期额 5310.92 万元，较年初减少 418.43 万元，逾期率 0.62%，较年初下降 16 个百分点。

新产品新业务。2022 年，对接全市首笔"数字人民币 + 公交"项目，"邮你同赢"平台全国首笔业务落地，外汇企业全国首笔期权组合双权宝业务落地，落地全省首笔"乡农 e 贴"业务助力乡村振兴，落地全省首批智能秒贴业务服务小微普惠，落地全省首笔专新贴业务支持科技转型。

内控管理。2022 年，辖内营业部、暨阳支行通过省分行迁址装修后网点安全管理标准化达标升级验收。全年网点拦截异常开户 4 起，拦截异常汇款 4 起。全年开展可疑账户排查 5 次，排查账户 183 个，涉嫌洗钱可疑账户 5 个，报送重点可疑交易报告 2 篇。全行累计受理"95580"及信用卡投诉 213 件、监管投诉 20 件，投诉处理及时率达到 100%、投诉处理满意度达到 100%。

（袁凯宇）

【招商银行绍兴诸暨支行】2022 年年末，招商银行绍兴诸暨支行以"千佳网点"为起点，继续打造"千佳精神"，通过制定服务提升方案，提升服务质量，打造最佳客户体验银行。各项存款余额为 41.9 亿元，其中对公存款余额 24.5 亿元，储蓄存款余额 17.4 亿元；各项贷款余额 33.3 亿元，其中公司贷款 14.7 亿元，个人贷款 18.6 亿元；存贷款合计 75.2 亿元，较上年增长 32.45%；不良贷款余额 1620.8 万元，不良率为 0.49%。

个人业务。2022 年，招商银行绍兴诸暨支行继续秉持"以客户为中心，为客户创造价值"的理念，践行核心价值观，继续坚持以客群为基础，量质并举做大储蓄存款规模，持续提升零售盈利能力。支行管理客户总资产月日均 45.6 亿元，较年初增加 2.2 亿元。零售客户总量 10.9 万户，其中，金卡总量 5240 户，较年初增加 955 户；金葵花总量 1707 户，较年初增加 239 户。储蓄存款时点余额 17.4 亿元，较年初增加 4.9 亿元；年日均余额 14.6 亿元，较年初增加 2.9 亿元。新增代发 7380 户，实现财富增收 1418 万元。

公司业务。持续加大对实体经济的信贷支持。支行在合规经营的基础上，以客户为中心，支持实体经济发展、增加信贷投入、提升金融服务水平。尤其注重增加信贷投入，提高企业信贷业务管理专业化水平，针对企业的信贷业务特点，优化信贷审批流程，提高信贷业务审批效率。同时加大小微产业园区的信贷支持。加快普惠金融服务发展，推广线上化产品"招企贷"，为经营正常、纳税良好的中小企业提供相应额度的信用授信。支行被中共诸暨市委、诸暨市人民政府授予"2022 年度打造共同富裕新高地突出贡献奖"称号。支行持续做好公私联动、全行联动，加强公司业务宣传和上门开卡、上门预开户、上门激活企业网银等上门便民服务。

公益活动。2022 年，招商银行绍兴诸暨支行持续第 13 年向云南省武定、永仁两县捐款捐物。营业厅内则常年开设"户外劳动者服务站点"，向环卫工人、快递员、道路养护者免费提供矿泉水、饮料，开放休息区。支行员工坚持无偿献血，参与社区送温暖活动。针对行动不便的客户主动提供上门服务。

（招商银行　奚萍）

【杭州银行绍兴诸暨支行】2022 年年末，杭州银行绍兴诸暨支行各项存款余额 32.59 亿元，同比增加 7.78 亿元，增幅为 31.36%。日均存款 30.26 亿元，同比增加 4.6 亿元，增幅为 17.93%。各项融资余额 95.44 亿元，同比增加 42.77 亿元，增幅为 81.2%，其中贷款余额 51.95 亿元，同比增加 22.28 亿元，增幅为 75.09%；结构化融资余额 43.49 亿元，同比增加 20.49 亿元，增幅为 89.09%。理财余额 21.2 亿元。不良贷款率 0.52%，同比下降 0.48%。杭州银行绍兴诸暨支行参加 2022 年绍兴市银行业金融机构代理国库业务知识竞赛，获得团体二等奖。参加 2022 年"招商银行杯"诸暨市金融系统职工业务技能比武，获得团体第二名，同时获得多个个人单项奖，其中

"二十大报告和党史知识竞赛"项目蝉联第一名。支行2022年度被总行评为运营管理A级行。员工多人获杭州银行总行级"十佳理财师""菁英理财师"及"服务添彩年"服务明星等荣誉称号。

政府重大项目支持。支行不断加强与政府各部门联系,持续推进项目合作,加大对城建类国企和城市有机更新等重大项目建设的支持力度。2022年,通过表内融资、表外结构化产品以及发债等方式,合计新增投放41.88亿元。

企业金融服务支持。根据市场实体经济需求,支行通过多元化的产品和多维度的方式,加大对各类企业的经济服务支持力度。云系列、e系列、资产管家等创新产品运用逐渐普及化,针对不同客户提供个性化产品定制服务。重点拓展园区厂房按揭客户,扶持小微企业购置厂房。

风险合规把控。2022年,支行资产质量进一步提升,存量风险资产逐户梳理,加快清收进度。对潜在风险客户进行风险研判,根据实际情况确定清收方案,不良率下降0.48%。健全内部管理和风险防范体系,加强员工从业行为管理,要求全体员工严守底线,恪守职业道德。

公益活动。2022年,支行在营业厅、南门社区、青悦城、江边公园等处开展"反洗钱宣传""征信宣传""'3·15'消保宣传""防范非法集资宣传""守住'钱袋子'宣传教育"等一系列消费者权益保护的宣传活动,用典型案例讲解提高居民防范意识。同时组织员工多次在微信朋友圈宣传,扩大宣传效果。支行积极参与"慈善一日捐"活动,行内39名员工共计捐款3950元。主动与南门社区结对,融入社区活动,开展多项帮扶慰问。参与陈宅镇社会经济发展相关活动,慰问困难家庭,赠送生活必需品。支行党支部与浙江恒久机械集团有限公司签署《银企廉政共建协议书》,加强银企合作,共赢发展。(杭州银行　蔡倩)

保险业

【中国人民财产保险股份有限公司诸暨支公司】2022年,中国人民财产保险股份有限公司诸暨支公司(简称人保财险诸暨支公司)下属营业部3个、营销服务部5个,在编职工271人。全年实现全险种保费收入47283万元,承担各类风险总额超8500亿元。

业务发展。2022年,人保财险诸暨支公司以"优化渠道布局、强调考核引导、增强队伍素质"三方面为主要抓手发展车险业务,在守好传统直销渠道业务阵地的同时,强化电商、车商、综修三大渠道融合发展,改善车险业务结构和综合成本率水平,强化资源使用效率,提升精准送修成功率。个人非车险业务方面,持续推进销售模式转型,抓好驾驶人意外伤害保险业务发展的同时创新学平险、安康险等重点险种发展。电动车数字号牌项目打造成全国首个由交警大队主导,保险公司提供兜底保障的"智慧交通"新模式。法人客户业务方面,加强与政府、企业的深度合作,打造"保险+服务+科技"体系,为企业转型发展提供金融保障。农险方面,服务乡村振兴,推进农业保险"提标、扩面、增品",发挥农业保险作为农民增收"稳压器"、农业增效"助推器"作用。持续推进农网布局优化,加强承保理赔协同。推动地方特色农业保险新产品开发,新开办高粱种植、茶叶、生猪价格指数等特色险种。社保方面,与医保局对接,推动"越惠保"和大病医保项目承接,加大承保力度、提高理赔效率,与人社局探讨推进工伤保险项目。

客户服务。2022年,人保财险诸暨支公司继续深化警保合作,推进"两站两员"建设("两站"即设立交通管理站和重要路段、关口交通安全劝导站,"两员"即乡镇专职交通安全员和行政村聘用交通安全协管员),警保联勤快处模式累计处理案件2159个,缓解交通拥堵。坚持数字赋能保险经营,推动保险服务数字化。持续推进理赔降赔减损,强化未决管控,提高理赔案件结案率。全年车险理赔案件结案率94.68%,全市系统内理赔质量考核排名从第六升至第三。全省系统内非同城考核排名从第54名升至第15名。(人保财险　俞莎莎)

【中国人寿保险股份有限公司诸暨市支公司】2022年,中国人寿保险股份有限公司诸暨市支公司实现总保费78661.21万元,同比增长3.84%,市场份额占比32.01%。位居全市同行业之首。其中,新单首年期交1.76亿元,短期险3643.62万元。全年累计为15410户家庭承担意外和疾病风险保障4718.24万元。

惠农政策。2022年，持续做好扎根农村、服务“三农”工作，持续扩大农民保障范围与规模。在全市农村推广针对农户意外保障的农村小额意外保险，关注农民健康的两性安康保险，专为失独家庭打造的重疾险等。为全市46000名农户提供保障。全年理赔1928人次，支付理赔款503.74万元。为12913名低收入农户提供医疗费用保险保障，在理赔中开通绿色通道，采用线上收集和上门获取理赔材料赔付两种方式，加快理赔时效，提升理赔服务。线上收集通过自动提取社保电子信息进行赔款核算，赔款直接给付到农户医保卡上。对于因故无法进行线上理赔的，则电话通知保险人员线下上门服务，通过手机APP上传理赔资料，在1～3个工作日内完成医疗费用赔付。全年共计为9147人次低收入农户赔付医疗费用201.08万元。

金融知识普及。2022年9月，中国人寿保险股份有限公司诸暨市支公司精心组织开展“金融知识普及月活动”宣传，以“金融知识普及月 金融知识进万家 争做理性投资者 争做金融好网民”为主题，在一楼客服大厅设立金融知识咨询台，摆放活动海报宣传展架，对外营业窗口摆放“关爱老年群体普及金融知识”宣传三折页，为临柜客户讲解防范金融诈骗知识，普及保险消费知识等。通过摆放易拉宝、海报宣传展架向往来市民发放宣传折页，宣讲防范金融诈骗、防范非法集资、反洗钱等金融知识，提升风险识别能力和安全意识。

寻找生存金领取人活动。2022年3月始，诸暨市支公司全面开展“寻找生存金领取人活动”，在全市范围内地毯式搜寻逾期未申领满期生存金的337名客户。未申领满期生存金的原因有：投保年份较早，客户留存的联系方式不全或已过期；客户身故而亲属不知该保单权益；客户因经济原因导致保单欠款不能及时清理，未能及时领取保单权益。经全体销售人员细致走访、摸底与核实，大部分客户权益得到有效保障。（人寿保险　施方）

【**太平洋财产保险股份有限公司诸暨支公司**】2022年，中国太平洋财产保险股份有限公司诸暨支公司实现保费收入2.3亿元，同比增长12.9%，其中车险保费收入1.88亿，同比增长5%，非车非农保费收入3195万，同比增长36.6%。2022年度综合赔付率73.07%，同比减少7.67个百分点。6月，诸暨支公司“三农”服务部在浙江分公司组织的“沙场点兵”农险技能大比武中获得优秀理赔团队称号，诸暨支公司获优秀支公司第一名。

政策性农业保险承接。2022年4月15日，太平洋财产保险股份有限公司诸暨支公司开始承接浙江省政策性农险，在不增加公司整体人力的情况下迅速组建一支8人农险承接团队，在10月底超额完成市农业农村局交办任务，水稻覆盖率74%，创诸暨历史新高，完成全年水稻承保工作，水稻面积同比增加16.98万亩，承保覆盖率提升46%。至年末，农险保费收入合计1116万，同比增长391.2%，成为年度经营亮点。同时，定期与农业农村局进行对接，加强与农户代表联系，主动解决问题，提高服务质量。

车险市场份额提升。2022年，始终坚持“优于市场，领跑行业”的发展理念，诸暨支公司车险市场份额同比进一步提升，且成为绍兴唯一一家“四超”（超行业、超人保、超平安、超国寿）机构。在大环境增速下降明显的情况下优于行业。至11月，累计增速为4.73%，对标诸暨行业市场累计增速3.02%，高出1.71个百分点，市场份额达到18.67%，同比提升0.31个百分点。车险综合赔付率80.28%，车险综合成本率103.51%，车险年度经营亏损，主因为人伤死残案件增加。

险种创新。2022年，诸暨支公司重点关注政府拜访、项目储备、项目突破、任务落实、培训落实、政府协议签订等，以实现推动政保业务新发展。诸暨支公司在新动能全省四级机构中排名前十，当年保费增量434万元，增速336.9%，其中投标保证金保险、安全责任险校园保、科创保、电梯保、乡村振兴、首新保等均落地，实现破零与产能提升。

（太平洋产险　俞晶晶）

【**中国太平洋人寿保险股份有限公司诸暨支公司**】2022年，中国太平洋人寿保险股份有限公司诸暨支公司完成标准保费15507万元，其中个险条线完成标保12775万元，标保规模全省排名第十位，较上年

上升1位。团政银条线完成标保2732万元。(太平洋人寿　章连军)

证券(期货)

【证券期货营业部数量】2022年年末,全市共有证券期货营业部18家,开户数279407户,年度新增开户数23855户,同比增长22%。

【交易规模】全年累计交易金额9819亿元,同比减少5%;累计营业收入1.38亿元,同比减少30%;累计缴纳税费3.24亿元,同比增长11.7%。(郭珂宇)

资本市场

【上市挂牌企业】2022年年末,全市共有上市公司16家(其中国内A股上市14家、香港联交所H股上市2家),新三板挂牌企业10家,IPO报会企业2家,辅导备案企业1家。

【资本市场融资】2022年,上市公司发行股票融资5项(含首发上市融资和重大资产重组配套募集资金),募集资金总额62.32亿元;市内企业发行银行间债券市场非金融企业债务融资工具和公司债5项,募集资金金额50.9亿元。

【基金管理人及基金】2022年,新成立(迁入)股权投资企业35家,其中当年在中国证券基金业协会备案的基金27家。浙江诸暨转型升级产业基金有限公司参股子基金12个,总规模达55.01亿元,其中政府基金认缴出资8.66亿元,撬动社会资本46.35亿元。(王海江　郭珂宇)

监督与管理

【企业金融风险监管】2022年,诸暨市制订《筑牢防范化解财政金融风险安全屏障专班工作机制》,搭建专业协调(行业主管部门)+综合协调(帮扶办)的"7+1"工作架构,通过风险摸排常态化、风险提示实时化、风险处置整体化等办法有序推进防风险专班工作开展。发送《风险提示函》17份,涉及具体企业19家次,其中行业类风险1个,需关注的发债企业7家,涉及金额285亿元。

【金融信用环境清理整顿】2022年,开展"伪金交所"、非法金融风险及第三方财富公司等集中风险排查,对第三方财富公司、地方金融组织、私募基金等重点领域进行全面排查,核查风险企业71家。与公安、市场监管等部门联合推动平安建设行动中扰乱经济秩序打击治理工程,加大互联网金融风险整治力度,对非法吸储线索开展会商研判,处置投资受损人初访案件4起。

【金融纠纷调解】持续坚持新时代"枫桥经验",开展金融纠纷诉源治理。构建完善诉前资产保全、当事人动态跟进、复杂类纠纷会商、律师参与调解等调解配套机制,搭建金融调解"一件事"体系,促进金融纠纷高效化解,从源头减少诉讼增量。金融案件数同比下降37.45%,累计调解成功1289件,金额5.80亿元,调解履行率达90%。(金融办　孙斌)

【地方金融组织监管服务】2022年4月,组织落实全市小贷公司年度审计、考核审计和监管评级工作;5月,组织开展全市典当行年审与分类评级工作;7月,开展融资担保公司关联交易和涉众风险专项排查;8月开展三类地方金融组织外部合作业务专项风险排查工作。

(金融办　蔡妙奇)

【银行业信用风险防控】2022年,继续推进银行业信用风险防控工作,化解信用风险。按照"充分暴露、真实反映、快速处置、源头防控"的工作目标,要求银行业机构全面摸清风险企业和贷款情况,重点掌握辖内银行信贷资产风险真实水平。科学制定和分解落实全年信用风险处置目标,落实每家银行年末控制数,不断创新不良贷款处置方式,提升多元化风险处置能力。辖内银行业机构累计处置不良贷款18.23亿元,其中现金清收5.71亿元,核销8.39亿元,分类上调1.35亿元,贷款平移5494万元,其他22289万元。督促规范房地产企业银行按揭贷款资金和预售资金监管账户管理,做好恒大、祥生等区域内重点困难房企协调工作,围绕"保交楼、稳民生",推动各项房地产市场稳控政策在辖内落地。通过对辖内银行业机构、小额贷款公司和投融资中心的考核,督促落实监管要求,处置多起涉豫皖村镇银行人员及房地产领域人员维稳工作,参与化解多起辖内停工房产项目"集体停贷"舆情,确保不出现系统性和区域性风险。在防疫期间确保基层金融服务不缺位。

【金融服务实体经济】2022年,深入推进服务经济提质年活动,着力破解制约金融服务实体经济的体制机制障碍,不断提升金融服务实体经济的质效。引导银行业机构支持中小微企业高质量发展，落实好小微企业和个体工商户纾困政策。督促两家法人机构完成“两增两控”等小微企业贷款指标，完善支农支小金融服务。开展经济秩序整治和减轻企业负担行动。督促银行保险机构落实稳经济一揽子政策措施。根据党中央指示和国务院工作部署，落实各级党委政府和监管部门助企纾困政策，推动助企纾困政策精准直达快享，做好政策传导和跟踪督促工作。督促银行保险机构保障信贷总量供应，针对特定群体实施重点帮扶。做好金融参与社会治理工作。落实金融支持共同富裕和乡村振兴工作，重点推动金融支持同山产业共富工作。通过调研、走访、座谈等活动，与经信局、农业农村局等部门和同山镇开展两级对接，初步形成金融支持同山产业共富联合体雏形，按季做好监测和推进工作。推动诸暨农商银行、诸暨人保等银行保险机构制定未来五年针对同山烧产业扶持计划。

【银行业经营整治】2022 年，继续推进银行保险业合规建设工作。贯彻落实金融治乱象活动要求，进一步加强窗口指导，压实银行保险业主体责任，加大风险提示，有效维护辖内金融秩序。学习贯彻《信访工作条例》，认真做好信访工作，切实加强对金融消费者的权益保护。深入贯彻“枫桥经验”，实施好金融消保“提质增效”行动，压实银行保险机构主体责任，妥善处置群众来电来访情况，做好解释沟通和引导工作，会同其他部门共同做好类案溯源治理工作。持续做好员工行为排查，落实员工行为规范，加大违规行为处罚，不断提升员工合规意识和案件风险防范。做好对诸暨联合村镇银行现场检查整改情况督导，确保前一年度现场检查工作成果落到实处。

【法人银行机构监管】2022 年，提升辖内诸暨农商银行、联合村镇银行两家法人银行机构公司治理水平。做好重要会议参会、监管报告撰写、监管谈话、报表统计审核等非现场监管工作，督促两家法人机构完成监管指标、重要监管任务。全面排查辖内法人机构股东股权管理、第三方合作业务、流动性及资金头寸管理等领域风险情况及各类异常情况。对法人机构股东股权、资金管理、外包业务、关联交易情况进行梳理，确保各类问题得到及时有效整改，不出现类似河南村镇银行案件风险隐患。

（银保监诸暨监管组　赵侃）

财政·税务

财政

【概况】2022年，诸暨市实现财政总收入131.66亿元，同比减少15.0%，其中一般公共财政预算收入90.28亿元，同比减少9.9%。一般公共预算收入中非税收入完成28.90亿元，同比增长44.4%。本年发行到位专项债券资金30.75亿元，项目涵盖交通、基础设施、农林水利、社会事业等多个领域，有效拉动项目总投资116.07亿元，带动当年投资40.15亿元。争取五泄镇、马剑镇浙江省农村综合改革集成建设项目、一事一议财政奖补支持打造共富村项目省补资金累计8000万元。

全年一般公共财政预算支出123.36亿元，同比增长3.6%。全年实现民生支出94.36亿元，增长6.6%，占一般公共预算支出比重达76.5%。全市社会保障和就业支出26.73亿元，同比增长15.5%。全市教育支出达到30.59亿元，同比增长9.3%。财政收支运行和预算执行情况基本良好。

【地方经济发展助力】2022年，继续优化营商环境，落实减税降费政策，累计完成增值税留抵退税8.63亿元，较去年同期增加3.98亿元；累计减免政府性收费2.22亿元，缓缴政府性收费2231.03万元。用足用好直达资金，累计收到直达资金10.13亿元，直达资金分配率100%。加快政策兑现速度，累计兑现政策资金16.10亿元。坚持首位战略首位保障，持续加大科技人才投入，累计兑现人才专项资金2.06亿元，同比增长21.2%；科技专项资金1.20亿元。加大政府采购支持中小企业力度，完善预留采购份额、价格评审优惠、信用融资等举措，引导鼓励预算单位面向中小企业采购，面向中小企业采购756笔，采购金额9.37亿元；政采贷为中小企业发放融资贷款放款290笔，放款金额1281.62万元。破解融资难题，规范运用政府应急转贷资金，累计提供应急转贷资金58.44亿元，服务企业170家。

【重点支出保障】2022年，继续坚持公共财政导向，聚焦支持惠民实事，在发展中补齐民生短板。完善社会保障。全市社会保障和就业支出主要用于基本养老保险补助、就业创业财政扶持、完善社会救助制度、退役安置及抚恤、残疾人生活和护理补贴等。提升教育教学水平。全市教育支出主要用于各阶段教育生均经费保障、困难学生资助、民办教育发展、现代化教育建设等。支持医疗卫生事业。全力保障疫情防控工作，累计安排财政资金4.71亿元用于防控物资补助、核酸检测经费、重大疫情防控救治体系建设、隔离酒店场所征用补偿、酒店设施隔离管控等。助推乡村振兴。全年累计拨付农业生产发展资金2.73亿元，新农村和美丽乡村建设发展资金3.14亿元，全力加快省级乡村振兴产业发展示范县建设。加快农村路网提档升级，全力打造“四好农村路”，累计投入资金1.79亿元，新改建农村公路8.6千米，实施农村公路大中修88千米。

【财政改革】2022年，加快财政数字化改革。推进“乡镇公共财政服务平台＋一卡通”建设，实现涉农惠民补助资金及时准确发放，全市96个项目纳入乡镇公共财政服务平台，累计发放补助资金8.36亿元，惠及133.54万人次。重构乡镇财政管理体系。优化市对镇（乡）财政管理体制，合理划分市镇两级财政事权与支出职责。全面实施预算绩效管理改革。实现部门预算项目绩效自评全覆盖，累计组织部门单位绩效自评项目1719个，涉及财政资金34.77亿元。深化国资国企改革。通过增资控股、合并收购、拓展经营、延伸产业链等多种方式，增强国有企业自身造血功能，提升企业市场竞争力。全市国有企业实现资产总额达2600.76亿元，同比增长23.2%。创新运用“枫桥经验”提升项目评审质效，预决算审核中心“红色调解驿站”获2022年度浙江省建设工程结算价款争议优秀基层“红色调解驿站”荣誉称号。

【财政监管】2022年，防范化解债务风险。稳妥有序化解存量债务，确保风险控制在合理区间，全年通过“真金白银”“盘活存量资产”等方式化解隐性债务40.12亿元。加强镇乡街道债务管理，累计化解债务11.41亿元。加强财政监督检查。围绕重要时间节点、重点领域资金，开展应急救灾资金、“三公”经费安排使用情况等专项检查。优化政府采购监管机制，加强政府采购评审专家队伍、政府采购代理机构管理，开展政府采购项目开、评标活动实时在线监管，累计纠正违法违规行为134个。加快推进内控建设。以大唐街道办事处为试点开展镇乡街道内控指引建设。

【财政服务】2022年，组织开展预算单位“上门服务至少去一次”活动和“财政管家”结对联系企业走访服务活动，累计走访预算单位和企业90家，帮助解决预算单位财务制度执行、专项资金使用等问题100余个。（骆泠霏）

税务

【概况】2022年，全市税务部门累计组织各项税费收入270.21亿元，同比增长34.88%。其中，税收收入111.43亿元，同比下降20.33%；非税收入112.43亿元，同比增长442.87%；社保费收入78.22亿元，同比增长12.52%；职业年金收入3.10亿元，同比增长13.78%；全市共办理出口退税34.97亿元，同比增长7.65%。累计组织一般公共预算收入72.44亿元，占全市一般公共预算收入的80.24%。高质量落实新的组合式税费支持政策。全年累计为企业减负降本27.96亿元，其中惠及企业政策面最大的增值税留抵退税17.26亿元，同比增长85.45%。办理制造业中小微企业缓缴税费超12亿元，惠及纳税人缴费人5.65万户次。退税减税户数和规模综合进度均居绍兴市前列，缓解企业资金压力，增强市场主体活力。

【税收执法】2022年，共完成土地增值税清算项目114个，补缴税款3.6亿元。立足5C征管质量指标体系，制定十大类65个小项征管考核指标，发现整改征管质效问题298个。对全市32家国有平台企业开展自查，查补税款8.2亿元，堵塞征管漏洞，提升企业纳税遵从度。优化房地产行业全生命周期管理，指标扩

2022年9月19日，全省新时代“枫桥式税务所”建设工作现场会召开，图为与会人员参观枫桥税务所“枫桥经验”成果展厅（税务局提供）

至 65 项，实现房产企业全周期、全链条、全税种管理。

【税收征管】2022 年，迭代优化工作落实机制，对标对表推进落实 60 项税收征管改革项目，2 项“揭榜挂帅”项目实施取得阶段性成果。纳税人缴费人权利救济保障中心项目完成“1+3+7+X”组织架构建设，实现涉税矛盾化解“一个平台流转、一个口径对外、一个指标考核”闭环管理。全年受理各类涉税咨询及矛盾纠纷 663 件，矛盾发生率下降 30%，上交率下降 66.67%。破产“一件事”全流程改革项目与法院深化破产司法审判、民事执行案件税费征缴协作，实现 37 家破产管理人线上管理，联审案件 265 件，交易税费 1.33 亿元。稳步推进全面数字化发票受票扩围试点，推进民营医疗、公交、出租车电子发票改革，纸质票退出率最高达 98%。推广“浙里办票”应用，全市应用企业 5346 户，居绍兴市第一。落实新能源汽车免征车购税和部分乘用车减征车购税共 1.55 亿元，促进绿色低碳发展。

市税务局“办问协同”智税中心（税务局提供，摄于 2022 年 9 月）

【纳税服务】2022 年，巩固拓展提升纳税人满意度好做法，推进“便民办税春风行动”“春雨润苗”等特色活动，开展税企恳谈会、税务体验师、税务志愿者、税法进校园等个性化服务。常态化开展税费服务质效调查，走访服务纳税人 1.6 万户次，解决实际问题 106 个。开展“办问协同”智税中心建设，推进“非接触式”办税，全市涉税事项网上综合办税率 98.3%，掌上办税率居绍兴市第一。建立税费服务共享社区 29 个，村（社区）实现发票代开、社保费缴纳等 21 项涉税事项办理。建立商圈税费服务驿站 8 个，实现群众涉税咨询、涉税业务办理、涉税矛盾化解不出“圈”。依托税费共享社区搭建税收宣传矩阵，“枫语者”税宣模式获评全省纳税宣传辅导最具影响力品牌。打开银税联动新思路，盘活税收“信用资产”15.3 亿元，惠及小微企业 2188 户，金额同比提升 36.8%。联合农商银行开展“留抵退税贷”活动，完成绍兴市最大笔放贷金 4000 万元。

【“枫桥经验”税务实践】2022 年，构建“0543”（以“重案零发生、办事零次跑、信访零越级、干部零违纪、团队零纠纷”为创建目标，以党员责任清、干部情况清、企业税情清、征纳矛盾清、安全隐患清的“五清”，党建联、服务联、执法联、矛调联的“四联”，党支部堡垒作用发挥机制、服务协同机制、矛盾预防调解机制的“三支撑”为路径）基层税务分局（所）治理模式雏形向全市推行。推进全域全员创建，新增所务治理五本账、税务“四前工作法”、税费服务共享社区、商圈服务驿站等创新做法 8 项。开展“枫桥经验”税务实践成果运用，在大规模留抵退税工作中，创新运用留抵退税“四前工作法”：组织统筹走在辅导前、宣传辅导走在申请前、预审预判走在受理前、实地审核走在督察前。保障退税减税户数和规模综合进度均居绍兴市第一。枫桥税务所被列为新时代枫桥经验税收创新实践点。诸暨税务“创枫”元素入选枫桥经验陈列馆展陈。《运用新时代“枫桥经验”提升基层税收治理能力探索——以“枫桥式”税务所建设为例》被浙江新时代枫桥经验研究院列为“枫桥式”创建专项课题。枫桥税务所、暨阳税务所、第一税务所（办税服务厅）被命名为绍兴市首批新时代“枫桥式”税务所（绍兴市共 5 家），入选浙江省新时代“枫桥式”税务分局（所）候选名单（全省 33 家），线上评审成绩包揽全省前三。（税务局　叶涛）

综合监督管理

宏观经济管理

【概况】2022年，全市深入贯彻党中央“疫情要防住、经济要稳住、发展要安全”的指示要求，应对“三重压力”叠加“两大变量”冲击，落实稳住经济大盘一揽子政策，持续打好稳进提质攻坚战，全市经济运行总体呈现稳进向好态势，增速保持在合理区间。实现地区生产总值增长4.6%；完成同口径一般公共预算收入103.3亿元，增长0.3%；城镇和农村常住居民人均可支配收入分别为80438元和49695元，分别增长3.8%和6.8%。

第一产业提质增效。2022年，诸暨市稳产保供持续深化，完成5.49万亩粮食功能区“非粮化”整治和0.62万亩高标准农田建设任务，全力确保粮食生产面稳量增。生猪出栏达18.3万头。农业“双强”行动持续推进，主要农作物耕种收综合机械化率和农业科技进步贡献率分别达82.8%和69%，主粮农业保险覆盖率达74.9%，获全省农业“双强”行动“赛马”激励。乡村富民产业持续壮大，“西施石笕”茶、“枫桥香榧”两大特色品牌加快重振。全年实现农业增加值57.54亿元，增长3.4%，居绍兴市第一位。

第二产业稳中有进。2022年，规上工业增加值增长10.1%，新增国家专精特新“小巨人”企业12家、省级隐形冠军企业2家，袜业产业大脑、大豪科技数字工厂、袜业中小企业数字化改造列入省级试点。新增省级工业互联网平台创建名单1家。新增市级数字化车间85家，其中省级数字化车间1家。获省新一轮制造业“腾笼换鸟、凤凰涅槃”攻坚行动考核评价激励。推动建筑业健康发展，实现总产值1197亿元，其中省内产值719亿元，增长8.6%。全市新开工装配式建筑32个，建筑面积77.73万平方米。2个项目获评浙江省“钱江杯”优质工程。荣呈建设、八达建设获评绍兴市建设行业市级企业技术中心。

第三产业稳步回升。全年其他营利性服务业营收增长29.9%，互联网及信息技术营收增长31.6%。网络零售总额占绍兴总量的30%。6家企业获评省级内外贸一体化“领跑者”企业。共富直播项目入围绍兴市共同富裕最佳实践案例。创成省级两业融合试点企业2家。落实公积金贷款额度调整、差别化住房贷款、优化房地产市场信贷等楼市新政，完善“房票”使用政策，促进房地产市场发展。加快省级文旅消费试点城市建设，推动文旅融合发展，全年共接待游客439.2万人次，实现旅游总收入61.9亿元。

有效投资稳步增长。实现固定资产投资489.5亿元，增长10.2%，其中交通投资、生态环保和公共设施投资、高新技术产业投资、制造业投资均保持20%以上的增速。省"六个千亿"工程累计完成投资129.2亿元，完成率142%。省"4+1"重大项目完成投资45.0亿元，完成率129.4%。省重点建设项目完成投资100.4亿元，完成率169%。省集中开工重大项目开工率100%。市县长项目落地率100%。8个项目获评绍兴"红旗"项目。

消费需求逐步回暖。全年实现社会消费品零售总额526.3亿元、网络零售额283.2亿元，分别增长5.2%和7.6%。打造新型消费场景，推动高品质步行街、智慧商圈、夜经济集聚提升。推进供应链创新应用，成功入选省级供应链创新与应用试点城市。激发内需潜力，在全省首创"数字人民币＋镇级消费券"。政策引领带动消费，发放"西施有礼"消费券3000万元，拉动消费6.1亿元。参与绍兴"普惠民生""越心守护""活力币赢"等消费券活动，累计核销金额3821.71万元。

外贸出口赋能有力。实现自营出口618.4亿元，同比增长15%，占全国份额的2.58‰。加强外贸主体培育，新增进出口备案企业458家，袜子、五金机电等特色产业出口增长较好，欧美市场保持稳定，RCEP和"一带一路"市场快速增长，分别增长24%和26%。铜材精密制造入选第三批省内外贸一体化改革试点产业基地。深度参与绍兴柯桥中国轻纺城市场采购贸易方式试点，实现出口5亿美元。落实"招商强市"战略，新引进亿元以上项目51个，总投资391亿元，百亿级项目实现新突破。

【杭绍同城深入】2022年，强化规划引领，编制完成"杭绍同城"三年行动计划。推动交通互联，店口高架建成通车，柯诸高速、235国道诸暨段、绍诸高速诸暨浣东互通改扩建工程加快推进，店口港完成主体施工及疏浚工程。推动产业共兴，新建浙大紫金港诸暨岛，共引进飞地项目83个，有65个在诸暨实现产业化，集聚30余名国家及省级领军人才。推动平台提能，智能视觉产业平台入选省"万亩千亿"新产业平台培育名单，累计签约入驻科大讯飞等头部企业30余家。推动民生共享，新组建友好学校6对，在杭州市设立教育人才孵化基地3个，人民医院、中医医院分别与浙二医院、杭州市一医院签订合作协议，引进省名中医工作室5家。

【科创生态优化】2022年，入选国家引才计划41人，数量居全省第一。推进科技城(海归小镇)、智能视觉"万亩千亿"新产业平台建设，浣江实验室、中俄(诸暨)国际实验室和西安交大管晓宏院士团队落地诸暨。新通过国家高新技术企业评审91家，新认定省科技型中小企业256家，新增省级以上企业研发机构12家。开展首届诸暨市"揭榜挂帅"活动，达成31项技术合作。获省"尖兵""领雁"研发项目5项。科技协同创新中心、科技大市场等科创平台全年引入科技成果100余项。新认定省级众创空间1家、绍兴市级众创空间(星创天地)4家、省级孵化器1家。新增授权专利4758件，新增注册商标4584件。

【市场主体培育】2022年，新增各类市场主体3万家，登记在册达20万家，新培育股份公司51家、"小升规"和"下升上"企业159家、"个转企"550家。推进标准化战略，主导或参与制(修)订国家标准45项、行业标准19项，发布"浙江制造"标准6项，新增数字经济标准15项、"品字标"浙江制造第三方认证企业9家。深化质量强市工作，建成4个质量基础一站式服务平台，1家企业获绍兴市质量奖，5家企业获诸暨市政府质量奖。63家企业创成省AAA级"守合同重信用"单位，14家企业分获国家级、省级知识产权示范(优势)单位称号。

【共同富裕引领示范】2022年，制定共同富裕系统架构图1.0版，清单化推进71项主要指标、58项重点工作和27项重大改革。编制出台"扩中""提低"行动方案，着力构建橄榄型社会。精神文明高地试点工作在全省社建系统作典型交流发言，文明实践相关经验获中宣部、中改办、中央文明办、省共富办专题刊发。"诸暨山下湖镇以华丽珍珠助力共同富裕示范区建设"入选省生态环境厅第三批生态共富案例。建立市级共同富裕首批试点项目储备库，宅基地改革入选绍兴共同富裕首批试点，"一镇一品"农创直播、爱心食堂等2个案例入选绍兴共同富裕首批最佳实践案例。东盛未来社区实现全省首批挂牌，实施第五批和第六批5个未来社区建设。

【数字化改革】2022年，聚焦共同富裕、稳进提质、除险保安、"枫桥经验"等关键领域，在"1612"体系构架下，全方位纵深推进数字化改革，上线“网络安全智治”“浙里直播共富”“浙里人口全息管服”等一批重大应用，夯实平台数据底座，稳步推进改革延伸扩面。新增省级以上试点75个，4项改革分获省改革突破奖金银铜及提名奖，“网络安全智治应用”获评省数字化改革“最佳应用”，相关经验做法在省《领跑者》刊登。诸暨市作为全省推进数字化改革成效明显的县（市、区）获省政府督查激励，在全省双月综合评价中始终保持“五星”。

【经济管理体制改革】出台《诸暨市2022年优化营商环境实施方案》，清单化落实工作任务，在全省营商环境评价中继续保持绍兴第一，获评“2022浙商最佳投资城市”。深化准入准营“一件事”改革，纵深推进企业开办“一件事”一日办结，办结率100%。完善多渠道市场退出机制，企业简易注销占比超过70%。非接触式办税缴费持续普及，即办简易事项15分钟办结，一般事项当天办结。在线审批应用不断深化，一般企业投资项目“最多80天”和低风险小型项目“最多15个工作日”保持率100%。

【减税降本】2022年，围绕助企稳企，迭代完善“1+9+N”政策体系，推进各类惠企政策落实，“越快兑”平台兑现资金16.1亿元，惠及企业及个人1.2万家（人）次。持续落实减税降费，累计减负降本28亿元，完成全年任务的103%，惠及企业121.2万家（次），其中惠及企业政策面最大的增值税留抵退税16.19亿元，增长84.3%。制造业中小微企业缓缴税费超12亿元。

【金融服务企业】2022年，金融机构贷款余额2226.02亿元，增长21.2%。完成保费补贴、股改上市等奖补近5000万元，融资担保在保余额超6亿元。帕瓦新能源成为绍兴首家科创板上市公司。实施融资畅通工程，与省工行签订5年500亿元的政府性项目和制造业企业专项融资协议，与省国开行签约助力科技城等重大项目推进。全市知识产权质押融资突破100亿元，惠企数和融资额均居全省第一。留抵退税贷等一批金融创新产品落地助企，浙商行、中行等6家金融机构为同山烧产业授信16.3亿元。开展创业倍增计划，发放创业担保贷款4887.5万元。

【发展要素保障】2022年，争取重大项目进“笼子”，12个项目列入省“4+1”重大项目计划，合温高速诸暨段、诸义高速、诸建高速等项目纳入国家“十四五”规划102重大工程项目库。陈蔡水库加固改造工程等4个项目共获中央预算内投资10978万元。争取专项债额度30.75亿元。获政策性融资4.09亿元。重大项目建设获省投资“赛马”激励。健全资源配置向优质企业和非高耗能产业倾斜的导向机制，保障重大项目能耗指标，加快重大项目能评批复。有序组织光伏规模化开发工作，新增并网容量110兆瓦，清洁能源占比稳步提升。

（发改局　国民经济综合科）

国土监管

【概况】2022年，全市国土监管工作紧盯“五个率先”，聚焦“共同富裕”，围绕“保护、保障”两大基本职能，强化“提质、提效”两大工作要求，通过数字赋能、改革创新、规范管理，全面推进自然资源和规划各项

群众在不动产登记服务中心“即时办理”一般存量房转移登记（自然资源和规划局提供，摄于2022年7月）

工作，加强自然资源要素保障、生态保护修复和民生服务等工作。诸暨市成功创建全国首批自然资源节约集约示范县（市），为绍兴唯一。

【要素保障】2022 年，诸暨市继续争取省重大产业项目和基础设施项目等奖励指标，全力向内挖潜，筹措复垦指标和盘活指标。共筹措用地指标 4824 亩（含基础设施项目专项指标 2825 亩），确保一批产业项目、基础设施项目和民生项目的用地需求。进一步完善征地程序，优化用地审批流程，加强业务指导，完成用地报批 6537 亩（含重大基础设施项目 3885 亩），保障柯诸高速（诸暨段）等一批基础设施项目以及帕瓦新能源、新宜中国二期用地、上峰建材迁建技改项目一期、科技城城市客厅等一批重点产业项目落地。

【耕地保护】2022 年，继续严格落实耕地保护责任，按照《诸暨市耕地保护责任目标考核办法》的要求，落实属地镇乡街道和相关部门主体责任，将耕地保护工作纳入领导干部实绩考核，层层压实耕地保护责任目标，提升耕地保护实效。继续做好永久基本农田保护工作，因上级任务还未最终下达，按市级初步方案划定永久基本农田保护任务 443413 亩，执行耕地保护补偿制度，按照《诸暨市耕地保护补偿机制实施办法（暂行）》要求，结合 2021 年国土变更调查数据、2021 年卫星影像数据以及用地审批情况等，经判读及疑问地块现场查看测算认定，共计下发耕地保护“以奖代补”补偿经费 2511.0346 万元。全面推行耕地保护田长制工作。7 月，出台《关于落实最严格的耕地保护制度全面推行田长制的实施意见》，建立市、镇、村三级耕地保护责任体系，明确各级田长 534 名，巡查员 759 名。运用高位铁塔视频联通“耕地智保”场景，“人防 + 技防”全方位形成耕地保护处置管理闭环，构建起全面保护、责任到人、严格监管的耕地保护监管网络。做好耕地卫片执法工作，对涉及诸暨市的耕地卫片监督图斑进行梳理和实地踏勘举证，分类拟定整改方案。

2022 年，上级下达诸暨市任务为 1 个万亩方、4 个千亩方永久基本农田集中连片整治项目。整治后集中连片耕地 1.4 万亩，其中万亩方可分年实施，两年内完成。诸暨市 2022 年实施 1 个万亩方、5 个千亩方项目，规划整治后集中连片耕地面积约 1.56 万亩，初步方案于 4 月通过省级评审，并于 6 月完成县级专家论证及相关部门意见签署。全年按照要求完成千亩方项目进度 100%，万亩方进度 70%。共完成验收土地开发项目 578 亩、农村土地综合整治项目 94 亩、“旱改水”耕地质量提升项目 382 亩、标准农田建设项目 2500 亩。

【土地节约集约利用】2022 年，继续健全完善土地资源市场体系建设，提前谋划并制定 2022 年土地出让计划，明确责任单位和时间节点，多次召开协调会议并由市府办下发工作函告单督促责任单位加快“做地”进度，确保“净地”出让。加强土地招商推介，以“互联网 +”模式探索土地出让新渠道，通过参加土地展、发布“诸暨读地云”小程序等方式，实现网络在线看地，并实时更新推地信息，结合城市区位优势、配套设施等对地块进行深入全面解读。共出让各类国有建设用地 119 宗，面积 2178.3 亩，出让金 104.3998 亿元，工业用地“标准地”出让 100% 全覆盖。申报全国首批自然资源节约集约示范县（市），通过自然资源部层层推选评审，诸暨成功入选全国首批土地类“自然资源节约集约示范县（市）”，也是绍兴唯一入选的自然资源节约集约示范县（市）。

【矿政管理】2022 年，继续精细化矿业权管理，严格落实矿山生态环境保护工作。完成探转采采矿权新立 1 宗、采矿权延续 1 宗、探矿权延续 3 宗，完成 2 宗采矿权出让收益评估，完成 7 家矿山的开发方案修编或变更、2 家矿山安全整治方案审核、1 家矿山的储量核实报告审定、1 家矿山的闭坑地质报告审定，完成 1100 多宗用地的矿产资源压覆审查。完成 2021 年度矿产督察整改验收和 2022 年 4 宗采矿权、2 宗探矿权督察，会同第三方开展矿山日常监督检查 12 轮次，未发现越界开采等行为。落实地质单位开展水泥用灰岩拟设采矿权前期勘查工作，谋划场地平整等项目涉及矿产资源处置相关事宜。

督促企业严格落实“边开采边治理”工作，完成 2 家矿山的地质环境保护与土地复垦修编，计提治理复垦基金 577.1 万元。对 1 家到期矿山治理复垦工程进行验收，划转基金 80 万元。配合绍兴市局对通过第三方评估的 9 家绿色矿山进行“回头看”现场复核，通过整改验收纳入绍兴市级库8家，取消绿色矿山称号1家，待恢复生产后重新评估入库。完成自然资源部下发的373个历史遗留矿山图斑核查，成果通过自然资源部审核。严厉打击“洗洞”盗采金矿。6月6日，成立诸暨市打击“盗采”金矿专项整治行动联席会议，明确职责，组织多部门对全市13个金矿矿硐开展联合检查，未发现违法违规线索。

【不动产登记】2022年，共计办理登记业务151784件，颁发证书82335件，登记证明34222件。办理抵押权登记业务20361件，涉及金额1104.75亿。预告及抵押权预告登记7352件。注销登记23083件。查(解)封登记112181件，受理各类档案查询申请34448件。不断完善“不动产登记网办中心”，实现财产登记“零跑腿”，在绍兴地区率先实现全流程网办、全省通办、跨省通办。登记时间进一步压缩。申请材料精减至3份以内，办理环节压缩至1个，实现异议登记、查(解)封登记、抵押权注销、地役权注销、预告登记注销等事项“即时办理”，一般存量房转移登记1小时内办结，一般登记、一般抵押登记、商品房交易登记即日办结。推进不动产抵押登记和金融信贷“一件事”改革。在全省金融系统率先开展抵押登记“总对总”业务办理，在绍兴地区率先实现不动产登记证明电子化。银行网办覆盖全市各大银行和住房公积金中心，抵押业务98%以上实现电子不动产登记证明。不动产登记数据不断夯实。通过开展“不动产登记数据质量整合”“存量数据质量提升”“电子附图制作质检入库”等项目建设，进一步提高数据库数据的真实性、准确性和及时性，夯实数据基础。建立数据共享机制、制定数据接口规范，对接大数据发展管理中心数据仓，实现跨部门跨单位的数据调用共享。

【确权调查】2022年，2021年度国土变更调查工作通过国家验收。做好全市自然资源统一确权登记工作。12月底，完成开化江、枫桥江、五泄江、店口江、凰桐江、浦阳江诸暨段及浙江诸暨白塔湖国家湿地公园的自然资源统一确权登记。完成全民所有自然资源资产清查、农经权不动产登记数据接收、2020年度耕地资源质量分类成果更新和海洋经济活动单位名录更新等工作。

【地质灾害防治】2022年，建立健全地质灾害防治综合体系。5月，印发《诸暨市2022年地质灾害防治方案》《诸暨市地质灾害防治工作手册》，调整诸暨市地质灾害防治工作领导小组成员单位及工作职责。超额完成《诸暨市地质灾害“整体智治”三年行动(2020—2022年)》全部任务和《诸暨市地质灾害防治“十四五”规划》年度任务建设，完成3个重点防治乡镇(马剑、赵家、岭北)地质灾害风险调查评价工作和4处地质灾害综合治理工程，新建30处地质灾害专业监测预警实验点，安装300处地质灾害无线简易降雨报警器，地质灾害风险防控数字孪生应用通过专家初步验收，为全省8个应用推广建设县(区、市)之一。应店街银杏石林地质文化镇入选中国地质学会第二批挂牌筹建地质文化村(镇)名单，为绍兴市第二家地质文化村(镇)。

密切关注汛期前后各项情况。汛前及时更新259处风险防范区的基本情况、镇乡街道责任人及147名群测群防员信息，开展汛前大排查，加强人员培训和物资储备，强化“地灾智防”APP等智能监控平台运用。汛中密切关注降雨情况，提高地质灾害预警预报水平，累计发布地质灾害气象风险预警23次、发送短信6929条。台风“梅花”期间共提前转移撤离各类危险区域人员2134人。汛后全面复盘总结，对台汛期的预警预防和应急处置工作进行查漏补缺。加强对全市82处在建地质灾害治理工程的跟踪督查，每季度定期现场检查地质灾害在建治理工程并以市地质灾害防治工作领导小组办公室名义下发检查情况通报，紧盯工程质量和安全生产问题，对督查发现的问题进行跟踪管理，确保整改到位。

【土地执法监察】2022年，继续坚持发展“枫桥经验”相关基层治理经验，加强违法用地源头管理。加强对各种土地、矿产、森林资源违法行为的执法力度，严格按照法律法规，做好自然资源违法案件查处工作。组织开展“清风行动”，打击野生动植物猎捕、采集、人工繁育、出售、收购、运输、食用、经营利用等违法行为，全链条打击破坏野生动植物资源违法犯罪行为，坚决遏制野生动植物非法贸易活动。成立耕地“非农化”处置问题工作专班，加快推进耕地“非农化”整治进程。深入推进例行督察问题整改工作，做好森林督查，整治涉嫌破坏森林资源的问题图斑和省自然资源厅下发的自然保护地违规图斑。5月，成立诸暨市自然资源和规划局“天巡地查”场景应用推广工作专班，按照省自然资源厅工作部署推进“天巡地查”应用场景贯通使用。严格落实“月清、季核、年度评估”的土地卫片执法监督检查工作模式。全年共处置违法建筑108.2万平方米，完成绍兴市下达任务的360.7%，拆后土地利用率93.7%。

（自然资源和规划局　杨舟琳）

国有资产监管

【国资国企改革】探索市管企业混合所有制改革。2022年4月，文旅集团下属子公司诸暨市浣江置业有限公司通过出资新设的方式引进浙江安卓酒店集团有限公司成立浙江卓旅投资发展有限公司，共同合作开发西施故里观堂酒店和古越风情街项目。10月，菲达集团就其全资子公司菲达宝开的混改问题形成包括盈利分红、员工持股计划和战略投资者引进在内的一揽子方案。

国有企业管理体制改革。2022年5月，市国资办出台《诸暨市国有企业管理体制改革方案》，方案就强化国资公司主平台作用、加快建设集团市场化拓展步伐、推进文旅集团对市域范围内旅游资源整合、提升水务集团公共服务能力、健全新城集团法人治理结构、完善浣江传媒集团运作机制等进行充分论证。

【资产监管路径拓展】2022年，继续打造数字化国资监管平台。通过建立国资信息数据库、设置各类预警指标等，构建数智化监督闭环，全市6家市管国企(国资公司、建设集团、水务集团、文旅集团、新城集团、浣江传媒集团)183家子公司全部纳入在线监管系统。规范行政事业单位资产管理，搭建诸暨市资囊不动产管理应用系统，实现国有资产可视化动态化管理，完成全市所有行政机关单位及平台公司2645宗外业数据调查和录入，评估不动产总值294.7亿元，盘活资产约41亿元。诸暨市资囊不动产管理应用系统荣获浙江省财政厅数字化改革创新应用项目提名奖。

【融资平台建设】2022年，各市属国有企业直接融资及政策性银行融资占比43.2%，综合融资成本4.5%。开展国有企业降本降息专项行动。国有企业通过签订补充协议完成年压降利息808.60万元，通过债务置换和偿还完成年压降利息1.89亿元。10月，出台《诸暨市市管国有企业资金信用监督管理办法》，以防范化解重大资金信用风险。

（财政局　骆泠霏）

市场监督管理

【概况】2022年，诸暨市继续营造放心消费氛围。培育放心消费单位3415家，其中无理由退货承诺单位1375家，放心工厂1155家，放心消费示范街区(商圈)5个，长三角异地异店无理由退货承诺单位10家，村级消费维权联络站(点)35个，放心消费乡村3个，全国“12315”互联网平台ODR（在线消费纠纷解决）企业88家。3月13日，邀请10余名消费维权义工参加沉浸式外卖体验活动，了解全市外卖餐饮情况。3月15日，市场监管局携手法润直播走进浣纱小学，利用晚托班时间给孩子们上直播课，通过生动的案例对青少年在消费过程中容易遇到的消费问题进行讲解，直播累计收看人数超12万人。阮仕珍珠兰芳系列珍珠胸针、祺香酒业浙酱礼盒(白酒)、蓝丰农林多味香榧仁礼盒入选“浙江特色伴手礼”，入选数量居全省各县(市、区)前列。继续妥善处理各类消费投诉举报，全年共受理投诉举报12462件，其中，投诉8696件，举报3766件，为消费者挽回经济损失约352.51万元。继续推进全市农贸市场改造提升工作，指导4家农贸市场续创省级放心农贸市场，3家农贸市场续创三星级市场、1家农贸市场续创二星级市场，1家农贸市场新创省级“五化市场”和“无废农贸市场”。开展格式条款备案及监管工作，查处利用不公平合同格式条款侵害消费者权利相关行为。

继续推进市场监管执法。全面推进规范化执法建设，应用“实时指挥”“实时会商”系统，实现“省—市—县(市)—所”四级贯通，联合绍兴通过“实时指挥”开展专项行动4次。深入开展护苗养老、知识产权保护、广告整治、医美行业、防疫物资、网络直播营销、食药领域“除险保安”、产品质量安全提升、特种设备排险除患等专项行动，加大违法行为查处力度。共立案查处1270件，办结行政处罚案件1187件，其中大要案224件，简案312件，移送公安等其他部门37件。开展公平竞争审查工作，建成由35个联席会议成员单位组成的公平竞争审查联席会议制度，联席会议的层级提升为政府层级。与诸暨市司法局等相关单位联合组织开展公平竞争专项审查工作，对涉及市场主体经济活动的233份存量文件、152份增量文件进行全面审查。

推进“数字化改革”提升治理效能。深化“双随机、一公开”监管改革，全市应用信用规则率超过94%，到期任务完成率、掌上执法应用率、检查公示率均达到100%，部门联合“双随机、一公开”监管比例达22.2%以上。上线直播电商治理系统——“浙里直播共富”，聚焦直播电商新业态，紧抓“人”“物”“场”三大要素，从服务行业入手，朝监管规范用力，将数字场景植入共富图景，破解发展堵点和监管难点，营造便利化、法治化直播营商环境，实现商圈共享、商家共赢、百姓共富。全年归集抖音、淘宝等6个主要直播平台超六千个活跃直播间信息，直播违法违规行为发生率从改革前的46%降低至5%以下。

（市场监管局　王景璐）

【食品药品监管】2022年，诸暨市以“四个最严”为统领，加快食品药品安全领域数字化改革，推进“全受控、全链条、全时空”监管执法走深走实，持续推动全市食品药品安全形势稳中向好，食品药品安全工作获评绍兴2022年度考核优秀，排名位列各县（市、区）第一。

2022年8月4日，市场监管局执法人员开展中秋节前月饼质量检查（市场监管局提供，蒋力奔摄）

“双安双创”工作。2022年6月21日，召开全市食品安全工作会议。全年市委常委会、市政府常务会议先后专题听取汇报，市委书记、市长以及分管领导多次开展专题调研和检查。各级党政领导按照上级部署要求对25937家食品生产经营主体落实分层分级、层级对应的包保制度，100%签订承诺书并对全部A、B、C、D级主体完成首次督导。“双安双创”工作持续纳入市政府考核内容以及部门、镇乡街道食品安全工作清单。全面深化省食品安全示范市创建，配合绍兴开展国家食品安全示范城市创建迎检。4月，被命名为首批浙江省食品安全示范市；8月，通过省级跟踪评价暗访评审。

新冠肺炎疫情相关防控。继续抓好进口冷链（进口水果）物防工作，以“浙冷链”“浙食链”“场所码智控”等应用为载体，深化巩固“人、物、环境”闭环数字管理。将进口冷链食品（含进口水果）生产经营主体、从业人员纳入“场所码智控”应用管理，进口物品通过“浙冷链”“浙食链”系统进行数字化流转，7起冷链食品核酸阳性通报及时、妥善处置。充分发挥药店前哨作用，累计组织1638家次零售药店，3960人次从业人员参加全省疫情防控季度培训。严格药品管理，确保“四大类”监测药品和感冒药购药人信息可追溯。持续加大巡查及督导力度，共派出检查人员2300余人次，对零售药店开展各级各类明查暗访5100余家次，对违反防疫规定的药店停业整顿18家次。多措并举、全程智控抓好集中隔离点供餐保障，每日开展供餐单位后厨现场＋远程督促指导，集中隔离点供餐未发生一起食源性疾病。

食药安全检测。全年共开展食品监督抽检5601批次，合格率98.38%，不合格批次全部完成闭环处置。全市农产品定量抽检样品1200批次、林产品抽检100批次，合格率均为100%。对流通领域的食用农产品开展快速检测共计42.4万批次，发现阳性农产品515批次，销毁或退货4702.35公斤。药品监督抽检193批次，不合格4批次。医疗器械监督抽检12批次、化妆品监督抽检71批次，均未发现不合格。开展风险监测等专项行动，探索区域风险监测资源共享合作机制。4月25日，成立食品安全风险综合治理中心，构建以“检研协同”“检管结合”“检打联动”为核心的食品安全综合治理工作体系，多次召开食品安全风险监测结果会商会，及时通报食品安全风险监测和监督抽检信息。全年食品采样监测1250份，食源性疾病监测报告覆盖所有镇乡街道卫生院以上医疗机构。

食药安全监管。继续加强源头治理，依托省“浙农优品”数字化平台，将农业企业、专业合作社、家庭农场等农产品生产主体纳入可追溯体系，推动平台主体主动开具以“浙农码”为载体的承诺达标合格证，实现农产品带“码”上市，源头追溯更加可靠、便捷。以“菜篮子”产品为重点，推行农业标准化生产，引导龙头企业等新型主体申报优质农产品认证，全年新认证绿色食品3个、续展8个、无公害农产品复查换证26个。强化过程管控，迭代升级“浙食链”应用系统，稳步推进网络餐饮“阳光行动”，完善校园食品安全“整体智治”模式，开发“诸家宴”农村家宴监管服务一体化平台，构建立体化监管矩阵。全市累计激活食品生产经营单位5151家，建成阳光工厂183家，2290家网络餐饮单位建成“阳光厨房”，205家公办中小学和幼儿园完成“智能阳光厨房”基础设施的安装和应用。指导生产企业等重点主体单位按要求配置“两员”（食品安全总监、食品安全管理员），建立“日管控、周排查、月调度”工作机制，通过强化内部监督不断完善规范食品生产经营过程。全市食品生产企业，餐饮A、B级包保主体“两员”配置均达100%。加强药、械、化安全监管，强化高风险领域监管和专项整治工作，共检查药品、医疗器械、化妆品生产经营企业3200余家次，发现风险隐患71条，均闭环整改到位。推进化妆品“百千万”美丽消费示范工程建设，暨阳路创成示范街区，27家单位创成示范店。建成民生药事服务站3家，为群众提供用药用械指导、开展健康生活讲堂等超20项服务。严打违法行为，开展食品安全领域“除险保安 平安护航”“守底线、查隐患、保安全”、食用农产品“治违禁、控药残、促提升”等专项行动，推进全市食品安全风险隐患整治。开展“铁拳护民生 亮剑保安全”综合执法等系列行动，严惩食药违法犯罪行为。全年办结各类食品行政案件571起，移送公安9起；办结药械化案件65起，移送公安10起，移送卫生健康局2起。

2022年8月18日，市场监管局执法人员在市中医医院进行高温期间药品储运质量检查（市场监管局提供，蒋力奔摄）

民生实事工程。遴选22家诸暨特色食品小作坊争创全省新“5S”现场管理和传递民俗传承文化食品小作坊，规范“岭北盐焗鸡”“同山烧”等区域特色小作坊发展。为全市515个村（居）、政府性重大保障活动或节假日群体性活动用餐投保食品安全责任险。持续深化肥药减量，坚持“增产施肥、经济施肥、环保施肥”的思路，在全省率先完成“浙样施（诸暨）”智慧施肥咨询系统数字化建设。

食药安全社会共治。对23个镇乡街道食安办实行动态管理。12月，枫桥镇创建成五星级食安办，次坞镇创建成四星级食安办。充分利用诸暨日报、西施眼APP、微信公众号等多种渠道，全方位、多角度开展食品安全工作科普知识宣传，提高食品安全满意度、示范创建知晓率和食安科普知晓率。结合食品安全宣传周，开展“你点我检”进校园、进社区等活动，为消费者提供免费检测农产品201批次。拓宽渠道，强化全民监督，坚持发挥食品安全责任险风险控制和社会管理功能，畅通“12345”等投诉举报渠道，加大投诉问题解决力度。充分发挥行业协会、社会团体和新闻媒体的作用，市镇两级共组建24支社会监督员队伍，持续开展社会监督、志愿服务活动，形成食品安全群防群控的工作格局。

（市场监管局　戚燕露　吴烨锋）

【市场主体培育】2022年，诸暨继续推进登记注册便利化改革。打造便利开办体系，纵深推进企业开办“一日办结”工作，建立标准化开办体系，升级企业开办服务，优化企业开办“无感监测”功能，全年共办理企业开办“一日办结”7430家。建立极简审批体系，打造“证照分离”改革升级版，推动“照后减证”和简化审批，实现准入准营同步提速，全年共办理“证照分离”14130件。

市场主体总量。2022年，全市共有市场主体198921家，同比增长5.8%，注册资本（金）5163.1亿元，同比增长9.2%。企业占比29.4%，同比上升0.3个百分点。内资企业57303家，同比增长7.4%，注册资本（金）4761亿元，同比增长9.2%；个体工商户140345家，同比增长5.2%，注册资金209.3亿元，同比增长8.4%；农民专业合作社773家，同比减少8.4%，出资总额5.5亿元，同比减少8.3%；外资市场主体500家，同比减少1.8%，注册资本（金）187.3亿元，同比增长9.0%。

市场主体产业分布。市场主体三次产业分布：第一产业4643家，第二产业54416家，第三产业139775家。三次产业分布比例为2.3∶27.4∶70.3。

市场主体行业分布。排在前三位的是批发和零售业，制造业，居民服务、修理和其他服务业，分别为88983家、49891家、13387家，分别占市场主体总数的44.7%、25.1%、6.7%。

2022年诸暨市按行业分类市场主体一览表

表13

类别 行业	12月新增情况						截至12月累计情况					
	个体		内资企业		外资企业		个体		内资企业		外资企业	
	数量（家）	同比（%）	数量（家）	同比（%）	数量（家）	同比（%）	数量（家）	同比（%）	数量（家）	同比（%）	数量（家）	同比（%）
农、林、牧、渔业	336	26.3	123	30.9	0	0.0	2773	7.1	1090	6.7	7	0.0
采矿业	0	0.0	1	−50.0	0	0.0	0	0.0	22	0.0	1	0.0
制造业	3267	−4.6	1516	−21.4	4	100.0	32133	3.8	17545	5.2	213	−5.3
电力、热力、燃气及水生产和供应业	0	−100.0	32	88.2	0	0.0	1	−50.0	142	22.4	0	0.0
建筑业	61	−1.6	547	−21.3	0	0.0	318	17.3	4040	9.3	1	0.0
批发和零售业	12610	6.5	2302	−14.7	6	−14.3	73154	7.1	15723	6.3	106	0.0

续表 13

类别 行业	12 月新增情况						截至 12 月累计情况					
	个体		内资企业		外资企业		个体		内资企业		外资企业	
	数量（家）	同比（%）	数量（家）	同比（%）	数量（家）	同比（%）	数量（家）	同比（%）	数量（家）	同比（%）	数量（家）	同比（%）
交通运输、仓储和邮政业	364	−20.7	113	−43.2	0	−100.0	2369	9.8	1028	6.3	3	0.0
住宿和餐饮业	2421	−9.5	83	−21.0	2	−33.3	11425	−4.6	518	11.2	34	6.3
信息传输、软件和信息技术服务业	144	4.3	151	−24.9	3	50.0	475	20.9	782	13.8	12	9.1
金融业	1	∞（2021 年同期为 0）	5	−28.6	0	0.0	4	0.0	383	−3.0	10	−23.1
房地产业	13	∞（2021 年同期为 0）	127	−47.1	0	−100.0	69	−10.4	1507	0.4	9	0.0
租赁和商务服务业	792	−11.6	909	−7.0	3	−40.0	3618	12.5	5708	9.9	18	12.5
科学研究和技术服务业	148	34.5	1000	−2.4	7	16.7	399	44.6	6210	11.2	81	1.3
水利、环境和公共设施管理业	4	−97.2	17	0.0	0	−100.0	30	−9.1	130	15.0	1	0.0
居民服务、修理和其他服务业	1805	17.3	157	−3.1	0	0.0	12469	2.3	917	9.4	1	0.0
教育	10	−77.3	38	2.7	0	0.0	172	−18.1	360	−1.4	0	0.0
卫生和社会工作	47	193.8	65	47.7	0	0.0	113	2.7	210	35.5	1	0.0
文化、体育和娱乐业	252	68.0	216	6.9	0	0.0	822	37.0	895	19.8	2	0.0
其他	0	0.0	1	∞（2021 年同期为 0）	0	0.0	1	−50.0	6	20.0	0	0.0
合计	336	26.3	123	30.9	0	0.0	2773	7.1	1090	6.7	7	0.0

注：本表统计时间截至 2022 年 12 月 20 日。

市场主体新增情况。2022 年，新增各类市场主体 29708 家，同比减少 2.5%，注册资本（金）497.2 亿元，同比增长 10.6%。其中，新增内资企业 7403 家，同比减少 14.4%，注册资本（金）446.4 亿元，同比增长 11.5%；新增个体工商户 22275 家，同比增长 2.3%，注册资金 34.4 亿元，同比减少 4.7%；新增农民专业合作社 5 家，出资总额 0.1 亿元，均与上年持平；新增外资市场主体 25 家，同比减少 19.4%，注册资本（金）16.3 亿元，同比增长 27.3%。

2022 年诸暨市新增各类市场主体情况表

表 14

市场主体类型		新增数（家）	同比（%）	新增注册资本（金）（亿元）	同比（%）
内资企业	含个转企	7403	−14.4	446.4	11.5
	不含个转企	6810	−15.1		
个体工商户		22275	2.3	34.4	−4.7
农民专业合作社		5	0.0	0.1	0.0
外资企业		25	−19.4	16.3	27.3
内资市场主体	含个转企	29683	−2.5	480.9	10.1
	不含个转企	29090	−2.4		
市场主体	含个转企	29708	−2.5	497.2	10.6
	不含个转企	291151	−2.4		

市场主体注销情况。2022 年，共注销各类市场主体 18598 家，同比减少 10.7%。其中，内资企业注销 3240 家，同比减少 37.9%；个体工商户注销 15278 家，同比减少 1.4%；农民专业合作社注销 55 家，同比减少 20.3%；外资市场主体注销 25 家，同比减少 45.7%。建立多元退出机制，5 月，实施歇业备案登记制度，允许因自然灾害、事故灾难、公共卫生事件、社会安全事件等原因造成经营困难的市场主体自主决定在一定时期内歇业，打破“一刀切”的注销退市模式，降低市场主体生存成本，全年共办理歇业备案登记 250 余件。迭代升级注销“一网服务”功能，完善证照并销、破消联办、税务预检等机制，实现公章备案信息、许可证、破产企业注销的“一站式”通办，提升退出效率，继续降低企业退出成本。

“个转企”情况。全年共办理“个转企”598 家，注册资本（金）40366 万元。其中，转为有限公司 587 家，占 98.2%，转为个人独资企业 11 家，占 1.8%。

市场主体迁移情况。2022 年，共办理企业迁移 389 家，同比减少 46.3%，其中迁入 218 家，迁出 171 家，实现净流入 47 家。以省内迁移为主，省内迁移 307 家，占迁移总数的 78.9%，省外迁移 82 家，占迁移总数的 21.1%。四个季度迁移总数先增长后减少，分别办理迁移 82 家、99 家、124 家、84 家。

（市场监管局　张月梅）

小微企业培育发展。2022 年 12 月，发布 2021 年度诸暨市市场主体高质量发展活力指数（107.7 点）。全年新增小微企业 6146 家，培育八大万亿重点产业小微企业 1836 家；新增小微企业县级培育库企业 5349 家；发展科技型小微企业 256 家；发展股份公司 50 家；新增进出口经营权备案登记企业 428 家、有外贸实绩企业 87 家；新增贯标小微企业 10 家、培训知识产权贯标实务人才 10 人、知识产权管理托管服务小微企业 50 家次；发放科技创新券 1116.04 万元、向小微企业开放科研设施和仪器 1450 台次；开展小微企业计量服务 30 家次、开展测量管理体系免费培训 40 家次、“浙里检”服务小微企业订单 246 单。至年末，全市累计有小微企业 51806 家，其中八大亿万重点产业小微企业 17282 家，拥有股份公司 306 家（不含分公司）。

个体工商户纾困。2022 年，推进《浙江省人民政府办公厅关于扶持个体工商户纾困发展的若干意见》等纾困政策落到实处，帮助个体工商户渡过难关。加大国有房租减免力度，做到应减尽减、应免尽免，促使 1371 家个体工商户享受国有房产租金减免优惠，减免金额达

2598.98万元。返还失业稳岗补贴，3968家个体工商户享受免审即享失业保险稳岗补贴，共计返还金额368.94万元。开展优企“增信”行动，联合银行启动10万家“白名单”小微主体对接增信行动，助力优质小微主体信用贷款，支持10064家小微主体授信，3847家个体工商户融资220714万元。组织开展免费检测，对全市28家农贸市场和农批市场内近4000家个体工商户开展免费农产品检测服务，共计检测15万批次，确保“菜篮子”安全。开展个体户经营者职业技能培训计划，培训超2600人次。

市场主体清理。2022年，吊销长期未经营市场主体，其中公司制企业419家、个人独资企业63家、农专社29家。依职权注销个体工商户9372家。对吊销满三年未注销企业开展强制注销，共强制注销554家。　（市场监管局　何俏也）

质量技术监督

【概况】2022年，诸暨市完成各级监督检验和风险监测454批次，全市制造业产品合格率达到99%，产品质量平稳可控。围绕民生、安全及诸暨市重点产业，开展燃气器具、成油品等重点工业产品及非医用口罩等防疫物资质量安全专项整治，全年累计排查企业5687家，质量安全隐患整改率达100%，未发生区域性或行业性质量问题。推行先进质量管理模式，全市1家企业获“绍兴市级表彰奖励项目（质量类）”，10家企业分别被授予“诸暨市政府质量奖”“质量创新奖”。全面推进优秀QC（质量控制）小组活动，获得省级优秀QC成果一等奖2件、二等奖1件、三等奖1件。深化电动自行车综合治理集成改革工作，引导鼓励备案非标电动自行车提前淘汰置换。开展特色产业质量提升行动，打造袜业、珍珠、水暖五金、电脑刺绣机4个产业的质量基础“一站式”服务平台，为企业提供公共检测、认证认可、技术标准咨询、品牌建设、知识产权保护等质量技术服务200多家次。启动小微企业质量管理体系提升行动，重点对店口镇管材产业开展质量管理体系提升试点，15家企业成功导入ISO 9000质量管理认证。　（市场监管局　赵汀）

【特种设备安全监管】2022年，按照《特种设备现场监督检查规则》和“双随机、一公开”的要求、程序，对430家特种设备使用单位开展日常监督检查。聚焦重点时段、重点场所、重点设备、重点风险隐患，通过开展超期未检专项整治、电梯质量安全提升、“黑气瓶”整治巩固提升、起重机械隐患排查治理、叉车安全隐患专项整治、“护航亚运”专项排查整治等六大行动，完成起重机双限位安（加）装3948台、叉车司机应用扫码2520台、锅炉扫码作业453台，电梯物联接入2863台，电梯鼓式制动器安全隐患排查4275台，5740家特种设备使用单位签订安全保障工作承诺书。电梯扫码检测率、燃气压力管道定期检验率、高风险隐患处置率、燃气压力管道入库率常态化保持100%，电梯规范维保率达95%，电梯物联在线率常态化保持90%以上，在用设备赋码率常态化保持99.5%以上。全年共检查特种设备使用单位4086家，检查设备5818台，发现隐患200个，全部整改完成，下发《特种设备安全监察指令书》74份，立案11起。组织

2022年5月20日，市场监管局开展加油机计量检定观摩活动（市场监管局提供，斯钰杰摄）

开展特种设备“安全生产月”活动，强化安全生产普法学习，开展“五进”宣传，开展应急演练5次，发放宣传资料1500份。

（市场监管局　吴烨英）

【标准计量工作】2022年，继续稳步提升标准化发展水平。完成全市1039家规上工业企业、103家重点服务企业的标准化统计监测工作。开展对标达标提升专项行动，已完成18家刺绣机企业和10家瓦楞纸箱的对标达标工作。加强标准监督抽查，全年共对81项自我公开声明的企业标准进行抽查。推进标准制修订工作，全年共参与制修订国家标准45项、行业标准19项，并指导浙江省珍珠行业协会出台《珍珠商品电子商务直播销售服务规范》省级团体标准。推进“品字标浙江制造”品牌建设，发布“浙江制造”标准6项，获得“品字标”认证企业13家（证书16张），国际互认证书2张。强化“计量为民”专项检查，累计检查压力表、可燃气体报警器等使用单位300余家，完成200余台报警器量值溯源；开展强制水表和燃气表检定信息网上备案工作，累计备案水表和燃气表37万余只。开展计量器具强制检定工作，全年共检定计量器具3.8万余台（件）。开展绿色产品认证培育工作，共10家企业获得绿色产品认证证书17张。5月16日至20日，开展形式多样的“5·20”世界计量日系列活动，组织加油机计量检定观摩活动和“诚信计量”承诺践诺倡议活动，累计发放宣传资料300余份，免费检定计量器具100余件，开展计量知识讲座2次。6月9日，在山下湖、店口镇举办浙江省第十五个“世界认可日”绍兴诸暨分会场主题活动，通过现场培训、座谈交流、技术服务等形式帮扶特色产业企业。

（市场监管局　石珊珊）

安全生产监管

【概况】2022年，全市共发生各类生产安全事故12起，死亡9人。全市共接处火警629起，其中成灾81起，无人员伤亡，未发生有影响的火灾，火警数同比下降40.2%，火灾数下降36.2%；成功应对台风“轩岚诺”“梅花”，全市未发生较大及以上生产安全事故和有较大社会影响事故。

【安全生产工作责任落实】2022年3月，诸暨市继续根据“党政同责、一岗双责”要求，与22个部门单位以及23个镇乡街道签订2022年度安全生产和消防工作目标管理责任书。全年市委常委会、市政府常务会议11次专题听取研究安全生产和应急管理工作情况。进一步完善“1+X”安委会组织体系，调整优化“1+8+8”安全生产工作组织架构，推动相关行业部门履行安全职责、落实监管责任。4月，市安委会（办）印发《诸暨市安全生产大检查行动方案》，5月，印发《关于进一步强化安全生产责任落实 坚决防范遏制较大及以上事故的实施意见》，9月，印发《诸暨市2022年度安全生产巡查工作方案》，10月，印发《诸暨市重点时段安全生产综合督查检查方案》，落实对重点部门（单位）和镇乡街道的安全生产巡查全覆盖。完善过程性督查考核机制，制定全市镇乡街道安全风险管控指数模型，通过晾晒排位，督促落实企业主体责任、属地监管责任和部门行业主管责任。

【重点安全领域专项整治】2022年2月至6月，实现4077家小微企业风险管控体系建设全覆盖，同时推进9个小微企业园建立完善风控体系。2月，开展诸暨市工业气体全生命周期安全生产专项整治。3月至10月，拓宽数字化监管平台应用场景，借助“工业在线”等大数据平台，通过针对行业类型重要风险隐患因素开展自我体检、定期巡查等检查的方式，实现全市工贸行业企业实时监管、实时分析，掌握全市5470家工矿企业安全生产电子档案。3月至12月，紧盯重点领域抓好监管执法，累计开展执法检查200余次，6月至12月，进一步优化服务宣教，社会化服务范围从2021年的347家扩展到434家，提高社会化服务标准和人员资质要求，并对全年服务情况开展随机抽查，考核打分。同时吸取有限空间多起事故教训，组织全市有限空间企业和镇乡街道负责人开展2次有限空间专项培训。重大事故隐患挂牌企业29家（省级1家、绍兴市级4家、诸暨市级24家）全部完成整改销号。

【安全生产综合治理三年行动】2022年2月起，开展安全生产“除险保安”大排查大整治工作。5月，组织开展油气长输管道安全风险专项治理工作。6月，开展安全生产

枫桥应急(安全)宣传教育体验馆内景(应急管理局提供,摄于 2022 年 1 月)

大检查行动专项督查。8 月,开展诸暨市安全生产除险保安“百日攻坚”整治工作。12 月,全部整治完成安全生产综合治理三年行动 13 个专题领域共 611 项工作任务清单。完善安全生产清单发现整治机制,共有 2 条录入七张问题清单省级蓄水池,18 条录入绍兴市级蓄水池,2022 年“七张问题清单”安全生产清单排名位列绍兴第一。5 月,构建全覆盖责任考核体系,搭建起“县—乡—村—企”全面覆盖一贯到底的责任体系框架,录入责任清单 6590 条、履职清单 13190 条。

【安全生产执法】2022 年,诸暨市应急管理局共执法检查生产经营单位 956 家次,下发责令限期整改指令书 132 份,现场处理措施决定书 23 份、行政处罚决定书 214 份,日常检查执法立案率 22%。全年立案行政处罚 214 起,罚款 677 万元。全年共接到各类举报案件 602 件(其中安全生产类 32 件、消防类 570 件),均在规定时间内办结,办结率 100%,满意率 95%。

【安全生产惠民工程】2022 年,诸暨市继续实施全民安全素养提升计划,以企业负责人、安全管理人员、从业人员为主要对象实现“三个全覆盖”,通过线上线下培训 1.67 万人次,完成率 114%。邀请安全生产、消防救援等领域专家开展重点领域安全知识“送教上门”讲座 16 场。全市共建设 22 个应急(安全)宣传教育体验馆,并投入使用。

(应急管理局　张锦男)

公共资源交易管理

【概况】2022 年,市公共资源交易平台累计完成各类交易 505 场次,成交金额 150.21 亿元,累计增效节资 4.94 亿元。完成各类建设工程公开招标 324 场次,其中施工公开招标 107 场次,成交金额 42.54 亿元。完成政府集中采购 68 场次,采购成交金额 4.63 亿元。节约资金 1775 万元,节资率 3.69%。土地交易拍卖、挂牌交易 113 宗,起拍总价 103.02 亿元,成交总价 103.04 亿元,增幅 0.01%,成交总价同比减少 40.72 亿元。

【招投标工作制度建设】2022 年,出台《诸暨市镇乡(街道)小额工程建设项目交易管理办法》,进一步规范小额工程交易管理。9 月 13 日,召开公管委联席会议,强化项目管理人员和工程变更的管理,规范工程建设服务采购流程,进一步理顺工程建设项目管理体系。修订《工程建设项目招投标现场监督管理办法》,明确招投标相关主体行为规范和责任追究办法,实行开评标区域人员挂牌上岗,严格开评标区域人员管理。完善开评标区域日常巡查制度,保障交易中心现场各类开评标活动的规范开展。完善招标文件范本,加强内部流程管理。明确各类评标办法的操作流程,修订《工程线审批及相应职责流程》《进场交易工程建设项目异议、投诉处理流程》。

【施工项目“评定分离”】2022 年,落实业主单位项目建设第一责任人责任,在绍兴地区率先探索施工项目“评定分离”,将专家评标和招标人定标作为相对独立的两个环节,招标人在评标委员会评审推荐的基础上,根据招标文件规定的程序和方法来确定中标人。试行陈述和答辩环节,在绍兴地区率先尝试项目经理现场陈述和答辩,提升项目实施团队在招投标环节的参与度,进一步加大对投标企业全方位考查力度,促使项目经理对项目提前分析研究。优化分值组成,综合评估法增设资产负债率指标，根据项目实际设置国家级、省级奖项分值，适度调整商务标扣分尺度，有利于经营状况和项目匹配情况良好的优质企业脱颖而出。

【招投标“三服务”】2022年，实行重点项目跟踪服务，4月初，全面梳理2022年政府性投资项目，制定服务清单，组建分片联系组，明确联系领导和联系人，针对118个拟招标1000万元以上项目及民生实事工程，开展“一对一”前置服务，及时研判跟进，确保项目平稳推进。建立重大项目会审制度，对所有重大项目招标文件进行集体会审，提高审核质量、效率，降低廉政建设风险。全年联合会审水系连通及水美乡村建设试点县项目、浦阳江治理三期工程勘察设计项目等69个。建立政策研究组，每周对招投标领域案例、疑难问题开展集中研究，统筹业务推进和能力提升。

【招投标数字化建设】2022年，全面推进公共资源交易系统升级工作，优化平台技术架构，提升交易系统承载能力。8月29日，公共资源交易新版平台上线试运行。互联互通进一步提升，通过建设省电子保函平台接口，实现省平台电子保函与自有电子保函平台共存、共用，进一步扩大电子保函使用覆盖面，全年电子保函累计使用15442单，代替投标保证金缴纳约36.28亿元；完善公共资源交易CA签章（电子签章）互认功能，实现CA签章“一地注册，全省通用”。深入推进不见面开标系统建设，在工程项目全流程网上招投标市镇两级全覆盖，施工、代理、监理招标全覆盖，工程建设项目常态化一次也不用跑的基础上，深入推进不见面开标系统建设，打造网上虚拟开标室，实现现场视频实时直播，通过信息化手段全程互动、全程留痕，全年“不见面开标大厅”累计开标300场次，实现投标业务全流程不见面、无纸化办理。网上服务全面升级，推行招标办理在线服务，拓宽网上办事范围，将施工（监理、代理）企业CA数字证书办理、信息录入及变更等5项办事项目纳入在线办理范畴，提升办事效率，减轻企业成本。

【政府采购电子化建设】2022年，依托云平台全面推进政府采购网上电子招投标，从招标文件制作到开评标全过程通过网上交易平台完成，有效实现企业参与政府采购“零跑腿”，全年完成电子化采购68场次。做大做强做精“政采云”网超平台，实现供应商库、商品库全省共享，入驻政采云网超平台供应商1016家，上线办公用品、家具用具、机电设备等16类共61933件商品，全年完成电子卖场交易32412单，交易金额4.26亿元。推进电子卖场智能监管，加强价格监管，全年共巡检电子卖场交易商品7216个，发出整改通知书112份，处理违约供应商126家。

【工匠库发包模式】2022年，加大对镇乡街道工匠库发包业务培训力度，开展镇村一线工匠库发包模式培训18场次，10月底实现业务培训全覆盖。工匠库发包模式推广镇乡街道9个，完成项目14个。工匠库发包模式推广入选“高质量发展建设共同富裕示范区诸暨范例首批试点”，《诸暨市推行“工匠库”发包模式拓展“家门口”就业新途径》入选省共富办《浙里共富》。

【协同监管】2022年，持续推进镇乡街道招投标规范化建设，开展招投标规范化建设调研、部署和业务培训，下发《镇乡（街道）招投标规范化建设资料汇编》，系统梳理镇村工程项目招投标政策，6月底，所有镇乡街道均通过验收。牵头开展履约监管信息报送，出台《诸暨市工程建设项目履约监管执行情况报送办法》，进一步明确各履约监管主体职责，倒逼各责任主体尽职尽责，全年共收集工程建设项目检查通报等信息300条，形成季度分析报告3期。抓好省委巡视“回头看”反馈意见整改落实工作，6月底，会同纪委监委、市府办、建设局、交通运输局、水利局、财政局、审计局等单位开展工程建设领域突出问题专项治理，对23个镇乡街道、16个部门、5家国有企业进行集中督查，共抽查项目288个，涉及21个单位并通报整改。

（公管办　周凌）

物价管理

【概况】2022年，诸暨市物价管理工作以充分发挥价格机制的激励、约束作用，引导资源高效配置，推动经济稳进提质为目标，重点抓好降低企业用能成本、规范涉企收费行为、重要民生商品保供稳价、完善公共服务价格机制等工作。

2022年，着力降低企业用能成本，落实稳定经济政策。按80%减征水资源费，阶段性降低批零住餐、交通运输、文化、旅游企业用水用气成本,协调集中供热市场价格矛盾,下调小微企业及个体工商户到户水价和缓缴污水处理费等。持续规范涉企收费行为。开展涉企违规收费专项整治、供水供电供气行业收费清理规范、电力接入工程费用分担机制落实等工作。抓好民生商品保供稳价。建立重要民生商品价格调控机制,季度推进工作落实,抓实主要调控指标、重点时段和主要环节的保供稳价,及时发放困难群众价格补贴650万元,惠及10.8万人次,兜牢民生底线。优化民生价格政策。加强教育收费管理,制定《诸暨市非营利性民办学校教育收费管理办法(试行)》,开展教育收费专项检查和教育乱收费专项治理工作,核定中小学校暑期托管服务收费标准。加强交通服务收费管理,修订《诸暨市机动车停放服务收费管理办法》,制定差异化道路停车收费政策,核定店口、枫桥、大唐等3所中心医院停车服务收费标准,出台巡游客运出租车春节期间临时加价政策。 (发改局 朱建洪)

【价格监测】2022年,根据国家、省、绍兴市价格监测报告制度要求,落实价格监测定点单位,按时保质完成数据采集、审核、汇总、报告工作。组织实施本级价格监测报告制度,及时发布民生商品价格信息,增强市场价格信息透明度。组织实施对全市粮食、民生商品、工业生产资料、钢材及有色金属等101种重要商品的常规价格监测工作,完成常规价格监测129期。通过政府门户网站、诸暨电视台、《诸暨日报》等渠道完成发布民生商品价格信息178期。

【涉案财物价格认定】2022年,高质量完成公安机关提请协助的各类刑事案件中涉案财物价格认定,共受理503件,认定金额1155.79万元。完成纪检监察机关提请协助的违纪案件5件,认定金额79.74万元。案件办结率均达100%。

【行政执法价格支持】2022年,共完成农林、国土等行政执法机关提请协助案件21件,特别是农林执法机关委托的林产品盗伐、毁损价格认证,国土资源部门委托的矿产品盗挖侵害国家利益行为的价格认证,注重积累第一手价格资料,掌握市场行情,及时对受理委托的案件出具价格认证结论。

(发改局 宣钻钢)

【防疫物资物价管理】2022年,诸暨市开展涉疫药品和医疗用品稳价保质攻坚战,强化对新冠病毒检测试剂、采样拭子、口罩、防护服等涉疫产品的市场秩序监管,依法严厉打击哄抬价格、违规收费、虚假宣传、假冒伪劣等扰乱市场秩序的行为。修订完善《疫情期间市场价格应急响应机制》,选定全市16家规模最大的批发供应商、13类疫情期间容易出现价格异动的居民日常生活必需品商品作为监测重点,建立扁平快的价格异动直报网络机制,及时发布《价格自律提醒告诫书》。

【重点专项检查】2022年,诸暨市开展涉企收费、房地产市场价格、供水供电供气行业价格、粮食收购价格、校外培训机构教育收费、电动自行车领域等价格收费情况专项检查,对于捏造、散布涨价信息、非法囤积和利用其他手段哄抬价格的违法违规行为开展重点检查。通过开展涉企价格收费专项检查将市场主体降费减负各项政策落到实处,持续开展转供电专项检查,检查物业转供电38家、自查清退171.16万元、责令退还多收价款7.87万元。检查督促相关部门落实国有资产房租减免政策,共减免房租3793万元。通过双随机抽查等方式对行业协会、商会的收费情况进行检查,总体上均能自觉执行会费减半收取的规定。完成12家企业缴费负担监测的布点,覆盖制造业、商贸流通等领域,开展政策咨询40次,收集缴费信息96条。全年共办结违反物价管理规定类案件33件。

【价格类信访投诉举报受理】2022年,全市跟踪社会热点及敏感问题,回应社会关切,全年受理价格类信访投诉152件,举报138件,办结率及满意率均达100%。

(市场监管局 张勇)

审计

【概况】2022年,市审计局共安排审计项目21个,审计查出主要问题金额61505万元,其中查出违规金额132万元,管理不规范金额61372万元,被采纳审计建议149条,上报的审计专报、报告等得到诸暨市委市政府领导批示10次,获绍兴市优秀审计项目二等奖2个。

【预算执行和财政决算审计】2022年,为促进预算法贯彻落实,提高财政资金使用绩效，诸暨市组织开展市级部门2021年度预算执行情况专项审计调查，运用大数据分析方法对全市68家一级预算单位全覆盖；开展由市财政局具体组织的2021年度本级预算执行与决算草案情况审计，同步开展五个专题审计，聚焦预算法及其实施条例贯彻执行情况，进一步加大预算执行和其他财政收支审计力度，保障财政资金合规安全高效使用。

【专项审计调查】2022年，开展数字政府建设专项审计调查、消除集体经济薄弱村政策落实情况专项审计调查、诸暨剧院易地新建工程竣工决算审计、就业补助资金和失业保险基金审计、2022年省政府十大民生实事推进情况专项审计调查、储备粮管理情况专项审计调查、钱塘江流域水生态保护专项审计调查、公办普通高中财务收支情况审计和公办中小学及幼儿园校舍建设资金使用情况专项审计调查。重点关注重大建设资金使用绩效、十大民生实事政策执行及专项资金管理情况。

【经济责任审计】2022年，紧盯领导干部履职尽责，强化政治审计，促进干部担当作为。对自然资源和规划局、教育体育局、陶朱街道、璜山镇等6个市级部门、5个镇乡共18名党政主要领导干部开展任期经济责任审计。

【审计整改】2022年，继续关注“七张问题清单”审计问题清单的整改工作，抓好整改问题上报、进度回复、问题办结和整改督促等重点事项，落实挂销号制度，防止出现敷衍整改、虚假整改现象。通过挖掘上报主动发现问题、快速督促落实即知即改、引导整改责任单位举一反三、全市层面汇总提炼整改成果、谋划申报整改示范榜等措施，在“重大审计问题”清单指数第一季度考核中诸暨市全省排名第一，全年考核绍兴排名第三，主动发现问题全年保持第一。第三季度1个整改示范案例被纳入绍兴示范榜，第四季度1个整改案例入选省级示范案例。　（审计局　蔡琰）

统计

【概况】2022年，诸暨市以强基层、提质量、优服务、求创新、争一流为主题，严抓统计队伍建设，强化重点工作落实。市统计局将普法教育和依法治统工作纳入年度中心工作并定期进行研究，及时解决工作中遇到的实际问题。多举措推进法治队伍建设。坚持理论培训与实务培训并重，组织全局统计执法人员学习执法程序、文书制作、重点指标检查方法、证据搜集要点等内容，不断提升执法水平。持续完善执法流程，对立案处罚企业的立案流程、文书严格落实行政执法责任制。加大统计执法力度。严格按照执法检查规范，对企业统计业务存在的问题进行现场处理、指导和培训。在执法检查过程中，联合纪委共同对企业开展督查，实地了解企业的数据报送情况，掌握是否存在基层政府或有关部门授意企业上报数据的行为。全年共检查企业75家，查处各类统计违法行为。继续对市“四上”（规模以上工业企业、资质等级建筑业企业、限额以上批零住餐企业、规模以上服务业企业四类规模以上企业的统称）企业统计人员实名信息库实时备案、定期更新。全年共纳入“四上单位”209家，其中工业59家，建筑业19家，贸易业72家，服务业6家，房地产业6家，其他有5000万元以上在建项目的法人单位47家。市统计局共实地走访部门56个次、镇乡街道158个次、企业375家次，走访农户245户次，线上培训2263人次，线下集中培训473人次。

【主要经济指标研判】2022年，诸暨市围绕经济运行中的痛点难点问题，加强重点行业动态监测和预警分析，关注工业增加值、固定资产投资、社会消费品零售总额、工业用电等重要统计数据。坚持做到在每月末，对地区生产总值以及核算相关25个基础指标实施月度分析，对接相关牵头部门，预测预判、预警监测，全年共发布地区生产总值核算相关指标通报11期。发布《2021年诸暨经济社会发展统计公报》，全年统计监测报告，并做好数据快讯与统计信息工作。参与经济运行分析交流，每季参加由市府办牵头的经济运行分析座谈会，在研判全市经济形势上发挥统计作用。全年共编发月度《诸暨统计信息》小册子11期，《统计信息专报》80期，在《诸暨日报》统计专版共发布全年统计公报及统计信息4期，编制完成《2021今日诸暨市》及《2022诸暨统计年鉴》，完成统计分析文章10篇、调研报告15篇，其中1篇主要指标分析和1篇统计调研得到市主要领导批示。

【统计基层基础建设】2022年，推动出台《关于进一步加强统计基层基础建设的意见》，进一步完善制度，强化基层统计队伍建设，从源头上确保统计数据真实准确。制定印发《关于镇乡（街道）经济发展办公室增挂统计办公室牌子的通知》，落实镇乡街道统计办公室设置，明确职责任务，发挥组织协调和管理职能。将统计基层基础纳入年度镇乡街道工作目标责任制考核细则，进一步细化量化考核指标，夯实统计基层基础建设。制定印发《关于建立统计工作镇乡（街道）联系制度的通知》，强化与镇乡（街道）沟通联系，帮助协调解决有关统计工作方面的问题，全面提升基层统计工作综合能力。

【数字化改革试点】根据省、绍兴市数字化改革整体工作安排，进一步加强统计基层基础网格智治建设，开展数字化改革试点工作。一是先行先试，开展"网络直播新零售"纳统试点工作。研究探索网络直播零售、工厂直销等新商品流通单位纳统，制定优化入统方案，完善网上零售统计核算。深入一线调研，走访华东国际珠宝城、星达汇等四家不同规模、不同业务的企业，研究直播企业的采购、直播、发货等详细流程，初步开展纳统工作业务指导。二是上下联动，落实"农数惠"试点。为解决农业统计中各类考核对统计数据的干扰，为化解低精度的农业统计与高要求的统计服务之间的矛盾，诸暨市以暨南街道为试点，围绕绍兴市统计局构建的"农数惠"报数平台，逐步推动"农数惠"试点工作，努力实现数据采集简单化、数据管理智能化、统计服务多样化和产业协同数字化改革试点。

【"五经普"筹备】2022年，根据上级统计部门统一部署，制定印发《关于组建诸暨市第五次全国经济普查筹备领导小组及办公室的通知》，组建由局主职领导为组长的第五次全国经济普查筹备领导小组，同步设立筹备领导小组办公室，统筹做好单位清查、经费编制、宣传发动等前期筹备工作。

【基本单位清查】2022年，诸暨市成立由主职领导任组长，分管领导为副组长的基本单位清查领导小组，明确单位清查组等内设工作组组成人员和工作职责，并在全市23个镇乡街道确定分管领导和联络员，做好基本单位清查工作。扎实开展基本单位申报审核工作，进一步强化对名录数据的统一采集和动态维护，健全规范统一完整、不重不漏、信息真实、更新及时、互惠共享的统计基本单位名录库。

（统计局　司昌华）

海关

【通关服务优化】便利通关。2022年，绍兴海关驻诸暨办事处持续推行"'7·24'小时预约通关""假日通关服务专窗"等通关便利措施，不断压缩进出口平均通关时间，海关诸暨办平均通关时间低于杭州关区平均水平，也低于绍兴海关各现场的平均通关时间。

物流畅通保障。诸暨海关监管场所日监管集装箱量多次突破200个，致"满负荷"作业场所监管量成倍增加，绍兴海关驻诸暨办事处坚持以变应变，边防疫边监管，经常性加班加点，有效保障柯桥诸暨两地市场采购物流畅通，先后被中央电视台、浙江卫视等媒体报道，并获绍兴市委市政府和杭州海关主要领导批示肯定。

"多证合一"全面推进。通过政策宣传、操作指引，方便企业提升办理意愿，确保企业"零反感"；通过微信群、电话、窗口等多渠道处理异常情况，确保办理"零延时"。

【助企纾困】精准帮扶。结合诸暨产业特点，细化出台促进外贸保稳提质"18+10"项措施，提出"延链、缩时、降本、维权、增效"12项实事措施，通过"十地百团助千企"精准服务活动，聚焦重点外贸企业，送政策解难题，缓解外贸企业下行压力。

推动《区域全面经济伙伴关系协定》（简称RCEP）政策落地。持续加强RCEP政策宣讲，梳理形成诸暨本土产品关税减让清单，方便企业对照适用。在报关大厅设立"RCEP签证服务专窗"，实行咨询、办理全流程"一站式服务"。鼓励企业用足用好RCEP政策，浙江蒂娜尔时装有限公司成为绍兴市首家RCEP经核准出口商资格企业。推广原产地证书自主打印和智能审单，提升原产地证书办理便捷性。

加工贸易优惠。针对铜加工企业"铜制管接件"出口零退税、原材料价格高的特点，在此类企业中推行加工贸易政策，上门辅导企业用好政策，帮助企业延长加工贸易产业链，为企业降低 5000 元 / 吨的成本，提升出口产品的竞争力。同时，缩减加工贸易风险担保金的收取范围，调整收取方式，降低收到比例，直接为企业减少资金占用，为企业减负。

【海关业务改革创新】跨关区集团加工贸易审批落地。2022 年，针对海亮股份反映的加工贸易保税料件流转难问题，第一时间组织业务骨干研究制定助企纾困工作方案，并积极争取杭州海关政策支持，实现绍兴市首家跨关区企业集团加工贸易改革落地海亮股份。

协助保税物流中心 B 型申建。加强与商务局等部门的密切配合，积极参与保税物流中心 B 型的前期方案设计和可行性研究，并向相关部门提供意见建议。联系上级海关，争取政策支持。

推动中欧班列公铁联运通关模式。2022 年 7 月 29 日，诸暨海关监管点快速通关诸暨市首票中欧班列公铁联运货物，经金华海关“二次转关”后，可直接搭乘“中欧班列”发往欧亚国家，打通绍兴货物发往欧洲和“一带一路”共建国家的新通道。

【核查检验监管】2022 年，以加强重点敏感货物监管、约谈违规企业、建立违法失信企业黑名单等方式，从严惩治伪瞒报情事，降低货物申报不实比例，坚决维护进出口贸易基本通关秩序和国门安全，促进市场采购新业态在诸暨规范健康发展。严守后续监管关。加强虚假贸易管控等工作，对 13 家企业进行核查，对 93 家企业进行贸易调查。加强事后单证集中审核，提升报关单规范申报率，对 3 起申报不实行为和已放行未结关 3 份报关单移交缉私局处理。实施联合执法增强行政效率，联合市场监管局对 2 家企业开展核查。强化知识产权保护力度，查处侵犯知识产权案件 3 起。

（海关　赵列超）

中共诸暨市委员会

2022年，市委常委会深入贯彻落实中央和省委、绍兴市委各项决策部署，锚定“两个先行”、奋进“五个率先”、聚力“两放三争”，坚定信心、顶风前行，有效实现“疫情要防住、经济要稳住、发展要安全”多目标动态平衡，交出稳中有进、提质增效的高分答卷。2022年，实现生产总值1658.84亿元，同比增长4.6%。财政总收入131.66亿元，一般公共预算收入90.28亿元。城乡居民人均可支配收入分别达80438元、49695元，分别同比增长3.8%和6.8%，收入倍差缩小至1.63。

2022年8月31日，中共诸暨市委十七届二次全体（扩大）会议召开（市委办提供）

突出创新制胜，稳进提质更具成效。一是瞄准产业转型主攻点，扎实推进省制造业高质量发展示范县市创建，成功举办袜博会、世界珍珠大会，袜业产业大脑、中小企业数字化改造成为全省试点，新一轮制造业“腾笼换鸟、凤凰涅槃”攻坚行动获省政府考核激励，创成全省工业稳增长和技术改造成效明显的县（市、区），规上工业增加值连续22个月保持两位数增长。智能视觉“万亩千亿”新产业平台入选省级培育名单，预计数字经济核心产业制造业产值增长10%。二是着眼科技创新增长点，深入实施人才强市、创新强市首位战略，中俄（诸暨）国际实验室、浣江实验室建成投运，海创服务中心、科创基地开工建设，新增国家高新技术企业91家、省科技型中小企业256家。入选国家引才计划人才41人、省级引才计划人才25人，分列省、绍兴市首位，成为全国第四个正式挂牌的欧美同学会海归小镇。三是紧抓项目投资着力点，深化招商引资竞赛活动，累计引进亿元以上项目51个，总投资达391亿元，成功实现百亿级项目新突破。深化落实“拿地即开工、签约即投产”项目推进模式，科大讯飞、奥思伟尔等重大项目顺利落地，47个项目进入省级以上盘子，获省政府投资“赛马”激励。四是聚焦稳企纾困立足点，顶格推出稳经济“一揽子”政策41条，累计兑现各类政策资金16.1亿元、减免各类税费28亿元。高效运行“政企亲清会”平台，开展“万名干部助万企”精准服务活动，累计解决各类涉企问题4000余个。新增单项冠军企业1家、国家专精特新小巨人12家，帕瓦新能源成为绍兴首家科创板上市企业。

突出变革重塑，转型发展更添活力。一是坚持深化改革不停步，纵深推进数字化改革，88个省重大应用贯通落地，75个特色场景成为省级试点，4个项目被纳入“一地创新、全省共享”一本账，网络安全智治应用上榜《领跑者》并获评“最佳应用”，诸暨获评全省推进数字化改革成效明显的县市。统筹抓好“大综合一体化”行政执法改革、国企管理体制改革，农村宅基地制度改革相关做法入选全省最佳实践。二是坚持开放发展不动摇，着力打好稳外贸稳外资组合拳，开通运行“诸暨—上海港”海铁联运国际专线，预计外贸出口增长20%。开展“西施有礼 · 品质消费”促销活动，累计发放消费券3000万元，拉动消费6.1亿元，被评为省供应链创新与应用专项激励城市，为绍兴唯一。三是坚持对接融入不松劲，主动参与绍兴高水平网络大城市建设，持续深化“杭绍同城”，店口高架正式通车，柯诸高速、235国道诸暨段、绍诸高速浣东互通等项目加快推进，杭诸市域轨道交通项目前期取得重大进展，诸暨获评长三角高铁旅游小城。“诸暨岛”“杭州港”分别成为省数字经济飞地示范基地、省级科技企业孵化器。

突出共建共享，百姓生活更有品质。一是深化城市更新，联动抓好风貌整治、功能调理、设施提档，安华水库扩容提升先行工程正式开工，“西施故里 · 一江两岸”等重大项目加快推进，东盛社区成为绍兴首个省级未来社区。累计完成“三改”129万平方米，获评省“无违建”创建创先争优示范县。山下湖镇、同山镇被评为全省“最美小镇”，2个城乡风貌样板区入选省级名单，成为美丽浙江建设优秀县市。持续打好污染防治攻坚战，成功夺得“五水共治”大禹鼎银鼎。二是深化强村富民，积极推进乡村振兴先行村建设，创成5个省级未来乡村，“五星达标村”实现全覆盖，55个行政村年经营性收入突破100万元。新建“共富工坊”110家，西施石笕、枫桥香榧公用品牌投入运营，中国白酒特色小镇、浙江省白酒核心产区落户同山，城乡居民收入倍差缩小至1.63。现代农业提质增效，农业“双强”行动获省“赛马”激励。三是深化文明创建，深入开展“浙江有礼 · ‘枫’尚诸暨”文明新实践，爱心食堂相关做法入选省共富最佳实践，文明城市测评成绩全国第五，文明实践工作得到中宣部肯定推广。深入实施文化惠民工程，高质量办好西施文化节、CBA联赛第二阶段比赛和全明星周末，开工建设市文化中心，建成“15分钟品质文化生活圈”140个，浣江书房—金石学馆成为省最美公共文化空间。四是深化民生保障，高质量办好十大民生实事，乡村道大中修、危旧房治理有序推进，城乡居民基本养老保险、医保提质扩面。市人民医院二期和暨南分院开工建设，新(扩)建中小学、幼儿园10所，高考重点上线人数创历史新高，入选省体育现代化县市创建名单，获评全国健康城市建设样板市、健康浙江建设先进县和省首批食品安全示范市。

突出防控风险，“枫桥经验”更显成色。深入学习贯彻习近平总书记关于坚持和发展“枫桥经验”的重要指示批示精神，全面推进社会治理现代化建设，“枫桥经验”被写入中共二十大报告。深化实施“六大任务清单”，成功举办第四届新时代“枫桥经验”高端峰会，正式发布新时代“枫桥经验”指数成果，上线运行“枫桥式”治理大脑，“浙里兴村治社”、“城市枫桥”、执行“一件事”成为全国治理领域创新案例。大力开展信访积案化解百日攻坚行动，创成全国首批信访工作示范县，成为省信访工作现代化示范县试点。因时因势抓好疫情防控，坚持科学精准、高效统筹、动态灵活，进一步落实优化措施，加强医疗保障，最大程度保护人民生命安全和身体健康。持续深化平安诸暨、法治诸暨建设，大力开展除险保安百日攻坚行动，生产安全事故起数、死亡人数实现“双下降”，获评全国公安机关执法示范单位，创成全国法治政府建设示范市。

突出唯实惟先，党的建设更加有力。一是围绕提升政治引领力，全面落实学习贯彻习近平总书记重要讲话和指示批示精神“第一议题”制度，学好用好习近平总书记对诸暨工作重要指示批示这一宝贵财富，坚定不移做“两个确立”的忠诚拥护者、“两个维护”的示范引领者。加强政治监督和政治巡察，省委巡视“回头看”反馈问题整改基本完成。二是围绕提升担当执行力，制定出台干部执行力标准，扎实开展“守初心、践使命”大整顿大提升五大专项行动，创新推出不担当不作为情形30条，办实办好“走心六件事”，推动“两个担当”良性互动、蔚然成风。深入实施干部专业素养提升计划，组织“履职大轮训”，开设“新锐训练营”，着力推动干部队伍系统性重塑。三是围绕提升组织变革力，扎实推进中组部“党建引领乡村治理”试点县建设，用好“红色根脉强基指数”，开展“抓基层打基础强基本”活动，统筹抓好农村、社区、两新组织等各领域党建，“支部建在网格上”实现全覆盖。四是围绕提升自我革新力，深入推进纪检监察体制改革，出台深化“四责协同”落实“五张责任清单”“1+6”工作机制，编制“一图一表”权责清单，推动全面从严治党向纵深发展。迭代完善基层监督“枫桥样板”，组建市镇村“清廉建设顾问团”，推行基层重点事项治理“微九条”，新时代“枫桥经验”清廉建设综合监督平台建成投运。制定出台《全面从严治党责任追究办法》，深入开展酒驾醉驾、工程建设等重点领域专项治理，点面结合建设清廉单元，新时代“清风廉路”诸暨篇应用上线运行，风清气正的政治生态不断巩固。

重要会议

【市党代会】中国共产党诸暨市第十七次代表大会于1月12日召开。大会坚持以习近平新时代中国特色社会主义思想为指导，认真贯彻中共十九大和十九届历次全会精神，全面落实省委、绍兴市委全会决策部署，回顾总结市第十六次党代会以来的工作，研究确定今后五年的奋斗目标和主要任务，选举产生中共诸暨市第十七届委员会和纪律检查委员会，动员全市党员干部群众解放思想、开放发展，埋头苦干、勇毅前行，持续擦亮“枫桥经验”金名片，奋力打造新时代共同富裕新高地，高水平谱写社会主义现代化建设诸暨篇章。张昆仑主持会议。沈志江代表中共诸暨市第十六届委员会向大会作题为《持续擦亮“枫桥经验”金名片 奋力打造新时代共同富裕新高地 高水平谱写社会主义现代化建设诸暨篇章》的报告。

【市委全会】中共诸暨市委十七届二次全体（扩大）会议于8月31日召开。全会高举新时代中国特色社会主义伟大旗帜，认真贯彻省第十五次党代会和绍兴市第九次党代会、绍兴市委九届二次全会精神，动员全市上下忠实践行“八八战略”、坚决做到“两个维护”，解放思想、开放发展，奋力争当绍兴第一、争创全省一流、争进全国十强，高水平谱写“两个先行”诸暨篇章，以优异成绩迎接党的二十大胜利召开。全会审议通过了《中共诸暨市委关于忠实践行“八八战略”坚决做到“两个维护”高水平谱写“两个先行”诸暨篇章的决议》。市委常委会主持会议。绍兴市委常委、诸暨市委书记沈志江代表市委常委会向全会报告工作。

【市委常委会】2022年，中共诸暨市委共召开市委常委会会议和市委常委会（扩大）会议28次，就有关重要工作进行研究和作出决定。

1月7日，会议传达学习了习近平总书记在中国文联第十一次全国代表大会、中国作协第十次全国代表大会开幕式上的重要讲话精神，并进行了讨论；传达学习了省委人才工作会议精神，听取诸暨市贯彻落实意见的汇报，并进行了讨论；传达学习了省委组织部《关于进一步压实主体责任预防和严肃查处干部调配造谣传谣行为的通知》精神，听取诸暨市贯彻落实意见的汇报，并进行了讨论；听取了市人大常委会、市政府、市政协、法院、检察院党组工作汇报，并进行了讨论；听取了市委政法委工作汇报，并进行了讨论；听取了市公安局党委工作汇报，并进行了讨论；听取了市司法局党组工作汇报，并进行了讨论；讨论并原则同意《“春节送温暖”活动方案

(审议稿)》;讨论并原则同意《关于进一步推进数字化赋能制造业高质量发展的若干政策意见(审议稿)》;听取了关于市第十七次党代会报告和纪委工作报告起草情况的汇报,并进行了讨论;讨论并原则同意《中国共产党诸暨市第十六届委员会第十六次全体会议关于深入学习贯彻党的十九届六中全会精神忠诚拥护“两个确立”坚决做到“两个维护”在加快实现“五个率先”上展现诸暨风采的决议(审议稿)》;讨论并原则同意关于中国共产党第二十次全国代表大会、中国共产党浙江省第十五次代表大会代表候选人初步人选;会议还通报和票决通过了有关人事事项。

1月13日,会议讨论确定了新一届市委常委分工;听取了新任市委书记关于个人有关事项的报告。

1月29日,会议传达学习了习近平总书记在中共中央政治局党史学习教育专题民主生活会上的重要讲话精神,并进行了讨论;传达学习了习近平总书记在省部级主要领导干部学习贯彻党的十九届六中全会精神专题研讨班开班式上的重要讲话精神,并进行了讨论;传达学习了习近平总书记重要文章《不断做强做优做大我国数字经济》精神,并进行了讨论;传达学习了全省民营经济大会精神,并进行了讨论;传达学习了习近平总书记对政法工作的重要指示及中央政法工作会议精神,听取诸暨市贯彻落实意见的汇报,并进行了讨论;传达学习了全国宣传部长会议、全省宣传思想工作会议精神,听取诸暨市贯彻落实意见的汇报,并进行了讨论;传达学习了十九届中央纪委六次全会、省纪委十四届七次全会、绍兴市纪委八届七次全会精神,听取诸暨市贯彻落实意见的汇报,并进行了讨论;传达学习了省委书记袁家军在指导杭州市疫情防控工作时的重要讲话精神,听取诸暨市贯彻落实意见的汇报,并进行了讨论;传达学习了全省全面推开排查整顿农村发展党员违规违纪问题工作部署会精神,听取诸暨市贯彻落实意见的汇报,并进行了讨论;听取并原则同意关于调整市纪委市监委派驻机构名称及监督单位建议方案的汇报;听取并原则同意市人大常委会、市政府、市政协、法院、检察院提交市“两会”审议的工作报告起草情况的汇报;听取并原则同意关于市十八届人大一次会议、市政协十五届一次会议总体安排、筹备工作情况和各项建议名单草案的汇报;讨论并原则同意2022年全市领导干部会议方案;听取并原则同意关于2021年度高质量发展市长奖评选相关情况的汇报;讨论并原则同意《关于表彰奖励和通报表扬2021年度诸暨市各类突出贡献单位和个人的决定(审议稿)》;听取并原则同意2021年镇乡(街道)、市级机关工作目标责任制考核结果的汇报。

2月17日,会议传达学习了全省高质量发展建设共同富裕示范区推进大会精神,并进行了讨论;传达学习了省委、省政府《关于从周江勇案件中汲取教训做好以案促治工作的意见》精神,并进行了讨论;传达学习了省委政法工作会议精神,并进行了讨论;传达学习了全国统战部长会议、全省统战部长会议精神,听取诸暨市贯彻落实意见的汇报,并进行了讨论;传达学习了全国公安厅局长会议、全省公安局长会议精神,听取诸暨市贯彻落实意见的汇报,并进行了讨论;传达学习了《关于更加有效发挥统计监督职能作用的意见》精神,听取诸暨市贯彻落实意见的汇报,并进行了讨论;听取并原则同意关于全市2021年国民经济和社会发展计划执行情况与2022年国民经济和社会发展计划草案的汇报;听取并原则同意2022年政府(国企)基础设施投资项目计划的汇报;听取并原则同意关于全市2021年财政预算执行情况和2022年财政预算草案的汇报;听取诸暨市高山远山自然村共同富裕现状调研情况的汇报,并进行了讨论;听取诸暨市信访积案化解情况的汇报;听取了全省信访工作现代化县(市、区)创建试点工作情况的汇报;讨论并原则同意《诸暨市全面从严治党责任追究办法(审议稿)》;审议并通过绍兴市第九届人大代表初步人选建议名单和绍兴市第九届政协委员推荐人选建议名单;会议还通报和票决通过了有关人事事项。

2月22日,会议传达学习了省委巡视工作动员部署会议精神,并进行了讨论;传达学习了2022年度领导干部报告个人有关事项工作政策精神,并进行了讨论;研究了信访有关工作,并进行了讨论;讨论并原则同意《市委工作情况汇报(审议稿)》《纪检监察工作情况汇报

（审议稿）》《选人用人工作情况汇报（审议稿）》。

3 月 2 日，会议传达学习了中国共产党绍兴市第九次代表大会精神，并进行了讨论；传达学习了盛阅春书记在诸暨代表团讲话精神，并进行了讨论；第一时间传达学习了省委第五巡视组巡视诸暨市工作动员会议精神，并部署了下一步工作；会议还通报和票决通过了有关人事事项。

3 月 16 日，会议听取诸暨市疫情防控工作情况的汇报，并进行了讨论；传达学习了习近平总书记在中央党校（国家行政学院）中青年干部培训班开班式上的重要讲话精神，并进行了讨论；传达学习了习近平总书记在中央政治局第三十六次集体学习时的重要讲话精神，并进行了讨论；传达学习了全省数字化改革推进大会精神，并进行了讨论；传达学习了全省“大综合一体化”行政执法改革推进大会精神，并进行了讨论；传达学习了绍兴市纪委《关于对诸暨市委 2021 年度落实全面从严治党主体责任情况检查反馈意见》精神，并进行了讨论；传达学习了全国、全省、绍兴市组织部长会议精神，并进行了讨论；传达学习了全省公安有关会议精神，听取诸暨市贯彻落实意见的汇报，并进行了讨论；听取了配合省委巡视工作情况的汇报，并进行了讨论；听取诸暨市安全生产工作情况的汇报，并进行了讨论；听取并原则同意关于 2022 年度“三改”专项行动工作方案的汇报。

4 月 13 日，会议传达学习了中共中央办公厅《关于推动党史学习教育常态化长效化的意见》精神，并进行了讨论；传达学习了全国安全生产电视电话会议精神，并进行了讨论；传达学习了省人大常委会《关于深入实践习近平法治思想 促进和保障法治中国示范区建设的决定》精神，并进行了讨论；传达学习了省委办公厅《领导干部接到请托事项记录报备制度（试行）》精神，并进行了讨论；传达学习了全国巡视工作会议暨十九届中央第九轮巡视动员部署会、省委办公厅《关于进一步加强巡视整改和成果运用的实施意见》精神，听取诸暨市贯彻落实意见的汇报，并进行了讨论；传达学习了省委办公厅《关于高质量全面落实意识形态工作责任制的意见》精神，听取诸暨市贯彻落实意见的汇报，并进行了讨论；传达学习了省委办公厅《关于进一步加强和改进新闻发布工作的意见》精神，听取诸暨市贯彻落实意见的汇报，并进行了讨论；听取了信访积案化解工作情况的汇报，并进行了讨论；讨论并原则同意《全国市域社会治理现代化试点合格城市创建诸暨市迎检“七大专项行动”工作方案（审议稿）》；讨论并原则同意《加强对“一把手”和领导班子监督“五张责任清单”（审议稿）》；讨论并原则同意《落实绍兴市纪委对诸暨市委履行全面从严治党主体责任暨市委书记任职廉政谈话反馈意见的整改方案（审议稿）》；讨论并原则同意《2022 年市委市政府工作要点（审议稿）》；会议还通报和票决通过了有关人事事项。

4 月 29 日，会议传达学习了《中共中央 国务院关于加快建设全国统一大市场的意见》精神，并进行了讨论；传达学习了省委常委会（扩大）会议精神，并进行了讨论；传达学习了全省县（市、区）委书记工作交流会精神，并进行了讨论；传达学习了全省制造业高质量发展大会精神，并进行了讨论；传达学习了全省保障物流畅通促进产业链供应链稳定会议精神，并进行了讨论；传达学习了全省建设平安浙江工作会议精神，并进行了讨论；传达学习了全省对台工作会议精神，听取诸暨市贯彻落实意见的汇报，并进行了讨论；传达学习了《信访工作条例》精神，并进行了讨论；传达学习了省委教育工作领导小组全体会议暨全省规范民办义务教育发展专项工作部署会精神，听取诸暨市贯彻落实意见的汇报，并进行了讨论；传达学习了省委书记袁家军关于“加快建设高水平县级医院”指示精神，听取诸暨市贯彻落实意见的汇报，并进行了讨论；听取了全市一季度经济形势和社会稳定形势的汇报，并进行了讨论；讨论并原则同意《“浙江有礼·‘礼’尚诸暨”文明新实践实施方案（审议稿）》；讨论并原则同意《诸暨市人大常委会 2022 年工作要点（审议稿）》；讨论并原则同意《政协诸暨市委员会 2022 年工作要点（审议稿）》。

5 月 10 日，会议传达学习了省第五巡视组向诸暨市委反馈巡视“回头看”情况会议精神，听取诸暨市贯彻落实意见的汇报，并进行了讨论；专题研究了次坞镇溪埭村相关建筑处置情况，并进行了讨论。

5月11日，会议传达学习了中央政治局常委会会议精神，并进行了讨论；传达学习了中央政治局会议精神，并进行了讨论；传达学习了习近平总书记在中国人民大学考察时的重要讲话精神，并进行了讨论；传达学习了习近平总书记致首届大国工匠创新交流大会贺信精神，并进行了讨论；传达学习了全省基层治理系统建设推进会精神，并进行了讨论；传达学习了习近平总书记致首届全民阅读大会贺信精神，听取诸暨市贯彻落实意见和全市全民阅读工作情况的汇报，并进行了讨论；传达学习了《关于2021年度诸暨市委意识形态工作责任制落实情况重点检查的反馈意见》精神，听取诸暨市贯彻落实意见的汇报，并进行了讨论；传达学习了全省老干部工作“双先”表彰大会、全省老干部局长会议暨数字化改革推进会精神，听取诸暨市贯彻落实意见的汇报，并进行了讨论；听取了次坞镇省级文保单位“两划”范围内一建筑被拆除情况的汇报，并进行了讨论；听取诸暨市生态环境保护工作情况的汇报，并进行了讨论；讨论并原则同意《诸暨市贯彻落实2021年省委生态环境保护专项督察报告问题整改方案（审议稿）》；讨论并原则同意《诸暨市巡视“回头看”反馈意见整改落实“四张清单”任务分解（审议稿）》；讨论并原则同意《毛泽东同志批示“枫桥经验”60周年暨习近平总书记指示坚持发展“枫桥经验”20周年纪念活动六大任务清单（审议稿）》；讨论并原则同意《诸暨市规范民办义务教育发展工作实施方案（审议稿）》；讨论并原则同意《2021年度科级领导干部年度考核等次（审议稿）》；会议还通报有关人事事项。

5月18日，会议听取了次坞镇省级文保单位“两划”范围内一建筑被拆除调查情况的汇报，并进行了讨论。

5月24日，会议传达学习了习近平总书记在庆祝中国共产主义青年团成立100周年大会上的重要讲话精神，并进行了讨论；传达学习了国务院联防联控机制电视电话会议精神，并进行了讨论；传达学习了省委常委、常务副省长陈金彪到诸暨调研时的讲话精神，并进行了讨论；传达学习了《中国共产党机构编制工作条例》及其配套法规制度的主要精神，听取诸暨市贯彻落实情况的汇报，并进行了讨论；传达学习了全省城乡社区工作会议精神，听取诸暨市贯彻落实意见的汇报，并进行了讨论；讨论并原则同意《中共诸暨市委关于落实省委巡视组反馈意见的整改方案（审议稿）》《省委巡视“回头看”意识形态工作责任制专项检查反馈意见整改方案（审议稿）》；讨论并原则同意《2022年度市委、市政府和市有关单位与市各民主党派、工商联及无党派人士协商计划（审议稿）》；讨论确定《排查整顿农村发展党员违规违纪问题的处置意见（审议稿）》；听取并原则同意有关违纪人员处理情况的汇报。

6月1日，会议传达学习了习近平总书记关于当前经济工作的重要论述和全国稳住经济大盘电视电话会议精神，听取诸暨市贯彻落实意见的汇报，并进行了讨论；传达学习了省委副书记、省长王浩来诸调研指示精神，并进行了讨论；讨论并原则同意《赴省访专项整治行动方案（审议稿）》；听取了赴省访综合排名末三位乡镇的表态发言，并进行了讨论；听取了次坞镇省级文保单位“两划”范围内一建筑被拆除处置情况的汇报，并进行了讨论。

6月18日，会议传达学习了《最高人民检察院关于支持和服务保障浙江高质量发展建设共同富裕示范区的意见》，听取诸暨市贯彻落实意见的汇报，并进行了讨论；传达学习了全省经济稳进提质攻坚行动工作推进会精神，听取诸暨市贯彻落实意见的汇报，并进行了讨论；传达学习了全省消防安全大排查大整治暨安全生产工作视频会议精神，听取诸暨市贯彻落实意见的汇报，并进行了讨论；传达学习了全省“万名干部助万企”精准服务活动动员会精神，听取诸暨市贯彻落实意见的汇报，并进行了讨论；听取了关于优化整合市推进办发改局等资源助推重大项目推进情况的汇报，并进行了讨论；听取了“三改”专项行动阶段性工作情况的汇报，并进行了讨论；听取了促进房地产市场持续健康发展相关工作的汇报，并进行了讨论；听取了关于财经秩序专项整治行动有关情况的汇报，并进行了讨论；听取诸暨市农业农村重点工作情况的汇报，并进行了讨论；听取诸暨市食品药品安全工作情况的汇报，并进行了讨论；讨论并原则同意诸暨市“1+9”产业政策(审议稿);讨论并原则同意《诸暨市贯彻落实扎实稳住经济一揽子政策措施实施方案(审议稿)》;讨论并原则同意《诸暨市委巡察工作五年规划(2022—2026年)》(审议稿);讨论并原则同意领导干部拟兼任社团职务方案(审议稿)。

6月30日,会议传达学习了习近平总书记在中央政治局第三十八次集体学习时的重要讲话精神,并进行了讨论;传达学习了习近平总书记在庆祝中国国际贸易促进委员会建会70周年大会暨全球贸易投资促进峰会上的致辞精神,并进行了讨论;传达学习了习近平总书记致二〇二二年六五环境日国家主场活动的贺信精神,并进行了讨论;传达学习了盛阅春书记来诸调研指示精神,并进行了讨论;听取了关于全市半年度政治生态情况的汇报,并进行了讨论;听取诸暨市半年度经济运行情况的汇报,并进行了讨论;听取了高质量发展建设共同富裕示范区打造精神文明高地试点推进情况的汇报,并进行了讨论。

8月8日,会议传达学习了习近平总书记在中央政治局第三十九次集体学习时的重要讲话精神,并进行了讨论;传达学习了习近平总书记在省部级主要领导干部“学习习近平总书记重要讲话精神,迎接党的二十大”专题研讨班上的重要讲话精神,并进行了讨论;传达学习了省委副书记黄建发在绍宣讲省党代会精神并调研时的讲话精神,并进行了讨论;传达学习了绍兴市委九届二次全体(扩大)会议精神,并进行了讨论;传达学习了省委常委会会议精神,听取诸暨市贯彻落实意见的汇报,并进行了讨论;传达学习了全省政协主席暑期读书会暨加强和改进新时代人民政协工作专题研修班精神,并进行了讨论;传达学习了《关于当前我省意识形态领域形势的通报》精神,听取关于当前诸暨市意识形态和社会舆情综合分析情况的汇报,并进行了讨论;传达学习了绍兴市委巡察指导督导组反馈意见精神,听取诸暨市贯彻落实意见的汇报,并进行了讨论;听取了市委常委履行全面从严治党“一岗双责”情况的汇报;听取了加快打造新时代思想高地文化高地有关重点工作的汇报,并进行了讨论;听取了诸暨市人民政府与浙江大学、浙江大学控股集团有限公司共建浣江实验室以及诸暨市人民政府与中俄联合实验室共建中俄(诸暨)国际实验室有关事项的汇报,并进行了讨论;听取诸暨市反恐工作的汇报,并进行了讨论;听取了关于2022年省委生态环境保护专项督察迎检工作情况的汇报,并进行了讨论;讨论并原则同意《中共诸暨市委关于省委巡视组反馈意见集中整改进展情况报告(审议稿)》;讨论并原则同意《2022年镇乡(街道)工作目标责任制考核办法(审议稿)》《2022年市级机关工作目标责任制考核办法(审议稿)》;讨论并原则同意《关于进一步加强统计基层基础建设的意见》(审议稿)》。

8月17日,会议传达学习了中央政治局会议精神,并进行了讨论;传达学习了中央统战工作会议精神,并进行了讨论;传达学习了全国文物工作会议精神,并进行了讨论;传达学习了全省服务业高质量发展大会精神,并进行了讨论;传达学习了《领导干部接到请托事项记录报备制度(试行)》精神,并进行了讨论;听取了市公安局党委半年度工作的汇报,并进行了讨论;听取了市法院党组半年度工作的汇报,并进行了讨论;听取了市检察院党组半年度工作的汇报,并进行了讨论;听取了7月诸暨市赴省访专项整治行动情况及相关单位表态发言,并进行了讨论;讨论并原则同意市委十七届二次全体(扩大)会议方案、报告提纲、《中共诸暨市委关于忠实践行“八八战略”坚决做到“两个维护”在拼抢“三争赛道”中争当“两个先行”排头兵的决议》审议稿;会议还通报和票决通过了有关人事事项。

9月23日,会议传达学习了习近平总书记在中央政治局第四十次集体学习时的重要讲话精神,并进行了讨论;传达学习了习近平总书记在中央政治局第四十一次集体学习时的重要讲话精神,并进行了讨论;传达学习了省委常委、组织部部长王成来诸调研时的讲话精神,并进行了讨论;传达学习了全省各级人大常委会主任学习会、绍兴全市人大常委会主任学习会精神,并进行了讨论;传达学习了全省巡视巡察工作会议暨十五届省委第一轮巡视动员部署会精神,听取诸暨市贯彻落实意见的汇报,并进行了讨论;传达学习了全省宣传部长专题视频会议、全省宣传文化系统专题研讨班会议精神,听取诸暨市贯彻落实意见的汇报,并进行了讨论;传达学习了全省数字经济高质量发展大会精神,听取诸暨市贯彻落实意见的汇报,并进行了讨论;传达学习了全省新一轮制造业“腾笼换鸟、凤凰涅槃”攻坚行动现场会暨“415X”产业集群推进会精神,听取诸暨市贯彻落实意见的汇报,并进行了讨论;听取了省委巡视组反馈意见集中整改进展情况的汇报,并进行了讨论;听取了稳进提质攻坚行动推进情况的汇报,并进行了讨论;听取了除险保安百日攻坚行动推进情况的汇报,并进行了讨论;听取了8月赴省访综合排名末三位镇乡(街道)的表态发言,并进行了讨论;听取诸暨市粮食生产功能区“非粮化”整治工作情况的汇报,并进行了讨论;听取诸暨市禁毒工作情况的汇报,并进行了讨论;听取了关于投资鲲驰项目情况的汇报,并进行了讨论;会议还通过了有关人事事项。

9月27日,会议传达学习了《中共中央办公厅关于浙江省嘉兴市违规改扩建南湖宾馆问题查处情况的通报》精神,并进行了讨论。

10月25日,会议传达学习了中国共产党第二十次全国代表大会精神,并进行了讨论。

11月2日,会议传达学习了习近平总书记在中共中央政治局第一次集体学习时的重要讲话精神,并进行了讨论;传达学习了习近平总书记在参观“奋进新时代”主题成就展时的重要讲话精神,并进行了讨论;传达学习了习近平总书记为《复兴文库》作序言《在复兴之路上坚定前行》的重要精神,并进行了讨论;传达学习了中央审计委员会第5次会议主要精神及中央有关文件,听取诸暨市贯彻落实意见的汇报,并进行了讨论;传达学习了全省清廉浙江建设推进会、绍兴市清廉绍兴建设推进会精神,听取诸暨市贯彻落实意见的汇报,并进行了讨论;传达学习了《2022年数字化改革专项督察报告》精神,并进行了讨论;传达学习了《绍兴市“枫桥经验”传承发展条例》精神,并进行了讨论;听取了关于设立中共政协诸暨市委员会党员委员履职临时党委的汇报,并进行了讨论;听取了2022年市委党校工作情况的汇报,并进行了讨论;讨论并原则同意《诸暨市人大常委会关于推进浙江诸暨经济开发区人大工作的实施方案(审议稿)》;讨论并原则同意《中共诸暨市委关于认真学习宣传贯彻党的二十大精神的通知(审议稿)》。

11月17日,会议传达学习了习近平总书记在瞻仰延安革命纪念地时的重要讲话精神,并进行了讨论;传达学习了习近平总书记在第五届中国国际进口博览会开幕式上的致辞精神,并进行了讨论;传达学习了中央政治局常委会会议以及全国、全省新冠肺炎疫情防控工作电视电话会议精神,并进行了讨论;传达学习了盛阅春书记来诸调研指示精神,并进行了讨论;传达学习了中共中央办公厅《推进领导干部能上能下规定》文件精神,并进行了讨论;传达学习了浙江省“人民满意的公务员”和“人民满意的公务员集体”表彰大会精神,并进行了讨论;传达学习了中共中央办公厅《关于推动党史学习教育常态化长效化的意见》、中共浙江省委办公厅《关于推动党史学习教育常态化长效化的实施意见》精神,听取诸暨市贯彻落实意见的汇报,并进行了讨论;传达学习了中共中央办公厅、国务院办公厅《关于加强新时代高技能人才队伍建设的意见》精神,听取诸暨市贯彻落实意见的汇报,并进行了讨论;传达学习了省委统战工作会议精神,听取诸暨市贯彻落实意见的汇报,并进行了讨论;听取了绍兴考核三季度情况的汇报,并进行了讨论;听取了绍兴市产业项目“比、看、干”晒比活动完成情况的汇报,并进行了讨论;讨论并原则同意《诸暨市“绿水青山就是金山银山”实践创新基地建设实施方案(2022—2025)》(审议稿);讨论并原则同意领导干部拟兼任社团职务方案(审议稿);会议还票决通过了有关人事事项。

12月5日,会议传达学习了中央、省委有关文件精神,部署诸暨市做好江泽民同志治丧工作事宜,并进行了讨论;传达学习了“枫桥经验”专题座谈会精神,并进行了讨论;传达学习了习近平总书记对河南安阳市凯信达商贸有限公司火灾事故的重要指示精神,听取诸暨市贯彻落实意见的汇报,并进行了讨论;传达学习了习近平总书记关于中医药工作的重要指示和上级关于中医药传承创新发展的文件精神,听取诸暨市贯彻落实意见的汇报，并进行了讨论；传达学习了全省深化“千万工程”建设新时代美丽乡村现场会精神，听取诸暨市贯彻落实意见的汇报，并进行了讨论；传达学习了全省“大综合一体化”行政执法改革大会精神，听取诸暨市贯彻落实意见的汇报，并进行了讨论；听取了关于全市事业单位开展管理岗位职员等级晋升工作情况的汇报，并进行了讨论；听取了机关党建工作情况的汇报，并进行了讨论；听取了全市年度政治生态情况、市委班子成员履行“一岗双责”情况的汇报，研究部署了全面从严治党工作，并进行了讨论；听取了人大常委会、政府、政协、法院、检察院五大党组2022年履行全面从严治党主体责任情况，并进行了讨论；讨论并原则同意《2022诸暨发展大会实施方案（审议稿）》；研究了疫情防控工作，并进行了讨论；会议还票决通过了有关人事事项。

12月16日，会议传达学习了习近平总书记向2022年世界互联网大会乌镇峰会致贺信精神，并进行了讨论；传达学习了习近平总书记对非物质文化遗产保护工作的重要指示精神，并进行了讨论；传达学习了中共中央政治局会议精神，并进行了讨论；听取了关于市十八届人大二次会议、市政协十五届二次会议总体安排、筹备工作情况和各项建议名单草案的汇报；听取并原则同意诸暨市2022年国民经济和社会发展计划执行情况及2023年国民经济和社会发展计划草案；听取并原则同意诸暨市2022年预算执行情况和2023年收支预算安排情况；听取了东西部协作工作情况的汇报，并进行了讨论；听取了社会组织工作情况的汇报，并进行了讨论；讨论并原则同意《“春节送温暖”活动方案（审议稿）》；会议还通过了有关人事事项。

12月26日，会议传达学习了全省党委系统办公室工作会议精神，并进行了讨论；讨论并原则同意市委十七届三次全体（扩大）会议暨市委经济工作会议方案、报告提纲、决定提纲；听取并原则同意市人大常委会、市政府、市政协、法院、检察院提交市“两会”审议的工作报告；听取并原则同意市十八届人大二次会议和市政协十五届二次会议中共临时党委、党支部、党小组组成人员建议名单；听取了经济运行稳进提质工作情况的汇报，并进行了讨论；讨论并原则同意《诸暨市深化国防动员体制改革实施方案》（审议稿）。

（市委办　孙梦琼）

调研决策

【重点热点关键问题调研】2022年，以习近平新时代中国特色社会主义思想为指导，聚焦市委中心工作开展调查研究，重点围绕民生发展、消费升级、直播电商、国有企业管理体制改革、开放平台整合提升、山区共同富裕等事项进行调研，并撰写相关调研文稿；牵头起草诸暨市八八战略综合评估总体报告及13个分领域报告；扎实开展坚持和发展新时代“枫桥经验”率先打造基层社会治理共同体“诸暨样板”专项调研，并形成调研报告；牵头做好市委、市政府领导年度调研课题的汇总联络工作；完成绍兴市领导干部优秀调研成果申报；配合做好上级调研工作。

【年度重点改革任务落实】2022年，按照中央、省委和绍兴市委改革办有关要求，聚焦稳进提质、除险保安、塑造变革，在“1612”体系框架下，一体推进全面深化改革、数字化改革、共同富裕示范区重大改革，组织召开十七届市委全面深化改革委员会第一次、第二次、第三次会议，牵头制定《中共诸暨市委全面深化改革委员会2022年工作要点》《2022年诸暨市数字化改革总体项目库S_0》《诸暨市数字化改革“赛马争先”晾晒实施方案》《诸暨市改革试点全周期管理办法》等文件。全面深化改革纵深推进，2022年全面深化改革工作考核获评全省优秀、绍兴第一，新增省级以上改革试点75项，获省领导批示肯定11次，统筹实施20项牵一发动全身的年度重点改革项目，开展全面深化改革领域改革突破奖评比活动，如期完成各项改革年度目标。数字化改革多点突破，数字化改革获省政府督查激励，被评为全省推进数字化改革成效明显的县市区之一（2021年度成果在2022年度公布），4个应用“一地创新、全省共享”“一本账”S_0，“浙里兴村治社”应用获评2022年省数字化改革“最佳应用”，网络安全智治应用荣获2022年省改革突破奖银奖，在省数字化改革推进会作典型演示并上榜《数字化改革（领跑者）》，“浙里直播共富”

应用相关做法在国办《全国优化营商环境简报》、省《数字化改革(稳进提质篇)》等专刊上深度推介,优化政务服务、构建数字化改革制度规范体系等2项做法获省《竞跑者》栏目推介。 (市委办)

组织工作

【概况】2022年,市委组织部深入学习贯彻党的二十大精神和省市党代会精神,扎实推进干部工作规范提升、基层党建全域提升、人才工作服务提升和组工队伍能力提升,持续推动组织工作提质增效,为勇闯中国式现代化县域实践新路子提供坚强组织保障。

【党的二十大精神学思践悟】2022年,制定实施组织系统深入学习贯彻党的二十大精神若干举措,分层分类推进领导干部集中轮训、基层党员全员培训和高层次人才、新生代企业家专题研训,全市各级领导干部进村入企宣讲1200余场次,开展各类学习实践活动8000余场次,持续兴起学习贯彻党的二十大精神热潮,推动党的二十大精神走深走实、入脑入心。

【干部队伍建设】2022年,推进干部队伍干部工作系统性重塑,开展"县域干部队伍系统性重塑问题研究"专题调研。深入开展镇乡街道"履新一百天"、乡镇换届"回头看",实施疫情防控、信访积案"百日攻坚"和"三改"等专项考核,了解干部在急难险重任务中的现实表现,开展提醒谈话120余次,调整"不适宜担任现职"干部18名。制定领导干部"一干部一清单",条目式梳理市管干部个人年度重点任务清单770余张,优化完善知事识人考核评价体系。

2022年,高质量举办坚持和发展"枫桥经验"等主体班次,11月在中国浦东干部学院举办2期领导干部专题研修班。推送惠企政策解读"云课堂"15期,开展稳经济、招商引智实务等专题培训8场次。实施年轻干部"三服务"能力提升工程,深化百名导师结对、百家村企调研、百场培训赋能、百名干部交流、百个项目赛比、百个案例展评"六个一百"举措,举办2期"新锐训练营",建立"研训一体、练用结合"历练机制,选派267名干部参与企业跟岗、双向挂职和专班历练。

健全干部监督工作联席会议运行机制,细化大监督信息沟通办法,实现"多向互通"。制定出台《关于从严从实加强干部监督管理的若干意见(试行)》,系统梳理21条举措办法和干部不担当不作为情形30条,进一步完善从严监督体系。深化干部监督"三色"管理,针对干部日常言行"微问题"进行量化扣分、亮码管理,相关做法在《中国组织人事报》刊发。设立干部人事档案信息中心,建立由组织部门牵头抓总,人社局、教体局、卫健局3家单位协同联动的"1+3"集中管档模式,相关做法在全省工作推进会上作经验交流。

【公务员培养管理】2022年,深化公务员全周期管理,定制"暨小阳"初任公务员培训套餐,举办主题沙龙、座谈交流等展评活动12场,构建入职期培养管理闭环。开展"平时+年度"综合考评,推进4家绍兴市级平时考核示范点、联系点建设。平稳有序做好"大综合一体化"行政执法改革人员转隶,诸暨市检察院周锋和诸暨市公安局交通警察大队枫桥中队分别获全省"人民满意的公务员""人民满意的公务员集体"荣誉称号。

【党建赋能乡村振兴】2022年,深化党建联建机制,建成共富工坊114家,"江邻有爱"党建联建、"新长乐·共富工坊"成为全省典型案例。深化强村富民,推进乡村振兴先行村建设,创成5个省级未来乡村,"五星达标村"实现全覆盖,55个行政村年经营性收入突破100万元,城乡居民收入倍差缩小至1.63。3月,举办村社干部学历提升班,221人通过成人高考成为村里的"大学生"。举办乡村振兴创新创业大赛,实施"乡村CEO"培育计划,入库乡村人才信息库806人,创成2家绍兴市级乡村人才创业园,持续激活乡村发展内生动力。

【党建赋能基层治理】2022年,推进中组部"党建引领乡村治理"试点县建设,深化党建统领现代社区建设和网格智治,全面推行三方协同治理,"支部建在小区(网格)上"实现全市域覆盖,东盛社区成为绍兴首个省级未来社区,获评全国先进基层群众性自治组织。开发建设党建引领村社干部数智管理应用(含"浙里兴村治社"和"城市枫桥"应用),打造县乡村一体联动的兴村共富新格局。9月,"浙里兴村治社"应用入选全国社会治理创新案例。

10 月，“浙里兴村治社”应用获评浙江省数字化改革“最佳应用”，先后获得省市主要领导批示肯定。12 月，“城市枫桥”应用入选 2022 年全国城市数字治理十佳创新案例。

【机关党建】2022 年，深化“一单位一品牌一队伍”创建，实施“红色领航”“同心共建”“乡村共富”等 6 类党建联建项目 102 个，组建志愿服务活动队伍 74 支，开展服务活动 300 余场次。常态化开展在职党员服务社区“亮旗”行动，制定“先锋有礼”标准，建立“先锋微家”服务积分兑换机制，举办“诸沐一家亲，圆梦微心愿”活动，帮助四川省乐山市沐川县家庭困难儿童圆梦微心愿 2809 个，相关做法获评全省机关党建工作优秀创新成果。办好健康活力、阳光心理、荣退有爱等关爱干部“走心六件事”，获 2022 年度全省机关党建优秀课题研究成果三等奖。

【“两新”党建】2022 年，实施“万名干部走万企”“驻企服务、助企纾困”等专项行动，选派集结 1200 余名助企服务员深入企业一线纾难解困，帮助企业解决问题 1600 余个。常态化运行“政企亲清会”服务平台，每月由市四套班子主要领导轮流领衔，全年举办专场活动 12 期，办结各类问题建议 152 个，相关做法在新华社《高管信息》、省委办《工作情况交流》刊发。11 月，新生代企业家“常青藤培育计划”第九期研修班在浙江大学举办。

推进“双覆盖”集中攻坚行动和“两新”党组织“星级管理”，评定五星级党组织 92 家、四星级党组织 141 家。指导推进“陶园红盟”“浣东楼管 +”等园区（楼宇）党建品牌建设。12 月，“支部建在直播间”获评全国年度百个“两新”党建创新案例。巩固深化新业态、新就业群体党建试点成果，成立交通运输行业党委，单设快递行业党委，探索快递小哥“融网入格”助力市城基层治理。深化社会组织党组织组织力指数动态评价，迭代升级社会组织党建云平台，创建“枫桥式”社工站 3 家，打造“枫桥式”社工服务品牌项目 21 个。

【人才引育】2022 年，实施“诸才云集”伙伴计划，链接引才伙伴和赋能伙伴 150 余名，持续扩大招才引智“朋友圈”。培优育强本土人才，新增省级名师名医名家 12 人、新时代浙江工匠 9 人、浙江青年工匠 38 人，新增高技能人才 9073 人。全年自主申报入选国家级领军人才 41 人、省级领军人才 26 人，数量均居全省县市区首位；入选绍兴“名士之乡”英才计划人才（团队）86 个，数量居绍兴第一；入选省领军型创新创业团队 2 个。诸暨市获评全省市县人才工作述职评议考核优秀单位、绍兴人才工作目标责任制考核优胜单位。

【人才服务】2022 年，出台 4.0 版人才新政和支持保障海外高层次人才回国创新创业政策，惠及 200 余家企业、1 万余人次。迭代人才项目全周期金融服务体系 2.0 版，推行投贷联动、银担合作，21 家企业获得“科创贷”1.5 亿元，帕瓦股份成为绍兴首家科创板上市的人才企业。深化人才工作数字化改革，上线运行人才服务应用系统，“人才码”激活 2.7 万人，线下扫码服务商家 144 家。提质扩面“暖心小事”，制定青年人才服务清单，举办人才主题沙龙、“诸才云集杯”篮球赛等活动，营造近悦远来的人才生态。

【人才平台建设】2022 年，“诸暨·空天装备”海归小镇挂牌，智能视觉“万亩千亿”新产业平台进入省级培育名单。浣江实验室、中俄（诸暨）国际实验室建成投运，西交网络空间安全研究院顺利签约，“诸暨岛—杭州港”创新园新落地产业化项目 20 个。人力资源服务产业园开园运营，8 家人力资源服务机构入驻。发挥企业创新主体作用，新增省级院士工作站 1 家、省级企业研究院 5 家、省高新技术企业研究开发中心 10 家、省级博士后工作站 4 家、省级学会服务站 2 家、绍兴市级博士创新站 15 家。

（组织部　陈嘉琪）

宣传工作

【概况】2022 年，全市宣传思想文化系统坚持以习近平新时代中国特色社会主义思想为指导，聚焦共同富裕、“打造精神文明高地”试点这一主题主线，主流思想舆论高昂奋进，文明实践品牌持续擦亮，意识形态领域平稳向好，为高水平谱写“两个先行”诸暨篇章提供坚强思想舆论保障和精神文化支撑。

【理论学习宣讲】2022 年，坚持把学深悟透习近平新时代中国特色社会主义思想作为首要政治任务，扎实推进党委（党组）理论学习中心组各项学习制度。市委理论学习中心组围绕党的二十大精神、《干在实处永立潮头——习近平浙江足迹》等主题开展集体学习13次。建强用好"学习强国"，累计上送稿件840余篇，录用432篇。深入开展"六学六进六争先"学习实践活动，广泛动员"十礼""艺起学""媒体记者"等特色团队深入基层，依托新时代文明实践中心、农村文化礼堂、社区文化家园、爱心食堂等阵地开展分众化、对象化、互动化宣讲4800余场次。着眼"文艺搭台、理论唱戏"，创作说唱歌曲《共富青年，上！》等6个文艺理论宣讲精品。高质量举办"喜迎二十大 青年话共富"全市青年理论宣讲大赛、"理响新青年 共讲二十大"宣讲启动仪式，选拔一批优秀青年宣讲员围绕党的二十大精神、省党代会精神开展巡讲。

【主题宣传】2022年，聚力聚焦迎接宣传贯彻党的二十大和省市党代会，精心部署共同富裕、数字化改革、枫桥经验、文明实践等重点主题宣传，协调做好常态化疫情防控、全国法治政府创建、"三改"等专题宣传，组织开展"逐梦共富路"大型融媒体新闻行动，策划推出"擦亮'枫桥经验'金名片 打造共同富裕新高地""浙江有礼·'枫'尚诸暨文明新实践"等专题专栏30余个，全媒体报道市"两会"、市党代会、全市干部会议等重要会议。全年累计推出相关主题报道2000余条次，刊发评论员文章80多篇，推出舆论监督报道163篇。

【对外宣传】2022年，对接央媒省媒、大报要台，累计在省级及以上重要媒体刊发《浙江诸暨：数字赋能"枫桥经验"，"千条线"拧成"一股绳"》《浙江诸暨农村"爱心食堂"经验可学可效仿》等重点报道465篇，其中《人民日报》16篇、《新华每日电讯》21篇（头版6篇）、《新华社内参》3篇、央视《新闻联播》2条、《光明日报》19篇（头版头条1篇）、《浙江日报》头版12篇（头版头条4篇）、浙江卫视《浙江新闻联播》69条。2022年8月5日，首次赴京举办诸暨市"稳进提质"系列活动推介发布会，人民日报社、新华社等50余家媒体现场助力报道。协调拍摄《挑起我们的金扁担》《盛世修典》《外国人眼中的绍兴》等相关纪录片、宣传片，全方位、立体式地宣传"世界珍珠大会""袜博会""新时代'枫桥经验'高端峰会""CBA全明星赛及第二阶段联赛"等重大节会赛事。

【新时代文明实践"先行试验区"建设】2022年，牢牢聚焦打造精神文明高地领域试点，扎实推进新时代文明实践"先行试验区"建设，迭代升级村级关爱基金、移风易俗、爱心食堂、全城志愿等特色品牌，爱心食堂入选首批15个"浙江有礼"省域文明新实践为民办实事项目，被评为绍兴市共同富裕最佳实践，村级关爱基金和爱心食堂2个案例入选省文明办实践案例汇编（全省100个案例）。相关做法在中宣部简报等刊发，受到省委主要领导批示肯定，被新华社、《浙江日报》等央媒省媒多次报道。

推进新一轮100个培育村提质增效行动，升级村级关爱基金2.0版活力指数考评办法，压实"四重一好"关爱机制，基金总规模2.09亿元，累计使用1.11亿元，惠及群众28.2万余人次。推广"证书纪念+好人发布"的激励机制，评选关爱好人2期31人。

创新"一个框架统、一核多点建、一套规范运、一张网络管、一组保障护"的顶层架构，构建"个人出一点、基金捐一点、政府补一点、志愿帮一点、经营筹一点"的筹资模式，融入"爱心食堂·共享五福"文明实践多跨服务，吸纳撬动更多社会资源、公益力量参与，累计建成爱心食堂192家、辐射村社279个。累计收到各类社会捐赠2090余万元，招募志愿者3500余名。

从群众反映强烈、现实矛盾突出的婚丧嫁娶大操大办问题破冰，深化流程规约制、节约承诺制等7项制度，推行乡风文明理事会"走亲式"劝引法，4200余户移风易俗农户捐款404万元。落实婚丧嫁娶疫情防控各项要求，利用各类媒体媒介广泛宣传，联动多方对酒店、酒宴中心等场所进行全程监控，严格执行"红事一律缓办，白事一律从简，宴会一律不办"和事前审批。

持续深化"暖心八件事"志愿服务品牌，创新"爱心食堂·共享五福"文明实践志愿助老模式，推出话说幸福、健康有福、关爱添福、欢乐集福、生日祝福等"送五福"活动，全市28支社会组织、团体协会志愿队累计"送福"2800余场次，镇村联动开展"帮亲"服务2200余场次，累计服务群众13万余人次。在"爱心食堂"全面构建集政策宣讲、健康医疗、文化娱乐、便民志愿于一

赵家镇在榧王村榧王树下宣讲党的二十大精神(宣传部提供,摄于 2022 年 11 月)

体的文明实践多跨场景,着力打造“诸有颐养”金名片。

【文化建设】2022 年,文化阵地体系继续完善。推进重大公共文化设施建设,推进市文化中心项目进程施工,博物馆完成提升改造,创成浙江省乡村博物馆 6 家,建成乡村图书馆 3 家,实现图书分馆乡镇全覆盖。深入推进精品文化阵地培育工程,新建村改社区文化礼堂 16 家、社区文化家园 5 家、小区文化驿站 10 家。组织开展“科普讲师团进礼堂”“健康素养进文化礼堂”“戏曲进礼堂”等系列活动 300 余场,充分激活文化阵地内在活力。

文化惠民持续深化。优化城乡一体公共文化服务体系,完成 140 个“15 分钟品质文化生活圈”建设任务。围绕喜迎二十大主题,举办第十四届群文创作大赛、第十一届书画艺术节等系列活动,广泛开展文化下乡演出、文化走亲活动、书画下乡巡展等群文活动。深入推进“书香暨阳”建设,制定《浣江书房建设和管理办法》补充规定,上线“一键借阅”数字应用,推出各类阅读推广活动 380 场,开展讲座、展览等主题活动 140 场,举办全民读书节及“铮铮越吟——越文化精品文物展”“问道暨阳——茹峰中国画作品展”等大型活动。深入实施文化精品工程,修订文艺精品奖励扶持政策,培育各类文艺骨干人才,市文化馆周斌、梅艳芳分别获得“新松计划”全省话剧演员大赛决赛金奖和银奖。创作清廉主题越剧《双玉佩》,西路乱弹小戏《梅花催春》获 2022 年浙江省戏剧类群星奖,原创越剧《西施断缆》获评浙江省经典保留剧目,“西施文化”入选“浙江文化标识”培育项目。

文旅产业融合发展。继续加大文化企业扶持力度,重新修订《诸暨市促进文化产业发展的若干政策》,出台《应对疫情诸暨市文化产业定向补助政策》,全年累计完成文化企业奖补兑现 417.58 万元。加快文旅项目落地,持续推进珍珠小镇、西施故里“一江两岸”等 23 个重点文旅项目建设,“云溪九里”浙江文旅康养小镇、春风十里小镇、三贤文化馆等 12 个项目被列入 2022 年浙江省“四十百千”文化和旅游重大项目库。推进绍兴市文创大走廊项目建设,重点跟踪山下湖珍珠小镇、诸暨市文化中心、西施故里二

诸暨越民生义工团在马剑镇上和村侯门山乡村图书馆为留守儿童上主题教育课(宣传部提供,摄于 2022 年 5 月)

期开发项目等15个重点在建项目，累计完成总投资33.7亿元。

【社会科学研究】2022年，组织开展"'枫桥经验'助跑'两个先行'"调研活动，推动"总书记在诸暨的故事""'枫桥经验'的创新实践"等重点课题研究，形成一批高质量理论研究成果。扎实开展社科研究，《以文明实践彰显"人文之美"——诸暨以新时代文明实践拓展共同富裕新路径》被省《社科要报》专报刊发，获省委主要领导批示。启动社科赋能共富行动，"运用新时代'枫桥经验'探索'浙江有礼'文明新实践的诸暨路径"等2项课题入选绍兴市第一批调研课题库。诸暨市社科之家被评为全省6家第一批省级社科之家，"社科之家"做法获全省推广。摄制"文化浙江大讲堂"纪录片4期，入选绍兴市文化研究后期资助项目3个。

【全国文明典范城市创建】2022年，紧扣创建"全国文明典范城市"目标任务，突出文明养成、示范引领、督导检查，持续巩固深化全国文明城市建设成果，在2021年全国县级文明城市年度测评中，以全国第五名的成绩获中央文明办通报表扬。持续推进"文明城市示范区域创建"，打造6条"一路一品"的文明示范道路、2条颜值安全双提升的"最美放学路"，开展"交通秩序集中整治行动""城市微空间改造行动"等六大专项整治，切实解决一批创建顽疾，提升市民居住和出行环境。深入各级文明村镇开展驻点督导工作，推进城乡一体化创建。精心拍摄全国文明城市专题片，布局一批彰显诸暨地域特色、人文风貌的公益广告，深入推行"周末志愿"文明劝导活动，推动文明好习惯融入群众日常生活。

【网络信息管理】2022年，深入推进网络生态"瞭望哨"工程，建立健全"网络舆情风险一月一报"工作机制，成功处置较大舆情23起。创新开发"网络安全智治应用"，经验做法得到省委书记袁家军批示肯定，获评2022浙江省数字化改革网络安全优秀案例，被评为全省改革突破奖银奖，并入选全省数字化改革"一地创新、全省共享""一本账"S_0。开展"除险保安"网络安全风险防范化解专项行动，组织"护网2022"网络攻防演习和护航党的二十大网络安全模拟攻击测试，累计发现处置各类安全风险隐患470余个。稳步推进依法治网工作，联合举办全市法治微宣讲挑战赛，依托"1963法润"直播平台推出网络普法节目50期，观看点击量超640万人次。走深走实网上群众路线，持续深耕网络问政服务，共推出报纸专版11个，下发信访协同通报9期，"政民e线"直通车回访87期，回复满意率在95%以上。

【扫黄打非工作】2022年，强化行业监管，持续开展中小学教材、新业态领域等专项检查，突出抓好"护航二十大""开学季"等重要节点检查，累计检查各类经营单位597家次，约谈提醒12家，停业整顿1家。加强违法行为打击，累计立案查处19起。深化推进"扫黄打非"进基层工作，培育示范点4个，推动新时代文明实践中心站所设立"扫黄打非"宣教点，陶朱街道友谊社区基层站点被评为第六批全省"扫黄打非"进基层示范点。（宣传部 陆昶）

2022年8月4日，市公证处公证员在枫桥法院通过"1963法润"直播线上线下同步宣讲公证相关法律知识（宣传部提供）

统战工作

【概况】2022年，诸暨市委统战部深入贯彻党的二十大精神和《中国共产党统一战线工作条例》，认真落实中央和上级对统战工作的各项方针政策，紧扣市委工作主线，广泛凝聚共识、积极汇聚力量，持续巩固扩大最广泛统一战线。市民宗局被评为2022年度全省民族宗教工作成绩突出单位。

加强统一战线工作领导小组机制，重新梳理统一战线领导小组成员单位，明确新增成员单位5个（共28个）。推动市委认真落实统战工作“四个带头”“六个纳入”，将商会（联谊会）纳入市领导“十个一”联系服务对象，以制度形式明确市领导定期走访联系商会。在市委常委会提交统战工作有关议题5个。强化各级党委（党组）主体责任，推行民宗等重点领域统战部分片联系制度，强化市委对镇乡街道、部门工作目标责任考核，统战工作考核分由2分提高到3分。

完善《全市统战信息宣传影响力考评办法》，分类下发镇乡街道、机关年轻干部、民主党派社情民意报送录用情况等通报5件，组建信息宣传调研小组4个。向绍兴市委统战部报送调研课题3个，申报省委统战部招标课题2个。在省委办、省委统战部直报点、绍兴市委办、新华社客户端、浙江日报、“浙江统战”微信公众号等各级各类平台录用信息200余条，获评2022年度全省统战信息工作成绩突出个人1人。

【数字统战】2022年，落实经费近30万元完成“浙统云”内网基建改造、开通测试工作，做好“浙统云”外网平台搭建工作，录入完善统战人物数据6000余条。谋划推进“同心共富 诸有乡贤”“宗教安心一件事”等场景应用，“宗教安心一件事”入选绍兴市基层治理“一本账”S_0。开展党外代表人士全链条管理、为侨服务“全球通”、乡贤通等省级场景应用贯通工作，在党外人士全链条管理应用录入党外代表人士361人、培养对象267人，在乡贤通应用录入乡贤1584人、收集上传“十项服务”“十条通道”内容共计280余条，承接处理为侨服务“全球通”浙里办APP事项远程办理跳转异常项目。

2022年8月30日，诸暨市承办“喜迎二十大 铸牢中华民族共同体意识”浙江省微党课巡回宣讲活动（绍兴站）（统战部提供）

【乡贤回归】2022年，制定《2022年新乡贤工作考核评价办法》，全年全市共新增五种类型的回归乡贤244名（累计1021名）。其中，乡贤直接投资的千万元以上项目54个（累计148个），总投资金额35.6亿元（累计174亿元）；回引乡贤人才44名（累计245名）；医疗回归项目58个（累计220个），新建名医工作室5家（累计70家）；教体回归项目1个（累计14个）；乡贤认领村级实事87个（累计391个），投入乡村振兴资金2188万元（累计1.14亿元），新设立乡贤爱心基金2个，摸排申报“同心共富”实践基地5个。加强“乡贤带富”典型选树，1名乡贤入选省委统战部“同心共富”栏目，2名乡贤入选省委统战部“擘画共富 浙里有我”好故事栏目，推出“西施故乡人”电视专栏10期，开设“西施眼”APP和“天下诸暨人”频道。

【欧美同学会】2022年，诸暨市欧美同学会作为绍兴首家县级欧美同学会进入实体化运作阶段，新成立青年委员会，建成市欧美同学会驻杭州联络站。6月，启动“诸燕归巢助共富”三年行动计划，通过发挥欧美同学会组织优势和群体效能，集聚“天下诸燕”才智。

【民主党派建设】2022年，实施《关于进一步完善民主党派基层组织经费保障内部匡算制度》《2022年民主党派和统战团体“同心力”指数评价办法》《2022年度民主党派、统战团体信息报送办法》等文件，协助农工党诸暨市委会完成组织换届，开展民主党派特约人员、检察云平台志愿者等推荐工作，支持市人民检察院聘任5名民主党派成员为诸暨市首届特约检察员。

市委统战部指导农工党开展"下乡义诊"、"青少年职业生涯志愿服务"、"医讲堂"，民革"法润民心"法律咨询，民盟基层委"同心服务同行——社会服务工作室""民盟讲堂"，民进基层委"开明暨阳"公益品牌，民建基层委"阳光助学 梦筑未来"助学专项基金，新联会"新联之声"知识普及讲座，知联会"凝聚知识力量 奋进新征程"主题分享荟，网联会"我为家乡带个货"、"浙风十礼——网有礼"等志愿服务活动，助力共同富裕。网联会"我为家乡带个货"被诸暨市民政局评为优秀品牌项目。

【党外代表人士工作】2022年，市委统战部协助市委出台《市委常委联系党外代表人士名单》《2022年度市委、市政府和市有关单位与市各民主党派、工商联及无党派人士协商计划》等文件，组织召开人民法院、人民检察院工作情况党外代表人士通报会和全市经济社会发展、党风廉政建设工作党外代表人士通报会，协助市委组织召开党外代表人士专题协商会议2次。牵头做好政协诸暨市第十五届委员会第二次大会秘书处组织工作。

2022年，召开市委统战部、市委组织部两部党外干部工作联席会议。组织民主党派、市知联会开展专项推荐，向组织部门推荐优秀党外年轻干部17名。选调41名学员参加在省社院举办的民主党派、知联会、网联会骨干成员培训班。按要求配备党外干部，现有科级及以上领导干部27名，在9个政府工作部门和8个镇乡街道领导班子配备党外干部。

【企业服务创新】2022年，常态化开展"亲清直通车 政企恳谈会"、"企业家法制会客厅"企检沙龙、"银企携手 稳进提质"专题座谈、助企优商、"百所联百会"行动、专题恳谈会等活动，提升企业发展信心。召开涉案企业合规第三方机制管委会第一次联席会议，成立诸暨市第三方机制管委会，试点开展涉案企业合规建设2家（绍兴最多），成功调解民商事纠纷案件136件。创新"枫桥经验"，进一步打响"商事纠纷找商会"的调解品牌，发挥总商会人民调解委员会作用，参与案件调解138件，成功调解136件，涉案标的7000余万元。开展季度民营企业运行状况调查、上规模民营企业调研、年度民营企业社会责任调研、民营企业评营商环境调研等活动，共组织填报企业624家次。

【商协会规范化建设】2022年，新成立诸暨市徽商企业家联合会大唐办事处，完成诸暨市江西商会换届选举工作。培育诸暨市总商会江西商会党支部获评2021年度"五星级"党组织，诸暨市温州商会获评全国"四好"商会，诸暨市徽商企业家联合会获评省工商联"四好"商会。组织召开2022年度直属商（协）会半年度工作会议，集中学习《直属商（协）会规范化建设工作实施方案》。推选新生代企业家进入对应部门挂职，开展"杭绍同城"青年话发展和"心寄国防·情系军营"军事日、常青藤研修班、新企联首届篮球联赛等活动，加强新生代企业家队伍建设。

【相关人员服务】2022年，市侨办联合市侨联、市欧美同学会充实归国留学人员和海外侨胞归侨侨眷信息1343个，梳理涉侨重点人士111名、涉侨企业86家、海外侨社团8个。成立海亮集团有限公司归国华侨联合会。开展归侨侨眷回乡创业就业、户口落实、社保参保等涉侨政策宣传工作和"侨心向党·跟着总书记读好书"主题活动。

修订完善《2022年诸暨市涉侨突发事件应急预案操作手册》，全面提升涉侨突发事件应急能力和水平。完善涉侨行政审批事项清单，运用远程取证等技术，完成19名高考"三侨生"、3名中考"三侨生"和1名华侨的身份审核工作。继续贯彻落实《浙江省华侨权益保护条例》，建立常态化走访联系制度，实地走访联络侨胞侨眷和留学生家属260余人次、侨企45家，协调解决问题7个。完成乌克兰撤侨工作，帮助10名在乌克兰的诸暨籍华人撤离。 （统战部 俞钢阳）

编制工作

【概况】2022年，全市行政机构共有80个，其中党委工作部门11个、人大常委会机关1个、政府工作部门57个（含派出机构7个、绍兴市级部门派出机关1个、镇乡街道23个）、政协机关1个、民主党派机关

1个、群众团体机构7个、法院1个、检察院1个。总行政编制数3837名，实有3555名。事业单位297个（其中正科级14个、副科级11个），事业编制数18001名，实有16873名。

【机构设置调整】2022年3月8日、4月13日、8月4日，分别拟定科技城建管办、高湖建管办、诸暨西施故里省级旅游度假区管委会“三定”规定并由市两办发文，同步印发所属事业单位机构编制规定。9月21日，设立中共诸暨市委教育工作委员会，为市委正科级派出机关，与市教育体育局合署办公；设立诸暨经济开发区纪检监察工作委员会，为市纪委市监委派出机构。12月15日，整合组建市国防动员办公室，在市发展和改革局挂牌。

【编制使用统筹优化】2022年，做好用编计划核准、中层职数审核等工作，共审批9家单位10名周转编制、42家单位中层职数使用及12家单位20名用编计划。深化高层次人才编制“周转池”建设，统筹60名事业编制专项用于党政储备人才招录。市编办批复教育用编189名，其中93名用于高校优秀毕业生校园招聘；批复卫健局下属差额医疗事业单位用编316名，其中52名用于高校优秀毕业生校园招聘。

【大综合一体化综合行政执法改革】2022年，优化调整专业执法队伍，做好精简能源、民政、建设、劳动保障、水利、统计等6支执法队伍后续相关工作，建立综合行政执法队及市场监管、生态环境、文化市场、农业、交通运输、卫生健康、应急管理、自然资源执法队“1+8”行政执法体系架构。8月31日，印发《诸暨市部门执法人员编制“县属乡用”管理办法（试行）》，持续推动执法力量下沉，共计派驻573人以及联络员133人，达到绍兴市规定的“下沉65%以上”要求。完善形成全市执法目录总清单并动态调整，共编制执法目录9421项。在9个乡镇赋权的基础上，配合推动暨阳、陶朱、浣东、暨南、大唐等5个街道的赋权工作，形成“一镇一册”。

【变革型组织调研建设】2022年9月21日，印发诸暨市社会治理中心“三定”规定，明确诸暨市社会矛盾纠纷调处化解中心更名为诸暨市社会治理中心，挂诸暨市综合信息指挥中心、诸暨市社会矛盾纠纷调处化解中心牌子，为市委直属的公益一类事业单位，机构规格为正科级，由中共诸暨市委办公室统筹管理。聚焦部门职能定位，会同组织部梳理26个政府部门、7个派出机构以及检法2家单位核心科室和核心业务。开展镇乡街道和市级部门干部队伍系统性重塑及机构编制管理情况专题调研，提出完善有关部门机构编制优化调整和规范化、精细化管理以及镇乡街道编制统筹管理方案。

【基层管理体制改革】2022年，制定深化基层管理体制改革的1个实施方案和4个管理办法，即《加强镇乡（街道）编制统筹管理深化基层管理体制改革的实施方案》《诸暨市镇乡（街道）分类及机构编制管理办法》《诸暨市机关事业单位周转编制使用和管理办法（试行）》《诸暨市镇乡（街道）股级领导职数周转管理办法（试行）》《诸暨市镇乡（街道）人员岗位管理办法》，旨在提升基层管理效能和整体智治水平。配合做好现代社区建设工作，指导镇乡街道在限额内优化调整内设机构，根据需要设置社区服务管理办；同时，增加现代社区建设较为集中的镇乡街道人员编制，其中增加暨阳街道5名、陶朱街道2名、浣东街道1名、大唐街道1名。

【实名制信息动态完善】2022年，开展全市实名制系统数据质量压力测试，与养老库数据进行比对，共比对21206条数据信息，准确率达到100%。完成综合行政执法改革25名执法人员、西施故里管委会34名人员转隶工作。共办理人员入编1786件、出编1120件、在编变更15644件。加强省机构编制监管平台的贯通应用，完成407条省机构编制数字化管理平台预警问题清零工作。完成公编民用在编教师清零工作，全市72名公编民用在编教师全部回到公办学校或转入民办事业单位报备员额管理。

【编外用工管理】2022年，按照省级核减编外用工控制数总量的3%要求，拟定编外聘用人员核减方案。9月，完成机关事业单位编外聘用人员管理“一件事”应用平台建设，实现“人员跑”变“数据跑”。配合巡察办做好店口镇等涉及编外聘用人员违规问题的整改工作，指导有关单位完善编外聘用人员日常管理工作。会同综合行政执法局、人社局开展镇乡街道综合行政执法辅助力量基本情况调研，走访调研5个街道和13个镇乡，逐一核实队伍人员

“家底”，提出加强综合行政执法辅助队伍建设意见和建议。

【事业单位登记管理】2022 年，事业单位法人设立登记 12 家、变更 190 家、注销 8 家、换领证 26 家，年度报告公示 324 家；机关群团统一社会信用代码赋码初领 2 家、变更 35 家、注销 1 家；228 家事业单位完成章程制定工作。事业单位法人年报公示信息开展“双随机”检查，共检查 8 家事业单位，对问题单位下发书面整改通知书。（编办　寿张涛）

党校工作

【概况】2022 年，中共诸暨市委党校完成新锐训练营（第三期）、组工干部专业化能力提升班、初任公务员培训班、学习贯彻党的二十大精神暨坚持和发展新时代“枫桥经验”专题研修班等 17 个主体班 2100 人次的培训任务。承担县级以上党政领导委托或厅级以上社科类课题 27 项，获得 2023 年度浙江省社科联年度（资助）课题 2 项。编报决策参阅 12 篇，11 篇获得肯定性批示。理论成果共获科研奖项 15 项。全校共有在编教职工 36 人，其中行政编制 11 人，事业编制 25 人。离退休教职工 17 人。在岗专任教师 19 名，其中博士研究生 1 名、硕士研究生 14 名、高级讲师 8 名。评选校级名师 3 名，推荐绍兴市级名师 2 名。招录社会培训辅助工作人员 8 名。

2022 年，中共诸暨市委党校通过全省党校系统绿色学校评审。建成并投用集培训、疏导、咨询、研究于一体的干部心理素质提升中心，开展音乐疗愈、案例心理剧、绘画心理等活动 10 余次，为干部心理健康赋能。在保障主体班次、社培班次正常运作的同时，保障公安厅能力素质比武活动、全省信访比武活动、中共诸暨市委十七届二次全体（扩大）会等大型会议 12 次，接待中央党校、中国人民大学等各级部门考察调研活动近 50 批次。落实教学服务保障精细化、专业化和品质化，学员对各项服务平均满意率达 98%。

【党校教育工作】2022 年，坚持疫情防控和教育培训“两手抓”，根据市委组织部调训计划扎实开展培训工作，举办新锐训练营（第三期）、组工干部专业化能力提升班、初任公务员培训班、学习贯彻党的二十大精神暨坚持和发展新时代“枫桥经验”专题研修班等 17 个主体班次。打造核心课程体系。推出“习近平新时代中国特色社会主义思想概论”“学习贯彻习近平法治思想”“‘枫桥经验’的文化溯源”“新时代‘枫桥经验’与乡村治理现代化”等新课 13 门；推进实施“全面从严治党能力培训教学提升工程”，录制“共享课堂”课程 18 门，建有党性教育等核心课程 35 门，形成政治理论党性教育课程与专业化课程“1+1”架构。做强做优党校“红色暨阳”志愿宣讲服务品牌，以“专题讲授 + 板凳课堂 + 网络课堂”的方式开展党的十九届六中全会、党的二十大等主题的社会宣讲 106 场次，受众 6500 余人次。

【党校科研工作】2022 年，完成省委党校系统中国特色社会主义理论体系研究中心第二十三批规划课题结题。全年承担县级以上党政领导委托或厅级以上社科类课题 27 项，其中厅局级课题 18 项，获得 2023 年度浙江省社科联年度（资助）课题 2 项。编报决策参阅 12 篇，11 篇获得肯定性批示，其中 7 篇获得诸暨市党政主要领导肯定性批示，1 篇

2022 年 11 月 3 日，诸暨市“学习贯彻党的二十大精神暨坚持和发展新时代‘枫桥经验’专题研修班”在市委党校（枫桥学院）开课（党校提供）

在绍兴市社联、绍兴市社科院主办的《社科要报》刊登。理论成果共获科研奖项15项，其中厅局级二等奖以上6项，厅局级一等奖1项，县处级一等奖2项，获奖总数居绍兴市党校系统前列。

【省内外干部培训】2022年，立足“体现浙江特色的中国基层治理培训、研究、宣传中心”的目标定位，实施“枫桥经验+”课题研究项目，推进与中浦院、浙江大学等院校机构合作，并成为中浦院现场教学基地。结合诸暨经济社会发展现状和干部教育培训实际，实施“枫桥经验+”社会培训规范化建设项目，加强与相关镇乡街道、企业和专业市场的联系合作。按照“四可五有”标准，完善推出“枫桥经验”与基层社会治理、党建引领乡村振兴、党建引领共同富裕、党建引领文化传承、特色小镇与数智产业、党性教育六大教学主题，共有48个市内现场教学基地，形成现场教学课程11门。承接全省新提任公安派出所所长轮训班、沐川县乡科级领导干部进修班等社会培训91期，参与学员4540人次。 （党校　杨婷婷）

信访工作

【概况】2022年，诸暨市继续深入学习领会习近平总书记关于加强和改进人民信访工作的重要思想，认真学习贯彻省委、市委信访工作会议精神，坚持和发展“枫桥经验”，以《信访工作条例》宣传贯彻落地为契机，围绕信访工作现代化县（市、区）创建工作，不断健全完善体制机制，深化矛盾动态清零，全年信访总量稳步下降。基层事项化解率98.4%，初次来信化解率88.29%，初次网信化解率97.95%，初次走访化解率89.0%。2022年度考核为绍兴市优秀，连续两年创成全国信访工作示范县（市、区），获评全省信访系统先进集体。

【信访工作机制】2022年，继续全面加强党对信访工作的领导，以“党建+信访”为核心，完善信访工作责任制。开展三级主官办信，压实各镇乡街道、部门（单位）信访工作责任，推进市主要领导阅办信访件，领导干部接访、下访、包案化解工作。全年市领导接访占比超80%，批办各类网、信件共601件，均通过转办、交办、跟踪及督办形式闭环落实。压实干部责任，强化内部管理，印发《诸暨市村社党员干部落实信访责任“十条正面/负面清单”》，建立市纪委、组织部和信访局联合督查工作机制，对信访事项办理、信访积案化解等工作内容进行专项督查，先后组织联合督查6次，下发通报5次，追责问责9家单位20人次。

【信访积案化解】2022年，围绕信访积案化解清零目标，在全市范围内开展“守初心践使命”大整顿大提升五大专项行动。针对积案化解工作，成立信访积案“百日攻坚”行动组织领导体系，高位推动，以上率下，以领导包案为支撑，分类处理为手段，督导考核为保障，健全工作机制，强化责任落实，确保化解成效。全年召开信访积案化解专题会、协调会65次，到基层督查走访80余次，领衔攻坚化解积案79件，打通积案化解“最后一公里”。866件国家、省级交办件实现动态清零。“七张问题清单”工作较为突出，结合巡视回头看整改工作，持续抓好重点信访问题的整改，创建省级示范榜分榜和绍兴市示范榜，重大信访问题清单工作力指数位列全省第12名，年度考核位列绍兴市第二。

【信访秩序规范】2022年，以“双向规范”和“双向追责”为主线，从重要信访事项查起，进行全面复盘溯源。甄别有理访和无理访，强化分类处置。对不合理的诉求启动终结程序，按照“三到位一处理”要求有序退出。先后组织听证会5场，申报入库听证终结7件，司法终结28件，三级终结10件。同步开展后续跟踪管理工作，引导信访群众依法理性反映诉求。针对“以访施压”“以闹求决”“以访谋利”现象，按照省委政法委等六部门《关于依法处理信访活动中违法犯罪行为的若干意见》要求，依法打击违法信访行为。开展依法维护信访秩序专项工作，严肃开展违法信访处置。

（信访局　郭轩宏）

老干部工作

【概况】2022年，全市有离休干部74人，其中易地安置4人（省外来诸1人、市外来诸3人），平均年龄93.7周岁，年龄最大的101岁、最小的87岁。由老干部局服务管理的实职副处以上老领导50人。

2022 年，稳步推进离退休干部党支部规范化建设，65 个党支部被评为绍兴市级“银领五星”规范党支部，其中 2 个党支部被评为示范党支部，创建成功率达 87.13%，新成立 2 个银辉党支部，离退休干部党组织有形有效覆盖进一步扩大；通过“党建 + 正能量”，健全完善红色根脉传承机制，组织引导老同志以亲身经历讲好红色故事，开展党史国史宣讲、先进典型宣传等各类活动 300 余场，服务群众 3 万余人次。9 月 30 日，举办“喜迎二十大 永远跟党走”诸暨市机关干部集体荣休仪式，作为进一步规范干部退休工作的模板。全年全市共有 47 个机关事业单位举办 98 场干部荣休仪式。

2022 年 9 月 30 日，诸暨市机关干部集体荣休仪式在诸暨电视台演播大厅举行（老干部局提供）

【老干部政治和生活待遇保障】2022 年，召开 1 次诸暨市离退休干部经济社会发展形势通报会，绍兴市委常委、诸暨市委书记沈志江到会发言，140 余名离退休干部代表参加。开展春节送温暖、“七一”全市离休干部大走访等活动 4 次；坚持“跳出书本看知识”，组织老领导赴诸暨“一大”会址红色教育基地，以及龙泉、庆元、云和、新昌等地参观学习，深化“走看促”活动。

依托浙江省离退休干部服务管理平台，联合医疗机构为全市 74 名离休干部建立健康档案，提升离休干部“一人一策”精准服务要求，实行动态管理。开展离退休干部生活待遇落实情况专项督查，督促为 6 位离休干部补发离休金 35.39 万元。严格按照“三必到”（老干部患病住院必到、老干部病故必到、老干部有特殊困难必到）原则，合计开展逝世慰问、住院关怀、特殊困难慰问 64 次。

【老干部余热发挥】共建共享抓资源整合强阵地，重点建设打造友谊社区省级“乐活驿站”的基础上，依托“家门口老年大学”、镇街老年体协等共建小而精、专而美的第二批五家“乐活驿站”，使驿站成为深化精准服务、发挥银耀力量的正能量平台。诸暨市老年书画协会活动中心秉持“老有所学、老有所乐、老有所为”的理念，开展“喜迎二十大 讴歌伟大祖国”专题展、慈善书画义卖等各类活动 100 余场，惠及群众 1 万余人。

分级分类建立“银色人才库”，选树 50 名老教师、老医师、老工程师、老专家等组成市级、省级银尚达人，选拔 121 名政治成熟、经验丰富、业务熟悉、技术熟练的离退休干部组成诸暨市级“银色人才库”，并根据专业特长，择优推荐 5 名成为绍兴市级“银色人才”。以老年人“数智共享 跨越鸿沟”为目标，坚持上下联动、多方协同，广泛开展“银龄跨越数字鸿沟”专项行动，至 9 月底，开展“银龄跨越数字鸿沟”科普专项行动集中培训 48 次，共培训 2064 人次。

【老年大学建设】老年大学服务管理创新。2022 年，老干部局依托乡镇、社区党群服务中心、养老机构等资源，构建起“本校、分校、教学点”的三级立体式老年教育体系，让老年人在“家门口”就近开展学习教育。已形成 1 所总校、3 所分校、12 个教学点的教育网络体系，报名学员达到 5405 人次。

老年教育联盟。2022 年，继续加强对全市老年教育工作的指导，8 月 11 日下发《关于组建诸暨老年教育联盟的通知》，逐步形成党委领导、政府统筹、部门协作、社会参与、普惠共享的老年教育新格局，初步实现市、乡镇街道、村（社）三级老年学校全覆盖。

老年大学文明实践活动。老

干部局牵头开展“好习惯手拉手”活动，实施“好习惯银龄我倡议”活动，开展文明实践承诺书签订、银龄“文明家长”聘请、线上文明宣讲和志愿服务等活动。完成老年大学全体学员线上文明承诺书签订活动，聘请2批次共计551名“文明家长”，每月开展2次文明宣讲，常态化开展志愿服务实践活动100余次，惠及群众15000余人次。文明实践活动专题信息分别在《诸暨新闻》、西施眼APP和市委办《每日动态》报道刊发。　（老干部局　石天申）

史志编研

【概况】2022年，诸暨市党史和地方志研究室以习近平新时代中国特色社会主义思想为指导，按照上级关于“学党史、悟思想、办实事、开新局”的总要求，注重紧紧围绕市委、市政府的中心工作，充分发挥“存史、资政、育人”的职能，继续开展党史宣传教育，启动编写《中共诸暨历史（第三卷）》，推进史志资料整理利用和数字化。

【党史宣传教育】2022年，巩固党史教育成果，通过党史宣讲、新闻宣传、党史编研、书籍赠送等方式，进一步扩面延伸，深入宣传党中央精神，以及浙江省委、绍兴市委和诸暨市委有关部署，为党史学习教育营造浓厚氛围。会同相关部门组织开展全市基层党支部学党史主题党日活动、“暨阳论坛”理论学习研讨活动；向市纪委牵头的“哲学中国诸暨高地”和“胆剑精神”提供有关资料；参与市文广局博物馆重新布展有关党史部分内容审稿和红色文物专家鉴定；参与陶朱街道编撰的《陶朱红色文化教育读本》文稿审稿；参与牌头镇关于宣中华故居布展方案的审稿等。

以“沿着红色足迹学党史”为主题，加强红色资源规范化保护利用，推进市内党史教育基地改造升级，协助组织部做好中共诸暨“一大”会址红色教育基地布展提升工作；配合做好俞秀松故居和纪念馆数字化提升工程建设，完成宣中华故居布展方案的审稿及展陈等工作。对现有省级、绍兴市级和诸暨市级红色教育基地进行调整和补充，新增4家诸暨市级党史教育基地，至年底，共有省级党史教育基地4处、绍兴市级16处、诸暨市级20处。

深化对党史主要人物事件的研究宣传。完成绍兴市党史研究室和绍兴市政协文史委主办的《绍兴市红色文化根脉》书稿，其中涉及诸暨部分内容占近40%。至10月底，共完成“红色人物”“红色事件”“红色组织”“红色遗址”等40余条10万字和100余张历史照片的初稿材料整理，并通过诸暨市政协文史委的初审。同时，做好《红色诸暨》系列丛书之一《红色印记——诸暨市党史教育基地图志》初稿撰写，共收录省级、绍兴市级和诸暨市级党史教育基地20家，文稿10万余字，有照片90余幅。

诸暨市浙江省级和绍兴市级的党史教育基地一览表

表15

基地名称	级别	批次
俞秀松故居和烈士陵园	省级	第一批
“枫桥经验”陈列室	省级	第二批
诸暨革命烈士纪念公园	省级	第三批
宣侠父故居	省级	第四批
中共诸暨县第一次代表大会旧址	绍兴市级	第一批
诸暨革命烈士纪念馆及纪念碑	绍兴市级	第一批
新四军浙东游击纵队金萧支队成立地旧址	绍兴市级	第二批

续表 15

基地名称	级别	批次
张秋人烈士墓	绍兴市级	第二批
中共诸暨农村第一个支部成立地	绍兴市级	第三批
何赤华烈士墓及事迹陈列馆	绍兴市级	第三批
浙东人民解放军金萧支队成立地旧址	绍兴市级	第三批
何文隆故居及事迹陈列馆	绍兴市级	第三批
陶朱红色记忆馆	绍兴市级	第三批
梁焕木纪念馆	绍兴市级	第三批
红色大唐红色中兴陈列馆	绍兴市级	第三批
红色庄余霞陈列馆	绍兴市级	第三批
宣中华故居及烈士陵园	绍兴市级	第四批
诸暨市清廉教育基地	绍兴市级	第四批
朱学勉烈士墓	绍兴市级	第四批
诸暨市青山革命烈士陵园	绍兴市级	第四批

【《中共诸暨历史（第三卷）》编写】2022年4月底，按要求完成《中共诸暨历史（第三卷）》纲目初稿内审和调整。5月初，组成编写小组启动编写工作，由分管副主任任组长，党史科和单位年轻业务骨干共同参与，将全书4个编23章编写内容，分成4个部分同步推进，查找、参考的资料有《诸暨县志》《诸暨市志》《诸暨党史大事记》《诸暨党史百年纪事》及历年《诸暨年鉴》和《诸暨（日）报》，档案馆中1978—2012年市委、市政府及市级重点部门的文件和总结材料案卷1.2万余卷。共打印（复印）纸质材料2万余页。至年底，基本完成23章初稿编写和内审。

【《诸暨年鉴（2022）》编纂】2022年，编纂框架较2021卷基本不变，个别类目和分目作微调，记载2021年度诸暨市自然、政治、经济、文化、社会各方面情况，年内出版。

【《诸暨市志（1979—2012）》利用推广】2022年1月起，开展《诸暨市志（1979—2012）》进机关、进校园、进社区、进企业、进农村、进部队活动，累计向全市领导干部发放市志1000余套，向人大代表、政协委员等发放500多套，向学校发放100多套，向各单位和部门发放400余套。与全国各地交流志书1000套。

【史志资料整理】2022年，在西施眼APP的“掌上诸暨史志”板块上传27本党史、地方志书籍，其中党史书籍10本，地方志书籍11本，年鉴6本；整理近千万字党史档案资料，到10月底，基本完成电子化；落实专人对史志资料馆藏书进行整理、归类、电子化录入等。《印象·西施》丛书出版《戏剧中的西施——西施题材剧作荟萃》《典籍中的西施》2本。

（史志研究室）

诸暨市人民代表大会

2022 年，是党的二十大召开之年，也是诸暨市新一届人大常委会履职的开局之年。市人大常委会以习近平新时代中国特色社会主义思想为指导，围绕持续擦亮“枫桥经验”金名片、奋力打造新时代共同富裕新高地，高水平谱写社会主义现代化建设诸暨篇章的主题主线，依法召开市十八届人大一次会议，召开人大常委会会议 10 次、主任会议 19 次，听取和审议“一府一委两院”工作报告 12 个，听取专题汇报 5 个，作出决议、决定 13 项，组织执法检查和视察活动 9 次，依法任免国家工作人员 125 人次、人民陪审员 2 人次，牵头组织宪法宣誓 62 人次，补选市十八届人民代表大会代表 3 人，全面推进人大工作实践创新。

重要会议

【市十八届人大一次会议】诸暨市第十八届人民代表大会第一次会议于 2022 年 2 月 22 日至 24 日在市区举行。会议共举行 4 次全体会议、4 次主席团会议，听取和审议诸暨市人民政府工作报告；审查和批准诸暨市 2021 年国民经济和社会发展计划执行情况的报告及 2022 年国民经济和社会发展计划；审查和批准诸暨市 2021 年预算执行情况的报告及 2022 年预算；听取和审议诸暨市人民代表大会常务委员会工作报告；听取和审议诸暨市人民法院工作报告；听取和审议诸暨市人民检察院工作报告；选举诸暨市第十八届人民代表大会常务委员会主任、副主任、委员，诸暨市人民政府市长、副市长，诸暨市监察委员会主任，诸暨市人民法院院长，诸暨市人民检察院检察长；选举诸暨市出席绍兴市第九届人民代表大会代表；票决诸暨市人民政府 2022 年民生实事项目；通过诸暨市第十八届人民代表大会有关专门委员会组成人员名单。

会议共收到代表 10 人以上联名提出的议案 5 件、建议 281 件，合计 286 件。其中，涉及经济建设方面 68 件，占 23.78%，主要建议有加速推进杭绍一体化同城化发展战略；加大招商引资力度提升整体营商环境；推进行业经济和特色农业产业发展；打响西施故里旅游度假区品牌等。涉及社会管理和民生保障方面 171 件，占 59.79%，主要建议有持续擦亮“枫桥经验”金名片，推进社会治理体系建设；加大人才引进和培育力度；加快推进农村饮用水管网建设、道路提升改造、危旧房改革、基层医疗服务、养老体系建设、非粮化土地整治等民生保障问题。涉及文化建设和生态文明方面 47 件，占 16.43%，主要建议有优化“双减”政策、入学政策，优化教育资源配置；饮用水源地治理；人居环境整治等。大会主席团决定将本次会议收到的代表议案作为代表建议处理，会后由市人大常委会交市人民政府和其他有关国家机关办理，办理结果由承办单位在7月底前负责答复代表，并报告市人大常委会。

【人大常委会会议】1月14日，召开市十七届人大常委会第四十四次会议，听取和审议市政府关于2021年民生实事项目完成情况及2022年民生实事候选项目形成情况报告，开展满意度测评；审议关于提请作出《诸暨市人民代表大会常务委员会关于召开诸暨市第十八届人民代表大会第一次会议的决定》的议案；听取市人大常委会代表资格审查委员会关于诸暨市第十八届人民代表大会代表资格审查的报告。

2月15日，召开市十七届人大常委会第四十五次会议，听取对政府工作报告、计划、预算及“两院”工作报告意见；听取关于市十八届人大一次会议筹备工作情况的报告，审议市十八届人大一次会议有关建议名单；讨论人大常委会工作报告，推选报告人；审议有关人事任免事项。

4月22日，召开市十八届人大常委会第一次会议，审议有关人事任免事项；审议诸暨市第十八届人民代表大会常务委员会代表资格审查委员会名单（草案）；审议市人大常委会各街道工委2021年度工作情况的报告；审议诸暨市第十八届人民代表大会常务委员会关于进一步加强自身建设的决定（草案）。

5月31日，召开市十八届人大常委会第二次会议，审议市政府关于2021年国有资产管理情况的报告；听取和审议市政府关于2021年国有自然资源资产管理情况的报告；听取和审议市政府关于2021年生态环境状况和环境保护目标完成情况的报告；审议市政府关于提请调整公共卫生临床中心建设工程名称和内容的议案；审议市人大常委会主任会议关于提请聘任市十八届人大常委会法律顾问的议案。

7月27日，召开市十八届人大常委会第三次会议，听取和审议市政府关于2021年财政决算和2022年上半年财政预算执行情况的报告；听取和审议市政府关于2021年市级预算执行和其他财政收支的审计工作报告；听取和审议市政府关于我市共同富裕建设中兜底保障工作开展与慈善事业发展情况的报告；审议有关人事任免事项。

8月25日，召开市十八届人大常委会第四次会议，听取和审议市政府关于电信网络诈骗综合治理工作情况的报告；听取和审议市政府关于2022年上半年经济社会发展情况和下半年政府重点工作的报告；审议市政府关于2022年上半年国民经济和社会发展计划执行情况的报告；审议有关人事任免事项。

10月26日，召开市十八届人大常委会第五次会议，听取和审议市政府关于市十八届人大一次会议代表建议办理情况的报告；听取和审议市政府关于农业“双强”行动开展情况的报告；审议有关提请许可事项；审议有关人事任免事项。

12月15日，召开市十八届人大常委会第六次会议，审议关于提请作出《诸暨市人民代表大会常务委员会关于召开诸暨市第十八届人民代表大会第二次会议的决定》的议案；审议2022年财政预算调整方案（草案）的议案；审议有关人事任免事项。

【主任会议】4月22日，召开市十八届人大常委会主任会议第一次会议，讨论通过市人大常委会2022年工作要点和履职工作计划草案；讨论确定市十八届人大常委会第一次会议建议议程、召开时间和列席人员。

4月28日，召开市十八届人大常委会主任会议第二次会议，讨论通过关于代表工作的有关事项；讨论通过市人大常委会主任、副主任分工安排；讨论通过市人大常委会办公室、各工委负责人名单。

5月23日，召开市十八届人大常委会主任会议第三次会议，讨论通过诸暨市第十八届人民代表大会常务委员会计划和预(决)算审查咨询组名单（草案）；讨论通过《2022年度镇乡（街道）人大工作评价办法（草案）》；讨论通过《关于组织市人大代表向原选区选民报告履职情况的实施办法（草案）》；讨论通过2022年代表建议重点件（草案）；讨论确定市十八届人大常委会第二次会议有关事项；听取教科文卫工委关于减轻义务教育阶段学生作业负担和校外培训负担工作的调研情况。

6月29日，召开市十八届人大常委会主任会议第五次会议，听取监察和司法工委关于全市诉源治理工作的调研情况。

7 月 29 日，召开市十八届人大常委会主任会议第七次会议，听取农经工委关于农业农村类“诸暨工匠”评选工作的调研情况。

9 月 27 日，召开市十八届人大常委会主任会议第十次会议，听取财经工委关于市本级政府债务管理情况的调研情况。

10 月 19 日，召开市十八届人大常委会主任会议第十一次会议，讨论通过《诸暨市人大常委会关于推进浙江诸暨经济开发区人大工作的实施方案（讨论稿）》。

11 月 29 日，召开市十八届人大常委会主任会议第十三次会议，听取财经工委关于审计发现问题整改落实的调研情况。

重要活动

【视察活动】1 月 7 日，市人大常委会组织视察 2021 年民生实事项目完成情况。市人大常委会驻会成员实地视察市级养老服务中心建设工程、综合应急能力提升工程、道路交通安全提升工程、全市公办小学教室新风系统安装工程、农村文化礼堂建设工程、乡镇饮用水水源地水质监测能力提升工程，并提出意见和建议。

1 月 26 日，市人大常委会组织视察市十七届人大代表重点建议落实情况。市人大常委会驻会成员实地视察老小区综合整治、教育资源优化、农村道路提档、乡村振兴共同富裕等工作，并提出意见和建议。

4 月 27 日，市人大常委会组织视察防洪排涝工程。市人大常委会驻会成员实地视察宣家湖电排站、淀荡畈电排站、杨树畈拟建电排站、潭俞流域新建电排站，并提出意见和建议。

10 月 27 日，市人大常委会组织视察“杭绍同城”交通建设和中医药特色发展情况。市人大常委会驻会成员实地视察店口港、235 国道次坞檀树山隧道、璜山镇中心卫生院、诸暨市中医医院，并提出意见和建议。

【督查活动】6 月至 12 月，市人大常委会领导带队分小组开展 2022 年民生实事项目专项监督。在总结往年监督经验基础上，系统制定进行跟踪监督方案，发动代表就近就便进行监督，在年底组织视察民生实事项目完成情况，开展满意度测评。2022 年民生实事项目按要求全面完成。

【执法检查】5 月，市人大常委会配合绍兴市人大常委会开展《浙江省实施〈中华人民共和国节约能源法〉办法》贯彻执行情况检查；配合绍兴市人大常委会开展《中华人民共和国环境保护法》贯彻执行情况检查；配合绍兴市人大常委会开展《浙江省综合行政执法条例》贯彻执行情况检查。

6 月，配合绍兴市人大常委会开展乡村振兴“一法一条例”贯彻执行情况检查；配合绍兴市人大常委会开展《中华人民共和国就业促进法》贯彻执行情况检查。

9 月，市人大常委会按照省人大统一部署，三级联动对《浙江省医疗保障条例》贯彻执行情况进行全面检查。

【代表建议督办】6 月，市人大常委会领导会同市政府领导分线开展市人大代表重点建议办理面商督办活动，听取重点建议承办单位办理情况的汇报、领衔代表意见，市政府领导和市人大常委会领导对办理工作开展了点评。

【代表活动指导和服务】主动为代表履职设定主题、搭建平台，组织发动代表监督 2021 年民生实事项目，组织开展“助力擦亮‘枫桥经验’金名片、打造新时代共同富裕新高地”主题活动、“局长·代表面对面”主题活动、四级人大代表助力八大攻坚行动，定期向代表通报市人大常委会和“一府两院”主要工作，全年邀请代表参加各类履职活动 1000 余人次，为代表知情知政、依法履职创造条件，提供保障。

议案办理

【代表建议督办】市人大代表在市十八届人大一次会议期间共提出建议 284 件（大会收到建议为 286 件，后归并为 284 件）。截至 7 月底，代表建议均已办理完结，办结率、满意率均为 100%。从答复和落实情况看，建议办理的结果满意率持续维持高位，问题解决率逐步得到提升。

（人大办　郦建龙）

2022年市人大常委会领导督办代表建议重点件一览表

表16

案号	案由	领衔代表	承办单位	领办领导	督办领导
228	关于持续优化营商环境增强企业获得感的建议	赵林中	市发改局	张昆仑	郭浩良
284	关于加快推进全市能源高质量发展的建议	康　伟	市发改局	郦小飞	朱红伟
237	关于加大招商引资力度提升整体营商环境吸引高精尖产业集群入驻的建议	马　键	市招商投资促进中心	董光辉	朱红伟
86	关于加强电动自行车道路安全管理的建议	蔡清国	市公安局	谢　琦	杨元清
264	关于提升电商行业服务与监管能力的建议	郭　南	市商务局	陈益峰	陈迪锋
280	关于进一步加强建筑领域民工工资发放监管的建议	赵佳水	市建设局	应国伟	杨　炬
116	关于加大香榧产业规划和扶持力度的建议	边立松	市农业农村局	童云英	何鸿成
230	关于推动“专精特新”中小企业高质量发展的建议	赵林中	市经信局	陈文进	俞　越

2022年市人大常委会工委督办代表建议重点件一览表

表17

编号	建议标题	领衔代表	承办单位	督办工委
27	关于如何持续擦亮“枫桥经验”金名片的建议	陈大栋	市委政法委	监察和司法工委
156	关于提升依法行政水平，推进法治政府建设的建议	孟一徽	市司法局	
86	关于加强电动自行车道路安全管理的建议	蔡清国	市公安局	
101	关于新时期诸暨工业经济拓展升级的建议	王东帅	市经信局	财经工委
284	关于加快推进全市能源高质量发展的建议	康　伟	市发改局	
228	关于持续优化营商环境增强企业获得感的建议	赵林中		
67	关于学生“双减”后凸显问题的建议	郦　飞	市教体局	教科文卫工委
283	关于“越惠保”广普之路遇“梗阻”需关注的建议	项殿洪	市医保局	
33	关于提升西施故里旅游度假区五泄区域旅游的建议	戚伟平	西施故里管委会	
131	关于开展饮用水水源地河道生态化治理的建议	陈明君	市水利局	农经工委
57	关于加大山区乡村创业人才培育力度的建议	何天涯	市农业农村局	
64	关于扶持村级集体经济 助推乡村振兴的建议	周伟永		
265	关于要求加强诸暨城区内涝治理的建议	斯丹燕	市建设局	城建环保工委
21	关于要求对城区充电桩维修服务的建议	陈维芹	建设集团	
179	关于支持网络货物平台发展的建议	俞小峰	市交通运输局	
8	关于爱心食堂提档升级2.0版的建议	王　飞	市民政局	社会建设工委
299	关于加强对社会组织的引导、监管的建议	杨栅丽		
221	关于加强技术员工培训及扶持的建议	陈天宝	市人力社保局	

诸暨市人民政府

2022年，诸暨市政府锚定“两个先行”，奋进“五个率先”，聚力“两放三争”，全力打好稳进提质、除险保安、塑造变革组合拳，致力于“疫情要防住、经济要稳住、发展要安全”的多目标动态平衡，实现本届政府工作的良好开局。全年实现地区生产总值1658.84亿元，同比增长4.6%；完成财政总收入131.66亿元，其中一般公共预算收入90.28亿元；城乡居民人均可支配收入分别达80900元、49700元，收入倍差缩小至1.63；跻身全国县域经济综合竞争力百强县第10位、全国综合实力百强县第12位。

经济发展稳进提质。筑牢工业经济“压舱石”，规上工业增加值连续22个月保持两位数增长，制造业“腾笼换鸟、凤凰涅槃”攻坚行动获省级考核激励，推动工业稳增长和技术改造、加快传统制造业转型升级等工作获省政府督查激励。集中精力抓项目，新引进亿元以上项目51个，总投资达391亿元，百亿级项目实现新突破。千方百计促消费，“西施有礼·品质消费”活动以3000万元消费券撬动消费6.1亿元，全年实现社零总额526.3亿元，同比增长5.2%。优化平台稳外贸，开通“中欧班列”公铁联运封箱监管业务、“诸暨—上海港”海铁联运国际专线，完成市场采购出口申报货值5.23亿美元，全年自营出口618.4亿元，同比增长14.97%。多措并举强保障，争取地方政府专项债、中央预算内投资、政策性开发性金融基金共35.9亿元；高效实施稳经济“一揽子”政策41条，累计兑现各类政策资金16.1亿元、减免各类税费28亿元，惠及市场主体121万家次。梯次培育市场主体，新增各类市场主体2.97万家、单项冠军企业1家、国家专精特新“小巨人”企业12家、国家高新技术企业91家，帕瓦新能源成为绍兴首家科创板上市企业。

改革破题创新赋能。数字化改革获省政府督查激励，4个项目获省改革突破奖，全面深化改革工作考核全省优秀。着力打造更多管用实用的特色应用，“浙里直播共富”成为全国直播电商数字治理试点应用，“网络安全智治”应用上榜《领跑者》并夺得省最佳应用，“浙里人口全息管服平台”获评省数字法治好应用，“诸事小灵通”率先在全省实现政务服务智能推荐，全国白蚁防治数字化建设现场会圆满承办。加快推进农村宅基地制度改革，全国首创“三权三票”制度体系，“土地改革助推共同富裕”成为全省最佳实践。协同推进“大综合一体化”改革，14个镇街实现“一支队伍管执法”。纵深推进国资国企改革，实现国有资产保值增值。不断优化产业平台，智能视觉“万亩千亿”新产业平台入选省级培育名单，全国第四个欧美同学会海归小镇揭牌运营。加快建设创新平台，建成投运中俄（诸暨）国际实验室、浣江实验室，“诸暨岛”入选省数字经济飞地示范基地，“杭州港”获评省级科技企业孵化器；全年入选国家引才计划人才41人、省级引才计划人才25人，分别居省、绍兴市首位。

城市品质优化升级。高度融入“网络大城市”建设，店口高架正式通车，环城南路快速路主线贯通，G235诸暨段、绍诸高速浣东互通、店口综合港区、湄池大桥加快建设，柯诸高速全线动工，杭诸市域轨道交通预可研和线位研究深化推进。稳步提升城乡风貌，加快推进全国水系连通及水美乡村试点创建、浦阳江治理三期工程，陈蔡水库改造提升项目主体完工，安华水库扩容提升先行工程正式开工；启用“三区三线”划定成果，实施“三改”129万平方米，西施故里旅游区（东片区）焕新开园，东盛社区成为全省首批未来社区，杜黄新村等5个村入选全省第二批未来乡村。人居环境持续优化，全年空气质量优良天数比例达93.5%，$PM_{2.5}$平均浓度控制在28微克/立方米以内；提标改造污水处理厂5座，新改建污水管网24.8公里，捧得“五水共治”大禹鼎银鼎；处置违建99万立方米，获评省“无违建”创建创先争优示范县；获评美丽浙江建设优秀县市。

民生福祉共建共享。西施石笕、枫桥香榧公用品牌投入运营，中国白酒特色小镇、浙江省白酒核心产区落户同山。行政村年经营性收入50万元以上实现全覆盖，55个行政村年经营性收入突破100万元。累计发放创业担保贷款4887.5万元，帮扶困难人员就业2900人，新增城镇就业4.95万人。加快公共服务优质共享，筹集保障性租赁住房7788套，治理农村老旧房屋5882户；城乡居民基本养老保险基础养老金、低保分别提标至290元/月和1050元/月，发放各类救助资金1.34亿元、残疾人补贴4441万元。社会事业全面进步，新改建中小学幼儿园10所，每千人口托位数达3.54个；开工建设市人民医院二期和暨南分院工程，新妇保院主体工程提前完工，中医药服务实现乡镇卫生院全覆盖，获评健康浙江建设先进县、全国健康城市建设样板市。深入推进文明建设，村级关爱基金惠及群众28.8万余人次，慈善信托资金总量居绍兴首位，爱心食堂相关做法获评省第二批共同富裕示范区最佳实践。文体事业蓬勃发展，创成省级乡村博物馆6家，建成“15分钟品质文化生活圈”140个，浣江书房—金石学馆入选首届浙江省最美公共文化空间，西施文化入选省首批文化标识培育项目；成功承办CBA联赛第二阶段比赛和全明星周末。

社会大局平安稳定。坚决落实上级关于疫情防控各项决策部署，有效打好疫情防控阻击战，实现生产不停、物流不断、产能不减、秩序不乱；因时因势调整优化防控措施，推动疫情防控从“防感染”向“保健康、防重症”平稳转换。新时代“枫桥经验”被写入党的二十大报告；精心筹备“枫桥经验”60周年纪念活动，成功举办第四届新时代“枫桥经验”高端峰会，正式发布新时代“枫桥经验”指数成果；实体化运行市级社会治理中心，上线运行“枫桥式”治理大脑。扎实开展信访积案化解百日攻坚行动，创成全国首批信访工作示范县，成为省信访工作现代化示范县试点。积极稳妥处置房地产领域风险，全省首个房地产稳保基金落地实施。创成省首批

2022年8月15日，诸暨市人民政府与浙江大学、浙大控股集团共建浣江实验室签约仪式举行（融媒体提供）

食品安全示范市。打好安全生产综合治理三年行动收官战，生产安全事故起数、死亡人数实现“双下降”。高质量完成党的二十大安保任务，实现省平安县市“十七连冠”。

履职效能整体提升。深入开展“六学六进六争先”学习实践活动，切实加强政务督查和审计监督，有效整改中央环保督察、省委巡视回头看反馈问题。推行镇街“早餐会”机制，扎实开展“直面矛盾不回避，攻坚克难我带头”活动，解决历史遗留问题和体制机制障碍43项。主动接受人大政协监督，落实重大事项向市人大报告、市政协通报制度，人大代表建议、政协委员提案办理满意率均达100%。持续深化府院联动、府检联动，有效预防化解行政争议。举办政务零距离、政府开放日活动，规范重大行政决策程序，完善行政复议应诉机制，行政机关负责人出庭应诉率、政府部门公职律师配备率均达100%，一审行政诉讼败诉率降至3%，为历年最低，创成全国法治政府建设示范市。

（市府办　黄璐瑗）

重要会议

【市政府全体会议】2022年，市政府共召开全体会议3次。

1月7日，市政府召开第七次全体会议，深入贯彻落实市第十七次党代会精神。会议指出，党代会系统回顾过去五年成绩，总结成绩背后的经验，也指出工作中存在的问题不足，把这些东西分析透彻，对今后工作是重要的参考。要深刻领会党代会精神，看清经验启示、差距不足、机遇挑战，坚决答好新时代赶考路上的政治卷。会议强调，党代会系统部署了未来五年工作任务，提出聚力打造“智造集群地、融杭品质城、文明新高地、治理排头兵”四大总体目标。要深入贯彻“一四五”战略部署，集中力量抓好数字经济、杭绍同城、共同富裕、“枫桥经验”等工作，坚决答好新时代赶考路上的发展卷。要进一步抓交通、抓产业，在杭绍同城上争先竞跑。要进一步以数字化改革为牵引，撬动其他领域改革，优化营商环境，在集成改革上争先竞跑。要进一步抓总量、优结构、增效益、保要素，在扩大有效投资上争先竞跑。要进一步加强招商工作统筹力度，强化产业链精准招商，在招大引强上争先竞跑。要进一步构建现代产业体系，推动企业长高长壮，推进低效用地开发，在产业提质增效上争先竞跑。要进一步打造创新平台、培育创新主体、引聚创新人才，在科技创新赋能上争先竞跑。要加快国家级开发区争创步伐，深化特色小镇建设，加快科创飞地提升，做大外贸平台、旅游平台，在平台能级提升上争先竞跑。要大力提升城市建设，加速城市有机更新，加快“两新一重”基础建设，在提升城市能级品质上争先竞跑。要进一步打造好共同富裕新高地，加强技能人才培养，推动公共服务优质共享，在加强民生保障上争先竞跑。要抓好疫情防控，高度重视各类风险，做好安全生产工作，提升基层治理水平，在平安建设上争先竞跑。要严格落实党代会党建统领要求，进一步提升学习力、执行力、变革力、公信力、免疫力，坚决答好新时代赶考路上的作风卷。

3月12日，市政府召开第一次全体会议，重温中共中央总书记习近平在浙江考察的重要指示批示精神，研究部署诸暨市贯彻落实工作。会议指出，当前，百年变局和世纪疫情交织，要进一步增强忧患意识、防范风险挑战，以工作的确定性应对形势的不确定性，全力争取发展主动。要以确定性的战略定位应对不确定性的发展形势，按照中央、省、绍兴和市委的定位要求，奋战“十四五”，干好“一四五”，争进“前十强”，聚力打造智造集群地、融杭品质城、文明新高地、治理排头兵，持续擦亮“枫桥经验”金名片，奋力打造新时代共同富裕新高地，高水平谱写社会主义现代化建设诸暨篇章。会议强调，要以确定性的战役部署应对不确定性的工作要求，奋发有为办好自己的事，重点开展政府工作报告提出的“十大行动”，进一步抓好“开门红”、有效投资、营商环境、招商引资、风险防范化解等工作，“远学滨江萧山，近比柯桥上虞”，激活后发优势、比较优势、潜在优势，努力在县域竞争中赢得主动、赢得未来。要以确定性的战术保障应对不确定性的能力需求，政府系统干部要在提升自身能力素养上下功夫，提升主动担当的积极性、科学研判的预见性、高效闭环的可操作性、久久为功的韧性、清正廉洁的纯洁性，切实增强抓落实的确定性。会议通报了2022年政府重点工作责任清单。

9月5日，市政府召开第二次全体会议，深入学习领会市委十七届二次全会精神，研究部署政府系统贯彻落实举措。会议指出，市委十七届二次全会是盘点经验、固化成果的总结会，是调整状态、激发奋进的鼓劲会，是凝聚合力、系统部署的动员会。全会报告突出重点、聚焦关键，对下阶段工作作出科学部署，为政府抓好落实提供了遵循、指明了方向、设定了目标。政府系统要在产业能级、科技创新、招商引资、营商环境等方面跑出“加速度”、下好“先手棋”，不断细化工作“颗粒度”，确保各项工作规范清晰、有机衔接、落实到位。会议强调，要用“两放”理念解决“桥和船”的问题，以“三争”目标审视和引领工作，把握主次轻重缓急，以日保旬、以旬保月、以月保季，努力交出过硬成绩。要狠抓项目建设，强化项目推进、项目引进、项目保障，切实做到一切盯着项目看、一切围着项目转、一切扭住项目干。要狠抓平台提升，明晰功能定位和差异化方向，做强产业平台、创新平台、开放平台，形成配套发展、错位发展、互补发展的良性格局。要狠抓营商环境，优化助企服务、落实惠企政策、深化改革赋能，以实际行动精准回应企业需求。要狠抓除险保安，落实常态化疫情防控，加强安全生产整治和自然灾害预防，妥善处置社会面风险，以“时时放心不下”的责任感，守牢安全底线。会议强调，要进一步提升预判能力，坚持“远处谋，精准判，靠前抓”，切实掌握主动权，打好主动仗。要进一步提升统筹能力，深化“一盘棋”思想，有机整合、“弹好钢琴”，务实高效推进各项工作。要进一步提升攻坚能力，讲究方法、找准症结、重点突破，切实做到靶向攻坚、彻底攻坚、长效攻坚。要进一步提升创新能力，坚持解放思想、开放发展，敢于突破常规和路径依赖，切实把规定动作做深，把创新动作谋准。要进一步提升对接能力，积极筹备谋划，强化沟通对接，全力以赴争取要素支持、试点机会。会议通报了省、绍兴重点项目及基础设施投资项目推进情况、“攻坚克难一件事”进展情况、招商引资工作情况和除险保安工作情况。

【市政府常务会议】2022年，市政府共召开常务会议12次，就有关重要工作进行研究并作出决定。

1月28日，学习《中华人民共和国反食品浪费法》；审议《关于应对新冠肺炎疫情支持企业复工复产的意见》；审议《珍珠产业转型升级政策意见》；审议《关于诸暨市农商银行暨阳科技支行支持科技企业和人才创业企业发展的若干意见》。

2月15日，听取关于诸暨市2022年政府（国企）基础设施投资项目年度计划的汇报；听取《关于诸暨市2021年国民经济和社会发展计划执行情况及2022年国民经济和社会发展计划草案的报告》起草情况的汇报；听取全市营商环境评价有关情况的汇报；听取关于诸暨市2021年预算执行情况和2022年收支预算安排情况的汇报。

3月8日，学习《浙江省公共数据条例》；审议《诸暨市人民政府工作规则》；听取关于对蔡祖宁见义勇为行为记个人三等功情况的汇报。

4月13日，学习《浙江省电子商务条例》；审议《诸暨市县域商业体系建设实施方案》；审议《诸暨市渔业资源保护综合整治工作方案》；审议《诸暨市突发公共卫生事件应急管理“十四五”规划》。

4月25日，听取一季度全市地区生产总值完成情况的汇报。

5月7日，学习《中华人民共和国数据安全法》；审议《2022年诸暨市城乡交通平安畅通综合治理工作实施方案》；审议《2022年市政府重大行政决策事项目录》；听取2022年市领导拟领办市人大代表建议和政协提案情况的汇报。

6月7日，学习《中华人民共和国噪声污染防治法》；审议《诸暨市基层卫生健康综合试验区建设实施方案》；审议《关于香榧产业高质量发展的实施意见》；审议《2022年诸暨市优化营商环境工作要点》。

7月12日，学习《浙江省内部审计工作规定》；审议《实行城市化管理区域的通告》；审议《诸暨市未来乡村建设实施方案（2022—2025年）》；审议《关于加快发展保障性租赁住房的实施方案》。

8月10日，学习《中华人民共和国文物保护法》；学习《地下水管理条例》；传达学习绍兴市下半年征兵工作会议精神；审议《诸暨市贯彻落实〈国务院关于加快推进政务服务标准化规范化便利化的指导意见〉重点任务分工方案》。

9月8日，学习《中华人民共和国法律援助法》；审议《关于进一步加强基层公共体育设施管理的办法》；传达学习中共中央总书记习近平关于防汛抗旱抢险救灾工作的重要指示精神并听取诸暨市贯彻落实意见的汇报；听取关于对周钢抢险救灾行为记个人三等功情况的汇报。

11月1日，学习《中华人民共和国中医药法》；审议《诸暨市一般不可移动文物保护管理办法(试行)》；审议《诸暨市“绿水青山就是金山银山”实践创新基地建设实施方案(2022—2025)》；审议《诸暨市市容环境卫生责任区制度实施方案》。

12月14日，学习《浙江省综合行政执法条例》；审议《未来社区建设实施方案(2022—2026)》；审议《诸暨市全民健身实施计划(2022—2025年)》；审议《诸暨市住宅小区配套幼儿园建设管理办法(2022年修订)》。 （市府办）

政务服务

【概况】2022年，诸暨市政务服务认真贯彻落实国务院和省政府、市政府“放管服”改革工作部署，牵头推进政务服务智慧化、标准化、规范化、便利化建设，推动政务服务提质争先，助力诸暨市创成全国法治政府建设示范市。6月，下发《关于调整并公布镇、村两级政务服务事项清单的通知》，明确镇、村两级政务服务事项分别为836项、281项。9月，编制下发《诸暨市政务服务事项清单(2022年版)》，明确包含行政许可、行政给付、行政征收、行政确认、其他行政权力、行政备案、公共服务、联办事项等8类依申请政务服务事项共计2305项。其中，进驻各级服务中心(分中心)2208项，97项场地限制事项无须进驻。加强行政备案规范化管理，11月，发文公布《诸暨市行政备案事项清单(2022年)》，明确行政备案事项271项。

【“诸事小灵通”应用系统】2022年，诸暨市为解决政务服务网上办事体验感不佳、政策名称找寻难、填报内容繁复、老小残障特殊群体办事困难等问题，谋划开发“诸事小灵通”应用系统，集服务主动推荐、业务智能答复、办事精准引导、业务一键办理、家庭帮代办等功能为一体，着力打造即时感知、主动服务、方便快捷、公平普惠的新型服务供给模式，该应用系统于11月在“浙里办”APP上线。相关经验做法上榜省委改革办第十一期《竞跑者》专栏，证照预警智能化组件被“浙里办”平台智能推荐模块申请复用。上线后，累计关联用户60万户，减少企业(群众)跑大厅0.72万人次，提高办事效率12%以上，基层网点“一网通办”占比提升至42%。

【政务服务大厅协同管理平台建设】2022年4月，诸暨市完成镇乡街道便民服务中心延伸建设，全市23个镇乡街道中心均实现实名取叫号、现场办件评价、上门预约服务、实时视频监督管理等功能，率先在全省构建市、镇一体智慧化服务与管理机制。持续扩容升级平台功能，上线应用无声叫号系统，优化涉及多部门的兜底受理件的闭环处置流程，新增中心人员管理疫情防控报备功能，提升服务效能。7月，与市纪委牵头的“枫桥指数”动态预警监督应用平台实现数据融合。

【“一网通办”改革】2022年，推进“一网通办”向多层级延伸覆盖，建成1个市级、23个镇级、493个村级大厅，18个公安专业大厅，73个银行代办大厅，“一网通办”平台全覆盖。全市60台政务综合自助机100%接入“一网通办”平台，可办理政务2.0事项146项。市、镇、村三级中心部署33台，车管所、汽车站、农贸商超等地部署27台，实现“顺路可办”。全年全市共办理政务服务事项194.31万件，“一网通办”办件184.46万件。线上线下“一网通办”率96.17%，其中大厅窗口“一网通办”率94.49%。工作指标均达到省一体化智能化公共数据平台综合评价90%的考核要求。

【“跨省通办”改革】2022年，推进更多高频政务服务“跨区域通办”，全年实现“跨省通办”事项120项(17项无权限，3项未实现)，另有2022年新增22项“跨省通办”实现19项(3项无权限)、“全省通办”事项1510项、“全城办”事项700项、“县域通办”事项564项。强化点对点协作。3月，与贵州省镇宁布依族苗族自治县政务服务中心签订点对点“跨省通办”合作协议；8月，与山东省临沂市兰山区政务服务中心签订点对点“跨省通办”合作协议。全年累计与11个县市行政服务中心签订点对点“跨省通办”合作协议。全年办理“跨省通办”业务10252件，办理“全省通办”业务17788件。

【基层政务服务平台建设】2022年，

稳步推进村级第五批“一站式办理”示范平台创建。4月26日，下发《关于印发〈2022年“一站式办理”村级便民服务示范平台建设标准〉的通知》，明确考评标准。10月至12月，集中开展现场踏勘及交流评定。12月29日，发文确定暨阳街道碑亭居等74个村为第五批“一站式办理”村级便民服务示范平台。全面完成村级“一站式办理”示范平台五年建设提升工作。根据“县乡一体，条抓块统”改革要求，强化“市县乡一体、部门间协作、政银企社联动”的政务服务机制。与诸暨邮政公司、诸暨农商行开展政务便利化工作，完成框架协议签订，政务2.0平台站点布局，梳理公布“政银企社”联办事项清单96项。全年镇级办件超65万件，村级办件达18.9万件。

【政务公开专区建设】2022年1月，根据政务公开与政务服务融合要求，在市政务服务中心建成绍兴首个“越阳光”线下政务公开专区，集政府信息查询、依申请公开、办事咨询、政策解读咨询、政策宣传等多功能于一体，为群众提供一站式的政府信息服务。

【惠企政策兑现】2022年，按照“最优颗粒度”要求，将惠企“1+9”政策体系与稳进提质“5+4”政策体系融合，指导政策牵头部门规范修订2022年政策事项名称、申报指南等基本要素，协助政策专班提升“越快兑”平台资金兑现完成率。全年上线诸暨市本级特色政策159条，修订60条，累计兑现16.31亿元，惠及11025家企业或个人。加快涉企补贴补助资金应兑付额占公共预算支出比和补助补贴类资金兑付率指标的有效提升。补贴补助资金应兑付额占年度公共预算支出比达10.01%，补助补贴类资金兑付率105.99%，两项指标均获满分。

【涉企项目服务】2022年，常态落实工业企业投资“承诺制”项目审批服务，协同完成《新增工业用地项目相关事项审批全流程图》制作，并落实全市23个镇乡街道相关政府及企业投资项目审批备案业务培训，提升基层下放事项审批规范性。牵头协调抓好低风险小型项目审批“最多15个工作日”工作，研究明确低风险小型项目的工程规划许可证和施工许可证限时并联审批，采取提前告知和承诺审批，按时限要求办理完成。加强“中介超市”管理，联合纪委、发改局做好公共投资项目全生命周期监管系统建设。全年诸暨市新增网备案中介机构29家，调整资质3家。

【经济开发区行政服务中心联合搬迁】2022年7月，完成经济开发区行政服务中心、市税务局艮塔西路办税服务厅、陶朱街道便民服务中心联合搬迁至人力资源服务产业园二楼，集成可办涉企事项872项，升级打造涉企服务联盟，强化“一站式”服务。全年为园区企业投资项目导办帮办680余次，审批事项办件8.04万件。（政务服务办　戚梦萍）

数字平台建设

【概况】2022年，诸暨市以一体化智能化公共数据平台建设为重点，强化数字化改革项目统筹管理，加快重大应用的贯通落地，迭代两端集成、数据供给、基础设施、网络安全4方面能力，在省一体化智能化公共数据平台县（市、区）综合评价中排名第八位，获五星评价。

【基础设施建设】2022年10月，完成市数据中心机房迁移和基础应用系统同城容灾中心建设，电子政务外网核心网络端口带宽达到20G，最大核心网络带宽可达到40G，实现IPv6全链路支持；支撑全市115个业务系统、97个数据库在线运行。

【数字资源归集共享】2022年，按需建设40个应用数据仓、3个镇乡街道数据仓以及8个专题库，建设数据仓库管理系统，对数据进行维护管理、融合分析。完成34个县级数据接口和2643个数据目录对接IRS（省一体化数字资源系统），回流省、绍兴市数据表734张，归集本地特色数据1111类20亿余条，数据共享需求满足率达100%。利用绍兴市公共数据开放平台，开放数据集119个，引导企业、社会组织和个人参与应用创新10个。救助困难指数评估、证照预警智能化、高血压患病率时序预测、短信定位、违规外联网络检测、短信发送、年度工作日查询等7个组件上架IRS，提升平台智慧化支撑能力。

【“两端”集成】2022年，迭代升级“浙里办”诸暨城市频道，累计上架应用28个，日活人数8.19万人。迭代升级“浙政钉”诸暨工作台，累计上架应用40个，日活率91.73%。

【网络安全智治应用】2022年，围绕省数字化改革网络安全工作“五大体系”建设要求，打造“1+3+N”

体系构架的网络安全智治应用，集成防控运营、应急指挥、安全监管3个子场景，构建县域网络安全工作“四梁八柱”，实现全市2.2万余个网络软硬件资产监管的全覆盖，累计发现安全事件480起、安全隐患67924个，处置率分别达100%、99.1%，网络安全防护能力提升。5月26日，中央网络安全和信息化委员会办公室、国家互联网信息办公室《网信安全工作》单篇刊发诸暨市网络安全体系化治理工作经验。6月8日，浙江省委书记袁家军对《浙江省诸暨市夯实属地网络安全工作责任 加快推进网络安全保障体系和能力建设》做出重要批示“诸暨市抓网络安全保障体系和能力建设谋划深、举措实”。8月30日，“网络安全智治应用”首次在省数字化改革推进会上作演示，并入选省数字化改革网络安全十大优秀案例，被列入省“一地创新、全省共享”“一本账”S_0。9月，诸暨市县域政务网络安全整改被评为省“七张问题清单”示范案例。10月17日，省委改革办《数字化改革（领跑者）》第18期对“网络安全智治应用”作专题介绍。“构建县域网络安全‘三清三不’智治体系”获得2022年度浙江省改革突破奖银奖。

【《浙江省公共数据条例》宣传】2022年3月1日，《浙江省公共数据条例》施行，诸暨市组织集中宣讲3场次，投放条例宣传图片、标语、视频2000余条，6万余人次参与在线答题竞赛，发放宣传手册2000余本。

【信息化项目预审】2022年累计预审通过项目156个，累计预审金额2.8亿元，核减经费约5000万元。

（大数据发展管理中心　王成）

退役军人事务

【退役军人服务体系建设】2022年，持续深化全市基层服务站规范化创建。诸暨市将“开展‘枫桥式’退役军人服务站创建”列入纪念“枫桥经验”诞生60周年六大任务清单之一的“‘枫桥式’创建成果清单”。全年全市8个镇级和26个村级服务站完成新时代“枫桥式”退役军人服务站创建。至年底共创建镇级新时代“枫桥式”退役军人服务站12个。店口镇镇级服务站完成绍兴市双示范型服务站验收。至年底，共创建完成9个绍兴市双示范型服务站。全市服务对象50人以上村级服务站均达成“示范型”。

【抚恤优待】2022年，全市共向10168名优抚对象发放各类抚恤金，其中新增优抚对象419人。发放临时性困难救助113人，解决全市优抚对象因患病、自然灾害、突发性事件等不可抗因素造成的生活困难。给予2410名享受定补的优抚对象医疗救助。发放丧葬补助费134.21万元。

【接收安置】2022年，发放退役士兵一次性经济补助；为军转干部和符合政府安排工作条件的退役士兵落实岗位。落实退役军人档案管理工作，持续开展年度自主就业退役士兵档案电子化。完成市人武部存档的复员干部档案移交和电子化工作。完成市人武部寄存档案馆的1955—2012年退伍军人档案电子化和移交工作。

【建档立卡及优待证办理】2022年，全面推进退役军人和其他优抚对象建档立卡及优待证申领发放工作。开展建档立卡维护工作，

2022年3月29日，首届诸暨市退役军人就业创业直播招聘会举办，图为工作人员在宣传创业金融支持政策（退役军人事务局提供）

录入率 99.98%；办理优待证申领，通过率 95.52%。

【服务优待】2022 年，持续开展全市退役军人优先优惠服务活动，在全社会营造尊重退役军人、服务退役军人的浓厚氛围。1—5 月，联合诸暨爱尔眼科医院持续开展“关爱退役军人眼健康、助享光明幸福生活”活动，为全市各镇乡街道退役军人及其他优抚对象进行了眼健康知识普及公益检查，为退役军人实施了白内障和翳肉手术。继续与中国人寿保险开展合作，为退役军人投保团体小额人身意外险，保障对象为诸暨市 20 ~ 70 周岁退役军人。继续落实全市义务兵父母免费体检政策。深入推广“互联网 + 退役军人”就业创业服务新模式，持续在“诸暨人才交流网”和“掌上诸暨”APP 长期开设求职招聘专栏，帮助退役军人就业创业。3 月，举办 2022 年首届诸暨市退役军人就业创业直播招聘会，创建“直播带岗”退役军人就业创业新模式，有 8.22 万人在线观看。12 月初，联合大唐街道、邮储银行、诸暨市融媒体中心举办诸暨市退役军人（军属）专场直播招聘会——大唐站，提供岗位 700 余个，涵盖多个行业，覆盖不同层次，搭建择业平台。继续落实军人和退役军人移动通信专项优惠套餐、中石化加油优惠卡、金融服务专属卡等优惠内容。做好惠民医疗优待服务保障，推进参战退役人员参加城乡居民医疗保险免除个人缴费、免交有线电视主终端基本收视维护费、免费乘坐城乡公交等便民服务。

（蒋　超）

应急管理

【概况】2022 年，全市有消防救援队伍 1 支，共 169 人，危险化学品、矿山、森林消防、地质灾害、防汛抗旱、气象灾害、卫生应急、环境污染、交通应急保障、电力设施、通信保障、公用事业保障（供水供气）等专业救援队伍 12 支，蓝天、民安、红十字、飞虎、贵兴等社会救援队伍 5 支。组建镇乡街道综合应急救援队伍 23 支 1163 人、村级应急抢险队伍 503 支 6000 余人。交通、水利、电信、自然资源、建设局等专家队伍 7 支，市级应急管理专家库入库 151 人。新增 50 万件森林消防装备、25 个高位监控，新建 7 个森林防火蓄水池，安装 10 根语音提示杆。避灾安置场所规范化建设 55 个。成功防御应对台风“轩岚诺”“梅花”等自然灾害，平安度汛，全市未发生森林火灾事故。

【应急管理工作机制建设】2022 年 3 月，公布各级防汛责任人名单；印发《诸暨市 2022 年野外火源治理专项行动方案落实清单》，严厉打击野外违法违规用火，从源头上杜绝火灾发生；印发《诸暨市应急救援队伍建设管理办法（试行）》，加强全市应急救援队伍建设和管理，提高突发事件应急救援能力。5 月，印发《诸暨市应对极端天气灾害（台风洪涝）“五断”“五停”工作指导意见（试行）》。7 月，印发《突发重大险情灾情信息报送机制》等 8 项工作机制。12 月，印发《诸暨市山洪灾害防御工作规则》《诸暨市山洪灾害防御工作指南》，加快实现基层防汛防台体系标准化建设全覆盖，持续提升自然灾害科学防控能力。

【应急管理基础建设】2022 年 8 月，市安委会印发《关于坚持和发展新时代“枫桥经验”加强基层应急和消防力量一体化规范化建设的实施意见》，中共诸暨市委机构编制委员会办公室印发《关于镇乡（街道）应

2022 年 6 月 23 日，诸暨市开展 2022 年浙江省暨绍兴市地震地质灾害综合应急演练（应急管理局提供）

2022年6月29日，诸暨市开展山洪灾害防御应急演练（水利局提供，蒋立奔摄）

急管理办公室更名的通知》，开展基层镇乡街道应急管理体系建设，推进基层应急和消防管理一体化规范化建设工作，各镇乡街道内设机构应急管理办公室更名为应急和消防安全管理办公室，完成镇乡街道应急和消防安全委员会及办公室挂牌，推动社区应急管理体系建设，逐步打通应急管理"最后一公里"。诸暨市政府将消防安全提升工程纳入市十大民生实事，全面提升消防安全责任人、管理人能力建设，开展"枫桥式消防队站"创建。

【应急演练和比武竞赛】2022年6月，开展2022年浙江省暨绍兴市地震地质灾害综合应急演练、2022年诸暨市山洪灾害防御应急演练。8月，开展水域救援比赛演练。11月，开展2022年绍兴市森林防灭火技能比武暨应急演练。全年组织开展应急演练600余场，参与人数20万余人。（应急管理局　张锦男）

【消防救援】2022年，诸暨市消防救援大队（简称大队）共接处警1762起（其中火警824起），出动车辆4857辆，出动人员29536人次，抢救被困人员154人，疏散被困人员5人，保护财产价值0.26亿元。全年火警数同比下降43.6%，直接财产损失下降13.7%。成功处置诸暨"'1·22'梦丽宏竹木有限公司仓房火灾""'6·1'璜山镇倒枫树下水域救援""'8·4'枫桥白茅尖垃圾处理厂火灾""'11·8'次坞电镀园区火灾"。大队以党的二十大消防安全保障为主线，以"创满意"活动、创星级品牌和创"枫桥式"队站"三创"为抓手，确保全年消防安全形势持续稳定。

2022年，大队获评全国一星级"青年文明号"、全省先进基层党组织，"2·14"灭火救援人员全体被评为"最美绍兴人"。在绍兴消防支队第五届"越州红门"运动会中获得大队团体第三名和中心站团体第一名，在支队"火焰蓝"岗位练兵比武中获得大队团体、中心站团体、单编站团体、乡镇政府专职队和村志愿队第一名，在支队宣传岗位比武中获得团体第二名，在支队战勤保障拉练比武竞赛中获得团体第二名。1人被评为全国平安英雄，1人被评为绍兴好人，1人被诸暨市人民政府记三等功。

火灾防控。2022年，大队共检查单位3302家、督改隐患2132家、行政处罚309家、临时查封43家、责任"三停"（停产、停业、停止使用）58家，罚款421.5万元。交公安派出所办理处罚案件188起，拘留68人，同比大幅上升。大队推动市委市政府部署开展全市居住出租房屋消防安全专项治理，联合多部门成立工作专班，并将10人以上居住出租房整治纳入"七张问题清单"，共排查居住出租房15324户，其中10人以上384户，发现消防安全隐患8872处，督促立即整改8869处。针对电动自行车违规停放问题，以市委政法委名义发文部署开展全市城中村、集镇区域电瓶车消防安全专项整治。通过安装隔离桩、户外增设电瓶车集中充电棚等手段，在全市9个重点镇乡街道开展违规停放、安全教育、集中充放点建设等专项整治。

消防救援应急联动建设。2022年，大队共开展实地熟悉演练240余次，多部门联合演练18次。更新重点单位预案243家，上传数字预案243家，实地拉动专职消防队23次，电话和实地拉动微型消防站3389次。对辖区1454个消火栓进行定期熟悉检查和保养，发函水务集团对存在问题的54个消火栓进行维修保养。大队共37人次参加全市岗位技术培训,54人次参加全省高层建筑灭火救援、安全官、新能源及化工产业灭火救援技术、战训业务、预案评审等岗位技术培训,239人取得红十字救护员证,大队全体干部均参加过全省指挥能力培训班。大队推行消防联系村社制度,派驻18名辅助执法文员,指派200余名消防指战员驻村指导,部署落实《诸暨市政府专职消防员参与防火工作方案(试行)》《诸暨市消防安全三级执法模式》等制度,在枫桥镇、姚江镇、浬浦镇、牌头镇、大唐街道先行先试成立“消防救援所”,组织村(居)修订村规民约,不断强化基层消防自治,相关做法被总队刊播推广。

消防队伍建设。2022年,大队紧抓队伍改革和《国家综合性消防救援队伍经费管理暂行规定》发布契机,做到勤汇报、求理解、谋转型,财政保障在“建章立制、总量突破”上初见成效,经费总量实现逆势稳增。在全市部门预算平均下降的背景下,大队共争取财政经费6191.48万元,其中业务经费(包括合同制人员经费)4691.48万元,暨南站建设专项经费300万元,政府投资项目专项资金(指挥中心)600万元,民生实事专项资金520万元,泡沫购置专项资金80万元,经费总量同比增长9.5%(2021年为5656.48万元)。全市乡镇专职队新增8辆水罐消防车、600套个人防护服。

【消防宣传】大队始终坚持“落实消防责任,防范安全风险”的理念,全面做好社会化消防宣传工作,根据诸暨市消安委下发的《关于注册全民消防安全学习云平台的通知》,按照常住人口注册使用率不低于5%的目标,将注册、学习相关要求分解下发各乡镇街道和消安委成员单位。通过大队宣传小组宣讲、摆摊设点、上门指导教学等模式,营造学习消防安全知识的氛围。全市完成全民消防安全学习平台注册单位1840余家,注册人数13.37万余人,消防志愿者平台注册人数3.7万余人,均超额完成全年注册任务。共开展消防宣传演练培训300余次。开展敲门入户宣传直播活动,劝导群众居家消防安全,累计指导沿街店铺200余家,直播间累计观看1万余人次。大队对全市镇乡街道100个村社区,共4万余名孤寡老人、留守儿童等群体,开展上百场消防宣传下乡行动。按照“消安委牵头、市财政保障、属地镇村配合、社会志愿者跟进、地方企业参与”模式,发挥社会志愿组织群众性、专业性、公益性等优势,融入京东电器、京韩口腔、村镇银行等社企单位与公益小天使、乡村支教老师等公益组织,依托当地文化大礼堂、爱心公益食堂、学校体育馆等场地,通过消防情景越剧、志愿者现场示范示教、宣传品发放等接地气的方式普及消防安全常识与技能。全力打造“依靠群众、发动群众”的消防安全宣传新模式,打通村社区消防宣传“最后一公里”,“渗入”式提升辖区群众消防安全素养。联合市教体局举办“我是小小消防员”消防主题征文、绘画及“我心中的火焰蓝”消防故事视频评比,并将优秀参赛作品在市政府文化长廊、消防宣传场馆等地巡展。结合枫桥元素创新设计霜红志愿队与消消火调解室形象LOGO。聚焦群众生活场景,制作分发上灶头、上炕头、上墙头、上地头、上街头、上门头、上案头、上车头、上插头等接地气的“九头”消防文创宣传品共3万余件。

【典型灭火救援案例】2022年1月22日3时29分,大队分指挥中心接到诸暨市暨阳街道新阳光路13号梦丽宏竹木有限公司厂房起火报警。接警后,大队分指挥中心先后调派4个消防救援站、3个消防专职队共计22辆车116人到场处置,并通知公安局、急救中心、电力局、市政等。8时45分现场明火基本扑灭。对现场大量竹子、木材等原材料解绑出水冷却。14时30分经确认区域无危险后移交给当地有关部门。现场单层框架结构厂房,总面积1000平方米,过火面积350平方米,燃烧物质为竹板、木材,现场无人员受伤被困等情况发生。6月1日10时24分,大队分指挥中心接到“110”转警,诸暨市璜山镇倒枫树下城璜再生建材自卸车驶入河中,有人员被困。接警后,大队分指挥中心先后调派4个消防救援站、1个消防专职队共计8辆车50人,大队教导员及值班干部随警到场处置。11时37分经过现场勘查,指挥浣东站使用皮划艇等水域救援器材营救出1名被困人员。8月4日16时14分,大队分指挥中心接到诸暨市白茅尖垃圾处理厂垃圾起火报警。大队分

2022 年 6 月 1 日，璜山镇倒枫树下水域救援（消防大队提供）

指挥中心先后调派 2 个消防救援站、2 个消防专职队共计 10 辆车 51 人，大队教导员、大队长随警到场处置。18 点 39 分明火基本被扑灭，由于存在阴燃情况，继续对垃圾堆进行浇灌。23 时 20 分现场处置完毕。现场为半山腰堆放的垃圾起火，过火面积约 150 平方米，无人员伤亡。

（消防救援大队周翰钦提供）

人事管理

【机关事业单位工作人员招录】2022 年，诸暨市事业单位工作人员计划公开招聘 82 人，共有 5216 人报名，3285 人缴费。5 月 29 日，在诸暨技师学院考点笔试，该考点经过数字化升级改造，依托人脸识别技术，实现考点入口和考场入口双重把关。6 月 25 日面试，实际录用 81 人，其中男性 40 人、女性 41 人，本科 66 人、硕士研究生 15 人。会同组织部完成 2022 年度公务员招考录用工作。计划招聘 73 人，实际录用 72 人。

【事业单位人事调动】2022 年，市外调入工作人员 2 人，市内调出 8 人，市内跨部门调动 68 人。

【事业人员定向培养】2022 年，会同卫健局做好基层卫生人才定向培养相关工作。共定向培养 78 人，其中定向诸暨市镇乡街道社区卫生服务中心的本科层次 38 人，定向诸暨市镇乡街道社区卫生服务中心下属社区卫生服务站或村卫生室的专科层次 40 人。

【人事档案管理】2022 年，开展干部人事档案专项审核集中攻坚，并会同市委组织部连续下发 3 期关于干部人事档案专项审核工作的情况通报，要求各有关单位认真落实专人专班，确保高质量完成专项审核任务。开展专项审核内部抽查，3 月 21 日至 4 月 15 日，从市级机关单位抽调 18 名人事干部开展内部抽查，对象为中层干部和“三龄两历”组织认定人员，共抽查档案 1136 卷，抽查结束后将问题清单反馈给相关单位要求整改到位。联合卫健局、教体局、水务集团等管档单位开展交叉检查，共抽查档案 83 卷。常态化做好市委巡察（干部人事档案检查）工作。共检查 16 家单位 224 卷中层事业干部人事档案并将审核情况报送市委组织部，审核 7 家单位报送的 148 份档案巡察整改材料。做好流动人员人事档案日常管理工作。全年接收流动人员人事档案 7542 份，通过机要交通转出流动人员人事档案 1726 份，依据档案记载内容出具证明 1583 份，提供档案查阅服务 1961 人次，借阅党员档案 163 份，提供政审（考察）服务 212 人次，查询打印流动人员人事档案存档证明 2591 份，办理高校毕业生就业手续 1210 人次，收集、鉴别、归档档案材料 570 份，办理一体化网办件 4821 件。此外为挂靠人才中心人事代理人员办理工资正常晋升业务 441 人次，核定养老保险缴费基数 377 人次，办理退休手续 35 人次。

（人社局　陈谛）

外事工作

【概况】2022 年，诸暨市外事工作围绕“外防输入、内防反弹”的疫情总体防控要求，做好市境外入诸暨人员管理工作，共完成入境人员闭环转运 1015 人次。做好 3 批次上海入境分流至萧山机场 646 名人员及 4 批次萧山机场入境 724 人的集中隔离任务。

【境外项目入驻“浙外防”平台】2022 年，诸暨市为保证企业境外投资项目正常运营和境外派驻人员安全，继续通过省外办统一构建的“浙外防”平台做好26个境外项目的服务工作，涉及北美洲、欧洲、非洲、亚洲多国。通过该平台及时更新境外疫情防控信息，做好政策解读和信息传递等工作。

【友好城市芬兰波里市参加绍兴国际友城大会】2022年5月，诸暨市友好交流关系城市芬兰波里市通过线上参加绍兴市“中国绍兴第四届国际友城大会”，并发来祝贺视频。

【绍兴市外办“外事服务月”诸暨专场活动】2022年8月，诸暨市承接绍兴市外办“外事服务月”诸暨专场活动，共邀请到42家企业（含13家人才平台类企业）共48人和6名部门相关人员参会。会上介绍邀请外国人来华政策、海外领事保护相关知识、相关国家签证入境政策和APEC商务旅行卡政策，并对APEC商务旅行卡的办理进行现场交流答疑和意向填报。（市府办）

台湾事务

【概况】2022年，诸暨市对台工作贯彻落实中央对台工作的各项方针政策，紧紧围绕两岸形势的发展变化，突出以巩固深化诸暨与台湾交流联络为主线，以倾情服务台胞台属为重点，以确保涉台安全稳定为目标，抓好对台各项工作任务的落实，推动对台工作发展。

【对台经济工作】2022年，走访台胞台企纾困解难，宣传相关政策，在有序用电、环保节能等方面开展协调协商工作，帮助台企拓展业务合作。11月，接待台丽集团董事长詹茂胜一行，考察山下湖镇珍珠产业。

【对台交流】2022年，克服疫情影响，以留住台胞台商、吸引更多台胞到诸暨就业创业为目标，创新交流平台，提升服务质量。建立对台交流微信群，开展网上交流，确保日常交流渠道畅通。4月，组织发动在诸暨的台属台胞捐款6.8万余元帮助台湾抗击疫情，获得浙江省台谊会副会长史群肯定；6月，组织开展“乡情乡音、同心圆梦”两岸青年云上连线交流活动，百余名台青台属分享就业创业经历，共话亲情乡情；7月，组织台胞台属开展“看浙里美

2022年6月3日，诸暨市开展“乡情乡音 同心圆梦”两岸青年云共度端午活动（台办提供）

2022年7月，组织台胞台属开展“看浙里美景”活动，图为在丽水合影（台办提供）

景”活动，增进感情；11月，组织台胞开展“看发展成就”金秋联谊活动，通过参观城市展览馆，感受诸暨发展速度与成就。同时，协助涉及“三改”的2名台胞完成征迁相关手续办理；协助做好台胞子女入学入托工作，帮助1名台胞找到诸暨亲属。

【对台宣传】2022年，组织拍摄以“乡艺乡祠乡音乡味”为主题的乡情片，将影片和具有诸暨特色的伴手礼一起寄送给台湾岛内诸暨籍乡亲。该影片在同乡会新年团拜会和台湾4个同乡会群组线上分享。中秋节前，组织开展以“明月照两岸”为主题的寄送笔筒入岛活动。同时，向台胞台属宣讲党的对台政策，引导台胞台属支持参与诸暨市委市政府重点工作、重大任务。诸暨市台办全年在省(市)级报纸杂志中发表文章、信息10余篇。

【台联会工作】2022年7月5日，通过召开台联会第八次代表大会，选举台联会班子。成立台联会青年篮球队、文化交流分会，组织篮球交流友谊赛，拓展民间交流平台。通过参观宣中华烈士纪念馆、举办以“圆月明两岸，喜迎二十大”为主题的《台湾问题与新时代中国统一事业》白皮书研讨会等方式，开展联谊活动。（台办　邵海潮）

机关后勤保障

【概况】2022年，机关1号食堂保障干部职工就餐188770余人次，2号食堂完成包厢接待用餐215桌2048人次；机关超市实现商品销售额约153万元；理发室完成理发服务5040余人次；洗衣房完成洗衣服务8815件(次)。完成会展中心1119场55895人次的会务服务工作。完成重大活动车辆保障30余次，日常派车2130余次，行驶里程约14.5万千米。完成83项办公区域零星维修工程，完成自行维修1200余次。机关事务服务中心严格落实疫情防控政策和主体责任，对市政府大院、人大政协大院、公共服务中心、会展中心、建设大厦等责任区域24小时值班值守，精准实施“1+4人员”闭环管理，定期不定期对疫苗接种和核酸检测进行检查。5月18日始，中心设立的市府大院(人大政协大院)核酸采样点，共采样检测约29300人次。

【公共机构节能】2022年，推进垃圾分类工作，印发关于落实《诸暨市党政机关和事业单位2022年生活垃圾分类工作实施方案》的通知。党政机关实现100%垃圾分类工作全覆盖，94家党政机关完成垃圾分类示范单位创建。推动节约型机关的创建活动，确保70%以上的党政机关创建节约型机关。6月，围绕“绿色低碳、节能先行”活动主题，组织全市公共机构开展形式多样的节能宣传活动，营造宣传氛围，倡导节能低碳理念，共有6000名机关干部及群众参加，分发宣传资料3000余份。

【重要活动服务保障】2022年，完成北京新闻发布会、2022世界珍珠大会、袜博会、枫桥经验高端峰会、2022视觉智能产业峰会、2023航空航天与智能视觉产业高质量发展大会、全国白蚁防治数字化建设大会等会务服务保障；完成省委巡视组进驻、2022中国(浙江·诸暨)三茶统筹发展大会暨首届西施石笕茶文化节、省委组织部换届选举回头看、“诗画浙江·百县千碗”进省行政中心等活动服务保障；完成绍兴市“两会”、绍兴互看互学互比活

市机关事务服务中心在梁家埠社区开展“绿色低碳、节能先行”节能宣传活动(机关事务服务中心提供，摄于2022年6月17日)

动、市第十七次党代会、全市干部会议、市两会、全市经济稳进提质双坚暨企业家大会等重大会议服务保障。全年完成市府大楼的市委常委会、市政府全会的会务服务工作。

【公务用车保障】2022年，完成全市公务用车车辆处置申请16次，车辆更新申请5次。坚持每月对全市GPS运行情况进行抽查，共抽查2000余车(次)。对公务用车使用规范性进行全覆盖检查，共检查36个单位，发现问题17个。协助市委巡察组对17个单位的公务用车管理进行检查，发现问题19个。

【办公用房管理】2022年，要求全体党政机关做好办公用房信息统计报告工作，明确责任人和联络员。对市法院、农业农村局等17个单位及其下属单位进行办公用房现场测量和检查指导工作，发现问题现场纠正。推进党政机关办公用房数字化管理平台建设工作，完成55万平方米数据测绘工作。

【国有出租房产管理】2022年，加强国有出租房产管理，对173宗出租房产进行现场勘查，做好"一房一档"的登记管理，多措并举增加国有出租房产收益，累计成交32宗，成交金额812.68万元，较底价增值131.84万元，溢价率19.4%。

【后勤数字化改革】公车管理。2022年，借力公务用车管理"全省一张网"，及时开展公务用车清查，将181辆公务车辆、121辆事业单位业务用车和40辆国企等其他业务用车的信息导入"浙江省公务用车管理集成应用平台"，统一建档管理。采用大数据监测，实时在线掌握公车轨迹、里程、油耗、维修等数据，实现管理维护一键查询。

智慧防控。2022年，升级"大院智慧通"智慧防控模块，通过后台大数据比对，实时监测机关大院全体干部职工健康码，自动将异常信息反馈至相关科室。借助智慧人行通道设备、红外线测温仪和"场所码"平台，智能识别进出人员及个人信息，守好机关大院"小门"。

"智慧食堂"。2022年5月，启用"智慧食堂"系统，通过"刷脸"实现就餐、理发、洗衣、购物等无币化"秒"结算，减少排队等候时间。共完成人脸支付163877次，消费金额约176.59万元。

"诸事帮"平台。2022年3月，主动在"大院智慧通"引入"诸事帮"平台，该平台包含家庭保洁、家庭维修、母婴护理等6类113项细分服务。平台统一制定公开透明的市场指导价，所有服务人员均通过背景筛查，服务项目均投保家政服务综合险，解决机关干部后顾之忧。机关干部职工已下单服务320余次，消费金额约7.73万元。

(机关事务服务中心　姚震华)

对口合作支援

【东西部帮扶】2022年，诸暨市在四川省沐川县挂职的专技人才达21名，输出技术16项。帮助培训乡村振兴干部1730人，专业技术人才2870人。两地累计结对学校17所、医院11家。设立"乐在浙江，诸暨—沐川"东西部劳务协作农民工服务站，推出岗位1200余个。全市累计捐款捐物共计800余万元，累计消费帮扶7000万元。深化"蓝鹰工程"，64名沐川职教学生在海亮、万安、温德姆等企业实习，4名学生在万安集团就业。合力培养"神经外科"专业团队，收治神经外科病人627人，成功进行颅脑手术103例。产业协作方面，明康汇、云舟供应链等品牌分别与沐川县人民政府签订合作协议，盘活从产地到消费者的物流运输网络。

【山海协作】2022年，诸暨3名、遂昌6名干部分别在对方重点经济部门跟岗锻炼。两地联合开展干部培训，15名遂昌年轻干部到诸暨市交流学习，助推素质能力提升。诸暨市援建3个乡村振兴示范点项目，合计200万元。联合开展劳动力培训14期，共609人。

帮扶协作项目。以两地合建产业园为主体，共招引项目17个(新建项目7个)，累计完成投资近10亿元。浣东初中和遂昌民族中学结成帮扶结对关系，挂牌设立跨地区"初中社会名师工作室"和"初中英语名师工作室"。医疗、科技、文旅等对口部门分别签订战略合作协议，市中医医院捐赠结对医院10万元，文旅部门联合举办文艺会演节目，经信局、科技部门组织企业到遂昌开展考察活动等。全市全年累计完成消费帮扶550万元以上。

(发改局　王宁)

政协诸暨市委员会

重要会议

【概况】2022年，市政协召开全体会议1次，先后召开常委会会议5次，党组会议16次，主席会议11次。

【政协常委会会议】2022年1月29日，市政协召开十四届十九次常委会会议，听取市政协十五届一次会议筹备工作情况汇报；审议关于召开市政协十五届一次会议的决定（草案）；协商讨论市政协十五届一次会议议程（草案）和日程（草案）；审议市政协十四届常委会工作报告（草案）和提案工作报告（草案），并确定报告人；协商确定十五届市政协委员人选；审议有关人事事项。市政协主席郭浩良，副主席袁岳军、王祖勇、徐可以、袁志刚、杨雷，秘书长钟力群等出席会议。

4月29日，市政协召开十五届一次常委会会议，传达学习全国、绍兴市、诸暨市“两会”精神；协商决定市十五届政协专门委员会主任名单；通报市十五届政协领导分工及联系镇乡（街道）工委、界别活动组、“民生议事堂”情况；通报政协各镇乡（街道）工委主任，各界别活动组组长、副组长及专委会组成人员名单；协商确定市政协2022年度重点议题安排；审议相关规章制度。市政协主席孟国锋，副主席袁岳军、陈焕、徐可以、袁志刚、杨雷、张凯歌，党组副书记王祖勇和秘书长孟东灼等出席会议。

9月16日，市政协召开十五届二次常委会会议。会议传达学习习近平总书记在省部级主要领导干部“学习习近平总书记重要讲话精神，迎接党的二十大”专题研讨班上的重要讲话精神；学习贯彻市委十七届二次全体（扩大）会议和《中共诸暨市委关于忠实践行“八八战略”坚决做到“两个维护”高水平谱写“两个先行”诸暨篇章的决议》精神；对半年度经济社会运行情况开展专题协商。市政协主席孟国锋，副主席袁岳军、陈焕、徐可以、袁志刚、杨雷、张凯歌，党组副书记王祖勇和秘书长孟东灼等出席会议。市委副书记、市长张昆仑应邀参加会议，市府办有关负责人列席会议。

11月4日，市政协召开十五届三次常委会会议。会议传达学习中国共产党第二十次全国代表大会精神；传达学习《中共中央关于认真学习宣传贯彻党的二十大精神的决定》；对“进一步优化营商环境”进行专题协商。市政协主席孟国锋，副主席袁岳军、陈焕、徐可以、袁志刚、杨雷、张凯歌，党组副书记王祖勇和秘书长孟东灼等出席会议。绍兴市委常委、诸暨市委书记沈志江应邀参加会议，市委办有关负责人列席会议。

12月22日，市政协召开十五届四次常委会会议。会议听取市政府关于市政协十五届一次会议以来提案办理情况的通报；通报市政协十五届二次会议筹备工作情况；审议市政协十五届二次会议上的常委会工作报告（草案）和提案工作报告（草案），并确定报告人；审议市政协十五届二次会议有关事项；协商确定有关人事事项。市政协主席孟国锋，副主席袁岳军、陈焕、徐可以、袁志刚、杨雷、张凯歌，党组副书记王祖勇和秘书长孟东灼等出席会议。市府办、市委统战部相关负责人列席会议。

【政协主席会议】2022年4月2日，市政协召开十五届第一次主席会议，传达学习绍兴市“两会”精神、诸暨市“两会”精神，部署4月重点工作。会议由市政协主席孟国锋主持。

4月29日，市政协召开十五届第二次主席会议，审议政协领导班子分工方案（草案）；审议政协诸暨市第十五届委员会关于专门委员会、界别活动组设置的决定（草案）；审议政协诸暨市第十五届委员会关于专门委员会主任、副主任和组成人员名单（草案）；审议政协诸暨市第十五届委员会镇乡（街道）工作委员会主任、组成人员名单（草案）；审议政协诸暨市第十五届委员会界别活动组组长、副组长和组成人员名单（草案）；审议“请你来协商·民生议事堂”平台建设运行联系指导方案（草案）；审议政协诸暨市委员会2022年度工作要点（草案）；审议政协诸暨市委员会2022年度重点议题（草案）；审议相关规章制度（草案）；听取十五届一次会议提案审查立案情况的报告；审议重点提案目录和督办方式（草案）。会议由市政协主席孟国锋主持。

5月9日，市政协召开十五届第三次主席会议，听取市政协办公室、研究室及专委会工作汇报；部署下阶段重点工作。会议由市政协副主席袁岳军主持。

5月30日，市政协召开十五届第四次主席会议，传达学习习近平总书记在庆祝中国共产主义青年团成立100周年大会上的重要讲话精神；传达学习习近平总书记对全国政协开展委员读书活动的重要指示精神；传达学习省政协常委会专题政治协商会精神。会议由市政协主席孟国锋主持。

7月1日，市政协召开十五届第五次主席会议，听取市政协办公室、研究室及专委会工作汇报；部署下阶段重点工作。会议由市政协副主席袁岳军主持。

8月2日，市政协召开十五届第六次主席会议，传达学习中共中央总书记习近平在省部级主要领导干部“学习习近平总书记重要讲话精神，迎接党的二十大”专题研讨班上的重要讲话精神；传达学习习近平总书记在中央统战工作会议上的重要讲话精神；传达学习习近平总书记在中央政治局第三十九次集体学习时的重要讲话精神；传达学习全省政协主席暑期读书会暨加强和改进新时代人民政协工作专题研修班精神；通报相关事项；审议通过市政协协商智库名单；听取市政协办公室、研究室及专委会工作汇报；部署下阶段重点工作。会议由市政协副主席袁岳军主持。

8月31日，市政协召开十五届第七次主席会议，听取市政协办公室、研究室及专委会工作汇报；部署下阶段重点工作。会议由市政协副主席袁岳军主持。

9月27日，市政协召开十五届第八次主席会议，听取市政协办公室、研究室及专委会工作汇报；部署下阶段重点工作。会议由市政协副主席袁岳军主持。

10月26日，市政协召开十五届第九次主席会议，听取市政协办公室、研究室及专委会工作汇报；部署下阶段重点工作。会议由市政协副主席袁岳军主持。

12月1日，市政协召开十五届第十次主席会议，听取市政协办公室、研究室及专委会工作汇报；部署下阶段重点工作。会议由市政协副主席袁岳军主持。

12月22日，市政协召开十五届第十一次主席会议，听取市政协十五届二次会议筹备工作情况的汇报；审议市政协十五届二次会议上的常委会工作报告（草案）和提案工作报告（草案）；审议确定2021年度市政协优秀提案、先进承办单位；研究大会其他有关事项；审议通报有关人事事项。会议由市政协主席孟国锋主持。

重要活动

【专题调研和视察】2022年5月，市政协抽调部分政协委员及农业农村局、自然资源和规划局的专家组成调研组，专题调研香榧产业发展。调研组先后赴香榧主产区赵家镇和东白湖镇，深入榧王、宣家山、里四等村和冠军集团、龙圣林业、老何农产品、蓝丰农林、明乐果业合作社、香榧山庄等企业（基地）开展实地调研，并召开专题协商会 13 场，广泛听取香榧产业发展现状、存在问题和对策建议，并形成专题调研报告。市政协副主席张凯歌参加。

5 月下旬始，市政协就推进文化标识开展专题调研。调研组先后实地走访市博物馆、西施故里等地，察看改造项目推进情况，并赴市文广旅游局、市文旅集团等单位详细了解本市文化标识建设存在的主要问题和面临的困难，深入听取建议意见。7 月 13 日下午，在“请你来协商”平台召开专题协商会，与会的政协委员和文化文史委特邀成员等围绕推进文化标识议题，与相关部门开展协商互动。市政协文化文史和学习委根据前期调研和会议协商形成的意见建议，汇总梳理形成调研报告。市政协副主席袁岳军参加。

6 月上旬开始，市政协社会和法制委员会组成专题调研组，先后赴园区、企业、相关部门及各民主党派开展优化营商环境专题调研。调研组通过实地察看、座谈交流等方式深入了解诸暨市优化营商环境工作中存在的问题和不足，广泛听取意见建议，分析研究对策建议，形成专题调研报告。市政协副主席袁志刚参加。

6 月，市政协农业和农村委员会组织部分政协委员，会同同山镇、农业农村局、供销合作总社、民革诸暨市基层委相关人员组成专题调研组，赴同山烧核心产区调研同山烧高质量发展课题。调研组先后实地走访了高粱种植基地、酒企（作坊）和同山烧集成创新示范建设项目，召开专题协商会 12 场，就做大做强做优同山烧产业广泛听取意见，协商对策建议，并形成了专题调研报告。市政协副主席张凯歌参加。

7 月中旬，市政协就深化医联体、医共体建设，全面提升医疗服务水平开展专题调研。调研组先后实地走访市第二人民医院、市中医医院东和分院、市中医医院璜山分院、市人民医院等医疗机构，详细了解诸暨市医联体、医共体工作推进情况，以及当前存在的主要问题和面临的困难，深入听取建议意见。7 月 29 日上午，在“请你来协商”平台召开专题协商会，与会的政协委员和智库成员代表等围绕深化医联体、医共体建设，全面提升医疗服务水平议题，与卫健、医保相关部门开展互动协商。市政协教科卫体委根据前期调研和会议协商形成的意见建议，汇总梳理形成调研报告。市政协副主席袁岳军参加。

7 月 21 日上午，市政协组织开展宗教工作视察活动。视察组先后赴城关基督教堂、五泄禅寺等宗教场所进行实地视察。市政协副主席袁志刚参加。

9 月 19 日上午，市政协港澳台侨委员会组织部分政协委员赴姚江镇钱池村开展视察活动。委员们围绕助力乡村共同富裕，发展村级集体经济等内容进行座谈交流。市政协副主席袁志刚参加。

9 月 23 日下午，市政协就深化推进义务教育“双减”工作进行专项视察。视察组一行赴牌头小镇实地踏看同文少年农科院、蒲公英乡村少年宫等活动项目。在随后的座谈会上，政协委员和政协智库代表就“双减”工作提出意见建议。市政协副主席袁岳军参加。

10 月 27 日上午，市政协组织部分政协委员、文化文史和学习委特邀成员就市文化中心工程建设开展专项视察。视察组先后实地视察西施故里、市文化中心、“枫桥经验”陈列馆、枫桥学院等工程项目，深入了解诸暨市文化中心工作建设实际情况、存在问题，并提出建议意见。市政协副主席袁岳军参加。

10 月 27 日下午，市政协组织部分政协委员和专家专题视察人居环境优化提升工作。在枫桥镇杜黄新村，视察组详细了解村庄产业、风貌、文化、治理等情况；在浣东街道诸暨碧水环境科技有限公司，视察组与项目负责人深入交流，详细了解污水处理的工艺流程。市政协主席孟国锋，副市长应国伟，市政协副主席陈焕参加。

10 月 28 日下午，市政协开展擦亮“枫桥经验”金名片专项视察活动。视察组先后赴枫桥镇社会治理中心、派出所、税务所，人民法院，浣东街道东盛社区进行实地视察。市政协副主席袁志刚和部分政协委员参加。

【民主监督】2022 年 7 月 11 日上午，市政协组织部分政协委员开展落实三孩生育政策及配套支持措施民主监督活动。监督小组先后赴市卫健局、教体局、医保局、妇联、总工会座谈交流，实地走访政务服务办、爱儿坊幼儿园、爱赋托育、越都幼儿园，深入了解诸暨市落实三孩政策及其配套措施。同时，邀请政协委员、市民代表和市级相关部门负责人召开协商座谈。在此基础上，形成专题民主监督报告供市委、市政府决策参考。市政协副主席陈焕参加。

7月22日，市政协对诸暨市民生实事项目“爱心食堂”建设推进情况开展专项民主监督。监督组一行先后实地考察了陶朱街道友谊社区、安华镇丰江周村、暨南街道新南村“爱心食堂”建设运行情况，并对加强“爱心食堂”常态化运营提出相关意见建议。市政协主席孟国锋，市委常委、宣传部部长王孔羽，市政协副主席徐可以、袁志刚参加。

【协商议政】2022年6月22日，市政协召开“强化工业全域治理，提升亩均效益水平”专题协商会。协商活动中，市政协经济委介绍了课题调研情况。政协委员、企业代表围绕协商主题，从强化政策支持、差别化评价、延伸产业链、盘活闲置资源等方面提出意见建议。相关部门负责人汇报诸暨市工业全域治理情况，并对相关问题进行回应。市政府领导张昆仑、陈文进，市政协领导孟国锋、陈焕、王祖勇、徐可以、袁志刚、杨雷参加。

8月23日，市政协召开专题协商会议，就市委十七届二次全体（扩大）会议报告、《中共诸暨市委忠实践行“八八战略”坚决做到“两个维护”在交好“三争答卷”中谱写“两个先行”诸暨篇章的决议》等内容开展专题政治协商。会上，民主党派、工商联、无党派人士代表，市政协有关专委会负责人、委员代表分别就全会报告等进行协商。绍兴市委常委、诸暨市委书记沈志江，市委常委、统战部部长楼闻，市政协领导孟国锋、袁岳军、陈焕、王祖勇、徐可以、袁志刚、杨雷参加。

9月14日，省政协副主席陈铁雄一行到诸暨，就提升“民生议事堂”服务效能开展调研，并参加助力共同富裕示范区建设协商活动。调研组先后走访同山镇“民生议事堂”、同兴村“协商驿站”、高城头社区“协商驿站”等地，看环境、听介绍，详细了解“民生议事堂”“协商驿站”的组织架构、议事制度、协商机制等情况。调研组还现场观摩“助力共同富裕示范区建设——同山烧产业高质量发展”民生议事堂专题协商活动。绍兴市政协副主席王浩萍，诸暨市政协领导孟国锋、张凯歌，以及副市长童云英参加。

11月4日上午，市政协召开十五届三次常委会会议，对常委会议题“进一步优化营商环境”进行专题协商。会上，市政协社法委汇报了“进一步优化营商环境”课题调研情况。相关委员代表结合自身工作实际，谈感受、讲问题、提建议，现场气氛热烈，相关部门负责人也分别就有关问题作了现场回应。市政协主席孟国锋，党组副书记王祖勇，副主席袁岳军、陈焕、徐可以、袁志刚、杨雷、张凯歌参加活动。绍兴市委常委、诸暨市委书记沈志江应邀参加并讲话。

【“民生议事堂”】2022年5月6日，市政协召开“民生议事堂”建设工作推进会，贯彻落实省政协系统“民生议事堂”建设工作推进会精神，部署诸暨市“民生议事堂”建设工作。与会人员还实地参观市建设局“民生议事堂”。大唐街道作了交流发言。会议还就省政协“民生议事堂”系统应用进行专题培训。市政协主席孟国锋，副主席袁岳军、徐可以参加。

11月10日上午，2022年市政协“民生议事堂”（“协商驿站”）优秀案例展评活动在枫桥学院举行。活动集中展示23个“民生议事堂”（“协商驿站”）优秀案例，各镇乡街道工委主任结合日常协商情况，分享经验，取长补短。市政协主席孟国锋，市政协领导袁岳军、王祖勇、徐可以、袁志刚、杨雷参加。

【“协商驿站”】2022年6月9日上午，市政协在东和乡十里坪村举行“协商驿站”揭牌仪式，并围绕“山村话研学，同心促共富”主题举办首期协商活动。会上还举行了市委党校（枫桥学院）现场教学点、海亮教育研学共建基地授牌仪式。绍兴市政协副主席王浩萍及诸暨市政协主席孟国锋、副市长陈文进、政协副主席徐可以等参加。

提案办理

【概况】市政协十五届一次会议期间，共收到以提案形式提出的意见建议263件。经提案审查委员会审查，立案116件，其中委员个人或联名提案89件，各民主党派、工商联、人民团体、政协专委会提出的集体提案 27 件，有 58 件意见建议作为来信转送有关部门处理。经分类统计，有关经济建设方面的提案 39 件，占总数的 33.6%；有关文化建设方面的提案 21 件，占总数的 18.1%；有关社会建设方面的提案 42 件，占总数的 36.2%；有关生态文明方面的提案 14 件，占总数的 12.1%。

【重点部门走访】2022 年 5 月中下旬，市政协提案委对发改局、教体局、建设局、卫生健康局、交通运输局、民政局、经信局、农业农村局、文广旅游局等 9 个提案办理部门开展走访活动。市政协副主席徐可以参加。

【实地督查】2022 年 6 月 21 日，市政协举行提案办理情况督查。督查组一行先后实地走访杭州口腔医院诸暨分院、市养老服务中心、新潭俞电排站、新宜中国数字装备智慧供应链产业园、贵兴救援队等单位，对“民营医院参与疫情防控和公共卫生服务体系建设”“完善居家养老服务体系”“提升城市防涝能力”“提高招商引资水平”“加大民间救援力量支持力度”等提案的办理落实情况进行实地督查。市政协主席孟国锋，副主席袁岳军、陈焕、徐可以、袁志刚、杨雷、张凯歌，党组副书记王祖勇等参加督查，市委常委、常务副市长郦小飞应邀参加。

【重点提案办理面商】2022 年 7 月 8 日上午，市政协开展重点提案办理面商活动，专题听取“关于落实我市碳达峰碳中和发展绿色循环经济的建议”提案办理情况。市政协主席孟国锋、副主席徐可以参加。

7 月 13 日，市政协再次组织开展重点提案办理面商活动，听取《提高老年人防骗能力，保障自身生命财产安全》《加快盘活存量建设用地指标，推动诸暨高质量发展》《关于要求推进环城北路浦阳江沿江社区公园建设的建议》《提高招商引资质效水平，推动经济社会高质量发展》等 4 件重点提案的办理落实情况。市政府领导张昆仑、董光辉、陈文进，市政协领导孟国锋、陈焕、王祖勇、袁志刚、杨雷参加。

【提案办理“回头看”成果视察】2022 年 11 月 2 日，市政协组织开展提案办理成果视察活动。委员们对“垃圾分类”“盘活存量建设用地”“公办幼儿园建设”“乡村创业人才”等方面提案的办理落实情况进行实地视察。市政协主席孟国锋，副主席袁岳军、陈焕、徐可以、袁志刚、杨雷、张凯歌，党组副书记王祖勇等参加视察，市委常委、常务副市长郦小飞陪同。（政协办　鲁才铭）

中共诸暨市纪律检查委员会诸暨市监察委员会

2022年，诸暨市纪委市监委机关有纪检监察干部64人，13个派驻派出机构有派驻纪检监察干部58人，23个乡镇纪委监察办有纪检监察干部132人，其中专职干部57人。全市纪检监察机关深入学习贯彻党的二十大精神，强化使命担当，忠诚履行职责，敢于动真碰硬，坚定不移正风肃纪反腐，充分发挥监督保障执行、促进完善发展作用，纪检监察工作高质量发展成效不断彰显。2022年，诸暨市党风廉政建设责任制考核位居绍兴第一。

2022年1月12日，诸暨市委召开中共诸暨市第十七次代表大会，大会通过李海裕代表中国共产党诸暨市第十六届纪律检查委员会所作的工作报告。大会认为，市第十六次党代会以来，在市委和上级纪委的坚强领导下，全市各级纪检监察机关忠诚履行党章和宪法赋予的职责，坚定政治方向，站稳人民立场，聚焦主责主业，自觉担当作为，政治监督不断强化，治理效能持续提升，作风建设深入推进，反腐高压态势持续巩固，巡察利剑作用充分彰显，纪检监察铁军不断锤炼，全市党风廉政建设和反腐败斗争取得明显成效。1月13日，诸暨市纪委召开第十七届纪律检查委员会第一次会议，会议选举产生新一届中共诸暨市纪律检查委员会常务委员会委员和书记、副书记，李海裕当选为市纪委书记，徐亚萍、徐剑森当选为市纪委副书记。

2022年9月20日，市人民检察院召开失实检举控告澄清正名会（纪委监委提供）

监督保障

【政治监督强化】2022年，聚焦贯彻落实党的二十大精神，制订年度监督工作计划，完善督办落实机制，推动全市上下一贯到底、落地生根。紧盯常态化疫情防控、除险保安、稳进提质、共同富裕等重大决策部署，闻令而动、令出纪随、靶向发力，组织开展专项监督31项，督促整改问题1235个，问责处理111人次，其中市管干部32人次。坚决贯彻市委关于持续擦亮“枫桥经验”金名片的决策部署，深入开展“守初心践使命”大整顿大提升五大专项行动，推动整改各类问题5069个，健全完善制度机制55项。强化政治生态分析研判，构建“研判—反馈—整改—提升”闭环，全年完成政治画像2900份。严把干部选拔任用表彰政治关、廉洁关、形象关，回复党风廉政意见101批3219人次。政治监督更加精准具体，政治生态持续向上向好。

纪检监察干部一线了解惠民政策落实情况(纪委监委提供，摄于2022年5月)

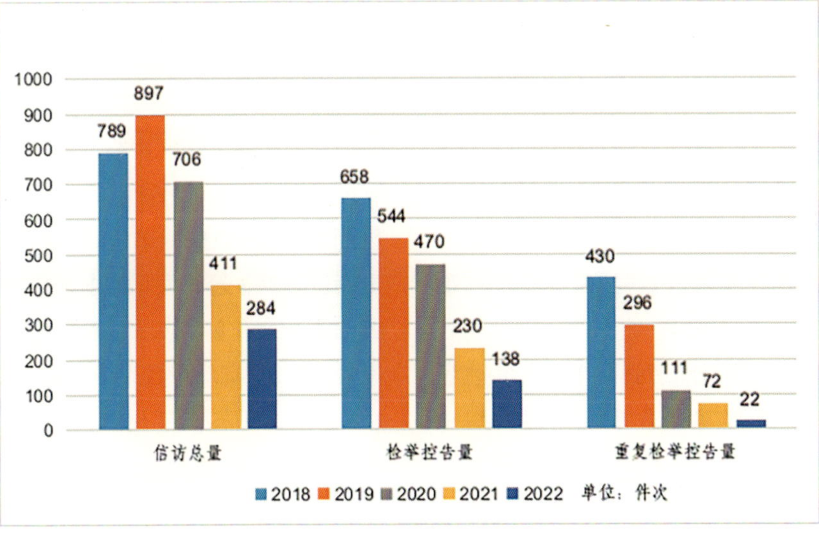

图1 纪检监察信访主要指标示意图（纪委监委提供）

【工作机制健全】2022年，探索党的自我革命与群众监督结合新路径，持续推动监督机制、效能、力量迭代升级。全省首创深化“四责协同”落实“五张责任清单”工作机制，突出加强对“一把手”和领导班子的监督，分类明确130项责任清单，重塑报告评议机制，与市委办、市委组织部常态化开展合评联评，获中央纪委、省纪委肯定推荐。督促各级各部门对照“三定”方案和法定职责，编制权责清单5104项，绘制权力运行流程图4817份，明确派驻机构监督重点，推动专责监督具体化精准化常态化。细化干部执行力标准，出台全面从严治党责任追究办法，累计下发问责追责通报16期，问责追责124人次，党纪政务处分13人，促进履职规范、担当负责。坚持“大监督”格局，组建市镇村三级“清廉建设顾问团”，聘请顾问团成员1996人，探索监督末梢到支部工作机制，促进监督下沉、监督落地。全市全面从严治党成效度为97.9%，继续保持绍兴前列。

【巡察质效提升】2022年，始终坚守政治巡察定位，高标准制定巡察工作五年规划，统筹开展十七届市委第一至第三轮巡察，探索实施“1巡+N报告”机制，细化“三个聚焦”监督重点清单，全面开展政治生态分析、精准画像，从政治视角深度查找问题，推动解决问题。全年共巡察市级部门11个、镇乡街道 8 个、村(社区)74 个,反馈问题 610 个,移送问题线索 14 件,处理党员干部 222 人次,追回各类资金 2083.84 万元,推动建立完善各类制度 214 项,做深做实"后半篇文章"。认真配合做好省委巡视"回头看"工作,聚焦"问题、任务、时间、责任"四张清单,强化整改督查、问题销号、跟踪问效,保障巡视"回头看"反馈问题整改全省率先销号"清零"。

酒驾醉驾及背后"四风"问题专项治理工作开展(纪委监委提供,摄于 2022 年 12 月)

正风反腐

【"三不腐"一体推进】2022 年,始终保持反腐败斗争高压态势,全市纪检监察机关共处置问题线索 2549 件,运用"四种形态"处理 2699 人次,其中立案 786 件,党纪政务处分 754 人,留置 5 人,移送司法机关 10 人。对问题集中、矛盾突出的领域实施专项治理,对历史欠账多、问题积累久、矛盾持续发生的地方开展一镇一村定点整治,强化以案促改、以案促治,制发纪检监察建议书 54 份,开展回访教育 46 人次,推动职能部门建立健全制度 26 项。提升市委反腐败协调小组统筹协调推动职能,强化与信访工作联席会议的协同联动,加大诬告陷害打击处置力度,推动信访积案矛盾化解。

【作风建设成效巩固】2022 年,持续加固落实中央八项规定精神堤坝,深入开展违规吃喝、违规发放津补贴或福利、违规出入高档娱乐场所等专项整治,查纠问题 52 个,党纪政务处分 43 人,通报曝光典型案例 6 起。重拳整治酒驾醉驾及其背后"四风"问题,全面复盘近三年酒驾醉驾问题,向 7 家党组织发送纪检监察建议书,通报批评 3 家党组织,全年共问责追责 212 人次。靶向整治形式主义、官僚主义,切实减轻基层负担,共查处问题 42 个,处理处分 54 人。打造"亲清企业联盟",发起政企交往 10 条倡议,开展重点领域作风整顿和营商环境专项监督,走访企业 464 家,督促整改问题 76 个,推进构建"亲而有度""清而有为"政商关系。秉持党员干部处置"四个态度",保护干事创业激情,先后为 12 名党员干部澄清正名,有 8 名干部被问责后因潜心工作、创造实绩被组织重新提拔使用。全市作风建设综合成效月度、年度排名始终保持绍兴第一。

【基层监督治理强化】深入推进乡镇纪检监察工作规范化建设和村级监察工作标准化建设,常态化实体化运行片区协作机制,编制基层重点事项治理"微九条",推动基层监督更加精准高效,获省纪委书记傅明先调研肯定。全年乡镇纪委监察办共处置问题线索 1855 件,运用"四种形态"处理 1988 人次,分别同比上升 117.7%、132.8%。深入治理民生领域"微腐败"、妨碍惠民政策落实"绊脚石",持续开展漠视侵害群众利益问题专项治理,查处群众身边腐败和作风问题 57 个,党纪政务处分 35 人,推动解决群众急难愁盼问题 9 个。亮明信访处置"四个态度",加强和改进信访举报工作,出台处置诬告陷害行为实施办法、信访积案化解工作问责追责情形等制度,深挖信访问题背后的党性作风问题,共通报批评单位 18 家,打击诬告陷害 3 起 5 人。集中力量打赢信访积案化解歼灭战,重复检举控告"清零"行动指数列绍兴第一,303 件信访积案全部化解,实现信访举报总量、检举控告量、重复举报量"七年七连降"。

清廉建设

【清廉单元提质扩面】2022年，进一步健全完善清廉建设目标体系、工作体系、政策体系、评价体系。深化“枫桥式”清廉单元创建，开展清廉机关、清廉村居、清廉国企、清廉民企、清廉医院、清廉学校、清廉交通、清廉文化等八大清廉单元建设，拓展推进清廉物业建设，建设一体培育示范点30个，清廉建设的颗粒度、饱满度进一步提升。召开清廉诸暨建设推进会，深化八大清廉单元建设，培育清廉单元示范点30个，建成省级示范单位6个、绍兴市级示范单位9个。坚持发展新时代“枫桥经验”系统打造基层清廉样本做法，在清廉绍兴建设推进会上作典型介绍。打造“亲清企业联盟”，召开座谈会，制定10条公约，开展优化营商环境专项监督，监督保障经济稳进提质攻坚行动，走访企业464家，督促整改问题12个，共建“亲而有度”“清而有为”的政商关系。

【廉洁文化统筹推进】2022年，强化重要阵地教育辐射功能，因地制宜打造各具特色的清廉教育基地，启动枫桥学院廉洁文化实践教育中心建设，提升改造全市廉洁阵地点位44个，整合规划秀松长青、浣江清流等清廉主题线路4条，开发新时代“清风廉路”诸暨篇应用场景，归集清风联盟69家，组织廉洁文化短视频大赛，开展“走廉路·助共富”推广活动，相关做法获省纪委温暖副书记批示肯定，新时代清风廉路做法被省委改革办以专刊形式推荐上报至中央改革办。创新轻量化、个性化廉洁教育方式，通过漫画、短视频、以案说纪等生动形式，以沉浸式感染体验影响和带动党员干部思想转变。深入分析腐败滋生社会基础，全力铲除“笑贫不笑贪”“有关系好办事”等腐败亚文化，组织村社广播说清廉、清廉剧目下乡巡演等活动50余场次，引导党员群众树立正确价值取向和行为规范，营造崇廉拒腐浓厚氛围和向上向善社会环境。

改革赋能

【数字赋能提升监督效能】2022年，坚持以业务梳理引领应用场景建设，以应用场景建设进一步推动业务机制重塑。探索开发新时代“枫桥经验”清廉建设综合监督平台和“校园资管家”大数据监督应用，均被纳入省公权力大数据监督应用场景“一本账”S_1，并在全省推进会上作典型交流，其中新时代“枫桥经验”清廉建设综合监督平台被省纪委评为2022年度“最佳场景”，诸暨市参与协作的“建立健全公权力大数据监督机制”获省“改革突破金奖”。同步做好公共投资项目全生命周期监管、“大综合一体化”执法监管等应用场景建设，用好省纪委基层公权力大数据监督应用、“监督一点通”和绍兴“枫桥纪检监察指数”智慧监测平台。各类监督平台共构建监督模型28个，产生红色预警信息635条，处理392人次，查实率81.8%。

【纪检监察队伍建设】2022年，市纪委常委会以政治建设为统领，严格落实“第一议题”制度，紧密跟进学习习近平总书记重要讲话和党的二十大报告精神，推动纪检监察干部形成以党性立身做事的高度自觉。持续放大纪检监察体制改革效能，纵深推进“四个规范化”建设，推动“四项监督”贯通融合、一体发力，实行监督检查与审查调查职能分离，更加突出监督保障市委中心大局，更加聚焦精准有效惩治腐败。完成派驻机构更名和监督单位调整，设立开发区纪检监察工委和市委直属机关纪检监察工委，13个派驻(出)机构共处置问题线索400件，立案50件。大兴理论研究、争先创优之风，创新启动全面从严治党视域下新时代“枫桥经验”课题研究；编印内部业务教材，每月开展赛比活动，每季度组织大论坛、大讲堂，形成比学赶超浓厚氛围。深入开展“讲政治守规矩、勇担当走在前”作风教育整顿活动，78名纪检监察干部轮岗交流，26名纪检监察干部被问责追责。开展系统内部“巡察”，严格执行请示报告、安全保密等制度，自觉接受最严格的监督，干部作风更加严实。　（侯忠良）

民主党派

2022 年，诸暨市共有民主党派市级组织 5 个，其中市委会 1 个，基层委 4 个，总成员人数 586 人。诸暨市"两会"期间，各民主党派共提交集体提案 42 个，个人提案 27 个。其中，有 11 个集体提案和个人提案被评为 2022 年度市政协优秀提案，占优秀提案总数的 66.7%，共提交并被纳为大会发言材料 11 个。5 个提案被列入 2022 年度市政府领导领办重点提案，5 个提案被列入 2022 年度市政协领导督办重点提案。向市政协提交社情民意 175 条，被市政协录用 66 条，被市委市政府领导批示 2 条，转报上级政协 71 条(含省级及以上 46 条)。向市委报送直通车建议 4 条，均获市委主要领导批示。向上级政协提交提案、建议 16 条。向上级党派组织提交社情民意 177 条(含省级及以上 63 条)。

(统战部　俞钢阳)

民革诸暨市基层委

【概况】2022 年，民革诸暨市基层委下设 3 个支部，共有民革党员 66 名，以与台湾各界有联系的人士、社会与法治界、农业农村领域人员为主，党员中担任副处级领导职务的 2 人，任各级人大代表、政协委员的 16 人。全年新发展民革党员 3 人，其中研究生以上学历 1 人，具有民革特色 2 人。

增调基层组织结构，成立民革诸暨市基层委监督委员会，设立基层委参政议政工作委员会和祖统联谊工作委员会，根据工作需要及时调整基层委委员设置，增补调整支部委员。提升组织建设水平，一支部获省级示范支部称号和绍兴市先进支部三等奖，9 名民革党员获 2021 年度优秀党员称号，9 名民革党员获各类先进个人称号。

2022 年 2 月设立"诸暨民革"微信公众号，打造线上学习交流平台，微信公众号全年共计发布信息 41 期，其中学习交流 11 期，活动展示、民革党员风采 18 期。民革党员俞岚入选 2022 年第 4 期《浙江人大》杂志封面人物，其个人成长事迹入选诸暨市融媒体"西施眼"《诸暨面孔》专题。诸暨民革党员之家获评全省示范五好党员之家。

【参政议政】2022 年，基层委共有 17 名民革党员分别担任省、绍兴市、诸暨市人大代表或政协委员。提交集体提案 3 件，联名提案和个人提案 13 件，涉及实体经济发展、基层治理、文化建设等方面。基层委集体提案《拓宽农村产品营销新路径 激发乡村振兴新活力》和民革党员孟琼晖提交的《解码革命文化，传承红色基因——关于加强全市红色文化保护利用的建议》被评为 2021 年度优秀提案。民革党员俞岚提出的《关于优化公共法律服务体系、完善法律援助制度的建议》获评2021年度省人大优秀建议。2022年基层委集体提案《健全完善居家养老服务体系，打造民生优享福地》、民革党员郦炳提交的《关于加快盘活存量建设用地指标推动诸暨高质量发展的建议》被列为市政府领导领办重点提案。全年上报各类社情民意信息共49篇，部分被绍兴市政协、民革省委会录用。利用建议直通车平台，民革党员孟琼晖上报题为《宋韵“富”能，激发“杭绍同城”新动力》的建议，获市委领导批示。

【民主监督和调研活动】2022年，民革诸暨市基层委受邀参加各类专题协商座谈调研活动、党外人士通报会，列席政府全体会议、常务会议等。受邀参加市委、市政府座谈会4人次，通报会8人次，征求意见会3人次，其他会议25人次。紧扣乡村振兴、共同富裕示范区建设等重点工作，开展深入调研。4月16日，基层委三支部主委王益琳带队赴东白湖镇考察香榧产业发展情况。5月21日，基层委三支部联合绍兴市直四支部在浙江天链航天科技有限公司开展“腾笼换鸟谋发展，筑巢引凤激活产业新动能”调研活动。6月9日，三支部副主委汤谊带领支部党员赴岭北镇考察盐焗鸡产业发展情况。6月18日，二支部党员在主委钟海平带领下，赴东白湖镇开展“凝聚创新作为 助力乡村振兴”主题调研活动。全年完成调研报告4篇，其中《关于加强我市文化标识建设的专题调研报告》获市委主要领导批示。

【祖统联谊】2022年6月3日，与台办、台联会联合举办“乡情乡音·同心圆梦”海峡两岸青年共度“云上端午”活动，海峡两岸及美国青年100余人参加活动。开展涉台专题调研，调研信息《在西施殿景区二期扩建中加强涉台文物保护的建议》获文旅集团重视。

2022年3月6日，民革诸暨市基层委举办“关爱女性·呵护健康”主题讲座(民革诸暨市基层委提供)

【社会服务】2022年3月6日，民革诸暨市基层委举办“关爱女性·呵护健康”主题“三八”节专题讲座，由民革党员、诸暨市中心医院妇产科临床主任医师杨洁茹开讲。4月8日，基层委联合诸暨市中医院赴陈宅镇棠里坞村开展助力乡村振兴送健康暨“送医下乡 健康有福”志愿义诊活动，接待就诊咨询乡民100多人次，开具处方50余张。11月19日，基层委联合五泄镇政府在五泄镇西皇村开展“学精神、谋发展，统一战线、擘画共富”主题实践活动，为当地村民提供医疗、法律、金融、文化等方面服务，并与西皇村达成文旅长期合作框架意向。

（民革　陈天兰）

民盟诸暨市基层委

【概况】2022年，民盟诸暨市基层委员会共有盟员106名，分布在教育、文化、科技、医卫、行政事业单位及新社会阶层。盟员中有绍兴市人大代表2名、政协委员2名。有诸暨市政协委员15名，其中政协副主席1名、常委4名。新发展盟员5人，其中代表性人士1名、诸暨市政协委员2名。为规范盟务工作和支部建设，全年制定并完善《盟务工作年度考评办法》《财务管理补充规定》《“盟员之家”值班管理制度》等规章制度。徐可以的《“民生议事堂”“协商驿站”建设的研究与思考》经验交流材料获浙江省政协二等奖，周斌获民盟浙江省委会2021年度思想政治建设工作先进个人称号和“新松计划”浙江省青年话剧

2022 年 10 月 29 日，民盟诸暨市基层委盟员在社会服务工作室开展学习效能指导服务（民盟诸暨市基层委提供）

演员大赛金奖，蔡燕燕作品《平凡普通 自成芳华》获民盟浙江省委会“我和我的民盟”主题征文活动优秀作品奖。11 月 5 日，民盟诸暨市基层委代表队获“庆祝党的二十大 喜迎民盟十三大”绍兴民盟首届趣味运动会冠军。

民盟诸暨市基层委员会坚持以党为师，深入学习中共二十大精神、浙江省第十五次党代会精神以及民盟十三大精神，成立“矢志不渝跟党走、携手奋进新时代”政治交接主题教育领导小组，制订工作方案和实施方案，把开展政治交接主题教育同贯彻落实《中国共产党统一战线工作条例》和参政党建设有关文件精神紧密结合，确保政治交接主题教育与实际工作深度融合。开展“走基地，悟初心”政治交接主题现场教育（基地包括徐光宪纪念馆、胡愈之故居、新四军浙东游击纵队金萧支队纪念馆），向 102 岁老盟员周贞所颁发“光荣在盟 60 年”纪念章，“喜迎二十大 · 欢度重阳节”等活动。盟员周斌代表绍兴参加纪念民盟浙江省省级组织成立 75 周年大会，讲述“一所进步学校”的故事。

民盟诸暨市基层委通过“诸暨民盟”微信公众号，推送“学习中共二十大——诸暨民盟进行时”等系列专题动态报道。累计编发盟讯 129 条，其中民盟绍兴市委会录用 56 条，民盟浙江网站录用 13 条。协助盟市委拍摄“盟心芳华”访谈系列之黄万年篇、寿培定篇，协助民盟浙江省委会拍摄“学习二十大 浙盟青年说”。

【参政议政】2022 年，在政协诸暨市十五届一次会议期间，共提交集体提案 5 件，联名提案 13 件，内容涉及经济建设、社会治理、文化发展等，其中《关于落实我市碳达峰碳中和发展绿色循环经济的建议》被确定为诸暨市政协重点提案。全年共上报社情民意 49 篇，录用 17 篇。其中，徐可以的《关于警惕远程办公成泄密风险点的建设》，蒋依霖的《关于提升头盔佩戴实效的建议》《新国标电动车管理应进一步合理化》，郦海燕的《基层反映小学生激光笔“无障碍”购买频发事故亟待重视》，秦睿童的《规范引导托育机构、兴办更多普惠托育》等 13 条信息被盟省委录用。周佳艳的《关于从源头加强信用卡管理规范化的建议》由诸暨市委统战部转办市委办，《在发扬新时代枫桥经验过程中提高预测预警预防能力的建议》由绍兴市政协转办绍兴市委政法委，孟永鑫的《关于优化市内职工疗休养机制的建议》由绍兴市政协转办绍兴市总工会，林效霄的《关于促进农业转型升级拓宽农民共同富裕路径的意见建议》《在平战转化背景下统筹推动旅游业复苏与疫情防控“两手抓、两手硬”》《关于跨省游“熔断”机制取消 + 抢抓政策利好机遇 + 加快行业复苏的建议》由绍兴市政协、绍兴市委办录用。唐媛媛的《规范化处理废弃口罩，保护核酸采样点环境》、崔盈等人撰写的《关于恢复中小学读报课的建议》被诸暨市委统战部录用。王驰骏上年度撰写的《我国碳排放权交易存在三方面问题亟待解决》由民盟中央采用。

【民主监督】2022 年 5 月 13 日，诸暨市政协副主席、民盟诸暨市基层委员会主委徐可以率领盟内人大代表、政协委员、基层委委员、各支部主委赴诸暨市浣东街道东盛社区共享法庭、诸暨市人民法院立案庭开展“诉源治理、多元解纷”民主监督活动。9 月 21 日，诸暨市政协常委、民盟诸暨市基层委副主委寿柏生一行赴牌头镇小学民主监督“双减”工作落实情况。

【各级调研活动】2022 年，民盟诸暨市基层委组织开展多次调研活动。针对单独立项的 9 个课题，开展多次调研并召开 3 次立项课题阶段性成果展示研讨会，形成未来社区建设、义教阶段“双减”问题、枫桥经验的传承和发展等调研报告 9 篇，转化为诸暨市政协 2022 年大会发言 2 个，集体提案 3 个，被绍兴盟市委吸纳为重点调研课题 1 个。《关于推动新时代“枫桥经验”数字化应用，加强村级基层治理的建议》获市主要领导批示肯定。

2022 年 3 月 9 日，长兴县政协副主席李彩琴一行到诸暨市社会治理委员会客厅参观考察委员会客厅的建设及运行情况。6 月 8 日至 9 日，浙江大学生命科学学院生态规划与景观设计研究所所长、浙江省新时代乡村研究院首席专家、浙江大学湖州休闲农业产业研究院创院院长和荣誉院长严力蛟教授及其团队到诸暨参加“诸嵊东白山田园综合体”项目专题调研活动并开展帮扶指导。7 月 30 日，民盟诸暨市基层委教育支部启动“西施故里夜游经济”项目调研。9 月 17 日，民盟诸暨市基层委科技支部组织盟员赴璜山镇溪北村实地考察溪北村集体经济发展规划和市委市政府关于乡村振兴政策的落实情况。

【社会服务】2022 年，继续以“民盟同心、服务同行”为主旨，发挥民盟的界别优势，持续开展社会服务活动。3 月 18 日，民盟诸暨市基层委员会社会服务工作室揭牌。3 月春茶季，盟员陈元良进行多次春茶现场指导以及茶叶技术培训，并在社会服务工作室接受村民咨询。4 月 7 日，诸暨市政协副主席、民盟诸暨市基层委主委徐可以和民盟绍兴市委会文化专委会主任、诸暨市暨阳街道办事处副主任黄昕到东白湖镇两个社会服务基地开展实地调研。5 月 25 日，民盟浙江省委会直属香樟树支部到诸暨市斯民小学(民盟诸暨市基层委社会服务基地)，向孩子们赠送“六一”礼物。5 月 26 日，盟员许绍满受邀参加“清廉诸暨”2022 主题书画作品展点评交流活动。6 月 15 日，民盟诸暨市基层委机关支部与浙江财经大学共赴娄东村、斯宅村，为香榧产品提供全生命周期产品碳足迹核算服务，开展产品碳标签认证增值服务，助力乡村振兴。6 月 23 日，邀请浙江农林大学暨阳学院办公室主任陈航峰到浬浦中学作高考志愿填报公益讲座。6 月 26 日，民盟诸暨市基层委联合暨阳街道茅渚埠社区，在社会服务工作室进行儿童生长发育咨询活动，盟员张祖焕与儿童家长“一对一”，面对面交流并提供意见建议。8 月 28 日，盟员王晖在社会服务工作室开展司法鉴定领域专业咨询。9月2日，“喜迎二十大，同心促共富”社会服务活动暨“民盟讲堂”揭牌启动，民盟诸暨市基层委 5 个支部分别与中共诸暨市暨阳街道茅渚埠社区委员会、东白湖镇中心学校支部委员会、东白湖镇娄东村支部委员会签订党盟合作协议，盟员许绍满在茅渚埠社区作“民盟讲堂”第一讲《“举一反三”——漫说民盟讲堂少儿书法教育》。9 月 24 日，盟员寿欣栋在社会服务工作室进行中医针灸理疗义诊。10 月 29 日，盟员赵志扬在社会服务工作室进行学习效能指导。11 月 2 日，盟员孙国政、周

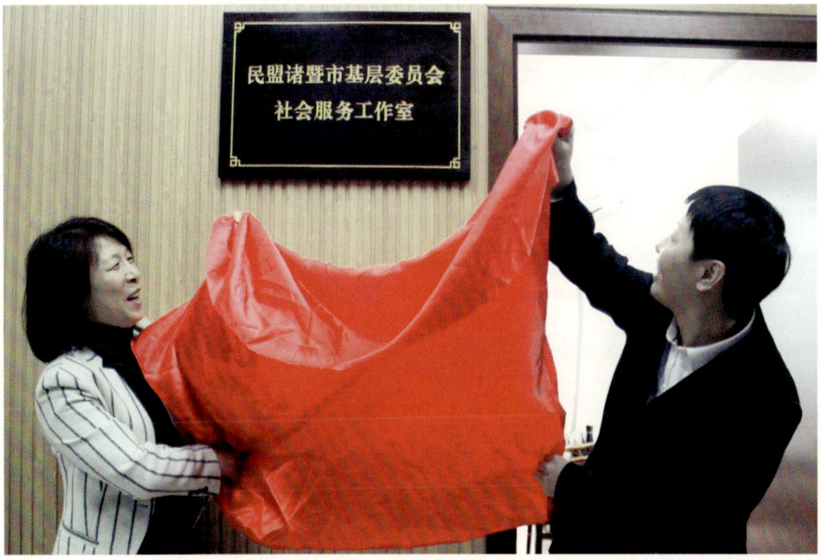

2022 年 3 月 18 日，民盟诸暨市基层委员会社会服务工作室揭牌(民盟诸暨市基层委提供)

进作为特邀专家赴娄东村参加农村饮用水提升工程技术交底会，参与破解饮水难题。（民盟 唐媛媛）

民建诸暨市基层委

【概况】2022年，民建诸暨市基层委下设2个支部，共有会员26名，有市委委员1人。会员以经济界为主，其中政府部门工作人员4名、企业家18名（含工程师3名、经济师1名）、律师2名、医生1名、教师1名。会员本科以上学历24名，占总人数的92.31%。

2022年，民建诸暨市基层委通过专题学习会议、红色教育等形式，学习贯彻中共二十大精神。邀请省政协副主席、民建省委会主委陈小平宣讲中共二十大精神。到俞秀松红色革命基地、同山丽坞底村、庄余霞村、市档案馆党史展览馆等地开展红色教育。

【参政议政】2022年，会员们走进社区和企业深入开展调研，从群众反映比较强烈的热点和难点中发掘撰写社情民意，履行党派成员的参政议政职能。累计提交社情民意信息21篇，其中中央民建录用2篇，省委会录用5篇，绍兴市政协录用3篇。魏彬撰写的《关于缩减工伤案件审理程序 以保护底层劳动者权益的建议》和《建议尽快设立消费者争议仲裁委员》被全国政协转送。全年提交集体提案6件、人大个人建议6件，政协委员提交个人提案9件，其中《关于落实我市碳达峰中和发展绿色循环经济的建议》和《关于加大民间救援力量支持力度的建议》两个提案被评为2022年度诸暨市政协优秀提案。基层委上报市委市政府直通车《疫情对当前工业经济的影响分析》得到市委书记沈志江批示。

2022年8月19日，成立民建诸暨市政协委员工作室，这是诸暨市民主党派中唯一的集体委员工作室，共有9名成员，成立后多次召开碰头会。委员工作室主要职能为对调研课题、社情民意、集体提案进行具体商讨、分析，并分组开展实地调研，提出社会民生保障、特色产业发展、重点企业培育等方面的建议，确定基层委提案方向和框架。本年两会上，民建诸暨市基层委上报集体提案5件，其中1件作为大会口头发言材料，1件作为大会书面发言材料。

【活动组织】2022年，持续通过开展形式多样、内容丰富、主题鲜明的调研、参观学习活动，调动会员和会友积极性，提高参与度，激发基层组织活力。采用“线上＋线下”结合的方式，全年组织学习、调研、联谊、下社区活动共19次。其中基层委8次，支部活动11次。内容有：组织会员学习中共二十大会议精神；与民建省直十支部联谊，邀请省委会主委陈小平参与；组织“凝心聚力助发展”企业调研；参加社区、村法律服务对接活动，贴近基层提供法律咨询服务。

【社会服务】2022年，会员们继续投身社会服务，出资捐物。民建诸暨市基层委建立“阳光助学 梦筑未来”助学专项基金。8月，为16名阳光助学对象发放助学慰问金、学习用品等，并寄出一封勉励信。民建诸暨市基层委副主委黄震和二支部委员蔡函烨2名企业家会员捐款爱心食堂，参与新时代“诸有颐养”建设。7月至10月，黄震共捐助5万元，蔡函烨共捐助35万元。黄震连续19年支持家乡教育事业，成立“博览奖学金”，投入资金近500万元。会员楼建纬，连续11年赞助镇乡街道消防比武活动，累计出资超100万元。（民建 傅黄莺）

民进诸暨市基层委

【概况】2022年，民进诸暨市基层委下设3个支部，共有会员44名，主要分布在教育、文化传媒、行政事业单位以及新的社会阶层。具有中、高级职称的会员占70.5%，本科及以上文化程度的会员占90.9%。会员中有绍兴市政协委员1名，诸暨市政协委员7名。新发展会员6名。6人次获得国家级、省级各类荣誉表彰，12人次获得绍兴、诸暨市级各类荣誉表彰。

2022年，民进诸暨市基层委把学习贯彻中共二十大精神作为首要政治任务，引领广大会员深刻领悟“两个确立”的决定性意义，进一步增强“四个意识”、坚定“四个自信”、做到“两个维护”，把思想和行动统一到党中央的决策部署上来，不断夯实团结奋斗的共同思想政治基础。5月27日，开展“永远跟党走·奋进新征程”政治理论学习活动；9月24日，组织会员赴绍兴周建人历史资料陈列馆、周恩来纪念馆开展“矢志不渝跟党走、携手奋进新时代”

革命传统红色教育活动；10 月 16 日，组织会员集中收看中共二十大开幕会；10 月 27 日，召开中共二十大精神专题学习研讨会；12 月 8 日，邀请民进绍兴市委会副主委王晶晶到诸暨宣讲中共二十大精神。

【参政议政】2022 年，民进诸暨市基层委聚焦各级党委、政府中心工作和社会热点难点问题，培育参政议政优势领域。关于创新小型水库系统治理助力乡村共同富裕建设的调研报告转化为社情民意信息被民进省委会录用；《住房公积金“跨省通办”业务承办中存在三方面问题亟待完善》《关于完善我市竣工规划核实办法的建议》《关于运用防疫大数据进一步加强疫情防控工作的建议》3 篇社情民意信息被绍兴市政协录用。绍兴“两会”期间，《关于完善我市中小学生流感疫苗接种程序的建议》转化为民进绍兴市委会集体提案；诸暨“两会”期间，提交集体提案 4 件、联名提案 5 件，《全力推进安华水库扩容提升，团结治水打造共同富裕范例》被评为 2022 年度诸暨市政协优秀提案。参与诸暨市政协“请你来协商”平台“浙有善育”托育照护服务配套支持等民主监督活动，为诸暨经济社会高质量发展赋能助力。

【社会服务】2022 年，民进诸暨市基层委立足自身特色和优势，整合资源、健全机制、完善平台，不断扩大“开明暨阳”公益品牌社会影响力。开展结对共建活动，在枫桥镇杜黄新村设立“同心共富实践基地”，向村爱心食堂捐款 1 万元、捐赠图书 80 余册，围绕“同心助学、同心助治、同心助农、同心助医”四大方面，提供学生生涯规划辅导、法律咨询、送医下乡等 15 项服务；为东白湖镇雄踞村乡村振兴工作专项捐款 1 万元，共促山区乡村“美丽乡村样板村”建设。开展捐资助学活动，向诸暨市东西部协作结对县四川省沐川县的实验小学捐赠 1599 册图书合计 4.6 万余元；结对帮扶大唐盛唐小学贫困学生 1 名。开展常态化高温慰问活动，暑期赴市级民生实事工程陶朱街道打洞坞水库施工现场开展慰问。2 名会员参与西藏那曲捐资助学大型公益活动。

（民进　王霞露）

农工民主党诸暨市委员会

【概况】2022 年，中国农工民主党诸暨市委员会（简称农工党诸暨市委会）下辖 1 个总支、14 个支部，共有农工党党员 343 人。其中，医卫界党员占 32%，教育界占 27%，人口资源与环境界占 2%，新的社会阶层占 4%。具有中、高级职称的党员占 91%，具有本科以上学历的党员占 93%，女党员占 43%，离退休党员占 19%，平均年龄 54 岁。农工党党员中任绍兴市人大代表 4 名，诸暨市人大常委会副主任 1 名、人大代表 6 名，担任绍兴市政协委员 4 名，诸暨市政协副主席 1 名、常委 6 名、委员 22 名。5 月 30 日，中国农工民主党诸暨市第十次代表大会召开，140 余名农工党党员代表出席会议，会议选举新一届领导班子。农工党诸暨市委会被农工党中央评为 2018—2022 年度先进集体，诸暨中学支部被浙江省委会评为 2022 年度宣传先进基层组织，文教二支部获评 2022 年度社会服务先进基层组织。冯永才获农业农村部农业丰收一等奖。侯均乐获浙江省第十一届残疾人运动会赛艇混合 2000 米第二名、赛艇混合 1000 米第二名、赛艇男子

2022 年 5 月 30 日，中国农工民主党诸暨市第十次代表大会召开（农工党诸暨市委会提供）

1000 米第二名。

【参政议政】2022 年，通过制订《反映社情民意工作实施方案》，对社情民意工作从目标思路到配套制度加以规定。全年上报社情民意 78 篇，被省级以上组织录用 8 篇，由斯余力撰写的《露天涉水灯具成“潜在杀手”需警惕》被全国政协录用。在市政协第十五届一次会议上，市委会共提交集体提案 5 篇，其中 2 篇被评为重点提案，3 篇被选为大会发言材料。集体提案《提升城市防涝能力 保障人民群众生命财产安全》《提高招商引资质效水平 推动经济社会高质量发展》被评为优秀提案。政协委员提交个人提案 6 件，其中毛沁娜等提交的《健全完善居家养老服务体系，打造民生优享福地》，张建丽等提交的《关于高质量推进西施故里“一江两岸”文旅项目的建议》被评为优秀提案。

【社会服务】2022 年，农工民主党诸暨市委会共组织开展义诊、送医下乡、扶贫帮困慰问等各类社会服务 19 次，受益人数 1400 余人。全年各类捐助金额共计 7 万元。“青少年职业生涯规划”社会服务重回线下，共有 14 名农工党党员参与志愿服务，共接待答复高考考生 440 名。“农工党 · 医讲堂”与义诊活动、市委会承办的“送养老护理到床边活动”持续开展。陶朱支部副主委王蔡艇向诸暨市夕阳红、晚霞红养老院捐赠药品 2400 盒，向市委会捐赠药品 600 余盒。

文教二支部通过农工党爱心基金与贫困生结对互助，捐助助学款 21.4 万元，累计帮扶贫困学生 68 人次。妇保院支部坚持 10 年与东白湖镇的赵同学结对，被浙江省委统战部微信公众号报道。陶朱支部将重阳节敬老活动与义诊活动相结合，为陶朱街道白门村 200 余名老人送医送药送温暖。诸暨农工党党员志愿服务队助力市第八届特殊奥林匹克运动会的医疗救助、助理裁判等工作。

【农工党党史研究】2022 年，农工党诸暨市委会到杭州、嘉兴等市及诸暨姚江镇搜集党史资料。搜集到党史照片 30 余张，文献 10 篇，书籍 150 余本。农工党党史研究会撰写的文章发表在浙江农工党微信公众号上。（刘　畅）

群众团体

市总工会

【概况】2022年，全市共有17个镇乡街道总工会，6个镇乡工会，2个产业工会，10个系统工会，16个直属工会。按照“三年计划两年完成”要求，新建基层工会211家，发展会员18099人，其中新业态工会9家，会员8979人。

【职工经济技术活动】2022年，开展“产改提质扩面年”活动，清单化推进产业工人建设改革工作，制定年度工作要点和清单，督促指导推进3家省级非公有制企业产改试点，重点发掘富有行业特色和推广意义的产改经验和优秀案例并推广扩面，省级产改试点企业浙江海亮股份有限公司产改做法入选全省产改20个优秀案例，店口镇等5个案例入选绍兴市产改优秀案例汇编，海亮集团列入浙江省2022年“幸福共同体企业领头雁行动”企业。在全市“三重一新”领域开展立功竞赛，深化“工人先锋号”创建、“安康杯”竞赛活动，着力构建以企业为主体、职工为主力、市场为导向的劳动竞赛格局，激发职工创新潜能和创造活力，全市获评2020—2021年度立功竞赛省先进集体1个、先进个人3名，7个项目被列入2022—2023年度绍兴市重点工程立功竞赛示范项目。围绕企业安全生产和职工劳动保护开展合理化建议活动，上报绍兴市总工会21条，获一等奖1条、二等奖1条、三等奖3条。组织“安全生产月”活动，常态化开展法律法规宣传、安全隐患随手拍等工作。

【劳动模范评选与管理】2022年，持续弘扬劳模精神、劳动精神、工匠精神。做好各级劳模先进的推评，评选出诸暨市疫情防控劳动模范31人，获评全国五一劳动奖章1人，绍兴劳模14人，绍兴市模范集体3个，省工人先锋号2个，获评浙江工匠9名、绍兴工匠19名。加强劳模服务，进一步完善劳模资料，春节期间走访慰问绍兴市级以上劳模209人、困难劳模10人，发放慰问金36.5万元。加大对各级劳模的宣传力度，以新评劳模工匠为主体的《最美劳动者》系列片在浙江卫视、诸暨电视台等作专题宣传报道。

【职工维权机制建设】2022年，落实好“除险保安”专项行动，开展职工队伍稳定风险隐患排查、综合研判、跟踪反馈化解工作，全年参与调解欠薪案件945件(其中法院64件)，开展企业劳动用工法律体检128家。完成新业态企业集体协商3家，省级产改试点开展能级协商率达100%，市级达87%以上，评定第七批诸暨市级和谐企业13家，申报成功绍兴市级和谐企业12家，万安集团获评全国和谐劳动关系创建示范企业。继续开展“尊法守法·携手筑梦”服务，与公安局等单位联合组织“护暨阳净土·我们在行动”禁毒酷跑等公益活动，组织公益法律服务活动25场次，发放资料8000余份。构建职工心理健康服务体系，创新开展情绪管理服务站建设，与温医大达成战略合作，研究推出情绪调节舱智慧化服务，累计建成站点10家，培养情绪调节员186名，获评绍兴市工会改革创新先锋奖。开展教职工“减负赋能暖心悦行”主题系列活动，加强对教职工的心理疏导和人文关怀。坚持和发展新时代“枫桥经验”，制定《关于开展“枫桥式职工之家”建设的实施意见》，梳理形成核心重点、特色先进、创新发展44项工作清单，与杭师大合作设立枫桥经验与构建和谐劳动关系研究课题并建立研究基地，获评绍兴市第二届“枫桥经验”实践案例一等奖3个。

【职工困难帮扶活动】2022年，持续放大打造精神文明高地领域试点的独特优势，开展春节“送温暖”、“金秋助学”、“五一促消费”、疗休养助推经济发展活动，建立“员工共富”基金联盟等，为群众排忧解难。制定出台《联系服务基层“六个一”制度》，开展基层服务走访，疫情防控期间慰问防疫职工，发放专项资金45万元。全年累计发放各类帮扶资金195.5万元、慰问2063人次；全市共1237家单位9万余名职工参加职工医疗互助，累计发放补助金215.1万元。申报省级职工品质生活试点1个，建成四星级以上标准市级妈咪暖心小屋13家、爱心驿站110家(3家获评全国“最美户外劳动者服务站点”)，举办浙工缘相亲交友活动5场(次)、爱心托班26班(次)、幼儿读书会公益活动44场(次)、企业选课送课活动40场(次)、“风信子”职工公益培训班9个项目71个班次。

【职工培训教育与文体活动】2022年，持续推进“我心向党·劳动创造幸福”系列活动，深化职工文体“双百引领”活动，开展文艺精品巡演23场(次)，举办“喜迎二十大 建功新时代”全市职工书画摄影比赛等。参加绍兴市总工会组织的系列活动，在“公用杯”全市青年职工演讲比赛中获金奖，绍兴市职工工间操比赛获二等奖、三等奖，绍兴市职工广场舞比赛获金奖、银奖。开展“班前十分钟”活动，上好职工思政课，累计135家企业参与，组织活动398场(次)，覆盖职工2.7万人次。继续开展“大练兵、大比武、大培训”活动，组织全市职业技能大赛14场(次)，不断提高全市职工技术技能水平。开展职工技能培训，根据企业实际需求，有针对性地开展如中高级职业技能资格培训等资格能力培训，推进职称和职业技能等级贯通。加强职工技能培训教育平台建设，举行就业服务月专项活动，举办专场招聘活动7场(次)、新就业形态劳动者职业技能培训5场(次)。职校文化宫群团培训中心完成工程建设。组织开展名师带高徒活动，完成结对125对。

【工会基层基础建设】2022年，持续加强工会系统党风廉政建设，强化工会经费管理使用，全年税务代收入库2700万元，加快推行数字人民币业务、规范开展竞争性公款存放。加强工会财务规范化建设，进一步提升云财务基层使用覆盖率。加强经费审查审计，开展本级及下属事业单位审计检查，对23个镇乡街道工会及其机关工会实行审查审计全覆盖，对12家基层工会开展巡视审查工作，同时做好审计回访并督促审计意见的整改落实。全面落实小微企业工会经费支持政策，降本减负3533.9万元，惠及企业1110家。

（总工会　方浚）

共青团诸暨市委

【概况】2022年，全市有14～35周岁青年22.75万人，共青团诸暨市委(简称团市委)有基层团委85个，团工委8个，团总支17个，团支部1765个，团员47309名，团青比例21.36%。团诸暨市委荣获全国大学生“返家乡”社会实践活动表扬单位，诸暨市“一起学习·青年说”宣讲团获浙江省基层理论宣讲成绩突出集体，推选“厕所革命”——解决农村低保空巢老人“如厕难”项目获得第六届中国青年志愿服务项目大赛金奖，推选“警暖少年”——“枫桥式”未成年帮扶志愿服务项目获得第六届中国青年志愿服务项目大赛银奖，推选的俞秀松纪念馆、何赤华事迹陈列馆被命名为浙江省青少年红色基因传承基地，诸暨市获评浙江省县(市、区)青年发展综合指数优秀等次。

1月25日，完成第十九次团代会换届任务，搭建新一届团市委班子，选优配齐兼挂职干部。

【团员青年思想建设】学习教育。

2022年，“一起学习·青年说”宣讲团，围绕党的二十大精神宣讲100余场，覆盖青年8万余人，多个宣讲视频、“五四”微视频被团省委录用，展播40万次。依托诸暨红色资源，开展研学宣讲300余场。

活动教育。2022年，开展建团100周年主题团日活动、中小学生艺术节等活动，线上观看达近百万人次。依托“西施眼·新青年”宣传专栏，发布薪火百年、闪光青年等主题文章240余篇。

榜样教育。2022年，选树全国优秀共青团员1名，省青牛奖、“两红两优”青年以及省级优秀共青团干部、团员、少先队员等荣誉20个，绍兴市优秀荣誉14个。

【社会治理参与】2022年，打造“枫桥经验”青春样板。深化“青枫工程”两年行动，部署“枫桥经验”后浪传承、“新青年下乡”等38项专项工作。组建“青枫工作室”，开展主题调研3次，“青枫论坛”4次，相关做法被新华社、《人民日报》等国家级媒体报道。

【经济发展助力】2022年，选培农创客、“村村都有好青年”“青春共富带头人”522名。组织农科青年送技下乡120次，为青创客开展公益培训3次，创成“农科青年科技服务示范基地”1个。9月28日，举办“青耘中国”共富直播周，带货4300余万元，推介短视频400余个，播放量达1300余万次。

【人才引育助力】2022年，开展“青春领航”系列活动，为上海返乡学子送出温情大礼包。推出见习岗位1000余个，600余名大学生进岗实习。与农商银行联合升级“青创贷”，服务涉农三类青年1638人，发放贷款2.96亿元。推动“青年街区+”建设，开展婚恋交友、非遗传承等活动10余场，实现日均流量新增1000人的目标。

【志愿服务】文明实践。2022年，整合志愿服务资源，新增青年志愿者600余人，全年开展志愿服务1200余场，为中国男子篮球职业联赛、世界珍珠大会等输送志愿者1000余名。举办集体婚礼，引导青年做移风易俗的倡导者和践行者。

2022年8月25日，“青枫工作室”成立（团市委提供）

品牌建设。整合社会资源，开展志愿公益创投项目评审，20个公益项目获资助资金114.6万元。其中“厕所革命”、警暖少年项目分获第六届中国青年志愿服务项目大赛金奖、银奖。

【青少年权益保护】2022年，推进“幸福来敲门”等多项青少年护航行动，“检馨”青少年司法社工为附条件不起诉未成年人提供帮扶72人次。在多所学校开展不“童”凡响——青少年社会情感技能提升项目，提高青少年权益保护工作质效。

【基层团组织建设】2022年，全域推进“枫桥式”团组织建设，试点开展“团支部建在小区上”工作，组建“青年群”向小区青年发布就业岗位、婚恋交友等信息。建立“青年双向报到”制度，发动青年参与疫情防控、“双减”等服务1500余人次。严把团员入口关，严控发展比例，做好云上管理，按时完成“智慧团建”各项指标任务。实施团干部“赛马”行动提升干部作风，以项目化比赛提升基层团组织活力。组织基层团干部培训5次，形成专题笔谈72篇，推出“我为青年做件事”实事清单25项，以务实举措锻造团干铁军。

（团市委　杨姝）

市妇女联合会

【概况】2022年，诸暨市妇女联合会（简称市妇联）坚持以习近平新时代中国特色社会主义思想为指导，深入学习贯彻党的二十大精神，围绕中心大局排兵布阵，聚焦主责主业强化担当，定位妇儿家庭办好实事。锚定“两个先行”，奋进“五个率先”，聚力“两放三争”，重点围绕“六大行动”，以优异成绩向党的二十大献礼。

2022年，全市23个镇乡街道开展妇联组织换届工作。至6月28日，枫桥镇第八次妇女代表大会召开，诸暨市全面完成23个镇乡街道妇联换届选举工作。全市共选举产生镇乡街道妇联领导班子112人、执委427人。执委中本科及以上学历181人，占42.4%；35周岁以下占26%，平均年龄43.1岁，比上一届下降3.1岁。换届后队伍呈现“高学历、重梯队、多元化”结构特点，实现学历、年龄“一升一降”。

【“四必访四必应”数字化应用】“四必访四必应”是省妇联开发的“浙里家·连心桥”系统下属子应用，通过数字化方式推动基层妇联干部和执委做到创业就业困难女性必访、困难家庭必访、空巢老人及留守妇女儿童家庭必访、婚姻家庭矛盾纠纷家庭必访，并及时回应她们的需求。全年全市“四必访四必应”系统内共录入妇联组织586个、妇联阵地715个、各级妇联干部985人，推动市、镇、村3801名执委100%启用“四必访四必应”，执委登录率、活跃率、走访率均在绍兴市率先达到100%。系统内共建立四必访对象档案7691户，线上线下走访17297人次，发现并解决问题170条。以数字化改革牵引妇联职能发挥。

【东西部协作参与】2022年，市妇联参与2022年度东西部协作工作，向协作县四川省沐川县开展捐资赠物活动，与民政局等部门共同发动社会援助达700万元。9月初，与四川省沐川县妇联联合发起99公益日“春蕾计划”联合劝募活动，专款专用帮扶沐川县困境女童。活动共112个团队、6937人次参与，项目共筹集爱心资金250435.89元，诸暨市妇联筹款金额居团队第一，配捐后共计为沐川困境女童募集爱心资金146332.92元。

【“政企亲清会”——女企业家专场】2022年3月9日，市妇联与市委组织部共同组织第十一期“政企亲清会”——女企业家专场，绍兴市委常委、诸暨市委书记沈志江出席并讲话，市领导王琤、王孔羽、郦小飞参加。市妇联组织12名女性企业家代表参加，其中5名来自诸暨市女企业家协会，6名来自诸暨市青年女创客联盟（“伊创社”），会上共梳理问题建议25项。12名女企业家作为不同行业的代表为企业发展及提升营商环境献计献策。

【省、市巾帼文明岗创建】2022年全市共创成省级巾帼文明岗4家，分别为：国家税务总局诸暨市税务局大唐税务所办税服务厅、诸暨海亮商务酒店有限公司前厅部、诸暨市人民医院神经内科一病区、诸暨市浣东初级中学英语教研组。创成绍兴市巾帼文明岗9家，分别为诸暨市公安局出入境管理大队、诸暨市人民法院民事审判三庭、诸暨市浣东街道东盛社区便民服务中心、诸暨市暨阳街道凤凰社区一证通办窗口、诸暨市水务集团有限公司制水公司水质科、诸暨市颐和养老中心护理部、浙江智咖互联网科技有限公司表叔云服运营岗、诸暨市天马实验学校融合教研组、诸暨市浣江初级中学英语教研组。

【“最美家庭”建设】2022年6月至10月，市妇联组织开展2022年度诸暨市“最美家庭”寻找推荐工作，在全市范围内寻找推荐“红色清廉家庭”“文明风尚家庭”“科学教子家庭”等5类家庭100户。其中，1户家庭被评为全国最美家庭，2户家庭被评为浙江省最美家庭，20户被评为2022年度绍兴市级“最美家庭”。同时，深化好家庭礼遇机制，开展最美家庭礼遇活动，文旅、交投、农商银行等11家单位被纳入“礼遇最美”爱心单位，为各级最美家庭提供礼遇服务，促进全社会营造争做好家庭、礼遇好家庭的良好风气。

【家庭教育试点县建设】2022年，诸暨市成为社区（村）家庭教育指导服务体系标准化建设试点县市，市妇联完善家庭教育工作机制，建强家庭教育工作团队，延伸家庭教育服务触角，逐步形成规范化、常态化、长效化的工作体系，让家教阵地推门可见。“村村都有家庭教育指导员”的“菜单式”点课受到欢迎。20个试点村（社）建好基层家庭教育服务体系，村（社）实现家长学校100%全覆盖，350个村（社）各配备1名家庭教育专项指导员。全年在家长学校、妇儿驿站开展250余场家庭教育讲座，线上线下服务家长超16万人次。12月，浣东街道妇联作为基层代表在浙江省家庭教育推进会上作典型试点工作交流发言。

【家风培育】2022年，市妇联以5月家庭教育宣传月为契机，联合教体局、家研会开展“宣传家促法 弘扬好家风”系列活动。在线上开展优秀家风作品评选活动，从 209 个参赛作品中，通过评委和网络投票选出优秀家风作品 30 个，该活动获得网络点赞 85 万次，作品《家风如茶 行稳致远》短视频在清廉浙江展出。联合宣传部、文旅局、教体局等单位开展“亲子共沐书香 强国复兴有我”主题童声读书会活动，近千户家庭参赛。联合市文明办发出《文明有礼 巾帼同行》倡议书 5000 余份。创新制定“家”系列五项行动方案，开展“家·文明”“家·教育”“家·美丽”“家·清廉”“家·书香”等 5 个方面家庭文明建设行动近百场。5 月 20 日，市妇联联合民政局在婚姻登记处开展“新婚夫妇 家庭责任”的主题活动，邀请诸暨市家庭教育讲师团讲师为新人讲课。

【美丽庭院建设】2022 年，结合创建实际持续深化“五美”（庭院布局特色美、文明和谐家风美、环境卫生整洁美、种树栽花景致美、自主管理长效美）创建活动。通过广泛发动、重点培育、示范引领，号召全市 23 个镇乡街道巾帼力量参与美丽庭院建设。打造美丽庭院示范镇 2 个、示范村 21 个、示范户 12000 户。围绕“共建美丽庭院 同享共富愿景”主题创设“每美与共”美丽庭院共建品牌，组建一支覆盖全市的 200 余人美丽庭院志愿队伍，并链接到高校农林专业老师、学生志愿者 50 余人赋能美丽庭院建设。每季度对历年 96 个创建村及创建镇进行“回头看”检查，每月对新创建村开展指导帮扶，开展美丽庭院现场推进会，展示美丽庭院创建成果，宣传活动参与量达 33.8 万人次。

【婚姻家庭矛盾纠纷化解】2022 年，通过邀请网红拍摄“平安家庭”短视频，开设妇女权益类法律直播，开播“让她更幸福”微课堂等方式，宣传相关法律知识和夫妻相处之道，超 60 万人次收看。各镇乡街道同步开展各类普法宣传活动 23 场，参与 28 万人次。市家庭矛盾纠纷调解委员会 3 名专职调解员进驻妇联和社会治理中心接访，全年共接受咨询 529 次，调解纠纷 63 起，调解成功 58 起。全年培训 502 名婚姻家庭辅导员，实现村村都有一支婚姻家庭辅导员队伍。

【妇女儿童维权】2022 年，发动律师、机关工作人员等 17 人成立诸暨市“八五”普法讲师团，分赴 23 个镇乡街道开展“普法下基层活动”。推广“和睦 E 家”数字化场景应用，对婚姻家庭特别是家暴案件开展警情核实、纠纷化解、疏导关爱等工作，定期开展重点人员（家庭）摸排工作，关注家庭暴力隐患、拐卖风险等，做到一户一表，实行红橙黄三色动态管理。建设妇女儿童服务驿站，按标准建设妇儿服务驿站，浣东街道东盛社区被命名为省级一星妇女儿童服务驿站，另有 10 家社区被命名为绍兴二星级妇女儿童驿站，共开展普法宣传 26 次，参与妇女维权 42 次。9 月，联合法院建立妇联特设“共享法庭”，现场庭务法官为求助妇女提供法律咨询服务。

【困难妇女儿童关爱】2022 年，全面开展从 2021 年开始试点的“邻里搭把手”志愿行动，实现行政村全覆盖。各行政村诸暨市残疾人联合会第八次代表大会在温德姆召开招募志愿者结对帮扶，帮忙买菜买药、打扫卫生等。市妇联在春节前走访慰问 44 名困难妇女、特殊贡献家庭，发放“两癌”妇女救助金 10 万元，为 430 名低保妇女提供康乃馨女性健康保险服务。市妇联利用妇儿驿站、儿童之家等场地，发动社会组织为留守儿童开展“我为孩子上

2022 年 5 月 20 日，市妇联联合民政局在婚姻登记处开展“新婚夫妇 家庭责任”主题活动（市妇联提供）

堂课”“我爱老家乡村行”等公益活动。“六一”期间，全市共捐资85.52万元，结对贫困儿童166名。

【“共富新高地——云上创乐汇”“三八”节爱心直播活动】2022年3月2日，市妇联在浙江省未来乡村试点村——枫桥镇杜黄新村举办“共富新高地——云上创乐汇”“三八”节爱心直播活动，高峰期观看数达13万人，活动结束后为当地“爱心食堂”赠送油盐酱醋等日用物资。

【“学习贯彻党的二十大精神”暨基层妇联履职实务培训班】2022年11月23日至25日市妇联举办“学习贯彻党的二十大精神”暨基层妇联履职实务培训班，共100余人参加培训。培训对象为新选举产生的23个镇乡街道妇联主席、执委，机关单位、四新领域妇联组织代表，妇联界别政协委员，女企业家协会、伊创社和巾帼文明岗代表，覆盖全市各行各业。培训班通过学习推动党的二十大精神在妇女工作中落地生根。

（市妇联　郭珈冰）

市科学技术学会

【概况】2022年，市科学技术协会履行科协“四服务”（为科技工作者服务、为创新驱动发展服务、为提高全民科学素质服务、为党和政府科学决策服务）职责定位，深入实施“机关党建品牌创建行动、科技助企纾困赋能行动、科技人才服务提升行动、科普惠民品牌培育行动、科协服务能力提升行动”，助力地方发展。

全年组织政策理论宣讲活动，深化“三服务”活动，深入企业科协、科创平台、科技社团、科普教育基地、高层次人才队伍一线，倾听科技工作者心声，摸排企业科技创新需求，宣讲党的创新理论、惠企利民政策。开展科学家精神主题教育，启动诸暨籍“院士文化”内涵挖掘，引“故居”变“讲堂”。金善宝院士故居创建成绍兴市级科学家精神教育基地，周立伟“院士书屋”完善之中；组织“5·30”全国科技工作者日“九个一”系列主题活动，在《诸暨日报》、诸暨发布、诸暨组工等平台上讲述科技工作者奋斗创业故事。探索科协“四服务”新路径。开展“助企开门红、助力经济稳进提质”等活动，出台“十条”助力举措；组织科协干部走基层、增感情、办实事，广泛开展建家交友、排忧解难等活动，推进年度工作任务落实。

【科技助企纾困】2022年，建设高能级的科创平台。对建站一年以上31家工作站开展年度绩效评价，形成“有好有差、有进有出”评价激励机制，平台建设质量走在绍兴前列。圣翔航空成功创建省重点支持工作站。新建百越生物等院士专家工作站5家、天伟生物等博士创新站15家，柔性引进了2名中外顶尖人才，平台数量、质量位居绍兴县市前列。搭建“院士专家诸暨行”活动平台。聚焦“数字经济”“生命健康”“乡村振兴”等重点领域，组织各类院士专家助企赋能活动21场，成功牵线18名院士专家、博士与企业联合开展技术攻关、项目合作。拓展学术成果交流平台。制定院士专家联系服务工作管理办法，为做大做强“院士经济”提供制度机制保障；坚持以会聚才、以企引才，组织12家企业参加浙江省、绍兴市二级学术论坛，成功牵线浙江工商大学陈杰教授和天伟生物开展“结冷胶产品的研究和应用”项目开发，创建重点农业企业研究院。

【科技人才服务】2022年，做优人才

2022年9月15日，市科协组织青少年到金善宝院士纪念馆开展科学家精神教育活动（市科协提供）

引育品牌，加强与大院名所的联系对接，累计柔性引进124名专家，为企业提供科技服务；开展“全国学会智汇诸暨”活动，邀请省生物医学产业联合体到诸暨开展科技服务，并加入学会企业联合体，与中国重型机械工业协会达成合作，建立2家学会协同创新服务站，联合承担4个国家标准制定，与省营养学会达成合作，定期开展美食营养学术交流，与上海交通大学机械学院合作，为康宇弹簧柔性引进1名国家引才计划人选。做响科技人才举荐品牌。完善科技人才全生命周期服务体系，为各层次科技人才成长架设上升通道。常态化走访企业摸排优秀科技工作者典型，新增52名科技人才库名单。举荐华才食品检测科技创新工作室为“绍兴市最美巾帼科技创新工作室”，市经济特产站茶叶科技服务先锋队、急速科技智控研发团队、暨阳学院园林植物种质创新研究团队、人民医院病理科团队获2022年度绍兴市“科技先锋岗”称号。擦亮科技人才服务品牌。组织学会助力共同富裕示范区系列行动，在枫桥经验、数字经济、疫情防控、新时代文明实践、乡村振兴等方面有活动，形成“一学会一活动一品牌”基本格局；实施“科普惠民兴村”计划，实施南瓜籽油冷热双榨技术引进、香榧林无人机技术应用等15个金桥工程项目，开展农业科技示范；组织学会“同行者”科技志愿服务活动，助力新时代文明实践。

2022年7月15日，市科协督查“金桥工程”之葡萄新品种“寒香蜜”引进种植项目（市科协提供）

【科普惠民品牌培育】2022年，履行纲要办工作职责，突出“五大”人群科学素质建设，制定实施公民科学素质纲要工作五年行动计划和年度实施方案，与协同成员单位开展世界知识产权日等“一单位一主题”科普活动12场；开展丰富多彩的全日科普日系列活动，被中国科协评为2022年全国科普日活动优秀组织单位；深化“科小二”科技志

2022年诸暨市新认定的各类科普基地一览表

表18

基地类型	基地名称
绍兴市科学家精神教育基地	金善宝院士纪念馆
绍兴市基层特色科普馆	店口展示馆 水文科普馆 东和乡岩畈农耕博物馆
绍兴市农村科普示范基地	东山圩种薯种苗基地 锦逸农业寒香蜜种植科普示范基地 沁露茶叶科普示范基地 天珍香榧科普示范基地 艺凯葡萄种植科普示范基地

续表 18

基地类型	基地名称
诸暨市科普教育基地	诸暨城市馆 金善宝院士纪念馆 店口展示馆 周立伟院士故居 诸暨市水文科普馆 世界淡水珍珠博物馆
诸暨市科普教育基地	东和乡岩畈农耕博物馆 海亮企业展示馆 盾安企业展示馆 万安企业展示馆 天府之谷 峰丹果园 暨南小学

愿服务，组织“和暖”等社工组织开展“暖阳行动”等志愿活动120余场次，市科协科技志愿服务队、市心理卫生协会“阳光心态·幸福生活”团体心理素质提升项目、市教育局方爱君分获2022年度长三角优秀科技志愿服务组织、优秀科技志愿服务项目、优秀科技志愿者称号。构建全域科普工作体系。实施科普场馆建设、科普资源开发、科普示范单位创建、科普活动组织等10个科普项目。将科普元素融入党群中心、新时代文明实践中心、农业基地等新型阵地。推动科技资源科普化，新增店口展示馆等3家绍兴市基层特色科普馆，新增诸暨市东山玗种薯种苗科普示范基地等5家绍兴市农村科普示范基地，命名东和乡农耕博物馆等13家市级科普教育基地，新增6户绍兴市农村科技示范户。培育“一老一小”科普活动品牌。开展群团组织助力“双减”活动，举办校园科学达人大赛、校园科技节等活动。开展“银龄跨越数字鸿沟”“爱心食堂关爱添福”等科普专项行动，完成老年人智能手机培训科普服务35000人次，列全省县级单位第二位，获浙江省“银龄跨越数字鸿沟”成绩突出集体称号。

2022年7月22日，市科协在姚公埠村爱心食堂开展“银龄跨越数字鸿沟”活动（市科协提供）

【科协服务能力建设】2022年，加强科技社团组织管理。开展科技社团规范化建设，清理2个僵尸学会，盘活1个沉默协会，建立1个学会党支部；强化学会星级考核工作，评出五星级学会2个、四星级学会3个；推动19个学会项目主动承接7个政府转移公共服务项目。推广“数字化大脑”建设。利用省级数字化创新平台管理应用系统，实施“一家三站”申报、考核等全链条管理机制，构建高效协同的平台管理体系，已通过平台申报博士创新站10家，审核通过9家，两项数据均居绍兴市各县市区第一名；群团助力“双减”、银龄跨越数字鸿沟、千博助千企等数字化改革应用在省科协系统重大改革项目晾晒机制中获五星评估，为绍兴唯一。（科协　王建锋）

市归国华侨联合会

【概况】2022年，市归国华侨联合会（简称市侨联）共接待侨界群众17人次，帮助解决就学、就业、出国留学、经济纠纷等问题，日常联络联谊43批次422人。全年共走访侨企45家，收集侨企问题8个，协助解决7个。上门慰问侨界重点代表人士、困难和老年侨眷以及困难群众100余人次，发放慰问金及慰问品共计5万余元。中共二十大期间，市侨联组织留联会和海亮侨联学习中共二十大精神并撰写心得体会，组织所属诸暨市出国留学人员和家属联谊会与越城区留联会开展学习中共二十大精神联谊活动1次。

【涉侨服务】乌克兰撤侨。2022年俄乌冲突爆发后，第一时间摸排出境乌克兰的诸暨籍人员名单，在“西施眼”APP等本地媒体发布公告，让其诸暨亲属主动联系相关部门。同时，制订撤侨行动方案，建立撤侨工作微信群，实时发布涉乌克兰及周边国家各类信息、最新领馆撤侨安排等，为留学生和侨胞答疑解惑，实时掌握其所处城市及本人心理状况。3月2日起，通过乌克兰浙江商会，陆续将侨胞和留学生撤离到斯洛伐克、罗马尼亚等国家，由该商会为留学生联系当地商会照顾日常起居。其后，11名留学生和侨胞中，10人回国，1人自愿留居敖德萨。

疫情防控助力。3月30日，市侨联发布《关于做好清明期间疫情防控工作的倡议书》，倡议在外侨胞和留学生暂不返乡扫墓祭祖，以居家祭祀、家庭追思、线上追思等非现场方式祭祀。6月1日，市侨联发出《端午疫情防控倡议书》，倡议在外亲友不返乡、不跨区域过端午，减少人员聚集和流动。疫情期间在各类涉侨公共场所、如诸暨市留联会活动场所，乡镇街道基层侨联办公场所等，开展“场所码”专项督查，高效精准筑牢疫情防控“数字围栏”。

【“助企开门红”活动】按照绍兴市侨联《关于开展“助企开门红”活动的通知》文件要求，扎实开展“诸暨市侨联助企开门红”活动。建立常态化走访联系侨企制度，深入侨企实地考察调研，做好与相关部门的对接协调工作。（侨联　张楚）

市工商联

【概况】2022年，诸暨市工商业联合会（简称市工商联）紧扣“两个健康”工作主题，紧紧围绕“信任、团结、服务、引导、教育”十字方针，发挥工商联桥梁纽带和助手作用，为打造浙江高质量发展、建设共同富裕示范区诸暨范例凝聚力量。获评2020—2021年度全国“五好”县级工商联、全国2021年调查点工作先进基层单位、浙江省工商联2022年度民营企业调查点工作先进单位、绍兴市工商联2021年度服务“两个健康”工作全市工商联系统突出集体。“亲商、安商、护商 助推政商关系行稳致远”被评为省2022年度三季度服务“两个健康”最佳实践案例。

2022年2月17日，诸暨市工商业联合会（总商会）第九次代表大会召开。大会审议并通过八届执委会工作报告。选举产生新一届执行委员会148人，赵林中当选诸暨市工商业联合会（总商会）第九届执行委员会主席（会长）。建立执常委退出机制和联系制度，副主席（副会长）履职考评制度，领办重点工作与领衔调研课题、专业工作委员会等机制。6月，组织召开2022年度直属商（协）会半年度工作会议，集中学习《直属商（协）会规范化建设工作实施方案》。7月，指导成立诸暨市徽商企业家联合会大唐分会；9月，指导诸暨市江西商会召开第二届会员大会。培育诸暨市温州商会获评全国工商联“四好”商会，诸暨市总商会江西商会党支部获评2021年度“五星级”党组织。

2022年，市工商联利用主题党日活动、“学习强国”APP等载体，以集中学习和分散学习相结合的方式，引导工商联执委、总商会党委党员和机关干部认真学习习近平新时代中国特色社会主义思想，召开学习中共二十大精神、省第十五次党代会精神专题宣讲活动。培育海亮

2022 年 2 月 17 日，诸暨市工商业联合会（总商会）第九次代表大会召开（工商联提供）

集团、浙江农林大学暨阳学院陶朱商学院入选第一批"绍兴市民营经济人士理想信念教育基地"。

【参政议政】2022 年 2 月 20 日至 23 日，政协诸暨市第十五届委员会第一次会议召开。会议期间，工商联界别委员共向大会提交提案 18 件，其中集体提案 4 件，委员单独或联名提案 14 件，界别集体提案《关于进一步优化我市营商环境的建议》被列为市级重点提案。组织开展政协工商联界别各类视察调研活动 2 次，完成《创新发展"枫桥经验"，推进民营企业全面合规改革》提案答复工作。

【企业服务】2022 年，市工商联联合绍兴工商联开展省重点工作揭榜挂帅项目重点课题研究，形成"构建亲清政商关系的地方实践和有效机制研究"调研材料。接待省、绍兴市工商联领导到诸暨开展稳进提质、"万企兴万村"、亲清政商关系等专题调研，赴省联参加深入实施助力共同富裕"五大专项行动"专题汇报。组织民营企业参与工商联系统开展的季度民营企业运行状况调查、上规模民营企业调研、年度民营企业社会责任调研、民营企业评营商环境调研等活动，共组织填报企业 624 家次。2 家企业入围"2022 中国民营企业 500 强榜单"，3 家企业入围"2022 中国制造业民营企业 500 强榜单"，3 家企业入围"2022 浙江民营企业研发投入 100 强榜单"。常态化邀请市三服务办、市纪委监委参与"亲清直通车 · 政企恳谈会"，联合市税务局、商务局、人行诸暨支行召开税务、外贸、金融等专题恳谈会，邀请企业家通过实地座谈、网络直播收看等方式，提交诉求建议 57 个，并全部解决落实。

联合诸暨市公安局开展护企优商活动，组建服务民营企业专家智库团队，推进商会和企业警务联络室制度，加大涉企违法犯罪的打击效能。联合市司法局、市律协推进"百所联百会"行动，实现所属商会法律顾问全覆盖。11 月 13 日，举办"企业合规管理与合规管理体系建设"培训会。11 月 20 日，联合法院签发《法院与市工商联沟通联系机制实施办法》，推进商会"共享法庭"建设，共设 2 家。创新提升"枫桥经验"，进一步打响"商事纠纷找商会"调解品牌，在商会调解组织中全面开展乡情、行业调解模式，充分发挥总商会人民调解委员会作用，全年参与案件调解 138 件，成功调解 136 件，涉案标的 7000 余万元。

清廉民企建设。2022 年 5 月，研究出台《2022 年清廉民企建设实施意见》，成立市清廉民企建设工作领导小组及其办公室，办公室设在工商联。精心筛选培育 4 家年度清廉民企建设示范点培育单位，在浙商之家、清廉浙江等省级公众号中宣传刊登。7 月 20 日至 21 日，海亮集团在全省清廉民企建设理论与实践研讨会上作为企业代表发言。富润集团获评绍兴市清廉单元建设示范单位，浙江万达建设集团、浙江宏坤建设集团、浙江大豪科技有限公司、华纬科技股份有限公司 4 家民企获评诸暨市清廉单元建设示范单位。

金融服务。2022 年 6 月，开展"银企携手、稳进提质"专题活动，联合建行诸暨支行、诸暨农商银行、泰隆银行诸暨支行签订战略合作协议，进一步探索"银行 + 商会 + 企业"金融服务模式，定制"商会版"特色系列信用贷款金融产品，提供贷款优先、服务优良、利率优惠等政策。10 月，联合人行诸暨支行梳理结构性货币政策工具情况，汇总工行、绍兴银行、浙商银行等 8 家银行信贷产品介绍制定成册，向执常委企业分发。

【社会服务】2022 年，市工商联引导海亮集团依托全产业链运营优势，探索出“建始帮扶模式”和“一地一品”链式发展经验，获得“全国脱贫攻坚先进集体”“浙江省同心共富榜样企业”（全省仅 14 家）称号。选送“绘就‘田上杜黄’共富梦”、“蓝美 1 号”促进乡村振兴、万亩稻虾轮作促进共同致富 3 个项目申报浙江省“万企兴万村”行动实验项目。组织温州商会、徽商企业家联合会、新企联等参与疫情防控、防洪救灾、护苗行动、反诈宣传、应急救援等活动。

【区域协作助力】2022 年，引导民营企业踊跃投身东西部协作、山海协作、帮促共富等活动。超额完成东西部产业协作等板块任务，引导 8 家企业投资，完成率 114%；实际投资额 10.109 亿元，完成率 136%；企业吸纳农村劳动力就业 2490 人；企业吸纳脱贫人口就业 625 人。开展诸暨—沐川东西协作“村企结对”行动和“帮促共富”党建联盟专项行动，引导 22 家企业结对新昌县 22 个行政村，组织 5 家直属商（协）会结对遂昌 1 个民族村，23 家商协会、民企结对沐川县 26 个行政村。捐赠的保暖衣物、药品、农特产品以及其他定向物资价值计 104.35 万元。

【涉案企业合规建设】2022 年 3 月 23 日，诸暨市十部门联合印发《关于开展涉案企业合规建设工作建立第三方监督评估机制的实施办法（试行）》。3 月 24 日，召开涉案企业合规第三方机制管委会（以下简称“第三方机制管委会”）第一次联席会议，成立诸暨市第三方机制管委会，管委会办公室设在工商联。7 月、9 月，经综合筛选和上级批准，选定 2 家涉案企业，分别成立由注册会计师、税务师、律师等专家组成的第三方组织开展合规建设。1 家企业完成合规验收并获法院缓刑结案，1 家企业合规整改中。11 月 4 日，五部门联合印发《关于促进袜业行业、企业合规发展的意见》；11 月 18 日，联合市检察院共同举办“服务保障民营经济发展”检察开放日暨袜业行业合规发展启动会。

【新生代企业家联谊会】2022 年，坚持实施“新生代企业家人才培养工程”，注重学习培养。10 月，开展“贯彻二十大 · 共话新发展”杭州一日行活动，实地走访西子航空等，组织杭州诸暨两地新生代企业家座谈交流。11 月，联合市委组织部、统战部举办为期 6 天的常青藤研修班，选送 40 位新生代企业家赴浙江大学脱产学习。举办新企联首届篮球联赛、亲子农耕文化研学等活动。连续第 6 年开展斯民小学艺术支教和“夏日送清凉公益活动”。

（工商联　沈彬）

市文学艺术界联合会

【概况】市文学艺术界联合会（简称市文联）有 8 个直属协会：作家协会、书法家协会、美术家协会、摄影家协会、民间文艺家协会、诗词楹联学会、音乐舞蹈家协会、戏剧协会。有 7 个管理协会：浣纱文学读书会、油画家协会、诸暨印社、王冕研究会、五泄诗画研究会、濂溪文化研究会、望烟书画院。2022 年市文联始终坚持文艺“二为”方向和“双百”方针，面向基层，服务群众，认真履行联络、协调、服务职能，倡导文艺家坚持以人民为中心的创作导向，为时代书写，为人民放歌，进一步打

2022 年 10 月 14 日，“红色引领　共富路上看诸暨”主题摄影展在诸暨城市广场举办（文联提供）

2022年7月7日，文艺志愿服务队在东和乡大林村爱心食堂开展文艺志愿服务活动（文联提供）

响"艺美诸暨"志愿服务品牌，为打造共同富裕"诸暨样本"贡献文艺力量。

【新时代文明实践文艺服务】2022年，诸暨市重组"艺美诸暨"文艺志愿服务队，将23支文艺志愿服务队重新组建成"我为幸福留光影""文学乡建""万福进万家""越风欢乐套餐""美育进万家""和美课题""诗赋美丽乡村"等9支文艺志愿服务队，以打造"一个协会一个文艺志愿服务品牌"为目标，完善服务体系，统一服装、横幅、旗帜，规范活动流程，使文艺志愿服务精准化、常态化、制度化发展。春节期间，书协"万福进万家"志愿服务队组织协会会员深入社区农村开展"艺美诸暨"迎春送福文艺志愿服务活动，组织会员书写2400余个大红"福"字送给环卫工人。美协"美育进万家"通过进乡镇、社区、学校举办美术讲座等形式，不断提高群众审美；"和美课堂"工笔画公益班，全年累计上课100多小时。诗词楹联学会"诗赋美丽乡村"建立山下湖长乐村、东和十里坪村两个创作基地，在东白湖镇斯宅社区、店口镇朱家站村等地开展志愿服务8次，近200人次参与，服务时长1000余小时。摄协"我为幸福留光影"为结对乡镇下属行政村开展志愿摄影活动。1月27日，在岭北镇举行"山村奔共富·我为幸福留光影"2022惠民拍摄活动启动仪式。建军节前，为献礼建军95周年，摄协组织志愿者到暨阳街道大桥社区，为社区退伍老兵拍摄个人形象照。

2022年，诸暨市组建"我为幸福留光影""我为幸福唱支歌""我为幸福添墨香"3个文艺志愿服务项目。"我为幸福留光影"项目共为20个乡村拍摄老年人免费个人形象照、金婚照1000多张。"我为幸福唱支歌"项目以文艺轻骑兵的形式，走进全市爱心食堂，为就餐老年人演出节目，其中，市戏剧协会走进枫桥镇三江村、同山镇丽坞底村、陶朱街道友谊社区、店口镇金盛社区等，全年演出60场。市民间文艺家协会承办的"爱心食堂·越风欢乐套餐"，以反诈、新农村等题材创编排演小品、舞蹈、歌曲，全年演出40场。书协"我为幸福添墨香"项目组织书法家为先期建成的"爱心食堂"书写、装裱大幅"寿"字、对联等，全年共完成70家爱心食堂"添墨香"任务。

2022年，持续助力"双减"工作，开展文艺进校园活动。戏剧协会"梅开校园"戏曲进校园服务队，在西湖小学带领43个班的1800多名孩子，学习名段唱腔、身段表演。协会在浣纱小学常年开设戏剧兴趣班，让传统文化在小学校园里"生根发芽"。美术家协会组织美术家走进和济小学、城新小学、浣东小学等市区小学和东白湖镇中学、斯民小学等农村小学开展公益教学活动。市作协开展文学走进校园活动，走进草塔中学，为学生送书、送讲座。市音舞协会合唱艺术进校园合唱指导志愿活动走进暨阳小学、荣怀小学、西湖小学、城新小学、庆同小学、湄池小学、海亮艺高开展活动20余场，服务学生1000余人次。

【"红色引领·共富路上看诸暨"大型摄影展】2022年10月14日至23日，"红色引领·共富路上看诸暨"大型摄影展在城市广场举办。20多位摄影师以视觉调查与驻村体验的形式，历时一年，形成27个专题的系列视觉样本，呈现诸暨在共富路上的奋进姿态。

【"喜迎二十大·文艺助共富"文艺活动】党的二十大召开前，诸暨市组织开展“喜迎二十大·文艺助共富”主题活动，以文学、美术、书法、诗词等多种文艺形式向党的二十大讴歌献礼。共收到文学征文90余篇，诗词作品100多首，书画作品近百件。

【“艺术乡建”】2022年，市民间文艺家协会“光光讲故事服务队”启动“故事乡建·文化赋能”活动，组织故事创作、摄影绘画骨干50多人次，深入洋湖农村，收集整理故事30多篇，编辑成集可读可视可听可赏于一体的多媒体读物《口耳间的洋湖》；7月13日，参与创作的公益MV《白塔湖之歌》在人民网、腾讯等视频平台发布，其在人民网上的点击量达20多万人次。市作协“文学乡建”中的“一个村庄一首诗”项目全年共行走40余个村庄，为其赋诗50余首；市作协参与东和乡图书分馆建设工作，为东和乡图书分馆开展赠书活动。“梨园春风——西路乱弹非遗传承”“弘扬‘枫桥经验’‘驻’推乡村文艺”两个项目被绍兴文联列为绍兴市级“艺术乡建”项目。戏剧协会探索艺术共建模式，在十里坪村旅游景点培训、排练演出。6月，演艺中心启动后，日接待游客100余人。戏剧协会卓秋萍主席担任“文艺村长”，带领协会会员培训村西路乱弹艺术团，带动村民参与“艺术乡建”。市书协“弘扬‘枫桥经验’‘驻’推乡村文艺”以枫桥镇枫源村为示范点，选派书法志愿团队开展文艺驻村指导工作，定期组织开展讲座点评、作品交流、写春联送春联等志愿活动，带动乡村文化建设。7月7日，浙江省文联党组书记杨守卫到诸暨调研“艺术乡建”工作并予充分肯定。

【“美术老莲奖”】2022年11月24日，组织评选年度“美术老莲奖”，获奖作品10件，入围奖40件。

【文学笔会】2022年12月2日至3日，邀请《江南》《西湖》《文学港》《野草》等杂志主编走进诸暨点评指导。

【各类比赛和展览】2022年1月1日至2月28日，“西施故里·好美诸暨”第二届诸暨全国摄影大赛举办。3月29日，“樱你心动，榧越山海来看你”诸暨市赵家镇摄影大赛举办。4月6日至5月31日，“浙江诸暨·中国茶乡”摄影大赛举办。3月18日至4月20日，“寻觅春踪·镜遇江南”摄影比赛启动。“喜迎二十大——清风明月美术作品展”“篆说诸暨——换个角度解读诸暨”“诸暨、柯桥、桐乡书法之乡作品联展”等展览分别在网上艺术馆开展，点击量近万。

【送展、送书下基层活动】2022年，共开展送春联、送福、送书、送戏、送讲座进村（社区）活动40多场次。送福万余个，送书500余册，开展书法美术“专家义诊”10余次。

【《浣纱》杂志编印】2022年，共编印6期《浣纱》杂志。2022年度“浣纱文学奖”共评出10件优秀文学作品。

【西施文化】继续唱响“西施之歌”：“西施杯·印象诸暨”全国原创歌词作品大赛中评选出来的获奖作品《梦入诸暨》《荷花女神》《青春诸暨》3首歌曲拍摄成MV，陆续在QQ音乐、酷我音乐、酷狗音乐等各大音乐平台及央视频、诸暨市级媒体等宣传平台播放，努力扩大西施文化的传播效应和对外影响力。发动协会文艺家围绕西施文化主题进行创作，如10月在青悦城联合多协会共同举办的西施雅集活动，融合《良宵引》等传统琴箫器乐演奏，将《西施吟》《念西施》等关于西施的经典歌赋通过雅集的形式展现在群众眼前。《浣纱》杂志“西施故里好美诸暨”专栏持续推出西施文化相关文章，共6期，不断扩大西施文化影响力。

【诸暨人文大讲堂】2022年，邀请雷默、裘浙锋等文艺名家到诸暨讲学。共举办文学、书法、美术、摄影、戏剧、音乐等各类讲座20期，听众1000余人次。（文联　楼海霞）

市残疾人联合会

【概况】2022年，全市有各类持证残疾人26892人。其中，视力残疾2644人，听力残疾2611人，言语残疾1242人，肢体残疾12332人，智力残疾3184人，精神残疾3963人，多重残疾916人。全市新增残疾人证1163本，组织上门评残服务142人次，换发补发残疾人证960本，核实并注销1142人次。残疾人证新办证、遗失补办等6个事项继续实施“跨省通办”“全省通办”，共计办件63件次。

市残疾人联合会贯彻落实《促进残疾人共同富裕专项行动计划》和《关于进一步加强残疾人工作促进共同富裕的若干措施》推出的助

2022 年 12 月 22 日，诸暨市残疾人联合会第八次代表大会召开(残联提供)

残新政，深入学习贯彻党的二十大提出的要“促进残疾人事业全面发展”的方针，全力保障残疾人在现代化和“共同富裕”道路上“一个不掉队”。通过县乡两级换届选举，落实县级常委会每年至少专题研究 1 次残疾人工作，明确镇乡街道残联由党委副书记分管，镇乡街道党委每年至少专题研究 2 次残疾人工作，进一步加强领导，健全残疾人基层组织。12 月 22 日，召开残疾人联合会第八次代表大会。

【中国残联试点】2022 年，推进中国残联残疾人“康复之家”试点项目，高标准完成大唐街道、暨南街道、枫桥镇和璜山镇 4 家乡镇卫生院改建任务，在保障签约基础服务的同时，拓展个性化精准康复服务，通过个性化的康复训练、治疗、指导、护理、补助等，改善残疾人功能状况，提高残疾人生活自理能力，减轻残疾人家庭负担。浙江省残联在全国“康复之家”试点总结大会上作经验交流时两次提到诸暨市试点建设的相关做法和经验。

【涉残民生实事】2022 年，完成省政府涉残民生实事项目，公共服务场所无障碍改造 10 个点位和“残疾人之家”规范化提升建设 4 家，对照评审标准，进一步完善机构内无障碍改造和提升建设，并规范管理制度。

【残疾人兜底保障】2022 年，与民政部门进行数据比对，及时审核残疾人“两项补贴”（困难残疾人生活补贴、重度残疾人护理补贴）新增、变更、注销人员信息，做好“两项补贴”的无缝衔接。落实 1178 名部分困难和 388 名无固定收入残疾人生活补贴发放，累计 356.55 万元；安置重度残疾人集中托养 17 人，共计发放补贴 12.03 万元；完成残疾人助听器适配 108 只，假肢适配 47 只，轮椅配送 132 辆，双拐、四脚拐、盲杖等配送 242 副；实施残疾人康复训练救助 178 人，落实残疾儿童康复训练服务补贴 112 人，约支出 288 万元；为 432 名新增残疾人缴纳保险，实现大病医疗和意外伤害保险全覆盖，为 63 人次提供理赔服务，赔付 19.72 万元；为 243 名下肢残疾人提供机动轮椅车燃油补贴 6.32 万元。

【残疾人就业促富】2022 年，市残联协调国有企业安排残疾人就业 1 名。通过针对性培训、造血型结对、联盟式协作、示范性带动等方式，扶持推动有能力的残疾人自主创业。

暨南街道残疾人在医生指导下进行康复训练(残联提供，摄于 2022 年 11 月)

通过残疾人网上招聘会，发布岗位 188 个，帮助残疾人就业。落实 9 名高校残疾人毕业生就业工作，服务率达到 100%。开展残疾人按比例就业联网认证，完成 659 家企业认证，2021 名残疾人认证。摸排诸暨市视障人士参加 2022 年盲摩医考报名工作。全年新增就业 307 人，为 425 名残疾人提供职业技能培训。配合绍兴市残联实施“绍兴百家企业结对 助残促富大行动”，鼓励社会力量捐资助残、造血帮富，组织企业和残疾青年结对 11 人，爱心企业结对帮扶困难残疾人家庭 29 户，创建残疾人之家辅助性产品配送基地 1 家。在绍兴残联举办的“爱心企业助残直通车活动”中，筹集 20 万元爱心资金捐助 200 个(名)困难残疾人家庭和残疾学生。

【无障碍环境建设】2022 年，指导暨阳街道大桥社区开展省级无障碍社区创建。紧跟全省推进“全覆盖、全参与、全联结”无障碍环境建设先行示范区建设的脚步，重点改造社区内公共服务设施、社区道路、绿化地、活动场所和残疾人、老年人家庭。项目改造施工前充分沟通协调，科学设计，落实“一户一策”，共完成 164 户困难残疾人家庭的无障碍改造。

【数字化建设】2022 年，依托“浙里办”APP“关键小事”专区和“浙江数字残联”平台，持续推进残疾人证跨省通办、残疾人按比例就业联网认证跨省通办。推进“爱心家园”平台三期建设，上架浙里办；贯通“浙里助残”应用落地，推广使用“连心 E 站”。

【残疾人法律服务】2022 年，响应全市“除险保安”社会治安风险防范化解工作，结合“连心 E 站”残疾人访视和基本状态调查工作，走访慰问残疾人家庭，及时帮扶解困。推进引导爱心律师团成员等社会力量参与维权服务。与卫健局交互信息，做到残疾人尤其是精神障碍患者底数清。加强《信访工作条例》的宣传教育，重视残疾人信访工作，接待办理助残咨询超 2000 人次。绍兴市信访综合平台“12345”信访件办理 84 件次。

（市残联　杨柯君）

市红十字会

【概况】2022 年，市红十字会继续发扬“人道、博爱、奉献”的红十字精神，围绕“三救”（救灾、救助、救护培训）、“三献”（无偿献血、造血干细胞捐献以及器官遗体组织捐献）核心工作业务，发挥党和政府在人道领域的助手作用。

【公共场所 AED 配置管理】2022 年，继续按照《关于征求 2021 年公共场所配置 AED 需求的通知》，走访听取相关意见建议，并会同市卫生健康局、市应急管理局对申报设置点进行认真研究，最终根据财政保障情况确定 2022 年公共场所配置 AED（自动体外除颤仪）设点单位 25 家。公开征求意见，确定点位，同步完成 AED 安装和设点单位的救护员培训工作。对公共场所累计配备的 142 台 AED 落实第三方巡检管理机制，并对相关设点单位开展 AED 救护员培训。

【“健康诸暨”工作】2022 年，以“救在身边”为主题，扎实开展校园守护、交通救护伴行、助力企业安全生产、安全网格等九大专项行动。对接教体局，把应急救护知识的学习纳入安全教学内容，利用“5·8”世界红十字日、世界急救日、高一新生军训期和学生课后托管服务期，开展形式多样的救护知识学习培训；与应急管理局对接，把取得救护员证纳入所有正式一线救援队员的必备条件；与组织部对接，将应急救护培训纳入全市机关干部素质能力培训体系，推进“应急救护培训进机关”活动；以文件形式，将网格员救护员培训与文化礼堂救护知识培训纳入镇乡街道的年度考核。全年普及救护知识 78526 人次，占户籍人数的 7.25%，完成绍兴下达的全年目标任务的 177.74%；应急救护持证培训 12797 人，占户籍人数的 1.18%，完成绍兴下达的全年目标任务的 131.71%，其中救护员 5141 人，完成全年目标任务的 119.06%。

【赈济救助】2022 年，继续做好日常款物捐赠的对接联系，共接收爱心资金 174 万余元，拨付公益项目资金 393 万余元。接收爱心物资价值 171.1 万元，并全部支出，其中向四川省乐山市沐川县支出捐赠物资价值 70 万余元，向村级爱心食堂支出价值 24.4 万元的生态大米 15250 公斤。参与“5·8”人道公益日网络众筹活动，发起“为诸暨救援队助力”“诸暨市救在身边”2 个子计划众筹项目，共 1182 人次参与，筹款 186931.23 元(含腾讯配捐)，其中公众筹款 175568.35 元，列绍兴市首

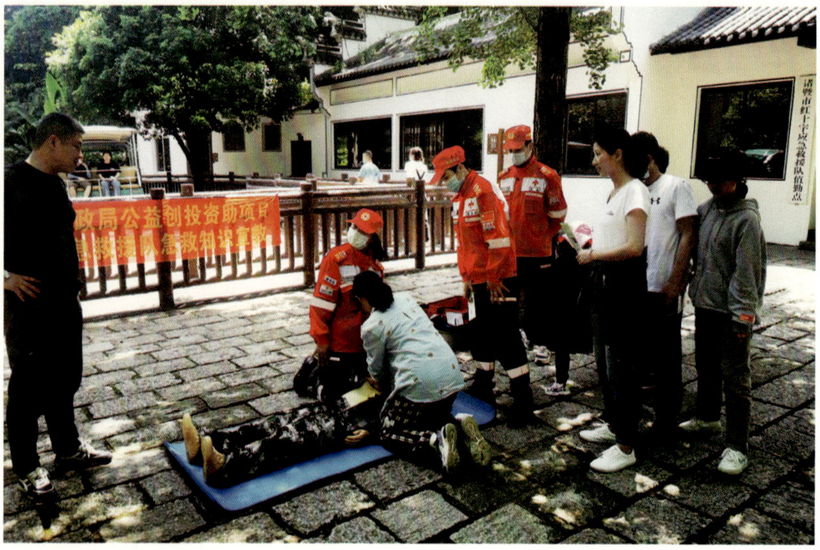

2022 年 5 月 3 日，红十字会在五泄风景区开展景区应急救护培训（市红十字会提供）

位。落实本级开展的“惠民助医”“爱尔眼科明亮诸暨”“阳光助学”“平安基金”等项目，重点做好“炉峰慈联大病救助”与“护苗行动”项目的宣传发动与资料审核工作。共上报“炉峰慈联大病救助”资料 21 份，帮助困难群众获益。

【“三献”工作】2022 年，继续响应“最多跑一次”改革，研究红十字会工作流程，继续开通“三献”工作咨询热线，完善人体器官（遗体、角膜）捐献工作机制，一次性告知捐献登记流程，实行线上登记为主线下为辅的办法，做好人体器官（遗体、组织）捐献的登记、服务工作。推动造血干细胞、人体器官（遗体、组织）捐献和无偿献血宣传，利用主题活动和博爱行活动等，传播关爱生命理念，营造志愿捐献者“个人自愿、家庭支持、单位重视、社会赞誉”的社会氛围。全年完成造血干细胞捐献登记入库 154 例，超额完成市定目标数；完成器官、遗体（组织）捐赠登记 1374 例，超额完成市定 832 例的目标数。

【数字红会建设】2022 年，继续推进“数字红会”应用，强化数字赋能，以数字赋能提升红十字服务能力和水平。救护培训、救灾救援、人道救助等 8 大模块的基础数据均录入采集系统，正常应用。群众可线上完成救助、捐献业务。全年在“数字红会”应用中完成器官、遗体（组织）1027 例捐赠登记。

【救护培训基地建设】2022 年，按照绍兴市相关民生实事工程要求，以店口镇为试点单位，完成乡镇标准化救护培训基地建设任务。盾安环境有限公司的 30 名一线员工成为基地培训的第一批救护员。建设完成 2 个学校救护培训基地——浙江农林大学暨阳学院和诸暨工业职业技术学校（规范化提升）。建设完成 1 个校园救护培训工作坊——诸暨技师学院，在 9 月高一新生军训救护培训工作中，完成 1300 多名新生的 CPR+AED 的培训取证任务。建设完成 1 个国家 AAAA 级旅游景区救护站——米果果小镇救护站。全市累计建成 13 个救护培训基地（站）。

2022 年 7 月 26 日至 28 日，市红十字会按照省红十字二级应急救护培训师复训教学大纲要求，对来自医疗卫生、教育、景区救护培训基地的 36 名学员开展为期 3 天的师资培训，内容包括知识更新、课程设计与授课技巧、CPR+AED 操作强化训练、创伤救护强化训练、示范讲课与试讲、理论与实操考核等。通过知识更新、强化训练与考核，锻炼队伍，提升业务。

（市红十字会　刘宏媛）

市欧美同学会

【概况】2022 年，市欧美同学会围绕增强政治性、先进性、群众性的要求，秉持修学、游艺、敦谊、励行的理念，坚持立足国内、开拓海外，认真贯彻落实宣传党和国家关于留学人员工作的方针政策，广泛联系、组织、动员和服务海内外留学人员，继承发扬留学报国的爱国主义传统，发挥留学报国人才库、建言献策智囊团、民间外交生力军重要作用，把广大留学人员紧紧团结在党的周围，凝聚广大留学人员的智慧和力量，为巩固和壮大最广泛的爱国统一战线作出贡献。

市欧美同学会有会员 130 名，其中博士 26 名、硕士 58 名，硕士以上学历占会员总数的 65%，会员平均年龄 33 周岁。11 名会长班子成员中8人为绍兴、诸暨两级人大代表、政协委员。依照市欧美同学会章程，全年召开了1次会长会议、1次理事会议和7次秘书处办公会议，加强思想政治引领，规范完善运行机制。组织会长班子成员、理事和会员参加履职能力建设培训、人才招引大赛、创新创业论坛等共12场活动。

【“海归小镇”创建助力】2022年，市欧美同学会主动配合诸暨市科技城建管办聚力“海归小镇”创建工作。在“浙里办”APP开通工作应用平台，会员报名和信息发布功能正常运作。组建诸暨市欧美同学会青年委员会。8月21日，全面启动“诸燕归巢助共富”三年行动方案。申请专项资金建设“诸暨市海外归国留学人员数据系统”，通过系统对5000余个原始数据进行梳理。同时，市欧美同学会秘书处多次组织会长班子成员、理事、会员到上海、杭州，与上海欧美同学会青年委员会、上海张江平台经济研究院、杭州海创会、浙江大学杭州校友会等12个平台建立引才伙伴关系，为诸暨“海归小镇”的人才引育储备打下基础。11月11日，诸暨市欧美同学会驻杭州联络处建立，标志着诸暨市欧美同学会发出第一趟“西施号引才专列”。

【会员服务】2022年，依托“社科之家”举办5期“欧美同学会——悦读思享会”活动。累计57人次的海归人员参加读书活动。组建“励行”篮球队，与工商联的“新企联”、台办的“台联会”、农业农村系统的“新农人”等球队开展联谊比赛30余场，并全程参与诸暨市人才办主办的“诸才云集杯”篮球赛。球队有固定海归人才球员21名，其中3名为女性。组织“越女社”活动。围绕“女红”“亲子”等主题，由女性会员轮值开展活动，完成樱桃采摘、“芳香疗愈”、艺术体验等3个主题的活动，累计78人次参加活动。

（欧美同学会　马沙）

2022年8月21日，诸暨市欧美同学会“诸燕归巢助共富”计划正式启动（欧美同学会提供）

2022年11月11日，诸暨市欧美同学会驻杭州联络处揭牌（欧美同学会提供）

法 治

政法委与综治

【除险保安专项行动】2022 年，诸暨市严格落实“全面安全、全域安全、全程安全、全量安全”要求，推进风险隐患排查整治，严防严控各类重大案事件，确保社会大局稳定。推进除险保安专项行动，成立领导小组，制订工作方案，聚焦政治安全、社会治安、社会矛盾、公共安全、网络安全五大重点领域，推进除险保安十大专项行动。

【“枫桥经验”治理实践创新发展】2022 年，坚持把新时代“枫桥经验”全市域延伸、全领域创新推广。创建成全国法治政府建设示范县，在 12 个领域开展“枫桥式”创建。创新“枫桥经验 + 数字经济”模式，智能视觉“万亩千亿”新产业平台进入省级培育名单。立足枫桥经验陈列馆、枫桥学院和新时代枫桥经验研究院“一馆两院”，坚持“专家团队 + 专题研究 + 专项转化”，深化与浙江大学、华东政法大学的合作，组建“枫桥经验”研究联盟，全年举办高端峰会 2 场、系列研讨会 9 场，形成“新时代‘枫桥经验’指数项目”“新时代‘枫桥经验’研究系列丛书”等学术成果 20 余项。配合做好《绍兴市“枫桥经验”传承发展条例》立法各项工作。11 月，举办首个“枫桥经验”宣传月活动。全年累计在省级以上媒体刊发典型报道 130 余篇。

【平安诸暨建设】2022 年，继续深化平安中国建设示范县成果，实现省

2022 年 11 月 25 日，第四届新时代“枫桥经验”高端峰会在枫桥镇举办(融媒体提供)

平安县市“十七连冠”。开展消防安全、道路交通安全、社会治安夏季大巡防、养老诈骗等系列专项整治工作。结合除险安保建立完善“7+6+5”晾晒机制，新设电信网络诈骗发案数、交通事故数、火灾事故数、刑事治安发案数、万人成诉率等指标。

【政法领域数字化改革】2022年，诸暨市“枫桥式”智治、行刑衔接共治、预防青少年新型违法犯罪等7个应用项目被列入全省重大改革“一本账”S_2清单。“浙里人口全息管服”、“破产府院联动”2个应用入选全省“一地创新、全省共享”“一本账”S_0清单，成为绍兴市数字法治系统建设中唯一入选的2个项目。12月9日，全省数字法治系统建设培训会在枫桥学院召开，培训会以中共二十大精神为指引，锚定数字法治改革先发赛道，把中共二十大关于“法治”和“安全”的重大部署贯穿数字法治系统建设始终，把“数字赋能”作为坚持和发展新时代“枫桥经验”的重要方向。

（政法委　丁燊煦）

法治政府建设

【概况】2022年，诸暨市坚持以习近平新时代中国特色社会主义思想为指导，深入践行习近平法治思想，推进法治政府建设，以开展“法助共富、法护平安”“政法系统八个多跨”专项行动为推手，制定《诸暨市贯彻落实〈关于打造法治政府建设升级版的实施意见〉任务书》和《诸暨市建设法治政府（依法行政）工作联席会议办公室关于公布诸暨市行政许可事项清单（2022年）》。根据中央全面依法治国委员会办公室公布的第二批全国法治政府建设示范地区名单，诸暨获评第二批全国法治政府建设示范市，为浙江唯一入选的县（市、区），是省内第二个获此殊荣的县级市。

【政府职能履行】2022年，做实行政争议化解工作，聚焦行政诉讼“双下降、双提升”，突出败诉风险精准化解，落实案件即时报备、重点案件分析研判会商等制度，编印行政争议典型案例及指引，每月印发诉情通报，及时开展责任追究。全年一审行政诉讼败诉率3.02%，同比下降6.6个百分点；调撤率62.31%，居绍兴各区、县（市）第一；行政机关负责人出庭应诉率100%。强化行政执法协调监督。设立全省首个“驻司法局检察官办公室”，开展“大综合一体化”专项督查3次。开展行政执法专项监督9次，评查案卷2853卷，占绍兴全市总评查数的71.2%。对20件重大行政决策、行政规范性文件进行合法性审查，备案部门行政规范性文件12件，清理216件，印发乡镇合法性审查工作通报2期。

平安建设。2022年，“枫桥式”司法所建设持续推进。浣东司法所创成省级“枫桥式”司法所。按照《关于加强“枫桥式”司法所建设的实施意见》推进建设，全市23个司法所中，创成省级“枫桥式”司法所3家、绍兴市级7家。矛盾纠纷化解工作在巩固好“老杨”“江大姐”等调解品牌的基础上，创建成功2家省级金牌调解室，并完成人民调解协会换届工作。全年全市人民调解组织共调解成功矛盾纠纷21421件，占绍兴全市调解总量的50.2%，协议金额6.96亿元，调解满意率99%。部署开展除险保安工作集中教育4场次、169人次，查处违规行为23人次。全面排摸全市社区矫正对象，排查出社区矫正重点对象9名，严格落实管控工作，在册矫正对象898人，未发生脱漏管现象。

公共法律服务。法治宣传教育开展深化公民法治素养提升专项行动，出台工作要点，组建普法志愿团队，开展活动576场。申报创建国家级民主法治村（社区）1个、省级20个、绍兴市级145个。“诸暨市新时代枫桥经验青少年学法用法”平台获评浙江省数字法治好应用。持续深化公共法律服务供给，实现504个村社法律顾问全覆盖，35800余家市场主体享受组团式法律服务，公共法律服务智能终端实现全市23个镇乡街道全覆盖，在枫桥镇实现全省首个村级全覆盖。法律援助在“12348”热线实体平台值班团队基础上，招募41名律师入驻“律动浙里”平台，解答各类法律问题3746件。共接待法律咨询7168批次，办理法律援助案件1050件，咨询及办案数均列绍兴第一。

【合法性审查】2022年，诸暨市以全国法治政府建设示范创建为契机，全面推进合法性审查工作，进一步推进镇乡街道合法性审查机构、审查范围、审查内容、审查流程标准化建设，加快建设更高水平法治诸暨。诸暨市累计开展合法性审查7449件（其中市政府75件、镇乡街道2331件、部门5043件),其中审查行政规范性文件81件(市政府35件、镇乡街道30件、部门16件),审查重大行政决策50件(市政府7件、镇乡街道23件、部门20件),审查重大执法决定4451件(镇乡街道36件、部门4415件),审查行政机关合同2342件(市政府21件、镇乡街道1729件、部门592件),审查政府专项法律事务117件(市政府12件、镇乡街道105件)。在枫桥镇建立合法性审查的网上流转系统。依托浙政钉在枫桥镇搭建乡镇合法性审查的流程,从发起审查到出审查意见书均可实现网上流转,为政府法律顾问、公职律师参与乡镇合法性审查提供便利。合法性审查事项范围扩展到党的规范性文件、行政规范性文件、重大行政决策、重大行政执法决定、行政机关合同、疑难信访回复、依申请政府信息公开答复及其他涉法领域,每一件合法性审查均有书面的合法性审查意见书。合法性审查关口前移。根据合法性审查中发现的问题,诸暨市依法治市办、诸暨市司法局编制出台《违法建筑查处规范化指引(2.0版)》《集体土地征收后责令交出土地工作指引》《国有土地上房屋强制腾空搬迁工作指引》三本工作手册,通过前移合法性审查关口促进依法行政。

【行政执法改革】2022年,推进行政执法规范化建设。为全力打赢"双下降"攻坚战,针对违法建筑查处方面程序违法众多、败诉案件频发的状况,在印发全省第二份《诸暨市违法建筑查处规范化指引》(2.0版)并召开全市专题工作推进会和业务培训的基础上,研究《诸暨市违法建筑查处规范化指引》(2.0版)补充说明。明确违法建筑的概念分类,查处的职责分工、措施依据和规范流程,整理梳理3类执法办案文书和部分法条,坚持源头上规范行政行为,提高依法查处的意识和水平。编印《国有土地上房屋强制腾空搬迁工作指引》《集体土地征收责令交出土地工作指引》,规范国有土地上房屋强制腾空搬迁和集体土地征收责令交出土地工作。

深化行政执法体制改革。突出制度导向,按照上级文件部署,在综合行政执法局设立并挂牌市综合行政执法指导办公室,出台《诸暨市基层综合执法体制改革实施方案》和《诸暨市"大综合一体化"行政执法改革专班工作方案》,成立专班,全力推进改革工作。出台《诸暨市行政执法争议协调处理办法》和《诸暨市综合行政执法指导办公室工作运行规则》,初步建立行政执法争议评估裁决机制,健全执法案件分类管理和案件移送、联合执法、信息共享等配套制度,构建职责清晰、协作互助、简约高效的协同机制。突出目标导向,按照"一支队伍管执法"和职权划转部门"处罚事项划转、监管责任不减"的要求,精准改革优化政府职能。一方面执法清单明职责,明确综合行政执法局与职权划转部门的职责边界和协作机制,累计划转25个领域1268项执法事项;另一方面赋权清单抓落实,将共计11个领域313项市级部门的行政处罚权等职权下放到9个乡镇,统筹推进执法力量和人员编制。对划转和赋权事项进行动态监督,并将"四个平台"相关人员的执法证调整为双执法主体,累计调整证件60本。突出数字导向。全面应用信息共享平台归集各类数据,并开展部门执法案件数据一周一报,实现对执法行为的全程数字化监督。制定行政执法考评机制,规范执法行为,推行"非现场执法"、每月制发执法案件模板和典型案例,推广"教科书式"执法。开发"枫桥式"智治执法系统,打通浙江省综合行政执法办案系统,完成测试件办理,实现案件流转与关键办案节点的反馈。突出监督导向。建立行政执法监督结果运用制度,实行行政诉讼、复议情况每月通报及执法监督情况定期通报制度,打造监督闭环。全面应用浙江省行政执法监督平台和行政执法与刑事司法衔接信息共享平台,实现对执法行为的全程数字化监督。全市开展专项监督7次,涉及"大综合一体化"改革专项监督3次,实地走访27个主要执法部门和17个乡镇街道,处理研判风险线索25条,制发行政执法监督通知书3份。

深化行政执法质量提升。做好统一执法监管系统和处罚办案系统的应用推广工作。推动行政处罚事项"应入尽入",高标准推进全省统一行政处罚办案系统应用,加强"掌上执法"常态化运行,实现所有行政执法事项网上办、掌上办,督促各行政执法机关办理行政处罚案件按照"应上尽上"的原则,实现线上线下同步运行。全市主要执法部门对省统一行政处罚办案系统应用率和综合行政执法系统应用率均达到100%,9月15日后赋权镇统一处罚系统应用率达到100%。做好行政执法资格证管理工作。在日常行政执法资格证管理的基础上,进一步规范行政执法主体和行政执法证件的管理,做好全国统一行政执法证件换发工作。印发《诸暨市司法局关于开展行政执法主体和执法证件清理及相关工作的通知》,开展执法主体清理、执法证件换发和辅助人员管理录入,同时做好行政执法证件管理信息系统行政执法单位信息、执法人员信息补充和动态调整工作。累计清理执法主体12个,审核行政执法证件120本,辅助执法证件304本。深化与检察院的衔接协作。联合检察院,履行监督职能,提升监督质效,促进诉源治理。聚焦规范执法,强化监督深度。建立府检联席会议制度,全面应用省执法监督平台和"两法衔接"平台,实现对执法行为的全程数字化监督,并邀请资深检察官作为特邀行政执法监督员参与司法局开展的执法专项督查15次。

【行政诉讼】2022年,诸暨市以绍兴市行政诉讼"双下降、双提升"攻坚行动为契机,制定实施《诸暨市充分运用"枫桥经验"实现行政诉讼"双下降"的实施意见》,全面加强和改进行政应诉工作,提升领导干部法治意识,促进行政机关依法行政。一审行政诉讼败诉率3.0%,同比下降6.6个百分点;收案207件,同比减少5.5%;调撤率62.3%,同比上升1.6个百分点;行政机关负责人出庭应诉率保持100.0%,同比上升2.4个百分点。

聚焦高败诉风险案件化解。由市委依法治市办、市府办、法院、检察院、市政府各部门、镇乡街道常态化开展重点案件分析研判会商工作。全年在市级层面召开相关重点案件化解工作会商会议18次。同时,落实法治绍兴建设工作督办单,跟踪、督办高败诉风险案件,要求事权责任单位实行败诉风险案件行政首长负责制,在7个工作日内明确包案领导、成立化解专班,会同法院、行业主管部门等共同开展实质性化解工作。诸暨市成功化解中高败诉风险的一审行政诉讼案件60余件。

强化府院联动机制。做深做实府院联动,常态化开展案件分析研判、探讨会商、协调化解工作,合力推动行政争议预防和实质性化解,不断提高行政争议案件的引调率和调撤率。全年召开府院(检)联席会议2次,邀请市人民法院参与相关专题会议20余次。

定期通报晾晒。实行行政诉讼重点情况定期专报、重点指标每月通报机制,对行政诉讼发案量、败诉率、出庭率、调撤率等指标进行晾晒,对每阶段重点工作进行说明,并向市四套班子主要领导、相关市领导及镇乡街道、部门及时通报工作完成情况,提升案件化解质效。全年印发专报2期,通报10期。

优化考核指标。针对上级考核要求,在岗位目标责任制考核的法治政府建设考核模块中优化行政复议、行政诉讼工作考核指标,加大行政复议、行政诉讼工作考核比重(部门66%,镇街60%),倒逼工作落实。

实行败诉责任追究。对败诉案件实行"一案四查",倒查行业主管部门指导监督责任、败诉单位主体责任、业务分管负责人直接责任和应诉分管负责人应诉责任。对12例案件作出责任追究。

提升行政机关负责人出庭质效。确保行政机关负责人100%出庭,在此前提下,提高行政机关"一把手"出庭率,明确镇乡街道行政主要负责人、部门主要负责人每年至少出庭2次。对需要行政机关负责人出庭应诉的行政诉讼案件,要求确保应出尽出,做到既出庭又出声。全年市长出庭应诉1次,各副市长出庭应诉11次,镇乡街道、部门"一把手"出庭29次。

【法治宣传教育】2022年,诸暨市以深入落实"谁执法谁普法"普法责任制为主线,把法治宣传教育作为法治政府建设的基础性工作,创新普法工作载体和形式,推进依法治理,持续推进基层法治实践活动。

明确普法责任清单。按照浙江省、绍兴市工作安排,完成部门调研和人大调研工作,贯彻落实《诸暨市"八五"普法规划(2021—2025年)》,完成本年度"八五"普法规划制定,指导和督促市级部门、各镇乡街道出台相应规划文件,全面启动全市"八五"普法工作。深化"谁执法谁普法"责任制,出台《诸暨市2022年普法依法治理工作要点》,调整并公布37家市级部门普法责任清单。每月下发普法重点工作提示函,对重点工作进行梳理和公布。

持续开展全民普法工作。围绕持续擦亮"枫桥经验"金名片、打

2022 年 12 月 1 日，诸暨市普法宣传月暨第五个“宪法宣传周”启动仪式举行（司法局提供）

造共同富裕新高地，开展“法助共富·法护平安”专项普法活动。重点完成法治政府创建法治考试、法治宣传等相关工作，订制发放法治政府创建倡议书、宣传袋等普法宣传品。结合“三八”妇女节、“3·15”消费者权益日等时间节点，在全市开展习近平法治思想、宪法、民法典等学习宣传活动。围绕《中华人民共和国国家安全法》《信访工作条例》等重点内容开展“一月一法”普法活动。征订《以案释法口袋书》3000 本，制作相关展板 10 块，开展各类主题宣传活动 260 余场次。开展第二十个青少年普法宣传月、宪法四十周年宣传等系列活动，组织开展主题宣讲、法律咨询等活动 371 场次，覆盖人群 32 万余人。

抓关键少数常态化开展普法工作。深化领导干部学法用法工作，通过周一夜学、专题讲座、业务培训等形式，推动领导干部和公务员学法常态化，坚持以考促学，部署年度学法用法考试工作，确保应考尽考。全年政府常务会议学法 10 次，21 名人大任命领导干部、34 名市管领导干部全部参加并通过任前法律知识考试。

系统推进基层法治建设。加强农村“法治带头人”、“法律明白人”、尊法学法守法用法示范户培育评选工程，全市培育“尊法学法守法示范户”3741 户、“法治带头人”1038 人、“法律明白人”2722 人。抓好市域法治文化阵地提档升级，建成国家级“民主法治示范村”3 家，省级“民主法治村（社区）”55 家，市级民主法治示范村（社区）268 个，县级民主法治村全覆盖。

数字赋能线上线下联动。在村级搭建“一个村庄、一根网线、一台终端、多元服务”的公共法律服务体系，将公共法律服务送到群众家门口，将服务工作在基层落深、落实、落细。利用“诸暨普法”“暨阳法顾”小程序及“1963 法润”直播等新媒体平台，常态化开展互动式、沉浸式普法。做优“1963 法润”直播节目，全年累计播出 215 期，2710 万人次观看，评论 92 万余条。

丰富普法方式。利用律师讲师团、政法干警资源，打造专业的“普法志愿者”进行重点宣传。充分利用“三下乡”“流动大舞台”等载体，组织丰富多彩的法治文艺节目下基层，在重大节庆假日、法律法规实施日等时间节点，组织开展群众性法治文化活动。

阵地建设。完善法治文化公共设施建设体系，整合阵地资源，结合部门特点，打造集普及行业专门知识和普及法律知识于一体的“双普”教育基地。挖掘优秀法治文化资源，打造绍兴市第一个民法典主题公园。对原有法治公园、和济小学法治教育基地、米果果禁毒教育基地等法治教育基地，进行素材更新。

（司法局　陈昀）

公安

【概况】2022 年，诸暨市公安局有 25 个内设机构、4 个直属机构（看守所、拘留所、车管所、留置所）、18 个派出所，4 个专业打击队，11 个交警中队，2 个下属事业单位（公安后勤保障服务中心、流动人口管理服务中心）。全年“110”有效接警总量 194121 起；共立刑事案件 4575 起，侦破 2130 起，移送起诉犯罪嫌疑人 2835 名，抓获逃犯 261 名；查处治安（行政）案件 3081 起，人员 8406 人。市公安局获评“全国公安机关执法示范单位”“全省平安建设先进集体”“全省模范公安局”，交警大队枫桥中队获评“全国公安机关爱民模范集体”和“全省人民满意的公务员集体”，政治处获评“全国公安政治工作成绩先进集体”，刑侦大队荣立公安部集体一等功，暨南派出所获评浙江省“青年文明号”，巡特警大队“警暖少年”项目获第六届中国青年志愿服务项目大赛银奖，陶朱派出所获评全省优秀公安基层单位。

【重大活动安保】2022 年，继续坚持防控在前，严格落实维稳安保各项措施，消除各类风险隐患，完成党的二十大和省十五次党代会期间全市安保工作，完成 38 场次大型活动、6 批次警务勤务，确保重大节会、重要时期社会平稳。

【疫情防控助力】2022 年疫情防控期间，一体推进区域协查、交通管控、流调等措施，助力打赢疫情防控阻击战。

【社会稳定维护】2022 年，推动诸暨市平安办出台《“民转刑”案件预防化解专项行动方案》，建设运行开放式情报网，及时处置 10 人以上群体性事件 32 起、非正常死亡事件 335 起。

2022 年，严打邪教活动，累计破获邪教案件 3 起，打处邪教人员 28 人，抵御渗透破坏。夯实反恐工作基础，制定《诸暨市各镇（乡）街道、部门反恐怖工作综合评估办法及实施细则》《反恐怖任务清单》《督导检查工作方案》等，全方位压实镇乡街道属地责任、部门主管责任、行业主体责任。

【经济发展护航】2022 年，制定《全市公安机关护航诸暨经济高质量发展奋力打造新时代共同富裕新高地实施意见》，深化完善“枫桥式”护企优商模式，构建“1+18+35”（1 个护企优商服务中心、18 个护企优商服务分中心、35 个警企联络站）服务体系，侦破经济犯罪案件 119 起，挽回经济损失 2.7 亿元。专项破获“3·1”特大系列合同诈骗案件，帮助本地规上企业追回资金 1180 万元，保护性冻结股份 20 余亿元。工作经验得到浙江省副省长、公安厅党委书记、厅长王成国肯定。2022 年 12 月 15 日，全省公安机关践行“枫桥经验”助推营商环境现场会在诸暨召开，诸暨市公安局在会上作交流发言。

【违法犯罪打击】2022 年，继续推进“雷霆”系列行动，全年共采取刑事强制措施 3243 人。扫黑除恶方面，打处黑恶势力犯罪集团 5 个，抓获涉黑涉恶犯罪嫌疑人 457 名；跨境网络赌博方面，打处犯罪嫌疑人 207 名；电信诈骗方面，打处犯罪嫌疑人 405 名；黄赌方面，打处犯罪嫌疑人 372 名。侦破南亚科技网络赌博、“3·8”妨害药品管理、“香蕉漫画”传播淫秽物品等 6 起部督案件，“5·7”养老诈骗等 14 起省督案件以及工程运输车危害公共安全、禁毒“星链”专案等一批大要案件；成功破获命案积案 3 起；刑事案件破案率达 80.6%，追赃挽损率保持在 60% 以上。

【为民惠民服务】2022 年，提档升级网办中心，推广“一次办”“就近办”“掌上办”“云帮办”，完成省级试点，公安高频事项网办率达 90.5%，群众办理周期缩短 50%，首次申领居民身份证业务实现“全省通办”“跨省通办”，12 项公安涉企行政审批事项实行“证照分离”，118 项行政审批业务实现“一机通办”，“15 分钟办事服务圈”全面建成，18 万名车主受益车辆检测一件事改革，在全国首创户口簿自主刷脸补领，在全省率先实现身份证补领“掌上办”，工作经验得到副省长王成国批示肯定并上报中央改革办。持续强化电信网络诈骗综合治理，

2022 年 12 月 15 日，全省公安机关践行“枫桥经验”助推营商环境现场会在诸暨召开（公安局提供）

电诈发案、案损持续实现“双下降”（分别下降10.31%、12.72%），追赃挽损1524万元。侦办食药环知领域案件91起，摧毁犯罪团伙37个，抓获犯罪嫌疑人253人，帮助群众挽回经济损失1亿元以上。

【新时代“枫桥经验”发展】2022年，继续推动市、镇、村三级社会治理中心建设，在枫桥镇、店口镇率先试点“政务110”，有效分流非警务类警情34.69%，并在浣东街道、安华镇等7个镇乡街道推广实施。按照“四化”标准改造提升494个警务站（室）并全面融入村社治理中心，148名社区民警兼任村社党支部副书记或主任助理，警民熟悉度进一步提升。推进“1+1+12”“枫桥式”系列创建，刑技室获评绍兴第一批“枫桥式刑事科学技术室”称号。围绕“枫桥经验”60周年活动，研究制定八大攻坚行动清单，新建改造9个参观点位。推动省、市、县三级公安机关组成枫桥联合调研组开展蹲点调研，主动与新时代“枫桥经验”研究院、中国人民公安大学等合作，启动理论创新、实践指导、经验总结等工作。

【公安改革创新】2022年，聚焦“公安大脑”建设，完成县级整体试点任务并获评全省优秀试点单位，4个项目8个子场景在省厅揭榜并完成，揭榜数量排名全省县级公安机关第一。基础管控中心，扎口统筹各项基层基础工作高效运行，破解“多头管理、效率低下”等问题。在浬浦镇、璜山镇率先试行“交所合一”，整合所队警力资源，辖区道路交通事故死亡人数同比下降66.67%。自主研发“浙里人口全息管服平台”，并纳入省重大改革“一本账”S_2和“一地创新、全省共享”项目，获评省数字法治好应用和绍兴市数字化改革“最佳应用”，在全省推广。开发建设重点人员信用修复平台，相关经验在新华社内参刊发。推进“一网通办”工作，得到副省长王成国批示肯定并被“浙里改”录用。全面应用“平安行”“执法哨兵”“数字法医”等实用、管用平台，为警务实战提供技术支撑。

【法治警务建设】2022年，继续迭代升级执法办案中心，成立侦查监督协作配合办公室，开展警检联合检查3次；协调检法协作，推进一体化办案，刑事案件快办率达38%。自主开发执法哨兵智慧监督平台，实现执法问题发现、整改、反馈、追责闭环管理。出台全市涉案财物处置工作规范，探索阿里网上“一站式”拍卖工作平台，得到省委政法委肯定。运行“两法通”衔接平台，优化预警研判规则，提高预警比对的准确率，达到行政犯罪案件“应移尽移”的目标，该项目被纳入全省2022数字法治系统一本账。

【民警队伍管理】2022年，部署队伍风险隐患专项排查整治，下发从严管党治警五张清单。强化执纪问责力度，问责多名民警，辞退严重违反纪律规定辅警。与浙江警察学院、南京森林警官学院达成人才培养、理论研究、教学科研等初步战略合作框架。完成四高及以上职级晋升35人次。蓝鹰教官团项目获评绍兴市局爱警惠警优秀案例。严查严打妨害公务案件，依法查处嫌疑人32名。推进基层营房建设三年规划，向上争取资金9636万元，新建改造浣东街道、牌头镇、应店街镇、山下湖镇4个派出所。

【道路交通管理】全年全口径事故死亡100人，死亡人数同比下降14.53%。全年现场查处交通违法行为19.1万余起，同比下降24.76%。排查治理交通安全隐患1073处，投入整治资金超1500余万元。

【户籍人口管理】2022年，全年共办理出生申报5728人、死亡注销8081人，年内人口迁入10654人、迁出11376人，办理居民身份证64160人。全市有户籍人口1076438人，其中男性536712人，女性为539726人，城镇人口为465826人，乡村人口为610612人。

【机动车与驾驶员管理】2022年，全市机动车保有量504416辆，同比上升10.66%。其中，汽车444038辆，同比上升6.22%；摩托车60378辆，同比上升59.77%。全市机动车驾驶人625099人，同比上升5.80%，其中汽车驾驶人585728人，同比上升4.59%。

【特种行业许可办理】2022年，共办理旅馆业特种行业许可证43本、危险物品运输336起（民用爆炸物品和烟花爆炸），备案单位和机构刻制公章34570枚。完成20家金融机构安全防范审核验收工作，发放互联网上网服务营业场所安全审核意见书5本。

【出入境及往来港澳台管理】2022年，共受理、审批出入境及往来港澳台材料2391件，同比下降48.03%，其中护照724件，同比上升60.89%；内地居民往来港澳通行证1482件，同比上升21.38%；大陆居民往来台湾通行证8件，同比上升60%，受理并制作再次港澳台签注177件，同比下降93.95%。报备各类法定不准出境人员3902人次；报备国家工作人员3545人次，撤销2082人次；清理核销境外人员2061人次；截至2022年年底，全市共有742名境外人员；共查处涉外案(事)件32起，打击处理境外人员32人，遣送“三非”外国人6人。

（公安局　赵恩辉）

检察

【概况】2022年，诸暨市人民检察院以依法能动履职作为工作主线，立足法律监督职能，检察工作综合评价稳居绍兴第一。获国家检察官学院教学实践示范基地、全省成绩突出的基层检察院、首批全省数字检察示范院、“共同富裕示范区市域范例建设突出贡献奖”先进集体等多项称号。

【社会治理助力】2022年，围绕平安护航党的二十大重要政治任务，全面开展除险保安工作，扎实推进平安诸暨建设，共办理审查逮捕案件375件533人、审查起诉案件1774件2595人。常态化开展扫黑除恶斗争，推动有组织犯罪综合治理。加强金融风险防范，依法打击集资诈骗、洗钱等破坏金融监管秩序犯罪30人。消除公共安全隐患，通过办案推动油性油漆、甲醇等危化品监管问题的集中治理。守护百姓“钱袋子”，全链条打击电信网络诈骗、跨境赌博等侵财犯罪732人；依法维护老年人权益，办理养老诈骗案件10件36人。

2022年，坚持“每案必追、受益必退”原则，挽回刑事案件被害人财产损失3700余万元。坚决维护一线劳动者权益，依法严厉打击拒不支付劳动报酬等犯罪行为，发挥检察支持起诉职能，帮助130名劳动者追回工资170余万元，获省检察院肯定，被《人民日报》报道。3月，与市人力资源和社会保障局签订《关于建立劳动者追索劳动报酬协作配合工作机制的意见》，通过加强协作配合，助力超龄农民工依法追索劳动报酬。加大检察环节司法救助力度，救助残疾人等弱势群体57人，缓解因案致困。

【法治诸暨建设】2022年3月，设立全省首个驻司法局检察官办公室，努力为诸暨市创成全国法治政府示范市贡献检察力量。对检察履职中发现的行政违法行为予以监督纠正，源头助力行政诉讼“双下降、双提升”。自觉融入“大综合一体化”改革，探索“检察监督＋行政执法”一体推进机制，让基层法治监督更严密，相关工作获省检察院肯定。

2022年3月25日，全省首个驻诸暨市司法局检察官办公室揭牌(检察院提供)

2022年11月18日，袜业行业合规发展启动会召开(检察院提供)

自觉融入反腐败大局，加强监察调查和刑事诉讼对接，构建高效监检衔接新格局；协助绍兴市院查办徇私枉法等职务犯罪案件3件4人。

【企业发展助力】2022年，加大企业合法权益保护，依法打击企业“内鬼”等犯罪61人，为企业挽回损失2000余万元。力防企业因案陷入困境，依法对58名涉嫌犯罪的企业骨干或负责人作出不起诉决定。对4家涉案企业启动合规整改，符合相关条件的，依法给予从宽处理。11月，结合产业特色，会同相关部门开展袜业行业合规发展启动会，助力企业走上依法合规经营道路。召集民营企业风险管理法律智库成员召开以“打击民营企业‘内部贪腐’，助力企业净化内部环境”为主题的会商会议，进一步提升检察机关助企护企质效。

2022年11月25日，市人民检察院在东和乡章梅塔村对一起涉嫌危害国家重点保护植物案进行公开听证（检察院提供）

【数字检察建设】监督新模式。2022年，进一步构建融合治理的法律监督新模式，共原创构建13个数字化类案监督模型，2个获评全国先进，6个被纳入浙江数字检察“一本账”，成功办理各类监督案件109件，实现了从个案办理到类案治理、个别解决到普遍整改，最终促进基层社会治理。如针对社区矫正监督中因数据壁垒导致的“同事不同罚”“轻罚漏处”等情况，搭建类案监督模型，监督4名社区矫正人员收监，推动相关执法问题得到整改。

数字检察成果。2022年，坚持群防群治理念，紧盯基层社会治理短板和漏洞，协同推动重大多跨场景建设，打造多个“枫桥经验”数字检察成果。构建“空壳公司”云治理平台，促进对电信网络诈骗、虚开发票等多发犯罪的诉源治理，入选全国政法智能化建设智慧检务创新案例。推动建设固废治理“一件事”应用平台，实现群众反映的固废问题集中高效处置，被列入全省“行刑衔接”创新试点，获评绍兴市数字法治好应用。推动建设村级工程违法犯罪预防平台，实现村级工程违法犯罪数智预防，被省检察院确定为重点支持检察工作现代化创建项目。

数字未检平台。2022年，持续深耕数字未检应用平台，迭代升级预防青少年新型违法犯罪平台，嵌入侵害未成年人案件强制报告和特定人员入职查询端口，1起案件获评全国典型案例，平台获评全省数字法治好应用。依托平台净化未成年人成长环境，办理全省首例电竞酒店监管公益诉讼案，形成全省首个《电竞酒店行业管理规范》，工作经验获最高检察院转发。引领建立数字未检话语体系，推动预防青少年新型违法犯罪平台在全省贯通推广，并配套出版理论专著《新时代“枫桥经验”的实践 预防青少年新型违法犯罪数字治理研究》在全国发行。

【法律监督】刑事检察。2022年，认真落实“少捕慎诉慎押”刑事司法政策，凝聚内外共识，促进全市刑事案件诉前羁押率降至21.49%，稳定在合理低位运行。强化检警、检法沟通配合，源头把关刑事案件，监督立、撤案62件，不起诉率同比提高7.1个百分点，认罪认罚从宽制度适用率达到91.75%。1起案件获评全国十大优秀侦查活动监督案例。常态化开展财产刑等刑事执行监督，纠正对24名罪犯的不当执行，通过检察建议封堵暂予监外执行中“纸面服刑”风险，慎终如始拧紧刑罚执行监督“阀门”。

民事检察。2022年，运用大数据精准筛查异常民事诉讼案件，办理各类民事审判、执行监督案件131件，1起虚假司法确认监督案获评全省精品案例。聚焦民事执行领域堵点、短板，针对群众反映强烈的债务人机动车辆查扣不到位问题，在个案办理基础上，推动出台涉执机动车辆协助查扣细则。针对破产清算中的“逃废债”情况，10月，联合法院出台《关于破产审判程序法律监督的若干意见》，助力破产程序规范有序，并组织召开首次法检联席会议，着力在监督制约中打造更高水平法治建设共同体。

行政检察。2022年，继续保障行政诉讼裁判公正，充分运用调查核实权，在周某某行政赔偿案中，查明其串通他人利用伪造的证据导致行政机关败诉，经启动监督程序案件发回重审。依法纠正被执行人有财产却不缴纳罚款等不当情况，通过督促追缴维护行政处罚执行权威，倡导全民守法的社会新风。参与行政争议实质性化解15件，在办理一起87岁抗美援朝志愿军退役军人领取养老保险行政争议案中，会同相关部门同向发力，达成和解、息访罢诉，被最高人民检察院肯定推广。

公益诉讼检察。2022年，认真落实上级检察院部署的“乡村振兴”系列专项行动，围绕社会关心、群众热议问题，共办理公益诉讼案件48件，质效列绍兴第一。充分发挥民事公益诉讼损害赔偿和资源补偿作用，聚焦生物多样性保护，依法向破坏生态环境和野生动植物资源的10名被告人追回生态损害赔偿金。聚焦农业项目扶持资金、惠农补贴发放不规范等问题，督促收回国有财产1200余万元。聚焦基层环境整治，推动解决饮用水源地污染等问题，1起案例入选全国检察机关流域治理专刊。　（检察院　杨晓）

法院

【概况】诸暨市人民法院（简称市法院）位于诸暨市城东新城行政中心，占地面积30亩，总建筑面积近5万平方米。有中央政法专项编制213名，实际在编干警205名，其中员额法官98名，法官助理32名，司法警察35名，其他审判辅助人员40名；事业编制29名，实际在编28名；编外人员155名。内设机构数为13个，分别是政治部（机关党委）、综合办公室、立案庭（诉讼服务中心）、刑事审判庭、民事审判一庭、民事审判二庭、民事审判三庭、行政审判庭、综合审判庭、审判管理办公室（研究室）、执行局、执行实施科、司法警察大队，下辖店口、大唐、枫桥、牌头、璜山5个人民法庭，另有1个全额拨款事业单位——审判保障服务中心。2022年，全院新收各类案件24619件，同比下降14.11%，结案25457件，同比下降11.60%，收结案数分别居全省第七、第六位；未结案3025件，同比下降21.69%；一线法官人均办案310.67件，超全省均值56.15件。创成全国为群众办实事示范法院。

诸暨市人民法院深入学习贯彻党的二十大精神，开展“两个确立”主题教育，不断铸牢干警政治忠诚。严格执行重大事项请示报告制度，向市委及政法委汇报“三重一大”事项80余次。深化党建联盟建设，开展法庭党支部与辖区党组织“契约化”共建，在枫桥镇等五家“共享法庭”成立功能型党支部。33个（名）集体和个人获得省级以上荣誉，枫桥法庭庭长郭志军获评全国法院办案标兵，3篇案例获评全国法院系统优秀案例，参与5项全省法院重点调研课题，13项调研

2022年3月21日，市法院天平调解员费一里（中）在诸暨市大唐袜业市场成功调解一起买卖合同纠纷案件（市法院提供，马健虎摄）

2022 年 6 月 1 日，市法院在璜山镇溪北村文化礼堂，依法对一起非法收购陆生野生动物案件进行巡回审判，吸引村民旁听（市法院提供，马健虎摄）

成果在省级以上刊物发表。大力推进清廉法院建设，开展司法作风突出问题集中整治，建立执行干警电话数字化监督反馈机制，解决群众反映执行法官“联系难”问题。坚持抓早抓小，严肃执纪问责，运用“第一种形态”问责 35 人次，相关工作得到省纪委监委肯定。

【刑事审判】2022 年，继续全面贯彻总体国家安全观，常态化开展扫黑除恶斗争，依法严惩“村霸”“行霸”，审结以王青为首的恶势力犯罪集团案件。严厉打击各类刑事犯罪，审结刑事案件 1295 件，判处罪犯 2171 人，其中 10 年以上有期徒刑 44 人。严厉打击电信网络诈骗犯罪，审结网络诈骗及上下游关联案件 194 件，审结涉“桥汇期货”“浩诚期货”虚拟期货交易平台诈骗案件。审结非法吸收公众存款和集资诈骗案件 23 件。开展打击整治养老诈骗专项行动，在冒充苗医兜售祖传秘方诈骗案中，成功为百余名受害人全额挽损。开展医美行业突出问题专项治理，朱某某妨害药品管理案入选全国医美违法犯罪典型案例。加强新时代少年法庭工作，严厉打击侵害未成年人犯罪案件 15 件，坚持“宽容包容但不纵容”，审结各类涉未成年人犯罪案件 25 件 27 人。开展“大接访、大走访、大调研”专项行动，扎实推进涉诉信访积案化解。

【民事审判】2022 年，加强劳动者权益保护，审结劳动争议和劳务合同纠纷案件 539 件，严惩拒不支付劳动报酬犯罪行为，为农民工追回“血汗钱”1395 万元。审结商品房买卖等涉不动产案件 353 件，依法维护购房消费者合法权益。加强房地产领域风险防控，巧用示范判决机制妥善化解商品房预售合同系列纠纷。加大知识产权保护力度，完善多部门联动协作保护机制，审结各类知识产权案件 214 件。助力生态文明建设和乡村振兴，建立农村土地承包纠纷仲裁诉讼衔接机制，审结各类环境资源案件 57 件。

【商事审判】2022 年，牢牢把握“疫情要防住，经济要稳住，发展要安全”要求，出台服务保障经济稳进提质措施。审结民商事案件 14263 件，涉案标的额 39.35 亿元。深入开展助企纾困，审结涉企纠纷 7234 件，为企业执行到位 16.9 亿元，以

2022 年 7 月 19 日，绍兴两级法院同步开展“执行夏季攻势”百日攻坚行动（市法院提供，张璐妮摄）

2022 年 12 月 23 日，原告某社区股份经济合作社诉被告诸暨市人民政府行政复议一案在市法院开庭审理。市长张昆仑（左二）出庭应诉（市法院提供，张璐妮摄）

先行判决方式助推百亿省级重点项目提前复建复产，获绍兴市政府主要领导批示肯定。加强企业家权益保护，规范市场经济秩序，依法打击侵害产权和企业家权益的犯罪 29 件 34 人，在陈某某串通投标系列案中，没收违法所得、判处罚金超 7000 万元。加强破产审判工作，审结破产案件 94 件，盘活土地 461.48 亩、房产 22.3 万平方米，处置资产 6.38 亿元，安置职工 260 余人。

【行政审判】2022 年，审结行政诉讼案件 190 件，非诉行政案件 94 件，行政诉讼各项指标持续向好，市长亲自出庭应诉作表率，全市行政机关负责人出庭应诉率 100%，一审败诉率 3.02%，同比下降 6.57 个百分点，为创成全国法治政府建设示范市提供有力保障。支持"大综合一体化"行政执法改革，加强司法与行政良性互动，推动行政争议实质性化解，行政争议调撤率居全省前列，相关经验受到省高院领导及市委市政府主要领导批示肯定。

【执行工作】2022 年，办结执行案件 8863 件，有财产可供执行案件实际执结率 99.84%，执行到位金额 23.02 亿元。落实最严强制执行措施，深化打击拒执专项行动，拘留、罚款、移送拒执犯罪线索人次分别同比上升 93.6%、162.8%、120.8%，以打促执效果明显，诸暨市某地产公司申请执行案被执行人一次性主动履行 5000 余万元。建立公检法查扣车辆联动协作机制，处置车辆近百辆。深入推进执行"一件事"改革，执行全流程数字协同机制获评全省十佳执行创新项目，郭某申请执行案获评全省十佳典型执行案例。完善执破衔接机制，运用"执转破"化解执行积案 1369 件，化解债务 13.37 亿元。开展刑事涉财案件专项清理，移送执行 1929 件，到位金额 1.09 亿元。

【诉源治理】2022 年，开展优化万人成讼率攻坚行动，实现法院总收案和一审民商事收案连续 3 年"双下降"，万人成讼率同比下降 7.48 件/万人。深化类案诉源治理，重点领域案件增长势头得到有效遏制，其中金融借款合同、财产保险合同纠纷同比分别下降 53.05%、40.03%。发挥"天平调解"对疑难复杂案件的二次分流作用，共调解成功 2536 件。深入推进"枫桥式人民法庭"建设，枫桥法庭入选最高法院《新时代人民法庭建设案例》，相关经验在最高法院《司法改革动态》刊发，为近五年绍兴地区唯一。先后 2 次在最高法院浙江省调研会议上作经验介绍。推进"共享法庭"建设，建成"共享法庭"540 个，实现镇街、村社全覆盖。开展百名法官"大下沉"活动，通过"共享法庭"为基层群众提供在线立案、开庭、化解纠纷等服务 10127 件次，开展法治教育 1731 场 54310 人次。东盛社区"共享法庭"入选全省首批示范点，为绍兴市唯一一家，相关做法被《人民日报》刊载。

【全域数字法院改革】2022 年，深化全域数字法院改革，全年网上立案 14093 件，在线开庭、调解 3022 件，为群众提供在线服务超 10 万次，实现疫情期间立案"不打烊"、审案"走云端"。加强数字化应用场景建设，执行"一件事"入围全国社会治理创新案例，企业破产"一件事"入选省数字化改革"最佳应用"，获评全国政法智能化建设创新案例，诉源治理应用成功揭榜省数字赋能社会治理现代化场景应用项目，获评绍兴市数字法治好应用。

（市法院　张璐妮）

司法行政

【概况】2022年，诸暨市深入贯彻习近平新时代中国特色社会主义思想、习近平法治思想，全面落实党的二十大精神和省第十五次党代会精神，以创建全国法治政府示范县（市）为目标，以开展“法助共富、法护平安”专项行动为抓手，推进司法行政工作能力和水平建设。诸暨市不断强化社区矫正底线安全和治本安全建设。全市接收社区矫正对象529人，期满解矫408人，全年办理各类社区矫正调查评估案件161件，签发训诫决定书260人，警告处罚53人，提请公安机关治安管理处罚3人，提请撤销缓刑、假释、暂予监外罪犯收监执行共计19人，共有在册矫正对象907人。全年未发生重大刑事案件，无脱管、漏管人员。全市法律援助工作贯彻实施新制定的《中华人民共和国法律援助法》，以创建全国法治政府建设示范县为契机，助力“法助共富、法护平安”。以“农民工讨薪”专项行动为重点，进一步扩大法律援助知晓面、覆盖面，健全法律援助制度和工作机制，提高法律服务质量和水平。全年法律援助中心及工作站共解答法律咨询6101人次，同比减少6.2%，但仍占全绍兴市咨询量的27.5%，位列绍兴市第一。接听来电3692人次（位居绍兴各县市区第二），同比减少15.8%；接待来访群众2409次（位居绍兴各县市区第一），同比增长13.6%。“12348”公共法律服务热线24小时线上值班律师抢单式解释各类法律问题2620件。代拟法律文书39件。办理法律援助案件856件，同比减少24.9%，占全绍兴市的14.9%，位居绍兴各县市区第一。其中，民事案件364件（位居绍兴各县市区第一），同比减少16.9%；刑事案件492件（位居绍兴各县市区第二），同比减少29.9%；值班律师提供刑事法律帮助945件；无行政案件；帮助受援人挽回经济损失3463.37万元。全市共有27家律师事务所，13家基层法律服务所，在册法律服务备案人员550人，其中专职律师349人，公职律师128人，基层法律服务工作者73人。律师队伍中有省人大代表1名，绍兴、诸暨两级党代表、人大代表、政协委员15名。全年全市律师事务所共办案件16503件，业务总量22021.19万元，同比增长7.1%；基层法律服务所办理各类案件3040件，业务总量2041.36万元，同比减少6.69%。

【社区矫正和安置帮教】除险保安专项行动。2022年9月，党的二十大召开前，诸暨市司法局通过社区矫正安全稳定工作会议，成立工作领导小组，拟定《诸暨市“除险保安”专项行动实施方案》，形成主要领导抓全局，分管领导抓具体、业务部门和各司法所各司其职抓落实的工作格局。落实值班备勤、重大事项请示报告和应急预案等制度方案。组织开展“大走访”“大排查”活动，逐一调查了解社区矫正对象日常情况和思想状况，自下而上、“滚动式”排查安全隐患，并利用社区矫正指挥中心和社区矫正监管平台，实时核查社区矫正对象行动轨迹。严格社区矫正监管措施，不间断地组织“滚动式”排查安全隐患，常态化实施“一日二报告、一日一见面”的“日报告”制度，加强政法各单位衔接配合，强化突发事件的应急处置能力，确保社区矫正对象不发生重大安全事故，不参与群体性事件，不发生有影响的治安和刑事案件，实现社区矫正持续安全稳定。

社区矫正纪律作风专项巡察和执法规范化提升年活动。2022年，围绕政治过硬、业务过硬、责任过硬、纪律过硬、作风过硬“五个过硬”要求，组织社区矫正线的警示教育、业务培训等。开展社区矫正领域自查自纠工作，以“三清单”为抓手，认真落实专项巡察方案，建立问题清单、责任清单、整改清单，层层推进自查整改。对照工作目标，认真查摆6个方面重点，找出问题隐患，明确整改措施。全面排查社区矫正工作廉政建设风险点，研究制定防范性制度，落实针对性措施，构建有效制约监督权力运行的监控防范体系，强化社区矫正廉政风险防控工作，筑牢拒腐防变的廉政防线。常态化开展社区矫正执法质量考核评议工作，完善执法监督制约机制，对社区矫正工作人员开展“以案说法”警示教育，对社区矫正对象开展学思想、学党史、学法律、学技能、做合格公民的“四学一做”修心教育主题活动。

科学矫正。2022年，通过入矫初期、矫正中期、期满解矫前“三段式”教育管理机制，促进教育管理制度化常态化。运用智能化在线学习和积分评价体系，根据矫正对象不同阶段，科学推送学习视频，不断提升教育矫正的精准性和实效性。对有心理问题倾向的矫正对象，有针对性地开展心理疏导、心理健康教育和心理危机干预工作。对新入矫664名矫正对象均开展心理测评，线上心理建档率100%，累计开展个案心理辅导74人次。落实社区矫正对象就业培训、最低生活保障、临时性救助、社会保险等方面措施，提高教育帮扶质量和效果。

智慧矫正中心建设。2022年9月，智慧矫正中心建设项目通过审核，预算建设金额400万元。司法局和移动公司、创盾公司、连信科技等公司联系，制订设备、系统、软件应用方案，并制订外观、功能室设计方案。运用无感签到、在线教育帮扶、在线执法审批、智能矫正管理、音视频智能巡查于一体的智能矫正辅助系统可进一步提升社区矫正工作信息化管理水平，确保刑罚正确执行和社区矫正安全稳定，提高教育矫正质量。

【公共法律服务】平台建设。2022年，结合“枫桥式”司法所创建，对浣东、大唐、陶朱等街道司法所进行升级改造，靶向推动公共法律服务站和镇级社会治理中心业务、队伍的深度融合。推进“实体、热线、网络”三大公共法律服务平台的融合发展，在公共法律服务中心内设“12348”热线平台，招募70名律师组成服务团队，实现法律咨询“7×24”全天候服务，在基层不断推广应用浙里办、公共法律服务自助终端等，充分发挥基层司法所的宣传、引导和代办作用。公共法律服务中心累计提供法律咨询7159次、法律援助1040次、公证服务56人次、司法鉴定360次，化解各类矛盾纠纷3327件，涉及金额9788万元。全市各公共法律服务站(点)累计化解各类矛盾纠纷5876件，涉及金额7303万元，开展各类法治宣传活动1220次，农村法律顾问下村服务6600余次，全市62台公共法律服务自助终端累计提供各类在线服务11469人次。

公证服务。2022年，抓好公证行业的监督管理，不断发挥公证在助企惠民、基层治理中的作用。参与“三改一拆”、服务企业、房市管理、法院执行等工作，累计为111家企业提供服务，为13个楼盘提供保全，办理司法辅助案件122件，办理涉“三改”公证67件，为暨阳街道、枫桥镇等提供现场监督、保全公证。推动涉外公证在线办理，累计在线办理公证357件。通过1963法润直播平台开展公证知识线上宣传，观看人数9.24万人，在全市司法所长培训中结合基层高频公证需求进行授课。公证处全年办理各类公证3158件，其中涉“最多跑一次”2149件，占比68%。

数字化建设。2022年，推进基层智治综合应用全面贯通，规范、优化矫正走访模式，全年下派执行走访任务614次。推动行刑衔接共治应用试点，明确各执法单位职责分工，协同推进“两法衔接”工作流程再造，全年全市“红黄绿灯”案件共19523件(红灯100件、黄灯374件、绿灯19049件)，其中移送63件(绿灯20件、黄灯20件、红灯23件)。协同市法院，打造纠纷多元化解数字化应用场景，完成镇乡街道专职调解员、17家行业性专业调解委员会人民调解员以及104名律师调解员进驻。与近百家调解组织建立在线委派、指导、司法确认等工作协同机制。开展专题培训班2期，对家事、邻里、小额债权、交通事故、追索劳动报酬等适宜人民调解的纠纷，提供一站式矛盾纠纷化解，实现网上调解、网上协议、网上司法确认等一条龙服务，全年通过在线调解矛盾纠纷6582件，其中司法确认调解协议3995件。

法律援助。2022年，落实省人民检察院、省司法厅和省律师协会《关于积极探索开展审查起诉阶段律师辩护全覆盖工作的意见(试行)》和《绍兴市审查起诉阶段律师辩护全覆盖试点工作实施细则(试行)》文件要求，做好相关业务培训。参加全市“3·15守初心践使命”大整顿大提升专项行动，公共法律服务中心制定“农民工讨薪”专项行动方案，开通农民工讨薪绿色通道，对简单讨薪案件实行当日受理、审查、指派、承办，对恶意欠薪案件100%提前介入，100%于法定期限内办结。4月16日，中心工作人员与2名律师前往璜山镇为某服装厂拖欠工资的58名职工提供法律援助，现场受理援助申请，指派律师提前介入，当场制作谈话笔录并现场办案。开展《中华人民共和国法律援助法》宣传活动50余场，入村进企发放《中华人民共和国法律援助法》《保障农民工工资支付条例》等书籍3700余本，接受群众咨询500

余人次。9月,在应店街镇双龙村开展老年人法律援助宣传和慰问活动。推进法律援助工作改革。加强"12348"热线与"12345"政务热线的运营工作衔接和数据对接,落实非工作时段转语音留言咨询服务培训工作。加强法律援助工作区域协作,改进法律援助申办手续,继续推进法律援助申请网上办、掌上办,落实法律援助申请"容缺受理",推进经济困难状况"政务平台核查""经济困难状况承诺制"。强化法律援助质量监管,建立健全法律援助办案制度。对照《刑事法律援助案件质量评估评分标准》《民事行政法律援助案件质量评估评分标准》,中心分批次对归档的1359件案件逐一检查,发现共性问题56处,个性问题468处,均落实整改。综合运用网上监控、庭审旁听、法官意见征询、满意度评价、结案审核等措施,全过程监管45件重点案件,对发现的13处程序问题、2起服务质量问题及时纠正,并对办案律师进行谈话教育。全年无法律援助案件有效投诉。

【律师】全市律师共有各级"两代表一委员"15名。其中,省人大代表1名,绍兴市党代表1名,绍兴市人大代表2名,绍兴市政协委员2名,诸暨市党代表1名,诸暨市人大代表2名,诸暨市政协委员7名(常委1名)。支持律师进入全国律协履职,金顺新律师入选全国律协专门委员会,李乐敏、俞岚律师入选全国律协专业委员会。按照公平、公开、公正的原则,推荐第三届"浙江省优秀女律师"、第四届"浙江省优秀青年律师"等。

律师行业党建。2022年,继续加强习近平法治思想学习教育、抓好律师队伍政治轮训工作,引导参与"法助共富、法护平安"专项行动提供专业法律服务,开展"做党和人民满意的好律师"主题活动。继续创建绍兴市律师行业"红色越律"党建品牌。"七一"期间,法律服务所各党支部组织开展党员集中学习省第十五次党代会会议精神、重温入党誓词、参观红色纪念馆等活动。党的二十大召开后,组织法律服务工作人员集中观看、学习会议精神,撰写心得体会。

律师行业管理。司法局重新制定《诸暨市行政村(社区)法律顾问工作考核办法》和《律所、基层法工所的考核细则》,健全管理体制。按照绍兴司法局要求,对基层法律服务所介绍信开具情况进行摸排调查,收回介绍信,统一由司法局管理发放,以健全行业制度建设推动提升法律服务行业规范化建设。落实绍兴市统筹推进八个跨部门跨领域制度专项行动要求,联合公检法三部门成立"规范与律师交往行为"工作专班,制定开展互访交流、互评机制、共同培训学习、权利保障、线索移送和警示教育等日常工作清单。加强法检离任人员及工作人员近亲属在律所从业信息核查通报工作,及时更新系统数据并加强相关人员管理。

"三改"助力。2022年,在2021年度成功参与"三改"专项行动法律服务的基础上,结合土地房屋征收安置补偿工作的要求,进一步完善服务方案。2022年度"三改"专项行动法律服务团队共9人组成,对应服务"三改"专项行动11个工作组,法律服务团队实行"专人专职专责"制度,律师派驻到各工作组后,随时接受法律咨询、答疑及参与工作组会商等,全面、全程参与征迁工作。合计帮助完成拆迁3570户,面积88万平方米,提供专业法律咨询1924次,调解、化解各类矛盾纠纷316起。

企业发展助力。聚焦"打造浙江高质量发展建设共同富裕示范区诸暨范例"总体目标,发挥律师资源优势,深入开展"法助共富、法护平安"专项行动,以优化营商环境、社会环境、服务环境为突破口,组织律师参与送法、指导用法、积极普法,通过组织律所开展"我为企业解难题"活动,常态化开展民营企业"法治体检"。全年走访企业35000余次,开展法治体检27359次,帮助处理法律问题4946个。完成市场主体法律顾问服务全覆盖微信小程序"暨阳法顾"的升级工作,增设"法治体检"和"公证服务"两个模块,并筹备升级上架浙里办。通过线上、线下的法律服务,为全市各类市场主体提供咨询解答、讲座培训、法治体检共计41057人次。与市工商联对接,在律师队伍中确定15名经侦义警,安排参与市公安局经侦大队、市工商联联合开展的护企优商志愿活动,在经济犯罪案件处置中提供法律宣传、法律咨询等服务。

社会服务。全面参与信访接待工作。参与社会矛盾调解、涉法涉诉信访处理和群体性事件处置。参与法律援助工作。全年律师在市法律援助中心值班累计解答法律咨询7964次，受理法律援助案件757件，提供刑事法律帮助944件，挽回经济损失约3366.33万元。做好行政村（社区）法律顾问工作。197名律师担任行政村（社区）法律顾问，全年走访并提供法律服务5425人次。常态化普法宣传。组织律师定期到社区、农村、机关、商会、学校等普法宣传，组织参加各类普法活动。参与线上普法——法润直播2期，组织参加“3·15”消费者权益保护日、农村法顾等线下普法活动400余次。

律检协作。进一步推动律检法律职业共同体建设，2022年3月17日，召开律检工作座谈会，探讨律检法律职业共同体建设的相关内容。与法院通过执行工作研讨会，签署《执行联系规范化约定书》，畅通联络机制，合力保障当事人合法权益，推动解决“执行难”。与市看守所沟通，解决律师会见中出现的问题，在看守所增设律师会见等候区，保障律师在疫情期间开展正常会见活动。

【人民调解】2022年，全市人民调解组织共成功调解矛盾纠纷21421件，占绍兴全市调解总量的50.2%，协议金额6.96亿元，调解满意率99%。诸暨市制定《诸暨市专职人民调解员考核管理办法》，选聘31名退休专职人民调解员进入行业性专业性调解委员会。2月19日，完成人民调解协会换届工作。

人民调解员日常管理。按照人民调解员专职化发展要求，及时开展人民调解员等级评定工作，有2名调解员申请评定二级人民调解员，10余名调解员申请评定三级人民调解员。抓好调解案件抽查考核工作，按时完成每月调解案件10%的抽查任务，及时反馈存在的问题。结合2021年人民调解“以奖代补”考核情况，对《关于进一步激励关爱人民调解员的意见》文件内容加以明确，适时调整人民调解“以奖代补”标准和奖励范围。加强人民调解员培训工作，在市委党校开展2期新时代人民调解员骨干培训班。

人民调解品牌建设。坚持“先进引领”，巩固“老杨”“江大姐”等优秀调解品牌，对照省级金口碑区域调解品牌、省级金牌调解室申报要求，广泛发动，认真核定，确定老杨调解中心申报金口碑区域调解品牌。“江大姐”和“电力老娘舅”成功创建为省级金牌调解室。

“枫桥式”司法所建设。2022年，发挥“枫桥式”司法所头雁效应，落实鼓励政策，并严格按照司法部、省司法厅发布的司法所工作规范，抓好业务培训和工作指导。新培育省级司法所2家，分别为浣东所、浬浦所；新培育绍兴市级司法所10家，分别是大唐所、暨阳所、应店街所、牌头所、璜山所、东白湖所、岭北所、姚江所、山下湖所、陶朱所。经过多轮评选，浣东街道司法所获评省级“枫桥式”司法所，大唐街道司法所、陶朱街道司法所、应店街镇司法所获评绍兴市级“枫桥式”司法所。全市23个司法所中，共有省级“枫桥式”司法所3家、绍兴市级司法所12家。（司法局　陈昀）

军 事

人民武装

【概况】2022年，诸暨市人民武装部（简称市人武部）坚持用习近平新时代中国特色社会主义思想和强军思想武装头脑、指导实践、推动工作，贯彻落实省军区、绍兴军分区决策部署，以新时代国防动员使命任务为牵引，围绕“全面强基础、重点求突破、整体上台阶”的抓建思路，聚焦中心，狠抓落实，全面建设保持稳步前进、向上发展。年度紧紧围绕迎接和学习贯彻党的二十大这条主线，抓实“忠诚维护核心、矢志奋斗强军”主题教育，严密组织文职人员专项教育整顿，全面推广民兵网络思想政治教育APP使用，持续筑牢军民思想政治根基。聚焦应战应急，战备训练更加扎实有效。完成年度21支队伍训练任务，承担绍兴市专业区内联训，组织专业民兵赴友邻单位联训。围绕民兵整组工作建设规范，完成“应急、支援”2类基干民兵年度整组工作任务。后备力量应急应战能力在保交护路、疫情防控、防台救灾、森林消防等实兵演练和执行任务中得到有效检验和提升。民兵网络思想政治教育总评分位列绍兴第一；10个镇乡街道获评绍兴军分区“五星级基层武装部”；2名民兵获评绍兴市“十大最美民兵”。

【党管武装工作】2022年，严格落实市委议军会和四套班子“军事日”活动、武装工作会议等党管武装七项制度，强化省委省政府省军区《关于加强和规范基层人民武装部工作的意见》文件精神贯彻落实，将民兵调整改革、练兵备战、征兵征集、双拥工作重要事项提上市委市政府议事日程，计划投资新建集民兵训练备勤、征兵体检役前训练、公安巡特警训练备勤和安保人员培训于一体的公共安全培训服务中心，升级改造完善现用的训练基地，对部本级办公区域进行环境整治。贯彻落实绍兴“大双拥格局”指导意见，重点聚焦军人“后路”“后院”“后代”问题，解决14名军人子女入学问题，落实军转安置工作“三个100%”，会同退役军人事务局组织退役士兵返乡欢迎仪式暨就业专场招聘会。持续坚持“八一光荣榜”“两榜一栏”“全民国防教育日”等大国防教育做法，全年为荣立个人三等功的官兵送喜报上门，增加立功受奖官兵的慰问金，发挥5家获评绍兴市国防教育示范单位的教育辐射作用。推动《关于充分发挥民兵和退役军人作用全面助力诸暨基层治理体系和能力现代化的实施意见》的落实，传承弘扬民兵和退役军人“六大员”经验做法，注重发挥民兵和退役军人两支重要队伍的作用，并结合新时代“枫桥式”退役军人服务站创建活动，重点开展以参与“微治理”争做矛盾纠纷的调解员、参与“微志愿”争做应急抢险的战斗员、参与“微代理”争做服务保障的代办员、参与“微联动”争做创业创新的示范员为主要内容的“四微”融合、“四员”助力服务活动，引导民兵队伍和退役军人自觉投身经济社会发展实践，主动参与参建支建工作。

【国防教育】2022年，持续注重新时代全民国防教育，健全完善“五位一体”大国防体系，开展全民国防教育日、全省国防教育宣传周系列活动。调整国防教育组织领导，建强工作机构，由市委副书记、市长担任国防教育委员会主任并主持工作，市教体局安排1名专职人员到市人武部实行军地联合办公。坚持将国防教育纳入党管武装工作考评、纳入党政机关目标绩效管理体系、纳入领导干部绩效考核体系。持续坚持“八一光荣榜”“两榜一栏”等大国防教育做法，按照“喜迎二十大，奋进新征程”主题和“基本＋特色”思路，发挥5家绍兴市国防教育示范单位的辐射作用，开展全民国防教育活动（“2022奋进——网上祭英烈”活动和全市青少年群体“红心向党”主题手绘明信片活动），通过市级媒体加大诸暨征兵政策宣传力度，《中国国防报》登报宣扬“最美退役军人”蔡祖宁舍身救人先进事迹，2名民兵获评绍兴市“十大最美民兵”，3名表现突出的优秀基干民兵加入中国共产党。

【军事训练】2022年，持续以贯彻落实习近平训令和新民兵训练大纲为主线，培养基层武装工作明白人和带头人。5月，组织完成专武干部和民兵干部为期6天的强化素质集训；遴选19名专武干部参加绍兴市第24期专武干部集训。抓实民兵分队演训，结合民兵整组，督导镇乡街道完成新入队民兵训练与考核。6月，组织民兵尖子参加军分区组织的第五届民兵岗位练兵大比武。6月至8月，采取分散与集中相结合的方式，组织完成了全市民兵训练任务。8月底至9月初，组织民兵保交护路分队参加实兵演练。通过抓管理、学法规、练技能、强作风，夯实民兵军事训练基础，提升“双应”能力水平。

【战备建设】2022年，围绕使命任务，着眼迅即能动，推动战备能力水平提升。开展“四个秩序”建设，依据省军区新修订战备工作规定和军分区基层武装部“五星达标”建设标准，系统规范部本级、镇乡街道武装部、民兵应急营（连）“三级三类”典型单位战备秩序，制订建设方案，指导升级改造各类战备库室，确保建设达到“标准、快速、实战、管用”。制订实战化方案。对接上级国防动员方案，围绕辖区战场环境实际，研判形势、理解任务、核实潜力、分析对策、制定措施，制定本级国防动员行动简案，同时，滚动修订各类应急处突方案预案，调整完善应急指挥机构，补充购置各类应急装备器材。

【民兵整组】建立健全国防动员工作机制。按照权威、精干、融合、高效的原则，加强平战结合国防动员组织指挥机构建设，完善战时动员指挥体系。抓好民兵改革工作落地。根据军委国防动员部《民兵组织整顿工作实施办法》，结合诸暨市民兵工作实际，统筹推进改革工作落地落实。5月，采取逐个单位过和现地拉动等形式，对各单位民兵整组的人员、物资、装备落实等情况进行验收。

【征兵工作】2022年，推进征兵工作调整改革。紧紧围绕“五率”考评要求，突出大学毕业生这个重点，精准宣传发动，量化推进兵员征集工作，完成兵员征集任务，大学生征集比例达89.2%，大学毕业生征集比例为52.6%。

【安全管理】结合党委会召开安全形势分析会，传达学习上级有关文件和通知精神，分析安全形势，研究风险评估，部署安全工作。始终扭住个人人、车、枪、弹、密为重点的17个安全管控要素，确保安全工作一点小事都不出、一点麻烦都不惹。常态开展安全教育和安全训练及“百日安全”“微信泄密专项整顿行动”“作风纪律整顿”“保密专项清理整治”“违规饮酒专项教育整顿”等活动，确保各项规章制度有效落实。健全营区、兵器室安防设施设备，加强武器装备正规化管理。按照各级保密要求，对部机关本级和基层武装部，进行安全保密巡查，对相关办公电脑、文件资料、办公场所进行清查清理。

【预征预储】2022年4月，根据全省统一部署，协调地方相关局办开展“守护戎装”专项行动，采取军地统筹分类组织、线上线下同步进行的方法，开展现地执法、网络清理、检查纠察、宣传报道等工作，构建联管联动、打防一体的管控格局。二季度，协同市质检局，对主城区登记在册的可能涉及军装劳保用品经营店，进行现场检查，查处1家，收缴各类仿制军服5套。5月至6月，完成23个镇乡街道、13个局办有编兵任务单位的预征预储工作，协调企事业单位和个人预征预储各类装备。（人武部　邵朝岳）

双拥工作

【概况】2022年，诸暨市进一步加强军民共建，全力推进全国双拥模范城（县）创建，扎实开展双拥活动，依法开展征兵工作，组织新老兵迎送以及节日走访慰问活动，营造拥军拥政的浓厚氛围，通过悬挂光荣牌、“最美退役军人”评选、登报表彰、为烈士寻亲等各种形式广泛宣传，树立崇军爱军的正确导向。

【新老兵迎送及就业活动】2022年2月底和8月底，全市各镇乡街道举行欢送新兵入伍活动。11月，在飨街·越风文旅创意产业园举行2022年度退役士兵返乡欢迎仪式暨就业专场招聘会。50余家单位提供岗位178类1300余个，涵盖金融服务、机械制造、针纺织品、航空科技、教育科技、技能培训、信息咨询等，最高年薪30万元。现场发放资料492份。就业意向率达39.8%。

【走访慰问】2022年春节期间，共走访慰问约4000人次，发放慰问品和慰问金880万余元。八一建军节前夕，对驻诸暨部队、“诸暨艇”及全市部分困难退役军人和优抚对象采取多种形式进行慰问，价值共计500余万元。

【烈士褒扬】2022年，清明期间组织开展“奋进2022·清明祭英烈”活动，通过报纸、公众号等媒体宣传，号召全市人民参与网上祭扫，全市各大革命烈士纪念馆、红色基地面向市民免费开放。组织开展“缅怀革命先烈·弘扬英烈精神”清明代祭扫活动，并给未到场的烈士亲属刻录专属视频。9月30日，举行烈士纪念日敬献花篮仪式，市四套班子以及全市各界代表共200余人参与。完成绍兴市烈士纪念设施整修工程验收，全年共修缮烈士纪念设施167个（座），修缮资金约461万元。

【双拥宣传】2022年，继续落实上门悬挂光荣牌工作。1月，配合中央电视台第七频道完成长津湖水门桥战斗亲历者郭荣熙纪录片录制，该纪录片在大年初三播放。做好现役军人家庭立功喜报送达工作，全年接收喜报121份（三等功78份）。8月1日，《诸暨日报》通报表彰年度76名荣立三等功人员。八一建军节前夕，联合街道社区举办双拥晚会共叙军民鱼水情。组织残疾军人、参战退役人员以及带病回乡退伍军人等重点优抚对象进行短期疗养。制作双拥宣传片于春节、八一建军节等重要时节在全市100辆公交车上循环播放。诸暨市退役军人事务局获评2022年度退役军人事务部办公厅“2022年度宣传工作先进单位”；诸暨市军队离休退休干部休养所获评浙江省退役军人事务厅“全省军休工作成绩突出集体”；退役军人蔡祖宁获评绍兴“最美退役军人”，省政府记一等功。

（退役军人事务局　蒋超）

人民防空

【概况】2022年，诸暨市人民防空办公室深入贯彻党的二十大精神，对照新目标、新任务、新要求，把党中央提出的战略部署转化为人民防空系统的工作任务，坚持人民防空为人民，提升履行使命任务能力，提高防空袭斗争能力，履行战时防空、平时服务、应急支援职能使命，进一步加强人防宣传教育、人防教育基地建设、人防工程建设和指挥通信设施、人防工程审批监管、警报设备维护管理等方面工作。诸暨市中心城区人民防空专项规划(2019—2035)通过市政府审批。人防工程产权制度综合改革实施方案经市政府常务会议通过批准实施。根据数字化改革工作要求，将人防元素融入数字化改革，运行、推广、使用数字化场景，在人防审批中应用结建审批监督管理场景，应用人防工程运维在线场景，实现“智慧服务、智慧管理、智慧指挥”。

2022年12月31日，诸暨市国防动员办公室在发改局揭牌，同时挂人民防空办公室牌子，人防工程管理中心成建制并入发改局。

【人防宣传教育】2022年，抓重要节点开展宣传活动，在“3·1”国际民防日、“5·12”防灾减灾周、“9·18”防空警报试鸣等人防节日节点，开展多样主题宣传活动；运用《诸暨日报》及网络有奖问答等多种形式开展“国际民防日”宣传及“五进”宣传教育工作。

【人防指挥通信与演练】2022年，继续抓好人防指挥通信联络员队伍建设。完成“浙江金盾—22”演习工作及应急指挥车跨区域拉练工作。

【防空警报器管理与试鸣】持续完成市防空警报器数字化改造工作，市域范围内新增防空警报器9台。组织实施“5·12”防灾警报和“9·18”防空警报试鸣活动，警报器完好率和鸣响率均达100%。

【人防工程自建结建】2022年，自建项目进展顺利，落实早期人防工程安全和防护性能评估，完成市10个老旧坑道的安全评估工作。完成地下指挥所提升改造工程建设工作。全市新批结建人防工程项目10个，竣工备案项目27个。对应建未建人防工程，依法收取人防工程易地建设费用。（发改局）

武警诸暨中队

【概况】中国人民武装警察部队绍兴支队执勤大队诸暨中队（简称诸暨中队）主要担负诸暨市固定目标外围武装警戒固定勤务、专项勤务、重大活动期间社会面武装巡逻安全保卫勤务和暴力恐怖、个人极端、抢险救援3种情况的现场处置。

2022年，诸暨中队坚持以迎接保卫学习贯彻党的二十大为主线，以“扎实、昂扬、创先”为建队口号，紧紧围绕年初“建强班子聚力量，落实制度促稳定，注重精细上台阶”工作思路，完成以执勤为中心的各项任务。始终坚持以带队伍强素质、正风气暖氛围、创先进争荣誉为目标引领，狠抓支部自身建设，锻造过硬三支队伍，建立健全组织机构，部队内部安全稳定和谐奋进。诸暨中队实现连续27年执勤无事故，年底被武警浙江省总队评为基层建设“四铁”先进单位、军事训练先进单位。《解放军报》先后两次以整版形式刊发《一位95后指导员的“梦想”说》《山河作证：我们共同守护着你》文章，报道中队党支部书记占传远抓建部队、建功军营的先进事迹；团支部书记於杨杨在共青团成立100周年庆祝活动中被上级表彰为“优秀团干部”。

【政治教育】2022年，诸暨中队坚决把忠诚捍卫“两个确立”作为首要政治任务，全年统筹开展思想政治教育，做好铸魂育人工作。坚持引领灌注不放松，以迎接保卫党的二十大为背景，掀起学习主席讲话和党的二十大精神热潮，中队战士陈博先两次作为理论宣讲员参加绍兴地区党的二十大精神理论巡讲活动；抓好“忠诚维护核心、矢志奋斗强军”主题教育落细落实，开展“学党史、军史、英雄史”活动，维护更新营区政治环境。开展作风整治，公平、公正、公开处理涉及官兵切身利益的敏感事项，设立风气实体意见箱，公布三级监督举报电话，畅通民主渠道，推选2名基层风气监督员，持续开展“十项暖心活动”，为官兵解难帮困。

【战备执勤】2022年，诸暨中队全年战备制度落实、战备状态保持良好，固定勤务安全托底，专项勤务组织严密、任务完成圆满。以应对强敌为背景，结合驻地形势和政治之年要求，针对性地搞好形势任务教育，常态修订方案预案，完善编携配装。2022年是新时代执勤安保规范实施元年，中队第一时间组织官兵学习“新时代执勤安保规范化集训精神”，梳理改点，先后对修订方案、执勤阵文化、滚闸门安装等17类问题进行重新规范设置，解决执勤隐患。重点时期，中队及时修订完善各类预案，认真组织官兵演练，完成诸暨城区联勤武装巡逻任务，官兵任务能力进一步提升，备战水平进一步加强。

【军事训练】2022年，坚持以战领训、以训促战，做到人员训全、内容训足、时间训够，进一步补齐“两个短板”，方法科学安全、训练氛围浓厚，年度军事训练成绩达良好以上。因人而异制定帮教计划，提升训练成绩。依托上级培训和中队自训，培养何志豪、孙恒、梁远登3名过硬“武教头”，参加勤训轮换，参训率达到98%。坚持按纲施训，刚性落实训练计划，干部带头研训、带头参训、带头考核。坚持周会操、月考核、季评比，立起军事训练“一票否决”导向。把训练成绩与“双争”评比、警士职称等级评定、选晋评先推优挂钩，激发训练热情，中队年度军事考核综合成绩达良好以上。12月，中队后勤专业兵比武竞赛取得团体第一名，中队班长何志豪在上级群众性大练兵竞赛中取得个人第一名。（占传远）

科学技术

2022 年，诸暨市贯彻全国、全省、全市科技工作会议精神，继续落实“创新强市”首位战略，以高水平建设创新型城市为抓手，以政策为引擎，以人才为纽带，强化科技研发，聚焦平台创新，提升科技服务。

主体培育。全年诸暨市持续开展高新技术企业增量提质专项行动，新增高新技术企业 91 家，新认定省科技型中小企业 256 家，实现高新技术产业投资 118.07 亿元，同比增长 31.4%，实现规上高新技术产业增加值 172.37 亿元，同比增长 7.90%。继续深入开展规上企业研发费用“清零行动”，扩大全社会 R&D（研发）活动覆盖面，实现全市规上工业研发费用 61.59 亿元，同比增长 23.5%，研发活动覆盖面 87.5%，居绍兴市首位；2021 年全社会 R&D 经费支出占地区生产总值比重为 2.37%。8 月，开展首届诸暨市级“揭榜挂帅”项目攻关，为绍兴市首个通过“科技攻关在线”场景应用开展“揭榜挂帅”的县市，征集技术需求 44 个，带动科研攻关项目总投入超 3 亿元。省级新产品试制计划立项 484 项，省级“尖兵”“领雁”研发攻关拟立项 5 个。举办全国青少年信息技术智能创新大赛、红星奖珍珠设计大赛和石墨烯新材料发展高峰论坛。开展首届诸暨市科技强农工作优秀企业评选活动。

平台建设。高标准建设诸暨 G60 创新港，构建开发区、科技城“一区一城”互联互动的创新发展格局，全国第四个欧美同学会海归小镇（诸暨 · 空天装备）落户诸暨，智能视觉产业平台入选省第四批“万亩千亿”新产业平台培育名单，共开展建设重点项目 18 个，总投资 51.86 亿元。引进浙江大学、浙江大学控股集团、中俄联合实验室、西安交通大学管晓宏院士团队，共建浣江实验室、中俄（诸暨）国际实验室、西交网络空间安全研究院，政府总投入达 7.8 亿元；新增省级研发机构 15 家、绍兴市级企业研发机构 60 家、诸暨市企业研发机构 225 家，实现规上工业研发机构设置率 58% 以上。新增浙江省级科技企业孵化器 1 家，绍兴市级以上众创空间 3 家、绍兴市星创天地 2 家。全年完成技术市场交易额 41.9 亿元。新增入选国家领军人才 6 人，入选省领军人才（团队）19 人。

要素保障。诸暨市落实《关于高水平建设科技创新强市的政策意见》，兑现科技奖补经费共计 9338 万余元。

科技管理与创新主体培育

【科技管理】2022 年，诸暨市省级新产品试制计划立项 484 项。规上工业企业研发费用 61.59 亿元，

2022 年诸暨市新增绍兴市级以上众创空间及孵化器名单一览表

表 19

名称	级别
诸暨瑞祥孵化器	浙江省级孵化器
尚策众创空间	浙江省级众创空间
经开创合众创空间	绍兴市级众创空间
诸暨市数字金融产业园	绍兴市级众创空间

2022 年诸暨市新增省企业研究院及省国际合作载体一览表

表 20

名称	级别
浙江省镨美科智能电脑刺绣机企业研究院	浙江省企业研究院
浙江省元集新型复合材料企业研究院	浙江省企业研究院
浙江省乐业绣机智造企业研究院	浙江省企业研究院
浙江省创格汽车关键零部件企业研究院	浙江省企业研究院
浙江省金昌高性能弹簧企业研究院	浙江省企业研究院
万安汽车技术(欧洲)有限责任公司	浙江省企业海外研发机构

同比增长 23.5%，规上工业企业研发活动覆盖面 87.5%。共发放创新券 381 万元，市本级财政科技投入 1.49 亿元。6 月 23 日，诸暨市修订《关于高水平建设科技创新强市的政策意见》，着力构建“产学研用金、才政介美云”十联动的创新创业生态系统，率先在全省建成创新型城市。

【科技创新主体培育】2022 年，诸暨市继续实施“双倍增”计划。开展高新技术企业增量提质专项行动，通过实地走访、重点帮扶解决企业实际困难，全年国家高新技术企业通过认定 166 家，省科技型中小企业通过认定 256 家。实现规上高新技术产业产值 730.52 亿元，同比增长 9.4%；实现规上高新技术产业增加值 172.37 亿元，同比增长 7.9%，占规上工业增加值 48%；实现高新技术产业投资 118.07 亿元，同比增长 31.4%。

科技研发机构和成果

【科技研发机构】2022 年，诸暨市新增浙江省企业研究院、省高新技术企业研究开发中心等省级企业研发机构 15 家、省重点农业企业研究院 1 家，绍兴市级企业研究开发中心 60 家，绍兴市重点农业企业研究院 1 家，诸暨市级企业研究开发中心 225 家；新增浙江省国际科技合作基地 1 家、绍兴市级新型研发机构 1 家，绍兴市级重点实验室 3 家。

【科技成果】2022 年，浙江越隆缝制设备有限公司的精准控制多头减振高速刺绣机关键技术与产业

2022 年诸暨市新增省高新技术企业研究开发中心一览表

表 21

名称	级别
浙江省金霸王汽车弹簧高新技术企业研究开发中心	浙江金霸王弹簧有限公司
浙江省晶达新型建筑用防水材料高新技术企业研究开发中心	浙江晶达建材科技有限公司
浙江省龙鼎消防器材高新技术企业研究开发中心	浙江龙鼎消防器材有限公司
浙江省罗速智能袜机高新技术企业研究开发中心	浙江罗速设备制造有限公司
浙江省宁巍自动化数控机械高新技术企业研究开发中心	浙江宁巍机械科技有限公司
浙江省三 A 汽车悬架弹簧高新技术企业研究开发中心	浙江三 A 弹簧有限公司
浙江省三叶高密封耐疲劳阀门接头高新技术企业研究开发中心	浙江三叶机械有限公司
浙江省伟盈多功能高效智能袜机高新技术企业研究开发中心	浙江伟盈智能科技股份有限公司
浙江省叶晓针织机械高新技术企业研究开发中心	浙江叶晓针织机械有限公司
浙江省友谊合金钢材制备技术高新技术企业研究开发中心	浙江友谊新材料有限公司

化、全兴精工集团有限公司的新能源无人驾驶辅助转向电液泵的研发及产业化、浙江盾安禾田金属有限公司的电子膨胀阀关键技术开发及应用、浙江信胜科技股份有限公司的多头宽幅超高速刺绣装备创制及产业应用、浙江菲达环保科技股份有限公司的工业烟气多污染物脱除及节水节能技术装备等项目以第一完成人获浙江省科技进步奖三等奖；浙江浣江传媒集团有限公司的大数据存储硬盘阵列核心技术研发和产业化项目以第五完成人获得浙江省科技进步奖一等奖；浙江冠军香榧股份有限公司的油茶、香榧等木本油料绿色加工和质量控制技术与应用项目以第二完成人获浙江省科技进步奖三等奖。　　（科技局　吕恒涛）

知识产权

【知识产权创造】2022 年，诸暨市继续加大政策扶持力度，突出“高价值”导向，修订新知识产权奖励政策，激发企业创新积极性。通过线下审核和“越快兑”线上直兑的方式，完成 2021 年度知识产权奖励兑现工作。对符合条件的 500 余家企事业单位和个人共计发放奖励 2043.6 万元，涉及“质押融资贴息奖励”“高价值发明专利转化奖励”“贯标企业奖励”等 10 个项目。培育知识产权服务业，以提升代理服务质量来提升知识产权创造水平，新引进培育国家知识产权局备案资质认可的专利代理机构 2 家。全年新增高价值发明专利 853 件，同比增长 117%，增量居全省前列，增速在全省非山区县(市、区)中位列第一。累计拥有高价值发明专利 1582 件，居绍兴首位。培育区域公用品牌，新申请“同山烧”“山下湖珍珠”相关集体商标 7 件，“诸暨短柄樱桃”地理标志证明商标注册成功。

【知识产权运用】2022 年，打造“政银保”知识产权融资品牌，构建推广“知识产权质押 + 政府补贴 + 保险保证 + 担保补偿”的融资新模式，通过发挥知识产权的无形资产价值，拓宽科技型企业融资渠道。开创以专利保证保险撬动贷款的新路径，通过设立风险资金池的方式，将银行承担 100% 贷款风险改为由保险机构、担保机构和银行三方共担风险的新模式，化解无形资产的贷款风险问题，提高银行放贷积极性，实现风险共担、利益共享。2022 年 7 月，全省首笔专利质押保证保险贷款在诸暨市落地。全年有近 400 家企业获得知识产权质押融资共 100 亿元（专利质押额 90 亿元、商标 10 亿元），1000 万元以下授信的普惠融资额达 18.4 亿元，普惠融资额居绍兴第一，惠企数量和融资规模居全省第一。探索推广侵权险、申请险等专利险种，全年签约专利保险 20 余笔。市场监管局携手诸暨农商银行成立 23 支联合助企小分队，深入全市各乡镇，利用自身优势，帮助企业解决问题。强化知识产权贯标（贯彻国家标准）体系认证推广，新增知识产权贯标企业 20 余家。打造知识产权优势示范企业，新增国家级知识产权优势企业 1 家，省知识产权示范企业 9 家，新增“知管家”托管企业 50 家。持续推进创新型企业运用“知识产权在线”平台，共上线专利企业 455 家、规上企业 500 家、商标企业 555 家。开展原创设计、商业秘密等数据知识产权存证服务，公共存证平台新增企业 10 家，新增存证 43 条。在营商环境评价中“知识产权活力”指标分值居全省 55 个参评县区中的第五位。

【知识产权保护】2022 年，诸暨市发布《关于进一步加强知识产权保护工作的实施方案》，配套建立健全《知识产权工作部门联席会议制度》《知识产权工作信息共享制度》《知识产权维权援助制度》3 项制度，通过构建跨部门协作机制，进一步强化知识产权行政保护与司法保护衔接，优化营商环境。4 月 23 日，市场监管局、法院、公安局、检察院、自然资源和规划局召开“枫桥香榧”地理标志保护主题座谈，探索地理标志保护和培育工作，以地理标志高质量运用来推动实现共同富裕。4 月 25 日，诸暨市公安局联合诸暨市检察院、法院、市场监管局、文广旅游局、大唐街道办事处，在大唐袜业市场设立袜业知识产权保护服务中心，为企业提供知识产权保护法律法规指导咨询服务。4 月 26 日，市场监管局与市人民法院、人民检察院、公安局、新闻出版局、文广旅游局等单位共同召开诸暨市知识产权保护工作新闻发布会，会上公布了首期诸暨市知识产权保护典型案例。同时，市人民法院与市场监管局、新闻出版局、发改局联合公布第二批知识产权严重失信人名单，共 1 家企业、6 名自然人在列。行政执法全年共查办假冒侵权案件 84 起。

2022 年 4 月 26 日，诸暨市召开知识产权保护工作新闻发布会（市场监管局提供，斯钰杰摄）

【知识产权宣传服务】2022 年，继续加大对知识产权法律法规的宣传力度。开展“4·26”知识产权宣传周活动，进一步促进创新链、产业链、价值链加速融合。4 月 27 日，第一期“企业家法治会客厅”活动在诸暨市山下湖珍珠博物馆举行，全市重点知识产权企业以及珍珠协会受邀参加会议，共商企业知识产权保护对策，会上还举行诸暨市人民检察院驻华东国际珠宝城知识产权检察工作站揭牌仪式。市场监管局走访知识产权优势企业，指导企业加强知识产权保护管理水平，推广知识产权质押融资业务，开展专利开放许可对接、海牙协议推广宣贯、知识产权条例宣传、专利保险培训、出口企业走访等多种活动。全年结合“三服务”走访企业 500 余家，发放宣传册 5000 余份，举行培训会 6 次，惠及企业 2000 余家。（市场监管局）

气象·地震

【气象服务】2022年，诸暨市持续打造气象版“枫桥经验”，建立并严格执行“影响提示、警诫提醒、精细预警、分级叫应、实况通报”的“梯次化”预报预警服务业务流程。实施极端天气“村安工程”、气象监测预警能力提升工程。制订《诸暨市气象设施和气象探测环境保护专项规划(2021—2035年)》。完成15套自动站更新、1套北斗应急通信设备安装和3部X波段雷达、98个自动气象站、4套负氧离子站、1套城市生态站、1套香榧农田气候站安装。诸暨市气象台获2021年度浙江省气象业务服务工作先进集体称号。1人在省气象行业监测预警职业技能竞赛中获个人全能三等奖，所在的绍兴代表团荣获团体第三名。制作的法治宣传科普微视频《科学预警，依法传播》，获全省气象系统二等奖。诸暨市气象局与嵊州新昌等县市气象局组建气象服务县域党建联盟。擦亮“精准监测风雨、精心服务民生”党建品牌。开展“人民至上 生命至上”主题实践活动，为诸暨235国道建设等项目提供点对点“管家式”“保姆式”气象服务。

气象防灾减灾体系建设。2022年，持续打造气象版“枫桥经验”，完善重大气象灾害预警叫应全链条防御机制和预警为先导的社会应急响应机制。落实“秒叫应、秒响应、秒处置”，做好恶劣天气主动、提前叫应。气象防灾减灾工作纳入全科网格范畴，通过“平安通”系统发布重要天气提醒信息。完成25个省级气象防灾减灾标准化村(社区)创建，更新预警接收人员和叫应人员数据库，进一步夯实基层气象防灾减灾工作。联合水利局制定山洪灾害预报预警工作方案，联合应急局、交通局、建设局、交警大队等部门建立城市内涝、低能见度、道路结冰等交通气象服务机制。联合应急管理局、水利局等部门对诸暨市镇乡街道开展防汛督查，确保各项防汛举措落实到位。参加诸暨市2022年城区内涝、山洪地质灾害、反恐、消防等应急演练。进行气象灾害综合风险普查并出具评估报告。

监测预报预警服务。2022年，实施极端天气“村安工程”、气象监测预警能力提升工程，全面提升诸暨气象监测能力。完成国家级地面站气象探测环境调查评估。制定工作任务清单，推进《河南郑州“7·20”特大暴雨灾害调查报告》问题整改。升级改造自动站15套，安装北斗应急通信系统，保障气象数据传输不中断。完成109个区域自动站物联卡升级，56套传感器核查更新。区域自动站维护782站次、维修62站次，保障设施正常运行。完善诸暨市气象局防汛防台抗旱气象保障应急预案，制定诸暨市气象防汛防台应急响应职责清单。挖掘信息传播渠道，雷达塔楼气象预警信号灯塔投入业务使用，全市525辆出租车实现顶灯实时预警显示提醒。扩大预警信息传播面，预警信息接入地方基层综治平台，向网格员实时推送预警信息。全年发布预警信号193次，实施叫应4432人次。制订《诸暨市2022年决策气象服务周年方案》，制作分发“内参”“气象信息快报”“重要天气报告”等决策服务材料537期，短信服务733条380万人次。疫情期间，逐日发布疫情专题气象服务。

气象为农服务。2022年，通过为农服务周年方案，继续开展直通式为农服务，制作春耕春播及春茶、杨梅、樱桃病虫害防治等专题服务22期，发布为农服务短信320余条250万余人次。走访涉农部门、茶农、樱桃大户，开展“三农”服务需求调研。与农业经济特产站联合研究农业气象灾害风险预警，实施浬浦农业气象观测站建设。开展康养、乡村氧吧、气候标志等气候品牌创建，进行二十四节气天气、气候及农耕文化调查。将人工影响天气火箭发射架升级为BL型车载式火箭发射架，开展人工增雨作业8次，发射火箭弹9轮46枚；烟炉增雨作业燃烟16次21轮，共燃烧烟条36根。与多家保险公司签署战略合作协议，以“气象+保险”方式防灾减损。

气象现代化建设。2022年，重大项目建设基本完成。浦阳江气象防灾减灾预警中心建设进入验收阶段。气象监测预报能力提升工程与极端天气“村安工程”(“气象惠民”工程)同步实施，完成15套自动站更新、1套北斗应急通信设备安装和3部X波段雷达、98个自动气象站选址安装。美丽诸暨生态气象保障工程完成4套负氧离子站、1套城市生态站、1套香榧农田气候站的安装。交通气象保障工程进行业务试运行。气象科技创新取得突破。建成数字化交通气象服务平台，在“浙政钉”“浙里办”“西施号”等平台上线，并在“全省气象改革会暨气象数字化改革推进会”上作交流汇报。基于“浙政钉”开发“智慧气象”微应用，服务基层防灾减灾救灾决策。建成“网格＋气象”信息管理平台，实现与省突发布系统智能对接，信息直达基层网格员。完成叫应平台“风雨哨兵”浙政钉配置，研发钉钉叫应升级系统。开发完成面向网格员的基层综治“四平台”气象本地化平台，并通过综治平台向网格员直接发布气象及外部门预警信息和气象相关任务，实时接收网格员关于灾害性天气的相关处置反馈信息，打通预警信息传播“最后一公里”。预警信息同步到大数据云平台，为诸暨相关部门业务平台提供实时预警数据。

气象社会管理。2022年，气象安全监管依法落实。综合执法改革推进，做好气象执法事项划转后续工作，建立案件移送、信息共享机制。全面推进“互联网＋监管”平台应用，平台应用率、双随机检查事项覆盖率100%。重点单位100%全覆盖检查，防雷安全风险码2.0实现全覆盖推广，并通过平台线上检查126家，发现9处隐患，均按要求整改完成，100%完成重点单位“一企一档”资料收集工作并动态更新补充。严格落实对防雷检测公司的日常监管，通过防雷检测活动在线监管系统实施检测机构远程监管14次，现场监管6次。气球施放活动现场检查11次，吊销不符合要求的升放气球资质证一本，新审批资质证一本。气象行政审批畅通精简。落实行政审批改革，优化气象窗口服务。办理施放无人驾驶自由气球审批28件，防雷装置设计审核2件，防雷装置竣工验收2件。为保险公司提供气象数据接口，简化保险理赔流程，提供气象证明518份。

气象科普。2022年，制作法治宣传科普微视频《科学预警，依法传播》，获全省气象系统二等奖，并选送中国气象局参赛。在“3·23”世界气象日、“5·12”防灾减灾日、气象科技活动周期间，通过线上线下宣传防灾减灾知识和气象新思路、新发展、新科技，解读气象热点。联合应急管理局开展气象防灾减灾科普进基层活动，发放科普宣传资料1500余份，接受群众咨询近3000人。公交车车载电视增加双休日气象科普宣传栏目，播放灾害性天气防御知识、公众关心天气热点信息等。（气象局　许金凤）

【地震测报】2022年，开展全市新建建设工程和重大工程抗震设防要求落实情况检查工作；继续实施诸暨市第一次全国地震灾害风险普查活动，基本完成地震灾害风险评估与区划阶段任务。（科技局　吕恒涛）

教 育

2022年，诸暨市深入贯彻落实党的二十大精神，持续聚焦质量、安全两要务，打造“诸有优学”金名片，顺利通过全国义务教育优质均衡发展县市、全国学前教育普及普惠县市省级督导评估，县域教育现代化发展水平监测位列绍兴第二、全省第九，连续五年获评全省A等并保持领先，获评年度浙江省职成教考核优秀县市、绍兴市教育工作业绩考核优秀单位。

诸暨市学习宣传贯彻党的二十大精神，广泛开展“六学六进六争先”学习实践活动，组建系统青年宣讲团和48支学校宣讲小组，开展专题宣讲230余场，推动党的二十大精神在教体系统迅速落地生根。深入开展“诸有优学 我当何为”解放思想大讨论300余场次，征集优秀文章538篇，媒体专栏分享50余篇，进一步浓厚“解放思想拥抱变革，凝心聚力争创一流”的氛围。坚决落实意识形态工作责任制，在省级以上主流媒体刊发宣传报道207篇，获全市政务信息考核分第二名。打造具有影响力的党建品牌。在绍兴市率先打造中小学校党群服务“红色驿站”10所，获评年度诸暨市组织工作“微改革”“微创新”十佳项目，“学在诸暨·向阳逐梦”和“幸福行动”志愿服务队获评首批市直机关十佳党建品牌、十佳志愿队伍（“双十佳”），“一校一品”党建格局全面形成。探索建构“党建+课程思政”育人新模式，一教师获评首届浙江省中小学思政课教师年度人物。深化“四责协同”落实“五张责任清单”。编制完成66张“四责协同”责任清单、工作流程图，17张权力清单和9幅组织架构图，构建明责、督责、追责“三位一体”责任落实体系，强化检查考核，确保全面从严治党压力传导至“末梢”。培树特色鲜明的示范清廉学校。坚持“示范性、特色化、品牌化”，纵深推进清廉学校建设，组建教体系统“清廉建设顾问团”，创成首批浙江省清廉学校建设示范校2所（绍兴市共9所）、绍兴市清廉学校示范校12所，打造清廉诸暨优质单元。

基础教育优质协调发展。学前教育“三普”（普及普惠普优）领先发展。修订“住宅小区配套幼儿园建设管理办法”，建成3所托幼一体普惠园，新增优质普惠学位1470个，新创省一级园3所、二级园4所，全市省二级及以上优质园儿童覆盖面接近80%。义务教育城乡一体发展。深化10个城乡教共体建设，推进初中学校提升培优行动，制定实施《关于加强小规模学校建设促进义务教育优质均衡发展的若干意见》，创新扁平化区域管理模式，乡村小规模学校提质发展路径实现新突破，2个项目入选第二批浙江省城乡义务教育共同体区域和学校典型案例。高标准完成诸暨—遂昌跨地区教共体帮扶任务(省教育厅考核列绍兴第一)。高中教育多样特色发展。代表绍兴市入选浙江省普通高中分类办学改革试点区,深入推进7个省中职“双高”项目建设,入选教育部产教融合校企合作典型案例1项、省学徒制典型案例1项、2021—2022年度省产教融合工程项目2个(占绍兴市中职学校入围项目数的一半),开展社会职业培训23051人次,打造产教融合发展新高地。完成浙江广播电视大学诸暨学院更名转型浙江开放大学诸暨学院。

教育质量提升。高考质量再创新高。高考特殊控制线(重点)上线1652人,同比增长17.6%,创历史最好,居绍兴首位,清华大学和北京大学录取13人(占绍兴市1/3),中国科学技术大学少年班入选3人(占全省1/5),“C9”学校联盟9所大学上线182人(比2020年增长58.3%)。中职学生直接升入高一级学校比例已达73.7%,列全省前茅。举办2022级大学新生“送学礼”活动,市四套班子领导出席,直播观看人数达108万人。学科竞赛全省夺目。获2022年“五大学科竞赛”全国3金3银(4人入选国家集训队,占全省入选总数的7.5%、绍兴市全部,1人进入国家队)、浙江赛区一等奖34个。师生在全国职业院校技能大赛夺1金2银3铜。素质教育更具特色。推进德智体美劳全面培养的育人体系更加健全、更为有效,打造浓厚“诸暨味”的五育并举育人品牌,“中小学五好学生评比实施意见”“全面加强新时代中小学劳动教育行动方案”“推进初中基础学科分层走班教学工作方案”等一批新举措陆续推出,承办绍兴市中小学心理健康教育推进会暨2022“幸福教育”高峰论坛,“清单式劳动教育评价”入选浙江省深化新时代教育评价改革试点项目。新创成全国围棋特色学校2所,省健康促进金牌学校4所,省近视防控特色学校2所,省、绍兴市中小学劳动教育实验学校7所,累计创成全国青少年校园足球特色学校(幼儿园)22所、全国青少年篮球特色学校9所。

教师队伍建设。不断强化严规治教纪律氛围。开展以“强师德正师风”为主题的师德专题教育,出台“史上最严”教职工违纪违法行为从严处理实施细则(试行),重拳整治酒驾醉驾及其背后“四风”问题,全年教职工党政纪处分17人,进行“第一种形态”谈话问责105人,全市通报9则,推动师德师风持续向上向好。不断强化内育外引工程。深化队伍“1+4+X”建设,面向全国知名高校“校园招聘”2022届优秀毕业生75名,硕博士人才公开招录8名,其中硕士人才同比增长327%,组建第二届“三名工作室”124个,遴选两期“元培计划”优秀年轻干部86名,持续开展教师专业素养“大练兵大比武大提升”活动。获评省特级教师3名、省“春蚕奖”4名、省红烛教师6名、省特教园丁奖1名、绍兴市劳动模范1名、绍兴市学科带头人27名、省最美教师提名奖1名和绍兴市“最美教师”6名,入选浙派名师名校长、长三角中小学名校长培养对象共7名,全省教育系统浙江省巾帼文明岗1个(绍兴市仅2个),荣获全国、省优质课一等奖共7个,省班主任大赛一等奖1个。不断强化关爱激励举措。健全教育质量奖励机制,发挥高层次教育人才奖励补助(2022年发放289.35万元,奖补296人)、农村名优教师津贴(2022年发放100.2万元,奖补151人)、校长考核奖、“新莲奖”“风荷奖”“风范奖”、班主任专项考核奖等的激励导向作用,加大绩效工资分配向班主任及一线骨干教师倾斜力度,保障“双减”教师课后服务报酬等待遇,营造实干实绩良好氛围。

2022年9月至12月,诸暨市教育系统开展“诸有优学　我当何为”大讨论活动(教体局提供)

教育教学改革。数字化改革领跑全省。加快架构教体数字化改革“1+3+N”体系(“1”即教体大脑,“3”主要是教学、安全、服务3个核心业务,“N”是创建了40多个子产品、子应用),深化“诸有优学”集成改革,全面打造“学在诸暨”教育公共服务平台,“学在诸暨”作为“学在浙江2.0”区县第一个站点,与“学在浙江”一同发布,5个项目入选浙江省教育领域数字化改革创新试点项目(入选数量居绍兴第一)。另有6个项目入围教育部“智慧助老”优质培训项目(课程资源)和社区教育“能者为师”系列特色课程首批推介名单。体教融合改革成效显现。新型少体校加速建设,一体设计学校体育、一体推进学校体育、青少年竞技体育、学生体质健康监测工作,稳步提升竞技体育综合实力,在全省体育竞赛工作会议上作经验交流。引进高水平篮球教练2名、优秀退役运动员当教练员4名、篮球运动员苗子13名。开放融入格局“扩圈”升级。实施新一轮“杭绍同城”三年行动计划,与杭州西湖区建立全面战略合作关系,新组建友好学校6对,与“杭绍地区”结对学校增至40所。在浙师大、杭师大及杭州西湖区设立教育人才孵化基地3个,探索人才共育新路径。拓宽中高职一体化合作培养途径,与15所高职院校合作招收新生1205名。

教育服务保障。持续扩大优质资源供给。实施政府性投资项目10个,开工建设崇真初中等学校新(扩)建项目,年度投资额达4.07亿元,同时完成公办中学校园安全防护提升工程、公办中学教室新风系统安装工程和健康教室提升工程三年建设任务,城乡办学条件不断改善。新增省现代化学校7所、绍兴市现代学校6所(累计83所,数量居绍兴第一)。扎实推进“扩中提低”行动,全年发放各类困难学生资助经费813.71万元,资助学生10064人次。创新打造“双减”工作典型。在全面深化“课堂革命”“作业革命”,让“学习”回归校园的同时,创新推出“枫桥式”校外培训治理模式,推动“双减”政策落地见效,109家学科类校外培训机构全部平稳“清零”,切实减轻学生及家长负担。相关做法在全国“双减”工作调度会上代表浙江作典型交流,《诸暨市打造“枫桥式”校外培训治理模式多措并举维护良好教育生态》专报信息获成岳冲副省长批示肯定,市委书记沈志江亲自路演并入选全省“重大审计问题清单”四季度示范案例榜和绍兴市“七张问题清单”四季度示范案例,获评诸暨市全面深化改革领域改革突破奖提名奖。全面完成民办义务教育在校生占比控制在10%以内,营造良好教育生态。全力夯实校园安全基石。深化校园安全管理“网格化、数字化、专业化、社会化”建设,全面开展“枫桥式”平安校园创建,创新构建“智安校园、消防预警、安全教育、智慧食安”四大系统于一体的“枫桥式”平安校园智治系统,创新组建6个安全管理共同体、9个安全名师工作室,坚决筑牢疫情防控屏障,确保学生健康平安、校园安全稳定。《浙江日报》整版、《绍兴日报》头版专题报道校园安全治理经验做法,“护苗坚盾”安全名师工作室获评首届绍兴消防奉献奖先进集体。 (姚伟均)

学前教育

【概况】全市有各级各类在册幼儿园124所(公办86所、民办38所;省一级园16所、认定及预评省二级园57所、省三级48所),教学点24个。全市在园幼儿30968人,其中普惠性幼儿园在园儿童28421人、覆盖面91.78%;3～5岁幼儿毛入园率104%。全市幼儿园教职工4389名,其中专任教师2586名(含园长),公办编制占比21.19%(含报备员额制)、持证率100%、高学历比例99.8%、职称评定率86.97%。另有早教基地35个(民办2个),拥有初级及以上育婴师1696名。印发《诸暨市人民政府办公室关于印发〈诸暨市住宅小区配套幼儿园建设管理办法(2022年修订)〉的通知》《关于建立公办幼儿园成本分担机制的指导意见(试行)》等政策文件。调整优化幼儿园网点布局及专项建设规划。

【办园模式创新】2020年1月起,市交投集团与市教体局合作陆续启动实施7所托幼一体普惠幼儿园建设(市交投集团投资建设,市教体局负责运营管理,属公办性质),计划总投资3.92亿元,可新增托幼位3150个。其中,西子、三江2所幼儿园于2022年9月建成并投用,可提供托幼位750个(新增630个)。

【城镇小区配套幼儿园建设】依据

《诸暨市人民政府办公室关于印发诸暨市住宅小区配套幼儿园建设管理办法的通知》，由开发建设单位单独配建城镇住宅小区配套幼儿园7所，计划2024年全部交付使用。

【经费奖补】根据《诸暨市幼儿园保教人员与生均专项奖补经费管理办法》《诸暨市普惠性民办幼儿园认定及管理办法（试行）》等文件精神落实经费奖补，惠及131个幼儿园、29145人次，奖补金额3324.32万元。依法依规落实教职工“五险一金”，公办非编幼儿教师人均年收入达106343万元。

【平安校园创建】推进“枫桥式”平安校园建设，实验幼教集团等8所幼儿园创成年度五星级“枫桥式”平安校园；浣江幼教集团等19所幼儿园创成年度四星级“枫桥式”平安校园。

【幼教共同体建设】深化“名园集团化、城乡联盟化、镇域一体化”建设，先后组建6个幼教集团、3个网片发展共同体、23个镇域发展共同体，推动城乡优质学前教育资源共建共享。同时，深化教育“杭绍同城”，加强两地人才共育、资源共享等机制建设，与杭绍地区名园（高校）结对7所。省二级及以上优质幼儿园在园儿童覆盖面提高至78.17%。

【课程建设】继续落实《关于全面推进幼儿园课程改革的实施意见》，“政研训”合一，依托“领衔园示范指导、公民办结对互助、研修群体易园体验”等多种区域联动合作机制和园、镇、片、市四级专题研修平台，推进幼儿园课程游戏化生活化的实践与研究，构建具有诸暨特质的幼儿园“品质生活”课程体系，共开发浙江省、绍兴市精品课程7个。浣江幼儿园教育集团在浙江省幼儿园游戏研讨会暨2022年幼儿教育新课程“关键问题解决”研训活动中作《“一班一块地”游戏与教育隐性支持策略》主旨报告，向省内外幼教工作者介绍“道地游戏”特色课程。

新建的托幼一体普惠幼儿园——西子幼儿园鸟瞰图（教体局提供，摄于2022年9月）

【成绩荣誉】论文（含案例、教学主张）在绍兴市获奖54篇，其中一等奖12篇，浙江省级获奖5篇；获浙江省、绍兴市课题成果一、二等奖7个，新立项18个；绍兴市优质课评比城乡组均获一等奖。（阮云飞）

义务教育

【概况】2022年，全市共有小学90所，初中35所（其中九年一贯制学校5所），在校小学生72512人，在校初中生35441人。义务教育学龄儿童少年入学率和巩固率均为100%；初中毕业生升入高中段各类学校比例为99.54%。进一步贯彻落实市政府关于外来建设者随迁子女入学的相关政策，保障符合条件的外来建设者随迁子女享受公平教育权利，全力挖掘学位资源，尽最大努力解决随迁子女入学问题，义务教育段随迁子女入学达26654人。

【教学质量发展】继续加快义务教育均衡发展和现代化步伐，入学率、巩固率和“三残儿童”（视力、智力、听力残疾）入学率均为100%。暨北幼儿园、陶朱街道陶朱小学、浣东街道和济小学、店口镇湄池小学、姚江镇江藻初中、赵家镇中、店口镇社区学校创建成为第三批省现代化学校，创成总数领跑绍兴。枫桥镇中、马剑镇中、姚江镇直埠小学、枫桥镇洪绶小学、东和乡中心小学、实验小学集团西子小学6所学校创建成绍兴市现代化学校。义务教育段教育质量监测工作持续开展，确保教育质量不断提高。继续实施“公民同招”招生政策，全市义务教育阶段学生均通过“浙里办”系统实行网上招生。保障符合条件的随迁子女100%在公办学校入学。

【民生实事】紧紧围绕义务教育优质均衡发展主旋律，不断加强农村小规模学校建设。按照以城区优质学校为基地学校、携手乡镇初中、小学，采取“1+N”方式组在全市义务教育段组建城乡教育共同体10个（小学5个、初中5个），覆盖到所有镇乡街道初中、小学。通过教研联动、组织校长教师论坛等方式，推进教育优质均衡发展。采用“互联网＋义务教育”形式实现全市所有乡村小学和乡村薄弱初中学校结对帮扶全覆盖。通过同步课堂、教师网络研修等形式，支援校每年对受援校帮扶量达60节次以上。

落实省2022年民生实事项目，与遂昌县组建跨地区教共体结对学校5对（浣东初中和民族中学、暨阳街道浣纱小学和大柘镇中心小学、浣东街道城新小学和石练镇中心小学、暨阳街道大侣小学和黄沙腰镇中心小学、暨阳街道行知小学和金竹镇中心小学）。16名优秀教师与遂昌52名教师建立师徒结对关系，在遂昌设立10个名师工作室，选派16名优秀教师到遂昌支教，遂昌县5位教师到诸暨市跟岗锻炼。两地结对学校共开展同步课堂117节，线上线下集体教研活动113次，在省教育厅组织的2022民生实事跨地区教共体绩效评估考核中，诸暨市5所学校平均分89.6（满分90分），名列绍兴市第一。

继续实施初中、小学放学后托管服务。全市小学参加放学后托管服务63300人，参与率达86.62%；全市初中参加晚自习服务33477人，参与率达94.73%；参加课后服务的教师参与率达97.17%。开展暑期托管服务，有25所小学、12所小学共7819名学生参与该项托管。通过电话抽样调查，家长对课后服务整体满意度高，学生回家书面作业较少，睡眠时间得到提升。

普通高中教育

【概况】2022年，全市共有普通高中17所，其中公办普通高中8所，民办普通高中9所（含十二年一贯制学校1所），在校学生32741人。

【学科竞赛】2022年，参加中学生数学、物理、化学、生物、信息技术等竞赛获国家级金牌3人，银牌3人；国家级（复赛、联赛浙江赛区）金牌28人，银牌86人，铜牌60人。诸暨中学、海亮高级中学获高中化学、生物、信息技术全国联赛（浙江赛区）团体优胜奖，海亮高级中学获得高中数学全国联赛（浙江赛区）团体优胜奖。诸暨中学信息技术NOI202金牌获得者朱羿恺被保送北大。

【高中招生】2022年，高中总录取8826人，其中普高6018人，中职2808人。不断落实教育公平举措，诸暨中学招生名额分配到全市各初中学校已达到60%。

【高考成绩】2022年，全市被985大学录取219人，被211大学（不含985）录取239人，其中北大7人，清华2人，上海交大14人，复旦大学2人，中国科技大学7人，中国科学院大学1人，浙江大学75人。超过特殊控制线人数1652人，创历史新高。（王先均）

中等职业技术教育

【概况】全市共有中职学校4所，其中国家级重点中职学校3所、省中职改革发展示范学校3所、省中职名校1所、省中职高水平学校立项1所、省现代化中职学校1所。拥有中央财政扶持实训基地2个、省示范实训基地7个、省产教融合实习实训基地3个，省示范专业10个、省骨干专业3个、省品牌专业2个、省优势特色专业2个、省高水平专业立项6个。在校生11679名，在编教职工663名，专任教师619名，其中专业教师351名，“双师型”（具有教师资格证、专业技术资格证书）专业教师321名，“双师型”专业教师比例为91.45%，具有技师及以上资格证专业教师234名，占“双师型”专业教师比例为72.90%。获评年度全省职业教育发展考核优秀单位（已连续4年）。

【创建成果】成功创建省产教融合工程项目2项（职教中心：新能源汽车后市场技术服务与创新中心、集成电路产教融合实训基地建设工程），省中职“双高”项目在省中期绩效评价中获优秀1项、良好2项、合格2项。

【教学质量】中职生在国赛中获奖4项，其中二等奖2项（技师学院机器人技术应用项目、职教中心农机维修项目)、三等奖2项(技师学院机电一体化项目、焊接技术项目);在省赛中获奖7项,其中一等奖1项(技师学院机器人技术应用项目)、二等奖3项(技师学院焊接技术项目、机电一体化项目、电气安装与维修项目)、三等奖3项(职教中心农机维修项目2个、手工制茶项目);中职教师在国赛中获奖2项,其中一等奖1项(全国职业院校教学能力大赛绍兴护校专业课程组)、三等奖1项(全国职业院校班主任能力大赛绍兴护校方亚凤);在省赛中获奖10项,其中一等奖5项(绍兴护校4项:省中职班主任能力赛项、教学能力赛项——专业课程组、信息化教学赛项2项,职教中心1项:省中职信息化教学赛项)、二等奖3项(职教中心2项:省中职"多彩课堂"2项;绍兴护校1项:省中职教师信息化教学赛项)、三等奖2项(技师学院1项:省中职教学能力赛项—机电组;职教中心1项:省中职"多彩课堂")。

中职毕业生升学率持续提升,通过中职高考、中高职一体化培育等形式升入高校3020名(其中本科125名),升学率达80.3%,同比提高12.7个百分点。3656名毕业生取得中级工技能等级证书,占比达97.18%。

【教学科研】入选教育部产教融合校企合作典型案例1项(技师学院:弘扬古越文化 传承非遗民艺 培育工匠精神 践行产教融合——古越葫芦民艺人才培养基地);获评省级成果5项,其中省学徒制典型案例1项(技师学院:推行学徒制,育数控高技能人才)、省中职改革典型案例1项(职教中心:助力乡村振兴"三农五启"乡村工匠培养模式的实践探索)、省中职优秀教科研成果2项(技师学院:基于产教融合的校内生产性实训基地建设路径研究;职教中心:非遗活态传承,产教深度融合——中职学校非遗文化传承和创新的有效路径探究)、省教师信息技术应用典型案例1项(技师学院:精准规划、精细管理、精建团队)。

【社会服务】开展职业院校社会职业培训23051人次,其中面向企业员工培训16805人次,开展网约车、出租车、客运等驾驶员从业资格证培训1654人、次坞打面专项能力培训173人、"两后生"培训967人,组织育婴员、保育师等家政项目培训10499人。继续做好东西部协作"蓝鹰工程",市中职学校接纳金川籍建档立卡家庭学生16名、其他四川籍农村学生31名就读;技师学院与沐川县中等职业学校合作,接收64名学生到诸暨企业实习。　(赵金毅)

成人教育

【概况】全市拥有市级成教中心1个、浙江开放大学诸暨学院1所、镇乡(街道)成人文化技术学校23所、村级成人培训教学点397个、镇乡(街道)社区教育学校23所、浙江老年开放大学镇乡(街道)分院23所;镇乡(街道)老年学校(学堂)23个,并成为"浙学通"(第三年龄学堂)认证机构23个,覆盖率100%;开设成人学历教育教学点5个(4所中职学校,市成教中心)。

【成人(社区)教育内涵提升工程】继续深入实施诸暨市成人教育和社区教育内涵提升工程,巩固和扩大成校建设成果,利用好镇乡(街道)文化中心资源,加强校舍建设,完善设施设备,提升校园文化内涵,推进浙江省、绍兴市现代化成校创建工作;根据镇乡(街道)经济特色与现有中职学校专业布局,做好职成教学校技能培训的对接与融合;构建完善市级层面的成人(社区)教育师资库,不断完善老年教育长效机制,确保成人(社区)教育工作顺利开展。

【老年教育】充分依托各类优质师资,主动入户、入社区、入养老机构等就近开展送教服务,积极引导老年人通过现场体验操作、同伴互助、微信学习群等形式,提高老年学员学习兴趣,巩固学习成效,实现老有所学、老有所乐。全年组织老年人智能技术日常应用普及培训641场次,完成培训34957人次(其中长学制235人次、短期专项培训34722人次),完成率达130.4%。存入学分银行中的经常性参与教育活动的老年人培训成果134541条,经常性参与教育活动的老年人数68288名,占本地老年人口(281499名)的比例为24.26%,同比增长1.03%。

【社会培训】完成各类成人(社区)教育培训任务,并全部录入省学分银行。学分银行开户并有学习成果存入的人数为343980名,占当地常住人口数(121.8万人)的28.24%。全年组织开展社会培训355179人次、家政(养老)服务培训10499人次，分别占常住人口比例为29.16%、0.86%。各项培训指标均超额完成上级部门下达的任务。

【学历教育】通过发布公告、走访企业等方式，全力推进诸暨市数字化成人学历培训。职教中心、技师学院、工业职校、绍兴护校、成教中心开展成人职业高中“双证制”教育培训，共计2390人通过文化考试和相关专业技能等级鉴定，拿到成人职业高中学历文凭。

【创建成果】“双减”背景下家长如何把握教育的尺度、城新女红坊——跟着大大学钩编、生活实验室等3个项目被列入教育部社区教育“能者为师”系列特色课程推介名单；诸暨市“智慧出行”“智慧医疗”2个培训项目被评为教育部“智慧助老”优秀培训项目；老年人手机智能技术普及教程被列入教育部优秀课程资源；店口镇社区学校创建为省社区教育示范基地、省现代化社区学校；浣东街道东盛社区申报省学习型社区。另外省老年教育书画教育成果展获奖3项，绍兴市“终身学习品牌项目”入选2项，打造绍兴市“智慧助老”优质课程资源7门(绍兴市共16门)、优质教育培训项目1个；在教育部国家开放大学喜迎二十大活动中，老年教育节目舞蹈《忆青衣》获二等奖，合唱《大鱼》获三等奖。推送的《行云太极拳剑扇》获全国老年教育成果展比赛一等奖，并入选全国线上老年教育线上春晚节目。

【浙江开放大学诸暨学院更名】根据《浙江省教育厅关于印发〈浙江开放大学综合改革方案〉的通知》精神，全力推进现有社区教育、学历教育、老年教育等资源整合，落实更名方案。经市政府批复同意，市编委讨论决定，同意将浙江广播电视大学诸暨学院更名为浙江开放大学诸暨学院。学院更名后，由诸暨市人民政府举办，管理体制、人员性质、经费保障以及原有的学历、非学历教育办学权等保持不变，内部机构及岗位设置与新型高等教育机构相适应。主要职责：实施国家开放大学的专科、本科学历继续教育，负责诸暨区域内的终身教育与服务，推进学习型社会建设，开展社区教育、老年教育、职业培训等非学历教育，承担浙江省终身教育学分银行诸暨分中心有关工作。负责对镇街学习平台、社区(村居)学习点的建设、管理和指导等具体工作。完成市教育体育局交办的其他工作。

(方爱君)

民办教育

【民办教育规模】坚持教育公益属性，支持和规范民办教育发展。注销民办教育机构109家。至年末，全市共有全日制民办中小学21家、民办幼儿园38家、成人类校外培训机构19家、民办托儿所28家、民办早教机构2家。全日制民办中小学(幼儿园)在校生总数46145人，约占全市基础教育在校生数的26.8%。全面完成民办义务教育在校生占比控制在10%以内，营造良好教育生态。

【民办教育培训机构监管】创新推出“枫桥式”校外培训治理模式，推动“双减”政策落地见效，109家学科类校外培训机构全部平稳清零，切实减轻学生及家长负担。相关做法在全国“双减”工作调度会上代表浙江作典型交流，《诸暨市打造“枫桥式”校外培训治理模式多措并举维护良好教育生态》专报信息获副省长成岳冲批示肯定，并入选全省“重大审计问题清单”四季度示范案例榜和绍兴市“七张问题清单”四季度示范案例，获诸暨市全面深化改革领域改革突破奖提名奖。行政处罚工作实现零的突破，发现7起违规行为，其中教育违规4起、体育违规3起，均移送相关执法部门查处。 (周丹洁)

特殊教育

【特殊教育规模】全市有特殊教育学校1所，教职工53名，其中专任教师46名；在校学生147名，其中小学段71名、初中段45人、高中段31人。另有“送教上门”学生121名。

【所获荣誉】获全国残疾人云竞赛最佳组织奖，浙江省第十一届残疾人运动会特殊奥林匹克三人制篮球赛亚军、旱地冰壶智力组亚军，诸暨市“清廉学校”称号。

【融合教育】在义教段融合教育扎实开展的基础上，深化特殊教育学校与学前、中学的融合教育，保障各学段残疾儿童100%入学。开展融合教育资源教师培训，新增实验小学教育集团城东小学、暨阳街道城南小学、浣东街道和济小学、实验初中、赵家镇中等5个资源教室。

(田永江)

师资队伍建设管理

【概况】全市中小学在职教职工16359人(专任教师13665人),其中普通高中3630人、中职学校663人、普通初中3332人、小学4291人、幼儿园4390人、特殊教育学校53人。由教体局任命的学校干部204人,其中中层正职42名、副职162名,35岁以下占比2.94%,大学及以上占比100%,高级职称占比68.63%。全市中小学、幼儿园专任教师的学历结构为:幼儿园教师专科及以上学历比例为99.8%,其中本科学历达69.1%;小学教师专科及以上学历比例为99.9%,其中本科以上学历比例达95.1%;初中教师专科以上学历达100%,其中本科以上学历比例99.3%;高中教师本科以上学历达100%,其中研究生学历(含硕士学位)比例16.2%;中职教师本科以上学历比例为99.2%,其中研究生学历比例5.82%。

【干部队伍建设】深化"四责协同"落实"五张责任清单",建立健全党委主体责任、党委书记第一责任、班子成员"一岗双责"、纪委监督责任的"四责协同"机制,编制完成66张"四责协同"责任清单、工作流程图,17张权力清单和9幅组织架构图,构建明责、督责、追责"三位一体"责任落实体系。坚持"一案双查",严肃查处教职工违纪行为,出台《诸暨市教职工违纪违法行为从严处理实施细则(试行)》,划定15条纪律"红线",明确绩效考核、职称评审、评优评先等方面惩处措施。全年运用监督执纪"四种形态"开展谈话问责72人次,党政纪处分人数15人次,下发通报9则。强化干部培养,锤炼干部能力。推进干部工作干部队伍系统性重塑,着力扩大年轻干部队伍"蓄水池",建立储备专业干部人才库120名,遴选86名优秀年轻干部开办两期"元培计划"培训班,深化机关年轻干部"两会一能"培训工作,遴选7名优秀学校年轻干部到机关挂职学习,开展新任校长管理沙龙,完成校长任职资格培训工作,举办"诸有优学提质赋能"全市学校干部暑期读书会,选派17所初中校长参加浙江省初中校长素质提升计划培训,8名普职高校长参加2022年绍兴市高中校长任职资格培训,推荐暨北幼儿园黄燕虹参加长三角名园长培训,选派暨阳小学卢慧飞参加2022年长三角中小学优秀管理干部跨省挂职学习。实验初中褚飞、和济幼儿园章迪丽入选2022年度浙派名校长培养对象。成功申报绍兴市校长类工作室1个,组建诸暨市级名校长工作室13个;举办学校党组织书记二十大精神专题培训活动。

【教师队伍建设】组织开展学习贯彻党的二十大精神系列活动,"强师德　正师风"师德专题教育活动,"师说新语"师德师风大讨论、"三守三有"师德自查和师德一句话亮诺活动,举办"讲政治、懂规矩、守底线"主题短视频拍摄活动,开展第38个教师节庆祝活动。聚焦教体高质量发展,组织196名新教师开展为期一年的入职培训,走好从教生涯第一步。组织全市义教段教师开展专业素质大比武活动,以赛促学推动教师业务能力全面提升。择定18所学校教师参加全省第三批中小学教师信息技术应用能力提升工程2.0培训,全面提高现代教育技术应用能力。在机关、学校分层分类开展"诸有优学　我当何为"大讨论,增强教书育人的责任感和使命感。强化人才引育,加大奖补力度。全年上报国家级海外引才计划人选5名、省级13名,入选省级引才计划1名,统筹开展校园直招、硕博专招、公开统招,共聘用新教师168名,其中硕士研究生20名;坚持激励导向,全年发放高层次教育人才奖补296人次289.35万元、农村名优教师津贴151人次100.2万元。实施提升人才服务质效暖心小事,高层次人才子女持人才绿卡入学20名,人才公寓新申请入住14名。

【绍兴市级及以上荣誉】5人获评正高级教师(诸暨中学王幼琴、荷花小学许惠、西湖小学楼秀萍、弘毅小学楼和东、斯民小学郦丹);3人获评第十三批浙江省特级教师(西湖小学楼秀萍、斯民小学郦丹、海亮初中郭桂红),1人获浙江省最美教师提名奖(斯民小学郦丹),4人获浙江省春蚕奖(诸暨二中姚观峰、诸暨中学赵文浪、浣东初中陈琼、姚江镇中心学校徐磊),6人获评浙江省红烛教师(秀松初中周海燕、江藻初中寿张华、岭北镇中心学校吴妙芳、盛兆坞完小郭宣军、洪绶小学金春霞、东白湖镇小王彩萍),1人获省特教园丁奖(特殊教育学校徐丽君),4人入选2022年浙派名师培养对象(暨阳初中孟碧君、弘毅小学楼和东、海亮实验中学赵洪伟、荣怀初中陈玉萍)。教体局副局长胡伟霞获绍兴市改革开放创新发展突出贡献奖,1名教师获评绍兴市劳动模范(斯民小学郦丹),7名教师获评绍兴市最美教师(最美教师提名奖),27名教师获评绍兴市第十二届中小学、幼儿园学科带头人,17名教师获评第十四届绍兴市教坛新秀。15名教师获评诸暨市模范教师。新增绍兴市名师工作室6个(校长类:实验幼教集团杨徐燕;班主任类:开放双语杨玲玲;学科类:教育研究中心楼淑建、大唐初中王悦钢、海亮初中郭桂红、暨阳初中孟碧君),海亮外国语学校朱华青、马剑镇小王英分别获得浙江省班主任基本功大赛一、三等奖。(李建儿)

教育教学研究

【教研成果】教育研究中心进一步推进"课程设置是为了学生成长,课改理念必须扎根实践土壤,教师专业提升才有区域教育发展"的教研总思路,初步形成"一核三体六面"的新型教研机制,以应对教育教学中的实际问题。获评省先进教研团队4个;获评省级精品课程(群)11个、绍兴市精品课程(群)18个,绍兴市普通高中学科课程建设规划方案获奖4篇;获省级教科研优秀成果奖4项,绍兴市优秀课题奖49项、教学主张14篇。学科教师获国家级优质课一等奖1节、省级优质课一等奖8节、绍兴市优质课一等奖21节;省级教学论文评比获奖36篇,案例征文评比获奖4篇,绍兴市教学论文一等奖56篇。获"五大学科"竞赛浙江赛区一等奖34个(全国金牌3枚、银牌3枚),绍兴市中小学生研究性学习成果评比一等奖7篇、二等奖14篇、三等奖24篇。

【"品质课堂"教育深化】继续推进"品质课堂"深化行动四大任务(优化学习全过程、聚焦问题关键点、重塑课堂新样态、构建研究新机制),加大品质课堂建设的执行力度。在绍兴市首批"品质课堂"深化行动项目优秀成果评比中,8个优秀成果入选,2所学校被列入绍兴市首批"品质课堂"深化行动样本学校,9个项目被列入绍兴市第二批"品质课堂"深化行动研究项目。

(俞立永)

教育装备

【装备规模】全市普通中小学教育技术装备经费总投入(含图书)16510.78万元,其中教育技术装备财政经费投入12262.26万元,生均教育技术装备经费投入1173.20元。至年底拥有计算机41326台,其中使用7年以上的计算机12210台,生机比3.41。班级多媒体总数达7914套,多媒体进普通班级的配套率达100%,100%的中小学校拥有校园网,100%学校校园骨干网带宽和校园网出口带宽千兆以上,100%学校理科教学仪器达标。全市建有中小学图书馆(室)藏书室354个,配备常规阅览室287个,净增图书122.29万册,投入经费724.93万元,总藏书量为9494696册(不含电子图书),生均藏书量67.47册。学校当年建有创新实验室135个,有新型教育空间1172个,建成可管、可控、高速的无线网络和诸暨教育"空间云"平台。全市学校图书、仪器均实现数字化管理。

【数字化改革成果】累计更新2500台云电脑,"互联网+义务教育"设备覆盖所有教共体学校,完成未来社区先行试点东盛社区的线下共享学习空间建设,在诸暨中学暨阳分校建成智能化体质健康监测中心。创新布局智慧课堂建设新模式并在学勉中学开展试点,受到省教育厅领导高度肯定,省教育技术中心主任王会军带队前来考察。数字化改革深入推进,新增省级试点项目6个,试点数量居全省第一。"校园资管家"入选教育部教育管理信息化优秀案例,获评2022年绍兴市数字化改革"最佳应用";完成"双减"课后综合服务平台建设并投入实地应用,省教育厅"课后服务指数"考核指标获绍兴市第一;"学在诸暨"作为"学在浙江"全省首个贯通的县市应用,11月30日在省教育厅与"学在浙江"一起发布。(张镇潮)

学校后勤保障服务

【概况】市教育发展中心主要负责学校食堂大宗物品配送、学生伙食质量与卫生、校园店规范经营等校园食品安全管理;监管学校校服和床上用品的质量和采购程序;健全以校(园)方责任险为重点的校园风险管理服务体系;负责纸张、簿本等学校后勤大宗物品采供工作;指导全市劳动教育实践基地的建设工作。

【校园食品安全管理】继续遵循“安全重于泰山、平安高于一切”的食品安全管理理念，不断规范学校食堂经营管理，完善校园食品安全智治场景应用，实现数字化智慧监管，确保学生在校安全、营养、健康用餐。抓好校园超市食品销售质量认证，及时调整完善校园超市经营管理制度，杜绝“三高”、伪劣、不洁食品进校园，全市尚有初、高中校园连锁超市41家，连锁超市经营实现“零投诉”。全面完成全市各校直饮水工程，督促服务机构及时有效维护好机器设备的正常运转，监督学校安全和规范使用直饮水，确保学生饮水健康安全。

【校(园)方责任保险】继续实行“责任险8元+无过失险2元”方案，责任险保障个人最高额度130万元，附加无过失险保障个人最高额度25万元。全市参保学校(幼儿园)275所，参保学生总数177441人(其中校方责任保险学生数176541人、职校学生实习保险学生数900人，无过失责任保险176541人)，共投入保险资金(以学年计)1803858元，覆盖全市所有公民办学校，学生参保率100%。全年共受理理赔案件74件，理赔到位金额56.07万元。

【注资办学及人才服务】继续为东湖幼儿园、青少年宫幼儿园、东江幼儿园、越都幼儿园提供全勤保障服务的同时，新增加西子幼儿园。继续推出教育人才公寓，共为46名引进人才提供住房保障。

【学校后勤大宗物品采供】教育后勤配货中心继续实行“阳光操作、统配集送”，对全市学校的食用油、纸张等大宗物品进行集中招标采购、统一配送供应。重视学生校服和床上用品的质量与安全，11月，邀请专业检测机构对8所学校的21个校服和床上用品样本进行质量检测，共涉及7个供货企业，检测结果均为合格。 （杨均武）

语言文字工作

【主题活动】根据《浙江省人民政府教育督导委员会办公室关于印发〈浙江省语言文字工作督导评估实施细则(试行)〉的通知》《绍兴市人民政府教育督导室关于做好语言文字工作督导评估的通知》精神，经省政府教育督导办和省语委办同意，绍兴市政府教育督导办、语委办于1月24日至25日对诸暨市语言文字工作进行专项督导评估，最终以95.5分的高分通过浙江省语言文字工作督导评估。

根据《关于开展浙江省第八届“阅读伴我成长”读书活动通知》《关于组织开展第十三届全市中小学生“我与好书为伴，共同富裕看浙里”读书活动的通知》等文件精神，持续丰富“我与好书为伴”主题活动内容，组织开展以“我与好书为伴，共同富裕看浙里”为主题的诸暨市第十三届中小学阅读文化节。

2022年9月13日下午，在浣东小学教育集团和济小学承办以“推广普通话 喜迎二十大”为主题的绍兴市第25届推普周开幕式活动。

2022年10月28日至11月3日，为落实《绍兴市—汶川县语言文字工作对口支援工作协议》，深化绍兴市—汶川县推普脱贫帮扶行动，实现推普脱贫精准帮扶，促进汶川县语言文字管理队伍素养整体提升，助力汶川教育高质量发展，组织承办汶川县2022年语言文字管理骨干教师培训班活动(总参训人数49人)。

【普通话测试】分上、下半年两次进行，总计1179人通过测试，其中二级甲等600人、二级乙等545人、三级甲等28人、三级乙等6人。

（宣奇琴）

浙江农林大学暨阳学院

【概况】浙江农林大学暨阳学院位于诸暨市城北教育园区，占地面积36.17公顷。校舍总建筑面积32.6万平方米，总投资15.6亿元；暨阳体育中心总建筑面积3.8万平方米，集篮球馆、游泳馆、网球馆于一体，能承担国际性体育赛事；图书馆总建筑面积2.8万平方米，能藏150万册图书资料，2022年有纸质藏书94万余册；实验教学大楼总建筑面积1.9万平方米，有总价值8115.18万元教学仪器设备，建有基础实验教学平台和创新创业实训平台，计算机实验教学中心为省级实验教学示范中心。学院设有33个本科专业，涵盖经、法、文、理、工、农、管、艺八大学科门类。2022年，有全日制本科生9639人，研究生38人，成教学生432人。学院有省级重点专业1个(工商管理)、省级新兴特色专业3个(机械设计制造及其自动化、中药学、计算机科学与技术)、省“十三五”特色专业2个(园林、会计学)、省一流专业5个(园林、会计学、机械设计制造及其自动化、计算机科学与技术、环境设计)。学院实施“通识教育+专业教育+个性化教育”的人才培养模式,推进学分制改革,实现学生自主选课程、选进程、选教师的教学管理模式,努力探索人才培养新模式。开设创业实验班和产教融合人才培养特色班。学院坚持把人才作为核心资源,有专兼职教师579人,专任教师489人。专任教师中具有博士学位148人,占比30.27%,硕士以上占比93.25%,高级职称专任教师比例达41.31%。学院拥有共享院士2名,全国优秀教师1人,浙江省高等学校教学名师1人,浙江省中青年学科带头人3人,浙江省“151人才”5人,浙江省领军人才培养计划6人,浙江省优秀辅导员3人,浙江省万名好党员1人,浙江省“三育人”先进个人1人,浙江省教育系统“事业家庭兼顾型”先进个人1人,绍兴市最美教师1人,绍兴市拔尖人才1人,绍兴市“330海外英才计划”1人,绍兴市“名士之乡”英才计划4人,绍兴市“名士之乡”特支计划教育拔尖人才1人,暨阳“533英才计划”5人,学院领军人才3人,暨阳学者4人。学院深化与地方的战略合作,建有由政府、高校、行业、企业共同参与的校地互动合作联盟。学院每年与诸暨市联合发布年度校地合作项目清单,服务地方经济社会发展。学院持续深化“二级学院+乡镇(街道)”(1+N)校地合作模式,互动融合,共同发展。针对地方产业转型发展需求,建有中国大唐袜艺学院、中国珍珠学院两大产业学院,走出一条特色鲜明的校政行企合作新路径。学院建有3900平方米的产学研中心,拥有生命科学研究所、创新发展研究院、陶朱商学院、智能制造先进技术研究中心、大唐产学研基地、晨晓色彩研究院、数字枫桥与治理创新研究中心、双碳研究院等10余个产学研机构。学院坚持开放办学,不断深化国际交流合作,主动搭建国际交流平台,整合优质教育资源。学院推行“全员育人、全过程育人、全方位育人”,实施社区化管理,注重学风建设。专项推进后勤改革,签订《后勤服务协议书》,与学校后勤服务中心完成工作和资产交接。学院设有国家奖学金、暨阳英才奖学金、优秀学生奖学金、素质奖励等。11月24日,华裔艺术家晨晓向暨阳学院捐款助学。2022年,学院外语系获省级“巾帼文明岗”荣誉称号。学院获省教育工会三人制篮球赛冠军、诸暨市篮协第十八届篮球联赛甲级组冠军。承办2022年CBA全明星周末及联赛赛事。

2022年11月5日,中国共产党浙江农林大学暨阳学院第三次代表大会召开,选举产生新一届中共浙江农林大学暨阳学院委员会和中共浙江农林大学暨阳学院纪律检查委员会。制定《学院2022年基层党组织换届选举工作方案》,规范做好基层党组织换届工作。进一步加强政治理论学习,全年召开党委理论学习中心组学习8次。教职工每学年集中学习时间不少于40学时,每次集中学习研讨时间不少于1小时。制订深入学习宣传贯彻党的二十大精神方案,各党总支开展专题党课、专题学习会、党史知识竞赛、班级风采大赛等系列活动近30次。学院党委与各责任单位签订意识形态工作责任书,严格落实意识形态工作责任制,明确应对措施,把握正确舆论导向。调整学院机构岗位设置和中层干

2022年11月23日,绍兴市委常委、诸暨市委书记沈志江到暨阳学院宣讲党的二十大精神(融媒体提供)

部队伍，完成全员聘岗工作。组织全体中层干部在诸暨市委党校参加以“坚持和发扬新时代‘枫桥经验’，履行使命担当，锻造‘暨阳铁军’”为主题的专题培训。利用中国教育干部网络学院、“学习强国”等平台，全体中层干部完成110个学时的脱产培训。在中层干部集中调整中，对考察对象严格执行凡提“必审”“必听”“必查”，严格实行廉洁自律意见“双签字”。制订《学院推进新时代清廉文化建设实施方案》，建设学院廉政教育和廉洁文化活动成果展示基地“清风活动室”，拍摄廉洁文化宣传片《风骨墨梅 清廉暨阳》，开展第四届廉洁文化宣传教育活动月系列活动。制定《重要事项监督报备实施办法》，对人事招聘、物资服务采购、省级以上教学项目评审推荐等重点领域开展监督20余次。原创思政舞台剧《开拓者》和舞蹈《昕火》分别获得浙江省艺术展演戏剧类甲组(非专业组)一等奖、舞蹈类甲组(非专业组)二等奖。学院“我们阳光的声音”宣讲团入选全国千支大学生志愿宣讲团，开展各主题宣讲百余场，宣讲听众1万余人次。“强国有我‘核’你一起”暑期社会实践团获浙江省“百优团队”荣誉称号。

【教育教学改革】2022年，学院获浙江省高等学校教学成果二等奖(全省同类院校唯一)，认定省一流课程25门、省级新形态教材2部，获批省一流专业建设点1个(环境设计)、国家级大学生创新创业训练计划项目15项。学生以第一作者发表论文55篇，授权专利8项，获一类竞赛省级以上奖项81项。学院招收新生4067人，在校生总人数达1万人，毕业生就业率96%，升学率9.1%。学院探索人才培养新模式，与诸暨市委组织部联合共建“诸暨市兴村共富人才培养基地”。

【师资队伍建设】2022年，共引进专任教师16人，招聘辅导员和其他非教学岗位人员26人。培育认定“双师双能型”教师23人，选送14位教职工到诸暨企事业单位挂职锻炼。获省级课程思政示范基层教学组织1个，获浙江省第二届教师教学创新大赛省级三等奖1人，优胜奖5人。

【科研项目】2022年，立项国家自然科学基金项目1项，教育部人文社科项目1项，省哲社规划项目1项，省自然科学基金项目1项。学院与龙游科技局合作成立科技成果转化中心，向有关企业转让41个发明专利。完成国家自然科学基金等各级各类课题的申报工作，组织省“十四五”新一轮一流学科的申报工作，同时推进绍兴市、院级重点学科建设。学院“数字枫桥与治理创新研究中心”加入浙江省新时代“枫桥经验”研究联盟。新成立浙江农林大学竹原纤维研究所。“园林植物种质创新研究团队”获绍兴市“科技先锋岗”荣誉称号。

【校地合作】2022年，与诸暨市人民政府合作项目共33项，与姚江镇、赵家镇签订全面战略合作协议，与暨南街道、岭北镇、同山镇共建兴村共富党建联盟。学院教育基金会获批2021—2023年度浙江省公益性社会组织捐赠税前扣除资格，获14个单位与个人捐赠。获诸暨市政府项目贷款贴息总额2700余万元(已兑付722万元)。

【国际交流】2022年，学院与马来西亚国立大学、白俄罗斯国立大学、澳大利亚堪培拉大学及匈牙利布达佩斯城市大学签订谅解备忘录。10月，在以“家国情怀 国际视野”为主题的第五届国际教育宣传月中举办系列活动9场。完成硕士研究生项目资助学生3人。完成外籍教师续聘工作及办理外籍教师延期居留证手续工作。通过学院申请海外院校硕士研究生项目8人，其中3名学生获国家留学基金委俄乌白项目硕士研究生类全额资助。与诸暨市欧美同学会签订战略合作协议并成立“诸暨市海归人才培养基地”，聘请诸暨市6名知名企业家为兼职教授与创业导师。(暨阳学院　刘远)

文化

群众文化

【概况】2022年，诸暨市围绕“喜迎二十大”主题，举办“我们的文化·全民艺术季”，开展第十四届群文创作大赛、第十一届书画艺术节、第十三届“舞动诸暨”舞蹈大赛等大型群文活动。全年累计开展爱心食堂演出105场、“周末剧场”52场、送电影下乡7296场次，送书下乡3.4万册，免费培训市民1万人以上；开展各类阅读推广活动370场，服务读者达35万人次；开展讲座、展览等活动123场，吸引观众35万余人次。

【书画展】“问道暨阳——茹峰中国画展”。2022年11月8日，“问道暨阳——茹峰中国画展”开幕式在诸暨市博物馆举办。展览由浙江省美术家协会、浙江画院、中共诸暨市委宣传部、诸暨市文化广电旅游局联合主办，展出近年茹峰创作的65幅山水精品，通过“江南篇”“拟古篇”“创作篇”3个篇章，向观众全面展示茹峰的创作面貌，受到浙江新闻、中新网、《绍兴日报》等多家媒体关注。

“喜迎二十大”系列线上书画展览。2022年，聚焦唱响主旋律、弘扬真善美、传播正能量、树立新风尚目标，诸暨市文化馆推出“守护——诸暨市文化馆书画院抗疫书法作品微展”“壬寅新正——孙裕国山水画小品展”“苎萝女史·溢彩流芳——诸暨市第四届女画家十人微展”“墨苑丽人行——诸暨女书家四人微展”“意与古会——许绍满书法作品微展”等线上书画展览16个，在诸暨市文化馆微信公众

2022年11月8日，“问道暨阳——茹峰中国画展”展览现场（文广旅游局提供，徐可良摄）

号展出作品658件，参观达5万余人次。

主题书画作品进礼堂巡展。2022年，为进一步促进文化惠民成果全民共享，激活文化礼堂、文化分馆等重点阵地功用，传承和弘扬优秀传统文化，在全社会营造文明实践氛围。诸暨市文广旅游局牵头举办“喜迎二十大”诗词书法作品巡展、“文明实践枫尚诸暨”书法作品巡展、“文润清廉”书画作品巡展等主题作品巡展，展览主题突出、紧跟时代，共在23个镇乡街道文化礼堂展出，参观超2万人次。

【赛事及获奖情况】5个作品获“绍兴有戏——我在绍兴过大年”微视频大赛奖项。2022年3月，绍兴市文广旅游局举办“绍兴有戏——我在绍兴过大年”微视频大赛，组织、拍摄、征集“我在绍兴过大年”微视频比赛，宣传、展示特定的风俗民情，促进文化旅游宣传，打造不一样的年味。诸暨市非遗保护中心、诸暨市文化馆立足诸暨实际，紧扣时代脉搏，创作形式多样的微视频参赛，选送的《诸暨非遗学堂：虎虎闹元宵》获一等奖，《朋友圈过大年》《草塔抖狮子》《诸暨礼户棚灯》3个作品获二等奖，《“艺”起陪你过大年台前幕后》获三等奖。

1个作品入选第四届“陆俨少奖”全国中国画展。2022年3月15日，第四届“陆俨少奖”全国中国画展，经过近半年的征稿、初评和终评，从收到的近2000件作品中评选出入围作品226件，并从中评出金奖1件，银奖3件，铜奖6件和优秀奖31件。由诸暨市文化馆选送的徐国萍、孙裕国合作的《圣域印象》入选第四届“陆俨少奖”全国中国画展。

2人获2022“新松计划”浙江省青年话剧大赛奖项。作为“新松计划”的重要项目之一，三年一届的浙江省青年话剧大赛旨在发现、推出和培养一批优秀青年话剧、影视表演者，进一步繁荣浙江省艺术事业。2022年6月9日，2022“新松计划”浙江省青年话剧演员大赛B组决赛在杭州演艺·红星剧院落下帷幕，本次大赛由浙江省文化和旅游厅主办，浙江话剧团有限公司、杭州演艺集团承办，浙江广电集团音乐调频全程媒体合作，近80万名网友在线观看。决赛中，诸暨市文化馆戏剧表演干部周斌、梅艳芳以第一名和第五名的成绩，分获金奖和银奖，实现诸暨市在该赛事项目上零的突破。

4个作品获“全民展才艺 奋进共富路”绍兴市首届全民艺术普及才艺展示抖音大赛优秀短视频奖。围绕首届浙江省全民艺术节工作部署，2022年7月1日至8月15日，绍兴市文化馆开展“全民展才艺 奋进共富路”绍兴市首届全民艺术普及才艺展示抖音大赛，从170件投稿中评选出才艺达人2个、优秀短视频28个、优秀个人组织奖3个、优秀组织单位2个。由诸暨市文化馆选送的杨炀的《小生身段指法一则》、叶春的小学生讲故事《诸暨非遗故事——西施团圆饼》、朱黎春小戏九斤姑娘《十只桶》、徐丹《“舞动诸暨”我们都是追梦人》获绍兴市全民艺术普及才艺展示抖音大赛优秀短视频奖，诸暨市文化馆干部徐丹获得优秀个人组织奖，诸暨市文化馆获优秀组织单位奖。

1个作品获绍兴市女画家2022美术作品展优秀作品奖。2022年7月11日，“共同富裕·携手共进”绍兴市女画家协会2022美术作品展在嵊州市文创园主题馆开幕。活动共收到征稿作品260件，评出优秀提名作品23件，入展作品139件，入选作品98件。其中，由诸暨市文化馆干部徐国萍创作的《家山入梦随我游》获优秀作品奖，该作品以独特的女性视角表达对祖国的热爱、对文化建设的思考和关注。

2个作品获绍兴市“全民艺术普及网课征集评选”活动奖项。为深入推进全民艺术普及工作，提高群众对全民艺术普及的关注度和认知度，展示绍兴全民艺术普及成果，2022年7月29日，绍兴市“全民艺术普及网课征集评选”活动结束。活动期间，共收集28个网课作品参评，经专家现场评审，共评出一等奖7个、二等奖8个、三等奖8个、优秀组织奖1个。由诸暨市文化馆选送的陈哲瑜网课作品《广场舞我们都是追梦人》获一等奖，徐丹网课作品《广场舞知否知否》获得二等奖，为深入推进全民艺术普及工作，提高群众对全民艺术普及的关注度和认知度，展示诸暨全民艺术普及成果做出贡献。

2人获“绍兴有戏”2022年绍兴市青年戏曲演员（演奏员）基本功大赛铜奖。2022年10月25日至28日，为期4天的“绍兴有戏”2022

年全市青年戏曲演员(演奏员)基本功大赛举办。此次比赛由绍兴市文化广电旅游局举办,旨在进一步营造专业院团青年戏曲演员重视基本功、苦练基本功的良好氛围,督促广大青年戏曲演员从舞台回归练功房,练就扎实基本功,提升自身艺术表演水平,共计 99 名青年戏曲演员(演奏员)分 8 场依次登台角逐。比赛分 AB 组进行,A 组为专业组,B 组为艺校组,均分文组、武组、演奏员组进行比赛。经初赛选拔、专家组评审,由诸暨市文化艺术中心选送的青年演员蒋琳珂、陈敏霞获得 A 组文组铜奖。

【演出和系列文化活动】诸暨市第十三届"舞动诸暨"舞蹈大赛。2022 年 6 月 6 日,诸暨市第十三届"舞动诸暨"舞蹈大赛启动,7 月 20 日落幕,全市各镇乡街道 86 支队伍报名。经过视频选拔、复赛、决赛,评选出少儿组金奖 5 支、银奖 5 支,快乐组金奖 9 支、银奖 7 支,唯美组金奖 4 支、银奖 4 支,表演奖 1 支,浣东街道、大唐街道、暨南街道、陶朱街道、马剑镇获组织奖,复赛决赛直播点击量达 132.7 万人次。"舞动诸暨"全市舞蹈大赛每年举办一次。培训加展演的模式经过近年的发展,使大众舞蹈健身在诸暨扎根开花。

诸暨市第十一届"唱响诸暨"十佳歌手大赛。2022 年 7 月 21 日,诸暨市第十一届"唱响诸暨"十佳歌手大赛在西施大剧院落幕,比赛直播点击量达 130 万。作为"西施文化节"全民艺术普及季系列活动的重头戏之一,本次大赛由市文化广电旅游局主办,市文化馆、音乐舞蹈家协会承办,分设青年组、少儿高段组、少儿低段组 3 个组别,共有 200 余名选手报名参加,经过初赛、复赛、决赛,产生 3 个组别"十佳歌手"各 10 名、青年组优秀歌手 7 名、少儿低段组优秀歌手 10 名、少儿高段组优秀歌手 5 名。同时通过网络投票评选,产生最佳人气歌手 10 名。

诸暨市第十三届"舞动诸暨"舞蹈大赛比赛现场(文广旅游局提供,徐可良摄于 2022 年 7 月)

诸暨市第十四届群文创作大赛。2022 年 8 月,诸暨市第十四届群文创作大赛落幕。第十四届群文创作大赛以讴歌中国共产党百年灿烂历程和光辉成就,彰显西施故里沧桑巨变,展现暨阳儿女在不同历史阶段开拓创新、锐意进取的奋斗精神为创作主线。2 月启动征稿,共收到 51 位作者的 99 件原创作品。其中,语言类作品 64 件,音乐类作品 23 件,戏曲类作品 12 件。在邀请绍兴市专家分类评选后,产生语言类金奖 10 名,银奖 22 名;音乐类金奖 4 名,银奖 8 名;戏曲类金奖 2 名,银奖 4 名。

诸暨市第十届"梦想诸暨"团队秀活动。2022 年 9 月 17 日,诸暨市第十届"梦想诸暨"团队秀活动在西施大剧院举行 2 场市级展演,展演直播点击量达 65.3 万人次。3 月活动启动至 8 月底完成作品报送征集,共收到来自全市各镇乡街道个人及文艺团队的节目 136 个,含歌曲、戏曲、小品、快板、器乐、朗诵等多种体裁和表演形式。市文化馆于 9 月上旬进行节目评选以及分类培训,20 个节目获最佳才艺奖。

诸暨市第十一届书画艺术节。2022 年 8 月,诸暨市第十一届书画艺术节启动,共收到 23 个镇乡街道 30 个书画社团和个人的投稿 673 件,评选出 43 件优秀作品、113 件入展作品、133 件入选作品,评选出优秀组织奖 6 名、组织奖 14 名。11 月 1 日,158 件大赛作品分别在寿崇德艺术馆水彩画博物馆展出。

"喜迎二十大,同走共富路"文化下乡暨戏曲进文化礼堂系列演

2022 年 8 月 12 日，影业公司放映人员在枫桥镇步森广场固定放映点为群众公益放映（文广旅游局提供，徐可良摄）

出。2022 年，诸暨市文化艺术中心开展文化下乡 46 场，完成文化礼堂演出 23 场，参与爱心食堂开业助演 8 场，惠及群众约 5 万人。形成文化惠民新渠道。

“光影点心”进爱心食堂活动。2022 年，诸暨市影业公司开展“光影点心”进爱心食堂活动，组织西施露影志愿服务队，将《打过长江去》《地雷战》《浴血无名川》等红色题材剧目、戏剧送到全市 61 个爱心食堂，累计完成 100 场（次）的公益放映。

“课本短剧进校园”活动。2022 年，诸暨剧院与教培机构合作，改编创排《自相矛盾》《花木兰》《我的爸爸是英雄》等 3 部全新课本短剧走进校园，共演出 27 场，观众约 1.4 万人。

“喜迎二十大，清廉绘共富”系列活动。2022 年，诸暨剧院引进浙江话剧团大型话剧《雄关漫道》以及清廉话剧《刘伯温·霜台忠魂》，传承革命初心，弘扬清廉文化。其中，话剧《刘伯温·霜台忠魂》吸引全市镇乡街道、机关事业单位 1182 名党员干部观看。

“喜迎二十大 弘扬红色文化”系列活动。2022 年，诸暨市西施大剧院通过“喜迎二十大 弘扬红色文化”主题活动，以光影艺术再现红色基因、弘扬革命精神。10 月，西施大剧院与诸暨市残联、电影《朝华》发行方联合举办电影《朝华》观摩活动，市委、市政府及各举办单位党员共计 680 人到场观看。11 月，由诸暨市委宣传部、诸暨市文化旅游局牵头，组织各镇乡党委、政府，各街道党工委、办事处，市级机关各部门，市属企事业单位 480 名党员到西施大剧院观摩主旋律励志话剧《人间正道是沧桑》，该剧集中展现中国共产党人百年奋斗筚路蓝缕。

“艺享童年，暑我最爱”儿童剧专场演出。2022 年，诸暨剧院抓住暑期空档，特别推出多媒体探险、多媒体芭蕾、科学实验、卡通人偶等形式多样的精彩儿童剧演出 10 场。

“周末剧场”演出活动。2022 年，诸暨剧院完成“周末剧场”演出活动 56 场，接待观众约 1.5 万人，演出收入约 18.9 万元。周末剧场打通诸暨百姓接触文艺的便捷渠道。

专业文艺

【概况】2022 年，“专业文艺发展良好，多剧目获奖”市文化艺术中心完成演出 125 场次，收入 224.5 万元。

【廉政越剧大戏《双玉佩》创排】2022 年 3 月，市文化艺术中心邀请国家一级导演陈伟龙编剧及执导，组织国家一级作曲陈国良、舞美设计刘开富、灯光设计祝世敏、服装设计孙泉、造型设计胡亚莉等一批专家二度创作，创排廉政越剧大戏《双玉佩》。《双玉佩》取材于传统豫剧《血溅乌纱》，以清官断案故事为底本，描述主人公敢于同触犯律法的罪恶行径作斗争，勇于纠错、敢于担责的故事。该剧不仅是一个主题

2022 年 11 月 28 日，红色话剧《人间正道是沧桑》在西施大剧院上演（文广旅游局提供，徐可良摄）

鲜明的清廉故事，也是一台悬念迭起的剧情大戏。8 月 17 日，《双玉佩》参加第五届中国越剧节展演并在诸暨西施大剧院首演。9 月 17 日，该剧在新昌县尹桂芳大剧院再次登台演出。在《双玉佩》的带动下，全年文化艺术中心剧场演出场次提升较多，剧目储备更加丰富。

【参赛及获奖情况】《梅花催春》获浙江省“群星奖”。2022 年 5 月，浙江省文化和旅游厅公布 2022 年浙江省“群星奖”获奖名单，共 28 个作品获奖，其中由诸暨市非物质文化遗产保护中心创排的诸暨西路乱弹小戏《梅花催春》获戏剧类群星奖。《梅花催春》是一部以“乡村振兴”“共同富裕”为主题，运用国家级非遗项目“诸暨西路乱弹”、省级非遗项目“十里红妆”创作的传统戏剧作品，讲述文化专家指导石头岭村当地村民利用独特资源优势，通过“非遗 +”，开展以传统手工技艺创新带动文化产业，建设幸福家园，共同致富的故事，该剧获第三届“华东六省一市现代地方小戏大赛”金奖、2020 浙江省新农村建设题材小戏会演金奖。

《双玉佩》获评浙江省第十五届戏剧节调演优秀参评剧目。2022 年 12 月，廉政越剧大戏《双玉佩》获评浙江省第十五届戏剧节调演优秀参评剧目，国家一级演员何惠丽获省第十五届戏剧节调演优秀表演奖。

《双玉佩》《酒嫂砸缸》获“李渔杯”首届全国清廉戏曲优秀作品展演活动奖项。2022 年 12 月，由中国戏剧家协会、浙江省纪委省监委、浙江省文化和旅游厅主办的“李渔杯”首届全国清廉戏曲优秀作品展演活动奖项出炉。诸暨市文化艺术中心的《双玉佩》获“优秀剧目”奖，市博物馆的《酒嫂砸缸》为“入围剧目”。

文化市场

【概况】2022 年，全市共有文化经营场所 437 家，其中网吧 40 家，歌舞娱乐场所 53 家，游艺娱乐场所 7 家，印刷企业 150 家，出版物零售 113 家，广播电视节目制作 27 家，电影放映 19 家，文艺表演团体 23 家，演出经纪机构 2 家，演出场所 2 家，网络文化经营单位 1 家。全年日常巡查出动 3317 人次，检查经营场所 1653 家次，立案调查 22 件，办结案件 24 件，罚款 148500 元。持续推进“双随机”工作，开展文化市场“双随机”检查 27 次，共计抽取执法人员 96 人次，检查网吧、歌舞娱乐场所、印刷、出版物等经营单位（场所）共计 1050 家（次）。

【文物安全巡查】2022 年，市文广旅游局开展文物定期检查，对省保单位进行每两个月 1 次、国保单位每月 1 次的定期检查，全年累计检查文保单位（文保点）256 家次。查办诸暨市次坞镇人民政府擅自在文物保护单位的保护范围内进行建设工程或者爆破、钻探、挖掘等作业，擅自在文物保护单位的建设控制地带内进行建设工程，对文物保护单位的历史风貌造成破坏案，对其罚款10万元。

【广播电视安全播出保障】2022年，市文广旅游局联合公安局、市场监管局、融媒体中心开展全市卫星电视地面接收设施专项整治行动。前期利用无人机航拍重点摸排暨阳街道、陶朱街道的部分社区，摸排出销售点1个(位于陶朱街道三都农贸菜场)，非法安装卫星接收设施10余处。针对排查问题，派出执法人员15人次，检查整治各类场所(含居民区)15家次，查处销售点1处，收缴非法安装卫星电视接收设施13套。

【文物安全工作联席会议制度】2022年，为进一步加强文物安全工作的统筹协调，构建文物安全监管的长效机制，提升文物安全保护水平，诸暨市建立文物安全工作联席会议制度。9月15日，召开第一次全体会议，研究部署全市文物管理工作。根据制度，定期不定期召开联席会议，研究处理文物保护和文物安全工作中涉及的重要事项，统一协调解决重大问题。25个成员单位还将根据各自职责，认真开展文物保护和管理工作，开展资源共享、合作共管、联合执法等文物管理活动。

【校园周边出版物市场专项整治】2022年，在中考、高考、寒假、暑假等重点时间节点，市文广旅游局组织校园周边出版物市场专项整治，对出版物内容、出版物经营单位证照、进货凭证等进行地毯式核查，严格把握出版物内容健康，为未成年人身心健康发展营造良好文化环境。

【文化新业态监管】2022年，由市文广旅游局牵头，通过网上摸排，市场巡查，摸排出全市剧本杀、密室逃脱等新业态娱乐场所，联合市委宣传部、市公安局、市消防队分组开展分片检查，累计派出执法人员384人次，检查场所64家次。对5家存在问题的剧本杀娱乐场所集体约谈，开展对文化新业态的行业监管，保护未成年人身心健康，筑牢新业态领域意识形态阵地。

非物质文化遗产

【概况】2022年，全市共开展"非遗学堂""非遗集市""非遗有戏""非遗兴乡大巡游"等品牌活动52场，策划组织富有本地特色的非遗宣传展示活动和志愿演出服务活动110余场次。先后组织线狮(草塔抖狮子)、棕编、竹编、越红工夫茶制作技艺、火烙画葫芦、豆腐包制作技艺等非遗项目参加第五届进博会、2022杭州宋韵文化节、第八届绍兴非遗集市、柯桥非遗嘉年华、2022文化和自然遗产日(上虞站)、非遗兴乡大巡游(柯桥站、诸暨站)等各级各类展示展演活动。承办2022年度浙江省国家级非遗代表性传承人记录工作培训班。西路乱弹小戏《梅花催春》获2022年浙江省"群星奖"。创排《金狮欢腾迎亚运》入选"杭州亚运会、亚残运会演艺资源库"。完成并通过非遗项目、非遗旅游景区、非遗教学性传承基地评估工作，"线狮(草塔抖狮子)"非遗记录工作与保护研究项目试点课题进入收尾阶段。

2022年2月，浙江同山醉美人酒业有限公司、诸暨市紫阆黄公食品有限公司、绍兴市古韵石文化有限公司、诸暨市越红博物馆、诸暨市云雾山葫芦阁、诸暨市宣利清文化创意工作室入选第三批绍兴市非遗传承基地。3月，诸暨非遗客厅、诸暨市越红博物馆入选"绍兴风景"展示资源库文旅考察点。6月，"同山烧酒""诸暨年糕""越红工夫茶"3家单位入选省级非遗工坊创建名单。7月，诸暨市陈宅镇中心小学(越红工夫茶制作技艺)、诸暨市浣东初级中学(剪纸)入选第三批绍兴市非遗教学性传承基地创建单位名单。9月、10月，诸暨市非物质文化遗产保护中心先后获首届绍兴市非遗旅游商品(食品类)包装设计比赛优秀组织奖、2022第十一届绍兴师爷讲故事比赛优秀组织奖。11月，第六批浙江省非物质文化遗产代表性项目名录推荐项目公示，诸暨推荐申报的次坞打面制作技艺、紫阆黄公糕制作技艺入选。

【文化基因解码工作】2022年1月4日，省文化和旅游厅公布首批100项"浙江文化标识"培育项目名单及"文化基因解码工程"解码成果评审结果。诸暨市文化基因解码工程通过省文旅厅解码成果评审，"枫桥经验"、西施传说、诸北根据地3个项目入选"优秀解码项目"，"西施文化"入选"浙江文化标识"培育项目。截至2022年底，诸暨市已调查入库文化元素452项，梳理重点文化元素清单20个，完成基因解码 20 项，基因解码成果突出，项目实施品质高，文化基因解码成果的转化利用初见成效。

【非遗项目、传承人、基地、工坊申报与评估】2022 年 4 月，为促进非遗保护传承工作科学化、规范化，推进诸暨市非物质文化遗产保护体系建设，市非物质文化遗产保护中心完成并通过国遗项目草塔抖狮子传承人赵伯林 2021 年度评估考核，完成第六批省级非遗代表性项目、首批省级传统工艺工作站及非遗工坊推荐申报。9 月，完成并通过省级非遗十里红妆代表性传承人骆建松实地评估工作，完成绍兴市级非遗代表性项目实地调研工作。10 月，完成首批绍兴市级非遗工坊申报。12 月，完成浣纱小学省级非遗教学性传承基地评估工作，完成第三批绍兴市级非遗教学性传承基地申报及实地评估工作。

【2022 年度浙江省国家级非遗代表性传承人记录工作培训班】2022 年 7 月 27 日至 29 日，由浙江省非物质文化遗产保护中心（馆）主办、诸暨市文化广电旅游局承办的 2022 年国家级非遗代表性传承人记录工作培训班在诸暨举办。全省各设区市非遗保护中心业务骨干，2022 年国家级非遗代表性传承人记录工作对象（或弟子），传承人所在地非遗保护中心（或项目保护单位）工作人员，2022 年国家级非遗代表性传承人记录工作的学术专员等 110 余位学员参加，交流分享国家级非遗传承人记录工作要点解析、传承人记录的影像摄制理论与实践、传承人记录工作等。

【2022 绍兴有戏非遗兴乡大巡游 · 诸暨站】2022 年 11 月 18 日下午，“西施故里，‘越’享美好生活”为主题的 2022 “绍兴有戏——非遗兴乡大巡游”（诸暨站）活动在飨街启动。草塔抖狮子、岭北大莲花等 8 个项目团队亮相暖场表演。活动现场进行非遗传承人拜师仪式、诸暨非遗联盟成立仪式，宣读“2022 年西施主题文化创意暨旅游商品大赛”获奖名单，举办诸暨非遗集市，省级非遗工坊创建单位、浙江省优秀旅游商品等 24 个项目展位展出诸暨非遗特色商品。活动通过视频、图片直播，在线收看达 2.5 万人次，图片直播点击率达 8.6 万人次。

【《金狮欢腾迎亚运》入选杭州亚运会、亚残运会开闭幕式暖场节目库】2022 年 12 月 13 日，杭州亚运会、亚残运会开闭幕式暖场节目分片遴选活动（绍兴、金华专场）举行。由诸暨市非物质文化遗产保护中心选送的非遗表演节目《金狮欢腾迎亚运》以独特鲜明的艺术性、文化味、标识度入选节目库，将有机会于春节前在亚运村举行的“我们的亚运 · 我们的盛会 · 我们的村晚”中一展风采，有机会登上亚运会、亚残运会开闭幕式的“大莲花”舞台。

【“线狮（草塔抖狮子）”非遗记录工作与保护研究项目试点课题收尾】作为继“西施传说”后诸暨市第二个国遗项目记录工程。“线狮（草塔抖狮子）”非遗记录工作与保护研究项目试点课题形成非遗纪录片“草塔抖狮子”（1 小时）、文本报告（5 万余字）、照片（300 余张）等初步成果，全面筹备文化和旅游部民族民间文艺发展中心迎检工作。

【《诸暨非物质文化遗产大观》《诸暨风俗》丛书编纂】2022 年，市非物质文化遗产保护中心开展《绍兴非物质文化遗产大观》基础资料整理工作，完成 50 个绍兴市级以上非遗代表性项目资料整理、图片收集工作，启动《诸暨非物质文化遗产

2022 年 11 月 18 日，草塔抖狮子参加“绍兴有戏非遗兴乡大巡游”（文广旅游局提供，徐可良摄）

大观》(暂名)、《诸暨风俗》(暂名)从书编纂工作,完成两套丛书前期115个项目、138名传承人的文本资料及图片资料收集整理工作。

市社会科学界联合会

【概况】2022年,市社会科学界联合会(社科联)在社科研究、社科普及和弘扬地方文化等方面主动作为。在2022年度全省社科工作测评中,诸暨市社科联再获优秀等次,成为全省社科测评连续6年获优秀的6个县(市)区之一。

作为省级建设“重要窗口”社科调研基地之一,市社科联主动对接专家团队到诸暨开展调研,报送研究成果。组织撰写的《以文明实践彰显“人文之美”——诸暨以新时代文明实践拓展共同富裕新路径》一文于3月1日在省社科联《社科要报》第二十四期专报刊登,并获省委主要领导批示肯定。

【获评第一批浙江省级社科之家】诸暨市社科之家是全省第一个社科之家,历时三年多的建管用育探索出一条公益平台多元运营的创新之路。2022年2月17日,省社科联副主席带队专程考察社科之家的建设运营。8月,在全省社科系统推广建设社科之家。9月21日,省社科联发出《关于命名第一批省级社科之家的通知》(浙社科联发〔2022〕41号)文件,命名诸暨市社科之家等6家单位为第一批省级社科之家。11月7日,诸暨市举行省级社科之家授牌仪式,省社科联党组成员、副主席谢利根现场授牌。

【社科课题项目申报】2022年,组织协调本市社科力量积极申报课题、项目。《县域数字政府建设的行为模式及其运作逻辑研究》《新时代家风治理的维度透视及构建路径研究》等2项课题入选省社科联立项资助课题;《激发创新投入内生动力促进诸暨市域经济高质量发展建议》等2个项目入选绍兴市“社科赋能共同富裕行动”计划;《越国史研究》《王冕研究》等3项研究成果获绍兴市文化研究项目后期资助;《杨维桢传稿》等2项成果获绍兴市第19届哲学社会科学优秀成果奖。

【社科普及】2022年,市社科之家持续擦亮“浣江雅集”社科普及品牌,全年组织讲座、学术沙龙、新书发布等活动近50场。邀请中国水利学会水利史研究会副会长邱志荣、全国小语十大名师徐俊等专家做讲座。通过“1963法润”直播平台播出8期,总阅读量超过76万人次。牵头组建“苎萝读书会”阅读平台,与欧美同学会等5家单位(社团)建立长期合作关系,营造社科普及氛围。整合社科资源,在镇乡基地开展“塑文化之魂,助乡村振兴”主题图片巡展等活动,鼓励各基地根据自身特色开展活动。在年度社科基地评比活动中,诸暨市图书馆基地获评绍兴市2022年度示范社科普及基地。11月7日,举办由省社科联指导,诸暨市委宣传部主办,浙江电视台新闻频道、诸暨市社科联承办的小强悦读会“实现人民美好生活之道:中国式现代化道路”好书荐读活动。

【第二批诸暨市级社科普及基地】为进一步加强社科普及载体建设,优化社科普及基地布局,2022年4月7日,市社科联向全市发出《关于开展第二批诸暨市社科普及基地申报工作的通知》,共20家单位参与申报。通过对申报单位的资料审阅和现场评估,7月11日,正式命名三都社区文化礼堂等18家单位为第二批诸暨市社科普及基地。

2022年4月21日,“苎萝读书会”在社科之家成立,浙江出版研究院院长寿勤泽发来视频连线祝贺并分享阅读体会(社科联提供)

2022年11月7日，浙江省社科联授予诸暨市社科之家“省级社科之家”牌匾（社科联提供）

【《王厚之集》首发式暨宋韵文化座谈会】2022年2月26日，市社科联举办《王厚之集》首发式暨宋韵文化座谈会，邀请寿勤泽、徐清、史长虹等省内外金石学、宋文化研究学者，以及本地文史界学者参加。会上向档案馆、图书馆、华夏金石学馆和王厚之家乡璜山镇姚王村赠送新书。座谈会获文汇网、浙江在线等媒体平台报道，提升《诸暨文丛》历史文献整理项目的影响力，推动诸暨宋韵文化的宣传弘扬。

【地方文化宣传】2022年，借力省重点社科普及栏目《文化浙江大讲堂》，诸暨市摸排出藏绿、马剑、溪北、新华等文化村（社）开展纪录片拍摄。在浙江影视科教频道播出《万绿藏一坞 别有小天地》《灵山建溪 人文马剑》《溪北村的古屋》《梅岭课子话家风》等“诗路明珠”系列专题纪录片4期。开展西施文化跨省交流。8月20日，邀请河南省周口市作家协会主席柳岸到诸暨作“西施故里话西施”讲座，分享其《西施传》著作的创作历程，展示作品中融入的浣纱石、四眼井等西施元素。活动信息在诸暨和河南同时发送，促进地方文化的省际传播。

（社科联　孟建阳）

博物馆

【概况】2022年，诸暨市博物馆持续锚定进一步发挥公共文化服务职能目标，内外兼修、策引并举。完成诸暨市博物馆基本陈列改造提升工程，三大馆区年参观人数约15万人。重点帮扶乡村博物馆建设，全市共创成6家浙江省乡村博物馆、13家绍兴示范乡村博物馆，推动乡村博物馆融入“城乡一体15分钟品质文化圈”。全年举办“文博讲坛”讲座4期，推进以展促学，打造“诸博伴我共成长”研学品牌，与浙江农林大学、暨阳小学等20余家单位共建联盟，打造“观展＋讲座＋体验”多元互动。拍摄诸暨博物馆形象宣传片《风，从历史深处吹来》及文物保护安全宣传片等。

【博物馆陈列改造提升工程】2022年，投入2200余万元的诸暨市博物馆基本陈列改造提升工程竣工。诸暨市博物馆基本陈列包含“诸山毓秀 浣水流芳”“仁人志士 潮涌浣江”“陵谷沧桑 守望家园”三大主题。其中，“诸山毓秀 浣水流芳”，分“浦阳江畔 文明之光”“越国古都 西施故里”“秦时置县 浙东巨邑”“浣水悠长 名贤之乡”四个单元，以时间为主线，新增200多件馆藏文物，从6500年前开始，讲述暨阳大地吴越争霸、崇文尚礼、名贤辈出、耕读传家的历史。“仁人志士 潮涌浣江”以诸暨党史、革命烈士、科技翘楚为主题，展示烈士郑复他相关文物，科学院院士相关书籍资料等。“陵谷沧桑 守望家园”分为“大地初成 古邑天然”“诸山暨水 奇产所钟”“印象诸暨”3个单元，结合矿石、化石、动植物标本，展示诸暨自然环境和资源矿藏。

【乡村博物馆建设】2022年起，诸暨市博物馆重点帮扶乡村博物馆建设，在藏品登记、陈列布展、资源利用、运行管理等方面共建共享，实现6家乡村博物馆入选浙江省乡村博物馆，13家乡村博物馆创建绍兴示范乡村博物馆，推动乡村博物馆融入“城乡一体15分钟品质文化圈”，初步形成以综合性博物馆为核心、专题博物馆为特色、乡村博物馆为补充的整体文博格局。

【陈列展览】铮铮越吟——越文化

精品文物展。2022年7月21日至10月7日，由诸暨市人民政府和浙江省博物馆主办，中共诸暨市委宣传部、诸暨市文化广电旅游局和诸暨市博物馆承办的“铮铮越吟——越文化精品文物展”在诸暨市博物馆开展。展览以时间为序，分“越源”“越兴”“越绝”三个单元，展品荟萃上海博物馆、湖北省博物馆、浙江省博物馆、苏州博物馆、绍兴博物馆等省内外19家文博机构珍藏，有从商周至西汉武帝时期的越文化代表性精品文物158件/(组)，其中珍贵文物107件/(组)，包括一级文物17件/(组)、二级文物29件/(组)、三级文物61件/(组)，将分散在各地的“点状”越地资源转变为“线型”越文化历史脉络，全方位、多角度钩沉越国兴衰融合、精勤耕战的历史脉络，展现越文化的价值内涵和独特魅力。

于斯为盛——诸暨碑刻拓片展。2022年5月18日至9月30日，诸暨市博物馆分馆——华夏金石学馆特推出“于斯为盛——诸暨碑刻拓片展”，通过诸暨现存碑刻这一“石头上的历史”，与群众分享诸暨地方文化历史。展览设“安民济世”“书为心画”“寻根铸魂”三个单元，其中“安民济世”又分崇文尚学、治水安民、礼祭祀享三个方面，共陈列石刻拓片31件，实物5方，与展品相关的古籍资料3套。

宋韵流光——宋代越中铭刻传拓器物展。2022年2月18日至4月22日，华夏金石学馆推出“宋韵流光——宋代越中铭刻传拓器物展”。展览由诸暨市文化广电旅游局主办，诸暨市博物馆、华夏金石学馆、兰亭书会承办，越城区文化广电旅游局、绍兴图书馆、蕺社、秦望金石学社协办，共遴选出展品59件，包括石刻拓片及部分原刻、铜镜、金银器、瓷器，均属宋代绍兴及诸暨地区。作为华夏金石学馆对外开放后首个专题展览，此次展览不仅呈现越中地区人文历史，也是宋代文化所蕴含精神和情韵的集中展示。

2022年7月21日，铮铮越吟——越文化精品文物展展览现场(文广旅游局提供，徐可良摄)

【专题讲座】吴世玲《史海钩沉话范蠡 治国经商写传奇——范蠡的智慧人生》专题讲座。2022年3月31日，由绍兴市社联主办，诸暨市社科联、博物馆承办的《史海钩沉话范蠡，治国经商写传奇——范蠡的智慧人生》讲座在诸暨社科之家举行。讲座作为绍兴社科人文讲堂的基层宣讲之一，邀请绍兴职业技术学院范蠡商学院院长兼总支书记、绍兴市范蠡研究会副会长吴世玲主讲。诸暨曾为范蠡封地，有陶朱山、陶朱村、范相坛、范蠡岩等古迹，民间流传的西施传说中多有范蠡的身影，现诸暨市西施故里景区建有范蠡祠。讲座从范蠡其人其事、范蠡商业思想、商圣文化传承等方面，系统介绍商圣范蠡的传奇人生，分享范蠡在政治、军事、经商上的人生智慧，领略范蠡“持盈者与天，定倾者与人，节事者与地”的朴素唯物主义思想。

陈浩《高质量博物馆散论》专题讲座。2022年7月21日，诸暨市博物馆邀请浙江省博物馆原馆长、党委书记，现任首席专家、研究馆员陈浩，举办《高质量博物馆散论》文博讲座，围绕展览举办、文物保护、宣传推介等重要领域，对如何高水平、高质量、高站位开展博物馆工作进行指导。

【形象宣传片《风，从历史深处吹来》】2022年，市博物馆拍摄形象宣传片《风，从历史深处吹来》。宣传片以“风”为主线，聚焦博物馆体系，用博物馆、文保单位、重要人文景观等串起诸暨历史发展脉络，用唯美画面和诗意语言，将文物的魅力、历史的细节展示给公众。11月18日，由浙江省文物局指导，浙江省博物馆学会主办，杭州市临平博物馆（中国江南水乡文化博物馆）承办的2022年“全省博物馆十佳新媒体短视频推介活动”中，诸暨市博物馆选送的《风，从历史深处吹来》获2022年全省博物馆十佳新媒体短视频推介活动“优秀新媒体短视频奖”。

新闻传媒

【概况】2022年，诸暨市以习近平总书记关于宣传思想工作重要论述为指引，按照市委市政府的部署要求，一体推进媒体融合、舆论引导工作，发挥新闻媒体舆论宣传主阵地作用，当好党的“喉舌”。市融媒体中心获2021年美丽浙江矩阵融合传播年度榜单创作突出贡献奖、2021年度全省广播新闻融合传播协作先进集体电视一等奖、2021年度全省电视新闻融合传播协作先进集体电视一等奖。《诸暨日报》获评浙江省县（市、区）传媒集团单项奖“十佳报纸”；“西施眼”客户端获评浙江省县（市、区）传媒集团单项奖“二十佳新媒”；诸暨电视台新闻综合频道获评浙江省县（市、区）传媒集团单项奖“十佳广播频率／电视频道”。参与采写的《亚克西！新疆棉花朵朵开》获第32届中国新闻奖三等奖。

主题宣传突出经济社会发展。部署开展共同富裕、数字化改革、枫桥经验、文明实践等一批重点主题宣传，协调做好常态化疫情防控、全国法治政府创建、“三改”等专题宣传，组织开展“逐梦共富路”大型融媒体新闻行动，全媒体报道市“两会”、市党代会、市委全会、全市稳进提质大会等重要会议。强化政治担当，以最严要求最实举措谋划落实党的二十大报道，强化会前、会中、会后报道平稳有序，专题、专版、专栏多元生产，成立“西施眼”媒体宣讲团赴基层宣讲，营造喜迎二十大、聚焦二十大、贯彻落实二十大精神的浓厚氛围。诸暨市级媒体平台推出《擦亮“枫桥经验”金名片 打造共同富裕新高地》《文明实践 好美诸暨》《“浙江有礼·‘枫’尚诸暨”文明新实践》《全力创成全国法治政府建设示范县（市）》《推进“三改”攻坚 提升城市能级》《融媒体大型新闻行动“逐梦共富路”系列报道》等专题专栏30个，累计推出相关主题报道2000余条（次），刊发评论员文章135篇，推出舆论监督报道163篇。

对外宣传实现高质高频发声，不断扩大诸暨辨识度、影响力。报纸方面，绍兴市级以上党报党刊共发表作品212件，《人民日报》刊发7件作品，《新华每日电讯》及新华社通稿刊发12件作品。《浙江日报》刊发61件作品，其中头版12件、头条4件。广播方面，中国之声用稿5篇，包括新闻和报纸摘要、全国新闻联播 栏目播出单条各1篇。浙江之声用稿194篇，包括浙江新闻联播浙广早新闻栏目播出170篇。电视方面，央视《新闻联播》播发稿件3条，浙江卫视各栏目播出308条，其中《浙江新闻联播》播出单条28条，头条8条，绍兴电视台《绍兴新闻联播》播发头条18条。省级及以上主流媒体新媒体平台（不含本地频道）发布原创稿141条。

【《诸暨日报》】2022年，《诸暨日报》围绕重大会议、重大活动，策划主题专栏、系列评论近20次，分别策划三茶大会、世界珍珠大会、袜博会等主题报道。策划推出“逐梦共富路”大型融媒体新闻行动，选取各小镇切口，用生动的故事展现共富大主题，共刊发17篇报道，涉及镇乡街道14个。关注社会热点，着眼百姓所盼，《诸暨日报》通过要闻版聚集栏目和政民E线专版开展舆论监督类报道，刊发栏目文章64篇、版面12个。

1月11日，《诸暨日报》策划推出喜迎党代会特刊《一起向未来》，利用党建引领、产业转型、辉煌诸暨、文明实践、枫桥经验、好美诸暨等亮点，以8个版面展现诸暨五年发展成就。

7月19日，全市经济稳进提质攻坚暨企业家大会召开后，《诸暨日报》在一版大篇幅报道大会消息，配发大会侧记《信心！同心！决心！》，连续发表3篇评论员文章。大会前后，密集报道市领导开展“助企纾困”企业走访活动，第一时间传达经济政策。

10月16日，党的二十大开幕，《诸暨日报》策划刊发特别报道《十年华章致未来》，共8版，以“产业立城”“善治塑城”“蝶变之城”“活力焕城”“品质筑城”“幸福满城”6个篇章，选取来自各行各业各界20项内容的20位亲历者，通过“综述+口述+大事记”的形式，全面展示党的十八大以后，诸暨市深入贯彻落实中共中央总书记习近平重要讲话精神，在“两个先行”“五个率先”新征程上走在前列的诸暨实践。会后，选取群众关注二十大开幕、党员干部热议二十大报告、市民点赞二十大、企业界人士热议报告等角度，每天刊发1篇组稿，并配套刊发党员、市民、企业家署名文章专版。围绕报告提到的各个部分，以关键词的形式，向重点部门镇乡街道特约署名文章，畅谈未来展望，共刊发10余个理论版面。

10月31日，《诸暨日报》推出大型影像志——“非常诸暨：中国式现代化的县域视觉解读”，以视觉调查的形式，推出“发展共兴”“城乡共进”“百姓共富”“民生共享”“环境共建”“和谐共创”“社会共治”等18个专版，在新时代背景下，以小切口县域视觉样本，解读其云程发轫。

【广播】2022年，FM98.2诸暨之声各档节目坚持团结稳定鼓劲、正面宣传为主的方针，奏响时代旋律，强化主流舆论，融合线上线下，统筹内宣外宣。

4月23日，第27个“世界读书日”，作为“萤火虫悦读计划”项目线下活动的2022年诸暨市全民读书节暨FM98.2第六季童声读书会决赛在绿城·青悦城广场举办，倡导读书求知、读书明理、读书成才之风，推动全民阅读，推进书香暨阳、文化强市建设。“夜读的萤火虫”访谈节目运行4年9个月，共推出43位嘉宾的访谈节目，推出相关微信215篇次。

5月，在全媒体广播新机房平稳运行1周年之际，以打造全媒体化、专业化节目为目标对广播进行改版升级。改版升级后推出由新闻主题节目、交通资讯节目、汽车主题节目、美食主题节目、生活健康主题节目、娱乐资讯节目、书香暨阳主题节目7个版块组成的自办直播、录播节目，全天自办节目时间达14小时。节目内容全新改版，互动方式也全面升级。从单一微信平台、单向互动，转变为全新平台、互动专区，听友间的互动打卡更直接。“诸暨之声”微信视频号开通，受众可以通过视频号看到主播们的日常工作花絮、各栏目的精彩片段等。广播对农节目《田园人家》，增设《丹丹打卡》和《丹丹帮忙》版块，记者下乡体验农事农业活动也以短视频的形式发布于“诸暨之声”视频号。7月始，在“诸暨之声”微信平台，尝试每日一档直播节目可视化模式，并将此模式固定下来。

2022年，广播继续做强“最美”内容品牌公益活动。1月，开展“一杯暖心茶，全城致敬战疫人”公益活动。3月，学雷锋季举办“万朵鲜花送雷锋”活动，以“迎亚运 助共富”为主题，以网上“云送花”+线下送花的方式展开，线上送花参与人次达5.6万人次。7月，FM98.2“一杯水”公益活动再次启动，联合爱心企业、爱心人士，开展高密度的送清凉活动。

【电视】2022年4月底，上线大型人物访谈节目《西施故乡人》，第一季推出10名乡贤。宣传他们肩扛使命担当、厚植家国情怀，反哺家乡建设家乡的行动。5月，针对“双减”政策落地见效和青少年价值观引导而创设的大型青少年表达类节目《你好！少年》，被列为“浙风十里‘枫’尚诸暨”重点项目，栏目组走进校园，展现新时代少年“有礼有爱”的精神力量。该节目推出后，每期的“西施眼”APP阅读量都达12万以上。传统栏目《乡村道地》和《荷花朵朵》进行全新改版，创新推出短视频《花花，来啦！》，以主持人沉浸式体验，带领观众探寻美丽乡村、品尝暨阳美食、走进特色农庄、感受农事“黑”科技等。11月，策划摄制以唤起人们珍爱生态、保护古树意识的10集系列片《乡愁是棵树》，讲述古树名木背后的故事。

2022年，诸暨春晚《浣江春潮》继续以“云春晚”的形式举办，红色薪火、人间烟火、浣江灯火三大篇章，顺应新媒体传播语境，把优秀传统文化、热门时尚话题、伟大家国情怀等融于一体，全网观看量100万人次以上。8月18日，首次策划承办“恰风华 行致远”诸暨市2022级大学新生“送学礼”。活动直播在线观看超104万人次。10月，连续第二年承办全省信访系统技能大比武活动。

【新媒体】2022年，作为全媒体矩阵的核心阵地，新媒体持续深化以“西施眼”“诸暨发布”“诸暨西施眼”等为主体的融媒传播矩阵建设，深耕“新闻+政务+服务+商务”，融合报纸、电视、广播等各平台资源，推出融媒作品，并上线多个便民服务功能版块。

2022年，产生“10万+”作品20条。策划制作各类创意短视频50多条，春节期间特别策划的短视频《年味》，在“诸暨西施眼”视频号上首发后，点击量10万人次以上，留言400多条，“诸暨西施眼”APP上的阅读量也达11万以上，获评绍兴市“越融越红”新媒体爆款作品。《少年骑车受伤严重发现少一块骨头，手术被迫中断，辅警火速前往事发现场找回》等点击量百万级流量作品12个。《外婆的微笑》系列短视频被新华网、人民日报等中央级官媒转载，3条视频均上微博热搜，最高冲到热搜榜第四，全网累计点击量破亿人次。“西施眼”APP装机量增长到41.9万。12月，在全省“县级融媒体中心所属新媒体数据”排位中媒体融合指数冲到全省第五名。

2022年3月，“西施眼”APP谋划“智慧防疫”新场景，以技术手段作支撑，以点对点推送、云求助平台、专区一键查“三大载体”为抓手，助力诸暨疫情防控。3月10日，《关于1名外省新冠肺炎核酸检测异样人员在诸暨市活动轨迹的通报》，通过点对点通知推送，收获超过54万点击量，创“西施眼”APP上线后点击量新高。

2022年，“西施眼”APP系统迭代升级，界面功能设置优化。1月1日，“好停车”线上缴费功能上线，涵盖停车缴费、停车导航、停车券、电子发票、在线包年、停车记录等六大服务功能，方便市民出行，助推智慧化城市建设。6月1日，与诸暨市教体局合作搭建的“幸福教育”频道上线，打造指尖上的诸暨“幸福教育”。7月1日，自主开发的《诸暨日报》电子报上线。标志着电视、电台、报纸三大传统端在APP端实现融合。8月24日，新增高湖大桥、五泄等新坐标慢直播，足不出户就能感受诸暨魅力。

（融媒体中心　王益均）

2022年新闻传媒获奖情况表

表22

获奖内容	奖项	获奖人员或集体	评奖单位
—	2021年美丽浙江矩阵融合传播年度榜单创作突出贡献奖	—	浙江广播电视集团（2022年4月颁布）
—	2021年度全省电视新闻融合传播协作先进集体电视一等奖	—	浙江广播电视集团（2022年4月颁布）
—	2021年度全省广播新闻融合传播协作先进集体电视一等奖	—	浙江广播电视集团（2022年4月颁布）
—	浙江省县（市、区）传媒集团单项奖“十佳报纸”	《诸暨日报》	浙江省新闻工作者协会县级融媒体工作委员会、浙江省报协县（市、区）传媒工作委员会（2022年12月揭晓）
—	浙江省县（市、区）传媒集团单项奖“二十佳新媒”	“西施眼”客户端	浙江省新闻工作者协会县级融媒体工作委员会、浙江省报协县（市、区）传媒工作委员会（2022年12月揭晓）

续表 22

获奖内容	奖项	获奖人员或集体	评奖单位
—	浙江省县(市、区)传媒集团单项奖“十佳广播频率 / 电视频道”	诸暨电视台新闻综合频道	浙江省新闻工作者协会县级融媒体工作委员会、浙江省报协县(市、区)传媒工作委员会(2022 年 12 月揭晓)
直击“烟花”!风雨面前一起扛	2021 年度浙江新闻奖新闻三等奖	蒋力奔、杨凌燕、郭斌、楼婷	浙江记协(2022 年 7 月揭晓)
庄园 :今天我们又下乡了!	2021 年度浙江新闻奖三等奖	胡正涛、赵婷、叶京取、傅铁飞、边鲁平、周凌霄、石伟、郭亮辰	浙江记协(2022 年 7 月揭晓)
多媒体国画动漫《追梦》	2021 年度浙江新闻奖三等奖	周芝兰、蔡东森、周剑成、吴佳媛、夏德飞、陈少杰、宣浩军、叶淑秀、陈仲明	浙江记协(2022 年 7 月揭晓)
百年华诞 12 整点 ·《100 年,正青春》	2021 年度浙江新闻奖三等奖	宣浩军、许斐、吕岚、陈婕、夏德飞、陈金伟、缪海军、邵高锋、叶淑秀、陈璐、俞咪娜	浙江记协(2022 年 7 月揭晓)
庄园 :今天我们又下乡了!	2021 年度浙江省广播电视新闻奖三等奖	胡正涛、赵婷、叶京取、傅铁飞、边鲁平、周凌霄、石伟、郭亮辰、陈仲明、宣浩军、钱旭锋	浙江省广播电视局(2022 年 5 月揭晓)
一个 98 一个 90 !诸暨版“长津湖兄弟”	2021 年度浙江省广播电视新媒体奖二等奖	集体(陈璐、王海杰、陈泽燕、叶京取、蔡建夫、宣浩军、陈伯渠、陈婕)	浙江省广播电视局(2022 年 5 月揭晓)
百年华诞 12 整点 ·《100 年,正青春》	2021 年度浙江省广播电视新媒体奖三等奖	集体(陈婕、邵高锋、陈璐、俞咪娜、缪海军、夏德飞、蔡东森、陈柏炬、费晓笑、周芝兰、陈仲明、叶淑秀、宣浩军、许斐、吕岚)	浙江省广播电视局(2022 年 5 月揭晓)
电竞 :这碗“游戏饭”好吃吗?	2021 年度浙江省广播电视节目奖服务类节目二等奖	俞建永、方杰、侯月飞、徐荧寅、章怀峰、赵卫明	浙江省广播电视局(2022 年 5 月揭晓)
我们的“双减”:跟着诗经认植物(新闻及专题)	2021 年度全省广播电视少儿节目奖三等奖	集体(胡正涛、马丹丹、钱春园、叶京取 赵婷、陈仲明、宣浩军、钱旭锋)	浙江省广播电视局(2022 年 5 月揭晓)
达瓦卓玛 :我的这一年(新闻及专题)	2021 年度全省广播电视少儿节目奖三等奖	集体(胡正涛、俞世杰、马丹丹、叶京取、钱春园、陈仲明、宣浩军、孟繁博)	浙江省广播电视局(2022 年 5 月揭晓)
家人没有忘记 祖国没有忘记	2021 年度浙江省广播电视公益广告作品奖二等奖	胡正涛、钱春园、叶京取、陈仲明、宣浩军、陈言	浙江省广播电视局(2022 年 5 月揭晓)
《乡愁》朗诵	2022 年度浙江省广播电视节目技术质量金鼎奖(语言类)二等奖	周向群、陈洪杰、翁平锋	浙江省广播电视局(2022 年 11 月揭晓)

续表 22

获奖内容	奖项	获奖人员或集体	评奖单位
公益广告《美好中国年》	2022 年度浙江省广播电视节目技术质量金鼎奖（广告类）二等奖	翁平锋、陈海明、周向群	浙江省广播电视局（2022 年 11 月揭晓）
《广播短片》	2022 年度浙江省广播电视节目技术质量金鼎奖（语言类）三等奖	陈洪杰、翁平锋、陈海明	浙江省广播电视局（2022 年 11 月揭晓）
《晨读时间》	2022 年度浙江省广播电视节目技术质量金鼎奖（片花类）三等奖	周霞、翁平锋、周向群	浙江省广播电视局（2022 年 11 月揭晓）
《苎麻西施》	2022 年度浙江省广播电视节目技术质量金鼎奖（广播剧类）三等奖	陈洪杰、翁平锋、陈海明	浙江省广播电视局（2022 年 11 月揭晓）
《浙江有礼——风尚诸暨》	2022 年度浙江省广播电视节目技术质量金鼎奖（音乐类）三等奖	楼东迪、陈洪杰、周向群	浙江省广播电视局（2022 年 11 月揭晓）
《琵琶演奏：方锦龙——忆江南》	2022 年度浙江省广播电视节目技术质量金鼎奖（音乐类）三等奖	楼东迪、郦哲云、邵剑飞	浙江省广播电视局（2022 年 11 月揭晓）
西路乱弹《梅花催春》	2022 年度浙江省广播电视节目技术质量金鼎奖（戏曲类）三等奖	楼东迪、刘会、邵立范	浙江省广播电视局（2022 年 11 月揭晓）
《你好，少年！》	2022 年度浙江省广播电视节目技术质量金鼎奖（高清专题类）三等奖	刘会、章利军、王开义、谢江	浙江省广播电视局（2022 年 11 月揭晓）
《健康公开课——儿童成长安全》	2022 年度浙江省广播电视节目技术质量金鼎奖（高清专题类）三等奖	刘会、周霞、何祖炳、邵剑飞	浙江省广播电视局（2022 年 11 月揭晓）
《潮起浣江》春节联欢晚会	2022 年度浙江省广播电视节目技术质量金鼎奖（高清综艺文体类）三等奖	刘会、章利军、楼东迪、屠志鹏、邵剑飞、王磊	浙江省广播电视局（2022 年 11 月揭晓）
《大唐袜艺》片头	2022 年度浙江省广播电视节目技术质量金鼎奖（高清视频图形—片头类）二等奖	刘会、石宇凯、梁炜国	浙江省广播电视局（2022 年 11 月揭晓）
《你好，少年！》片头	2022 年度浙江省广播电视节目技术质量金鼎奖（高清视频图形—片头类）三等奖	章利军、刘会、谢江	浙江省广播电视局（2022 年 11 月揭晓）

续表 22

获奖内容	奖项	获奖人员或集体	评奖单位
《谁不说伢家乡好》融媒体系列报道	2021 年度浙江政务融媒体作品二等奖	集体	浙江省新闻工作者协会（2022 年 6 月揭晓）
再战疫，诸暨“疾跑”的 14 天	2021 年度省县市新闻奖三等奖	刁卓璐、郦海洋	浙江省新闻工作者协会县级融媒体工作委员会（2022 年 6 月揭晓）
去过月球 逛过火星 诸暨 20 人迷你小厂昨又“登天”	2021 年度省县市新闻奖一等奖	楼婷、陈柏炬、郦海洋、叶淑秀	浙江省新闻工作者协会县级融媒体工作委员会（2022 年 6 月揭晓）
把党史故事“种”进知识点 西藏诸暨同上一堂红色情景课	2021 年度省县市新闻奖二等奖	楼婷、陈柏炬、马青华、倪钰	浙江省新闻工作者协会县级融媒体工作委员会（2022 年 6 月揭晓）
1700 多株挂果香榧树悉数送村民 乡贤黄新华 11 年育一片“共富林”	2021 年度省县市新闻奖三等奖	杨凌燕、赵娟、郦海洋、宣浩军	浙江省新闻工作者协会县级融媒体工作委员会（2022 年 6 月揭晓）
“我们的奋斗”之小康路系列报道（共十篇）	2021 年度省县市新闻奖三等奖	刁卓璐、周旦、杨凌燕、黄柳苞、周雨文、吴帆、章海男、马青华、郦海洋	浙江省新闻工作者协会县级融媒体工作委员会（2022 年 6 月揭晓）
共富路上追梦人（组照）	2021 年度省县市新闻奖二等奖	郭斌、周雨文、陈柏炬、倪钰	浙江省新闻工作者协会县级融媒体工作委员会（2022 年 6 月揭晓）
去过月球 逛过火星 诸暨 20 人迷你小厂昨又“登天”	2021 年度中国县市报新闻奖一等奖	楼婷、陈柏炬、郦海洋、叶淑秀、陈仲明	中国县市报研究会（2022 年 6 月揭晓）
新疆棉织出 600 多户家庭的幸福生活 洁丽雅携先进设备援疆助农	2021 年度中国县市报新闻奖二等奖	斯海燕、宣浩军、倪钰、郦海洋	中国县市报研究会（2022 年 6 月揭晓）
1700 多株挂果香榧树悉数送村民 乡贤黄新华 11 年育一片“共富林”	2021 年度中国县市报新闻奖二等奖	杨凌燕、赵娟、陈仲明、宣浩军、郦海洋	中国县市报研究会（2022 年 6 月揭晓）
把党史故事“种”进知识点 西藏诸暨同上一堂红色情景课	2021 年度中国县市报新闻奖三等奖	楼婷、陈柏炬、马青华、倪钰、叶淑秀	中国县市报研究会（2022 年 6 月揭晓）
马剑年轻干部用漫画“说”党史	2021 年度中国县市报新闻奖三等奖	刁卓璐、叶淑秀、倪钰、马青华	中国县市报研究会（2022 年 6 月揭晓）
一个 98 一个 90！诸暨版“长津湖”兄弟	2021 年度中国县市报新闻奖一等奖	陈婕、王海杰、陈泽燕、叶京取、蔡建夫、宣浩军、陈伯渠、陈璐	中国县市报研究会（2022 年 6 月揭晓）

续表 22

获奖内容	奖项	获奖人员或集体	评奖单位
这个诸暨老板,花 5000 万造排屋!免费送!	2021 年度中国县市报新闻奖三等奖	毕竹韵、肖晓娴(毕竹韵)、倪夏子、宣浩军	中国县市报研究会(2022 年 6 月揭晓)
午夜惊魂!马剑桥梁被洪水冲塌,一群人冲向一辆辆疾驰而来的车	2021 年度中国县市报新闻奖三等奖	倪夏子、楼婷、王海杰、陈璐、许斐、倪钰	中国县市报研究会(2022 年 6 月揭晓)
社会共治的要义在“民”	2021 年度中国县市报新闻奖二等奖	李伯俭、叶淑秀、倪钰、郦海洋	中国县市报研究会(2022 年 6 月揭晓)
新闻述评:强降雨带来的生态警示	2021 年度中国县市报新闻奖一等奖	胡正涛、叶京取、钱春园、傅铁飞、周凌霄、陈仲明、宣浩军、康伟	中国县市报研究会(2022 年 6 月揭晓)
传统产业“狂欢”的背后	2021 年度中国县市报新闻奖二等奖	侯月飞、袁迪凯、章怀峰、钟玉云、傅铁飞、陈婕、周利伟	中国县市报研究会(2022 年 6 月揭晓)
此刻,让我们为胜利欢呼	2021 年度中国县市报新闻奖三等奖	吕岚、郭斌、周升蓉、陈仲明、宣浩军、俞咪娜	中国县市报研究会(2022 年 6 月揭晓)
再战疫,诸暨“疾跑”的 14 天	2021 年度中国县市报新闻奖一等奖	刁卓璐、宣浩军、倪钰、郦海洋	中国县市报研究会(2022 年 6 月揭晓)
从舌尖到心尖 爱心食堂吃出诸暨幸福味道	2021 年度中国县市报新闻奖二等奖	章海男、楼婷、杨凌燕、吴帆、叶淑秀、倪钰、章海男	中国县市报研究会(2022 年 6 月揭晓)
马益雨袭的“八小时”	2021 年度中国县市报新闻奖三等奖	刁卓璐、章海男、陈仲明、倪钰、马青华	中国县市报研究会(2022 年 6 月揭晓)
跨越万里的牵手	2021 年度中国县市报新闻奖二等奖	侯月飞、章怀峰、赵卫明、陈言、殷杰、王海杰、陈仲明、宣浩军、陈笑飞	中国县市报研究会(2022 年 6 月揭晓)
太空爆款小弹簧	2021 年度中国县市报新闻奖二等奖	方杰、章怀峰、徐荧寅、侯月飞、陈笑飞、马野驰、陈仲明、倪钰、傅伟江	中国县市报研究会(2022 年 6 月揭晓)
三江营诸暨籍革命烈士“回家”了!	2021 年度中国县市报新闻奖二等奖	胡正涛、叶京取、钱旭锋、钱春园、周凌霄、王冬牛、陈仲明、宣浩军、傅铁飞	中国县市报研究会(2022 年 6 月揭晓)
“我们的奋斗”之小康路	2021 年度中国县市报新闻奖三等奖	刁卓璐、周旦、杨凌燕、黄柳苞、周雨文、吴帆、章海男、宣浩军、倪钰、马青华	中国县市报研究会(2022 年 6 月揭晓)
2021 年 9 月 15 日《诸暨日报》第二版《闲置农房何以生金? “激活八法”走出诸暨路径》	2021 年度中国县市报新闻奖三等奖	章海男、杨凌燕、吴帆、叶淑秀、宣浩军、章海男	中国县市报研究会(2022 年 6 月揭晓)

续表 22

获奖内容	奖项	获奖人员或集体	评奖单位
托起生命	2021 年度中国县市报新闻奖三等奖	蒋力奔、郭斌、周升蓉	中国县市报研究会（2022 年 6 月揭晓）
直击“烟花”！风雨面前一起扛	2021 年度中国县市报新闻奖三等奖	蒋力奔、杨凌燕、郭斌、楼婷	中国县市报研究会（2022 年 6 月揭晓）
CBA 热翻小县城	2021 年度中国县市报新闻奖三等奖	郭斌、周升蓉、陈柏炬、黄柳苞	中国县市报研究会（2022 年 6 月揭晓）
共富路上追梦人（组照）	2021 年度中国县市报新闻奖三等奖	郭斌、周雨文、倪钰、陈柏炬	中国县市报研究会（2022 年 6 月揭晓）
百年峥嵘鉴山河	2021 年度中国县市报新闻奖三等奖	刁卓璐、杨凌燕、陈仲明、宣浩军	中国县市报研究会（2022 年 6 月揭晓）
政论型融媒体报道创新路径探析——以《金句接力》的采编实践为例	2021 年度中国县市报新闻奖二等奖	宣浩军、钱旭锋	中国县市报研究会（2022 年 6 月揭晓）
决胜	2021 年度中国县市报新闻奖二等奖	集体（费晓笑、蔡燕鸣、何全振、袁迪凯、姚铭阳、傅铁飞）宣浩军、蔡东森、陈璐	中国县市报研究会（2022 年 6 月揭晓）
风雨中通宵备货分装，15100 份物资今晨驰援上虞	2021 年度中国县市报新闻奖三等奖	左苏阳、郭亮辰、周志润、张羽、宣浩军、许斐、陈婕	中国县市报研究会（2022 年 6 月揭晓）
足球加油！	2021 年度中国县市报新闻奖三等奖	集体（周芝兰、蔡东森、姚铭阳、吴佳媛、夏德飞、赵娟）宣浩军、叶淑秀、陈仲明	中国县市报研究会（2022 年 6 月揭晓）
多媒体国画动漫《追梦》	2021 年度中国县市报新闻奖一等奖	集体（周芝兰、蔡东森、周剑成、吴佳媛、夏德飞、陈少杰）宣浩军、叶淑秀、陈仲明	中国县市报研究会（2022 年 6 月揭晓）
我们都是抗台英雄	2021 年度中国县市报新闻奖二等奖	费晓笑、陈少杰、夏德飞、姚铭阳、蔡东森、赵娟、吴佳媛	中国县市报研究会（2022 年 6 月揭晓）
追寻——沿着红色足迹学党史	2021 年度中国县市报新闻奖二等奖	蔡东森、陈少杰、夏德飞、吴佳媛、赵娟 宣浩军、费晓笑、倪钰	中国县市报研究会（2022 年 6 月揭晓）
百年华诞 12 整点·《100 年，正青春》	2021 年度中国县市报新闻奖二等奖	宣浩军、许斐、吕岚、陈婕、夏德飞、陈金伟、缪海军、邵高锋、叶淑秀、陈璐、俞咪娜	中国县市报研究会（2022 年 6 月揭晓）

图书

【概况】2022年，诸暨市图书馆图书总藏量达141.3万余册，总服务181万余人次，其中，浣江书房到馆68万余人次，借还图书84万册次，读者证总数达47055张。诸暨市图书馆开展阅读推广370余场，参与35万余人次。通过开展绘本故事分享、赠书、展览、开讲座等活动，营造全民阅读的良好氛围，推动"书香暨阳"建设。全年开讲座56场，参与29万余人次；展览67场，参与6万余人次。全市投入使用浣江书房15家，浣江书吧9家，图书分馆23家，流通站22家。诸暨市图书馆获得由浙江省朗诵协会授予的"2020—2021年度浙江省朗诵协会优秀社会团体"称号。

【地方文献征集利用】2022年，诸暨市图书馆历史文献部共征集地方文献133种245册，其中家谱8种32册，征收参考地方文献22种40册。截至2022年底，馆藏地方文献5318种14000余册，其中家谱419种3900余册，姓氏81个。诸暨市图书馆拥有古籍地方文献2067种15094册。主要包括刻本、稿本、抄本、活字本、石印本、油印本、铅印本及部分拓本等。继续做好"诸暨市特色文献数据库"更新工作，共扫描古籍80余种400多册。主办发行《诸暨谱牒文化》《越读》等期刊。

【智慧图书馆建设】为适应新时代图书馆建设，诸暨市图书馆以现代信息技术为支持，推动图书馆的智能化转型，打造管理先进、服务一流，现代化、数字化、个性化的"智慧图书馆"。全市15家"浣江书房"均以自助图书馆形式对外开放，馆内配备自助借还机和电子书借阅机、无人值守门禁以及监控系统，实现人脸识别全覆盖，读者只需刷脸就可以进门，体验办证、借阅、续借、还书等全自助功能，凭借身份证就可以实现"零押金"办理读者证，免收图书逾期费。全面启动"信阅"线上服务平台，市民可以足不出户，在手机上像网上购物一样，方便地借阅图书，并免费快递送到手中，实现借阅图书"零次跑"。

【新增1家浣江书房】2022年，新建诸暨中学馆1家浣江书房并投入使用。樊登书店馆闭馆。至年底，全市浣江书房开放已达15家。9月，"浣江书房—金石学馆"获评"首届浙江省最美公共文化空间"优秀公共阅读空间案例。

诸暨市浣江书房分布及开放时间一览表

表23

馆名	开放时间	地址
西施大剧院馆	8:30—21:00	诸暨市浣东街道东旺路67号
唐韵广场馆	9:30—21:30	诸暨市暨阳街道浣东中路9号
心旅书苑馆	8:30—17:00	诸暨市暨阳街道友谊路118号
暨阳小学馆	8:30—17:00	诸暨市暨阳街道江东路36号
社科之家馆	8:30—20:30	诸暨市暨阳街道滨江南路19号
友谊社区馆	8:30—17:00	诸暨市陶朱街道王家湖东路12号友谊社区内
东福社区馆	8:30—17:00	诸暨市浣东街道苎萝东路777号（人口文化公园内）
梦想小城馆	8:30—17:00	诸暨市暨南街道江新路1号
东旺大厦馆	8:30—17:00	诸暨市暨阳街道东旺路28号

续表 23

馆名	开放时间	地址
浣纱小学馆	8:30—17:00	诸暨市暨阳街道南庠路 3 号
融媒体馆	9:00—20:30	诸暨市暨阳街道滨江中路 28 号
八一社区馆	8:30—17:00	诸暨市暨阳街道福庄路 160 号 八一社区一楼
大唐华海馆	8:30—17:00	诸暨市大唐街道开元东路 65 号
金石学馆	8:30—20:30	诸暨市陶朱街道丰泽路 2 号
诸暨中学馆	8:30—21:30	诸暨市暨阳街道暨阳路 47 号

【新建乡村图书馆 3 家】2022 年，为加快构建城乡一体化图书馆、文化馆总分馆服务体系，逐步实现全市公共文化服务标准化、均等化，诸暨市图书馆新建乡村图书馆 3 家，开展乡镇图书分馆送书下乡图书流通以及其他临时性馆外流通共计 34143 册，让基层群众在家门口也能及时享受到最新图书资源。

【阅读服务志愿者队伍】2022 年，为保证浣江书房安全运转，诸暨市图书馆牵头与相关社区、学校联合面向社会招募一批责任心强、积极性高的志愿服务者，主要从事浣江书房和图书分馆的日常管理、阅读推广活动的策划组织等志愿服务工作。疫情期间，为保证全市浣江书房安全运行，志愿者们每天做好环境消毒、卫生保洁、书架整理、设备检测，对入馆读者测温、检查健康码和行程码等工作，为广大读者们提供优质服务。

【全民读书节启动仪式暨童声读书会决赛】2022 年 4 月 23 日上午，2022 诸暨市全民读书节启动仪式暨第六季 FM98.2 童声读书会决赛在诸暨市青悦城广场举行。现场 30 组选手参加童声读书会决赛，颁发春晖奖、春苗奖、春芽奖；决赛现场还向市民发布了“地方文献”征集倡议书，表彰 10 名“2021 年度阅读之星”和 8 名“2021 年度浣江书房最美志愿者”。

【“图书馆之夜”活动】2022 年，诸暨市图书馆以“书香浙里 阅享共富”为活动主题开展“图书馆之夜”系列活动，各类活动在诸暨市图书馆本馆和 16 个镇乡街道图书分馆及 3 个浣江书房中开展，以朗诵会、读书分享会（读书沙龙）、阅读分享、观影等多种形式吸引 226320 名读者参加。

【“用生活所感去读书，用读书所得去生活——中外名家谈读书”展览】2022 年 4 月 23 日，诸暨市图书馆在图书馆一楼大厅开展“用生活所感去读书，用读书所得去生活——中外名家谈读书”展览。通过展览，学习名家对“读书”的识见，体味读书的意义，感知读书对人生的影响。

【“感受阅读魅力，探索‘纸’中科学”线上活动】2022 年 4 月 23 日，诸暨市图书馆以线上科学课为载体，通过视频直播的形式开展主题活动，带领读者了解纸的生产历史，在科学实验中理解造纸术的原料和生产过程。

【“喜迎二十大”星光朗诵会】2022 年 7 月 23 日，诸暨市图书馆联合暨阳朗诵团、艺培机构，在獇街举办“喜迎二十大”星光朗诵会，以诗歌朗诵的形式，缅怀先烈、重温党史。

【“天籁浙江 领读共富”主题朗诵大会】2022 年，诸暨市图书馆响应省馆联动在线推出的“天籁浙江 领读共富”主题朗诵大会，依托大赛线上平台，发动读者参赛。49 名选手从海选中脱颖而出，9 名进入复赛，选出青少组选手石展琰的作品《小村庄淘出大时代 诸暨村民网上开店创业》参与省馆决赛。9 月 24 日，2022“天籁浙江 · 领读共富”朗诵大会决赛在嘉善县西塘古镇景区举行，诸暨市图书馆选手石展琰获得浙江省文化和旅游厅颁布的“天籁浙江领读共富”主题朗诵大会青少组二等奖。

【“诸图系列”在线阅读推广活动】2022年，诸暨市图书馆全面推出“诸图系列”在线阅读推广活动。分别在讲座、阅读推广、展览三大版块以在线听书、名师讲坛、线上课堂、线上电子展览的方式开展活动。本年度开展诸图云展27场，诸图听书96场，诸图云讲坛48场，诸图红色云课堂48场。

【“悦享童年”亲子阅读系列活动】2022年，诸暨市图书馆分别在浣江书房西施大剧院馆、浣江书房暨阳小学馆、浣江书房浣纱小学馆等开展70余场悦享童年少儿绘本故事活动。活动围绕每月设定主题展开。通过讲读故事的方式，引导孩子们养成良好的阅读习惯，帮助家长学会如何讲读绘本。

【“书香暨阳大讲堂”系列讲座】围绕“书香点亮人生”主题，坚持“让专家、学者为读者服务”的宗旨，2022年，诸暨市图书馆举办“书香暨阳大讲堂”系列讲座，邀请浙江省公共图书馆优秀阅读推广人顾珊珊、浙江农林大学教授王长今，举办以亲子阅读、乡村文化挖掘传承为主题的讲座。

【书香暨阳“悦读”系列活动】2022年，暨阳阅读联盟开展读书讲座、新书分享、读书沙龙、亲子阅读、研学游学等各类书香暨阳“悦读”活动，在《诸暨日报·文化周刊》开设每月一期“月读”专版，全年累计推荐好书60本。

【“打造书香暨阳 助力精神共富”送展览下基层活动】2022年，诸暨市图书馆在乡镇图书分馆开展送展览下基层活动，以巡展的方式对接对应乡镇分馆，定点定时举办“留住民间的‘要货’——民间玩具展”“浮光阅影——胶片摄影展”“全省青少年漫画大赛优秀作品展”。

【特殊群体服务活动】2022年，诸暨市图书馆推出特殊群体服务，开展农民子弟赠书活动、送书助残活动、服务视障读者活动等，让“特殊读者”得到相关阅读援助和支持。

【暨阳阅读联盟】暨阳阅读联盟组织，是图书馆与诸暨浣纱文学读书会、越书房读书会、樊登读书会等民间读书会共同协作的读书会机构。2022年，诸暨市图书馆发挥暨阳阅读联盟统筹引领作用，以阅读为抓手开展各类阅读活动100余场，发行4期《越读》期刊。

【暨阳朗诵团】暨阳朗诵团是朗读爱好者朗读交流、学习、提高的平台，是打造“书香暨阳”的一个重要阅读推广品牌，以朗诵的方式来倡导全民阅读，营造书香氛围，吸引读者参与其中。2022年，诸暨市图书馆对暨阳朗诵团进行重组。7月，开展“喜迎二十大”星光朗诵会。12月，开展第一期“声动暨阳——喜迎新年 梦想起航”朗诵艺术沙龙。

电影

【概况】诸暨市影业有限公司为国有电影放映单位，2022年，共有干部职工17人、电影放映队4支，有30名电影放映员，拥有数字放映机器33套。

公司所属苎萝影城全年放映3531场次，观众1.06万人次，票房收入34.03万元。公司放映队在全市各行政村（社区、居委会）、企业、学校、养老院、机关企事业单位进行数字电影公益放映，全年完成农村数字电影放映7396场次，观影18万人次；开展中小学电影进校园系列活动，服务师生28.9万人次；成为“最美家庭”爱心单位，为省市级最美家庭免费提供425人以下1场日场观影并提供免费观影券250份；启动“光影点心”进爱心食堂活动，为全市61个爱心食堂提供公益放映100场次。

【红色教育影厅】2022年7月至12月，持续组织开办红色教育影厅，每周推出5部优秀红色经典电影放映。

【“西施露影”公益电影放映】2022年，诸暨市影业公司新建枫桥步森广场和大唐街道楼家广场两个固定放映点，开展“西施露影”文化惠民红色影片展演活动，全年完成市民广场、飨街、王家湖公园等6个点位250场次户外固定点公益放映，累计服务观影群众1.3万人次。

（文广旅游局　赵珏）

著作书目提要

【《藏·西施：让美走向世界》】图集，章顺铁编著。本书收录作者30多年收藏西施资料的成果，包括绘画、陶瓷、影视剧、书刊、日常用品等，形式多样。通过这本书，可以看到“西施文化”在各个时期的演变。全书238千字，开本889毫米×1194毫米，1/16精装本，2022年1月第一版，浙江人民美术出版社出版，定价300元。

【《共同成长·越风2021年卷》】综合文学，越风文学社编，赵卫明主编。本书辑录诸暨市民间文艺家协会在2021年的创作成果，内容涉及民间传奇故事、情景短剧、诗词歌赋等。全书250千字，开本880毫米×1230毫米，1/32平装本，2022年1月第一版，浙江文艺出版社出版，定价45元。

【《苏州河》】长篇小说，海飞著。本书以1949年5月上海解放新旧交替之时为历史背景，以上海市警探陈宝山在查案过程中被卷入国共两党隐秘战线为主线，串联起大时代背景下的革命百态。全书109千字，开本787毫米×1092毫米，1/32精装本，2022年3月第一版，浙江文艺出版社出版，定价59.80元。

【《勾嵊山传奇》】散文集，诸暨市安华镇勾乘山村村民委员会主编。本书是跨年代、多角度、多体例描写勾嵊山的文集。全书分为勾嵊溯源、越地人文、山水遗迹、风物文化四个部分，勾嵊溯源记录的是越国古都勾嵊山的地域来历和历史变迁，同时探索越王勾践之父允常墓之谜，越王勾践称王的前因后果，以及王者之山为何是王者的内涵。越地人文记录的是第一代君王允常的出类拔萃，成为拓疆开土的第一代君王，接着一代霸主勾践的临危受命，以及范蠡、西施、王后雅鱼等历史名人的传说。山水遗迹是历史传说。风物文化通过风物的传承，使勾嵊山文化得以发扬光大。全书182千字，开本710毫米×1000毫米，1/16平装本，2022年5月第一版，中国国际广播出版社出版，定价78元。

【《戏剧中的西施：西施题材剧作荟萃》】戏剧文集，吴五六编。本书收录关于西施的11个剧种16个剧本，除京剧、越剧、黄梅戏等传统戏曲外，还有话剧、歌剧，展现了不同戏剧舞台上所呈现出来的各不相同的西施形象。全书290千字，开本787毫米×1092毫米，1/16平装本，2022年5月第一版，中国书籍出版社出版，定价380元。

【《浣江觅珠》】散文集，周煦凤著。全书共收录作者17篇关于诸暨地域文化的散文。这些散文中，既有趣味性很强的民间故事，又有专业很强的文艺评论和非遗项目的前世今生，既有对诗词、书法、篆刻一类的高雅文化介绍，又有对乡间民俗文化的鉴赏。全书160千字，开本880毫米×1230毫米，1/32平装本，2022年7月第一版，云南人民出版社出版，定价35元。

【《认识〈诗经〉里的植物》】儿童读物，诸暨市关心下一代工作委员会，诸暨市斯民小学编著。本书是浙江省诸暨市东白湖镇斯民小学自然课程的结集。斯民小学立足儿童，实施自然教育课程的开发和探索，让孩子们在自然的环境下，寻找身边的《诗经》植物，旨在结合现代植物学知识，进行传统《诗经》文化的熏陶，探究自然科学。全书82千字，开本880毫米×1230毫米，1/32平装本，2022年8月第一版，湖南科学技术出版社出版，定价48元。

【《诸暨市科学技术协会志》】志书，诸暨市科学技术协会编。本书采用新闻报道、活动照片或调研文章等原始材料，记录自民国初诸暨出现的科技类组织，到2021年12月诸暨科协的发展历史，重点记录1984年县科协独立建制后至2021年七届科协工作。全书488千字，开本210毫米×285毫米，1/16精装本，2022年8月第一版，团结出版社出版，定价280元。

【《珍珠有泪》】纪实文学，何延东著。本书共13篇文章，讲述诸暨第一代珠农、珠商的珍珠故事。作者用文字写父亲、母亲、外公，也写故乡的四季房、山下湖老桥。全书157千字，开本787毫米×1092毫米，1/32平装本，2022年8月第一版，浙江工商大学出版社出版，定价49.88元。

【《松风涛声：寿松涛纪念文集》】纪念文集，《松风涛声》编委会编。全书按照不同的历史时期，收录诸暨籍革命前辈寿松涛及同事、战友、亲人、朋友与其共同战斗、工作和生活的有关著述、回忆文章等，从不同角度记述和反映寿松涛革命战斗的一生。全书1100千字，开本170毫米×240毫米，1/16平装本，2022年8月第一版，中共党史出版社出版，定价198元（上下册）。

【《红色记忆——店口镇革命遗址图志记文》】革命史料，诸暨市店口镇乡贤文化研究会编。全书记录了自1919年五四运动爆发到1949年5月诸暨县城解放的时间内，在店口镇发生以及店口人在外地的重要革命活动的图、址、记、文等。全书78千字，开本650毫米×900毫米，1/16平装本，2022年9月第一版，中国文化出版社出版，定价28元。

【《走进百国》】摄影集，斯培光撰文、摄影。本书作者游览世界，纪录旅行当中的美好回忆和所思所悟，用所拍摄的600余幅照片，展示了走过的境外104个国家和南北极的风采。开本787毫米×1092毫米，1/16精装本，2022年10月第一版，浙江摄影出版社出版，定价198元。

【《屠倬诗文集》（点校本）】汇编，清代屠倬著，佘德余点校，诸暨市店口镇乡贤文化研究会主编。本书内容包括《是程堂集》十四卷、《是程堂集》诗八卷、《耶溪渔隐词》二卷、《是程堂倡和投赠集》二十五卷。全书592千字，开本710毫米×1000毫米，1/16平装本，2022年10月第一版，中国文化出版社出版，定价98元。

【《新时代"枫桥经验"的实践：预防青少年新型违法犯罪数字治理研究》】预防犯罪研究，陈京春、潘超英、张芸著。本书试图在刑法学、犯罪学、社会治理学、人工智能等多学科研究的基础上，以新时代浙江高质量发展奋力推进中国特色社会主义共同富裕先行和省域现代化先行为目标，以新时代"枫桥经验"为指引，结合相关部门的权威统计数据和专项调查资料及报告，立足诸暨市预防青少年新型违法犯罪应用的具体实践，参考智慧未检的实践经验，描述和剖析青少年新型违法犯罪的情势和成因，审视梳理预防青少年新型违法犯罪数字治理的思路和策略，为促进青少年健康成长、建设更高质量的"平安浙江""平安中国"做出贡献。全书330千字，开本710毫米×960毫米，1/16平装本，2022年11月第一版，中国检察出版社出版，定价72元。

【《新时代"枫桥经验"论要》】社会管理，金伯中著。本书汇集作者几十年来关于"枫桥经验"的理论研究成果和参与蹲点调查形成的调查报告，反映作者在不同历史时期和发展阶段对"枫桥经验"的认识和思考。全书257千字，开本1/16平装本，2022年11月第一版，浙江人民出版社出版，定价88元。

（文广旅游局　赵珏）

【《游泳》】小说集，莉莉陈著。共收短篇小说10篇。全书222页，开本880毫米×1230毫米，2022年10月第一版，百花文艺出版社出版，定价65元。

（文　联）

档案

【概况】2022年，诸暨市认真学习贯彻党的二十大精神，以习近平总书记关于档案工作重要批示精神为遵循，按照"助推'两个先行'走在前，践行'三个走向'作示范"的要求，以数字化改革为牵引，解放思想、守正创新，系统推进档案工作整体提升，努力在践行"四好""两服务"中推动诸暨档案工作迈上新台阶。全年窗口接待查档、接待远程查阅服务共计19104人次，利用档案24328卷4533件。

【档案数字化双试点】2022年，紧扣全省档案工作数字化转型示范区创建目标，统筹推进区域数字档案管理服务一体化平台和档案数据资源归集共享双试点工作。投资300万元开发打造区域数字档案管理服务一体化平台（诸暨E档通）项目，构建"一窗治档"的监管体系、"一库集档"的资源仓库、"一站查档"的服务渠道、"一体管档"的智能应用等四大功能模块，努力实现档案治理一体化、管理智慧化、资源集成化、查询掌上化目标。该项目于12月上线试运行。推进档案数据资源归集共享试点工作，全面开展专题数据分类梳理和开放审核，做到"应归尽归、应传尽传"。完成婚姻、户籍、土地承包等16个类别档案的数据归集工作。

【共同富裕档案展览】2022年6月9日国际档案日，诸暨市档案馆挖掘利用档案资料，在馆内一楼举办"喜迎二十大 档案颂辉煌——共富路上的'诸'迹"主题展览，分生活富裕富足、精神自信自强、环境宜居宜业、社会和谐和睦、公共服务普及普惠五大版块，从不同侧面反映近年诸暨市推进现代化建设、打造共富高地的各项喜人成绩、重大成就，生动诠释在共富路上的开拓创新历程、砥砺奋斗足迹。

【档案文化阵地建设】2022年，诸暨市档案馆二楼发挥档案科普、爱国主义教育基地作用，推进红色档案服务校园思政教育，开展"暑期夏令营"特色活动，并成功申报为诸暨记忆研学实践教育基地。

【档案接收征集】2022年，组织开展2003—2015年全市各机关单位及镇乡的档案接收工作，全年共接收20家单位12591卷161415件，照片2385张，视频108个。征集《诸暨市志》《包村村志》《暨阳洪氏宗谱》

2022年6月9日，诸暨市档案馆一楼举办"喜迎二十大·档案颂辉煌——共富路上的'诸'迹"主题展览(档案馆提供)

等各类书籍报纸43本(册)，名人档案资料8本。加强重特大事件档案资源专题库建设，扎实推进档案专题库建设，共归集共同富裕、枫桥经验、数字化改革、疫情防控重要专题档案资料15000余件，图片1万多张，视频59个。

【档案编研】2022年，挖掘利用馆藏档案资源，编著出版《诸暨民俗杂识》，全面记录诸暨作为越中古邑千百年间在生产、种植、养殖、营造、烧制、衣食住行、生育抚养、商贸、礼仪、民间艺术等各方面的发展、变迁和消亡。围绕"枫桥经验"60周年纪念活动，加强史料征集、整理、研究，启动编纂《档案见证"枫桥经验"》。

【档案抢救和保护】2022年，继续实施全省重点档案保护和开发利用工程，开展民国档案抢救保护工作，高质量修裱民国档案、革命历史档案25146页。

【档案开放利用】2022年，依据新修订的《中华人民共和国档案法》，建立健全档案开放鉴定台账，完成1988—1998年的153个全宗划控鉴定的初审和复审工作，档案开放文件级条目73151条，开放率达到23.94%。进一步深化档案便民服务，探索推进"一站查档"模式，推行"掌上查档、站点出证"，推动档案室、档案馆资源互通互联，实现PC端、移动端、自助端、窗口端四端联动，打通为民服务"最后一公里"。

(市档案馆　祝媛媛)

医疗卫生

2022年，诸暨市有市级医院8家，其中三甲（三级甲等）综合医院1家、三甲中医医院1家、二甲综合医院2家、二甲妇保院1家、二乙综合医院3家。有按二级甲等标准建设的精神专科医院1家。全市有乡镇卫生院（社区卫生服务中心）17家、社区卫生服务站75家、村卫生室406家。有民营医院17家、门诊部12家、医务室保健所89家、个体诊所284家。全市医疗机构实际开放床位8005张，平均每千人口6.59张；执业医师和执业助理医师4982人，平均每千人口4.1人；注册护士5067人，平均每千人口4.17人。全年门急诊12672981人次，出院175955人次；医疗业务总收入38.00亿元。全市公立医院门急诊6825973人次，同比增长4.6%，出院150685人次，同比增长5.8%；总医疗收入27.96亿元，同比增长2.6%；门诊均次费用231.6元，同比减少0.2%；出院均次费用7951.5元，减少4.3%；西成药占比28.1%，上升0.4%；医疗服务收入占比33.6%，上升1.6%。县城内就诊率90.42%，基层就诊率67.55%。

全市公立卫生健康单位在职人员7909人，其中在编5237人。中高级职称3985人，其中卫技高级职称1408人、中级职称2416人。全年招聘医学专业人才159人、公务员（参公）7人、其他专业技术人员16人，其中硕士研究生学历34人。开展“新村医”定向委托培养78人，其中本科38人、大专40人。

诸暨市卫健局下辖卫生健康行政执法队、疾病预防控制中心、卫生健康宣传教育中心、计划生育协会秘书处、预算会计核算中心卫生健康分中心、中心血库、急救中心和绍兴护士学校各1家。通过国家医疗健康信息互联互通标准化成熟度测评，区域信息化水平达到国家“四级甲等”标准。完成诸暨市“健康大脑”建设，实现全市公立医疗机构数据全量归集。完善市域医学影像、心电、超声、病理、远程会诊等五大共享中心。实现市级医院入驻省互联网医院平台全覆盖，220名医师、18名药剂师、67名护士入驻开展“互联网+”服务。迭代升级“浙里办”健康诸暨专区，月均服务15万人次。二级以上8家医疗机构、二级以下18家医疗机构检验检查共享互认覆盖率100%，全市互认率接近40%，累计节省金额6903421元。政务服务事项100%实现“网上办”“浙里办”“跑零次”，清单认领率、检查覆盖率均为100%。推进“一网通办”（政务服务2.0平台）工作，持续深化“证照分离”改革，全年窗口办理各类卫生许可事项4317件次。审核重大行政执法决定60件、移送3件；行政处罚案件 914 件，罚没款 434.32 万元；上报失信“黑名单”信息 10 例。全年无行政复议被纠错或行政诉讼败诉案件。市人民医院、市中医医院国家公立医院绩效考核 2021 年分获 A、B+ 等级；市人民医院入选国家卫健委“千县工程”名单；市中心医院等 6 家二级医院分别通过等级医院复评。批准设置诸暨迅迪医学检验实验室，新核发个体诊所 42 家。

全市共有 29 家医疗机构建设成为“老年友善医疗机构”，二级以上综合医院和中医医院均设立老年病学科，基层医疗机构康复护理床位数占比达 30.5%，枫桥镇社区卫生服务中心、璜山镇中心卫生院和诸暨颐和康复护理院开展了安宁疗护服务，诸暨颐和康复护理院实施全国老龄健康医养结合远程协同服务试点工作。

全市有 15717 人持有惠民医疗优惠证。惠民医院共收治门诊病人 228967 人次，住院病人 5322 人次，减免总医疗费用 1905.2 万元。

重点人群疾病筛查工程。完成重点人群免费接种流感疫苗 20010 剂次、23 价肺炎疫苗 2 万剂次。完成重点人群结直肠癌筛查 40526 人。完成老年人前列腺癌免费筛查 48206 人。完成慢性阻塞性肺疾病免费筛查 3200 人。完成重点人群白内障免费手术 98 人。完成老年人免费开展老年痴呆筛查和早期干预项目，AD8 初筛 35442 人，精筛量表和 CT 检查 5486 人。

中医中药。2022 年，诸暨市列入浙江省国家中医药综合改革示范区建设，中医药专项资金提高到每年 1000 万元，连续 3 年居县（市、区）中医药发展指数全省前 10、绍兴市第一，中医药创新动力维度居全省第一。全市有中医门诊科室 126 个、中药房 38 个。镇乡街道社区卫生服务中心中医科、中药房设置率 100%，均达到三星级中医馆建设标准。2 家中医馆、2 家中医阁被评为绍兴市旗舰中医馆、中医阁。

（卫健局　斯敬涵）

疾病预防控制

【概况】2022 年，全市报告发病乙、丙类传染病 18 种 9721 例（新冠病毒感染除外），无甲类传染病报告，无死亡病例报告。其中，乙类 12 种 1334 例，发病率为 109.52/10 万；丙类传染病 6 种 8799 例。

【新冠疫情防控】2022 年 1 月 1 日至 12 月 7 日，处置 90 起新冠病例。11 月后，随着奥密克戎病毒致病性的减弱、疫苗接种的普及、防控经验的积累，国家不断优化调整防控措施。12 月 7 日，国务院联防联控机制综合组发布《关于进一步优化落实新冠肺炎疫情防控措施的通知》。诸暨市高水平抓好疫情防控及医疗救治工作，发热门诊（诊室）应开尽开、24 小时开放，全市有发热门诊 8 个、基层发热诊室 17 个，村卫生室、个体诊所全面恢复接诊发热患者，疫情防控有序转段平稳渡峰，三级医疗救治体系建设得到省领导批示肯定并推广应用。全年开展重点环境、重点物品和重点人群新冠疫情风险监测，检测新冠病毒核酸标本。开展新冠疫苗接种，设置接种点（其中包括方舱接种点）。提供第一次剂次、第二剂次、第一次剂次加强针和第二剂次加强针疫苗接种。11 月 30 日起，在暨阳街道、暨南街道方舱接种点提供吸入用重组新冠病毒疫苗（5 型腺病毒载体）接种服务。

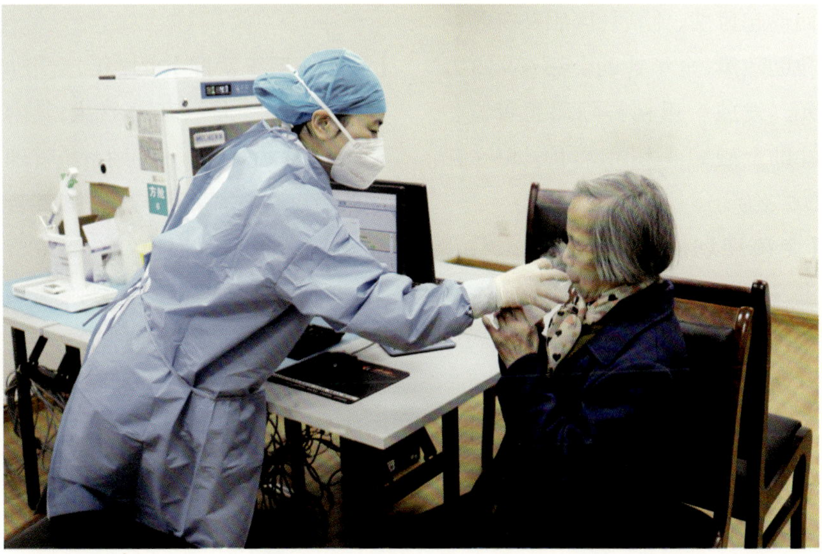

2022 年 11 月 30 日，暨阳街道新冠疫苗方舱接种点的第一批吸入式新冠疫苗接种者（卫健局提供）

【高血压糖尿病综合防治】2022年，全市登记建档高血压患者174981例，检出率14.37%，管理率57.37%，规范管理率81.88%，血压控制率78.51%；登记建档糖尿病患者62799例，检出率5.16%，管理率64.96%，规范管理率79.18%，空腹血糖控制率56.36%。深入开展《高血压糖尿病全周期健康管理推进分级诊疗改革》工作，新建“两慢病”一体化门诊3家，“两慢病”患者基层就诊率达80%以上，上级医院向基层医疗机构转诊同比增长25.38%。组织实施“三免三惠”健康行动，共完成体检29.26万人，任务完成率126%。

【严重精神障碍患者管理】2022年，全市发现登记重性精神障碍患者6215人，常住人口报告患病率5.10‰，规范管理率99.98%，规律服药率97.06%，面访率99.95%，体检率81.4%，五大综合性指标得分位居绍兴市第一。继续实施住院门诊治疗有效费用全额救助、免除特殊门诊起付费、免费社区服药等救治救助政策，全年补助金额669.28万元。发放严重精神障碍患者监护补助金额51.3万元、看护补贴金额202.3万元。

【免疫规划疫苗接种】2022年，儿童免疫规划疫苗接种195031剂次，接种率为99.48%。非免疫规划疫苗接种228248剂次。疑似预防接种异常反应监测报告318例，无严重疫苗接种不良反应报告。完成8家产科门诊、26家犬伤处置门诊疫苗接种全程电子追溯，贯通率100%。

【卫生监测调查】2022年，采集食品安全风险监测样本1250份，完成率102.46%。主动监测食源性疾病病例采集样本279例，阳性检出率为10%。全市采集集中式供水水样346份，城市公共供水合格率为100%，农村集中式供水工程水质监测合格率为99.11%。抽取7所中小学校、幼儿园共2140名学生进行视力、肥胖、营养不良、龋齿、脊柱弯曲异常、贫血等常见病及青春期发育情况筛查。

【卫生应急建设】2022年，做好H7N9禽流感、登革热、手足口病、诺如病毒感染等疫病的防控和应对工作，处置学校诺如病毒感染聚集性疫情4起，无突发公共卫生事件报告。组织开展医疗机构反恐怖“四联三防”建设工作和反恐防暴应急处突演练，推进反恐重点目标单位标准化建设。

（卫健局　周波青）

妇幼保健

【孕产妇系统管理】2022年，全市8家接产机构全年活产6583人，其中户籍活产5074人，孕产妇系统管理率为97.36%。高危孕产妇筛查管理4110人，占产妇总数的82.36%，高危孕妇管理率和住院分娩率均为100%。产前筛查率96.25%，产前诊断190人。继续开展孕产妇免费建册，免费艾滋病、梅毒、乙肝筛查检测率为100%。继续开展优生促进和母婴健康促进工程工作，免费经费补助873万元。开展第二轮妇女“两癌”检查，完成宫颈癌检查33726例，乳腺癌检查34300例。继续推广出生一件事“掌上办”，掌上办理率90%。市妇幼保健院在全省首次妇幼保健机构绩效考核中获得第六名。

【托育服务】2022年，继续推进“诸有善育”托育服务工作，出台托育服务机构建设和运行补助政策，新增4个镇乡街道托育机构，新增托位数1247个，其中普惠性托位892个。全市共有托位4297个，每千人托位数3.54个，实现托育服务机构镇乡街道全覆盖，婴幼儿养育服务驿站镇乡街道全覆盖，婴幼儿养育服务小组基层医疗机构全覆盖。市第二人民医院、市第四人民医院、市第五人民医院建成“医、防、护”儿童健康服务管理中心。

（卫健局　王佳伟）

医教科研

【科技成果和论文】2022年，省卫生健康委科研立项11项、绍兴市卫生健康委科研立项13项。共发表论文302篇，其中SCI论文111篇、中华系列论文4篇。

【继续医学教育】2022年，完成各级继续教育班404期(其中国家级8项、省级46项)。举办中医适宜技术推广培训班2期。全市共有112人到上级医院进修，其中有91人赴省级医院深造学习，新招录住院医师规范化培训56人。

【重点学科建设】2022年，新增名医工作室15家。诸暨市人民医院“绍兴市骨质疏松精准诊断和防治重点实验室”被认定为2022年绍兴

市重点实验室。新建博士后工作站 1 个。（卫健局 寿军威）

卫生监督

【概况】全年承办卫生行政处罚案件 914 起，其中一般程序 730 起，简易程序 184 起，移送 3 起，大要案 60 起，罚没款共 434.32 万元。

【卫生监督双随机抽查】2022 年，诸暨市开展国家级、省级双随机抽取任务 674 项，完成率 100%，作出行政处罚 296 起，处罚率 43.9%。

【数智卫监平台接入】2022 年，推进省建县用数智卫监平台接入使用，全市共接入“诊疗行为监督在线”医疗机构 501 家、“口腔诊疗机构监督在线” 126 家、“集中消毒餐饮具企业智能监管系统”企业 5 家、“住宿场所客房保洁智能监管系统” 6 家。

【医疗卫生监管】2022 年，开展医疗乱象专项治理，责令整改医疗机构 8 家，行政处罚 8 起。开展核查违规添加违禁抗（抑）菌制剂行动，累计排查 714 家，行政处罚 3 起。医疗机构消毒效果监测 330 家、不合格 38 家，医院污水抽检 55 家、不合格 5 家，7 家二级及以上医疗机构安装污水总余氯、pH、流量在线监测设备并联网生态环境部门。完成 5 家医疗机构绍兴市“无废医院”创建。打击非法行医，行政处罚 40 起；开展联合执法检查 29 次，行政处罚 22 起，向市场监管局、公安局移交线索 8 条。

【公共场所卫生监管】2022 年，推广公共场所自查自律系统，住宿场所完成安装 256 家，完成率为 67.37%。开展游泳场所夏季卫生执法监督专项行动，抽检水样 117 份，合格 97 份，合格率为 82.9%，行政处罚 24 起。开展控烟专项执法行动 2 次，行政处罚 28 起。对集中式供水单位及二次供水单位水质进行卫生监测，抽检水样 212 份，合格率为 100%；检查涉水产品生产企业 203 家次，抽检样品 80 件，对 11 家无许可批件生产管材管件企业作出行政处罚。

【学校卫生监管】2022 年，继续开展“护苗”专项行动，对 5 所托幼机构进行监督抽检，行政处罚 4 起。开展病媒生物防控专项监督检查，对 8 所责令改正后密度仍超标的托幼机构作出行政处罚。对城区 7 个高考、10 个中考考点开展中高考安全保障监督检查。

【职业卫生监管】2022 年，备案职业病危害项目用人单位 1471 家，开展职业健康体检 1076 家，共体检 19479 人，发现疑似职业病 11 例、职业禁忌证 721 例。推进职业健康保护行动省试点工作，完成职业病防治示范企业建设 35 家、“健康工会” 5 个、“健康企业” 10 家、“健康达人” 16 名。对 33 家铸造行业用人单位开展专项监督检测，行政处罚 25 起。（卫健局 周波青）

城乡社区卫生服务

【基层卫生健康综合试验区建设】2022 年 6 月，为推进省基层卫生健康综合试验区建设（2021 年 9 月列入），诸暨市出台《诸暨市基层卫生健康综合试验区建设实施方案》，在投入保障、管理体制、运行机制、服务模式等方面提出具体要求，以不断提升基层卫生健康服务能力和水平，满足群众健康服务需求。

【基层医疗机构标准化建设】2022 年，所有镇乡卫生院均开展住院服务，设置中医药综合服务区，配备标准化急救设备。国家“优质服务基层行”活动，应店街、璜山、浬浦、次

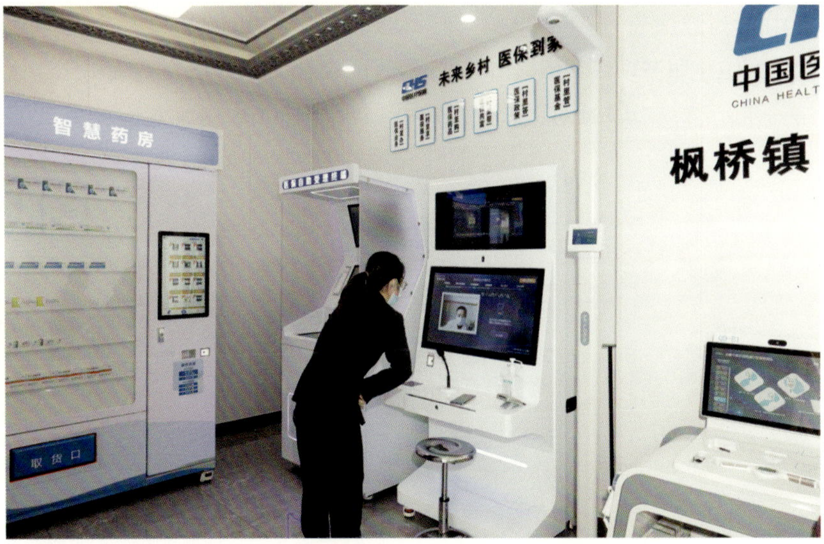

枫桥镇智慧化村卫生室（卫健局提供，摄于 2022 年 11 月）

坞镇卫生院和暨南街道社区卫生服务中心达到国家“推荐标准”，其他镇乡卫生院达到国家“基本标准”。新建、改扩建村卫生室33家，其中23家“智慧化”村卫生室，村卫生室规范化率达89.54%。

【个性化签约服务】2022年，组建“全—专科”家庭医生签约服务团队481个，有664位家庭医生开展签约服务工作，签约589214人，规范签约率48.37%，十类重点人群签约覆盖率91.05%。璜山镇中心卫生院被评为省签约服务培训基地，暨南街道社区卫生中心被评为省签约服务示范点。诸暨市被列为全国残疾人家庭医生签约服务重点联系点。

【基本公共卫生服务】2022年，继续落实国家基本公共卫生服务项目，人均基本公共卫生服务项目经费75元。居民规范化电子健康档案建档率90.96%，动态使用率79.54%。65岁及以上老年人城乡社区规范健康管理服务率74.91%、中医健康管理率73.07%；0～3岁儿童中医药健康管理率83.96%。基本公共卫生服务项目获绍兴市考核第一名。（卫健局　王佳伟）

爱国卫生

【卫生系列创建】2022年，完成13个国家卫生乡镇的量化分级，新申报省卫生村26个，复审省卫生村133个。无烟党政机关、无烟医院、无烟学校覆盖率100%。经省爱卫办现场评估，城区5个街道病媒生物密度控制水平达国家C级标准，其中暨阳街道达B级标准。

【健康促进创建】2022年，高质量建设浙江省健康促进县区并通过省级评估。推进健康村镇、社区、家庭建设工作，建成163个健康村、64个健康社区，建设健康家庭96645户，评比健康家庭示范户358户。建设提升健康促进医院36家，覆盖率达85.7%。新建铜牌健康促进学校24家、银牌学校16家、金牌学校4家，全市健康促进学校覆盖率达100%。

（卫健局　鲁琦军）

优生优育

【概况】2022年，全市共出生5464人，出生率和自然增长率分别为5.07‰和−2.43‰，常住人口出生人口性别比106.68。女性初婚人数3185人，已婚育龄妇女人数156102人，一孩妇女数81310人，总和生育率0.88。全市流入育龄妇女110723人，流入育龄妇女登记管理率大于95%；流出育龄妇女34671人，其中已婚育龄妇女25461人，流出已婚育龄妇女信息接收反馈率100%。

【惠民服务】2022年，办理生育登记服务5580例，其中一孩生育登记服务3652例、二孩1770例、三孩158例。全市拥有三星级及以上公共场所母婴室34家，实现浙里办线上智慧母婴室导引服务，公共场所母婴设施标准化配置率达100%。全年发放奖励扶助金、特别扶助金及独生子女特殊家庭关爱金共8653.741万元。（卫健局　徐幼萍）

【计生协会活动】2022年，诸暨市计生协会承接省计生协生育关怀——幸福家庭创建促进行动项目，协助绍兴计生协开展全国计生协综合改革试点工作，指导7家市级医院建立向日葵亲子小屋。开展生育关怀慰问和失独家庭心理疏导，开展家庭安康和失独家庭疾病保险。

（卫健局　黄婉红）

体育

2022年，诸暨市深入贯彻落实党的二十大及浙江省第十五次党代会精神，锚定“现代化体育强市”目标，以体育数字化发展为契机，以擦亮“全国篮球城市”金名片为载体，深化体教融合，扎实推进“健康诸暨”建设，促进群众体育、竞技体育、体育产业协调发展。荣获“浙江省健康县(区)”称号，入围2022—2024年省体育现代化县(市、区)创建名单。诸暨市教体局获评2022年度浙江省基层体育场地设施建设成绩突出单位(绍兴市唯一)，被绍兴市政府授予集体三等功(体育)嘉奖1次。诸暨市选送运动员万济圆夺得女子三人篮球世界杯铜牌、亚洲杯金牌，继续书写浙江篮球历史，李佳恒入选中国三人篮球国家男队选拔训练营名单，被授予绍兴市个人三等功。诸暨运动员杨志华助力浙江队夺得2022年全国羽毛球冠军赛混合团体赛冠军，实现该赛事诸暨金牌零的突破。海亮学校篮球队斩获全国U15、U17青少年篮球联赛双亚军，以诸暨运动员为主构成的篮球队代表绍兴夺得浙江省第十七届运动会五人制篮球比赛(丙组)金牌。诸暨市队夺得绍兴市青少年田径锦标赛总分第一。

体育场地建设。总投资1700万元的店口镇何家山头村文体中心建成投用。完成年度省、绍兴市体育民生实事工程(基层体育设施升级改造项目)20项，包括3个中心村全民健身广场、1个体育公园、2个体育设施进公园、2个笼式足球场、2个社区多功能运动场、9个百姓健身房、50千米健身步道建设。新增体育场地面积34715平方米，累计达368.44万平方米，按121.97万名常住人口计，全市人均体育场地面积为3.02平方米。

品牌赛事。加强与国家、省体育部门对接，引进高端体育赛事活动，打造有影响有特色的赛事品牌。办好2022—2023 CBA联赛第二阶段193场比赛和全明星周末，办赛经验在全省体育竞赛工作会议上交流推广。全年共举办(承办)省级及以上体育赛事活动9次、地市级体育赛事活动7次。 (郭泽炜)

学校体育

【概况】2022年，强化课程管理，严格按照体育课程标准要求，开齐开足体育课程，全面落实大课间体育活动制度，配齐配好体育教师，不断提升体育教学质量。强化健康监测，细化学校体质健康管理规定，完善体质健康考核评价机制，注重过程管理和结果评价。加强阳光体育开展，统筹阳光赛事和课后托管共同发展，提升学生体育竞技水平，增强学生身体素质。累计创成全国青少年校园足球特色学校(幼儿园)22 所、全国青少年篮球特色学校 9 所。

【学生体质健康测试】2022 年,建成投用诸暨市体质测试中心。5 月,组织全市体质健康抽测,首次采用人脸识别系统确定学生身份,统一集中在市体测中心进行全封闭测试,共检测有效样本数据 5548 人,其中普职高 1520 人、初中 1411 人、小学 2617 人,测试成绩较上年有明显进步。全省高校新生(生源地)体质健康测试中,优良率排名较上年度提升 7 位,合格率较上年度提升 1.4%;在绍兴市第五届中学生军体运动会体质测试中,综合得分排名第三。

【阳光体育四大联赛】2022 年,承办 ZSFL 浙江省第十三届中小学生校园足球联赛中职男子组总决赛、ZSBL 浙江省第十五届学生篮球联赛晋级赛高中男子(甲组)比赛。参加绍兴市首届中学生田径运动会获县市区团体第二名,其中诸暨中学获学校组第一名。参加 ZSBL 浙江省第十六届中学生篮球联赛绍兴赛区市级赛(初高中组),4 校包揽所有组别冠军,10 支参赛队伍位列对应组别前三。海亮初中篮球队夺得 2021 全国 U15 青少年篮球联赛男子组亚军,海亮外语中学篮球队夺得 2022 全国 U17 青少年篮球联赛亚军。举办诸暨市第十八届中小学生体育节,10 月 26 日至 28 日,举行中小学生田径运动会,共有 105 支代表队、1452 名运动员参赛,参赛人数及规模再创历史新高,破市运会纪录 42 项,同时组织中小学生足球、篮球、乒乓球、游泳、健美操等多项赛事活动。

【课后托管体育项目服务】2022 年,体育助力“双减”增效,建构丰富的体育“延时服务”,推进素质教育发展。借力社会资源,持续推动“精武螳螂拳”“赵家拳棒”等更多体育非遗进校园,丰富体育形式;结合学校优势,持续深化篮球、足球、乒乓球等特色运动项目发展。

(俞旭平)

以诸暨运动员为主的篮球队代表绍兴夺得浙江省第十七届运动会五人制篮球比赛(丙组)金牌(教体局提供,摄于 2022 年 9 月)

群众体育

【概况】2022 年,制定《诸暨市公共体育设施管理办法》《诸暨市全民健身实施计划(2022—2025 年)》,以“健康诸暨”建设为主题,开展全民健身活动,推动全民健身与全民健康深度融合。全年举办各类全民健身活动 283 场,参与 20 余万人次。承办和参加全国、浙江省、绍兴市级比赛活动,组织体育骨干队伍培训、全民健身科学大讲堂活动、国民体质抽测,开展全市基层体育场地设施建设和维护管理,完成年度新增体育场地调查统计工作。

【全民健身活动】全年由市教体局主办,各协会承办的全市性全民健身活动共 28 场。“诸暨农商银行杯”诸暨市第十八届篮球联赛,共有 83 支篮球队约 1300 名运动员参加比赛;诸暨市第三届幸福家庭杯篮球赛,共 50 个家庭组队参赛;首届“诸才云集杯”篮球邀请赛,共 10 支人才队伍参赛。举办 2022 诸暨市首届校击剑联赛暨第二届青少年击剑锦标赛、“发展体育运动 增强人民体质”诸暨市老年人迷你气排球交流赛、诸暨市第二届青少年武术健身操比赛、诸暨市首届武术交流大赛、诸暨市气排球联赛暨俱乐部精英赛、诸暨市大众跆拳道赛、诸暨市健身气功站点联赛线上比赛、2022 年诸暨市《国家体育锻炼标准》达标测试赛、2022 年诸暨市党员门球赛等。9 月 1 日,“健康生活日”举办诸暨市第 15 届全民健身节健身展示活动,开展“最美风景线 你我暨阳行”美丽乡村徒步登山系列活动7次，分别走进山下湖镇、店口镇何家山村、店口镇杭坞山村、东和乡养心谷等。牵头15个镇乡举办15场“我们的村运会”，全市173个行政村和单位约3250名运动员参加。组织市门球协会、武术协会、老年体协等6个协会开展23次“送体育下乡”活动，协会志愿参与人员近700人次，服务基层百姓约1500人。开展“水乡孩子会游泳”公益培训活动，共培训1500人次。

【承办全国和省市级体育赛事活动】2022年8月8日，组织“全民健身日——全国门球大联赛诸暨分会场活动”。承办省级比赛活动6场，包含6月18日至19日的2022年浙江省小篮球联赛诸暨赛区比赛、7月8日至10日的浙江省第32届浣纱杯桥牌赛、9月6日至8日的2022年浙江省老年人（女子）气排球交流活动、11月13日至14日的浙江省首届桥牌裁判员桥牌赛、11月18日至20日的浙江省五人制足球冠军赛浙东片区赛、6月25日的“2022年行万里路走浙里健康共富路”诸暨站健步走等。承办绍兴地市级赛事活动5场，包含5月26日至27日的“迎亚运 乐健康”2022年绍兴市老年人地掷球交流活动、8月5日的2022年绍兴市教育工会安排交流赛、8月5日至7日的绍兴市第9届气排球锦标赛暨俱乐部赛、11月3日至4日的2022年绍兴市老年气排球交流赛、11月7日至8日的“迎亚运”绍兴市第九届中小学生武术健身操比赛等。

【组队参加全国和省市级比赛】2022年8月，市门球协会在承办全民健身日——全国门球大联赛活动诸暨分站赛取得全国三等奖。市青少年门球队在2022年浙江省青少年门球锦标赛中取得1金1银。6月，新诸暨人杜志鹏代表绍兴组队参加浙江省第二届智力运动会车辆模型比赛，荣获1/8电动越野车组冠军。7月，市武术协会在浙江省第7届太极拳公开赛上夺得个人34金29银12铜。7月，市篮球协会组队参加浙江省首届共同富裕杯篮球邀请赛获冠军，在绍兴市第七届中老年篮球邀请赛中包揽3个组别的冠军，在11月的浙江省第八届乡村振兴杯篮球邀请赛中获第五名。9月，市桥牌协会在“平安缘”杯浙江省桥牌比赛荣获冠军。11月，在浙江省社区运动会地掷球比赛中荣获塑质球男女冠军。市老年体协在2022年浙江省老年人气排球和2022年浙江省老年人迷你气排球交流活动、2022年浙江省老年人气排球（男子）邀请赛中均获冠军，在2022年绍兴市老年气排球比赛中男女双双获得冠军。市排球协会在绍兴市第九届气排球锦标赛暨俱乐部赛中摘得1金1银2铜。

【社会体育指导员培训】2022年，市教体局协同卫健部门、各体育社团力量，开展“体卫融合”等主题社会体育指导员培训4次。开展社会体育指导员等级培训5次，全年312名社会骨干参加培训，新增三级社会体育指导员158名。

【国民体质测试】2022年11月，开展2022年度诸暨市国民体质测试工作，市教体局组织全市5个幼儿园、23个镇乡街道和各体育协会完成3468个样本的监测工作，其中幼儿1522名、成年人1946名，体测合格率为95.27%（浙江体育科学研究所核准全绍兴市统一为94.2%）。测试现场向每位测试对象提供测试报告和针对性的科学运动处方。

（张建琴）

竞技体育

【概况】全市业余训练布局项目共16项（田径、游泳、射击、乒乓球、跆拳道、柔道、摔跤、篮球、排球、足球、击剑、空手道、技巧、羽毛球、网球、攀岩）。2022年度新招优秀退役运动员当教练员4名（赛艇1名、排球2名、跆拳道1名），共有教练员46人，其中专职教练2名（体育发展中心编制）、退役教练员16名、聘用教练12名、兼职教练16名。在训运动员共790余人。

【组织参加绍兴市青少年锦标赛】2022年，组织参加2022年绍兴市青少年锦标赛田径、游泳、柔道、散打、沙排、击剑、棋类、皮划赛艇、空手道、击剑等23个项目的比赛，共获金牌177.5枚、银牌120枚、铜牌100枚。其中，诸暨市承办篮球、足球、空手道等3个项目赛事。

【组织参加浙江省青少年锦标赛】2022年，组织参加2022年浙江省青少年锦标赛田径、篮球、摔跤、跆拳道、水上项目、射击、排球、空手道、沙排等15个项目的比赛（其中男女五人制、三人制篮球，空手道，自行车项目代表绍兴市参赛),共获金牌 15.35 枚、银牌 21.55 枚、铜牌 20.55 枚。

【组织参加第十七届省运会】2022 年,组队代表绍兴市参加第十七届省运会篮球、空手道、自行车等项目赛事,组织参加田径、排球、跆拳道等项目赛事,共获实战金牌 7.98 枚、银牌 6.59 枚、铜牌 14.71 枚,实战金牌有较大提升。

【运动员引进及输送】2022 年,输送到绍兴市少体校集训 22 人、省体育职业技术学院集训 3 人,省队有 2 名运动员转正。2022 年度从杭州新引进 3 名网球项目优秀运动员苗子,从山西引进 2 名篮球项目优秀运动员苗子。 （魏福灿）

体育产业

【概况】依托诸暨自然资源和区域优势,坚持"宜融则融,能融尽融"的工作思路,推动"体育 + 旅游 + 健康"三者有机融合,不断扩展体旅卫融合发展空间、提升内涵,开辟体育产业发展新路径,持续推动体育产业做大做强、提质增效。

【体育产业发展专项引导资金】落实诸暨市《加快现代化服务业高质量发展若干政策补充意见》,用足用好体育产业配套扶持政策,帮助企业纾困解难,扶持体育产业示范创建及体育行业主体培育,全市体育产业发展专项引导资金 321 万元,涉及 14 家企业,其中 1 家企业获得入围库项目支持 100 万元,1 家企业获得品牌赛事补助 22 万元。

【体育彩票】全年销售体育彩票 3.85 亿元,销售门店 239 家,市场份额占绍兴市的 64%。

【规上体育增加值】2022 年,全市共有 2164 个体育产业机构,主营体育产业机构 1781 家,兼营体育产业机构 383 家,相关从业人员数量为 16012 人,占绍兴市体育产业从业人口数的 29%。 （王　曾）

人力资源·社会保障

人才引育

【概况】2022年，诸暨市深入贯彻人才强市“首位战略”，坚持“高端+基础”“引育+服务”并重的原则，开展全链条、全方位、全领域的人才引育工作。全年新增就业大学生30938名，其中硕士585名。全年开展各类招聘活动158场，参会企业2865家次。依托诸暨智慧人才服务网、绍兴海智汇人才网等线上招聘平台，利用大数据开展人才求职与岗位需求精准对接，分领域、分行业、分批次推出115场线上招聘活动，服务企业2153家次。

诸暨市继续开展“‘诸’才云集‘暨’往开来”招才引智系列活动。以长三角高校为重点，对接高校50家次，组织企业参加浙江大学、浙江工商大学、浙江理工大学、绍兴文理学院、华中科技大学、武汉大学、武汉理工大学、南京工业大学等线下招聘会19场。浙江盾安人工环境股份有限公司、万安集团有限公司、露笑集团有限公司等8家重点企业与学校签订就业创业实习实践基地。开展“留在诸暨”系列现场招聘会8场。128家企业为暨阳学院提供岗位1895个，累计进场人数1412人，收到简历662份。

诸暨市实施引才“桥头堡”计划，依托高校、商会、上市企业在外科研所等机构作为引才桥头堡，建立高校诸暨籍学生联络群，广领域、多维度地发挥机构、同学、同乡在招才引智中的积极作用，新增南京工业大学、南华大学、合肥学院等5家高校引才联络点。深化“大学生社会实践直通车”工作机制，构建起“认识实践一星期；进厂实习一个月；毕业见习三个月”的高校引才三部曲，组织“走进诸暨 青春启航”暑期大学生社会实践活动，邀请清华大学、北京大学、西安交通大学等高校研究生走进诸暨，了解诸暨，认定大学生见习实习基地71家，开发见习实习岗位2030个。

【高层次人才引进】2022年，诸暨市继续以产业转型和发展为导向，谋划好“存量”和“增量”两篇文章，加大高层次人才培养选拔推荐力度，激发人才创业活力。做好国家级人才计划、省级引才计划创业人才申报工作，申报国家引才计划人才1名，引育省级引才计划创业人才2人，入选省高层次人才“特殊支持计划”青年拔尖人才1人，全市2家博士后工作站获得国家博士后科学基金面上资助，引进博士81人，创历史新高。

【人才政策修订】2022年，会同市委人才办制订诸暨人才新政4.0版本，做好人才政策宣传推广，推进“人才码”数字平台应用，为符合条件的人才兑现安家补贴、租赁补贴等政策，提供高层次人才子女入学、人才公寓入住申请、车辆服务等配套服务。

【人才政策兑现】2022年，坚持人才政策申报兑现"流程最优"原则，贯彻落实人才新政4.0版本，做好各类人才政策受理及兑现工作，共为26782人次兑现安家补贴5770.78万元，为191人发放购房补贴2305.5万元，奖励29个引才引智项目479万元，补贴101家高层次创业场地租金1228.7万元，为47家次企业的473名大学生发放见习实习补贴303.9632万元。

就业创业服务

【概况】2022年，以争创省政府高质量就业创业督查激励优胜单位为抓手，通过政策扶持、市场招聘、职业培训、宣传服务等系列措施，形成运行规范、竞争有序、调控有力的创业就业促进机制。城镇新增就业4.53万人，就业困难人员就业2526人，利用公益性岗位托底安置就业困难人员180人次，实现零就业家庭动态清零。继续强化东西部劳务协作对接，在结对的四川省沐川县设立"乐在浙江，诸暨—沐川"东西部劳务协作农民工服务站，组织"诸暨—沐川"线上线下就业专场招聘会2场，为沐川县输送70多家本市企业用工岗位1500余个，吸纳四川省农村劳动力到本市就业1974人，其中脱贫人口138人。

【稳岗返还社会保险费】2022年，用足用好降低社保费率、社保费缓缴、失业保险稳岗返还、一次性留工培训补助等惠企政策，打好"降、缓、返、补"助企纾困组合拳，为2.6万家企业减负2.8亿元。

【企业用工信息监测】2022年，继续对本市228家开复工企业开展动态用缺工情况调查，开展省级用工监测信息数据调查填报，对部级、省级228家企业开展失业动态监测和用工监测，规上工业企业开展用工情况电话抽样调查、系统问卷调查以及用工监测数据填报，为上级决策提供依据。

【创业担保贷款】2022年，继续根据《诸暨市创业担保贷款实施办法》的通知精神，会同人民银行诸暨支行开展创业担保贷款工作，鼓励和支持高校毕业生、就业困难人员、残疾人等重点群体实现创业。全年发放创业担保贷款3163.5万元，累计贴息128万元，扶持创业420人。

【数字化就业】2022年，强化数字就业模块的推广应用，帮助失业人员、就业困难人员、离校未就业高校毕业生等重点群体实现就业，全面提升公共就业服务成效，全市23个镇乡街道用户权限全部配置到位，504个社区（村）权限配置到社区（村）一级。全市各镇乡街道、社区（村）工作人员通过数字就业平台，以电话联系、实地走访等方式，向待帮扶人员开展政策宣传、职业培训、职业介绍，实时了解和掌握重点群体的就业情况。收集辖区内企业用工需求信息，向失业人员开展"一对一、点对点"的岗位推送，向帮扶援助模块中13383名失业人员、2651名离校未就业高校毕业生、1380名双低家庭成员等重点群体开展就业帮扶。

【人力资源服务产业园】2022年6月10日，市人力资源服务产业园正式开园，围绕"集聚产业、拓展服务、孵化企业、培育市场"四大核心功能，大力培育、扶持、集聚人力资源服务机构，完成8家人力资源服务机构入驻，初步形成集招聘、培训、人力资源服务外包等业态于一体的产业链。在产业园举办"就在诸暨 职等你来"周六常态化人才招聘会及校园专场招聘会89场，服务1405家企业和上万名应聘者。设立"乐在浙里"沐川—诸暨东西部劳务协作农民工服务站，加强东西部劳务协作。

专业技术管理

【专业技术岗位设置】2022年，全市纳入岗位设置管理的事业单位共273个，共设置专业技术岗位19032个，共聘用专业技术人才15786人，其中正高级岗位聘用491人，副高级岗位聘用3455人，中级岗位聘用7144人，初级岗位聘用4696人。

【职称改革】2022年，根据《绍兴市人力资源和社会保障厅关于做好2022年度职称评审工作的通知》，全市专业技术职务任职资格评价共4794人，其中中级1325人、高级495人。有4个单位开展民营经济领域工程技术类职称社会化评价试点工作。

职业资格管理

【概况】2022年，诸暨市十大民生实事之"新时代诸暨工匠培育工程"

按照省民生实事打造"浙派工匠"金名片的要求大规模开展职业技能培训,持续推进"金蓝领"职业技能提升行动,支持企业自主开展技能人才评价,组织全市职业技能竞赛、企业岗位练兵活动。共完成职业技能培训 43863 人,新增技能人才 26876 人,新增高技能人才 9016 人,新增技师高级技师 884 人。

【职业技能竞赛】2022 年,继续支持企业开展职业技能竞赛、企业岗位练兵活动。共主办育婴员、保育员、营销员、养老护理员、茶艺师、评茶员、家政服务员、电工等 12 场次的职业技能比赛,吸引 5218 人参加。28 家企业开展企业岗位练兵活动。

【职业技能培训认定机构】2022 年,全市共 80 家企业取得职业技能等级证书工作试点单位,新评价企业职工 9052 人。培训定点机构 16 家,其中 5 家社会化评价机构,开展育婴员、中式面点、电工、车工等技能培训和认定。

【新时代工匠培育】2022 年,持续推进新时代浙江工匠培育工程。共 9 人入选浙江工匠,38 人入选浙江青年工匠。

劳动保障监察

【概况】2022 年,全市两级劳动保障监察机构共处理各类劳资纠纷案件 4214 起,为 7554 名劳动者追发工资 1.83 亿元,基层工资案件化解率达 98.8%。市劳动保障管理中心共立案查处行政处罚案件 5 起,共处罚金 24 万元。办理拒不支付劳动报酬案 11 起,均移送公安,涉及人员 995 人,涉案金额 2494.51 万元。共处理网络舆情、信访局交办及省统一平台流转信访件 267 件,"110"社会应急联动警情 2295 件,省、部级欠薪线索件 2113 件。

【根治欠薪示范区建设】2022 年,牵头起草规范性文件,通过市政府下发《诸暨市政府办公室关于印发〈关于进一步落实"六项制度"的实施意见〉的通知》。要求镇乡街道每月至少巡查辖区内在建工程项目一次,每月上报《在建工程"六项制度"落实情况月报表》。同时建立在建工程行业主管部门与镇乡街道的工作联络群,存在欠薪案件时第一时间群内通报,由镇乡街道负责调查处置,落实在建工程"六项制度"属地责任。联合建设局、交通局、水利局等行业主管部门,定期不定期督查检查,共计检查在建工程项目 380 余次,下发限期改正指令书 15 份,对 3 家建设单位未按约定及时足额向农民工工资专用账户拨付人工费用的行为进行处罚。

【人力资源市场秩序清理整顿专项行动】2022 年 4 月 6 日至 6 月 20 日,由人社局、教体局、公安局、市场监督局、医保局、税务局等 6 个部门组成的清理整顿人力资源市场秩序专项执法行动领导小组,对全市审批登记的职业中介机构和劳务派遣公司及重点镇乡街道、重点行业的劳动用工情况进行监督检查,同时联合政策法规科、行政审批科、就业中心等科室与企业负责人交心谈心,进行业务指导,推广电子劳动合同在线服务,宣传法律法规,与企业共同找短板、查隐患、抓整改,构建公平、规范、有序的人力资源市场秩序。专项行动期间,共排查人力资源服务机构 107 家,发现问题 24 个,当场整改 19 个,限期整改 5 个。

【根治欠薪冬季专项行动】2022 年 11 月 29 日起至春节前在全市范围内开展 2022 年度根治欠薪冬季专项行动。镇乡街道、行业主管部门按照属地管理和"管行业也要管欠薪"原则,根据企业类型、分布特点、风险隐患程度,对加工制造业、新就业形态以及受疫情影响较重的欠薪问题易发多发的行业采取拉网式排查,对工程建设领域落实"六项制度"情况安排专人点对点持续跟踪紧盯,每周上报最新摸排和处置情况,同时联合信访局、法院等部门对 2022 年欠薪信访件及未执行到位的强制执行案件进行再梳理再核实。全市共摸排并处置重大欠薪隐患 72 处,共处理工资纠纷案件 602 起,为 2404 名劳动者追讨工资 8112.52 万元。未发生因欠薪引发的严重影响社会稳定的群体性突发性事件,也未发生因欠薪事件而引发的较大负面舆情。

【劳动保障书面审查】2022 年 5 月 15 日至 7 月 31 日,开展 2022 年度用人单位劳动保障书面审查工作。全市共审查各类用人单位 9679 家,50 家用人单位被评选为 AAAAA 级诚信示范企业。

劳动人事争议仲裁

【概况】2022 年,诸暨市劳动人事争议仲裁委员会共受理劳动人事

诸暨市劳动人事争议网络仲裁庭审(人社局提供,摄于 2022 年 4 月)

争议仲裁案件 1346 件,案件涉及劳动者 1867 人。全年办结案件 1309 件,结案率为 92.9%,调解撤诉率为 82.5%,审结案件经济标的额为 4554.56 万元。

【"护薪通渠"数字化改革项目】2022 年,继续按照浙江省人社厅数字化改革综合集成方法的要求,牵头梳理完善"五张清单",通过流程再造、程序创新、流转承托、联动协同,破除部门间经办壁垒,建立"护薪通渠"多跨协同欠薪治理场景应用,通过数字化手段,提升群众维权的简便性、有效性、时效性,打造工资维权的"枫桥经验薪样板"。"护薪通渠"数字化改革项目在浙政钉平台上线。

【工资维权"一件事"改革】2022 年,诸暨仲裁院继续巩固"无欠薪"城市创建成果,持续开展劳动关系领域改革,在完善工资争议"速裁庭"机制的基础上,全市推广工资维权"一件事"改革,充分发挥基层平台矛盾源头化解作用,实现调解、监察、仲裁、诉讼、执行等程序高效衔接,实现劳动者工资维权"就近跑一次""最多跑一地"。在基层核实的基础上,做实职能下沉、规范履职,提升办案效能,减少劳动者在工资维权过程中的交通成本、时间成本、资料成本。

社会保险

【概况】2022 年,诸暨市社会保险工作坚持以人民为中心的发展思想,秉持"记录一生、保障一生、服务一生"的准则,推进全国统筹,扩大社会保险覆盖面,提升待遇保障水平。5 月,上线企业职工基本养老保险全国统筹信息系统,企业职工基本养老保险进入全国统筹新阶段。市社保中心窗口不断优化社保经办服务,形成窗口、网上、掌上、自助终端办事渠道全覆盖的社保"大经办"体系。增开老年人和特殊群众绿色通道,打造"暖心贴心社保服务窗口",做好"适老化"服务工作。窗口共接待群众 11 万人次,群众办事平均等待时长 14 分钟,平均办理时长 5 分钟。社保业务总办件量 77.55 万件,其中"网上办"22.55 万件、"掌上办"23.22 万件,网办率为 59.02%。为 5 个特困行业、17 个扩围行业、生产经营出现暂时困难的中小微企业,实施社保费缓缴政策,全年累计缓缴单位 127 家,涉及 1.1 万名职工,缓缴社保费 3477 万元。阶段性降低失业保险、工伤保险费率,共为 2.6 万家单位降费减负 1.60 亿元。将企业职工基本养老保险单位缴费比例从 15% 调整为 14%,为参保单位抵减养老保险费用 0.68 亿元。

【养老保险参保情况】2022 年,全市参加基本养老保险人数为 83.18 万人,户籍法定人员基本养老保险参保率为 99.69%。参加企业职工基本养老保险 52.09 万人,参加城乡居民基本养老保险 27.69 万人,参加机关事业单位基本养老保险 3.39 万人。

【失业保险和工伤保险参保情况】2022 年,参加失业保险人数为 24.20 万人,参加工伤保险人数为 31.19 万人。

【社会保障水平】2022 年,基本养老保险基金支出 80.93 亿元,工伤保险基金支出 0.83 亿元,失业保险基金支出 2.87 亿元。从 1 月起,提高城乡居民基本养老保险基础养老金标准,由每人每月 245 元提高至 290 元,惠及 15.5 万名城乡养老待遇享受人员。7 月,根据国家和省统一部署,调整退休人员基本养老金,惠及全市 20.27 万名退休人员。

【企业退休人员社会化管理】2022年,全市共有19.82万名企业退休人员纳入社会化管理服务,享受每年550元春节慰问、400元重阳节慰问、各类文体活动以及免费健康体检服务。

【社会保障卡】2022年,发行第三代社会保障卡11.91万张(自2021年5月起累计发行54.91万张),电子社保卡签发13.4万张(历年累计签发132.4万张)。深化居民服务"一卡通"多领域应用,支持95个人社领域应用和37个其他公共服务领域应用,其中包含243项财政补贴项目入卡。 (人社局 陈谛)

【医疗保险参保情况】2022年,全市医疗保险参保101.50万人,户籍参保率达99.89%以上。城乡居民医疗保险参保55.86万人,基金累计结余0.9亿元。职工基本医疗保险参保45.64万人,基金累计结余(含生育保险)33.71亿元,其中统筹基金累计结余20.48亿元。

【医保监管】2022年,诸暨市医保局共检查定点医药机构161家,举报投诉查处率100%,处理违法违规定点医药机构27家,解除医保服务协议1家,暂停3家,办理行政处罚案件11起,向公安机关移送案件线索5起,追回扣除违规医保基金1092.57万元,行政罚款246.54万元。 (医保局 黄佳丽)

住房保障

【公共租赁住房】2022年,继续加强公租房保障能力,筹建保租房7788套,超出年度既定目标的24%。更新完善公租房保障政策,通过制定《诸暨市加快发展保障性租赁住房实施方案》《关于加快开展诸暨市保障性租赁住房项目认定的通知》,建立健全联审联动、职责划分、申请条件等相应的工作机制。规范公租房申请、年检流程,实现入住、签约、续租、退租、财务管理等事项100%网上办理。全年审核新申请公租房442户,发放公租房租赁补贴、轮候补贴1861户合计2357382元,审核并完成大学生公租房租赁补贴786人合计1890400元。在完成动态审核的基础上取消保障资格61户、清退公租房176户以及人才公寓193户,集中配租5次累计226套。推进公租房智慧运营管理,完善智能化管理平台,优化报修、收租等增值服务,实现全市公租房入户门智能锁"全覆盖",维修公租房及人才公寓589户。新兴茗苑开展智能锁+人脸识别反向比对试点工作。

【危旧房治理改造】2022年,推进城镇危旧房治理改造工作,完成自建房排查352559幢,危房整治5949幢。落实农村困难家庭危房动态治理改造36户,城镇危旧房实质性解危248处,实现城镇危旧房动态清零。完成第三次城镇房屋调查登记51682幢,面积11209万平方米。1月开始,诸暨市第一次自然灾害风险普查既有房屋承灾体调查,登记房屋477565幢,面积2.26亿平方米。 (建设局 寿烨莎)

【公积金管理】2022年,全市归集住房公积金26.23亿元,完成年度计划的101%;归集余额60.52亿元,较上年同期增加6.26亿元;办理住房公积金支取106837人,同比增加9545人,支取金额19.97亿元,同比减少1.72亿元,完成全年目标任务的89.9%;发放住房公积金贷款3456户,同比增长8.9%,贷款额为13.53亿元,同比减少0.8%,贷款余额61.55亿元(含公转商贷款872万元);全年业务收入1.996亿元,业务支出1.152亿元,增值收益0.844亿元,完成年度目标任务的153.45%。提取廉租住房补充资金2743万元。年末,风险准备金为4.45亿元。

住房公积金扩面。2022年,持续做好"双扩面"工作。运用"降缴存比例"和"低门槛进入"政策,发展托管缴存队伍,鼓励灵活就业人员、个体工商户等加入制度保障,严格存用挂钩,保障均等权益,加强对刚需购房群体的政策支持。持续加强对公积金业务承办银行的扩面考核管理。每月通报公积金扩面情况、业务受理情况、贷款催收情况和业务差错率等;建立银行和缴存单位微信业务群,定期发送业务资料、解答业务问题、组织线上业务培训等。持续做好政策宣传。运用"诸暨日报"房产小知识板块、发放宣传册、摆放海报展架等形式,开展住房公积金制度线上宣传,通过企业座谈会、政策解读会等方式开展线下宣传,全方位展示政策红利,引导建立住房公积金制度。至年末,职工正常缴存人数105432人,新增职工19926人,净增职工3342人,净增率为3.27%。

资金风险防控。2022年,规范灵活调度资金,密切关注诸暨市房地产市场的发展形势，做好内部资金调剂，制订资金使用计划，保障信贷资金需求，统筹资金安排，合理化解资金供需矛盾，努力提高资金增值收益。加强贷前管理贷后跟踪。扎实做好对公积金贷款楼盘的贷前风险评估和贷后跟踪管理工作，落实专人审批审核，加强对楼市风险的宏观判断，规避市场风险，加强逾期贷款催收工作。抓好审计问题整改落实。对照市中心内审稽核指出的问题，全面排查超额缴存、超龄缴存、一人多户等业务问题，严把业务材料审核关，规范业务操作。开展外部审计及整体绩效评价工作，做到监督常在，形成常态。继续做好骗提骗贷整治工作，查处公积金骗提案件 15 起，并对骗提职工住房公积金账户依规冻结，及时追回骗提资金 977628.54 元。

服务质效。2022 年，深化“三为”服务（我为群众办实事，我为企业解难题，我为基层减负担），保障职工权益。开展“惠民公积金、服务暖人心”服务提升三年行动，深化巩固“我为群众办实事”实践活动成果。实施住房公积金阶段性支持政策，加大帮扶力度。受疫情影响的企业，可申请缓缴，受疫情影响的缴存人，可延期偿还贷款。加大对长租住房的扶持力度，提高租房提取额度，降低提取门槛。加强疫情期间服务保障，依托数据平台推广“不见面”办理。针对信访问题攻坚克难，制定“事前预警—事中化解—事后复盘”信访事件闭环销号机制，实现案件“动态”清零。全年，回复“民呼我为”平台诉求 182 条，诸暨在线论坛 46 条，枫桥民生 6 条，好差评系统件 50 件，办结率 100%，处理满意度 100%。无化解件回流回访。全力保障职工权益，为 6 名职工追回企业欠缴公积金共计 5.67 万余元。

（公积金中心　徐露静）

社会·民生

社区和基层政权建设

【城市社区建设】2022年，首次探索实行城市社区专职社区工作者（专职网格员）身份交叉，5个街道统招统分新模式。新聘专职社区工作者（专职网格员）166人。6月，与浙江大学继续教育学院签订协议，拟择期举办新聘专职社区工作者业务培训班，通过"面对面集中授课+视联网线上授课+现场教学参观"的方式实现新进人员培训全覆盖。申报入选省社区工作领军人才1人、省"最美社区工作者"1人，绍兴市社区工作"十佳"领军人才3人。入选绍兴市第二届城乡社区协商优秀案例3个，入选数连续两届居绍兴各县市区首位。评比表彰2021年度和谐社区建设先进单位6个，先进个人106人。制定推广城市社区《居民议事会议事规范》。

【农村自治组织建设】2022年，牵头组建村（居）民委员会下属公共卫生委员会，实现村社公共卫生委员会100%全覆盖。继续严格贯彻执行《浙江省村（社区）减负清单指引（2020版）》，进一步提升基层服务效能和群众满意度。指导枫桥镇枫源村围绕"五个一"（一份试点工作报告、一个视频工作短片、一份试点工作手册、一本试点工作案例集、一本资料汇编）做好全国村级议事协商创新实验试点相关迎检准备。根据《浙江省农村社区建设测评指标体系》，成功申报创建省级引领型农村社区5个，绍兴完善型农村社区9个。印制《浙江省村民代表工作规程（试行）》学习手册3000余份，进一步推动村民代表履职规范化。

（民政局　郦剑宇）

民族·宗教

【概况】2022年，全市共有诸暨籍少数民族人口5468人，其中男性972人、女性4496人。涉及38个少数民族，属于少数民族散杂居地区，其中壮族、苗族、土家族人数较多，占全市少数民族总人口的55%，主要集中在暨阳街道、姚江镇、东白湖镇、店口镇、应店街镇，总体情况较为分散。少数民族流动人口74399人，占总流动人口的19.3%，涉及44个少数民族，其中苗族、布依族、土家族人数较多，主要集中在大唐镇、店口镇、工业新城等区域。8月，诸暨市少数民族联谊会召开二届二次会员代表大会，更名为诸暨市民族团结进步促进会。

全市有佛教、道教、天主教、基督教4个教派。有宗教团体4个：诸暨市佛教协会、诸暨市基督教三自爱国运动委员会、诸暨市基督教协会、诸暨市道教协会。登记宗教活动场所132处，其中佛教75处，道教4处，天主教1处，基督教52处。确定登记编号的民间宗教场所283处。常住备案宗教教职人员146人，其中佛教83人，道教48人，基督教15名（牧师3名，教师3名，长老9名）。各类信徒约4万人。全年诸暨市开展平安宗教场所建设、疫情防控、反邪教与普法教育等工作，确保宗教领域和谐稳定。市民宗局获2022年度全省民族宗教工作成绩突出单位。

【民族帮扶】2022年，持续开展少数民族家庭慰问和对外结对帮扶工作，为54户少数民族家庭送上慰问金8.1万元，落实龙游县沐尘畲族乡结对资金160万元。

【民族团结】2022年8月，召开诸暨市少数民族联谊会第二届二次会员代表大会，市少数民族联谊会更名为市民族团结进步促进会。做好民族工作重点镇乡街道、民族团结进步创建培育单位走访调研工作，推荐绍兴市级民族团结进步重点培育单位2家。承办"喜迎二十大·铸牢中华民族共同体意识"全省微党课巡回宣讲活动。2月，联合市公安局、暨阳街道等单位及时处置一起少数民族群众非正常死亡事件。7月，上报"全、实、严"推进宗教财务管理规范化的做法，分别得到省委统战部副部长、省民宗委主任鲍秀英批示肯定。

【宗教场所管理】2022年，持续深化"十百千万"普法工程，开展"4·15"国家安全日等各类活动20场，创成1家省级宗教普法示范点（绍兴共2家）、1家省级宗教法治宣传教育基地。深化宗教中国化场所建设工作，创成省级"宗教中国化场所"1家、绍兴市级2家。强化"五人驻堂"（宗教场所包村领导、村书记、驻村干部、片警、网格员驻堂）小组工作责任落实，完成小组成员全面更新和制度更新上墙工作。用好"浙江掌上宗教"APP，落实每月巡查要求，覆盖排查场所陈列物21777个（件、处）。开展宗教教职人员政治审查，清理道教协会违法违规理事4名。

【民宗领域除险保安】2022年，继续加强民宗领域隐患排查、动态发现、跟踪整改工作，梳理民宗线日常工作清单3份、问题清单2份，约谈镇乡街道统战委员、重点问题场所负责人各2人，关停整顿场所6个，落实镇乡街道约谈教育场所6个。协调消防、公安等单位对各宗教活动场所开展全面检查，累计派出672人次，巡查1025场次，整改隐患109个。组织开展"民宗消防安全月"活动，累计开展消防安全培训和应急演练23场次。（统战部　俞钢阳）

社会事务

【殡葬管理】2022年，诸暨市继续推进节地生态安葬示范点建设，23个镇乡街道节地生态安葬点建有率100%。制作首批省级公益性生态安葬示范点宣传片，完成第二批省级示范点东白湖镇公墓和大唐街道溪南村公墓的创建工作。殡仪馆全年总火化数8843具，全年累计拨付殡葬补贴477.80万元，其中惠民殡葬补贴458.80万元，海葬奖励19万元，小型低碑式安葬奖励3.7万元，骨灰堂安放奖励0.9万元；全年惠民殡葬补贴惠及6619户，海葬奖励惠及19人，小型低碑式安葬奖励惠及74人，骨灰堂安放奖励惠及3人，实现殡葬基本服务全流程免费。数字精准赋能殡葬改革，打造"身后一件事"多跨场景应用平台，全面优化群众身后事办理流程，推进殡葬事项全流程数字化"一站式"服务，实现"浙里办"和"浙政钉"的身后一件事联办功能。完成省民政厅"善后码"安葬（放）场景应用试

2022年诸暨市海葬活动仪式（民政局提供，摄于2022年9月7日）

点开发建设，完成省委改革办殡葬管理“一件事”集成改革平台建设。

【婚姻登记】2022 年，诸暨市共办理结婚登记 5464 对，离婚申请 2578 对，离婚登记 1501 对，补发结婚证 10364 件，补发离婚证 180 件，结婚生育户口“一件事”联办 1458 件。25 ~ 29 岁年龄段仍是结婚主流，初婚平均年龄 27.9 岁。其中，男性初婚平均年龄是 28.8 岁，女性初婚平均年龄是 26.9 岁。完成集中补领婚姻登记证全省试点工作，为期一年半，累计补发结婚证 30829 件，补办结婚登记 2216 件，办件量居绍兴第一。2022 年，诸暨市被确定为省级婚俗改革实验县市。提供婚姻家庭辅导服务，累计开展婚前辅导 3423 件，离婚辅导 1589 件。

【地名管理】2022 年，全市共依法命名住宅小区 4 个，更名住宅小区 1 个，更名产业园 1 个，更名道路 6 条，命名道路 4 条，命名其他建筑物 1 个。新装路名牌 118 块，设置门楼牌 2696 块。为企业、群众编制门牌号 200 余个，出具地址证明 100 余个。做好地名数据归集整理和网上录入校对工作，再录入门牌数量近 26 万条，归集率和上图率都达到全省领先水平。

【收养登记】2022 年，继续做好收养评估调查，依法开展收养登记工作，共办理收养登记 23 起，解除收养 3 起。

【福利彩票公益金支出】2022 年，诸暨市福利彩票公益金支出合计 2236.23 万元，其中诸暨市级福利彩票公益金支出 964.37 万元，省级补助的福利彩票公益金支出 1271.86 万元。福彩公益金主要用于社会福利及公益事业，重点用于老年人、特殊困难群体等的社会福利、公益设施的建设运行补助和受助对象直接受益的项目。（民政局　黄铃）

社会福利与救助

【老年人生活福利】2022 年，诸暨市继续完善养老服务体系构建。推进“爱心食堂”建设，累计建成运营爱心食堂 192 家，服务覆盖 279 个村（社区），为 9000 余名老人提供用餐服务。加快专业型养老机构建设，在 4 家养老机构中建成 7 个认知证照护专区、3 家康养联合体和 1 家智慧养老院。对 100 户困难老年人家庭实施适老化改造。新增持证养老护理员 187 人，每万名老年人拥有持证养老护理员 28.55 人。实现 26 家镇乡街道养老服务中心无感服务智能终端配备全覆盖。全年发放养老服务补贴资金 1727.89 万元，同比增长 19.35%，惠及 4774 名面临居家养老难题的困难、高龄老人。发放长寿保险金 67.45 万元，惠及全市 113 名百岁老人。

【儿童福利】2022 年，进一步提高困境儿童基本生活养育费标准。机构养育孤儿 2409 元 / 月，社会散居孤儿基本生活费 1928 元 / 月，全年为 910 名孤儿和困境儿童发放基本生活保障 1062.72 万元。2018—2022 年“六一”儿童节累计发放节日慰问 60 余万元。继续实施“福彩圆梦—孤儿助学”活动，对全市符合条件的 23 名孤儿和困境儿童发放 1 万元 / 人的助学金。23 个镇乡街道未成年人保护工作站全覆盖，上线“儿童主任探访”应用，面向全市 24 名儿童督导员、513 名儿童主任推广使用。引导专业性社会组织为儿童提供精神慰藉、探访帮扶、危机干预服务 7000 余次。

（民政局　钟鑫光　周滔）

【最低生活保障】2022 年，动态发

诸暨市养老服务中心外景（民政局提供，摄于 2022 年 1 月）

放保障资金，提高困难群众救助标准。城乡最低生活保障标准提高至1050元/月。全年全市低保在册10288人，累计发放资金10508.5万元；低保边缘在册2062人，累计发放资金693.64万元。

【特困人员救助】2022年，进一步提高生活不能自理特困人员集中供养水平。特困人员基本生活保障标准调整为1721元/月。全市特困人员在册334人，累计发放资金873.59万元。

【临时救助】2022年，继续加大困难群众临时救助力度。急难型临时救助提高救助时效性，继续开展“先行救助”；支出型临时救助严格执行办理程序。全年临时救助989人次，累计发放资金252.8万元。

【残疾人“两项补贴”】2022年，平稳交接残疾人“两项补贴”工作，全年累计发放困难残疾人生活补贴1850.81万元，惠及5278人；重度残疾人护理补贴2590.22万元，惠及12664人。

【救助服务深化】2022年，建立市社会救助联席会议成员单位救助数据共享机制，设置11条线下“社会救助共享数据需求清单”，进一步扩大救助信息共享覆盖面。全面推行救助“一件事”线上惠民联办，累计办理955户1678人。实现市、镇两级共24家社会救助服务联合体建设全覆盖。继续完善“助联体”功能，完成政府购买社会组织服务参与救助帮扶“暨时助”项目。定期开展困难群众探访关爱等延伸服务，探访关爱率、幸福清单送达率均为100%。（民政局　周滔）

社会组织

【社会组织规模】2022年，诸暨市登记在册社会组织1187家，其中社会团体312家，民办非企业单位871家，基金会4家，另有全市备案的社区社会组织4139家。

【社会组织管理】2022年，继续创新“五社联动”机制和社区社会组织发展体系改革试点工作，持续提升社工站能力水平建设。与浙江大学、华东理工大学、杭州师范大学等高校合作，提升试点工作专业水平。以项目为驱动，扶持提升社会组织综合能力，新增社会工作领域公益创投项目，鼓励社会组织专业化发展，引导社会组织积极参与社会治理，共有公益创投项目54个，其中社会工作项目15个，受益3万余人次。（民政局　陈航飞）

2022年诸暨市新成立社会组织一览表

表24

社会组织名称	成立日期
诸暨市文史研究会	2022年11月16日
诸暨市萨克斯协会	2022年11月4日
诸暨市森林资源保护义警协会	2022年3月23日
诸暨市东白湖镇小东村邻社家服务中心	2022年10月28日
诸暨市滴水公益服务中心	2022年10月10日
诸暨市次坞镇舒馨居家养老服务中心	2022年9月28日
诸暨市启能职业技能培训学校	2022年8月29日
诸暨市中俄联合材料实验室	2022年8月16日
诸暨市东白湖镇上英村邻社家服务中心	2022年7月12日
诸暨市正远生涯规划服务中心	2022年4月20日
诸暨市金博艺术博物馆	2022年3月28日

续表 24

社会组织名称	成立日期
诸暨市悦和公益发展服务中心	2022 年 3 月 17 日
诸暨市恒安职业培训学校	2022 年 2 月 28 日
诸暨市众诚职业技能培训学校	2022 年 2 月 18 日
诸暨市之舟社会工作服务中心	2022 年 2 月 11 日
诸暨市新工联汉传文化艺术品交流中心	2022 年 2 月 9 日
诸暨市怡乐居家养老服务中心	2022 年 1 月 26 日
诸暨市骏马篮球学校	2022 年 1 月 17 日
诸暨市店口红帽子社工服务社	2022 年 1 月 13 日
诸暨市东白湖乡村共富社区发展基金会	2022 年 8 月 8 日

市慈善总会

【概况】2022 年，诸暨市慈善总会各项收入合计 5924 万元，其中市本级捐赠收入 4260.5 万元(含慈善基金收入 2804.7 万元，日常捐赠、慈善一日捐和定向捐赠收入 1455.8 万元)，镇乡、系统基金捐赠收入 83.5 万元，本金保值收入 1493.6 万元，政府支持慈善事业发展经费 86.4 万元。全年慈善公益服务支出 2600 笔，总额 2872.4 万元，其中市本级支出 2201.2 万元(含慈善基金支出 1270.4 万元，一日捐和定向支出 433.4 万元，慈善政策救助、慈善项目活动支出 497.4 万元)，镇乡、系统基金支出 671.2 万元，慈善事业发展经费支出 122.8 万元。共惠及群众约 17 万人次(不含省外援救助人数)。会同市民政局发动各界向对口帮扶地四川省沐川县捐赠款物合计超 900 万元。

2022 年 12 月，在第九届“西湖论善”发布的《2017—2021 年浙江城市慈善发展指数五年报告》中，诸暨市在区、县(市)中位列全省第二。5 月，在第七届浙江慈善奖评选中，兆山新星集团有限公司的徐新喜、俞林林夫妇获个人捐赠奖，祥生实业集团有限公司获机构捐赠奖，诸暨市慈善总会的“心灵花园——重性精神病患者关爱项目”和海亮集团的“融爱星面馆”获慈善项目奖。7 月 7 日，省民政厅党组书记、厅长沈铭权到诸暨市慈善总会调研，肯定市慈善总会在发挥行业引领，搭建慈善服务平台等方面的作用。

【新增慈善基金】2022 年，新建慈善基金 6 个，各类慈善基金历年累计结余 11360 万元。慈善基金按照“谁的基金谁做主”的原则进行资金筹募和救助帮扶。

【定向捐赠】2022 年，继续鼓励企业、个人开展定向捐赠，重点支持新农村建设、教育、文化、卫生、扶贫济困等公益事业，按捐赠者意愿将资金拨付到位。全年定向捐赠超 800 万元。

【慈善信托】2022 年，继续通过多种渠道推送慈善信托概念，对接企业、个人，接洽建立慈善信托事项。重点做好“爱戴”慈善信托项目的实施，定期拨付帮扶款项。7 月，通过万向信托建立 100 万元的诸暨市贫困尿毒症慈善信托，同时完成绍兴地区首单本地备案。

【“慈善一日捐”】2022 年 8 月，向全市发出《关于开展 2022 年“慈善一日捐”活动的倡议书》。9 月 5 日，以“携手做慈善，传播真善美”为主题的 2022 年诸暨市“慈善一日捐”活动启动仪式在市会展中心举行，市四套班子领导参加并带头捐款。市慈善总会负责善款的接收、统计和管理，并做好公示，共收到捐款4618673.92元。按照既支持互助基金,又支持慈善项目的原则,市慈善总会严格按照市有关部门对“慈善一日捐”善款使用意见进行划拨,其中150万元划拨至环卫工人“爱心早餐”公益基金。

【政策性救助】2022年,继续按照标准化模式开展慈善救助,出台慈善救助政策14个。全年刚性救助支出581万元,惠及860人。其中,政策性助学支出113万元,惠及226人;政策性助医支出315.5万元,惠及519人;政策性助困支出137.5万元,惠及85人。

【慈善项目】“圆梦28”助学项目。2022年,持续做好“圆梦28”助学项目,向226名贫困家庭大学生发放助学款113万元。另有富悦枫桥公益基金、山下湖教育发展基金、远卿爱心助学金等开展形式多样的慈善助学活动,支出金额近600万元,帮扶困难师生近14000人。

“阳光下的童年”儿童关爱项目。2022年“六一”儿童节前,携手祥生圆梦公益基金为“日心月益”慈善空间4所学校——大唐柱山小学、特殊教育学校、斯民小学、应店街镇小,以及外来建设者子女集中就读的三益小学、店口育蕾民工子弟学校、店口文裔小学的3320位学生每人准备1个精美书包。厦门市吉士丁食品有限责任公司捐赠10万元的奶酪棒,用于该慈善项目。

“清凉益夏”“温暖益冬”环卫工人关爱项目。2022年7月和11月,联合诸暨市蓝天救援志愿服务中心分别慰问姚江镇、璜山镇近300名环卫工人,并赠送爱心礼包。

“中华慈善日”系列活动。2022年,继续通过形式多样的活动,营造浓厚的慈善氛围。9月5日,慈善生活馆以“携手做慈善,传播真善美”为主题开展线上义卖,直播吸引上万人观看转发。9月9日,在万风新天地广场举办第二届“暨阳慈善夜市”,30多个爱心团队、商家和市民参加,卖出近千份公益商品。

2022年9月5日,诸暨市“慈善一日捐”活动在市会展中心举行,市四套班子领导参加并捐款(融媒体提供)

“九九重阳,善行夕阳”敬老项目。2022年9月,携手店口镇义工协会、枫桥镇义工协会、手拉手爱心服务社、壹加壹义工服务中心、爱之光志愿者服务社等团队慰问30位中华人民共和国成立前入党的无固定收入的农村老党员、老游击队员、老交通员,以及无固定收入的农村抗战老兵,赠送每人5000元慰问金。

【慈善站点建设】慈善空间。诸暨市应店街镇小挂牌成立“慈善空间”,成为诸暨市第8个慈善空间。该空间重点关注儿童口琴教育,培育乡村学校口琴文化。

慈善生活馆。做好“日心月益”慈善生活馆线上线下运营维护,全年开展6场线上直播,链接衣食住行,助农、助困、助新农村建设。

慈善开放服务平台。2022年3月,慈善开放服务平台启用,由慈善总会负责日常运营,越民生义工团、店口镇义工协会、蓝天救援公益服务中心、孤独症患者家庭互助协会、悦和公益发展服务中心入驻平台。

(市慈善总会 赵珈瑜)

移民安置

【移民规模】2022年,开展移民复核和清查工作,利用大数据对移民身份信息进行精准比对,全市共有大中型水库后期扶持直补移民25182人,项目扶持移民9542人,发放移民直补资金1525.295万元。

【移民扶持救助】2022年,加大政策宣传力度,通过诸暨慈善微信小程序发布救助政策,利用多种方式拓宽移民群众信息渠道。经慈善总会救助平台开展水库移民大病救助 71 人 124 万元;移民临时困难救助 59 人(户)13.7 万元,全年发放救助资金 137.7 万元。诸暨市以提振村级集体经济收入为切入点,盘活移民资金,带动村级经济增收,扶持方式由“输血”向“造血”转变,助力乡村振兴。全年共下达水库移民后扶(后期扶持)项目 43 个,补助资金 3817.87 万元,其中东白湖镇农特产品交易服务中心被列入浙江省水库移民共同富裕示范项目,总投资 450 万元,移民资金补助 150 万元。

(民政局　陈霞妮)

2022 年 7 月 27 日,红领巾讲解员在青少年党史学习月中为省、绍兴市及兄弟县市关工委参观者讲解“枫桥经验”(关工委提供)

关心下一代工作

【概况】2022 年,诸暨市关心下一代工作以提升基层组织建设和创设诸暨特色品牌为抓手,发挥“五老 + 志愿者”优势开展工作。6 月,诸暨市青少年“枫桥经验”传承基地入选第五批全国关心下一代党史国史教育基地,实现绍兴地区在该项目评选上零的突破。10 月,诸暨市关工委选送的王冕小学《“枫桥经验”我来讲》入选浙江省教育系统关工委工作创新案例最佳案例。“幸福之家”行动计划在全省关工委在职干部培训班上作经验交流。

2022 年 4 月 8 日,诸暨市召开关心下一代工作会议,会议总结回顾 2021 年全市关心下一代工作,研究部署 2022 年工作任务,表彰 2021 年度获得全国、省、绍兴关工委系统荣誉的 10 个集体和个人,并为公安局、教体局、司法局、民政局、文广旅游局、融媒体中心、检察院、老年大学 8 个成员单位关工委组织和 6 个第三批诸暨市关心下一代教育基地授牌。4 月,召开帮扶团调整会议。6 月,举行科技团调整会议,由方小平担任科技团团长,市委办下发《中共诸暨市委办公室关于调整诸暨市关心下一代工作委员会成员的通知》调整关工委成员单位,加强组织力量。11 月,召开全市基层组织建设推进会,进一步推动全市基层关工委的组织建设和队伍建设。12 月,宁波市诸暨商会关工委成立,成为基层组织建设新举措。

绍兴市关工委提出,2022 年为基层组织建设年。诸暨市关工委转发《绍兴市关心下一代工作委员会关于高质量推进基层关工委组织建设的通知》和《标杆型基层关工委组织选树办法(试行)》。全年累计创建“五好”乡镇街道关工委 5 个、“五好”成员单位关工委 3 个、“五好”村居(社区)关工委 463 个、“五好”民营企业关工委 146 个、“五好”学校关工委 55 个。推荐 4 个镇乡街道关工委、10 个村社区关工委、7 个学校关工委、3 个民企关工委、3 个部门单位关工委为 2022 年绍兴市级标杆型关工委。

【主题教育】2022 年,围绕省关工委“百年潮涌 · 红船精神薪火相传”主题教育,市关工委社会主义核心价值观报告团,挖掘本地红色资源,深入学校、企业、社区(村)开展“红色百年史”大宣讲活动。会同教体局下发社会主义核心价值观报告团菜单,共计宣讲 465 场次。其中关工委思想道德宣讲团宣讲 72 场次,妇联家庭教育讲师团宣讲 220 场次,司法局普法宣讲团线下宣讲 101 场次,线上线下参与 60 万人次。科协科普讲师团宣讲 46 场次,劳模工匠精神宣讲团开展活动 45 场次,青少年参与 20643 人次,覆盖 5 所中小学校、7 所高中。同时,联合市教体局举行励志少年评比,联合团市委、教体局、科协评比第八届少年英才奖,联合绍兴市关工委开展励志青少年、初中励志奖学金评比。

【关心下一代教育基地建设】2022年，继续开展省、绍兴市、诸暨市级关心下一代教育基地创建，并建立与属地学校的共建协议。新命名6个诸暨市级基地。店口镇宣侠父故居、诸暨市博物馆、诸暨市革命烈士纪念馆入选绍兴市关心下一代教育基地。诸暨市累计有省级关心下一代教育基地2个，绍兴市级基地5个，诸暨市级基地46个。6月，诸暨市青少年"枫桥经验"传承基地成功入选第五批"全国关心下一代党史国史教育基地"，同时培养一批"枫桥经验"红领巾讲解员，在全市青少年研学过程中承担讲解工作。7月，开展"游基地 学党史"绍兴市党史学习月活动启动仪式。9月，开展"幸福之家"走进老年大学，"爷爷奶奶的孙子兵法"给隔代教育支招。组建绍兴市家风家教宣讲团诸暨分团并开展首轮宣讲。10月，举办"游基地 学党史 共迎二十大"暨孝老敬贤月活动。

2022年绍兴市级以上关心下一代教育基地一览表

表25

基地名称	级别
诸暨市青少年乡村教育体验基地	省级
诸暨市青少年"枫桥经验"传承基地	省级
诸暨市中小学生研学实践基地	绍兴市级
浙江米果果中小学生研学基地	绍兴市级
俞秀松纪念馆	绍兴市级
诸暨市革命烈士纪念馆	绍兴市级
诸暨市博物馆	绍兴市级

【"幸福之家"建设】2022年，"幸福之家"专家为54名特需青少年提供300余次个案辅导，在巡特警大队向失足失范未成年人提供5次团队辅导。开展心理健康相关活动58场，参加活动的青少年1280人次。开展线上教育活动3次、参加活动的青少年1.7万人次。

2022年3月，关工委与暨阳初中联手建立"伙伴"心理工作室。对学生进行"一对一"的心理辅导、小型团体辅导及以年级为单位的主题讲座。对老师进行专题培训、案例研讨和主题讲座。对家长进行家庭教育指导。

结合幸福校园建设，从山区孩子、留守儿童的实际出发，在斯民小学设立自然教育基地，帮助师生创新自然教育。开设新劳动教育课程"认识诗经中的植物"。建立家长伴读社区，吸引更多外来学生到斯民小学就读。

继续参与完善未成年人刑事案件办理中涉案未成年人关爱帮教的制度，明确持证上岗，进一步规范关爱帮教工作。持证"五老"全年共参与公检法审理234人次。

【助学助困】2022年，共资助大（中小）学生154人，资助总金额195.1万元。系统助学101人次，金额183.7万元。2位青少年获得绍兴市励志青少年奖励（奖金各3万元），1位青少年获得提名奖（奖金1万元）。18名初中毕业生获得共计9万元初中励志奖学金。415人获得33.2万元革命老区营养餐补助。炉峰慈联奖学金发放113人共计19.4万元。为红卫小学、浣东街道盛兆坞小学的学生赠送价值2万余元的微心愿礼物。为4名重病患儿争取到绍兴市级专项助困金各5000元。为12名重病患儿发放2.4万元慰问金。同时，为46名边缘困境儿童（未纳入民政低保、困境儿童行列但实际生活困难的儿童）发放4.6万元爱心款。

（关工委　周巧琴）

镇乡街道

暨阳街道

【概况】暨阳街道地处诸暨市中心，是诸暨市人民政府所在地，辖区总面积 74.9 平方千米，户籍人口 16.1 万人，常住人口 29.7 万人，下辖 28 个行政村(居)、23 个社区。是诸暨市拥有城市社区和开放式小区最多的街道。2022 年，暨阳街道锚定“两个先行”，奋进“五个率先”，聚力“两放三争”，贯彻“疫情要防住、经济要稳住、发展要安全”精神，不断向“活力暨阳、商居共融”总体布局迈出前行步伐。全年实现限上批零住餐销售额 300.7 亿元，同比增长 30.02%；规上工业企业产值 70.74 亿元，同比增长 14.47%；战略新兴产业产值 14.22 亿元，同比增长 9.72%；高新技术产业产值 31.81 亿元，同比增长 4.84%。

【经济建设】2022 年，暨阳街道坚持贯彻新发展理念、服务新发展格局，全力推进项目建设，推动区域协调发展。引进 5 亿元以上项目 1 个；入库在报 5000 万元以上工业项目 12 个、5000 万元以上服务业项目 7 个，其中高端集成电路芯片测试项目全部投产，浙江珍世堂生物科技有限公司大健康类产品、医疗装备及智能制造项目逐步交付，希尔顿酒店项目竣工。企业培育更强。以数字化赋能制造业高质量发展为目标，成功申报数字化车间 7 家、高新技术企业 8 家、科技型中小企业 26 家；实现企业科技成果转化 3 个，完成科技技术市场交易额 2.79 亿元。完成“小升规”（小微企业规范升级为规模以上企业）5 家、“下升上”（规模以下工业企业升为规模以上工业企业）17 家，新增股份制有限公司 3 家，省股交中心成长板与国际人才板挂牌各 1 家。开展“万名干部走万企”服务，加大金融支持力度，新增贷款 184.6 亿元，不良率仅 0.37%，利用市政府应急专项资金为各类企业转贷 26 家次 10.2 亿元。人才引用更精。抓好人才工作体系建设、人才引进服务深化、人才项目培育落地三方面工作，实现各类人才上报 47 人，入选国家级引才计划 5 人。走访企业一线和联系部门，问企业人才需求、带人才上门对接，精准对接 1 名国家级人才在所辖企业入职。

【城乡建设】2022 年，打好空间基础。承接“三改”征收任务 44 万平方米，占全市总任务数的 47.8%；集中力量配合完成柯诸高速、环城南路改造、新农都北侧地块等项目的政策处理；拆除违法建设 10 万余平方米，拆后利用率达 100%，为网络大城市节点创建优化布局空间。细化城乡管理。常态化抓好人居环境整治提升，深化检查机制和奖补兑现机制，街区形象显著提升；持续推进垃圾分类工作，投资 373

2022年11月16日，暨阳街道中南樾府小区文化驿站开展“做好垃圾分类树立文明新风”活动（暨阳街道提供）

万元建造垃圾分类环保屋，实现32个小区垃圾分类“定时定点”投放，创建省级高标准生活垃圾分类示范小区4个；投资130万元重点做好安家湖村农村沼气模式易腐垃圾处置终端综合应用能力提升项目，创建五星级资源化站点。推进城镇建设。以全国新型城镇化示范县创建为抓手，不断促进县城基础设施建设，投资近3000万元开展暨阳小学风雨操场建设工程，投资230万元实施南环线—赏霞畈道路大中修工程，投资约100万元提升交通安全配套设施，完成蒋五线（双福村段）三环线高架桥下道路交叉口改造，修复张董公路、邱五线、蒋五线等路面破损。

【民生实事】2022年，社会保障持续完善。全面摸排复核困难人群，新增低保25人，取消低保41人，发放救助金10.85万元；开展残疾人基本状况调查2204人，入户率达98.59%，大桥社区创成省级“无障碍社区”；开展退伍军人建档立卡与优待证办理工作，完成建档立卡7955人，发放优抚对象慰问金500余万元。精神文明持续充裕。聚焦打造精神文明高地领域试点，建成“15分钟品质文化生活圈”15个、社区文化家园3家、小区文化驿站3家；扩面关爱基金建设，募集基金980万余元，累计受惠人数超2万人；开展“暨阳益家人”志愿服务进小区活动，探索公益课堂志愿服务双循环模式和校社联动机制，累计服务群众7万余人。惠民项目持续壮大。提升家宴中心1家，新增爱心食堂14家，保障农村食品安全，不断升级助老养老服务；完成加装电梯联审30台，其中18台投入使用；大桥社区、祥安社区建成省级“一老一小”服务场景。

【社会治理】2022年，深入推进除险保安专项行动，常态排查各类风险隐患119处，推进化解96%，完成农村自建房安全隐患排查1.8万余栋；开展安全生产专项检查3次，排查安全隐患689处，并全部整改完毕。建立街道防疫专班，做好疫情防控工作。以新时代“枫桥经验”为引领，推进县域城市社区治理标准化建设，形成六大工作标准规范；探索开放式小区“邻里互助”自治新模式，相关经验做法被“新华网”等央媒点赞报道，并获省委领导点名表扬及绍兴市委领导批示肯定；拥有人民调解委员会70个，配备人民调解员551人、调解信息员84人，调处各类矛盾纠纷1994起，其中疑难重大纠纷26起。（暨阳街道　王千亦）

陶朱街道

【概况】陶朱街道位于浦阳江西侧，东邻暨阳街道，南连大唐街道，西接应店街镇，北靠姚江镇。区域面积94.98平方千米，辖5个城市社区、21个行政村社，常住人口11.88万人，流动人口7.96万人。三条城市环线贯穿东西，浙赣铁路、杭金衢高速穿境而过，境内设有诸暨火车站、杭金衢高速互通口、新亭埠码头，高铁通勤列车往返杭州诸暨，形成“三环两纵一港口”立体交通格局。2022年，实现规上工业总产值300.30亿元，同比增长15.11%。完成同口径财政总收入11.05亿元，其中一般公共预算收入7.13亿元。分别完成民间投资、制造业投资、高新投资、建安投资48.56亿元、43.22亿元、27.60亿元和35.00亿元，同

2022 年度县域副中心型美丽城镇省级样板镇——陶朱街道鸟瞰图(建设局提供)

比增长 25.27%、37.55%、65.89% 和 12.68%,四项投资增量、总量均居全市第一。实到内资 26 亿元、外资 1361 万美元。

【双招双引】2022 年,产业经济坚持以数字化改革为牵引,深入推进数字经济“一号工程”,数字经济核心产业制造业产值达 35.50 亿元,同比增长 35.30%。构建雁阵式企业发展格局,帕瓦新能源成为绍兴首家科创板上市企业,2 家企业申请 IPO 报会。项目建设高效推动,都拓“一带一路”交流项目等 11 个项目参加省市级重大产业集中签约,总投资 106 亿元的 82 个项目开工建设,其中 5 亿元以上项目 10 个、10 亿元以上项目 3 个。创新驱动,构建以机构引才为主,平台引才、以才引才等多种方式为辅的人才招引模式。全年入选国家级人才项目 14 个、市级 38 个,数量领跑全市;2 支团队入选省级领军型团队;1 人入选启明计划创业项目,为绍兴唯一。提升企业技术创新能力,新增国家专精特新小巨人 9 家、国家高新技术企业 15 家。

【城乡建设】2022 年,陶朱街道通过美丽城镇建设省级样板验收。坚持以“腾换发展空间、强化产业基础”为导向,实施“三改”近 40 万平方米,约占全市“三改”总面积的三分之一。持续打好蓝天保卫战,深入推进中小企业废气专项整治,重点纠治重点企业、重点领域,$PM_{2.5}$ 浓度均值同比下降 1.8% 左右,关停印染企业及非法加工点 7 家、立案查处 12 家。投资 1395 万元实施三都集镇北片区污水主管改造等 12 个工程项目,建成五泄江沿岸慢行绿道。投资 5144 万元除险加固 8 个山塘水库。开展“三清一改”村庄专项清洁行动,严格落实农村人居环境“五个一”督考机制,提档升级“两路两侧”综合环境。

【民生实事】2022 年,向 173 家企业 3730 名员工发放留岗返岗补贴 160.60 万元。完成年度农民建房指标分配,解决 228 户住房困难户宅基地指标分配和 56 户历史遗留问题。推行村级经济巩固提升行动,20 个行政村经营性收入超 50 万元,其中城山社区等 14 个村突破 100 万元。崇真初中建设工程快于预定进度完成地下室主体建设验收及教学楼建设。全年新建三都社区等爱心食堂 5 家,覆盖率达 61.54%,日均用餐逾 400 人次。建成“共富工坊”5 家,友谊社区多个场景入选省共同富裕现代化基本单元“一老一小”服务场景。

街道打造“浙江有礼·‘枫’尚诸暨”文明新实践陶朱样板,健全完善移风易俗、关爱基金等长效落实机制,村级关爱基金惠及群众 1.5 万余人次。文体惠民工程,全年新建小区文化驿站 5 家,建设农村文化礼堂 3 家,建成“15 分钟品质文化生活圈”11 个。

志愿者们在新建的三都社区爱心食堂准备饭菜(陶朱街道提供,摄于2022年8月)

【平安建设】2022年,疫情期间严格按照“外防输入、内防反弹”防控要求,组建疫情区域协查管控专班,实现扁平指挥、快速响应、数字作战。根据上级政策变化,及时调整完善防控策略和应对举措。深入开展“园区、企业、设施”专项整治,构建“巡察员—网格员—街道”联动管理格局,全年巡察店面企业2.58万家次,整改隐患3.45万条,安全生产风险管控指数居绍兴前列。平安建设坚持党建统领网格智治,重新划定网格176个、微网格1045个,事件办结率达100%。探索适合陶朱街道实际的社会矛盾纠纷调处化解机制,全年调解各类矛盾纠纷765件,涉案金额逾2560万元。

(陶朱街道　陈燕飞)

浣东街道

【概况】浣东街道西接暨阳街道,31省道绍大线、诸永高速、绍诸高速穿境而过。街道区域面积115平方千米,户籍人口5.6万余人,下辖5个社区、20个行政村。

2022年,街道实现财政收入6.66亿元,规上工业企业总产值63.44亿元,完成民间投资10.88亿元,制造业投资7.23亿元。

【经济建设】2022年,围绕传统优势产业,打好科创领航、强链补链组合拳,大豪科技入选省级数字工厂标杆企业,越隆公司被认定为2022年第一批省级智能工厂。壮大“双倍增”“科孵高”梯队,新增国家高新技术企业6家、省科技型中小企业18家。投运多彩硅谷(诸暨)、跨星等创新平台,全年入选国家引才计划项目1个,储备省级引才项目8个。浣东街道全年引进内资8.3亿元,外资1300万美元,新引进5亿元以上金晁环境保护专用设备制造项目,实现当年拿地、当年开工。投资5亿元的罗森自有特色(PB)商品生产加工浙江供应链项目1～3幢厂房年内结顶,全部引进项目均在当年开工。

【城乡建设】2022年,绍诸高速浣东互通改扩建工程征地及政策处理全面完成,浦阳江综合流域治理三期白鱼潭古村、浦东新村110户房屋征收工作100%完成。投入8598万元,金盘山公墓扩建等14项实事工程全部完成。“五星达标村”全域覆盖。阳光花园等3个小区创成垃圾分类省级高标准小区,火烧吴村创成省级垃圾分类示范村。投入200万元,建成投运望湖社区、詹徐王村等8个村(社区)和爱心食堂,覆盖56%的行政村(社区)59.8%的60岁以上常住人口。致力于基层共建、共治、共享,东盛社区获评全国先进基层群众性自治组织。东盛社区成为绍兴市唯一的首批省级未来社区,和济社区完成省级未来社区创建准备工作。望湖社区入选全省共同富裕现代化基本单元“一老一小”服务场景名单。以浣东新城区为主体的“东揽湖光·盛景浦江”城市新区风貌样板区通过省级验收。

(浣东街道　斯淑颖)

大唐街道

【概况】大唐街道位于诸暨市西南,东接陶朱街道、暨阳街道、暨南街道,南毗牌头镇和同山镇,西邻五泄镇和金华市浦江县,北连应店街镇。街道区域面积138平方千米,下辖5个城市社区、31个行政村(社区),户籍人口7.62万人,新“大唐人”近10万人。大唐街道是浙江省特色小镇、全国袜业知名品牌创建示范区、世界级袜业产业集群先行区、中国袜业产业智能制造装备及袜艺设计示范基地。2022 年，街道实现规上工业总产值 210.1 亿元，同比增长 8.2%；一般公共财政预算收入 6.1 亿元，同比增长 9.4%；民间投资 24.1 亿元，同比增长 37.3%；自营出口 107.8 亿元，同比增长 8%。举办第十六届中国 · 大唐国际袜业博览会暨 2022 上海国际袜业采购交易会（诸暨站）、第三届“大唐杯”袜艺创意设计大赛等，组织企业参加第三届“大唐杯”国际袜业机械装备大赛、云上袜博会。

【产业发展】2022 年，大唐街道以打造“千亿级”现代产业集群为目标，系统实施“强链补链延链”工程，聚焦数智应用和传统产业的深度融合，加快布局“袜业大脑 + 数智工厂 + 数字基建”的全产业链数智架构。6 月，完成大唐袜业创新服务综合体升级改造，建成数字化车间 48 个、数字化示范企业 3 家，袜业大脑入选省第二批工业领域行业产业大脑建设试点名单。9 月，“袜业大脑”APP 正式发布，袜业行业入选省第二批中小企业数字化改造试点创建培育名单。全年新增科技型中小企业 34 家，高新技术企业 12 家；R&D 经费投入近 7.3 亿元，同比增长 37%；新产品产值 110.5 亿，同比增长 12%。

【项目建设】2022 年，完成民间投资 24.1 亿元，制造业投资 16.2 亿元，高新技术投资 12.3 亿元，建安投资 15.1 亿元，涉及民间投资项目 124 个，制造业投资项目 118 个，高新投资项目 72 个。“10 亿级项目”大唐国际智能制造产业园一期投用，160 家企业提前入驻；“5 亿级项目”大唐袜业智能供应链项目一期整体工程建设完成。

【城乡建设】2022 年，继续紧扣“一心双城三廊”布局，推进新一轮“三改”专项行动，完成拆迁 1.85 万平方米，征收土地 385.9 亩。投入 2000 万元，实施山弯路建设工程，保障工业园区 30 余家企业畅通出行。投入 1000 万元，实施望马路—双金线连接工程，打通建成区南北向交通大动脉。投入 230 万元，实施畅通商圈道路工程，缓解主要商圈交通拥堵。投入 1000 万元，完成毛阳—沿山、杭金线—童村、青浦线—涓坞、蕾山—杨家山顶等 4 条村道改造工程。完成 5 个村社的雨污分流改造项目。萧义输气干线、235 国道 2 个重点工程顺利推进。做好国家文明典范城市创建、国家卫生城市复审工作，开展“无废城市”建设、垃圾减量化工作。完成冷路下水库除险加固工程，实施赵家畈水库、上游水库除险加固工程。推进五泄江“水美乡镇”项目，争取 4000 万元专项国债，启动实施冠山溪路西段整治项目。

【平安建设】2022 年，严厉打击违法犯罪行为，刑事警情数、电信诈骗案件数双下降。聚焦“除险保安”，建成应急管理中心，完成对 3454 家沿街商铺、230 家 10 人以上出租房、3538 家 3 ~ 10 人出租房、1063 台简易货梯的集中整治。启动对 150 家“三合一”场所的专项整治，开展 2062 宗工业土地基础信息摸排。坚持发展新时代“枫桥经验”，设立流动人口管理中心，应用动态数据系统，提升管理服务水平。

【民生实事】2022 年 9 月，市第六人民医院通过浙江省第四周期二乙综合医院评审，城乡居民基本医疗保险、“越惠保”扩面提升，累计接种疫苗 35 万余针次、核酸检测 315 万余人次。启动建设智胜幼

2022 年 9 月 6 日，第十六届中国 · 大唐国际袜业博览会在商贸城开幕（大唐街道提供）

儿园，创成9个“15分钟品质文化生活圈”、1个“百姓健身房”，马店年糕入选省级非遗工坊创建名单。新版《草塔镇志》首发，红色庄余霞获评省巾帼爱国主义教育基地。延伸拓展文明实践“四大场景”，全市首个新时代文明实践站2.0版落户大唐，新运行5个爱心食堂，关爱基金总额达到1700万元，惠及群众超3万人次，3项数据领跑诸暨。

【中国大唐国际袜业博览会】2022年9月6日至8日，第十六届中国大唐国际袜业博览会在诸暨国际商贸城举行，本届袜博会以“世界袜都，共织共富”为主题，联合2022上海国际袜业采购交易会（诸暨站）同期同地召开，展会面积1.5万平方米，参展企业250余家。本届袜博会举办第三届“大唐杯”国际袜业机械装备大赛、2022绍兴跨境电商行业发展论坛、中国（诸暨）石墨烯赋能袜业高峰论坛、云上袜博会、袜业产业大脑APP发布、袜业供应链产品展销会等活动。大唐街道作为袜子行业产业集群地，从源头畅通产业链、稳定供应链、提升创新链、重塑价值链，提振行业企业信心。 （大唐街道 魏永杭）

暨南街道

【概况】暨南街道位于诸暨市南。街道面积140.9平方千米，辖6个社区和34个行政村，户籍人口6.88万。2022年，实现财政总收入4.48亿元，增速全市第一。实现地区生产总值20.36亿元，规上工业增加值4.57亿元，民间投资9.3亿元，自营出口30.43亿元。城乡常住居民人均可支配收入达到47518元。

暨南街道沿江新村统防统治示范基地（农业农村局提供，摄于2022年5月）

2022年，暨南街道深入学习贯彻党的二十大精神，聚焦干部队伍建设，实施年轻干部培养“雏鹰计划”和“作风提振专项行动”，为民办理实事114件，解决矛盾纠纷310件。实施“红色根脉强基工程”，以“两比一提升”活动为载体，“浙里兴村治社”场景应用为主抓手，推动村社干部履职尽责，落实村级为民实事项目149个。落实“守初心践使命”大整顿大提升五大专项行动，着力纠治不作为、慢作为等问题，累计下发通报36期，点名批评街道及村社干部191人次，对党员干部实施“第一种形态”61人次。始终保持执纪高压态势，做到有案必查、有案严查，党纪立案39件，结案40件。

【经济建设】2022年，暨南街道新引进5亿元以上项目1个，亿元以上项目4个，外资项目3个，招引内资7.2亿元。新建磁悬浮电机制造项目入选省重点项目。成功申报省科技型企业7家、高新技术企业4家，新增高价值知识产权专利质押13件。完成数字化车间改造4家，实现规上研发经费8988万元，技术市场交易额1.7亿元，规上数字经济核心制造业产值1.25亿元。国伟科技入选国家畜禽种业强优势阵型企业、省畜禽种业综合型阵型企业。入选国家级创新人才1名，绍兴“名士之乡”C级人才1名。

【城乡建设】2022年，完成浦阳江综合治理三期工程、暨南供电所、三江新村电排南侧等6个重点地块土地征收，暨南初中完成初步方案设计，人民医院暨南分院项目开工建设。优化城镇区域交通网络，完成8个美丽城镇扫尾项目和埂头至夹山段公路大中修工程，规范化建成1个乡级农村公路管理站。完成鸿鼎华庭等3个小区业委会选举。推进"五星3A"迭代升级，外陈村通过绍兴市"五星达标村"验收，沿江新村被列入省级"未来乡村"创建名单。打好控违治违拆违持久战，坚决遏制违法建设，处置违章建筑2.17万平方米，获评省级治违控违示范街道，为诸暨市唯一。金杜岭村省级历史文化保护利用建设项目规划通过评审。高水平推进全域美丽，浦阳江上游段获评绍兴市"美丽河湖"，街新线获评"绍兴最美绿道"，街道被评为2022年绍兴市"水美乡镇"。

实施"稻田固碳减排关键技术熟化与场景应用"等省科技厅"尖兵""领雁"研发攻关项目，在沿江新村建设稻田固碳监测点，为全省稻田参与国际碳汇交易平台提供参考数据。与省农科院合作建立技术转移中心，引进特色优质农产品，建设许村村旱粮基地110亩，引进"浙薯13"鲜食型和加工型番薯共10个品种。依托"南城红"党建联建实现资源高效贯通，联合一百超市，拓宽农产品销售渠道，实现农企农户增收500余万元，联合农商银行设立助农"共富贷"，获得授信10亿元助力村庄发展。以"政府＋企业＋村集体＋农户"模式深化"共富路径"，着力打通"共富工坊"上下游通道，建成"共富工坊"7个，吸收农村剩余劳动力325人。推进新合村"五星级"农贸市场建设和19个村新一轮联建消薄项目，实现34个行政村年经营性收入达50万元以上。

【民生实事】2022年，完成街道社区卫生服务中心、王家井幼儿园改造提升、基础道路建设等民生实事项目，三江幼儿园提标重建投用。完成2022年城乡居民医保参保3.6万人，街道财政补助1435万元，参保率100%；"越惠保"参保4.35万人，参保率70.56%。建成示范型居家养老服务中心9家，发放养老服务补贴149.1万元，建成未成年人保护站和社工站。完成新南村、新胜村等10个村"爱心食堂"单建和4个村配送覆盖。街道便民服务中心升级为"一类"中心，村级便民服务站完成标准化建设。开展低保群体专项就业援助，完成5210名重点群体人员就业帮扶，申报高质量就业村4个。推进"浙江有礼·'枫'尚诸暨"文明新实践，积极开展助学扶困等关爱活动，使用关爱基金884.78万元，惠及1.2万余人次。聚焦全国文明典范城市创评，组织开展文明创建活动300余场。

【社会治理】2022年，继续推进党建统领网格智治，优化调整网格74个、微网格748个。深化网格化党建，把党支部建在小区上，构建党建引领下的城市社区现代化治理体系。提升社会治理现代化水平，加强社会治理中心建设，完成各类矛盾纠纷调解190件。平安护航党的二十大，社会治安持续向好，"110"警情数同比下降3.15%。创新安全生产监管模式，引入第三方服务开展消防、燃气、食品药品等日常巡查，实现精管理、善治理。疫情期间，建立健全防控责任体系，推进疫苗接种工作。　（暨南街道　赵秀）

店口镇

【概况】店口镇位于诸暨市北部，东邻枫桥镇，南接山下湖镇、姚江镇，西靠次坞镇，北与杭州市萧山区、绍兴市柯桥区相连。沪昆铁路、03省道东复线穿镇而过，距市中心33千米。区域面积176.43平方千米，其中建成区面积18.7平方千米。镇人民政府驻中央路388号，下辖29个行政村、11个社区、3个城市社区居委会，常住人口168282人，其中户籍人口101725人、新店口人66557人。店口镇有白塔湖国家湿地公园、杭坞山省级森林公园两大山水资源，浦阳江与其支流枫桥江在境内汇合。

店口镇是"五金之乡"，列"全国高质量发展500强镇"第42位、"全国综合实力千强镇"第74位。全镇市场主体总量超23000家，其中"世界500强"企业1家、"中国民营企业500强"1家、"中国民营企业制造业500强"2家、上市企业6家、规上工业企业250家、限上贸易和规上服务业企业69家。2022年，全镇规上工业总产值431.03亿元，规上工业增加值96.3亿元，同比增长14.7%。实现自营出口109.6亿元，同比增长19.8%。限上批发、零售销售额，住宿、餐饮营业额增速均超过15%。

【经济建设】全年招引亿元以上项目5个，其中5亿元以上项目2个，实到内资12.5亿元、外资1300万美元。制造业投资30.94亿元、民间投资28.06亿元，同比分别增长29.4%和10.7%。规上企业研发经费投入

18.06 亿元，同比增长 23.1%，R&D 强度提升至 4.36。完成高新技术投资 20.03 亿元、技改投资 22 亿元，分别同比增长 36.7% 和 88.4%。新认定国家高新技术企业 18 家、国家科技型中小企业 128 家、省科技型中小企业 47 家，2 家企业入选省“民营企业研发投入 100 强”、2 家企业成为国家级专精特新“小巨人”。新增数字化车间 18 家，规上数字经济核心产业制造业产值达到 71.3 亿元，同比增长 23%，4 家企业荣获省数字化示范单位称号。新引育市级以上高层次人才 15 人次，其中国家级领军人才 3 人、省级领军人才 4 人。

【城镇建设】2022 年，全市首条高架公路（萧山至磐安公路金浦桥至三江口大桥段）建成通车，柯诸高速启动建设，店口综合港区、湄池大桥主体完工，综合性、立体式、现代化融杭接绍大通道加速形成。完成建安投资 17.5 亿元，同比增长 12.8%。绍兴市中北部 500 千伏电力线路优化、生活垃圾中转站异地新建、污水处理厂清洁排放提标改造等一批市政基础设施项目加快推进，高分创成“美丽城镇”都市节点型省级样板和绍兴市“四好农村路示范镇”，通过“国家卫生镇”复评。

【乡村建设】2022 年，完成“非粮化”和“千亩方”“万亩方”永久基本农田集中连片整治 21980 亩，全年粮食播种面积 48127 亩，总产量超 2 万吨。培育“农创客”30 个、建成省级现代化产业示范点 2 个。成立“强村公司”5 家，村级年经营性收入 50 万元以上全部实现，“五星达标村”全域覆盖。居民人均可支配收入提升至 73074 元，同比增长 7.5%。入选“2022 浙江省共同富裕创新案例”。

【民生实事】2022 年，完成育蕾学校“民转公”和杨梅桥小学改扩建工程，江南大院幼儿园装修、湄池初中改扩建进度过半。新增“名师工作室”5 家，3 所学校荣获国家特色学校称号。完成第四人民医院门急诊楼改扩建，新设专家名医工作室 3 家，通过“二甲”医院复评。“爱心食堂”覆盖率超 60%，村级“关爱基金”规模突破 2300 万元，首创企业“员工共富”基金，培育试点单位 10 家，惠及企业员工 3 万余人。劳动争议多元调解中心成为“浙江省人事争议案件处理工作成绩突出基层调解组织”，残疾人之家入选省“五星级”名单，融爱家园被命名为“2022 年杭州亚残运会残疾人事业展示点”。

建设中的湄池大桥（何伟江摄于 2022 年 11 月）

【社会治理】2022 年，深化“大综合一体化”行政执法改革，“一支队伍管执法”全面实现，“综合查一次”加快推进，创成绍兴市“枫桥式”法治乡镇和“枫桥式”综合执法队。首创“政务 110”运行机制，实现建成区群众投诉举报“10 分钟到达现场”。强化安全领域综合整治，安全生产风险管控指数年度排名绍兴第一。

【第三届水暖博览会】2022 年 6 月 22 日至 24 日，第三届中国（店口）水暖博览会举办。博览会通过展示水暖行业的创新产品和理念，为店口特色产业搭建层次更高、范围更广的交流与合作平台。展会共邀请近百家水暖企业参展，店口本地企业占 80% 左右，吸引来自全国各地近千名采购商采购洽谈，意向成交金额 7000 万元。

【诸暨市首条高架公路通车】2022 年 9 月 28 日，萧山至磐安公路（金浦桥至三江口大桥段）快速化改建工程（即店口高架）正式通车，比预定通车计划提前 3 个月。该项目是浙江省第一个采用全过程工程咨询服务模式的交通项目，是诸暨市第一条高架公路，也是绍兴市快速路网规划的重要组成部分。

（店口镇　周宸帆）

枫桥镇

【概况】枫桥镇位于诸暨市东北，会稽山西麓，毗邻绍兴市柯桥区，南连赵家镇、东和乡，西至浣东街道，北邻店口镇，距市中心约20千米。31省道、诸嵊公路、枫店线穿镇而过。绍诸高速贯穿全境，在枫桥镇设有南、北两个互通口。枫溪江、孝泉江、栎江三江汇流成的枫桥江穿境而过。镇域面积165平方千米，镇人民政府驻中兴路1号。全镇辖23个行政村、8个社区，户籍人口7.2万人。2022年，全镇实现规上工业总产值33.5亿元；完成民间投资10.39亿元，制造业投资7.33亿元，同比增速10%；财政收入1.9亿元；规下工业营业收入1.5亿元，同比增长10%；自营出口额20.8亿元，同比增长12.4%。城乡居民人均可支配收入52961元，同比增长4.3%。

枫桥镇是全国重点镇、全国文明镇、中国历史文化名镇、全国乡村治理示范乡镇、全国先进基层党组织。枫桥镇以“枫桥经验”闻名全国，连续3次捧起过全国综治最高荣誉“长安杯”。2022年，获评省级清廉村居建设示范乡镇、浙江省新时代富春山居图县域样板区（绍兴唯一）、省级革命老区乡镇（街道）、浙江省健康镇。枫桥镇人大代表联络站是浙江省首批人大践行全过程人民民主基层单元培育对象，枫桥镇食安办是浙江省五星级乡镇（街道）食安办。

2022年，扎实推进“干部队伍建设年”工作，编制权责清单84项，形成纵向到底、横向联通的管党治党责任体系。巩固“兴村治社”首试成果，日活跃率超99%，“一年一清单”数量全市第一。制定《党员管理“十个一律”》，变“季量化、年考评”为“常态管理、即时考核”。组建基层监督“三支队伍”，探索“七有”村级监察工作建设标准，获评“绍兴清廉建设成绩突出单位”。

【“枫桥经验”发展】2022年，持续升级“党建＋社会组织”体系，创建绍兴市“枫桥式”社工站，“培育发展案例”入围全省优秀。深化网格智治，重划98个网格、456个微网格，高配“1+3+N”团队力量，依托“枫桥社会治理系统”，实现重心下移，力量下沉。首批试点浙江省践行全过程人民民主基层单元建设，构建“人大联络站＋共享法庭”多元联动模式，赋能基层治理。践行“枫桥经验”，坚持“四治融合”，杜黄新村获评全国民主法治示范村。6月30日，承办绍兴“大综合一体化”行政执法改革现场会，构建“一件事”集成改革，探索试点“政务110”。9月26日，诸暨市公安局交通警察大队枫桥中队获浙江省“人民满意的公务员集体”称号。10月16日，在中国共产党第二十次全国代表大会上，坚持和发展新时代“枫桥经验”写入党的二十大报告。枫桥镇“1+29”镇村社会治理中心全覆盖。

【平安建设】2022年，持续开展除险保安行动，交通事故数量同比下

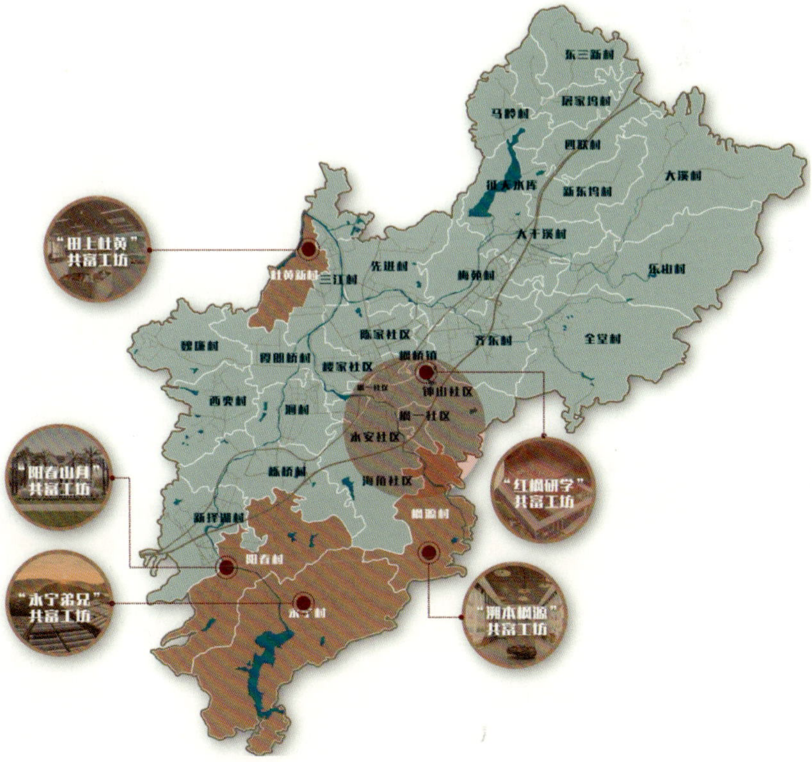

枫桥镇“共富工坊”矩阵示意图（枫桥镇提供）

降4%，死亡人数下降40%。刑事案件数量同比下降23.33%，破案率95.70%。成灾火灾数下降28%。完成重要节点维稳安保任务，年度安全生产和消防工作目标责任制考核获得绍兴市优秀等次。高质量开展农村自建房整治专项行动，摸排自建房2.33万套、消除隐患313套。

【经济建设】2022年，聚焦稳企纾困立足点，打好"减免退缓补"组合拳，累计走访企业700余家次，解决各类涉企问题38个，兑现各类政策资金5000余万元。市场主体培育稳步推进，申报国家高新技术企业8家，国家科技型中小企业38家，省科技型中小企业18家，完成"小升规"企业8家、"下升上"企业7家。

【招商引才】2022年，坚持抓项目保发展，完成余缺对接120亩，有效投资约3亿元，民间投资约10亿元。新引进亿元以上项目3个，乡贤回归项目3个，完成固定资产投资10.39亿元、自营出口20亿元，落地锐创新能源、新威机械、培盛海工等重点项目。强化人才支撑，完成3个国家级、3个省级、6个"绍兴330人才项目"申报，对接储备项目4个。

【文旅产业】2022年，整合研学资源，以"枫桥学院"为核心串联形成研学线路，打造红枫研学数智平台。上线3个月，接待3000余人次，收入村镇共享。洽谈跟踪农文旅项目31个，落地投资超亿元的"阳春山月""枫林湾"等标志性项目，"阳春山月"吸引游客近10万人次，集体增收200余万元，解决就业80余人。"紫薇山"休闲旅游项目稳步推进，紫岩禅寺破土动工。

【镇村建设】2022年，成立攻坚"雄鹰队"，担起彩仙自然村280户房屋征收任务，跑出征收"加速度"，实现签约率、满意度双一百，获绍兴市委书记盛阅春点名表扬。组织实施城乡风貌县域样板区创建，"枫江明珠·榧乡古镇"入选省级"新时代富春山居图"县域风貌样板区。绍大线改线工程全面启动，虎山隧道、枫山线提升改造工程进展顺利。水系连通及水美乡村项目全面铺开，青西畈泵站改造进度过半。高标准农田建设1500余亩，完成永久基本农田集中连片整治3760亩。完成绍大线—征天水库联网公路大中修，全镇新增公交候车亭79个，完成12个行政村(社区)乡村道路亮化工程建设16.1千米。

打好蓝天、碧水、净土、清废保卫战，建成投用"智污监管"系统，完成污水零直排省级样本初验，迎检"国卫"乡镇复评，创成绍兴农村生活垃圾示范区，启用数字化人居环境智慧监管系统，开展工业园区整治提升，废弃整治、固废排查收运全覆盖，优化人居环境。

以组织振兴助推乡村振兴，探索打造"党建+乡村振兴"共富会客厅，梳理发展资源，集成一镇一图、一村一谱，实现资源一屏展示、服务一键触达、考评一榜晾晒，成为乡村振兴"主引擎"。融合田上杜黄、溯本枫源、阳春山月、永宁弟兄、红枫研学五大点位，打造"共富工坊"矩阵，推进"一统三化九场景"。杜黄新村、枫源村未来乡村建设全省考核优秀、良好，位列诸暨前二，并顺利通过绍兴"五星3A"先行村验收，受省委书记易炼红调研肯定。强化智库互联，与中国水稻所等5家科研院所建立合作示范基地，早稻百亩示范方通过省级验收，并承办省级现场会。农机推广工作获农业农村部贡献奖。围绕农用地流转、宅基地改革、竹林地联建，探索因地制宜共富案例，实现由点及面的兴村共富路。推进扩中提低行动，行政村年经营性收入50万元以上实现全覆盖，村级集体经济总量提升10%，低收入农户人均收入增长20%。

【民生实事】2022年，动态调整疫情防控"最优答案"，累计接种新冠疫苗17.32万剂，未发生一起通报事件。创成第五批"一站式"便民服务站，镇便民服务中心入选"绍兴风景"展示资源考察点。第二人民医院通过二级乙等复评，完成省五星级乡镇食安办现场评审，获评浙江省健康镇、绍兴市教育优质均衡示范乡镇。承接"浙江有礼·'枫'尚诸暨"文明新实践活动，探索"现代社区建设"乡镇版。聚焦"一老一小"，引进"晓风书屋"，创成智慧化养老院。"四大场景"延伸拓展，新建爱心食堂14个，关爱基金规模超1300万元，惠及群众2.5万余人次。（枫桥镇 李佳琦）

牌头镇

【概况】牌头镇位于诸暨市西南，东邻暨南街道和璜山镇，南与安华镇和义乌市接壤，西连同山镇，北毗大唐街道，距市中心14.5千米，杭金衢高速公路在牌头设有互通口，沪昆铁路、杭长高铁、03 省道、诸安快速通道等纵贯全境，浦阳江由西南向东北流经。镇域面积 87.8 平方千米，镇人民政府驻站前路 197 号。辖 26 个行政村，2 个社区，总人口 45891 人。2022 年，全镇人均可支配收入 56197 元，同比增长 4.6%；规上工业产值 83.72 亿元，同比增长 16.07%；规上工业增加值 226747 万元，同比增长 15.8%；乡镇财政总收入 26175 万元，总支出 26175 万元，税收 20981 万元。牌头村、三保里村、牌一村被评为年度省级健康村；中华村、下岭脚村、越峰村、楼稼坂村被评为省卫生村；坑西新村被评为省级民主法制村；斗岩村、小砚石村、中华村、金龙塔村、三保里村、新乐村、山下周村被评为绍兴市级民主法治村。

牌头镇为诸暨市三大古镇之一，境内有国家级风景名胜区斗岩风景区，有浙江省文物保护单位张秋人烈士陵园，是浙江省中心镇、浙江省百强镇、浙江省卫生镇、浙江省特色小镇培育优秀小镇、绍兴市小城市培育试点镇。

【产业建设】2022 年，面对需求收缩、供给冲击、预期转弱"三重压力"，牌头镇迎难而上，立足"四个落实"。落实"双招双引"。牢固树立"项目为王"理念，坚持招商选资"一号工程"不动摇。全年引进亿元以上工业项目 4 个，其中 25 亿元工业项目 1 个，实现 10 亿元以上项目引进零的突破。着力推进落地项目实现高质高效产能转化，珀美新材料、烨坤设备机械等 3 个项目实现当年招引、次年升规，将项目潜能转化为发展动能。落实"有机更新"。以天洁集团国有土地收储更新为试点，完成 511 亩国有工业用地收储，并利用收储土地招引落地乾智坤达微纳晶产业基地项目，建设"腾笼换鸟"产业示范园区，计划两年内产值将提升 20 亿元。落实"数智改造"。"数智改造"从纺织单一行业向环保机械等全行业延伸拓展，新建数字化车间 6 个，对博忆针织、国鸿针织等示范企业，持续引导深化数字化建设，完成数字化设备引进 800 余套；科创人才引进成效显著，全年申报省级人才 5 人、暨阳英才 6 人、绍兴名士之乡英才 2 人、评审答辩 2 人。落实"特色亮点"。精准分析商贸服务业短板，细化"惠企纾困"暖心活动，举办"惠购牌头 · 乐享生活"消费促进月系列活动等，在绍兴市范围内，首次以镇级名义发放消费券 100 万元，拉动零售业消费 500 万元以上；盘活牌头老街，展示牌头特色工业品、农特优品，投入财政补助百万余元，激活商铺 22 个，出台《牌头镇商贸服务业专项扶持政策》，将活动成效转化为制度长效。

【民生实事】2022 年，牌头镇坚持"健康为民"，不断优化调整疫情防控措施，持续推进新冠疫苗接种工作，实现 18 周岁以上疫苗接种率超 88%；不断优化医疗体系建设，投入 650 万元实施三院全面改造提升工程，引进专家医师 8 名、名医 2 名；加大基层体育设施建设投入，投资 150 万元完成 4 个村的体育场所建设。坚持"实事为民"，推进各项民生实事项目建设，投资 152 万元新建"爱心食堂"8 家，服务覆盖率超 40%，惠及农村老人 532 人次；投资 200 万元完成保障性住房二期配套工程，525 套共 3.5 万平方米的保障性住房顺利交付；投资 538.63 万元完成小砚石村等村农村道路大中修，进一步完善"四好农村路"网络。坚持"保障为民"，全面落实帮扶奖补措施，扩大计生、社保等政策覆盖面，新增计生奖扶对象 1188 人，新增各类社会救助对象 67 人，全年发放各类社会救助款项 630 万元。

【镇村建设】2022 年，牌头镇以高水平建设网络大城市为目标，深耕城乡融合，加快城乡一体化建设步伐。全域统筹深耕村镇建设。持续深化集镇美丽建设，投资 600 万余元，完成人民路等主要道路提升，全面整治集镇交通隐患点，创建省级美丽城镇，验收成绩位居分类第一；不断加大基础设施投入，累计投资 7500 万元，完成牌一村等 3 个村农村生活污水纳管工程，启动同文村等村农污纳管项目，预计惠及农户 3200 余户；全面推进农村危旧房排查整治，完成全镇集体土地房屋排查 21133 处；推进浦阳江三期工程征收拆迁，完成 3 个村 89 户农户房屋征收签约。精准施策深耕城乡风貌。创新引入数字管理模式，赋能农村人居环境长效管理，累计整改人居环境常态管理盲点 6932 处；查明短板、补齐弱项，集中攻坚"五星 3A"常态长效，实现"五星达标"全域创成、迭代升级；精准分析污水零直排管理需求，建立完善污水零直排园区智慧管理系统，成功创建绍兴市污水零直排样板镇。深耕乡村振兴。坚决守牢耕地保护红线，打赢粮食生产安全“保卫战”，优化粮食生产激励措施，耕地地力保护补贴扩面至12537户，深入开展“非粮化”整治，优化调整粮食生产功能区3000余亩，实施清理腾退1300余亩；开展农田整治项目，持续激发农业生产潜力，立项实施永久基本农田整治1400亩、标准农田建设450亩、高标准农田建设950亩，完成耕地质量提升700亩；强化农村“造血”功能，制定实施“乡村共富”奖补政策，对27个村25个项目实施奖补650万元，组织开展“一村一品”系列活动，助推27个村实现经营性收入达50万元以上；探索镇村联营发展新模式，建立“红耕同文”强村公司，开展“农旅”结合经营，推动村级增收20万元。

【社会治理】2022年，牌头镇聚焦改革赋能，承接全市“大综合一体化”执法体系改革，聚合执法队伍力量，强化上下联动，打造一体化执法格局，全年处置各类行政执法案件75起，共计对涉及单位、个人实施行政处罚75次；有序推进农村宅基地改革，完善宅基地审批、监管流程，有效摸排、处置农村涉土涉宅历史遗留问题，完成60户农户建房审批。聚焦源头除险，有序推动除险安保工作顺利开展，持续强化“1+9”应急管理体系建设，牢固树立“管领域就要管安全”理念，全年开展各类安全生产隐患排查12次，整治150家企业安全隐患597处；创新引入专业机构指导机制，对244家小微企业、43家重点企业开展专业化、精准化指导，完成市级挂牌督办整治1家；持续加大生产安全执法力度，全年立案处置14家企业，落实行政处罚16.2万元。

【便民服务】2022年，深化镇村便民服务体系建设，推进全域数字化延伸，实现镇村数字管理联动；开展村级便民服务“好差评”应用试点工作，成为全市首个实行村级实时监控和“好差评”系统应用的乡镇；开展“一站式”便民服务站全域提升，实现“一站式”便民服务全覆盖，推进村级服务站标准化建设。深化“无差别受理”“一体化办理”制度，高效、准确受理办结各项便民业务1.8万余件，提供咨询服务2.4万余次，实现办结率、满意率“双一百”；全面推行政务服务“一网通办”，坚持数字赋能普及“网上办”“零次跑”，“零次跑”事项占比达90%以上。坚持“四责协同”，落实“五张责任清单”，建立健全镇村干部考核体系，全年办理人大建议25件，办结率达100%；持续推进“阳光政府”建设，共受理政府信息公开案件10件，办结率100%；继续深化法治政府建设，开展权力运行法制审查案件91件。（牌头镇　楼科昂）

次坞镇

【概况】次坞镇位于诸暨市西北，东邻店口镇，南接应店街镇，西北连杭州萧山区，镇域面积97.2平方千米，下辖20个行政村、2个社区，常住人口约3.3万人。杭二绕西复线高速公路(S43)、杭金公路(G235)、杭金衢高速公路(G60)、十店线等穿镇而过，杭金衢高速公路在次坞设互通口，杭州绕城高速西复线在次坞设次坞服务区。2022年，全镇财政总收入3.8亿元，规上工业产值55亿元，自营出口15.5亿元。全镇拥有纳税企业764家，其中2000万元规模以上企业67家。

次坞镇是共青团创始人俞秀松的故乡，有秀松故居、秀松纪念馆、秀松陵园等红色旅游景点。次坞镇是国家级生态镇、小城镇环境综合整治省级中心镇样板、省卫生镇、省文明镇、省星火示范镇、省教育强镇，全国综合实力千强镇。次坞是“浙江十大民间小吃”之一的次坞打面的发源地。

【镇村建设】2022年3月，集镇易涝点排水项目（屏峰路段）完成主体施工，4月通过验收，提升次坞溪等自然水体的雨天排涝通水能力。4月，集镇小区雨污分流改造工程竣工验收，项目包括滨江花园、宏城小区等。5月，成功完成国家卫生镇量化评估。10月，次坞镇完成镇中心卫生院改造提升工程并通过省“优质服务基层行”创建。11月，次坞镇农村黑臭水体整治项目完工，累计完成次坞溪2.18千米清淤，完成古竹院村、大儒村、次坞社区等3个集镇周边行政村社17个池塘的清淤、引水和护栏安装。12月，次坞镇通过省级美丽城镇基本达标镇验收组验收，大院里等9个村社被评为浙江省健康村，上峰新材料等4家企业被评为浙江省健康企业。

2022年，打造溪埭村为精品乡

村振兴先行村，以“精神高地、打面高地、共富高地”三座高地为创建目标，重构“初心之路、古村之路、田园之路”，高标准实施溪埭村美丽田园项目；成立诸暨市次坞打面产业促进会，筹建诸暨首家次坞打面研学馆，探索次坞打面发展新业态；成立“松青塬”强村富民有限公司，推进青松共富工坊建设，联合诸暨小吃协会、农创客协会等，整合村社各类零散资源走市场化道路，壮大村集体经济，促进共同富裕。4 月 29 日，举办共同富裕“雁阵凌云”论坛，由村社书记履职践诺，并邀请两代表一委员、社会乡贤建言献策，推动社会各界深入参与乡村振兴。

2022 年，次坞镇完成集镇 34.7 亩“三改”项目征迁签约，盘活大儒村三改地块以及周边用地 52.7 亩，累计调出可用面积 71.9 亩，扩容集镇周边土地，助力招商引资工作。

【交通建设】2022 年，次坞镇交通基础设施建设各项工程陆续完成并投入使用。完成 G60 高速立交桥下路面及排水改造工程，优化交通薄弱点，消除道路安全隐患。235 国道杭州至诸暨公路萧山河上至诸暨安华段改建工程次坞段进入全面施工阶段。3 月，次坞镇集镇与临杭园区连接线（一期）工程进场施工，9 月完成主体施工，12 月完成验收，成为打通集镇与园区联系的交通大动脉。3 月，东思线大中修工程完成竣工验收。5 月，次坞镇集镇公交场站新建工程项目进场施工，9 月完成主体建设，项目占地约 5 亩，结束次坞无配套公交枢纽的历史。9 月，完成茅湄线—里蒋坞农村公路局部路段拓宽和整体白改黑道路提升工程，完善乡村道路排水及交通安全设施，提升乡村道路交通能力。

【农业建设】2022 年，聚焦农业稳产增产，全年完成高标准农田改造 328 亩，治理“非粮化”地块 990 亩。完成吴高坞御村山塘综合整治工程和道林山小船湾山塘综合整治工程，项目于 2 月底完成初步设计，12 月下旬完工，总投资分别为 130 万元和 178 万元，包含山塘水库加固、清淤等除险保安工作。7 月，镇级水毁工程（二期）全部完工，涉及白马新村、吴高坞村、溪埭村、凰桐村等 11 个村社的水毁道路和水利设施。

【民生实事】2022 年 9 月，次坞镇中小学厕所改造提升项目完成建设，累计改造包括大桥完小、凰桐完小、秀松中学在内的 16 组厕所。同时，完成秀松初中校园电路改造工程，消除安全隐患，满足用电需求。完成秀松中学校园安全防护改造项目，通过安装铝合金、窗户定位器等方式对秀松中学教学楼窗户、走廊进行提升改造，防范坠楼事故，提升校园安全。

2022 年，继续打造“爱心食堂”“爱心驿站”等关爱系列品牌，完成道林山村、白马新村、大儒村、大桥村、沈河村、吴高坞村等 7 个行政村爱心食堂新建。此外，次坞镇新建吴高坞村综合服务体，打造全市首家综合性老人服务中心，提供以养老为主（含爱心食堂、日托、娱乐活动、家宴等功能）的全方位村级居家养老照料服务，实现服务项目多样化。

【凰桐江堤防整治工程】2022 年 10 月 11 日，总投资 1800 万元的凰桐江堤防整治（一期）工程（凰桐村河坑桥至红旗村段）完工验收，整治河道全长 2.25 千米，涉及堤防加固、生态砌块、河道清淤疏浚、堤顶道路

2022 年 4 月 29 日，次坞镇共同富裕“雁阵凌云”论坛在溪埭村召开（次坞镇提供）

建设等项目。5月，凰桐江堤防整治二期工程（全国水系连通和水美乡村项目）开工，二期工程项目包含凰桐江新回头村狼母堰至红旗村段堤防整治及红旗村水美乡村建设，目标为农村水系防洪安全达标、河流空间生态修复、水环境质量改善，计划加固堤防5.51千米、河道清淤疏浚7.33千米、拆建加固堰坝5座、加固穿堤涵洞2座、堤岸防渗和堤顶路硬化改建等，总投资约4000万元。至年末，完成30%工程进度。

【大桥农贸市场完工】2022年12月，新建大桥农贸市场项目完工，市场主体建筑占地面积1224.3409平方米，地下建筑面积163.88平方米，地上建筑面积2523.8959平方米，总造价约704万元。完善大桥片区配套基础设施，提升居民生活便利度。（次坞镇 周灿梁）

山下湖镇

【概况】山下湖镇位于诸暨市东北，东接枫桥镇，南邻浣东街道，西至姚江镇，北连店口镇，距市中心30千米，镇政府驻地诸暨市山下湖镇宝兴路63号。毗邻杭金衢高速、诸永高速，03省道东复线、诸湄公路穿镇而过，浦阳江支流江横穿东西。区域面积42.56平方千米，人口2.88万人。辖9个行政村、3个社区居委会。山下湖镇是全国珍珠知名品牌示范区、全国文明镇、全国千强镇、国家卫生镇、省级高新特色产业基地、省级服务业集聚示范区、“美丽浙江·强镇榜样”产业聚集示范镇、浙江省首批美丽城镇样板镇、AAAA级旅游景区镇、全省首批现代服务业创新发展区、省级风貌样板镇、省级园林乡镇、省低（零）碳试点乡镇、省数字生活新服务特色镇。胡润全球珍珠企业创新品牌榜50强企业占据三分之一在山下湖镇。

2022年，全镇实现GDP47.1亿元，居民人均可支配收入达7.2万元，超全省全市平均水平。新增市场主体1586家，同比增长38%。珍珠产销超400亿元。8月26日，2022世界珍珠大会举办，山下湖媒体曝光量超6000万人次，累计客流量达40万人次。

【产业升级】2022年，珍珠产业国际品牌中心、国家级产学研协同创新基地、国家级新媒体主播培训基地先后落地。珍珠产业转型升级成果得到省领导批示。创建国家电子商务示范区，引进7家国内外电商品牌和6家国家级、省级珠宝检测中心，华东国际珠宝城被评为中国商品市场十大数字化领跑者，星达汇等两个基地创成省级直播电商基地。累计培育线上珍珠销售市场主体5000余家，全年线上销售额突破250亿元。珍珠全产业链集成改革成果入选全省服务业高质量发展典型案例，产业“生态”推动“两山”转化成果被评为全省生态环境系统共同富裕最佳实践。

【镇村建设】2022年，山下湖镇实施环境卫生专业化管理，完成“烟花”台风水毁工程、浦阳江三期综合治理、全域水系贯通工程、现代农业产业园等基础建设。持续推进高标准农田建设项目和改造提升项目，创成省级水稻优质高产标准化示范园区和水稻病虫害绿色防控示范区。以市场化方式壮大村级集体经济，枫江村、新桔城村创建成第二批省级未来村，新长乐村创成绍兴市级先行村，全镇11个行政村（社）集体经济收入均超100万元，集体经济总收入及经营性收入均增长10%以上。

【民生实事】2022年，继续惠民生、保稳定。稳步推进体艺馆、放心市场、中心幼儿园扩建等项目，持续更新卫生院设施设备，实施医疗保险0起付线，打响小镇巧妇、“信誉银行”等特色治理品牌，建设爱心食堂2家。推进共富工坊、强村公司建设，累计带动村民就业2200人次，增收超亿元。

（山下湖镇 朱森森）

璜山镇

【概况】璜山镇位于诸暨东南，距离市区21千米。开化、龙泉两江自南向北纵贯全境，省道诸东公路、诸永高速穿境而过。南与金华义乌市接壤，是连结金义地区第三产业的桥头堡。璜山镇辖14个行政村、2个社区，镇域面积131平方千米，户数1.4万余户，人口3.7万人。是国家生态镇、国家卫生镇、全国综合实力千强镇。2022年，璜山镇实现工业总产值38.75亿元，财政收入2.04亿元，其中一般公共预算收入1.23亿元，农民人均可支配收入55600元。

【产业发展】2022年，强化数字赋能，加速打造高质量轴承轴瓦特色

2022 年 5 月 25 日，璜山镇溪北村新名片“寻味溪北”主题活动之包粽子比赛现场(璜山镇提供)

优势产业。完成数字化改造 2 家，培育高科技企业 3 家、省科技型中小企业 8 家、国家科技型中小企业 23 家。认定高质量发明专利 11 件。实现数字经济核心制造业产值 3.58 亿元、科技市场交易额 1.6 亿元。继续激励培育壮大市场主体，完成“小升规” 3 家、“下升上” 4 家、“个转企” 21 家，净增市场主体 121 家。

【双招双引】2022 年，继续抓实招商引资“生命线”工程，引进并落地芙蓉山萤石精粉采选项目、青顶山铁矿采选项目等招商项目 17 个。德富输配电设备制造二期项目、申发燃气轮机轴承项目、金亚抛丸生产线项目等 3 个项目开工建设。熊之谷黑熊繁育基地项目、苏博特新型建材研发基地项目、城璜再生资源循环利用项目等 3 个项目建成并投产。加强人才“引育”校企联动，完成浙江大学先进技术研究院和浙江申发轴瓦股份有限公司合作框架协议签约并共建旋转机械联合研究中心。完成旭璟科技与省农科院、浙江中医药大学合作签约，共建落地中药香榧精油分中心。完成浙江熊之谷生物科技公司与浙江大学动物科学研究院共建教学实践与科研基地。累计申报海内外高层次人才项目 14 个，入选国家级人才计划 3 人、“浙江工匠” 2 人。

【城乡建设】2022 年，推动城乡基础设施迭代升级，完成璜山保障房(晓风映苑)项目主体建设，平稳有序完成 146 户购房户择房摇号工作。围绕集镇污水管网缺陷及超负荷运行问题，启动璜山污水处理厂“清洁排放”提标改造项目。全面完成集镇排水缺陷分区域排查治理工作、正欣美丽生态牧场 3.2 千米排污专管建设项目和诸东路污水泵站提升改造工程。持续巩固“四好农村路”示范乡镇创建成果，完成双溪口—大坂公路大中修建设项目。深化农村公共空间治理，完成尖坑、凤林水库维修加固工程招投标工作并进场施工，完工验收新跃水库维修加固工程以及溪后、中央山塘整治工程，基本完成齐村农村饮用水工程。

深化农村人居环境攻坚，完成 17 个厌氧处理终端安全隐患整改提升，成功培育垃圾分类示范村 3 个，撤销主干道沿线分类投放点 10 处，新建智慧化分类垃圾房 4 个，助推垃圾分类集中化、无人化、自助化

2022 年 5 月 28 日，璜山保障房项目晓风映苑择房现场(璜山镇提供)

发展。坚持农村公厕管理长效运维，创建省级星级农村公厕1间。推进“大综合一体化”行政执法格局，完善落实“日常管理+街长监管”机制，整治乱堆放800余起、乱停车300余起、未按规定投放垃圾100余起，劝纠流动摊点500余次，立案处罚70余起。建立渣土、抛洒滴漏、秸秆焚烧等处置工作规程，联合交警、路政等部门查处违法行为，累计对抛洒滴漏立案查处12起，对秸秆焚烧立案查处8起。

制定农业生产扶持政策，落实专项保障资金，深入开展“非粮化”整治工作，完成清理腾退364.05亩，新增粮食生产功能区上图782.84亩。采用推广租赁承包、入股市级联建项目等方式，助推村级集体经济可持续增长。新建“生态牧场”“红色桃源”等共富工坊5家，盘活村集体闲置资源，带动农民就业增收。璜山镇16个村(社区)经营性收入均达到50万元。挖掘古村古韵，先行先试探寻溪北乡村振兴新路径，打响“寻味溪北”新名片，完成业态及配套项目建设11个，在建项目3个，制定研学路线3条，举办夜市及主题活动6期，引流超5万人次，带动摆摊商户营业收入超60万元。打造红韵山乡，强化黄家店村红色资源与萃溪花谷、姚王孝德文化村等景点有效串联。8月，黄家店村金萧支队纪念馆入选“浙江省第二批乡村博物馆”。

2022年11月3日，浙江熊之谷生物科技公司与浙江大学动物科学学院产学研交流会举办(璜山镇提供)

【民生实事】2022年，继续深化“最多跑一次”改革，受理镇村便民服务事项2.5万余件，按时办结率、满意度均达100%。巩固政务服务2.0平台推广成果，并将数据触角延伸至村一级，实现2.0事项窗口“一网通办”率达90%以上。持续推进参保扩面，基本养老、基本医疗保险参保率分别达99%、99.8%。全面提升村级关爱基金建设，实现关爱基金10万元以上全覆盖，50万元以上村(社区)4个，基金总额达674万元。8月，溪北村关爱基金相关做法获《浙江日报》头版报道。新建爱心食堂6家，惠及群众2万余人次，建立“石榴红”驿站1家，服务少数民族群众百余人次，提升改造村级卫生室2个，文化礼堂1个，实现农村文化礼堂、农村书屋、新时代文明实践站全覆盖。有序推进疫苗接种，累计接种80369剂次，其中60岁以上人员第一剂加强免疫率99.3%，80岁以上人员全程免疫率99.77%，第一剂加强免疫率77.95%，实现脱漏率0.78%。12月，璜山镇农村疫情防控工作代表诸暨市接受副省长刘忻实地监督检查，获得高度评价。深入开展爱国卫生运动，完善疾病预防控制体系，完成无疫镇、无疫社区(村)创建初审初验工作。

【平安建设】2022年，充分发挥“浙里兴村治社”应用场景运行实效，累计派发任务6548件，办结率100%，各项效能指数均居全市前列。推进林业数字化建设，做好“数字森防”等应用常态化推广。数字化赋能改革，长效运行低收入农户帮促系统。成立自建房屋专项整治行动领导小组，完成14000余户自建房屋摸排工作及农村自建房屋灾普系统数据录入工作，并按照《璜山镇困难群众危旧房治理改造实施方案》完成5户C级危房修缮改造。

织密“一张网”。新建企业、商铺、学校、医院等专属网格8个，划分村社网格29个，微网格265个，规范配备“1+3+N”网格队伍，构筑网格建设全域化。坚持发展新时代“枫桥经验”，迭代完善“基层治理四平台”,持续巩固“绍兴市平安乡镇”创建成果。

开展“除险保安”专项行动,深入实施安全领域综合整治,累计摸排整改沿街商铺消防安全等隐患 780 余处,办理应急管理、消防行政处罚委托执法案件 51 起,处罚金额 16.7 万元,实现消防火灾火警数同比下降 50%。紧盯山塘水库、地质灾害隐患点等各类风险隐患点,开展安全度汛拉网式排查 375 处,提升抵御自然灾害综合防范能力。深化道路交通安全,摸排交通安全隐患点位 72 处,100% 完成整治。保持电动自行车头盔佩戴率 90% 以上,实现全年零交通亡人事故。开展非国标电动车置换宣传,淘汰非国标电动车 7000 余辆。

(璜山镇　傅莹)

应店街镇

【概况】应店街镇位于诸暨市西北,与杭州富阳市接壤,东至陶朱街道,南至五泄镇,西至次坞镇,北至店口镇,距诸暨市中心 16 千米,临近次坞高速出口,至萧山国际机场 40 千米,03 省道及复线穿镇而过,杭州第二绕城高速在应店街设立互通口。镇域面积 117.97 平方千米,下辖 27 个行政村(社区)和 1 个居委会,总人口 45737 人。

全年实现规上工业产值 40.7 亿元,完成规上工业增加值 12.5 亿元,完成研发经费投入 1.75 亿元,规上数字经济核心产业制造业产值 0.88 亿元,民间投资 6.69 亿元,制造业投资 5.22 亿元,建安投资 3.47 亿元,高新投资 2.68 亿元,自营出口 15.1 亿元,农民居民人均可支配收入达 45982 元。

【经济建设】科技城建设。2022 年,专班推进科技城建设,完成 A1、B1 区块 1573 亩土地(山林)政策处理,妥善处理原易健生物闲置资产,按时完成 A1、A2 采空区治理,加速推进海创服务中心平整工程,走出科技城(海归小镇)从无到有的第一步。

企业项目建设。全年完成投资 6.5 亿元,纾困帮扶企业 7 家,合计金融转贷 2427 万元。金海高科、华诚机械基建项目竣工,锦润纺织、葆元实业项目投产,杰辉纺织扩建项目有序推进。日日兴新材料技改项目从洽谈到生产历时仅 3 个月。

企业转型升级。应店街镇做好企业转型升级服务指导,加强市场主体梯度培育,全年培育个转企 20 家、小升规 5 家、下升上 4 家,数量为历年之最。贯彻创新驱动发展战略,新增工业机器人 9 台,为 6 家企业申请市级设备投入补助,共计申报补助 924.69 万元,申报省科技型中小企业 4 家,国家级科技型中小企业 7 家,国家高新技术企业 2 家,形成以高新技术企业为骨干的创新型企业雏形。

文旅产业引流。构建以生态旅游、文化旅游、乡村旅游为重点的大旅游格局,积极宣传悬岭游步道网红打卡、灵山坞银杏公园主题活动,吸引客流累计超过 3 万人次。推进丰周村浙江省休闲乡村建设与紫阆历史文化村落保护利用重点村项目,挖掘全镇文化旅游资源,促进文旅产业高质量融合发展。

【人才引育】2022 年,借助海归小镇落户优势,拓宽引才渠道,入选国家级引才计划 1 名、入围答辩省级引才计划 1 名以及绍兴“名士之乡”英才计划 1 名。诸暨市海内外高层次人才创新创业大赛获奖 3 名,实现应店街镇人才引进的历史性突破。

【镇村建设】交通建设。综合施策,梳理遗留问题 77 个,有效解决

2022 年新建的悬岭胡公殿及进殿公路(应店街镇提供,摄于 2022 年 9 月)

2022年10月2日，应店街镇规模最大的紫阆村爱心食堂开业（应店街镇提供）

235国道政策处理，同步推进白大线工程土地权属分界及林调等工作，全力保障重大交通设施项目顺利建设，拉开交通节点进诸融杭的网络圈。落实“三区三线”成果运用，争取开发边界范围，增加潜力地块3715亩。对接交通项目，竞争杭诸城际铁路线路方案，落实茅大线13.39千米道路提升工程，完成应紫公路大中修项目建设。

水利建设。应店街镇争取水系连通全国试点，累计投入1.96亿元，加快实施“一条江、三水库、五片区”综合治理项目，提升凰桐江防汛能力，缓解双龙、上游、边黄水库除险压力，保障幸福溪等全镇约50千米河道堤防安全。

村级集体经济发展。增强薄弱村自我“造血”功能，设立“共富车间”，孵化“强村公司”，提升村级集体经济发展质量。成立强村公司17家，累计为村集体盈利超50万元，提供就业岗位50个，在全市率先实现经营性收入50万元的村全覆盖。

人居环境优化。培育寨头村等绍兴市垃圾分类准确村，推动丁徐村、伍堡畈村美丽乡村环境提升，完成五星达标全覆盖。发挥村干部网格化管理机制，抓好村庄清洁行动、美丽庭院建设、空倒房清理、“三线”日常管护、农村生活污水治理等工作，打造优美人居环境。

【民生实事】2022年，构建爱心食堂服务体系，完成11家爱心食堂建设，用心解决老年人吃饭难的问题。打造关爱基金2.0版，募集926.5万元，惠及1.1万人次。完成镇村便民服务中心（站）适老化改造提升、“一站式办理”村级便民服务示范平台建设等工作，推进“最多跑一次”改革，提升为民服务水平。

“一支队伍管执法”改革工作持续推进。做到队伍结构配得好、厘清职责转得好、完善机制管得好、法制前置办得好，加快向“全科执法”转变。做好绍兴市政务服务标准化提升试点村（紫阆）建设、政务服务2.0事项应用、政务服务现场管理标准化常态化建设等工作。

【平安建设】落实巡察整改。2022年，高标准抓好省委巡视、市委巡察反馈问题整改，按要求完成11个问题整改。巡察组移交的22件信访件，全部办结。建立健全各类规章制度15项。落实全面从严治党“四责协同”和“五张责任清单”工作机制，发挥“七张问题清单”作用，做到“一图一表”全覆盖。

（应店街镇　陈莳）

姚江镇

【概况】姚江镇南邻诸暨中心城区，位于市域发展主轴上，北毗店口镇，东濒山下湖镇，沪昆高速、杭二绕及诸永高速穿过镇域，03省道东复线贯穿南北，珠宝支线和直埠支线东西向联结。镇政府驻学院路200号。全镇面积105平方千米，山水田占比约为4:1:5，辖23个行政村（社区）、1个城市社区居委会，总户籍人口5.55万人，流动人口0.93万人。2022年，全镇实现国内生产总值36.8亿元，同比增长5.4%；完成财政收入3.78亿元；全年规上工业产值、规上工业增加值增速分别达10.1%、13.5%；农民人均可支配收入同比增长6.9%。

【产业升级】2022年，姚江镇持续做优做强特色机床、汽车零部件智造、鞋业产业。新增国家高新技术企业3家、省级以上科技型中小企业30家，申报工信部“小巨人”企业2家、专精特新中小型企业5家，成功创建数字化车间3家。全年新增亿元以上产业项目 7 个，计划总投资超 14 亿元。

【镇村建设】2022 年，紧抓网络大城市姚江片区发展方向，启用国土空间规划三区三线划定成果，加快构建城乡一体化发展新格局。完成柯诸高速房屋土地征收、浦阳江综合治理三期工程房屋征收工作。聚焦富民强村，探索飞地抱团、项目联建等方式，获评全省推动农民农村共同富裕成绩突出集体。开展主干道环境综合整治行动，获评 AAA 级景区镇。

【民生实事】2022 年，聚焦村社创业承诺，全镇 67 个村级民生实事项目落地。紧抓水利专项债机遇，镇村防汛体系逐步完善。提标改造姚江中心卫生院、中心学校，建成全市首家智慧化卫生服务站，新建爱心食堂 9 家。开展全国文明典范城市创建活动，吴墅村等省级以上文明村实现提档升级，6 个村社创成"15 分钟品质文化生活圈"，完成朱学勉烈士陈列馆建设。

（姚江镇　阮晨晔）

安华镇

【概况】安华镇地处浙江诸暨、义乌、浦江三县（市）交界。杭长高铁、杭金衢高速公路、绍诸高速和 235 国道横贯全镇。全镇面积 62 平方千米，下辖 16 个行政村、3 个社区，户籍人口 3.4 万人，外来人口 1.8 万人。2022 年，实现工业总产值 45.8 亿元，同比增长 13%，其中规上工业总产值 25.68 亿元，同比增长 14.4%。完成财政总收入 2.08 亿元，实现连续 4 年正增长。市场主体数量同比增长 17.6%。制造业投资总额 8 亿元，完成全年任务的 123.2%。高新投资总额 6.8 亿元，完成全年任务的 176.5%。投入研发费用 1.14 亿元，数字经济核心产值 4589 万元。

绍兴市数字化车间企业润澜袜业有限公司车间一角（安华镇提供，摄于 2022 年 6 月）

安华镇是绍兴市首批小康镇乡、"全国综合实力千强镇"、国家级卫生镇、省 AAA 级景区镇。2022 年，创成"省现代商贸特色镇""省级数字生活新服务特色镇"，上榜高质量发展建设共同富裕示范区首批试点。安华镇珠峰村邵家塘自然村入选第一批绍兴市市级传统村落名录。安华龙灯（布龙、板凳龙）、绍佳泉响叉、后溪霸王鞭等民间艺术纳入非物质文化遗产行列。有景点善坑岭旌忠亭、丰江周进士坊、宣何公馆、何氏宗祠、周氏宗祠、邵氏宗祠、中山纪念堂等。

【经济建设】2022 年，安华镇坚持精准招商优质新兴产业，提升经济内生动力，财政收入连续四年创新高。工作经验在绍兴市"争先进位・率先发展"工作会议上作典型发言，获得绍兴市委主要领导点评肯定。占地 200 亩的欧意数字化家电家居高端智造项目，被列入省"高质量发展建设共同富裕示范区"集中开工重大项目，受到省政府通报表扬，绍兴市四套班子领导现场调研。引入总投资 10 亿元京东诸暨智能产业园项目，预计投产后亩均税收 30 万元以上，安华镇年社会消费品零售额将达 50 亿元，占全市的 50%。

安华镇继续实施袜业等传统企业智能化改造，加大数字化生产线、一体智能袜机应用，打造数字车间 4 家，新设计数字化车间改造 3 家，新增科技型中小企业 26 家，润澜袜业有限公司获评绍兴市数字化车间企业，丰德莱针纺织等袜业企业数字化改造工程被新华社媒体报道。禾物数字科技有限公司将传统印刷与网络数字化结合，促进产值高速增长，并申报省级互联网工业平台。

【镇村建设】2022 年，安华镇以“浙夜好·夜安华”“让乡镇生活更美好”为主题推进“夜经济”小镇建设，形成诸义浦三县(市)交界区域消费中心，擦亮夜经济金名片。占地 20 亩的悦朗商业广场全面开业，开元曼居、中影南方等优质业态相继入驻。以浦阳江、大陈江区域为中心，跨江拓进，建设三江口休闲宜居项目，打造以居住、文教、商贸、生态为主要功能的城镇宜居休闲新区。

安华镇在乡村建设中打好“五水共治”“三改一拆”“四边三化”“五星·3A”争创等人居环境综合整治“组合拳”。大陈江(安华段)成功创建省“美丽河湖”、绍兴市“最美河道”，成功创建 1 个“3A 示范村”。持续抓好农村人居环境整治，通过国家卫生乡镇复评。投资 100 万元智能化改造垃圾分类清运处理，不断提升农村人居环境，新州村在绍兴市农村人居环境长效管理常态化评比中荣获“红旗村”称号。投资 2000 万元建设勾乘山村精品村项目，发展品牌农业，建设“红美人”柑橘种植基地，持续强农富农。

【民生实事】2022 年，湖头村景佳坞自然村地质灾害点整村搬迁安置工程，受到新华网等中央媒体的聚焦报道。投资 200 万元新建的镇级居家养老服务中心，成为全市首家绍兴市五星级居家养老服务中心。投资 6000 万元启动镇中心幼儿园异地新建工程。推进健康安华工作，建设安华发热诊室，增加 CT 等医疗设备，不断提高医疗服务水平。完善全民健身体育设施建设，新建夜间篮球场、足球场。

（安华镇　范晨）

浬浦镇

【概况】浬浦镇位于诸暨市东南，东邻东和乡，南毗东白湖镇，西连璜山镇，北接暨南街道，距市中心 15 千米，诸永高速、省道诸东线穿镇而过，距璜山、暨南高速出口 10 分钟车程。镇域面积 55.6 平方千米，下辖 11 个行政村、2 个社区，人口 1.98 万。镇人民政府驻地书院路 210 号。2022 年，全镇实现财政收入 6716.7 万元；实现规上工业产值 30747 万元，工业增加值 4903 万元；实现建安投资 24106 万元，民间工业投资 11843 万元，农业固定资产投资 5052 万元；实现居民可支配收入 34948 元。

【项目招引】2022 年，浬浦镇立足“文旅浬浦”迭代升级建设目标，发挥交通区位、产业发展优势，推进农旅文项目发展。投资 8000 万元的桃源湾高端民宿项目开工，投资 3000 万元的绿枫高山有机中药材培育加工示范基地完成土地流转，投资 3300 万元的中财智慧数字农业示范园项目启动，上海交通大学研学院项目达成初步合作意向。开展“驻企服务、助企纾困”专项行动和月度政企恳谈会。建立健全兑现服务承诺的督查机制，帮助企业协调解决项目报批审批以及招工、员工子女就学等实际困难 37 个。

【产业升级】2022 年，浬浦镇完成 4 家规上企业诸暨市研发中心申报，实现研发中心全覆盖，完成 1 家省科技中小企业、1 家绍兴市农业龙头企业申报工作。全年申报入围国家级引才计划共 3 人，入选绍兴“名士之乡”英才计划“330”共 4 人，入选暨阳英才计划“533”共 1 人。协助浙江禾兮中药材股份有限公司

“夜经济”小镇安华镇美食街一角(安华镇提供，摄于 2022 年 8 月)

建成绍兴市博士创新站。制定《2022年度浬浦镇一产扶持补助政策》，加大对粮食生产和水果营销体系的扶持力度。着力开展草莓助农直播，搭建“寻味暨阳年，同心共富行”农特产直播平台，邀请农创客和诸暨网络达人联合为果农和农企带货，拓宽农产品销售渠道。以“浬浦溪”精品水果产业为载体，举办“桃‘咕’一夏，鲜得有‘浬’”水果节，全年帮助果农销售水果超过5万公斤，销量同比增长40%。

【乡村建设】2022年，浬浦镇深入推进农村宅基地制度改革，以“三权分置”为核心，探索创新“三权三票”政策体系，出台相关配套制度、细则，完善农村住房保障机制，从根本上解决空间盘活、住房保障、环境优化、产业引入协同推进难题，拓宽未来发展空间，助力实现高质量乡村振兴。改革创出五项“全国第一”，相关经验做法在省、市媒体平台上广泛宣传，项目被列为共同富裕诸暨示范首批试点，本镇被评为“浙江省农村宅基地工作成绩突出集体”“2022年绍兴市农村宅基地盘活利用示范乡镇”。开展农村人居环境整治行动，坚持每月“督+评”的考核机制，引导群众自觉参与环境治理。2022年农村人居环境常态化评估工作排名全市第一。进一步推动“五水共治”工作，全面落实河(湖)长制，完成镇域河道11个风险隐患点整治，整修河岸6.6千米，清理水障12千米。

【民生实事】2022年，浬浦镇高品质打造公共服务品牌，发展壮大“浬泉志愿服务”队伍，创新“小浬庭院微聊会”“薪火少年宣讲团”，让“浙江有礼、‘枫’尚诸暨”在浬浦落地生花。升级打造关爱基金2.0版，累计募集270余万元，惠及6500余人次，发挥爱心帮扶作用。推进爱心食堂建设，创新“爱心食堂·共享五福”文明实践助老模式，新建4家爱心食堂，镇域覆盖率达100%。强化民生投入，投资342万元完成浬浦镇石桥坞、保丰、屋基坪山塘综合整治工程，投资558万元完成三个高标准农田建设工程，投资218万元对浬水路道路及周边进行提升改造。落实困难群众救助政策，新办理低保户19户，低保边缘户12户，因病致贫人员1名，注销2名，做到“应保尽保、应退尽退”，对临时困难救助家庭发放救助金55399元。

浬浦大岩寺雪景(浬浦镇提供，摄于2022年2月)

【社会治理】2022年，加强网格智治，优化网格设置，刚性执行“网格管理”制度，以微网格为单元开展全方位、全领域的关爱帮扶、隐患排查和宣传教育。累计下发各类宣传资料2.8万余份，分层次开展防范电信诈骗专题培训辅导15次。化解矛盾纠纷277起，涉案金额共计239万元。

【平安建设】2022年，抗击“轩岚诺”“梅花”台风，共巡查山塘水库、地质灾害点、小流域山洪、危旧房及其他重点风险区域145处，转移群众27人。高标准落实安全生产排查和第三方专家排查，开展出租房和小微企业专项整治，累计排查安全隐患590个。压实生产经营单位主体责任和线办监管责任，加强源头治理，规范企业安全管理5S标准。加大违法惩处力度，办理企业安全生产行政处罚案件7件。全面梳理消防安全、交通安全、电信反诈、安全生产等领域的体制机制，督促整改各类安全隐患60余处，累计发放告知书50余份，办案3件。投资30万元实施交通安全黑点盲点路段整治。（浬浦镇　沈佳玲）

东白湖镇

【概况】东白湖镇地处诸暨市东南，东靠嵊州市谷来镇，南接东阳市虎鹿镇，西邻陈宅镇、璜山镇，北毗浬浦镇、赵家镇和东和乡，距市中心约20千米。镇域面积198.38平方千米，镇政府驻新建路97号，全镇辖18个行政村、1个社区，户籍人口3.9万。2022年，实现规上工业增加值10441万元，同比增长16.8%；全年完成财政收入3629.9万元，同比增长15.81%。

东白湖镇是全国环境优美乡镇、浙江省旅游强镇、省级生态镇、浙江省首批“风情小镇”。境内有诸暨最高峰东白山太白尖、省级大型水库陈蔡水库及东白湖生态旅游区，有全国重点文物保护单位斯氏古民居建筑群千柱屋、发祥居、华国公别墅，有国家AAA级旅游景区裕昌号民间艺术馆，有省级文物保护单位上新居和新谭家古民居。2022年，东白湖镇创建成“浙江省AAAA景区镇”、斯宅村创建成“全国乡村振兴示范村”、里四村创建成市“生态文化基地”、陈蔡社区创建成“清廉村居标杆村”。

【产业升级】2022年，聚焦美丽成果转化，坚持“农、文、旅、体”融合发展，培育壮大健康养老、休闲观光、高端民宿等新业态，拓宽生态产品价值实现路径，真正变“美丽颜值”为“经济产值”。打造“生态文化旅游综合体”，推进农业三产融合，带动强村富民。扣除疫情影响，旅游综合收入年均增长16%；越红博物馆、裕昌号等“文化旅游综合体”景区全年累计接待游客15万余人次，增收3500余万元；培育镇级以上农业龙头企业5家，实现“东白湖香榧、斯宅石笕茶”等农产品销售额3000万元；直播经济、网红经济等新业态不断涌现，打造“越红茶叶”“龙门顶”“云雾山茶”等市级知名品牌5个；稳步推进“微改造 精提升”项目工程、“小洋房、千柱屋、上新居、下门前畈”等文保单位维修设计工程、斯氏古民居建筑群消防工程建设，加强文物资源保护管理，打造具有代表性、辨识度的斯氏文化标识；推动区域农业合作，拓宽农产品流通渠道，“东白湖农特产品交易中心”入选省级移民共富项目。

【招商引智】2022年，共引进项目6个，预计总投资9600万元。持续推进上英山香榧博物馆项目、上林院高端民宿项目、於斯为盛乡村综合体项目建设，其中异乡记高端

2022年8月4日，“七夕”东白山顶观日出（东白湖镇提供）

笔架山星川浅野露营基地一角（东白湖镇提供，摄于2022年10月）

民宿项目、伴读社区项目、笔架山星川浅野露营基地项目完工投运。建立乡土人才“总台账”，累计摸排乡土人员116人。拓宽挖掘渠道充盈乡土人才“蓄水池”，创新实施“乡村CEO培育计划”，发动“乡村CEO”参加诸暨市第二届“农商银行杯”乡村振兴创新创业大赛，为返乡人才“搭台子”。4月23日，举办乡村振兴斯宅先行全球“云论坛”，成立乡村振兴全球人才智库。

【民生实事】2022年，推出“菜单式”志愿关爱模式，建立网格化关爱体系，实行“多对一”结对帮扶，开设应急救援、疫情防控、平安巡防等10个固定志愿服务项目，累计服务群众1490余次。探索山区乡镇新时代文明实践之路，采取“全覆盖模式”推进爱心食堂建设，全镇共有爱心食堂16家，常态化服务老年人310余人。将“爱心食堂”与新时代文明实践活动有机结合起来，利用餐前饭后定期推出理论宣讲、有礼课堂等各类公益活动。以殿南村作为示范食堂试点，在“食堂”的基础上，增设“老年学堂”等多种功能室，推进爱心食堂综合服务体建设。筑起爱心帮扶“蓄水池”，全镇村级关爱基金规模达420.8万元，帮扶3841人，基金使用率达37.4%。

【文化建设】2022年，完成19个村(社)文化礼堂建设，开展各类文化活动957次，在新华社、浙江卫视等媒体平台发布报道100余篇。全方位激活经营主体、要素市场，鼓励村集体通过与商超合作经营，用好乡贤理事会、发展基金会等资源载体，吸引工商资本、乡贤人士投身乡村建设。依托“越红工夫”“云直播”破解晚茶销售难问题，依托就业“大篷车”挖掘农村用工潜能，依托“妇联帮帮团”“青年帮帮团”保障农户需求，多渠道全方位助力农民增收致富。

【平安建设】2022年，坚持发展新时代“枫桥经验”，以“镇乡一体、条抓块统”改革试点为统领，迭代升级镇域社会治理体系，推进乡镇矛调中心规范化建设，建立健全信访责任追究制度，实行《东白湖镇初信初访首办责任制度》，细化机关干部、村级目标责任制考核办法，共计摸排化解矛盾纠纷238件，6个省级信访积案全部化解。开展除险保安百日攻坚行动，扎实做好安全生产、社会治安、道路交通、电信网络诈骗等领域治理。高频率开展安全生产重点督查，共计制订专项安全生产整治实施方案5个，开展防汛防台安全大检查18次，累计排查一般安全隐患385处、重大安全隐患7处，消防安全隐患281处。

（东白湖镇　张珊珊）

五泄镇

【概况】五泄镇位于诸暨市西部，距诸暨市区15千米，是五泄国家AAAA级风景名胜区和国家森林公园所在地。全镇镇域面积44.85平方千米，辖7个行政村和1个社区，常住人口1.54万人，是绍兴市组群中心镇。2022年，全镇实现规上工业增加值25695万元，同比增长28.7%，民间投资完成19663万元，制造业投资完成18573万元，全年完成一般性公共预算收入4373.44万元，同比增长47.1%。

【经济建设】2022年，五泄镇注重科技创新，新增省科技型中小企业1家，高价值发明专利8件，完成技术市场合同交易额5000万元，规上数字经济核心产业制造业产值4416万元。完成个转企8家，新增限上电商零售企业1家。实施节能减排战略，腾出用能空间500吨。做大人才蓄水池，申报省级引才计划人才1人，绍兴“名士之乡”英才计划引进3人，申报乡贤回归项目7个。

【镇村建设】2022年，五泄镇巩固“一江两岸三乡”全域旅游格局，成功创建浙江省AAAA景区镇、省美丽城镇。十四都村创建成绍兴市“乡村振兴先行村”、省“未来乡村”，推动省级农村综合改革集成建设项目建设。坚持“各美其美，美美与共”原则，推动五泄全域内外兼修、提升品质、焕发新颜。深化农村人居环境长效管理机制，推进“一分两清三化”常态化巡察，形成督查、派单、整改的闭环管理模式，以提升全镇环境品质。

【文旅融合】2022年，做优“农文体旅融合”文章，推进精品旅游业发展，建立旅游休闲运动新业态长效监管机制，试运营十四都荷花博览园项目；完成旅游产业“微改造 精提升”项目9个。7月30日，举办“荷你相约”徒步活动。9月2日，推出第四届荷花节等节会活动，吸引游客2万余人次，带动消费100余万元。同日，举办“强村·共富”招商推介会，三乡农创园共富示范带、红枫岭露营基地、古塘共富农业示范园等 6 个项目集中签约。以五泄社区气排球赛事为核心的“体育 + 旅游”名片，全年共承办各类赛事 12 场，新增周边农家乐 11 家，民宿床位 156 张。

【民生实事】2022 年，调整“三区三线”范围，优化拓展宅基地规划空间，破解村民长久建房需求难题。实施 3 条农村道路大中修工程；完成 7 处“6·10”地质灾害点工程性整治，做好动态长效监管。聚焦办好“民生微实事”，重点解决群众生活细微问题，高标准建设江滨村等 5 个村爱心食堂、五泄社区“百姓健身房”、未来乡村智慧化医疗卫生室等 10 项省市镇各级民生实事工程。落实落细各项救助政策，累计发放低保、残保、五保等各类困难救助资金 160 余万元，惠及 512 人次；完成“无障碍设施进家庭”5 户，净居亮居工程 1 户。完成泄峰村等 4 个村 15 分钟品质文化生活圈建设，惠及群众 6000 余人。

【平安建设】2022 年，开展信访积案“百日攻坚”和“除险保安”行动，成功调解各类矛盾纠纷 156 起，涉及金额 189.75 万元，调处成功率 100%。持续推进安全生产隐患大排查大整治专项行动，建立镇村两级应急消防体系，常态化开展演练和比武，完成十四都、江滨、五泄社区消防宣传室建设。严守在建工程、燃气领域、危旧房、道路、食药品安全等方面安全底线，高标准完成党的二十大维稳安保工作。推进疫情防控“常态化 +”工作任务，完成区域协查 1.2 万人次，常态化核酸检

2022 年 7 月 30 日，五泄镇举办“漫游五泄·荷你相约”徒步活动（五泄镇提供）

五泄镇十四都荷花博览园玻璃栈道（五泄镇提供，摄于 2022 年 10 月）

五泄镇红枫岭露营基地俯瞰（五泄镇提供，摄于 2022 年 6 月）

测75万人次，疫苗接种4.1万剂次。

（五泄镇　楼琼卉）

岭北镇

【概况】岭北镇位于诸暨、东阳、义乌三市交界点，东邻东阳市巍山镇，南接东阳市江北街道、六石街道，西界义乌市苏溪镇，北靠陈宅镇、璜山镇，距市中心53千米，距诸永高速陈宅出口20分钟车程。镇域面积66平方千米，镇人民政府驻岭北周社区高台门1257号。下辖8个行政村，人口1.28万人。2022年，实现财政收入5322.03万元，建安投资6418万元，民间投资5752万元，引进内资6803万元。居民人均可支配收入31327元，同比增长5.1%。岭北镇森林覆盖率高达83.16%，是国家级生态乡镇，全域为二级饮用水源保护区，是全市行政村最少、人口最少的乡镇。

【双招双引】岭北镇始终坚持招商引资“一号工程”不动摇，全年新增国家科技型中小企业1家，新成立股份有限公司1家，新招引农业企业、税源企业共3家，年纳税金额超2000万元。落地企业1家，年产值2亿元。8个行政村(社)均实现年经营性收入50万元以上。

【产业升级】特色产业。2022年，盐焗鸡全产业链“生态化养殖、标准化制作、集约化经营、品牌化推广”。6月2日，举办“借‘鸡’共富·‘岭’听发展”盐焗鸡产业共富启动仪式，全产业链共富模式在上海、杭州等异地市场孵化，累计新增盐焗鸡中央厨房2处、线下销售门店20余处，销售额同比增长超40%，产业共富模式得到国家级媒体点赞。

农旅业态。以“岭北半日游”线路开发为抓手，一批特色农旅项目落地，岭北吉竹溪漂流吸引游客超3万人次，孚家湖省级休闲乡村创建通过验收，游客集散中心、停车场、储水池等基础设施投入使用，20家农家乐、民宿提档升级。

【民生实事】2022年，“夕阳红”工程——三洲村颐养院主体结构和卫生室、消防水池等配套设施基本建成。“红十字”医用电梯投入使用，住院区累计收治26名患者。城乡居民基本医疗保险参保率超99%，越惠保参保率超71%。爱心食堂“多点开花”，全镇6家爱心食堂共计为120余名60周岁以上老人提供配餐服务。“我为幸福留光影”活动为800多名70周岁以上老人免费拍摄“全家福”，“近邻帮帮团”志愿服务超50次。完成4个村“15分钟”文化圈建设和镇图书分馆建设。关爱基金规模达423.26万元。

【镇村建设】2022年，守好石壁水库“大水缸”，交界断面水质持续保持Ⅱ类及以上。端牢竹海松林“绿饭碗”，省级森林城镇完成创建，新增梅坞、岭顶2个“一村万树”示范村。全域松线虫病死枯树砍伐工程，累计砍伐病死枯树269万公斤，病死松树数量同比下降65%。国家卫生镇量化分级工作通过绍兴市级验收，创建成省级美丽乡村示范镇。完成岭脚水库清淤加固整修工程和镇域所有小型水库的不动产权登记工作。长效推进治危拆违工作，累计排查自建房4316处，完成危旧房整治12处。完成岭北周社区岭脚宅改地块(有偿选位)15.8亩土地的回收政策处理，完成一期招标工作，帮助村增收230万元。投资80万元，完成水带大洋坑一桥的修建工程。

（岭北镇）

岭北镇盐焗鸡中央厨房制作间(岭北镇提供，摄于2022年4月)

陈宅镇

【概况】陈宅镇地处诸暨市东南，距市中心25千米，东接东白湖镇，南邻岭北镇和金华东阳市，西北连璜山镇，省道诸东线、诸永高速穿镇而过。镇域面积78.93平方千米，下辖10个行政村、1个社区，户籍人口

18220人。境内有以东白山为代表的山林78128余亩，有作为饮用水源的总库量1.1亿立方米的国家大(2)型水库石壁水库。

2022年，完成财政收入3073.10万元，同比增长16.43%。完成规上工业产值2.51亿元，同比增长24.29%。完成固定资产投资1.31亿元。完成自营出口5.4434亿元，主要经济指标均超额完成市下达目标任务。获2022年绍兴市农村宅基地盘活利用(含闲置农房激活)示范乡镇荣誉称号。全年在各类媒体刊发稿件369篇，其中国家级媒体8篇。

2022年3月15日，全国农村宅基地制度改革试点——陈宅镇石壁湖村获颁第一张村集体"保留权票"(陈宅镇提供)

【双招双引】2022年，利用陈宅镇小旧址，合理规划，提档升级，建成开放式集镇休闲文创中心，并将教学楼改建为"碧湖绿岛"——陈宅镇商务中心，吸引企业入驻12家，实现利税200万元。利用乡贤资源，签约启动总投资约1.1亿元的天链测控卫星地面接收站暨万香谷项目，招引绍兴高科汇银股权投资合伙企业产业基金，实到资金1.5亿元。

坚持科技创新驱动，申报浙江省科技型中小企业2家，国家科技型中小企业4家，省级研发中心2家，培养科技成果转移1家，完成科技市场交易额5004万元。深入开展驻企服务，以需求为导向破解企业人才技术瓶颈，建立中德人才技术交流服务中心，对接5位德国高层次人才，其中3位成功申报省级以上人才项目，全年申报各级各类人才18人次，入选5人次。

【全国农村宅基地制度改革试点】2022年，以全国农村宅基地制度改革试点为契机，在石壁湖村开展改革试点，探索实践宅基地"三权三票"体系，构建合理、可复制的宅基地有偿退出机制。3月15日，核发全国第一张村集体"保留权票"，实现宅基地"三票"凭证化、价值化、市场化，使农民获得财产性收益并充分发挥村集体宅基地所有权权能。共腾退宅基地104户130宗，盘活闲置建设用地15亩以上。通过宅基地"集体权票"拍卖，预计为村集体创收超500万元，实现农户财产性收益超1500万元。做活宅基地制度改革后半篇文章，建立"'碧湖'集结号"党建联建机制，与农商银行建立"政银担"模式，获得"权票"系列质押贷款授信1500万元。

【特色产业发展】2022年，注册强村公司，竞得水务集团首次挂拍的8万斤石壁湖渔业资源捕捞权，拍摄"老家陈宅 鱼味无穷"宣传片，联合诸暨市餐饮协会开发特色"全鱼宴"，获得100余家门店销售资源，各类鱼产品年销售额超200万元。全面提升"陈宅味道"特色品牌，在西施故里新设"陈宅味道"特色产品门店。6月2日，举办第二届"老家陈宅·农珍优选"祝农节，与岭北镇共同推出"一鸡一鱼一香茗"为主的"山湖荟"系列特色农产品，实行产业联建、特色联营，提升陈宅农副产品知名度和影响力。发展中草药种植等林下经济，申报省级共同富裕林业体建设，已提交相关规划编制。

【城镇建设】2022年，投资900余万元完成璜山江(二期)整治提升工程，投资420万元改造提升1368亩高标准农田，投资150万元完成约1350亩永久基本农田集中连片整治和标准农田补建项目，投资92万元实施农村公路提升工程(陈宅镇诸东线—擂鼓山公路)，投资80万元开展陈宅社区爱心食堂综合活动中心提升改造项目。第一批农村生活污水处理设施提升改造，涉及枫

2022 年 6 月 2 日，第二届“老家陈宅 · 农珍优选”祝农节举办（陈宅镇提供）

树头村、开化村、绿化村、石壁湖村四个库区内行政村，完成方案设计、评审和概算。做好耕地“非农化”“非粮化”修编和清理腾退工作，完成清理腾退 120 亩，优化调整 530 亩。开展约 80 亩耕地质量提升项目，提升耕地质量等级。深化人居环境整治，加强农村“五星 3A”长效管理，东蔡村、棠里坞村创成绍兴市垃圾分类准确村。完成石壁湖村“多规合一”村庄规划编制。继续开展蓝天保卫战，五水共治、空气优良率等各项考核指标保持全市领先。开化村成功创建“省级生态文化基地”“省级森林人家”。

【民生实事】2022 年，深入实施健康促进和健康诸暨工程，改善医疗服务，完成东蔡智慧化卫生室创建和绿化村卫生室整修。优化教育资源，撤并擂鼓山幼教点。落实常态化疫情防控，率先完成 80 岁以上人群疫苗接种任务，全镇 11 个村社均完成无疫村创建，在疫情防控政策优化调整前无 1 例社会面感染发生。深化新时代文明实践，建成运营爱心食堂 3 家，实现村社全覆盖，日供应餐食量超 350 份。深化关爱互助，关爱基金捐款累计达 380 余万元，惠及 2800 余人次。启动食品安全包保落实制度，试点家宴预约登记制度，保障食品药品安全。深化文化惠民服务，建成 2500 平方米的全民健身广场、镇级图书分馆、城市书房，实现 4 个“15 分钟品质文化生活圈”建设。强化兜底保障，全年新纳低保户、边缘户等特殊群众 15 户 30 人，特困人员 3 人，困境儿童 4 人，临时救助 10 人，入户走访率达 100%，实现低收入群众动态化管理。城乡居民保险应保尽保，“越惠保”参保人数 10938 人。

【社会治理】2022 年，依托“党建 + 微网格”机制，多元化解矛盾纠纷，压实信访办件责任，提升初信初访办件效率，全年共排查调处各类矛盾纠纷 285 件，完成 4 起积案清零目标，信访工作排名全市第一。抓好社区矫正、反邪教、禁毒等工作，圆满完成中共二十大期间维稳安保工作。聚焦“七张问题清单”，持续加强重点行业、重点领域安全生产监管，开展自建房专项整治行动。实行多部门联合执法，抓实抓好基层各项资源管理，坚决打击乱挖、偷挖等损害国家资源行为。投资 30 万元加强应急物资、力量储

第二届“老家陈宅 · 农珍优选”祝农节石壁水库胖头鱼开捕（陈宅镇提供，摄于 2022 年 6 月）

备，常态化开展应急救援和民兵日常演练。防汛防台工作、精神疾病人员监管有效落实。社会综合应急救援水平和保障能力持续提升，全年无安全生产事故发生。

（陈宅镇　边架霏）

同山镇

【概况】同山镇位于诸暨市西南，距市中心22千米、距沪昆高速入口2千米，东邻安华镇，南接金华市浦江县白马镇，西连金华市浦江县中余乡，北邻大唐街道和牌头镇。全镇面积55平方千米，下辖14个行政村社，总人口2.11万人。境内有国家级风景名胜区汤江岩风景区以及景区重要组成部分布谷湖、浙江省文物保护单位边氏宗祠，省级非物质文化遗产同山烧酒传统酿造技艺和棕编技艺，绍兴市级非物质文化遗产毛笔制作和板凳龙，诸暨市第一个农村支部成立地丽坞底村。同山镇主要产业有白酒同山烧、绿剑茶叶以及樱桃等传统种植业。2022年，全镇固定资产投资总计1.3196亿元，其中建安投资12234万元，制造业投资10084万元，民间投资11211万元。全体居民人均可支配收入32261元，同比增长5%。

【产业升级】2022年，提速同山烧智慧化加工集成、酒文化产销集成、文化销售“线上线下＋品牌”集成等5个创新示范项目，完成高粱种植示范与推广项目5个种植示范基地建设，同山烧生产质监平台建成并正式运营。创建成“中国白酒特色小镇”“浙江省白酒核心产区”，推动地方“小特产”向市场“大产业”跨越式升级，同山烧年产量6000吨、产值达8亿元。入选高质量发展建设共同富裕示范区诸暨范例首批试点。发动“6家酒企＋30家酒作坊＋2家高粱种植合作社”成立“共富工坊”，建立“醉美同山情”党建联建，成立同山烧文化金融专营支行，推出市首个专项信贷产品“原酒贷”，发放贷款7950万元。《同山烧白酒生产技术和管理规范》入选浙江省酒业协会团体标准名单。勾践王清酱兼香型白酒荣获2022秋季FISA法国国际烈酒大奖赛金奖，“原锅8号酒”荣获2022浙江农业博览会金奖。

【镇村建设】2022年，加快省级乡村振兴集成创新示范建设项目进度，安华水库扩容提升先行工程启动。深化美丽建设，入选浙江省“我心中的最美小镇”50佳，布谷村、绿剑村被评为浙江省善治示范村，布谷村获评“浙江省美丽宜居示范村创建验收优秀村庄”，绿剑村被认定为2022年度浙江省美丽乡村特色精品村，王沙溪村成功创建绍兴市“3A示范村”。拓宽美丽载体，同浦线获评省级绿化美化精品道路，布谷湖绿道获评绍兴市第二届“最美绿道”。

【民生实事】2022年，开展扶贫领域专项治理，发放社会救济金375万余元；健全居家养老服务保障，新增养老服务补贴131人，发放补贴67万余元；邀请专家到镇卫生院进行义诊，中医惠民补助15万元。坚持办好民生项目，投资108万元开展农饮水提升工程，提高3个村饮用水保障率；投入150万元修复水毁工程，清理疏浚河道长度10千米；改善交通基础设施，完成道路“白改黑”约12千米。持续优化公共服务，继续完善“一窗通办”工作模式，推进政务2.0系统事项办理，受理并办结事项共计3632件，办结率和满意率均为100%；完善“旅游一张图”建设，引进哈喽单车124辆，投入20万元完成市图书分馆建设并通过验收。

【社会治理】2022年，深化运用新时代“枫桥经验”金名片，创新“三级研判、三责协调、三色预警”机制抓手，着力提升平安指数，实现矛盾纠纷“一站式接待、一条龙办理、一揽子解决”，圆满化解社会矛盾纠纷116起。深化平安建设，开展各类宣传活动16次，发放宣传资料2.5万份；提升全科网格，召开专题培训7次，事项办结率达100%；深入结合“万支小分队、暖心大走访”、包村入户、“我为群众办实事”等活动，召开民情座谈会21次，走访酒业主体52家次，收集问题542个，办结率100%。

【同山烧酒文化节】2022年11月3日，“千年传承　雅鉴同山”2022同山烧文化节在诸暨市同山镇布谷湖畔举行。活动包括封坛仪式、政银校企党建联建签约、“浙江省白酒核心产区·诸暨同山”授牌仪式等，市领导、行业专家、企业代表等出席。

【同山烧推介大会】2022年11月8日，“浙江同山　古酒新韵”浙江省

2022 年 11 月 8 日，“浙江同山 古酒新韵”浙江省白酒核心产区发布暨同山烧推介大会在成都举行（同山镇提供）

白酒核心产区发布暨同山烧推介大会在成都举行。会上，诸暨同山首次向行业全面展示浙江白酒名片——同山烧，详细介绍同山镇作为浙江省白酒核心产区的区位优势，同山镇坚持强壮产业链条、拓展产业空间、倍增产业效益，构建起“5 家酒企 +65 家酒作坊 + 千余家酿酒散户”的酒业主体。诸暨市领导、行业专家学者、企业代表齐聚一堂，一同品酒香、谋发展、论合作。推介会上，中国酒类流通协会授予同山镇“中国白酒特色小镇”称号。（同山镇 张琳）

赵家镇

【概况】赵家镇是“中国香榧之乡”之称，地处诸暨市东部，会稽山脉西麓，东连绍兴市柯桥区、绍兴嵊州市，西邻枫桥镇，距绍诸高速枫桥南入口 6 千米，距绍兴市和诸暨市中心均为 25 千米，镇域面积 96 平方千米，镇人民政府驻地赵家镇镇南路 208 号，下辖 1 个居委会、1 个社区、12 个行政村，总人口 3.17 万人。2022 年，全镇财政总收入 3089.07 万元；完成民间投资 1.30 亿元，工业投资 4323 万元；规上工业总产值 2.63 亿元；实现自营出口 3.78 亿元。全镇居民人均年收入 37456 元。11 月 29 日，《浙江省农业农村厅关于公布第一批省级重要农业文化遗产资源名单的通知》（浙农社发〔2022〕8 号）下发，桔槔井灌农业系统被确定为浙江省第一批重要农业文化遗产资源。

【香榧产业】2022 年，主动向上对接协调争取发展资源。开展香榧产业专项调研 12 场，促进香榧产业破题列入市政府“攻坚克难一件事”，推动市委、市政府出台《关于香榧产业高质量发展的实施意见》《诸暨市 2022 年度香榧产业高质量发展政策实施细则》等政策。引进设立全市首个香榧博士工作站，开展香榧国家森林公园总体规划调整修编。香榧巧克力豆、脆皮香榧等新产品赢得市场认可，开口香榧成为世界互联网大会指定产品。持续推动乡村文旅产业发展，提档升级香榧主题民宿酒店项目。立体式推进古香榧群林长制，相关做法受到省市调研肯定。7 月 9 日，

2022 年 11 月 3 日，诸暨市美丽庭院现场推进会在赵家镇泉畈村举行（赵家镇提供）

赵家镇香榧产业党建共富联盟成立暨富民林长聘任仪式在枫桥学院举行。

【镇村建设】2022年，继续改善农村人居环境，建成镇级建筑垃圾集中处理场，新建、改建生活垃圾处理终端设备各1套，集中清运、再利用香榧“假种皮”3000吨，农村人居环境综合排名位居全市第二。11月3日，2022年诸暨市美丽庭院现场推进会在赵家镇泉畈村举行。赵家镇创成诸暨市美丽庭院示范镇。完成宣家山村“3A示范”村、保安新村“五星达标”村创建。严格落实镇村两级“河长制”“田长制”，深化实施“富民林长”制，完成国土绿化造林120亩，优化调整及清理腾退非粮化、非农化田地1530亩。开展“碧水”2号督查暨黑臭水体隐患风险排查，整治问题点位35处。完成松材线虫病防治工作，清理疫木20万公斤。落实春秋季2次重大动物疫病防控工作，完成辖区内动物疫苗接种。

【民生实事】2022年，继续办好民生实事。建成投用镇级便民服务中心，开展村级便民服务站提升活动。不断完善基础设施，新建爱心食堂4个，平安道路亮化工程全面完工。完成2条“四好农村路”建设、9处地质灾害点治理、4个小型水库系统治理和3个水毁修复工程。完成省级民生实事工程三坑水库整治。加大卫生健康事业投入，深化医共体、智慧医疗平台建设，建成东溪村智慧化卫生室。完成全镇存量退役军人及三属建档立卡。持续扩大社会保障覆盖面，城乡居民基本医疗保险参保率达99.98%，“越惠保”参保率超70%，救助各类困难群众近千人次。激活农村闲置农房14幢，吸引社会资本1500万元。

【平安建设】2022年，继续坚持和发展新时代“枫桥经验”，调解矛盾纠纷306起。开展禁毒、反邪教、反电信网络诈骗等系列宣传工作，防溺水专项行动整改涉水风险点位93处。始终把安全生产作为中心工作、底线工作认真落实。整改平安类隐患点位27处；全面摸排全镇生产性经营用房265宗，完成安全隐患房屋整改；全面检查出租房消防安全情况，整治市级隐患点位2处。严格落实中央和省市关于新冠疫情防控各项部署，在全市首先改造核酸采样屋，实现发热诊室接诊能力翻倍，全员发放60周岁以上老人“防疫包”。（赵家镇　张灵杰）

东和乡

【概况】东和乡位于诸暨市东南，距市区19千米，东邻东白湖镇，西起浣东街道，南毗浬浦镇，北与枫桥镇、赵家镇相接，是诸暨市唯一的建制乡。乡域面积64.32平方千米，乡人民政府驻地王家宅村。下辖12个行政村，户籍人口21081人。东和乡是国家级生态文明乡、浙江省首届我心目中最美生态乡镇，AAAA级景区镇和国家卫生乡镇。尧舜养心谷调整后一期方案及规划图完成报批。

2022年全乡实现财政总收入6292.18万元，规上工业完成产值0.75亿元。限上餐饮业营业额完成1464万元，同比增长90.8%。限上批发2.6亿元，同比增长30%。引进税源经济1930万元，完成民间投资6664万元、建安投资6497万元、制造业投资2048万元，自营出口2.203亿元。常住居民人均可支配收入29583元，同比增长5.1%。

【双招双引】2022年，新增培育市场主体110家，借助“三驻三服务”平台，协助解决惠企政策、要素保障等方面问题40余个。招商引智迈上新台阶，自主申报国家级、省级引才计划3人次，招引投资2000万元以上农业产业项目1个，培育省级乡村振兴（农文旅融合）运营团队1个，诸暨市第一家人才之家落户尧舜养心谷。

【旅游产业】2022年，东和乡迭代更新旅游产业项目，启动运营亲子游乐项目、竹筏漂流、西路乱弹演艺中心等业态，8月至10月，东和乡以“春风十里光影节”“草坪音乐节”等活动为载体，推出东和星光夜游项目，吸引游客40.5万人次，带动消费5000余万元，新增就业岗位150个。持续升华研学经济，整合全乡研学资源，东和乡成为枫桥学院现场教学点和海亮教育研学共建基地，全年接待研学游8300余人。整合发展全域旅游资源，开展电子导航系统开发和导视牌设计，推动露营基地建设，创建成浙江省AAAA级景区镇、绍兴市文旅夜间消费集聚区。举办2022中国（浙江·诸暨）三茶统筹发展大会暨首届西施石笕茶文化活动和新时代清风廉路（诸暨篇）应用发布暨“走廉路·助共富”推广活动，推动茶旅

东和星光夜游项目（东和乡提供，摄于 2022 年 8 月）

文化产业融合发展。

【乡村建设】2022 年，东和乡持续壮大富民产业，建设“东和乡共富交易区”，建立“强村公司”，设计“和美”特色农业品牌，开通“共富公交”。共富交易区累计吸纳村民 8162 人次，为民增收 85 万元，相关做法被《浙江日报》、《浙江共产党员》杂志、新华网等主流媒体宣传报道。东和乡 12 个行政村合计总收入 2597.43 万元，全年经营性收入均超 50 万元。

持续深化人居环境整治。对全乡 24 个垃圾站房进行智能化改建。开展碧水系列行动，完成十里坪村清淤工程和美丽河道工程，投入 79 万余元完成大林、三坞两个污水终端建设。开展蓝天保卫战，优良天数增加。迭代升级“五星 3A”，东和乡十里坪村成功创建诸暨市乡村振兴先行村。持续推进美丽集镇建设，9 个工程项目建设完成，并通过省级验收。规划建设以十里坪、三坞、姚邵畈、子和四村为连线的美丽庭院示范带，创建成美丽庭院示范镇。挖掘保护传统村落，十里坪村、三坞村入选第六批中国传统村落。美化流域生态环境，科学营造水源涵养林，完成永宁水库库尾生态清洁小流域工程，断面及断面水质检测达Ⅱ类水。

【民生实事】2022 年，东和乡改造提升校园环境，新建 1 处婴幼儿照护托育部。推动医疗资源扩容下沉，完成智慧化村卫生室基础设施改造。办理低保 423 人，救助低保户 311 户，全年走访慰问 1692 次，发放低保保障金 398 万元，两项补贴 124 万元，惠及 480 人，完成残疾人之家提星升级。完成 7 个公益性生态公墓建设，1 个移民工程验收。升级乡村两级便民服务中心，完成村级便民服务站名称规范、标识标牌整改、各类制度完善。深化“一窗受理，集成服务”改革，乡级综合窗口累计办理 3261 件，村级累计办理 3986 件，办结率、满意率均达 100%。

【文化建设】2022 年，东和乡持续关注“一老一小”服务重点，完善服务体系。打造爱心食堂 2.0 版，开展爱心食堂“和润之约”活动 6 场次，月度“爱心食堂 · 共享五福”活动实现全覆盖。开展“喜迎二十大·奋进新征程”“喜迎二十大，同走共富路”等系列宣传活动。加强关爱基金建设，拓宽筹资渠道，增强造血功能，募集 775 万余元，受惠 2000 余人次。推进志愿服务建设，发挥“壹和工社”“和大姐”等志愿团队力量，开展志愿活动1000余场。抓好文化阵地建设，新建东和乡图书分馆，成功申报省级乡村博物馆。

【平安建设】2022年，东和乡贯彻落实“除险保安”各项工作要求，年初成立领导小组，制订工作方案。常态化开展消防安全检查，累计走访检查265处，排查并整改隐患38处。长效推进风险区排查整治工作，完成全乡32处风险防范区的警示牌设立、信息收集上报、系统录入及赋码工作，并做好45个地质灾害无线降雨报警器的安装。做好梅汛期灾害防御工作，完成防汛防台体系规范化建设预案编制，对全乡45处山塘水库组织实施维修养护，在台风“梅花”期间对辖区内危旧房、山塘水库、地质灾害防范区等场所开展防汛巡查。持续开展食品药品安全执法检查工作。

【社会治理】2022年，东和乡坚持党建统领网格智治，科学合理划分管理网格，对照“1+3+N”网格队伍配置要求，配齐建强网格队伍，网格成为最小基层治理单元。创建成绍兴市级及以上民主法治村8个，其中省级民主法治村1个。乡(村)公共法律服务站(点)全覆盖，乡、村共享法庭建设全部完成。

(东和乡　金海琦)

马剑镇

【概况】马剑镇位于诸暨市最西端，东接应店街、五泄两镇，南连金华浦江县，西至杭州桐庐县，北邻杭州富阳市，距市中心32千米，境内公路与富阳市、桐庐县、浦江县相连接。镇域面积118平方千米，镇政府驻地马剑社区18号，下辖12个行政村和2个社区，总人口19386人。2022年，完成财政总收入2269.89万元，同比增长53.3%，其中一般公共预算收入超过1000万元。农民人均可支配收入31806元，同比增长4.8%。自营出口2721万美元，同比增长7%。限上批发业实现销售额25亿元，限上餐饮、住宿业营业额3482.6万元，限上社会消费品零售总额1323万元。实现规上工业总产值2.38亿元，同比增长18.5%，农林牧渔业产值3.45亿元，建筑安装工程投资1.32亿元。深入学习贯彻党的二十大精神，组织开展各类大学习、大宣讲、大讨论活动30余场次。全面推进“红色根脉强基工程”系统建设，先后开展中共十八大以来农村党员发展违规违纪专项排查、基层党组织升格和流动党员排查整顿等行动。推广“浙里兴村治社”“浙里干部之家”等应用，全年共下派任务369件、通报208人次。从严从快处置发现的问题线索，运用“第一种形态”处理党员干部29人次，党纪政务立案4人次，取消预备党员资格1人。自查辖区重“痕”不重“绩”，留“迹”不留“心”等问题，确保基层减负工作落到实处，该项工作被浙江卫视《浙江新闻联播》报道。

【经济建设】2022年，马剑镇继续坚持招商引资“一号工程”不动摇，开展上门招商27次，接待各类客商30余批次，引进各类企业17家，引进市外资金6700余万元，增加税源逾2000万元。稻蛙养殖深加工项目完成公司注册。“时空马剑·共享乡村美好生活”入选2023年省财政厅一事一议项目，获得省级资金2000万元。全镇R&D经费投入约920万元，科技企业市场交易额达5200万元，新入选国家级科技型中小企业2家，省级科技型中小企业1家，新设“下升上”企业2家，引进生产性服务业4家。加大高层次人才招引力度，省级引才项目精传传感落地，依托“项目引才、以才引才”等举措自主申报各类人才计划6人次。开展“驻企服务、助企纾困”专项行动，下派驻企服务员8人常态化定期走访，协调解决惠企政策、要素保障等问题15个。

【镇村建设】2022年，投资5184.5万元的马剑溪流域应急加固工程完工，马剑溪入选2022年省级美丽河湖。投资1074万元的石门水库除险加固工程竣工验收，投资200余万元对戴氏宗祠进行整体优化升级，成功申报省级乡村博物馆。投资300万元完成5千米生态休闲游步道建设，串联马剑花海、古祠堂、壶源江等旅游线路。投资1800万元的“十亩之间”共同富裕集成示范带建设基本完工，马剑镇生态休闲游步道工程、马剑旅游特色线路提升工程、石门古法造纸术研学基地提升工程、石门重要景点建造工程均完工验收。栗金村成功申报省级历史文化重点村。

2022年，马剑镇创建成省级美丽城镇达标镇，完成公交车站提升、集镇污水管网整治、旅游特色线路沿线景观提升等工程项目12个。投资170余万元实施小仁线至鲍家溪段农村道路大中修及交通安全宣传站建设。推进垃圾分类工作，投入200余万元进行生活垃圾桶、沿线垃圾站房改造，金沙村创成省级高标准农村生活垃圾分类示范村。

【民生实事】2022年，完善社会保障体系，为在册低保、低保边缘、特困人员等困难群众发放“爱心消费券”40万元(分两次发放)，累计发放各类救助资金364万元，惠及困难群众413人，送达幸福清单1636人次。实施“健康诸暨”行动，开展健康知识培训16场，通过国家卫生乡镇复评。举办马剑镇全民健身节，搭建“体育+”平台，4000余名群众参与。健全疫情防控责任体系，持之以恒抓好区域协查、疫苗接种和常态化核酸检测等工作，核查指令13800余条，自主摸排各类对象3256人。推进“爱心食堂”建设，上和村、马益村、栗金村、金沙村、龙门村5个“爱心食堂”开业运营，累计募集资金50多万元。组织“喜迎二十大 同走共富路”文化下乡活动14场，组建“浙风十礼”理论宣讲团及“愿心聚”志愿服务队，开展理论宣讲、志愿服务等活动50余场次。做好移风易俗，拓宽关爱基金来源渠道，营造关爱基金“村村有、人人用”的浓厚氛围，全年募集资金310余万元，惠及5600余人次。

【社会治理】2022年，严格落实“2211”工作机制，共受理“12345”政务热线及来信来访503件，初信初访按期办结率达到100%。用好镇村两级矛盾调解平台，一案一策、定期会商、以奖代补等多措并举，有效调处各类社会矛盾纠纷482起。开展“除险保安”行动，摸排化解各类风险隐患575条。“乡村公分”场景迭代升级，更名实施“民治民享”基层自治应用，全年派发任务139条，收到各类自主申报信息1080条，“小积分”撬动“大力量”，发动村民3000余人次参加活动，节约村级资金40余万元。该项目获评2022年度诸暨市组织工作“微改革 微创新”十佳项目。

（马剑镇　赵丹荣）

人 物

新任市级领导简介

【杨　炬】诸暨市人大常委会副主任、党组成员。浙江诸暨人，汉族，大学学历，农学学士。1990年8月参加工作，1995年5月加入中国共产党。1986年8月，浙江农业大学农学专业学习。1990年7月，诸暨市浣纱区农技站工作。1992年5月，诸暨市城关镇工作，任城西办事处副主任，城东办事处党总支书记、主任。1997年2月，任诸暨市双桥镇党委副书记、纪委书记。1998年11月，任诸暨市三都镇党委副书记、纪委书记。2001年12月，任诸暨市陶朱街道党委副书记、办事处主任。2003年3月，兼任诸暨经济开发区管理委员会(城西工业新城建设管理委员会办公室)副主任。2005年1月，任诸暨市应店街镇党委书记、人大主席。2008年7月，任诸暨市人民政府办公室副主任、党组成员(正科长级)。2011年12月，任诸暨市商务局党组书记，兼市招商局局长、诸暨经济开发区管理委员会副主任。2012年3月，任诸暨市商务局局长、党组书记，兼市招商局局长、市贸促会会长、诸暨经济开发区管理委员会副主任。2016年1月，任诸暨市交通运输局党委书记。2016年2月，任诸暨市交通运输局局长。2017年6月，兼任诸暨市铁路办公室主任。2019年6月，任诸暨市暨南街道党工委书记。2021年12月，任诸暨市人大常委会党组成员。2022年2月，任诸暨市人大常委会副主任、党组成员。

【高　嵩】诸暨市人民政府副市长、党组成员。浙江湖州人，汉族，省委党校研究生学历，法律硕士。2005年8月参加工作，2003年12月加入中国共产党。2002年9月，浙江公安高等专科学校公安管理专业学习。2005年6月，中国人民公安大学公安管理专业在职学习。2005年8月，浙江省公安厅高速公路交通警察总队杭州支队二大队工作。2006年12月，浙江省公安厅公共信息与网络安全监察总队工作。2008年2月，浙江省公安厅网络警察总队工作(2008年1月至2008年8月选派广东省深圳市公安局网警分局基层大队工作，2009年12月至2012年12月浙江大学光华法学院法律硕士专业在职学习，获法律硕士学位，2010年4月至2010年9月借调公安部全国整治网络赌博专项行动协调小组办公室工作)。2013年9月，浙江省公安厅干部处队伍管理科工作。2013年12月，任浙江省公安厅干部处人事管理科副科长。2015年12月，任浙江省公安厅干部处协辅警管理科科长。2016年12月，任浙江省公安厅人事训练处协辅警管理科科长。2017年9月,任浙江省公安厅人事训练处科长(2015年9月至2018年7月浙江省委党校工商管理专业在职研究生学习)。2019年5月,任浙江省公安厅机场公安局党委委员、政治处主任(其间:2020年9月至2020年11月浙江省委党校中青年干部培训班学习)。2022年1月,任浙江省公安厅办公室副主任。2022年12月,任诸暨市人民政府副市长、党组成员。

【陈文进】诸暨市人民政府副市长、党组成员。浙江诸暨人,汉族,中央党校大学学历。1992年8月参加工作,1994年9月加入中国共产党。1989年8月,诸暨师范学校普师专业学习。1992年8月,诸暨市马剑镇政府工作,任团委副书记。1995年10月,任诸暨市马剑镇团委书记。1996年2月,任诸暨市马剑镇党委委员。1997年12月,诸暨市委办公室工作,任综合科副科长。1999年8月,任诸暨市委办公室综合二科科长。2001年5月,任诸暨市司法局局长助理。2001年11月,任诸暨市司法局副局长(1999年8月至2001年11月中央党校函授学院经济管理专业在职大学学习)。2004年12月,任诸暨市街亭镇党委副书记、镇长。2006年7月,任诸暨市街亭镇党委书记。2011年12月,任诸暨市政府办公室副主任、党组成员,兼市外事办公室主任。2013年9月,任诸暨市政府办公室副主任、党组成员,市政府金融工作办公室主任。2014年5月,任诸暨市政府办公室党组成员,市政府金融工作办公室主任。2017年6月,任诸暨市委组织部副部长、市委新经济与新社会组织工作委员会书记。2019年1月,任诸暨市发展和改革局局长、党组书记。2021年12月,任诸暨市人民政府党组成员。2022年2月,任诸暨市人民政府副市长、党组成员。

【张凯歌】诸暨市政协副主席。浙江诸暨人,汉族,大学学历,经济学学士。1990年7月参加工作,民革。1986年8月,湖南衡阳工学院会计学专业学习。1990年6月,辽宁省大连国营五二三厂(核设备厂)工作。1992年10月,诸暨市广播电视局工作,任基财科副科长。1998年4月,诸暨市审计局工作,任审计三科科长。2003年4月,任诸暨市统计局副局长。2009年4月,任诸暨市发展和改革局副局长。2015年2月,任诸暨市工商业联合会主席。2019年1月,任诸暨市供销合作总社(市农民合作经济组织联合会执行委员会)主任。2020年12月,任诸暨市政协常委、经济委员会副主任。2022年2月,任诸暨市政协副主席。　(市委组织部提供)

附录

文存

持续擦亮"枫桥经验"金名片 奋力打造新时代共同富裕新高地 高水平谱写社会主义现代化建设诸暨篇章

——在中国共产党诸暨市第十七次代表大会上的报告

（2022年1月12日）

绍兴市委常委、诸暨市委书记　沈志江

这次大会的主要任务是：坚持以习近平新时代中国特色社会主义思想为指导，认真贯彻党的十九大和十九届历次全会精神，全面落实省委、绍兴市委全会决策部署，回顾总结市第十六次党代会以来的工作，研究确定今后五年的奋斗目标和主要任务，选举产生中共诸暨市第十七届委员会和纪律检查委员会，动员全市党员干部群众解放思想、开放发展，埋头苦干、勇毅前行，持续擦亮"枫桥经验"金名片，奋力打造新时代共同富裕新高地，高水平谱写社会主义现代化建设诸暨篇章。

一、回首五年路，在风雨兼程中交出高分报表

过去五年，是诸暨发展史上极不平凡的五年。五年来，市委全面贯彻中央和省委、绍兴市委各项决策部署，紧扣忠实践行"八八战略"、奋力打造"重要窗口"主题主线，团结带领全市上下坚定信心、攻坚克难，创新实干、奋勇争先，圆满完成市第十六次党代会确定的各项目标任务，实现了"十四五"发展良好开局。

——五年来，我们突出争先创优，稳增长、增动能，综合实力显著提升。预计 2021 年生产总值突破 1500 亿元，年均增长 6.9%；财政总收入、一般公共预算收入分别达 154.8 亿元、100.2 亿元，年均增长 6.7%、8.8%。五年来，我们重抓产业转型，扎实推进省制造业高质量发展示范县市创建，加快时尚袜艺、美丽珍珠、铜材精密制造等传统产业改造提升，10 项工业领域省级试点取得突破，工业强市综合排位跃居全省第三。开发区、高新区有效整合，袜艺小镇成功创建，建成省级小微企业园区 17 个。深入实施数字经济五年倍增计划，协同推进产业数字化、数字产业化，培育孵化数智安防、半导体等新兴产业，规上数字经济核心产业产值实现翻番，新增数字化车间、工业机器人数量居绍兴第一，"两化"融合走在全省前列。累计完成

"小升规"825 家、"下升上"792 家,新三板挂牌 15 家,海亮集团成为绍兴首家世界 500 强企业。现代农业提质增效,创成国家现代农业产业园。建筑业加快转型,房地产市场稳健发展。现代服务业提档升级,创成全省数字生活新服务标杆县。我们重抓科技创新,联动打好平台建设、主体培育、人才引育、成果转化组合拳,R&D 占比提升至 2.26。科技协同创新中心、2025 创意产业园、国际技术转移中心等科创平台相继投运,袜业、珍珠产业工程师协同创新中心建成运行,产业创新服务综合体建设走在全省前列。新增省级研发机构 153 家、高新技术企业 356 家、科技型中小企业 1448 家。实施暨阳"533 英才计划",启动建设海归小镇,引育绍兴"海内外英才计划"人才 230 名、省级以上领军人才 102 名、省领军型创新创业团队 3 个,仅 2021 年就入选国家级领军人才 26 名、实现全国领先。我们重抓项目投资,优化招商引资体制机制,设立招商投资促进中心,办实办好发展大会、袜博会、世界珍珠大会等重要节会,累计引进亿元以上项目 308 个、总投资达 1655.7 亿元,实到市外境内资金 677.9 亿元。新宜中国智慧产业园、欧意数字化家电家居智造、天链测控、帕瓦新能源等一批重大项目加快推进,55 个项目进入省级以上笼子,完成市县长项目 13 个,实现固定资产投资近 2000 亿元。

——五年来,我们突出数字赋能,重改革、促融杭,发展活力加速释放。坚持向改革要动力,以"最多跑一次"改革、数字化改革引领撬动各领域各方面改革。扎实推进个人和企业全生命周期"一件事"改革,"一证通办一生事"、企业投资项目承诺制等相关改革做法全省推广。全面推进数字化改革,五大综合应用门户上线运行,23 个特色场景成为省级试点,"浙里兴村共富"上榜《领跑者》,"预防青少年新型违法犯罪"、执行"一件事"获评省"最佳应用"并入围改革突破奖候选。国有企业管理体制改革、农村宅基地制度改革深入推进,机构改革顺利完成,"县乡一体、条抓块统"改革成为省级试点。全面优化营商环境,创设"政企亲清会",深入开展"三服务"活动,扎实推进解圈断链、纾困解难,累计为企业减负 180 亿元。坚持向融杭要潜力,一体推进交通对接、产业链接、要素承接、服务衔接,杭州都市高速公路诸暨段建成通车,诸暨至北京始发高铁、沪杭诸"绿巨人"通勤列车和诸杭城际公交相继开行,杭诸市域铁路列入国家长三角多层次轨道交通规划。累计引进都市区各类项目 507 个、总投资达 410 亿元,建成"诸暨岛"5 个。坚持向开放要活力,联动抓好外贸、外经、外资,加快拓展"一带一路"共建国家新兴市场,外贸综合服务平台、海关监管场所建成投运,诸暨—宁波舟山港海铁联运国际专线、新亭埠码头—乍浦港航线通航,"义新欧"诸暨号班列开行。袜业内外贸一体化、珍珠跨境电商成为省级试点,外贸出口总额累计达 2028 亿元,引进外资 11.2 亿美元。

——五年来,我们突出城乡统筹,强功能、提品质,"好美诸暨"全域焕新。扎实推进城市提质,深入开展全国新型城镇化示范创建,城东生态高湖加快建设,城西"七大客厅"初具雏形,城市有机更新滚动实施,累计完成"三改"4624.5 万平方米,创成省"无违建县(市、区)"。加快"两新一重"基础设施建设,城市路网加密提升,灵绍特高压投入运行,新建 5G 基站 1486 个,两次夺得省水利"大禹杯"金奖。顺利完成部分行政区划、行政村规模调整,成为全省首个全域通过小城镇环境综合整治验收的县市,获评全省新时代美丽城镇建设优秀县(市、区)。扎实推进乡村振兴,深入创建部省共建乡村振兴先行单位,创成"五星达标村"437 个、"3A 示范村"42 个,70% 以上的行政村年经营性收入超 50 万元。获评省新时代美丽乡村示范县、省全域旅游示范县市。扎实推进美丽建设,持续打好污染防治攻坚战,深化垃圾、厕所、污水"三大革命",基本完成中央、省生态环保督察整改,地表水环境和城市空气质量持续向好,四次夺得"五水共治"大禹鼎,成为全国水系连通及水美乡村建设试点县,创成国家生态文明建设示范市、国家生态园林城市,顺利通过国家卫生城市、国家节水型城市复评。

——五年来,我们突出民生福祉,办实事、优服务,全面小康成色更足。预计全体居民人均可支配收入达 6.4 万元,年均增长 8.3%,全面小康指数居全国县级市第十位。社会保障提标扩面,最低生活保障标准持续上调,全民医疗保险、养老保险基本实现,稳妥处置失地农民生活保障问题，新增保障性住房20.5万平方米。文化文明提质深化，扎实推进新时代文明实践中心建设，农村文化礼堂实现行政村全覆盖，高分创成全国文明城市，成为省高质量发展建设共同富裕示范区打造精神文明高地领域首批试点。社会事业提档升级，大力推进教育事业优质均衡发展，明德小学、枫桥镇中、城东初中等学校建成投用，获评省教育基本现代化县市。持续深化健康诸暨建设，深入推进"三医联动""六医统筹"省级试点，市人民医院和市中医医院成功晋升三甲、开创全省县级市首例。成功举办西施马拉松、环法挑战赛，成为首个承办CBA全赛季比赛的城市。每年办好十大民生实事，累计整治危旧房14336户、改造老旧小区235个，顺利完成农村饮用水提标达标工程，实现"村村通公交"，被评为"四好农村路"全国示范县。

——**五年来，我们突出整体智治，抓治理、保平安，"枫桥经验"创新发展。**深入学习贯彻习近平总书记关于坚持发展"枫桥经验"的重要指示批示精神，坚持党建统领、人民主体、四治融合、四防并举、共建共享，高质量完成巡视专项整改，"枫桥经验"写入党的十九届六中全会决议。"枫桥式"公安派出所、司法所、退役军人服务站推广创建，枫桥学院、枫桥经验陈列馆建成启用，新时代枫桥经验研究院挂牌运行。扎实推进社会治理领域"最多跑一地"，"一中心四平台一网格"工作走在全省前列，去京赴省信访下降明显，创成国家级信访"三无"县（市、区）、省信访无积案县（市、区）。众志成城打赢疫情防控遭遇战阻击战歼灭战，全力筑牢疫情防控"铜墙铁壁"。持续深化平安诸暨、法治诸暨建设，坚决打好防范化解重大风险攻坚战，扎实开展扫黑除恶斗争，统筹抓好社会治安、安全生产等领域治理，圆满完成重要节点维稳安保任务，成功应对台风"利奇马""烟花"和"610"强降雨等极端天气严峻考验，实现省平安县市"十六连冠"，创成平安中国建设示范县并捧得"长安杯"。

——**五年来，我们突出党建统领，守初心、担使命，政治生态全面优化。**学深悟透习近平新时代中国特色社会主义思想，全面落实习近平总书记对诸暨工作重要指示批示精神"四张清单"，高质量开展"两学一做"学习教育、"不忘初心、牢记使命"主题教育和党史学习教育，进一步增强"四个意识"、坚定"四个自信"、做到"两个维护"。精心举办庆祝建党100周年系列活动，弘扬伟大建党精神，坚决守好"红色根脉"。全面落实党委（党组）意识形态工作责任制，牢牢掌握意识形态领域主动权。深入开展"解放思想、开放发展"大讨论活动，全市党员干部精气神全面提振。打好选育管用组合拳，健全完善综合考评机制，率先出台领导干部政治品质考察评价办法，推动"两个担当"良性互动，成为全省容错裁定试点。深入实施基层党建"五大引领"工程，扎实开展在职党员"亮旗"行动，"支部建在小区上"被评为"中国基层领导力典型案例"，圆满完成村社组织换届。深化两新组织等各领域"五星"系列创建，成立全省首家直播电商党支部。持续推进清廉诸暨建设，深化纪检监察体制改革，健全落实"四责协同"，推动全面从严治党向纵深发展。统筹推进"四个规范化"建设，实现基层公权力监督平台和政治巡察全覆盖，打造基层监督"枫桥样板"相关做法得到赵乐际同志肯定。扎实抓好巡视巡察、审计、环保、土地督察整改，持之以恒纠治"四风"，力戒形式主义、官僚主义，推动中央八项规定精神落细落实。一体推进不敢腐、不能腐、不想腐，深化运用监督执纪"四种形态"，从严整治群众身边的不正之风和腐败问题，顺利完成政法队伍教育整顿，风清气正的政治生态不断巩固。加强民主政治建设，人大、政协的优势作用充分发挥，统战、武装、老干部和群团等工作取得新进展。

上下同欲者胜，风雨同舟者兴。同志们，这些成绩的取得，是党中央和省委、绍兴市委坚强领导、关心支持的结果，是历届市委继往开来、接续奋斗的结果，是全市党员干部群众勠力同心、真抓实干的结果，也离不开广大企业家、老干部老同志、党外人士、人民团体、驻诸部队、在外乡贤的大力支持。在此，我代表市委向广大党员干部、向所有为诸暨发展进步作出贡献的同志们、朋友们，表示衷心的感谢，并致以崇高的敬意！

奋斗蕴含艰辛，经验弥足珍贵。五年发展历程启示我们：

——**旗帜是前进的方向，唯有提高站位才能精准定位。**五年来，我们始终紧扣"八八战略"这一总方略，一张蓝图绘到底、一任接着一任干，诸暨正朝着现代化建设目标乘风破浪、阔步迈进。实践证明，只有坚定不移沿着“八八战略”指引的路子走下去，立足大局审视诸暨、跳出诸暨发展诸暨，才能干在实处、走在前列、勇立潮头。

——理念是行动的先导，唯有转变思路才能找到出路。五年来，我们立足新发展阶段、贯彻新发展理念、融入新发展格局，打好改革闯关、开放探路、创新赋能组合拳，诸暨发展活力持续增强、竞争优势不断放大。实践证明，只要我们坚定不移解放思想、开放发展，保持奋进者姿态，激发创造性张力，就一定能在现代化建设中跑出加速度、重塑新优势。

——为民是永恒的追求，唯有坚守初心才能赢得民心。五年来，我们始终把人民对美好生活的向往作为奋斗目标，全力惠民生、顺民意、解民忧，办实办好群众身边的难事烦事揪心事，群众获得感幸福感安全感不断增强。实践证明，只有坚持以人民为中心的发展思想，从人民群众关心的事情做起，从让人民群众满意的事情做起，才能更好地集中民智、凝聚民力、赢得民心。

——担当是事业的基石，唯有实干当先才能发展争先。五年来，我们始终突出实干担当鲜明导向，解决了一批长期想解决而没有解决的难题，办成了一批过去想办而没有办成的大事。实践证明，只要发扬“攻山头”的诸暨人精神，敢打善拼、争先创优，就一定能推动诸暨各项事业从胜利走向新的胜利。

在总结成绩和经验的同时，我们也必须清醒看到问题和不足：经济发展质效和产业层次还不够高，新兴产业培育孵化尚需发力，高能级平台、高层次人才、高大新项目还比较缺乏；改革攻坚力度还不够大，营商环境有待进一步优化；城市辨识度和竞争力还不够强，规划引领作用发挥不够充分，生态环境、水利等基础设施还存在短板；公共服务优质均衡尚欠不足，低收入群体增收渠道亟待拓宽，多元化社会保障体系有待完善；基层基础不够扎实，风险管控、矛盾化解和应急处突能力有待进一步提升；少数党员干部作风还不够严实，全面从严治党责任有待进一步压紧压实，等等。对于这些问题，我们必须高度重视，采取有力措施，切实加以解决。

二、迈向新征程，在砥砺奋进中继续走在前列

站在新的历史起点上，诸暨发展必将大有可为、大有作为。

——面对大变局的时代之问，我们必须应变求变、勇开新局。当前，百年变局和世纪疫情交织激荡，需求收缩、供给冲击、预期转弱“三重压力”叠加影响。我们要准确把握时与势、危与机、稳与进，进一步提升识变之智、拿出应变之策、增强求变之勇，顺势而为、稳扎稳打，不断塑造变革性实践、突破性进展、标志性成果，全力推动高质量发展、竞争力提升、现代化先行。

——面对大赶考的使命考问，我们必须抢抓机遇、主动作为。如何在建设“重要窗口”、推进共同富裕中走在前列是摆在我们面前的重大考题。我们要始终保持使命在肩、奋斗有我的精神状态，抢抓“政策窗口期”、用好“战略机遇期”、引领“创新变革期”，勇担重任、乘势而进，对标对表、狠抓落实，切实让试点变亮点、把先行变先成，努力交出经济社会发展高分答卷。

——面对大起底的发展十问，我们必须变革突破、跨越赶超。鸡蛋从外打破是食物，从内打破是生命。我们要以答好发展十问为动力，全方位推进观念革新、方法创新、作风刷新，补齐产业孵化、招商引智、创新驱动、开放包容四大短板，树好治理先行、杭绍同城、数字赋能、品质名城四大标杆，努力以“再出发”的豪情再起宏图、以“奔跑者”的姿态奔向辉煌。

今后五年，全市工作的指导思想是：高举中国特色社会主义伟大旗帜，以习近平新时代中国特色社会主义思想为指导，深入贯彻习近平总书记考察浙江重要讲话精神，忠诚拥护“两个确立”，坚决做到“两个维护”，统筹推进“五位一体”总体布局，协调推进“四个全面”战略布局，立足新发展阶段，完整、准确、全面贯彻新发展理念，服务和融入新发展格局，坚持稳中求进工作总基调，紧扣忠实践行“八八战略”、奋力打造“重要窗口”、加快实现“五个率先”主题主线，聚焦聚力高质量、竞争力、现代化，持续擦亮“枫桥经验”金名片，奋力打造新时代共同富裕新高地，在新的赶考之路上高水平谱写社会主义现代化建设诸暨篇章。

根据上述指导思想，紧密呼应“十四五”规划和

2035年远景目标,具体工作要重点围绕"一四五"展开:

——紧扣一个指向

紧扣持续擦亮"枫桥经验"金名片,拉高标杆、放大优势,聚势赋能、创新突破,以治理优驱动发展优,以发展强支撑治理强,努力开创诸暨高质量发展新局面,奋力打造新时代共同富裕新高地。

——聚力四大目标

——打造智造集群地。以先进制造业为龙头的现代产业体系基本形成,产业基础高级化、产业链现代化水平显著提升,传统产业整体迈入中高端,新兴产业形成集聚优势,数字经济核心产业增加值占GDP比重达7%,打造长三角乃至全国先进制造业引领集聚区,真正让"诸暨智造"成为鲜明标识。

——打造融杭品质城。"杭绍同城"取得突破性进展,全方位融入、全领域接轨的体制机制更加完善,成为绍兴网络大城市的重要板块、接沪融杭的枢纽节点,城市竞争力、品质感和美誉度显著提升。

——打造文明新高地。高标准完成精神文明高地试点任务,全力争创全国文明典范城市,社会主义核心价值观深入人心,新时代诸暨人文精神更加彰显,市民道德素质和社会文明程度全面提升,公共文化服务和文化产业体系不断健全,加快建成新时代文明实践先行区。

——打造治理排头兵。新时代"枫桥经验"金名片更加闪亮,党建统领的整体智治格局基本形成,社会治理体系和治理能力现代化水平走在前列,率先建成全国基层治理示范区。防范化解重大风险体制机制不断完善,应急能力全面提升,成为平安中国先行示范区。

——突出五个重点

(一)以高质量发展为主题,增强争先新动能

坚持新旧联动、供需协同、内外贯通,推动质量变革、效率变革、动力变革,加快构建以工业为龙头、创新为引擎、开放为优势的现代产业体系,争进全国综合实力十强县。

一要深入实施改革强市战略。牢固树立"允许改革有失误但不允许不改革"的鲜明导向,以数字化改革引领全方位系统性变革,迭代升级改革思路、方法、路径、机制,持续放大政府有为、市场有效、社会有序、治理有方的叠加效应。要坚持以改革引领整体智治,纵深推进数字化改革,紧扣"解决矛盾、塑造变革"的核心要义,突出"聚焦跑道、开发多跨应用"的主战场,持续发挥数字化改革"一子落满盘活"的撬动作用。坚持从重大需求中切入、在最小系统上起步,集成共享数据流、协同提升业务流,切实形成一批数字化改革的硬核成果,全力推动流程再造、模式重构、制度重塑。要坚持以改革激发优势活力,深化完善共同富裕"1+5"重大改革清单,统筹推进"县乡一体、条抓块统"、"大综合一体化"行政执法、农村宅基地制度等重大改革,全方位释放改革红利。要坚持以改革优化营商环境,深化"一件事"集成改革,加快政务服务2.0应用,持续推进商事登记便利化改革,探索以"承诺制"改革为核心的极简审批,培育多资质综合性中介联合体,强化"好差评"全流程闭环管理,确保营商环境评价走在全省前列。迭代升级"政企亲清会",常态化开展精准服务,以市场化、法治化、国际化方式化解企业风险,持续落实降本减负措施,进一步为市场松绑解绊、让企业轻装上阵。大力激发和保护企业家精神,加强新生代企业家培育,打造一支具有战略眼光、开拓精神和家国情怀的企业家队伍。

二要深入实施工业强市战略。工业是诸暨的立市之基、强市之本、共富之源。要坚持大抓产业、重抓工业,深入实施制造业高质量发展三年行动计划,加快推动集群化发展、智能化改造、品质化提升、服务化转型,着力打造智造集群地,确保工业强市稳居全省第一方阵。突出传统产业改造提升,大力推进产业基础高级化、产业链现代化,进一步做强做优时尚袜艺、美丽珍珠、铜材精密制造三大标志性产业链集群。深入实施数字经济"一号工程",加快建设以产业大脑为总成、未来工厂为枢纽、数字车间为主体的新智造体系,实现"诸暨制造"向"诸暨智造"实质性跃迁。深化"亩均论英雄"改革,扎实开展工业园区全域治理,加快工业土地有机更新,鼓励企业"零土地"技改,持续深化"低散乱"整治,盘活存量要素,腾换发展空间,努力让最好最优的项目获得最多最优的资源。坚持抓大和扶小并举、育强和促新同步,扎实推进高成长企业"长高长壮”，精准培育隐形冠军、专精特新小巨人、单项冠军、雄鹰企业和“链主”企业，形成“大而强”和“小而精”协同发展的企业梯队。深入推进“凤凰行动”计划，推动上市企业质量提升，新增上市公司8家以上。突出新兴产业培育壮大，大力发展数智安防、生命健康、新材料等战略性新兴产业，扶持培育第三代半导体、航空航天等前沿产业，努力形成新的发展增长点。要坚持一、二、三产融合发展，扶持壮大现代服务业，重点培育研发设计、检验检测、信息金融等新业态，加快发展共享经济、赛事经济、会展经济，大力繁荣新消费、新零售、夜经济，推动服务业向高端化高品质升级。加快推动建筑业现代化转型，促进房地产业平稳健康发展。高质量发展生态农业、数字农业、精品农业，扎实推进机械强农、科技强农“双强”行动，着力做好稳产保供工作，不断提升农业现代化水平。

三要深入实施人才强市战略。始终把人才作为创新第一资源，推动人才链、创新链和产业链紧密衔接、深度融合，加快构建现代化区域创新体系，力争R&D占比超3.0。要外引内育聚人才，坚持产业引才、平台引才、赛事引才、以才引才，全面实施“诸暨英才计划”“诸才云集伙伴计划”，更大力度集聚优秀青年人才，培育新时代诸暨工匠和“金蓝领”，加强乡村振兴人才队伍建设，力争引育各类领军人才500名以上、领军型团队15个以上。要搭建平台用人才，以G60创新港、海归小镇建设为引领，推进科技客厅、先进制造业产业园、产业创新服务综合体等平台提能扩容，加快建设航空航天研究院、微纳晶新材料研究院，优化提升产业工程师协同创新中心，扶持壮大众创空间、科创飞地、加速器，让各类人才在诸暨创业有机会、干事有舞台、发展有空间。充分发挥企业主体作用，深入实施科技企业“双倍增”计划，实现规上工业企业创新活动、研发机构、发明专利“三个全覆盖”。要优化生态留人才，紧扣“引得进、用得好、留得住”的目标导向，深化“产学研用金、才政介美云”十联动，创新升级人才新政，推广应用“人才码”，健全完善人才“政银保担投”全周期金融服务体系，探索“揭榜挂帅”“赛马制”等新模式，不断优化开放大气、拴心留人的人才生态，努力使诸暨成为人才集聚之地、人才辈出之地、人才向往之地。

四要深入实施招商强市战略。全面树立开放包容的理念，紧抓招商引资“生命线工程”不动摇，紧盯重点区域、重点产业、重点企业，推动以商引商、精准招商、链式招商、乡贤招商多管齐下，强化“诸暨岛”与在外诸暨人联谊会联动对接，引进落地一批产业链龙头项目、价值链高端企业、供应链标杆公司，形成“百亿领航、十亿带动、亿元支撑”的项目方阵。进一步提高外资利用水平，探索多元化外商投资形式，鼓励外资企业增资扩股，打造高质量外资集聚地。提高项目推进效率，加强重大项目清单化管理、零距离服务、全要素保障，形成“谋划一批、落地一批、建成一批、投运一批”的滚动推进之势，切实增强发展后劲。

（二）以精神文明高地试点为牵引，绘就共富新图景

共同富裕是现代化建设的核心任务。要坚持试点引路、改革开路，进一步找准特色性跑道，落实创新性举措，率先走出高质量发展建设共同富裕示范区“诸暨路径”。

一要致力生活富裕富足。深入推进“扩中”“提低”改革，大力实施居民收入和中等收入群体“双倍增”计划，力争全体居民人均可支配收入年均增长7%以上，城乡居民收入倍差缩小至1.6以内。要强化就业增收，落实就业优先政策，坚持“技能培训解决一批、灵活就业消化一批、公益岗位保障一批”，重点推进高校毕业生、失业人员、农村富余劳动力等重点群体创业就业，积极培育网红直播、网约车、社区团购等新业态新就业群体，力争创成省级人力资源服务产业园，确保每年新增就业2万人以上。要强化创业带富，深入实施全民创业行动计划，鼓励创新致富、勤劳致富、先富帮后富，持续放大块状集群产业创富带富功能，扶持发展小微企业、个体工商户，做深做足次坞打面、香榧、茶叶、同山烧等乡村产业富民文章，进一步让百姓“钱袋子”鼓起来。要强化兜底帮扶，健全“1+8+X”大救助体系，完善最低工资制度，扎实推进低保扩围提标，全面推广低收入农户综合性保险，有效提升低收入群体增收能力、生活品质，确保共富路上“一个都不少”。扎实做好东西部协作、对口支援等工作，着力打造山海协作升级版。

二要致力服务优质优享。聚焦人的全生命周期多元需求，迭代升级为民办实事长效机制，让全市人民享有品质生活、感受发展温度、增强归属认同。要打造“诸有善育”品牌，落实三孩政策，多渠道降低生育、养育、教育成本，确保创成全国学前教育普及普惠县市。要打造“诸有优学”品牌，统筹抓好义务教育、高中教育、高等教育、特殊教育和职业教育，加快建设暨北小学、崇真初中、暨南初中等一批教育基础设施，深化推进义务教育“双减”工作，确保创成全国义务教育优质均衡发展县市、全省教育现代化县市。要打造“诸有健康”品牌，深入实施卫生品牌提升工程，加快建设市人民医院二期、公共卫生临床中心，高水平打造县域医共体和城市医联体，持续拓宽分级诊疗、双向转诊通道，扩面深化家庭医生签约服务，创新推广智慧医疗、智慧医保，成为健康浙江县域样板。要打造“诸有颐养”品牌，扎实推进养老服务智慧化发展、公共服务适老化改造，加快构建居家社区机构相协调、医养康养相结合的养老服务体系，让每位老年人享受高质量有尊严的长寿生活。要打造“诸有安居”品牌，坚守“房住不炒”定位，健全房地产市场健康发展长效机制，探索推行共有产权、租购并举，构建多层次广覆盖的住房保障体系。要打造“诸有保障”品牌，稳步推进社保、医保提标扩面，强化弱势群体帮扶，加大双拥工作力度，促进社会保险、社会救助、社会福利有效衔接，构建形成多层次多元化社会保障体系。

三要致力文明出新出彩。坚定扛起精神文明高地试点担当，深入实施八大“越”系列行动，力争创成全国文明典范城市。要深化文明实践，巩固拓展关爱基金、全城志愿、移风易俗运行成果，持续推广爱心食堂、爱心驿站，打响“暖心八件事”志愿服务品牌，努力打造“诸善行、诸事和、诸业兴”的有礼有爱之城。要厚植文化底蕴，大力弘扬西施文化、“三贤”文化、古越文化，加快推进西施故里二期、“三贤”文化馆等重大文旅项目建设，活化利用优秀传统文化遗产，打造一批区域性文化品牌、地标性文化 IP。要优化文化服务，加快新建市文化中心，高效运行文化礼堂、文化家园、文化驿站，打造“15 分钟品质文化生活圈”，力争创成新时代文化生活全省样板区。举办 CBA 联赛、西施马拉松等重大体育赛事，建成投运市篮球中心，力争创成省体育现代化县市。

（三）以网络大城市为平台，提升竞争新能级

坚持多主体互动、多形态共进、多空间拓展，全面融入绍兴网络大城市建设布局，不断提升诸暨城市能级和核心竞争力，着力打造融杭品质城。

一要推动城乡建设品质化。坚持以全国新型城镇化示范县创建为引领，突出规划“一张图”、建设“一盘棋”、发展“一体化”，打造近悦远来、宜居宜业的现代化山水园林城市。要强化精致建设，统筹抓好城市区块优化、功能强化、环境美化，打造一批精品线路、特色街区和亮点工程，优化一批公共配套、生活场景和服务模块，扩面建设未来社区等现代化基本单元，切实提升城市品质感。深入推进城市“两新一重”基础设施建设，加快实施安华水库扩容提升、浦阳江治理三期和城区电排站新建等工程，协同建设智慧城市、海绵城市、地下城市，加快布局 5G 通信、数据中心、充电桩等新基建，不断增强城市承载力。加快城市有机更新，持续实施老旧小区改造和危旧房整治，强化精细管理，治理背街小巷，不断提升城市防涝、高层消防等突发事件应急处置能力，努力实现“城市让生活更美好”。要深化乡村振兴，渐次推进未来乡村建设，精心打造乡村振兴先行村，多渠道推动产业增富、农民增收、服务增效、环境增色，力争行政村年经营性收入 50 万元以上全覆盖，基本建成具有“诸暨味、西施韵、活力劲”的美丽乡村。要优化美丽环境，坚持“绿水青山就是金山银山”，建设一批风貌样板区、县域景观带、美丽乡村示范带，打造一批网红打卡地、文旅休闲地、康养目的地，进一步拓宽美丽价值转化通道。打好生态环境巩固提升持久战，深化水、气、土、废、垃圾全要素联动治理，协同推进减污降碳，确保环境质量主要指标继续保持全省领先。

二要推动综合交通现代化。把交通作为城市竞争力的“硬核支撑”，对接全省大交通规划，抢抓区域一体化机遇，超前谋划，系统布局，整体推进，力争创成交通强市示范区。对外构建大通道，谋划建设杭诸、绍诸市域（郊）铁路，加快实施诸暨站综合枢纽化改造，进一步缩短通勤距离，成为杭州都市区交通一体化先行区。完善“一环九射”高速网，启动建设诸建、诸嵊高速，加快建设柯诸、诸义高速，扎实抓好合温高速布线互通，探索高速市内免费通行，力争实现“镇镇联高速”。织密“三纵两横”国省道网，建成235国道诸暨段、诸暨至浦阳快速路，切实以交通紧密度增进区域融合度。打造集约高效的现代物流网，深化公、铁、水多式联运，谋划布局通用机场，建成诸暨东铁路物流基地、店口综合港区，着力提升交通运输能级。对内畅通大循环，扎实推进市域大环线东南段工程，加快实施二环线快速化改造，谋划建设新型城市快速公交系统，大幅提高城市交通便捷度。深入推进城乡交通一体化，加快串点成线、连线成网，提档升级“四好农村路”，畅通乡镇“毛细血管”，打通断头路，提升通达率。

三要推动开放融合同城化。坚持把开放作为城市最大竞争力，主动融入国内国际双循环新发展格局，紧抓长三角一体化发展战略机遇，努力以高水平开放推动高质量发展。实施“杭绍同城”新三年计划，大力抢抓杭州亚运会“窗口机遇”，主动靠、精准接、全面融，纵深推进交通设施共联、平台提升共链、产业协同共兴、市场开放共赢、民生互优共享“五大工程”，加快推动数字经济对接、高端项目承接、创新平台衔接，不断加强文化、教育、医疗、体育、旅游等公共服务同城共享，推动诸暨从“浦阳江时代”迈向“钱塘江时代”。全面落实绍兴网络大城市建设战略，用足用好绍兴国家级综保区、市场采购等试点政策红利，积极参与绍兴科创大走廊、智造大平台、协同产业群建设，努力成为绍兴大城市“金南翼”。坚持以“一带一路”统领高水平对外开放，抢抓RCEP机遇，加快推进外贸优进优出，联动发展市场采购、跨境电商、外贸综合服务平台等新业态，谋划建设B型保税物流中心，鼓励有条件的企业开展海外并购、建设境外基地，着力提高外经合作水平。

（四）以坚持发展新时代“枫桥经验”为己任，开创善治新局面

纪念毛泽东同志批示学习推广“枫桥经验”60周年暨习近平总书记指示坚持发展“枫桥经验”20周年，是一件具有里程碑意义的大事。我们要深学笃行习近平总书记关于坚持发展“枫桥经验”的重要指示批示精神，始终把高质量筹备纪念大会作为首要政治任务，进一步强化发源地的使命担当，充分珍惜“枫桥经验”，大力推广“枫桥经验”，不断创新“枫桥经验”，全力打造治理排头兵。

一要在治理创新上先行示范。深入实施坚持发展新时代“枫桥经验”行动计划，扎实开展县域社会治理现代化“十大牵引项目”，着力构建党建统领的四治融合新型基层治理体系。发挥枫桥学院、新时代枫桥经验研究院的阵地引领作用，抓实抓好理论研究、实践培训、宣传推广，持续深化“枫桥式”品牌创建，上线运行数字“枫桥经验”应用场景，深化完善“枫桥指数”评价体系，不断推动新时代“枫桥经验”创新发展。坚持全景式拓展、全领域渗透、全方位应用，持续放大新时代“枫桥经验”金名片的带动效应，着力争取更多资源、抢抓更多机会，切实把治理优势转化为发展胜势。

二要在强基固本上先行示范。坚持重心下移、资源下投、力量下沉，迭代升级“一中心四平台一网格”，推动“152”体系与“141”体系贯通，精准织密基层治理网格，整合提升社会组织治理力量，着力打造高效协同、执行有力的“枫桥式”治理闭环。深化运用新时代“枫桥经验”化解信访矛盾，坚持抓早抓小抓苗头，下大力气推动诉源治理、积案清零，巩固拓展“361”源头化解成效，旗帜鲜明亮明检举控告处置“四个态度”，引导群众通过合法途径理性反映正当诉求，真正让“枫桥经验”更有底气、更具说服力。

三要在平安建设上先行示范。统筹发展和安全，持续深化平安诸暨建设，保持打击各类违法犯罪和扫黑除恶高压态势，慎终如始抓好常态化疫情防控，扎实推进安全生产、社会治安、道路交通、消防安全、电信网络诈骗等领域综合治理，坚决遏制重特大事故发生，打造更高水平的平安中国建设示范县。着力打好防范化解重大风险攻坚战，完善监测、预警、处置、反馈的风险管控闭环，高效运行实有人口全息感知平台，健全社会心理服务体系，构建舒心安心放心的低风险社会环境。突出“大安全、大应急、大减灾”，构建应急处突重大应用场景，全力保障人民群众生命财产安全。高水平建设法治诸暨，一体推进严格执法、公正司法、全民守法，确保创成全国法治政府示范县市。

（五）以“十问攻坚”为抓手，展现开局新气象

今年是党的二十大召开之年，也是全面贯彻落实市第十七次党代会战略部署的开局之年，必须坚持稳进提质、除险保安、塑造变革，抓紧抓实十项基础性、牵引性、突破性的重点工作，努力以实绩实效交出发展十问的高分答卷。

一要围绕加快改革破题之问，着力抓好数字变革争先。按照数字化改革“1512”体系架构，重点聚焦场景开发、应用迭代、体系贯通，加强孪生数据仓、市镇数据仓增量开发，常态运行“七张问题清单”“预防青少年新型违法犯罪”等重大应用，深化打造“浙里兴村（治社）共富”、执行“一件事”等特色应用，做到多点开花、集成突破、整体提升，进一步放大数字化改革格局。

二要围绕深化“枫桥经验”之问，着力抓好60周年纪念大会筹备。坚持系统化部署、专班化运作、清单化落实，统筹抓好治理提效、环境提升、经验提炼，扎实推进“枫桥经验”教育培训基地改造升级，有序实施枫桥古镇提升工程，建成10个以上具有诸暨特色的治理场景，全景式展现新时代“枫桥经验”历久弥新、常抓常新的独特魅力。

三要围绕畅通“杭绍同城”之问，着力抓好交通设施对接。紧扣构建都市区“半小时交通圈”目标，启动实施融杭交通连通工程，开工建设柯诸高速、S211绍大线外迁、白大线工程，加速推进绍诸高速浣东枢纽改扩建工程，完成金浦桥至三江口大桥段快速化改建，进一步织密融杭交通网、提升融杭加速度。

四要围绕加速开放发展之问，着力抓好平台通道升级。充分发挥开发区开放“桥头堡”作用，紧扣创成国家级开发区目标，加快完善新一轮区域规划、产业规划，着力推动招商大突破、产业大升级、功能大提升，力争创成省“万亩千亿”新产业平台。整合提升西施故里省级旅游度假区，抓实抓好规划完善、机制创新、项目投入，力争走在全省前列。开通诸暨—宁波舟山港海铁班列、诸暨—上海港海铁通道，打造高水平外贸平台。

五要围绕强化创新赋能之问，着力抓好海归小镇建设。按照“一年快启动、两年出形象、三年见成效”的总体目标，坚持高水准规划、高标准建设，抓紧开展土地征收、政策处理，制订出台人才招引、创业扶持专项政策，办实办好国际创新创业大赛，持续放大欧美同学会集聚效应，努力打造成为长三角海外高层次人才的汇聚地、新兴产业的新高地。

六要围绕提升招商实效之问，着力抓好重大项目突破。充分发挥发展大会、袜博会、世界珍珠大会等平台引流效应，更新招商路线图、织密项目信息网，大力开展招商引资竞赛活动，确保引进10亿元以上项目8个、50亿元以上项目2个，力争100亿元以上项目有突破，固定资产投资增长10%。科学谋划政府性投资项目，积极做好专项债申报工作。

七要围绕提高转型质效之问，着力抓好产业改造提升。坚持传统产业改造提升和新兴产业引进培育“两手抓”，深入实施新一轮制造业“腾笼换鸟、凤凰涅槃”攻坚行动，建好珍珠、金属加工、碳足迹碳标签创新联合体，开发建设袜业机联网、精密铜材数字迭代和机电智造应用场景，确保R&D占比达2.7以上、规上工业增加值增速达8.5%。

八要围绕强化规划引领之问，着力抓好城市能级提升。着眼彰显“西施故里、好美诸暨”的城市辨识度，充分发挥规划的战略引领作用，高标准编制新一轮国土空间规划，强化空间立体布局、区块融合联动、风貌整体引导，一体推进地标建设、立面改造、景观设计、色彩管控，塑造独一无二的城市气质。深化城市有机更新，统筹抓好开发区核心区块改造，加快建设袁家、东盛未来社区，实现美丽城镇建设全覆盖，力争创成省级城乡风貌示范样板区。

九要围绕增强百姓“三感”之问，着力抓好“扩中”“提低”工作。突出系统性、精准性、可持续性，推进农业转移人口市民化集成改革，探索丰富“共性+专项”公共政策工具箱，加快构建“全面覆盖+精准画像”的群体结构数据库，分类施策推进居民增收渠道拓宽、技能培训覆盖、困难群体帮扶、公共服务优享，真正让发展红利更多更好地惠及于民。

十要围绕刷新干部作风之问，着力抓好素质能力重塑。启动实施“重塑好状态、争当领跑者”作风建设专项行动，搭建晾晒实绩、比学赶超“赛马”平台，常态化举办年轻干部“新锐训练营”，大力营造唯实惟先、善作善成的团队文化，全面提升广大干部的开放意识、专业能力和敬业精神。

三、扛起新使命，在党建统领中开创全新未来

事业发展，核心在党，关键在人。要全面落实新时代党的建设总要求，大力弘扬伟大建党精神，加快构建以"七张问题清单"为牵引的党建统领体系。

（一）铸魂"思想领航"，提升政治引领力。坚持把党的政治建设摆在首位，把准政治方向、提高政治能力、永葆政治本色，不断夯实共同奋斗的思想根基。一要旗帜鲜明讲政治。学思践悟习近平新时代中国特色社会主义思想，严格落实习近平总书记对诸暨工作重要指示批示精神"四张清单"，巩固深化党史学习教育成果，持续锤炼政治判断力、政治领悟力、政治执行力，坚定不移做"两个确立"的忠诚拥护者、"两个维护"的示范引领者。全面落实党委（党组）意识形态主体责任，大力弘扬社会主义核心价值观，牢牢掌握主导权和话语权。二要解放思想开新路。始终保持刀刃向内、自我革命的清醒和勇气，对标找差、深查细照，进一步破除路径依赖、本位思想、守成心态，加快从"要我变革"向"我要变革"、从"适应变革"向"引领变革"的跃迁。牢固树立创新思维、开放思维、系统思维，进一步提高塑造变革的能力，做到解放思想再出发、开放发展争一流。三要上下一心聚合力。充分发挥市委总揽全局、协调各方的领导核心作用，支持保证人大、政府、政协和监委、法院、检察院依法依章程履行职能，扎实做好统战、武装、老干部、群团等各方面工作，进一步激发广大乡贤关爱诸暨、反哺诸暨、发展诸暨的桑梓情怀，画好同心圆、凝聚正能量，形成全市上下心齐、气顺、劲足的生动局面。

（二）聚焦"提能创优"，提升担当执行力。认真落实新时代好干部标准，对照"五个过硬"、磨砺"七种能力"，着力打造一支敢冲敢闯、硬绽硬核的诸暨铁军。一要树立专业敬业导向。深入实施专业能力提升计划，深化"研训一体、炼用结合"扎实历练机制，加强双向挂职培养、内引外联交流、基层实践锻炼，引导党员干部强化生成性学习、保持创造性张力，真正成为想干事、能干事、干成事的行家里手。大力弘扬敬业精神，坚决摒弃"躺平"心态、"佛系"作派，多一些埋头苦干、少一些心浮气躁，多一些担责担难、少一些推诿扯皮，切实做到为事业尽心、为发展尽力。二要树立争先率先导向。强化"没有走在前列也是一种风险"的责任感和忧患意识，始终对标最高最好最优，进一步提升争的状态、拼的干劲、抢的勇气，做到见第一就争、见红旗就扛，全面推动各项工作从"按惯例"向"创先例"转变、由"跟跑者"向"领跑者"转换。三要树立实干实绩导向。严格落实选人用人"一体系三机制"，健全完善领导干部综合考评体系，注重从基层一线、吃劲岗位选拔优秀干部，真正让有为者有位、能干者能上、优秀者优先。深化"两个担当"良性互动，打好"容错裁定、澄清保护、松绑减负、打击诬告"系列组合拳，持续开展"实干担当好干部"评选，坚决纠治多做多错、少做少错、不做不错的"三错"观念，进一步营造崇尚实干、带动担当、加油鼓劲的浓厚氛围。

（三）赓续"红色根脉"，提升组织变革力。坚持一切工作到支部，大力实施"红色根脉强基工程"，推动基层党建全面进步、全面过硬。一要突出统领整合。扎实推进变革型组织建设，深化各领域"五星"系列创建，加强城市"契约化"共建，推动两新党建创优跃升，促进区域联建、行业统建、楼宇合建，着力打造一批集群化党建联盟、特色化党建品牌，不断提升基层党组织的统合力、融合力和嵌合力。二要突出扎根固盘。围绕提升基层党组织的覆盖面、贯通率、执行力，全面推广"支部建在小区上"做法，高标准做好新业态、新就业群体党建工作，推动红色细胞向"神经末梢"延伸。深化运用"七张问题清单"照镜子机制，滚动推进后进党组织常态化整转，切实提升基层党组织凝聚力、战斗力。三要突出提神振气。健全完善"一肩挑"背景下村社班子运行管理新机制，深入推进"领雁、群雁、雏雁"梯队建设，着力打造一支过得硬、能带富、善治理的基层干部队伍。充分发挥党员"五带头"作用，持续开展"亮旗"行动，真正让党员先锋形象立起来。

（四）涵养"清廉诸暨"，提升自我革新力。以永远在路上的政治自觉纵深推进全面从严治党，着力打造基层清廉建设示范区。一要一体深化"四责协同"。严格落实管党治党政治责任，做深做细"五张责任清单"，推动党委主体责任、党委书记"第一责任"、班子

成员“一岗双责”和纪委监督责任贯通联动、形成合力。深化纪检监察体制改革，统筹衔接纪律、监察、巡察、派驻“四项监督”，持续加强对“一把手”和领导班子监督，使干部习惯在“聚光灯”下工作、在“放大镜”下生活。二要一体推进“三不”机制。坚持无禁区、零容忍、全覆盖，始终保持惩治腐败高压态势，坚决查处重点领域和群众身边的腐败问题，以强有力举措推进不敢腐、不能腐、不想腐，巩固发展反腐败斗争压倒性胜利。精准运用监督执纪“四种形态”，切实形成惩治震慑、制度约束、提高觉悟的叠加效应。三要一体优化政治生态。坚持不懈纠“四风”树新风，锲而不舍落实中央八项规定精神，健全完善作风建设长效机制，靶向纠治形式主义、官僚主义，坚决防反弹回潮、防隐形变异、防疲劳厌战，坚决整治有令不行、有禁不止。统筹推进清廉单元建设，大力打造“浣江清风”品牌，着力涵养正气充盈、海晏河清的良好政治生态。

同志们，星光不负赶路人，时代眷顾奋斗者。让我们更加紧密地团结在以习近平同志为核心的党中央周围，在中央和省委、绍兴市委的坚强领导下，踔厉奋发启新程，笃行不怠向未来，持续擦亮“枫桥经验”金名片，奋力打造新时代共同富裕新高地，开创诸暨社会主义现代化建设新局面，以优异成绩迎接党的二十大胜利召开！

锚定“两个先行”奋进“五个率先”
聚力“两放三争”
以优异成绩迎接党的二十大胜利召开

——在市委十七届二次全体（扩大）会议上的报告

（2022年8月31日）

绍兴市委常委、诸暨市委书记　沈志江

这次全会的主要任务是：高举习近平新时代中国特色社会主义思想伟大旗帜，认真贯彻省第十五次党代会和绍兴市第九次党代会、绍兴市委九届二次全会精神，动员全市上下忠实践行“八八战略”、坚决做到“两个维护”，解放思想、开放发展，奋力争当绍兴第一、争创全省一流、争进全国十强，高水平谱写“两个先行”诸暨篇章，以优异成绩迎接党的二十大胜利召开。

下面，我代表市委常委会，向全会报告工作。

一、直面严峻挑战，在风雨兼程中奋力前行

今年是极不寻常、极不容易的特殊之年。面对百年变局和世纪疫情的持续冲击，市委常委会坚决贯彻习近平总书记“疫情要防住、经济要稳住、发展要安全”的重要指示精神，全面落实中央和省委、绍兴市委决策部署，团结带领全市上下紧扣“一四五”总体要求，扎实推进“十问攻坚”，迎难而上、负重拼搏，经济社会发展保持稳中有进、稳中向好的良好态势。上半年，实现生产总值 762.5 亿元，同比增长 3.2%；城乡居民人均可支配收入分别增长 4.1%、6.1%。跻身全国综合实力百强县第 12 位、全国高质量发展百强县第 11 位。

——突出稳进提质，经济大盘趋稳趋好。面对需求收缩、供给冲击、预期转弱“三重压力”，我们坚定信心、沉着应对，以超常规力度打好经济稳进提质攻坚战，主要指标加速回升，经济韧性持续显现。着力稳工业。深入实施省制造业高质量发展示范县市创建，加快传统产业改造提升和新兴产业引进培育，成功举办 2022 世界珍珠大会，袜业行业产业大脑、大豪科技数字工厂成为全省试点，智能视觉“万亩千亿”新产业平台进入省级培育名单，工业稳增长、新一轮制造业“腾笼换鸟、凤凰涅槃”攻坚行动分别获省政府督查、考核激励。制定出台科技新政 26 条，一体推进平台提档、主体升级、成果转化，科技城（海归小镇）加快建设，浣江实验室签约落地，新增省科技型中小企业 213 家，规上工业企业研发费用增长 20%。举办 2022 海内外高层次人才创新创业大赛，4 项重点人才计划申报数均居绍兴首位，人才工作考核全省优秀。着力稳企业。扎实推进政策集成落地攻坚行动，制订出台稳经济一揽子政策 41 条，开设政策解读“云课堂”，创新推行“先行预兑、年度结算”模式，累计兑现政策资金 15.3亿元、减免各类税费 27.3 亿元。全面开展“助企纾困”暖心活动，高效运行“政企亲清会”平台，819 名机关干部

驻企服务，累计帮助企业解决各类问题3700余个。加快推进市场主体升级，新增“专精特新”企业4家，金海高科、迪艾智控获评省级隐形冠军企业、实现零的突破，帕瓦新能源成为绍兴首家科创板IPO过会企业。着力稳投资。大力开展扩投资优结构攻坚行动，深化招商竞赛，加强项目筛评，举办两轮重大产业项目集中签约仪式，新引进亿元以上项目16个、总投资达197.9亿元，成功实现百亿级项目新突破。深化落实“拿地即开工、签约即投产”项目推进模式，中金协鑫碳中和、微纳晶生态产业基地等重大项目落地开工。强化要素保障，盘活存量建设用地1081亩，新增专项债券27亿元，33个项目列入省级以上笼子。着力稳外贸。坚持抢订单、扩份额，大力发展市场采购贸易、跨境电商、展会营销等外贸业态，“诸暨—上海港”海铁联运专线首发，至7月累计实现出口373.2亿元、增长38.9%。扎实开展“西施有礼·品质消费”促销活动，累计投放消费券1380.6万元、直接拉动消费3.4亿元，创成珍珠数字贸易省级创新发展区，成为省供应链创新与应用专项激励城市。

——**突出塑造变革，改革大事出新出彩**。扎实推进数字化改革，高标落实“三张清单”，79个省重大应用贯通落地，43个特色场景成为全省试点，“浙里直播共富”、实有人口全息感知平台、破产“一件事”入选全省系统“好应用”，“网络安全智治应用”得到省委主要领导批示肯定并在省例会作典型演示，“浙里兴村治社”被中央《党建要报》点赞刊发，数字化改革获省政府督查激励，实现半年度考核五星好评。扎实推进全面深化改革，坚持一体融合、综合集成、抓纲带目、量化闭环，统筹抓好各领域系统性变革，全面深化改革工作考核全省优秀。强化试点突破，“县乡一体、条抓块统”改革、“大综合一体化”行政执法改革纵深推进，农村宅基地制度改革相关做法被中央部委点赞推广。深化“一件事”集成改革，“一网通办”率达96.7%，政务服务协同管理平台率先在全省实现市镇两级覆盖。扎实推进共同富裕示范区重大改革，坚持以精神文明高地试点为抓手，落细落实“1+5+n”改革清单，共同富裕考核全省优秀。着力抓好“浙江有礼·‘枫’尚诸暨”文明新实践，迭代深化移风易俗、关爱基金、全城志愿，累计建成爱心食堂123家，全国文明典范城市创建测评成绩全国第五，文明实践相关做法得到中宣部肯定推广。着力抓好扩中提低改革，深入实施稳就业惠民生攻坚行动，城乡居民基本养老保险、医保提质扩面，妇保院异地新建工程主体完工，西子幼儿园、三江幼儿园建成投用，成功入选省体育现代化县（市、区）创建名单。扎实推进强村富民，134个行政村上半年经营性收入超50万元。着力抓好城市有机更新，持续加强城乡风貌整治、老旧小区改造，启动实施“西施故里·一江两岸”项目，累计完成“三改”106万平方米，东盛社区成为首批省级未来社区。加快交通基础设施建设，235国道诸暨段、柯诸高速、店口高架等工程扎实推进，杭诸市域轨道交通项目前期取得重大进展。持续打好污染防治攻坚战，成功夺得“五水共治”大禹鼎银鼎。

——**突出除险保安，社会大局安定安宁**。慎终如始抓好疫情防控，坚决贯彻“外防输入、内防反弹”总策略和“动态清零”总方针，深化落实“七大机制”、优化完善“五快”循环，抓紧抓实流调溯源、转运隔离、卡口值守、亮码测温等防控措施，18岁以上加强免疫接种率达89.3%，高效处置10起输入性风险，成功实现本土“零感染、零传播”，进一步筑牢了疫情防控的“铜墙铁壁”。守正出新推进社会治理，坚持发展新时代“枫桥经验”，制定实施筹备60周年纪念活动“六大任务清单”，扎实推进社会治理中心建设，持续深化“枫桥式”品牌创建，新时代“枫桥经验”指数正式发布，“枫桥式”智治执法系统全省首创。扎实推进省信访工作现代化示范县（市、区）创建，深入开展“守初心践使命”大整顿大提升专项行动，旗帜鲜明亮明信访处置“四个态度”和干部处置“四个态度”，省级重点信访积案实现动态清零，创成全国首批信访工作示范县。强基固本筑牢平安防线，大力开展除险保安百日攻坚行动，扎实做好安全生产、社会治安、道路交通、电信网络诈骗等领域治理，成功实现平安县市“十七连冠”。

同志们，发展没有坦途，艰难方显勇毅。回顾今年以来的工作，我们深刻地感受到：越是形势复杂，越要坚持党建统领。我们牢固树立“问题发现靠党建、问题发生查党建、问题解决看党建”的理念，持续优化以“七张问题清单”为牵引的党建统领体系，高质量做好省委巡视“回头看”反馈问题整改，扎实推进清廉诸暨建设，推动全面从严治党向纵深发展。特别是在统筹疫情防控和经济社会发展的关键时刻，袁家军书记和王浩省长先后莅临诸暨考察调研，高度肯定我们在大战大考中取得的成绩，勉励我们“于变局中育新机开新局”，进一步增强了我们接续奋进的笃定之力。越是风险叠加，越要保持坚定清醒。我们进一步强化系统观念、底线思维和忧患意识，深入实施“红色根脉强基工程”，扎实开展“推进系统性重塑、建设变革型组织”专项行动，引导各级领导干部增加信心、增强定力，全力以赴办好自己的事，牢牢把握工作主动权，进一步提升了化危为机的奋进之力。越是任务艰巨，越要秉持和衷共济。市委充分发挥总揽全局、协调各方的作用，四套班子齐上一线、冲锋在前，全市党员干部迎难而上、搏击风雨，广大企业家苦练内功、守望相助，全市上下一条心、一起拼、一路进，攻克了一个又一个山头，打赢了一场又一场硬仗，夺取了来之不易的成绩，进一步彰显了共克时艰的决胜之力。在此，我代表市委常委会向大家表示最衷心的感谢和最崇高的敬意！

二、提高政治站位，在深学笃行中奋力争先

省第十五次党代会是浙江迈入高水平全面建设社会主义现代化、高质量发展建设共同富裕示范区新征程，召开的一次具有里程碑意义的重要会议。袁家军书记代表十四届省委所作的报告，全面总结过去五年浙江开启系统性变革、实现历史性跨越的生动实践，系统梳理阐释习近平总书记对浙江工作重要指示精神，科学绘就了“两个先行”宏伟蓝图，是指导浙江走好新时代赶考路的行动纲领。绍兴市委九届二次全会也就贯彻落实省党代会精神作出了全面部署，提出要忠实践行“八八战略”、坚决做到“两个维护”，在“两个先行”“五个率先”新征程中勇担使命、勇毅前行，在高质量发展中加快建设高水平网络大城市。

全市各级党组织和广大党员干部要学深悟透、融会贯通，切实把思想和行动统一到新目标、新使命、新要求上来，昂扬奋进姿态、强化行动担当，奋力推动省党代会精神在诸暨一贯到底、落地生根。要深刻理解把握省党代会蕴含的政治逻辑，学思践悟习近平新时代中国特色社会主义思想，全面落实习近平总书记对诸暨工作重要指示批示精神“四张清单”，坚定不移做“两个确立”忠诚拥护者、“两个维护”示范引领者。要深刻理解把握省党代会标注的战略指引，坚定不移沿着“八八战略”指引的路子走下去，把“一张蓝图绘到底”和“一往无前开新局”统一起来，与时俱进推动“八八战略”迭代深化、螺旋上升。要深刻理解把握省党代会赋予的时代使命，锚定“两个先行”奋斗目标和“八个高地”具体目标，进一步迈开新步子、打开新境界，奋力答好“浙江要先行、诸暨怎么干”的时代考卷。要深刻理解把握省党代会划定的实践路径，对标“五大工作导向”和“十方面主要任务”，加快构建从宏观、中观到微观全贯通的抓落实体系，打造一批影响力大、引领性强、辨识度高的标志性成果，高水平谱写“两个先行”诸暨篇章。

学习贯彻省党代会精神是一个深学笃用、知行合一的过程，关键看行动，贵在见成效。重点要把握好三个方面：

——锚定“两个先行”，必须强化担当力、当好探路者。先行拼的是速度，探路比的是担当。我们要强化“首发”理念、“首位”导向，对标最高最好，聚力争先争优，着力提升创新制胜的战略担当、变革重塑的能力担当、防控风险的底线担当、共建共享的服务担当、唯实惟先的作风担当，抢抓机遇、抢争赛道、抢占先机，加快变潜力为实力、变探路为领路，持续擦亮“枫桥经验”金名片，奋力打造新时代共同富裕新高地，在“两个先行”新征程上走在前列。

——奋进“五个率先”，必须强化引领力、当好示范者。“五个率先”是战略指向，高水平网络大城市建设是战术打法。要树牢开放、大气、包容的胸怀和格局，立足“金南翼”定位、瞄准“排头兵”方位，坚定扛起集群智造先行地、“杭绍同城”链接地、共同富裕新高地、“枫桥经验”发源地、组织变革引领地的使命责任，主动融、率先跑，加快织密以畅通为核心的交通网，打造以创新为重心的要素网，构建以共享为靶心的服务网，努力在大战略中赢得更大空间、实现更大发展。

——聚力“两放三争”,必须强化攻坚力、当好领跑者。思想是行动的先导,争先是发展的主题。当前,大变局加速演进、大环境加压趋紧、大赛道加速竞跑,必须强化“没有走在前列也是一种风险”的意识,聚焦“争当绍兴第一、争创全省一流、争进全国十强”目标,解放思想、开放发展,进一步破除理念束缚,拓宽改革新路,摒弃躺平作风,打好攻坚战、跑赢下半场,以最大努力争取最好效果,率先构筑诸暨面向未来、面向现代化的制胜新优势。

三、坚定必胜信念,在攻坚克难中奋力突破

谋在长远,干在当前。全市上下必须坚定信心、把握大势,保持定力、激流勇进,奋战三季度、冲刺四季度、确保全年红。具体工作中,要突出五方面重点:

(一)坚持稳中求进总基调,全力跑出经济回升加速度。始终把稳经济摆在当前首要位置,扎实做好“六稳”工作,落实“六保”任务,全力以赴抢回上半年损失,奋力交出经济回升向好的高分报表。

一要加快产业能级全链跃升。坚持高端化、数字化、绿色化、国际化“四化协同”,加快推进产业基础再造和产业链提升工程,真正让发展“底板”更加稳实、更有活力。聚焦聚力数字经济“一号工程”,扩面建设“产业大脑+未来工厂”核心场景,优化完善“数字车间—智能工厂—未来工厂”新智造体系,全力提升时尚袜艺、美丽珍珠和铜材精密制造三大优势传统产业竞争力,不断增创诸暨智造新优势。大力实施新兴产业培育发展五年行动计划,全面推进智能视觉“万亩千亿”新产业平台建设,培育壮大新材料、生命健康、航空航天等战略性新兴产业,努力形成更多新的增长点、增长极。加快服务业高质量发展,做大做强夜经济、宅经济、流量经济等新业态,切实形成消费增量。推进建筑业现代化转型,促进房地产市场平稳健康发展。聚焦聚力平台增效,大力推进国家级开发区创建,扎实开展工业园区全域治理,持续深化“亩均论英雄”改革,不断提升平台综合能级。聚焦聚力市场主体升级,深入实施高成长企业“长高长壮”计划,统筹抓好上市、上规、上云、上榜,形成百企攀高、千企争锋、万企奔涌的“雁型梯队”。

二要加快科技创新全域推进。强化创新制胜工作导向,坚定不移实施人才强市、创新强市首位战略,努力以创新之力夯实稳进之基。进一步建强创新平台,加快打造以科技城(海归小镇)为主体的创新矩阵,扎实推进珍珠、金属加工、碳足迹碳标签创新联合体建设,提升完善工程师协同创新中心,迭代升级众创空间,力争浣江实验室、中俄联合(诸暨)国际实验室建成投用。进一步提升创新活力,充分发挥企业主力军作用,深化推广“揭榜挂帅”科技攻关机制,加快建设科技成果转化综合服务平台,加强与清华大学、浙江大学、西安交通大学、香港科技大学等大院名校开展产学研合作,力争R&D占比达2.7%以上。进一步引育创新人才,系统打好“诸才云集”伙伴计划等人才招引组合拳,常态化开行“人才专列”,高质量办好人才赛事,确保新增省级以上领军人才(团队)50个,各类人才引进数继续保持绍兴领先。

三要加快招商引资全程提效。牢固树立“项目为王”的理念,更大力度推进招商强市战略,加快形成大规模的优质投资增量。突出高质量引进,坚持“招大引强、招新引优、招群引链”导向,持续深化招商引资竞赛活动,加强数字招商、资本招商、驻外招商,着力引进一批辐射带动强的链主型项目、规模体量大的基地型项目、发展前景好的创新型项目,力争重大产业项目引进实现新突破。突出高效率推进,紧扣履约率、开工率、建成率、达产率“四大指标”,强化督查协调,深化容缺办理,推动欧意数字化家电家居、新宜数字装备智慧产业园等一批重大项目加快建设、尽快见效,力争固定资产投资增长10%以上。突出高标准保障,主动抢抓新一轮基础设施建设、“三区三线”调整等政策红利,健全完善要素差异化供给,努力争取一批进笼项目、新增一批专项债券、盘活一批存量土地,真正让每一个优质项目引得进、落得快、长得好。

四要加快营商环境全面优化。树牢“没有最好、只有更好”的理念,扎实推进营商环境优化提升工程,确保营商环境评价走在全省前列。大力推送政策“大礼包”,更加突出知晓率、覆盖面和满意度,健全落实“1+9+N”政策体系,加快构建“承接优化、增量生成、即时兑付”落地闭环,做到直达快享、精准滴灌。着力打好服务“组合拳”,健全落实“三服务”长效机制,迭代完善“政企亲清会”，深化涉企“一件事”集成改革，千方百计帮助企业爬坡过坎、排忧解难，真正让企业少烦心、更安心、有信心。聚力优化金融“生态圈”，加大金融支持实体经济力度，进一步拓宽融资渠道，防范金融风险，全力打造优质高效的金融环境。弘扬新时代企业家精神，积极倡导市场化、法治化、国际化的经营理念，着力培养“新生代”，引进职业经理人，打造一支能坚守、会创新、有情怀、高素质的企业家队伍。

（二）下好变革重塑先手棋，全力增创发展活力新优势。强化“允许改革有失误但不允许不改革”的理念，一体推进全面深化改革、共同富裕示范区重大改革和数字化改革，着力形成治理增效、服务提质、基层叫好、群众点赞的改革效果。

一要推动重大改革创新创优。牢牢聚焦N项牵一发动全身重大改革，优化“一张图”设置，加强“一本账”管理，重点攻坚“大综合一体化”行政执法改革、“县乡一体、条抓块统”改革、农村宅基地制度改革，推动各领域各方面流程再造、规则重塑、功能塑造，加快打造一批在全省全国立得住、叫得响、推得开的“改革样板”。

二要提升重大应用实战实效。坚持多端覆盖、多跨协同、多元链接，健全完善“三个一批”滚动推进机制，集成优化“浙里兴村治社”“网络安全智治应用”“预防青少年新型违法犯罪”等示范场景，加快建设“诉源治理”“共富产业大脑”等特色应用，持续加强适配性创新，推动业务流再造，实现新能力提升，争取更多重大应用提质扩面、上榜领跑。

三要对准重大需求破题破难。坚持发展所需、基层所盼、民心所向，扎实推进重大需求常态化采集、精准化分析、项目化落实，着力发现一批改革突破点、归集一批制度重塑点，加快推动五大平台提升、国资国企转型、收入分配制度等改革事项破题深入，进一步畅通从重大需求到重大应用的改革项目“生产线”，形成层层放大滚雪球效应。

（三）加快融入网络大城市，全力打造“杭绍同城”锚接地。紧扣创成全国新型城镇化示范县目标，一体推动融合提速、形态提升、功能提档，加快实现城市能级整体跃迁。

一要更加注重区域一体融入。深入实施“杭绍同城”新三年计划，积极抢抓杭州亚运会溢出效应，共建大城市、拥抱大湾区、融入大上海，努力在高水平网络大城市建设中赢得有利位势。突出全系统融入，扎实推进杭绍一体化萧诸绿色发展先导区建设，深度对接绍兴科创大走廊、文创大走廊、城市产业带，提升优化“诸暨岛”“杭州港”，进一步加强与杭绍产业互动、要素互链、民生互享，不断提升一体发展的紧密度、协同度和融合度。突出交通网共联，着力做好杭诸市域轨道交通项目前期，扎实推进G235诸暨段和柯诸高速、诸义高速、诸嵊高速等工程，加快建设S211绍大线外迁、白大线等项目，提前建成店口港，力争绍诸高速浣东互通主体工程完工。突出多层级联动，梯次推进城西商务区、城东高湖等11个片区建设，联动抓好店口—次坞—应店街、枫桥、山下湖、牌头—安华和璜山5大功能节点，串点成线、内聚外联，进一步形成体系竞争力、综合承载力。

二要更加注重城市有机更新。坚持精品建设、精致调理、精细管理，深入实施“两新一重”基础设施建设，加快推进浦阳江治理三期和城区排水管渠改造等工程，统筹抓好城市景观提升、老旧小区改造、背街小巷整治，有序开展新一轮“三改”专项行动，开工建设安华水库扩容提升工程，推动城市功能品质提档攀升。扩面建设未来社区，深化落实“三化九场景”，做靓东盛社区等先行样板，做精袁家社区等创建单元，真正让城市生活更有归属感、更富舒适感、更具未来感。

三要更加注重乡村全面振兴。坚持以乡村振兴先行村建设为引领，全面推进村级集体经济巩固提升行动，抓好“一村一政企”帮带、“一村一公司”共建、“一镇一银行”支持，探索镇村统营、飞地抱团、项目联建等增收方式，确保行政村年经营性收入50万元以上实现全覆盖。深入实施“科技强农、机械强农”行动，扎实开展“非粮化”整治，大力发展生态高效农业、数智农业和全链农业，加快推进公用品牌建设，精心培育“一乡一品”，促进农业“接二连三”，不断提升农业现代化水平。高标推进未来乡村试点建设，系统开发未来邻里、文明善治等场景，推动功能高效集成、服务优质集聚、生活数智集约，努力打造一批引领品质生活、呈现未来元素、彰显诸暨韵味的新时代美丽乡村。

（四）打造精神文明新高地，全力争当共同富裕排头兵。以精神文明高地试点为引领，扎实推进共同富裕创优行动，加快形成全域一体、全面提升、全民共享的美好生活。

一要打造有礼有爱的文明场景。紧扣创成全国文明典范城市目标，深入开展“浙江有礼·‘枫’尚诸暨”文明新实践，延伸拓展关爱基金、全城志愿、移风易俗、爱心食堂“四大场景”，持续深化“暖心八件事”，推动精神文明试点向纵深推进、在面上示范。深入实施文化基因解码工程，大力挖掘西施文化、古越文化、“三贤”文化，着力加强文物资源保护管理、文化遗产活化利用，打造具有代表性、辨识度的诸暨文化标识。优化公共文化服务供给，加快市文化中心、市篮球中心建设，高效运行文化礼堂、文化家园、文化驿站，办实办好西施马拉松等重大文体赛事，着力构建“15分钟品质文化生活圈”。

二要打造富裕富足的生活场景。深入实施扩中提低行动，扎实推进居民收入和中等收入群体“双倍增”计划，力争全体居民人均可支配收入增长6%以上。巩固就业基本盘，健全完善高校毕业生、农村劳动力等重点群体就业支持体系，联动抓好技能培训、灵活安置、公益托底，实现零就业家庭动态清零，真正让更多富余劳动力有活干、低收入群体有钱赚。提升创业带动力，扎实推进创新创业扩能提质行动，加快建设创业孵化基地，探索设立创业引导基金，培育壮大次坞打面、西施石笕、枫桥香榧、同山烧等富民产业，不断拓宽农民财产性收入渠道，真正让更多人端起致富“金饭碗”。织密帮扶兜底网，密切关注各类弱势群体，创新推行“物质＋服务”救助模式，扎实做好低保边缘扩面工作，确保共富路上“一个都不少”。

三要打造优质优享的服务场景。强化均等、普惠、便捷、可持续的理念，健全完善为民办实事长效机制，加快打造最具幸福感城市。聚力办好人民满意教育，深化落实“双减”工作，加快建设崇真初中、暨南初中和暨北小学，推动各类教育高质量协同发展，力争创成全国义务教育优质均衡发展县市、全国学前教育普及普惠县市。致力打造健康诸暨，深化“三医联动”“六医统筹”改革试点，抓好基层医疗卫生机构标准化提升，加快建设市人民医院二期和暨南分院，不断提升“大医院引领、医共体补充、卫生院托底”的健康服务质效。多层次多样化发展养老托育服务，加快打造以“一老一小”为重点的全龄友好型社会。深化构建共富型大社保体系，稳步推进养老保险提标扩面，确保全市基本医疗保险参保率达99%以上。

四要打造宜居宜业的美丽场景。聚焦美丽全域贯通，深入开展城乡风貌整治提升行动，加强空间梳理、风貌管控、景观植入，打造一批有里有面的美丽城镇集群、一批精品精致的美丽示范乡村，构建形神俱美、城乡共美、全域好美的“大花园”。聚焦美丽环境治理，深入打好治水治气治土治废治塑攻坚战，持续深化水系连通及水美乡村试点、全域“无废城市”创建，协同推进减污降碳，真正让青山常在、绿水长流、空气常新。聚焦美丽成果转化，坚持“农、商、文、旅、体”融合发展，加快推进“西施故里·一江两岸”等重大旅游项目，培育壮大健康养老、休闲观光、高端民宿等新业态，不断拓宽生态产品价值实现路径，真正变“美丽颜值”为“经济产值”。

（五）擦亮“枫桥经验”金名片，全力筑牢平安稳定护城河。深入学习贯彻习近平总书记关于坚持发展“枫桥经验”重要指示批示精神，坚持系统治理、依法治理、源头治理，奋力开创社会安定、人民安心的善治新境界，努力为党的二十大胜利召开创造安全稳定的政治社会环境。

一要高质量筹备纪念活动。坚决扛起“枫桥经验”发源地的使命担当，以“六大任务清单”为牵引，坚持实体运作、实兵战斗、实招推动、实效检验，加快推进枫桥经验陈列馆改造和枫桥镇整体提升工程，抓实抓好“枫桥经验”实践中心建设，努力提炼一批示范性典型案例、形成一批原创性理论成果、打造一批创新性实践样本，确保新时代“枫桥经验”全面展示、全景呈现、全域精彩。体系化规范化推进新时代“枫桥经验”集成改革，着力抓好“枫桥式”品牌创建，提升完善数字“枫桥经验”，加快打造10个以上具有时代特征、诸暨特色的治理场景。高水平建设法治诸暨，确保创成全国法治政府建设示范县市。

二要高效能推进基层智治。坚持以“141”体系建设为引领，深化基层治理“一件事”集成改革，上线运行“枫桥式”治理大脑，做强做优市镇村三级社会治理中心，加快形成上下贯通、高效协同的县域整体智治格局。扎实推进信访工作法治化、系统化、专业化、数智化建设，持续加强积案化解、源头预防、生态优化，不断提升矛盾纠纷的发现率化解率，力争创成省信访工作现代化示范县（市、区）。

三要高水平打造平安诸暨。聚焦聚力“平安护航党的二十大”，牢固树立“100 — 1=0”的风险意识、“别人生病自己吃药”的忧患意识，大力推进除险保安十大专项行动，坚决筑牢防风险、保平安、护稳定的“铜墙铁壁”。持续深化平安建设，毫不动摇抓好疫情防控，常态开展扫黑除恶斗争，统筹加强安全生产、社会治安、防汛防台、电信网络诈骗和食品药品安全等工作，努力实现从一时一域平安到全时全域平安，确保平安县市“十八连冠”。着力打好防范化解重大风险攻坚战，建好用好开放式情报网络，扎实推进突发快响、应急处突能力建设，构建完善“大安全、大应急、大减灾”体系，确保人民群众生命财产安全。

四、强化党建统领，在担当实干中奋力拼搏

越是特殊时期，越要党建统领；越是重任在肩，越需担当实干。要全面落实新时代党的建设总要求，健全完善以“七张问题清单”为牵引的党建统领工作机制，努力以“两个先行”的实绩实效迎接党的二十大胜利召开。

（一）突出主题主线，永葆政治本色。紧扣“喜迎二十大、奋进新征程”主题主线，高质量一体推进氛围营造、理论学习、主题宣讲等工作，全面掀起学贯热潮，真正让党的二十大精神家喻户晓、深入人心。更加突出旗帜鲜明讲政治的首要标准，健全完善加强政治建设常态化长效化机制，不断提升政治判断力、政治领悟力、政治执行力。深学细悟习近平新时代中国特色社会主义思想，全面落实习近平总书记对诸暨工作重要指示批示精神“四张清单”，坚决做到“总书记有号令、上级有部署、诸暨见行动”。大力弘扬社会主义核心价值观，持续加强网络综合治理，牢牢把握意识形态工作领导权、管理权、话语权。充分发挥市委总揽全局、协调各方作用，加强和改进新时代人大和政协工作，扎实做好统战、武装、老干部、群团等各方面工作，努力画出最大同心圆、凝聚最强正能量。

（二）突出基层基础，彰显先锋亮色。树牢大抓基层鲜明导向，深入实施“红色根脉强基工程”，推动基层党建全市域建强、全领域过硬、全面走在前列。一要进一步夯实“引领有力、覆盖全面”的基层底座，紧扣中组部“党建引领乡村治理”试点县建设契机，迭代升级“五星”系列创建，扎实推进“红色根脉”强基示范点建设，全面深化机关、国企、“两新”组织等各领域党建工作，推动点线建精、整片建强、集群建优，确保基层党组织网络织得更密。二要进一步优化“上下贯通、执行有力”的基层组织，深入实施“上统下分、强街优社”改革，创新推进“强网壮格”工程，进一步提升全域党建联盟，扩面建设“共富工坊”，切实推动基层党组织从“有形覆盖”向“有效覆盖”转变，构筑形成引领“两个先行”的组织新形态。三要进一步建强“头雁引领、群雁齐飞”的基层队伍，迭代完善村社干部数智管理服务全链条机制，搭建“领雁擂台赛”，深化“导师帮带制”，加强“五带头”党员培养，努力塑造一批治村能手、发掘一批带富先锋、选树一批服务典型，不断提升基层党组织的引领力、组织力和号召力。

（三）突出唯实惟先，提升担当成色。坚持新时代好干部标准，深化落实干部工作“一体系三机制”，着力锻造一支善于塑造变革、敢于争先创优、堪当“两个先行”重任的诸暨铁军。一要强化实绩标准，坚持以事择人、人岗相适，探索建立干部队伍建设质量评价指标体系，健全落实“一干部一清单”机制，深化运用“领跑争先”晾晒平台，创新构建以“人”为单位的全息数据库，做到立体画像、立体考评、立体监督，动真碰硬推动能者上、优者奖、庸者下、劣者汰。二要强化实战锤炼，大力实施干部专业素养提升计划，持续深化“研训一体”扎实历练机制，系统开展多层次多主题培训，进一步加强年轻干部“墩苗”培养、专岗历练、双向挂职，不断提升党员干部塑造变革能力。三要强化实干导向，坚持以组织担当激励干部担当，健全落实容错纠错、澄清保护、松绑减负、精准赋能、关心关爱机制，努力让广大干部安心、安身、安业。严格落实干

部执行力标准，持续加强“不担当不作为”专项整治，坚决纠治多做多错、少做少错、不做不错的“三错”观念，推动实干担当蔚然成风。

（四）突出从严从实，涵养清廉底色。坚持严的力度不减、惩的后墙坚固，一刻不松加强全面从严治党，高水平打造清廉建设示范区。一要聚力提升责任落实贯通度，健全完善“四责协同”“五张责任清单”工作机制，深化报告评议制度，全面加强对“一把手”和领导班子监督，推动形成严格自律、严负其责、严管所辖的责任落实闭环。二要聚力提升政治监督精准度，坚持以省委巡视“回头看”反馈问题整改为抓手，深入推进纪检监察体制改革，建好用好新时代“枫桥经验”清廉建设综合监督平台，着力加强共同富裕、数字化改革、除险保安等领域精准监督，推动“四项监督”与职能监督贯通协同、形成合力，促进基层监督“枫桥样板”迭代升级、提质增效。三要聚力提升“三不腐”一体融合度，坚持惩治震慑、制度约束、思想教育同时同向发力，精准运用“四种形态”，从严查处不收敛不收手、群众反映强烈、政治问题和经济问题交织的腐败案件，着力构建亲清政商关系，持续放大不敢腐、不能腐、不想腐一体推进效能，全面打赢反腐败斗争攻坚战持久战。四要聚力提升政治生态纯净度，坚持纠树并举、破立并重，全面落实中央八项规定精神，健全完善作风建设长效机制，重拳惩治易发多发的老问题，精准发现查处隐形变异的新问题，坚决防止形式主义、官僚主义成风成势。与时俱进探索清廉建设新路径，大力建设新时代清风廉路，进一步优化清廉顾问团，提升清廉示范点，打造切合当下、因人施策、触动灵魂的廉洁文化诸暨样板，巩固拓展新风正气不断充盈的系统性成果。

同志们，事不避难者进，志不求易者成。让我们更加紧密地团结在以习近平同志为核心的党中央周围，在省委、绍兴市委的坚强领导下，锚定“两个先行”，奋进“五个率先”，聚力“两放三争”，勇扛使命、勇毅前行、勇立潮头，以优异成绩迎接党的二十大胜利召开！

诸暨市人民代表大会常务委员会工作报告

——在诸暨市第十八届人民代表大会第二次会议上

（2023年1月9日）

诸暨市人大常委会主任　郭浩良

2022年工作回顾

2022年是全党上下开启新征程之年，也是本届人大开局之年。一年来，全市人大紧紧围绕“两个先行”，紧扣“两放三争”，履行法定职责，以极大的热情和自觉，融入新时代、迈步新征程，共促新发展、展现新担当。

一、换届后人大系统的精神面貌

得益于历届人大的深厚积累，得益于全体代表的尽心尽责，换届后人大系统的精神面貌和履职状态，可以用三句话来概括：一是结构素质更优，二是能力意愿更强，三是作用发挥更好。

结构素质更优。体现在：代表年龄更轻，40周岁以下代表比例较上届提高60%以上；总体学历更高，大专及以上占75%，比上届提高13个百分点；新鲜血液更多，新任代表占比达2/3；入口把关更严，按照“九个一律”“三上三下”，严格把好代表素质关。这是换届带来的新气象。

能力意愿更强。新一届人大的履职活动，主要包括代表大会1次、常委会会议9次、主任会议17次、调研视察47次、执法检查4次、代表主题活动4项，依法任免国家机关工作人员85人次，组织宪法宣誓4次，向“一府两院”反馈书面意见16份；各工委、镇乡（街道）人大也结合自身实际，开展了大量活动。全体代表以高度的责任感、使命感参与其中，无论是会议到会率、活动参与率，还是调研思考的深度、审议建言的质量，都充分体现了以诸暨发展和民生福祉为己任的情怀与使命。

作用发挥更好。在突出代表主体、发挥代表作用的同时，新一届人大以数字化改革为牵引，切实加强自身建设，高度重视发挥党组的核心作用、常委会的关键作用和各工委的组织协调作用，制定出台了常委会关于进一步加强自身建设的决定，为新一届人大依法高效履职和全过程人民民主践行提供了有力保障。

二、换届后人大工作的总体把握

不忘初心、为民履职，恪尽职守、依法履职，时刻不忘“心中有党、心中有民、心中有法、心中有责”，是本届人大对工作的总体定位和把握。

心中有党——就是牢牢把握人大首先作为“政治机关”的根本属性，旗帜鲜明讲政治，以二十大精神为指引，坚定不移做“两个确立”的忠实拥护者，做“两个维护”的示范引领者；旗帜鲜明讲规矩，自觉接受市委领导，确保市委决策部署全面贯彻、有效执行。以此确立人大工作正确的政治方向。

心中有民——就是把人大牢牢根植于人民这片深厚的土壤。时刻不忘自己来自哪里，当代表为了什么，把“人民至上”的至高理念和至纯感情，贯穿于人大工作全过程、全领域；把人民群众的知情权、监督权落实好，把最广大人民群众的利益维护好、实现好。以此树立人大工作鲜明的价值取向。

心中有法——就是以敬畏之心、自觉之行，把“法”的意识、“法”的规范融入人大工作方方面面。恪守法定职责、限于法定范围、依照法定程序，切实做到依法而审、照法而议、据法结论，确保人大一切工作和活动都在法律的框架内进行。

心中有责——就是始终牢记“忠诚为党分忧，忠实为民履职”的职责使命。以发展为中心，以民生为己任，坚持作风引领，锻造过硬本领，在用心履职、高效履职中尽显代表风采。

三、换届后人大履职的重点领域

根据市委“两放三争”“打造新时代共同富裕新高地”的总体部署，市人大常委会始终秉持“人民”的理念、“发展”的理念、“法治”的理念，将履职重点聚焦于建设发展、民生福祉、依法治理三大领域。

1. 聚焦中心助推高质量发展——要求人大的工作一切有利于诸暨的发展。一是围绕重大部署和全局工作开展审议监督。一年来，针对“一府两院”工作、半年度经济社会发展、财政预决算、国有资产管理、政府债务管理等重大议题，依法履职、提出建议。二是着眼重点工作推进开展调研视察。一年来，聚焦市委部署的经济稳进提质“十大攻坚行动”、打造“共同富裕新高地”“融杭品质城”以及生态环境建设、“杭绍同城”交通建设、防洪排涝体系建设等重点领域、重点工程，建言献策、助力助推。三是直接参与党政中心工作。一年来，根据党政需要，先后参与了“三改”征迁、文明创建、疫情防控、“政企亲清会”、城乡社区现代化建设等工作；根据制度安排，承担了责任镇乡、重点项目、河湖长制、二十大维稳安保、信访积案百日攻坚行动等牵头联系责任，为党政分忧、为发展尽力。

2. 聚焦民生助推共同富裕——要求人大的工作一切有利于民生的福祉。一是在依法履职中擦亮民生底色。一年来，常委会先后就农业“双强”、教育“双减”、保障兜底、“工匠”评选、中医药特色发展等议题开展专项视察和专题审议；各工委分别就促进就业、保障供水、金融惠民服务、农村宅基地改革试点等议题深入调研督查，为共富添砖加瓦、献计出力。二是在“惠民实事”中提升民生成色。在市十八届人大一次会议上，全体代表共同票决确定了放心食药、爱心食堂、水环境美丽提升等十大民生实事；年中，常委会还根据市政府提交的议案，对“公共卫生临床中心建设工程”进行了合理调整。对于这些项目的建设推进，市政府高度重视，统筹安排；各实施单位尽心尽责，用心用力；常委会按照事责对应的原则，组织代表、委员跟踪督查、专题视察、逐项审议。通过上下一致的共同努力，2022年民生实事项目均已按要求完成，年末测评满意度达98.8 %，在“补齐民生短板、提高生活品质”中，很好地发挥了“靶向破题、多向发力”的作用效能。三是在建议督办中厚植民生情怀。民生问题始终是代表的最大关切。过去一年，市人大代表共提交代表建议302件，其中涉及民生方面213件，占比超70%。对于这些建议，市人大会同市政府及时交办，通过面商、视察、督办、考核，积极回应民需；尤其是各承办单位高度重视、用心办理，充分展示了让“改革成果更多惠及全体人民”的高度自觉。

3. 聚焦法治助推基层治理——要求人大的工作一切有利于法治建设的提升。一是主动参与上级人大立法。发动代表、基层立法点通过“浙里人大”，参与省人大13部法规的意见征集工作；以极强的政治自觉、理性思考和诸暨情怀，积极参与了绍兴市人大组织开展的“枫桥经验”传承发展条例立法工作，提出了大量的高质量意见建议并被采纳，为条例的制定出台贡献了诸暨智慧，增添了诸暨元素，展现了“枫桥经验”发源地的责任担当。二是潜心助力党政创牌。一年来，围绕平安中国建设示范县、全国法治政府建设示范县（市）、全国首批信访工作示范县等重大创建活动，按照市委部署，统一思想、统一步调、统一行动，以倡议书、公开信、主题活动、视察督查等多种形式，自觉融入、积极参与、造势助力，为三个“国字号”治理荣誉“大满贯”贡献人大力量。三是主动介入改革前沿。一年来，先后支持市人民法院在基层代表联络站建设“共享法庭”，支持市人民检察院适用认罪认罚从宽制度；分别就诉源治理、电信网络诈骗、“大综合一体化”行政执法改革等议题开展调研审议、举办法制讲座，在基层治理现代化的改革前沿展示人大作为。

各位代表，过去一年的人大工作，体现了市委正确领导，得到了“一府一委两院”大力支持以及部门、镇乡（街道）和社会各界的理解配合，饱含了全体代表的辛勤付出。在此，我代表市人大常委会表示衷心感谢！

与此同时，我们也清醒认识到，人大工作对标党中央和全国人大关于“四个机关”建设的要求，存在诸多问题、面临更多挑战。一是人大作为“政治机关”，如何更好地体现党对人大工作的全面领导，切实发挥好两级党组和党员代表的引领作用，还需进一步研究实践。二是人大作为“权力机关”，如何进一步彰显制度自信，更加切实有效地践行和发展全过程人民民主，更好地保障人民当家作主，在实践上还需深化，在效果上更需优化。三是人大作为“工作机关”，如何更好地贴近中心、服务中心，围绕建设发展、民生福祉、依法治理履好职、尽好责，大有提升空间。四是人大作为“代表机关”，如何进一步发挥代表主体作用，提高履职能力，激发履职活力，仍需不断努力。这些问题都有待于今后工作中认真研究、努力解决。

2023年工作安排

2023年人大工作的主基调是：坚持以党的二十大精神为统领，紧扣市委十七届三次全会决策部署，守正创新，依法履职。

学习梳理二十大精神，其思想和内涵大致可以概括为“一个核心”“一个主题”“三个至上”——“一个核心”就是以习近平同志为核心，“一个主题”就是建设“中国式现代化”，“三个至上”就是发展至上、人民至上、实干至上。结合市委“两放三争”大目标和“大抓基层、大抓开放、大抓产业”工作部署，新一年人大工作有以下五方面的相应考虑和安排：

一、围绕核心，聚焦中心大局。党是领导我们事业的核心力量。对此，新一年的人大工作，要在政治层面，更加深刻领悟“两个确立”的决定性意义，增强“四个意识”、坚定“四个自信”、切实做到“两个维护”；要在执行层面，更加胸怀大局、贴近中心，做到党政中心工作部署到哪里，人大工作就跟进到哪里，力量就汇聚到哪里，作用就发挥到哪里，确保人大工作与党政中心工作同心同向同力。

二、紧扣主题，聚焦“现代化建设”。建设“中国式现代化”，是二十大报告对于中国未来发展的鲜明指向和系统部署，既事关长远，又涉及方方面面。新一年，市人大将围绕市域现代化诸暨实践，重点关注以下三个方面：一是以“229”现代产业体系为窗口，重点关注产业现代化；二是以“枫桥经验”60周年为窗口，重点关注基层治理现代化；三是以精神文明高地试点为窗口，重点关注各项事业和人的现代化。常委会将以此作为履职方向，开展履职活动，助推市域现代化探索实践。

三、秉持“发展至上”，聚焦“稳中求进”。二十大报告再次重申“发展是第一要务”！新一年的人大工作，对此要更加旗帜鲜明。首先，要以更高质量依法审议好“一府两院”工作、“十四五”规划中期实施情况、半年度经济社会发展、国土空间总体规划（2020—2035）以及财政预决算、国有资产管理、政府债务管理等重大议题。其次，要以更大热情关注现代产业体系、智能视觉产业园区、海归小镇以及高湖区块、安华水库扩容、杭诸市域轨道交通等重要平台、重点产业和重大项目的规划、建设、推进，加强视察、调研。与此同时，要以更高自觉主动听取党委政府对人大工作的建议，积极回应党政需求。

四、秉持"人民至上",聚焦"共同富裕"。"以人民为中心"是我们党的宗旨所在,更是人大工作的初心所在。新一年的人大工作,要把"问政于民"的重点放在推动"乡村振兴"上。针对"共同富裕"最薄弱的环节、针对乡村发展不平衡不充分最为突出的问题,加强对"先行村"建设、"美丽河湖"建设、"未来乡村"试点以及乡村特色产业发展等议题的调研视察和监督审议,助力农业强、农村美、农民富。要把"问需于民"的重点放在"实事""建议"的督办上。"惠民实事""代表建议"最能反映民需。对此,全体代表都要用心对待、认真履职;常委会将一如既往地发挥好统筹协调、跟踪督办的职能,全力支持政府办理,努力提升人民群众获得感。要把"问计于民"的重点放在"全过程人民民主"的践行上。以代表联络站建设为载体、数字化改革为牵引,有序推进镇乡(街道)和开发区人大工作,切实发挥人大作为全过程人民民主"主阵地"、代表作为"主力军"的作用,通过更为深入的走访座谈、更具针对性的"点题接待"和更加透彻的"代表亮身份"等举措,促进代表作用发挥,提升市民有序政治参与。

五、秉持"实干至上",聚焦作风能力建设。二十大报告特别强调,"实干兴邦、空谈误国"!人大的"实干",一要体现在工作定位的"三个理念"上:他们是"提质增效",履职以"管用"为前提;"帮忙不添乱",履职以"不折腾"为底线;"不调研不履职",工作以真实情况和独立思考为支撑。二要体现在履职行为的"力求两戒"上:就是力戒自娱自乐"走过场",搞形式;力戒"站着说话不腰疼",指手画脚刷"存在感"。三要体现在履职评价的"两个标准"上:即反馈的书面建议要精准精练,代表的审议发言要精彩出彩。总之一句话,要把"有用、管用"作为代表履职和人大工作的终极追求。

各位代表、同志们,建设诸暨、发展诸暨、造福诸暨,是全市人民的共同心声,更是人大工作的不懈追求。让我们在中共诸暨市委的坚强领导下,以更加昂扬的姿态、更加踏实的作风、更加勤勉的工作,上下一心、合力共推诸暨发展更好、人民生活更好、幸福明天更好!

政府工作报告

(2023年1月9日)

——在诸暨市第十八届人民代表大会第二次会议上

诸暨市市长　张昆仑

一、攻坚克难　稳中有进　在困难挑战中实现良好开局

今年以来,国际环境严峻复杂,国内疫情多发散发、局部爆发,需求收缩、供给冲击、预期转弱"三重压力"持续增大,使我市经济社会发展面临前所未有的重大考验。面对超预期因素的冲击和挑战,我们在市委坚强领导下,在市人大、市政协监督支持下,团结依靠全市人民,锚定"两个先行",奋进"五个率先",聚力"两放三争",尽全力打好稳进提质、除险保安、塑造变革组合拳,致力于"疫情要防住、经济要稳住、发展要安全"的多目标动态平衡,实现了本届政府工作的良好开局。预计全年生产总值同比增长5%左右;完成同口径一般公共预算收入103.3亿元,同比增长0.3%;城乡居民人均可支配收入分别达80900元、49700元,同比增长4.5%和6.9%。

一年来,我们攻坚稳进提质,经济大盘趋稳趋好

工业经济有力支撑。深入开展省制造业高质量发展示范县市创建,规上工业增加值连续22个月保持两位数增长,战略性新兴产业、高新技术产业、装备制造业增加值预计分别达114亿元、165亿元和170亿元,同比增长9.5%、10.7%和10.1%,占规上工业比重分别达32.4%、47.8%和48.3%;国际袜博会、世界珍珠大会成功举办;工业稳增长和技术改造、制造业"腾笼换鸟、凤凰涅槃"分别获省政府督查激励、考核激励。深入推进数字经济"一号工程",成功入选省中小企业数字化改造试点县市培育名单,袜业产业大脑建设成为全省试点,全市数字经济核心产业增加值占GDP比重达3.2%,数字经济核心产业制造业增加值突破32亿元。深入实施梯队重构提质跃升计划,新增单项冠军企业1家、国家专精特新小巨人12家、国家高新技术企业91家,帕瓦新能源成为绍兴首家科创板上市企业。

“三驾马车”有力拉动。扩投资优结构攻坚行动扎实推进，新引进亿元以上项目51个，总投资391亿元，百亿级项目实现新突破；47个项目进入省级以上盘子，争取中央预算内投资、专项债券、政策性开发性金融工具共35.9亿元，获省政府投资“赛马”激励，预计全年固定资产投资增长10%。“西施有礼·品质消费”活动成效显著，3000万元消费券撬动消费6.1亿元，预计全年实现社会消费品零售总额530.6亿元，同比增长6%，其中网络零售额290亿元，同比增长10%；快递业务量突破10亿件，占绍兴地区65%；获评省级内外贸一体化“领跑者”企业6家，成为省供应链创新与应用专项激励城市。外贸出口逆势增长，开通“中欧班列”公铁联运封箱监管业务、“诸暨—上海港”海铁联运国际专线，预计实现市场采购贸易方式出口5亿美元，全年出口有望突破635亿元，同比增长20%。

惠企政策有效落地。全面顶格、高效实施稳经济“一揽子”政策41条，创新推行先行预兑、直达快享、年度结算模式，全力打好“减免退缓补”组合拳，累计兑现各类政策资金16.1亿元、减免各类税费28亿元，惠及市场主体121万家次。加大优质建筑企业扶持力度，挂牌运行建筑业服务中心，获评浙江省“钱江杯”优质工程2项，预计全年建筑业省内总产值达742亿元，同比增长12%。常态化开展助企纾困暖心活动，举办“政企亲清会”12期，解决企业难题4000余个，形成“企业出题、政府答题、跟踪问效”服务闭环。扎实推进营商环境优化提升行动，获评“2022浙商最佳投资城市”。

一年来，我们加快变革塑造，发展活力持续激发

高能级平台蓄能增势。产业平台提档升级，完成开发区（高新区）空间和产业规划调整，顺利通过省级高新区创建评审论证，智能视觉“万亩千亿”新产业平台入选省级培育名单；完成科技城航空航天产业发展规划编制，海创服务中心、科创基地开工建设，全国第四个欧美同学会海归小镇揭牌运营。创新平台布局优化，中俄（诸暨）国际实验室、浣江实验室建成投运，“诸暨岛”入选省数字经济飞地示范基地、“杭州港”获评省级科技企业孵化器；举办智能视觉“万亩千亿”新产业平台全球创业大赛、海内外高层次人才创新创业大赛、航空航天与智能视觉产业高质量发展大会，全年入选国家引才计划人才41人、省级引才计划人才25人，分别居省、绍兴市首位。

数字化应用多点开花。88个省重大应用贯通落地，75个特色场景成为省级试点，4个项目纳入“一地创新、全省共享”一本账。“浙里直播共富”成为全国直播电商数字治理试点应用，网络安全智治应用上榜《领跑者》并夺得最佳应用，浙里人口全息管服平台获评省数字法治好应用，“诸事小灵通”率先在全省实现政务服务智能推荐，全国白蚁防治数字化建设现场会圆满承办。诸暨成为全省推进数字化改革成效明显的县市，获省政府督查激励。

牵引性改革破题见效。协同推进“大综合一体化”改革，14个镇街实现“一支队伍管执法”，全省首创“枫桥式”智治执法系统，全面推行“综合查一次”联合执法模式，实现市场减负、执法增效。加快推进农村宅基地制度改革，3个村率先试点宅基地整合项目，全国首创“三权三票”制度体系，“土地改革助推共同富裕”成为全省最佳实践。扎实推进创投改革试验区建设，数字金融产业园注册基金总规模达413亿元。纵深推进国资国企改革，实施低效资产处置专项行动，实现国有资产保值增值。

一年来，我们深化一体融合，城市品质优化升级

“五网”建设纵深推进。“网络大城市”建设实行专班运作，七个重点片区启动控规编制。店口高架正式通车，环城南路快速路主线贯通，G235诸暨段、绍诸高速浣东互通、店口综合港区、湄池大桥加快建设，柯诸高速全线动工，杭诸市域轨道交通预可研和线位研究深化推进。建设“四好农村路”68公里，贯通省级绿道125.6公里，新增优化公交线路16条。开通5G基站878个。整县屋顶分布式光伏开发试点深入推进，新增并网容量110兆瓦。完成电网投资6.4亿元，提前投产110千伏建业变。天然气利用二期工程加快建设，液化天然气应急储气量实现翻番。全国水系连通及水美乡村试点创建、浦阳江治理三期工程加快推进，陈蔡水库加固改造项目主体完工；安华水库扩容提升先行工程正式开工，横跨地市、穿越60年、备受全市人民关注的历史遗留问题即将得到突破性解决。

城乡风貌不断提升。启用国土空间规划“三区三线”划定成果，全年实施“三改”129万方，诸暨中心建成投运，五泄江文化广场主体完工，市文化产业中心开工建设，西施故里旅游区（东片区）焕新开园，东盛社区成为全省首批未来社区。2个美丽城镇样板区、2个城乡风貌样板区通过省级验收，“枫江明珠·榧乡古镇”获评“新时代富春山居图样板区”。完成13个试点村“多规合一”规划编制，培育9个乡村振兴先行村、2个美丽宜居示范村，杜黄新村等5个村入选全省第二批未来乡村，实现绍兴市“五星达标村”创建全覆盖。

人居环境持续优化。深化大气污染防治攻坚行动，全年空气质量优良天数比例达93.5%，$PM_{2.5}$平均浓度控制在28微克／立方米以内。深化“五水共治”，提标改造污水处理厂5座，新改建污水管网24.8公里，实施农污设施提升改造项目46个，捧得大禹鼎银鼎。深化全域“无废城市”建设，开展生活垃圾“定时定点”收集，投运污泥无害化处置、建筑垃圾资源化利用、易腐垃圾收运及资源化利用等项目，新增国土绿化3359亩，处置违建99万方，获评省“无违建”创建创先争优示范县、美丽浙江建设优秀县市。

一年来，我们致力共富先行，民生福祉共建共享

共富基础不断做实。富民产业持续壮大，全年粮食生产面积51.7万亩，总产量21.6万吨，获评全省产粮大县称号；西施石笕、枫桥香榧公用品牌投入运营，中国白酒特色小镇、浙江省白酒核心产区落户同山，农业“双强”行动获全省“赛马”激励。村级经济巩固提升行动创新推行，55个行政村年经营性收入突破100万元。创业就业机制不断健全，累计发放创业担保贷款4887.5万元，帮扶困难人员就业2900人，新增城镇就业4.95万人。扩中提低行动深入实施，建成“共富工坊”110家，“一镇一品农创直播”入选绍兴市共同富裕首批最佳实践，城乡居民收入倍差缩小至1.63。

公共服务持续优享。社会保障不断完善，开工建设一批限价房，筹集保障性租赁住房7788套，治理城乡危旧房5882户；城乡居民基本养老保险基础养老金、低保分别提标至290元／月和1050元／月，发放各类救助资金1.34亿元、残疾人补贴4441万元。社会事业不断进步，新（扩）建中小学、幼儿园10所，每千人口托位数达3.54个，顺利通过全国学前教育普及普惠县市、全国义务教育优质均衡发展县市省级评估；高考重点上线1652人，创历史新高、居绍兴首位；市人民医院二期和暨南分院开工建设，新妇保院主体工程提前完工，中医药服务实现乡镇卫生院全覆盖，新增老年康复护理床位154张，获评健康浙江建设先进县、全国健康城市建设样板市。

文明建设更显成效。深入推进文明创建六大行动，文明城市测评居全国同类县级市第五位，获中央文明办通报表扬。深入开展“浙江有礼·‘枫’尚诸暨”文明新实践，村级关爱基金惠及群众28.8万余人次，慈善信托资金总量居绍兴首位，爱心食堂相关做法获评省第二批共同富裕示范区最佳实践。深入实施文体惠民工程，创成省级乡村博物馆6家，建成“15分钟品质文化生活圈”140个，浣江书房—金石学馆入选首届浙江省最美公共文化空间，西施文化入选省首批文化标识培育项目；20项基层体育设施提档升级，成功承办CBA联赛第二阶段比赛和全明星周末。

一年来，我们紧抓除险保安，治理效能系统提升

疫情防控精细精准。坚决落实疫情防控各项决策部署，以最短时间、最小范围、最低代价处置每一起输入性疫情。全面推行重点企业闭环生产“白名单”制度，实现生产不停、物流不断、产能不减。严厉打击疫情期间价格违法行为，有力维护市场秩序稳定。派出医疗队47批1611人次，全力支援上海、杭州、宁波等地抗击疫情。因时因势调整优化防控措施，加强医疗物资储备供应，推进60岁以上重点人群和第四剂次疫苗接种工作，推动疫情防控从“防感染”向“保健康、防重症”平稳转换。

“枫桥经验”出新出彩。“枫桥经验”被写入党的二十大报告，《绍兴市“枫桥经验”传承与发展条例》完成地方立法，成为全国首部以“枫桥经验”为旗帜的创制性地方性法规。精心筹备“枫桥经验”60周年纪念活动，成功举办第四届新时代“枫桥经验”高端峰会，正式发布新时代“枫桥经验”指数成果。实体化运行市级社会治理中心，上线运行“枫桥式”治理大脑，“浙里兴村治社”、“城市枫桥”分别成为全国社会治理和城市数字治理创新案例。扎实开展信访积案化解百日攻坚行动，创成全国首批信访工作示范县，成为省信访工作现代化示范县试点。

平安建设见行见效。扎实开展除险保安百日攻坚行动，高质量完成平安护航党的二十大各项任务。积极稳妥处置房地产领域风险，全省首个房地产稳保基金落地实施。持续防范化解政府隐性债务和企业“两链”风险，金融机构不良贷款率控制在较低水平。强化食药领域风险治理，创成省首批食品安全示范市。打好安全生产综合治理三年行动收官战，生产安全事故起数、死亡人数实现“双下降”。严厉打击违法犯罪行为，市公安局获评全省模范公安局、全国公安机关执法示范单位。

一年来，我们切实加强国防和后备力量建设，完善退役军人服务保障体系；民族宗教、外事侨务、妇女儿童、工商联、工会、统计等领域取得新成效；档案、气象、史志、红十字等工作实现新发展。

一年来，我们坚定不移加强自身建设，全力打造人民满意政府。深入开展“六学六进六争先”学习实践活动，切实加强政务督查和审计监督，有效整改中央环保督察、省委巡视回头看反馈问题。推行镇街“早餐会”机制，扎实开展“直面矛盾不回避，攻坚克难我带头”活动，解决历史遗留问题和体制机制障碍43项。主动接受人大政协监督，落实重大事项向市人大报告、市政协通报制度，人大代表建议、政协委员提案办理满意率均达100%。举办政务零距离、政府开放日活动，规范重大行政决策程序，完善行政复议应诉机制，行政机关负责人出庭应诉率、政府部门公职律师配备率均达100%，一审行政诉讼败诉率降至3%，为历年最低，创成全国法治政府建设示范市。

各位代表，面对风高浪急的风险挑战，更显成绩来之不易。这是习近平新时代中国特色社会主义思想指引下，市委科学决策、坚强领导的结果，是市人大、市政协有力监督、大力支持的结果，更是全市人民团结一心、克难奋进的结果。在此，我代表市人民政府，向全市广大人民，向各位人大代表、政协委员，向所有关心、支持、参与诸暨建设发展的各界人士和海内外朋友们，表示衷心的感谢！

二、发展至上　问题导向　牢牢把握新一年工作的总体要求

发展是时代的召唤，问题是实践的起点。回首过去一年，成绩令人鼓舞、催人奋进，但我们也清醒看到，一些周期性、结构性、体制性问题仍然存在——经济发展方面，实体经济困难增多，产业层次、平台能级、企业竞争力有待提高，提升经济发展质量仍是当前面临的重大挑战。城乡建设方面，都市融入、城乡融合、绿色低碳转型任重道远，城市经营能力、高端要素集聚能力还要增强，提升城市发展质量仍是当前面临的重大课题。社会民生方面，公共服务精准有效供给与群众期盼还有差距，各类风险矛盾隐患仍然不少，提升民生服务质量仍是当前面临的重大任务。政府自身方面，系统性思考、前瞻性谋划、创造性执行能力还有待加强，提升政府治理水平仍是当前面临的重大考验。我们必须要有发现问题的敏锐、正视问题的清醒、解决问题的自觉，把认识和解决矛盾作为打开工作局面的突破口，用发展的办法解决发展中的问题。

2023年是全面贯彻落实党的二十大精神的开局之年，是“十四五”规划实施的关键之年，也是“枫桥经验”60周年。党的二十大报告指出，高质量发展是全面建设社会主义现代化国家的首要任务，是中国式现代化的本质要求。省委十五届二次全会、绍兴市委九届三次全会分别从省域、市域层面对推动高质量发展作出了体系化、全方位部署。市委十七届三次全会号召我们深入学习贯彻党的二十大精神，坚定扛起“枫桥经验”发源地担当，夯实“稳”的基本盘、激活“进”的动力源、跑出“争”的加速度，勇闯中国式现代化县域实践新路子。当前，疫情防控政策逐步优化，各级精力都将更加聚焦发展。新一年，我们要锚定方位奋勇而上，直面挑战迎难而上，抢抓机遇乘势而上，努力以高质量发展推动中国式现代化县域实践开好局起好步。

今年政府工作的总体要求是：高举中国特色社会主义伟大旗帜，以习近平新时代中国特色社会主义思想为指导，全面学习贯彻党的二十大精神，按照省、绍兴和市委决策部署，坚持稳中求进总基调，完整、准确、全面贯彻新发展理念，以忠实践行“八八战略”、奋力推进“两个先行”、努力打造“重要窗口”为主题主线，坚定扛起“枫桥经验”发源地担当，进一步解放思想、开放发展、改革创新，打好大抓基层、大抓开放、大抓产业组合拳，开创“争当绍兴第一、争创全省一流、争进全国十强”新局面，在中国式现代化县域实践中勇闯新路、勇立潮头。

综合分析发展环境和现实条件，建议今年主要预期目标为：生产总值增长7.5%左右；一般公共预算收入增长7.5%；研发投入强度2.85%以上；固定资产投资增长10%以上；社会消费品零售总额增长9%以上；外贸出口保增长稳份额，自营出口额增长8%以上；城乡居民收入增长与经济增长基本同步，收入比持续缩小；完成上级下达的能源和环境计划指标。

实现上述目标，必须紧扣市委“一三五”决策部署，在具体工作中牢牢把握“四个坚持”：

——**始终坚持解放思想，开放发展**。解放思想是灵魂，开放发展是路径。当下诸暨正处在“不进则退、慢进亦退”的关键时期，我们比以往任何时候都更能感受到“坐不住、等不起、慢不得”的危机感。必须打开视野、放大格局，将诸暨放入全国发展的坐标系，摆在全省布局的象限里，对标比学赶超的参照地，跳出诸暨看诸暨，充分激发诸暨人“三不相信试试看”的豪情，以思想大解放推动开放大发展。

——**始终坚持项目为王，平台支撑**。项目优则后劲足，平台优则产业强。现在，我们比以往任何时候都更能体会到“项目是牛鼻子，平台是主引擎”的深刻含义。必须坚持内育外引抓项目，先立后破兴产业，以大项目带动大投入，以大产业推动大发展，努力让今天的项目增量成为明天的经济总量，让今天的项目质量成就明天的产业质量；必须加快要素集聚做大产业平台，加快成果转化做强创新平台，加快交通畅联做优开放平台，真正让平台成为诸暨发展的前沿和窗口。

——**始终坚持政企亲清，信心制胜**。营商环境就是“聚宝盆”。现在，我们比以往任何时候都更能深刻认识到“拼服务、拼信用、拼环境”对地方发展的极端重要性。必须坚持法治是最好营商环境，让企业办事不求人；必须坚持高效是最强政务环境，让企业“最多跑一次”；必须坚持暖心是最美市场环境，让企业政府一家亲。最终让每一位企业家、每一位创业者、每一位新诸暨人都义无反顾、理直气壮地说“我就是要选择诸暨”。

——**始终坚持人民至上，民呼我为**。推动经济社会发展，归根结底是要不断实现人民对美好生活的向往。现在，我们比以往任何时候都更应做到“好钢用在刀刃上”。必须坚持问需于民、问计于民，确保我们“干的事”精准对接群众“盼的事”；必须坚持尽力而为、量力而行，节用裕民过“紧日子”，努力在发展中保障和改善民生；必须坚持着眼长远、共建共享，既发挥政府保基本、兜底线的作用，又撬动市场资源和社会力量，让人民群众的获得感、幸福感、安全感更加充实、更有保障、更可持续。

三、真抓实干　奋勇争先　高质量完成2023年各项目标任务

（一）大力振兴诸暨智造，强化高质量发展核心支撑

聚焦聚力大抓产业，紧扣创成“浙江制造天工鼎”目标，实施制造强市“229”计划，确保工业强市稳居全省第一方阵。

狠抓项目建设。用好“链长＋链主”协同机制，列出智能视觉、航空航天、环保新能源等产业“鱼骨图”，瞄准袜业、珍珠、金属材料加工等传统优势产业的上下游企业，开展招商选资竞赛活动，力争引进10亿元以上项目8个，其中50亿元以上项目2个、100亿元以上项目1个，实际利用外资2.25亿美元以上。强化留商即招商理念，旗帜鲜明支持本地企业上项目、扩投资，实施10亿元级重大牵引性项目10个以上，制造业投资增长不低于12%。发挥政府产业引导基金作用，推动更多项目落地见效，力争数字金融产业园基金规模突破500亿元，投资新兴产业项目50个以上。加快150个政府（国企）投资项目建设，争取更多项目进入省级以上盘子，确保专项债券、政策性开发性金融工具占全省份额稳中有升。

提升产业平台。持续推进国家级开发区创建，深化开发区（高新区）整合提升，统筹推进城西城市之窗、城北视觉之城等重点片区开发建设，新增基础设施投入3亿元以上，力争智能视觉“万亩千亿”新产业平台总产值突破150亿元，确保开发区省级综合考评争先进位。全力加快科技城（海归小镇）建设，重点推进海创服务中心、科创基地项目，推动科技城快出

形象。依托建筑业管理服务中心，加大建筑企业帮扶力度，健全行业规范管理，鼓励各类创优夺杯，不断做强"诸暨建筑"品牌。加强用地指标筹措，实施2个跨乡镇全域土地综合整治项目，力争盘活存量建设用地2500亩，完成产业用地报批2000亩以上。

壮大企业主体。坚持"长高长壮"和"育小扶微"两手抓，培育"个转企"500家、"小升规"100家，引育省市"链主"企业2家，创成单项冠军、小巨人等各类专精特新企业35家，新增报会上市企业1家。深度运行袜业、珍珠产业大脑，推动规上工业企业数字化转型应用全覆盖，新增数字化车间70个、示范企业30家以上，实现未来工厂新突破。深化国有企业管理体制改革，支持国企建立灵活高效的市场化经营机制，力争资产总额增长10%以上、营收增长15%以上。实施区域品牌竞争力提升工程，新增"品字标"企业6家、"浙江制造"标准6项。实施新型诸商培育工程，加强企业家协会、新生代企业家协会建设，引领企业家守正创新、薪火传承。

（二）加快推进改革创新，激发高质量发展动能活力

深入实施改革攻坚工程、创新引领工程，以改革创新带动全面创新，以科技创新引领全面创新，为诸暨高质量发展增添强大动能。

提升营商环境软实力。实施营商环境"一号改革工程"，力争营商环境进入全省第一方阵。全面承接省"8+4"政策，迭代优化"1+9"经济高质量发展政策体系，力争全年兑现惠企资金10亿元以上，为市场主体减负24亿元以上。加大政府采购支持中小企业力度，政府采购项目预留给中小企业比例不低于40%，给予小微企业10%–20%价格扣除评审优惠。深入实施融资畅通工程，确保普惠小微企业贷款增速不低于各项贷款平均增速，新增企业中长期贷款120亿元。深化一般企业投资项目审批"最多80天"、低风险小型项目审批"最多15个工作日"改革，实现市场监管、税务、经信、商务等企业年报"多报合一"，深化推行"综合查一次"联合执法模式，做到企业办事无忧、政府无事不扰。定期举办"政企亲清会"，严厉打击合同诈骗、职务侵占、侵犯知识产权等违法犯罪行为，探索企业破产预重整和企业家个人债务集中清理制度，依法保护企业家合法权益，让企业在诸暨创业有信心、投资能放心、发展更安心。

提升科技创新支撑力。加强中俄（诸暨）国际实验室、浣江实验室、西交网络空间安全研究院等创新平台绩效考评，推动科研成果从实验室走向产业化，全年开展技术合作项目10个以上，申请发明专利50件以上。实施科技企业"双倍增"计划，争创"杭州港"国家级科技企业孵化器，新增国家高新技术企业80家、省级科技型中小企业276家，力争高新技术产业投资增长20%以上。深化"揭榜挂帅"科技攻关，着力解决制约我市产业发展的共性技术问题，推荐上报省"尖兵""领雁"项目10个，新增绍兴市级以上首台（套）产品8个，奋力夺取省"科技创新鼎"。

提升人才引领驱动力。开展机构引才、赛事引才、伙伴引才、乡贤引才，新增省级以上领军人才（团队）50个。深入实施"诸暨工匠"培育工程，大力引育产业工程师、乡村振兴人才、名师名医等各领域人才，新增高技能人才5000人以上。高效运行人力资源服务产业园，引进全国百强服务机构1家以上，新增院士工作站、博士后工作站、博士创新站等企业平台12家以上。加强与暨阳学院校地合作，推动产教融合发展。集成"人才强企"一揽子政策措施，健全人才服务"快速响应"机制，建立健全"首席人才服务官"工作体系，办好人才"发展大事"、解决人才"关键小事"，不断将人才优势转化为发展胜势。

（三）纵深推进杭绍同城，拓展高质量发展开放格局

聚焦聚力大抓开放，启动实施"杭绍同城"新三年行动计划，织密开放互链的交通网络，扩大开放循环的市场版图，构筑开放一体的融入格局，努力在服务构建新发展格局上争当节点。

筑牢杭绍同城基本盘。努力推动杭诸市域轨道交通规划建设时序调整为近期、萧山机场至诸暨城际高铁列入上位铁路网规划。积极做好诸义、诸嵊、合温高速公路前期工作，重点推进柯诸高速、诸永高速拓宽、G235诸暨段、白大线工程，抓紧收尾兰店线、石东线等工程，建成投用绍诸高速浣东互通、湄池大桥、店口综合港区。抢抓杭州亚运会"窗口机遇"，深度对接科创大走廊、文创大走廊、城市产业带，实现文化、教育、医疗、体育、旅游等多领域跨区域合作。实施品质提升工程，分片区推进特色街区微改造、精提升，打通城区堵点10个以上，实施9个老旧小区改造，协同推进6个未来社区建设，争创2个省级城乡风貌样板区，完成“三改”100万方。全面开工安华水库扩容提升工程，启动高湖蓄滞洪区优化调整，确保浦阳江治理三期开工建设。持续打好蓝天、碧水、净土保卫战，空气质量优良天数比例达90%以上，县级以上饮用水水源地水质达标率保持100%，创成三星级“无废城市”，争创国家“绿水青山就是金山银山”实践创新基地。

融通国际国内双循环。抢抓RCEP机遇，组织企业抱团出海参展，组团出海抢订单。加快推进B型保税物流中心、诸暨东铁路物流基地建设，力争海铁联运班列运量突破4万标箱。持续开展“西施有礼·品质消费”活动，推动住宿、餐饮、零售业迅速回暖，促进新能源汽车、智能家居等大宗商品消费，培育医疗健康、养老托幼等消费热点和5G、智能设备等新型消费，全力争创省高能级现代服务业创新发展区。大力推进文旅融合“五百五千”工程，加快推进“西施故里·一江两岸”项目、五泄旅游综合开发，使观光游、休闲游、体验游迅速火起来。发展赛事、会展经济，举办CBA、西施马拉松等品牌赛事，办好国际袜博会、世界珍珠大会等品牌展会，推动国际商贸城会展经济集群发展。组织土地推介会、房交会，支持刚性和改善性住房需求，促进房地产市场平稳健康发展。

打造乡村振兴升级版。持续推进耕地“两非”整治，改造高标准农田1.8万亩，确保粮食播种面积达51.6万亩、总产量达22.6万吨。推动农村耕地整村集中统一流转，促进耕地增量增收增效。持续深化农业“双强”行动，谋划建立农业发展公司，做强同山烧、次坞打面、西施石笕、枫桥香榧、岭北盐焗鸡等公用品牌，推进20万亩竹林流转经营项目，加快农业“接二连三”发展。深入实施“千万工程”，创建3个省级特色精品村、3个省级未来乡村、7个乡村振兴先行村。深化农村宅基地制度改革，迭代完善“三权三票”政策体系，激活闲置农房吸引社会资本4亿元以上。积极探索强村富民新模式，建设“共富工坊”50家以上，确保年经营性收入80万元以上行政村达到100个以上。开展对口支援、山海协作，携手结对地区共同发展。

（四）创新发展“枫桥经验”，共享高质量发展惠民成果

坚持大抓基层的鲜明导向，以迎接好、承办好“枫桥经验”60周年纪念活动为契机，滚动实施“六大任务清单”，让“枫桥经验”成为县域共富的强大动能和基层治理现代化的重要标志。

夯实平安基石。推动疫情防控平稳转段，引导群众加强个人健康管理，提高疫苗接种率，确保各类医疗物资供应充足，努力做到“减速削峰平稳”。做好杭州亚运会安保工作，统筹抓好社会治安、道路交通、金融房产、食品药品、城市运行、政府隐性债务等领域风险的防范化解。推进安全生产和消防安全综合治理行动，确保生产安全事故起数、死亡人数持续下降，坚决实现“防较大”“遏重大”目标。高效运行“枫桥式”治理大脑，持续深化“枫桥式”品牌创建，织密社会治理网格，深化运用新时代“枫桥经验”化解矛盾，确保创成省信访工作现代化示范县，实现平安县市“十九连冠”。

争创文明典范。实施风尚涵养工程，深化全国文明典范城市创建，延伸拓展关爱基金、爱心食堂、全城志愿、移风易俗“四大场景”，继续推进婚俗改革试点，力争关爱基金总规模突破2.5亿元，爱心食堂行政村覆盖率达75%以上。创新“五社联动”机制，深化社区社会组织发展体系改革省级试点，完善小区业委会运作机制，着力规范物业服务市场，探索城市社区版“枫桥经验”。完善村级议事决策机制，通过全国村级议事协商创新实验试点验收。实施“1963法润”推广行动，创成省级民主法治村社20个，绍兴市级民主法治村社100个，力争律师万人比从3.8提升至4.1以上。

提升民生福祉。实施民生优享工程，新增财力三分之二以上用于保障和改善民生。深入开展“健康诸暨”行动，加快建设市人民医院二期、暨南分院，建成投用新妇保院。深化教育领域综合改革，探索推进高中优化整合，切实巩固“双减”成果，加快推进崇真初中、暨南初中、暨北小学等学校新建工程，全面推进省体育现代化县市创建，力争创成全国义务教育优质均衡发展县市、全国学前教育普及普惠县市。完善基本养老服务体系，实现基层医疗卫生机构与镇街居家养老服务中心签约合作全覆盖。推进社保扩面，确保基本养老、基本医疗参保率分别在98%、99%以上。健全“大救助”体系，加大困难群众、残疾人等群体的帮扶力度。加强就业保障，帮扶困难人员再就业2000人。深化双拥共建，争创省级双拥模范城。

（五）切实加强自身建设，筑牢高质量发展坚强保障

发展的重任和人民的期盼，对政府自身建设提出了更高要求。我们将找准自己的“位”与“责”，统筹开展政府“狠抓落实年”活动，推动干部敢为、地方敢闯、企业敢干、群众敢首创在暨阳大地蔚然成风。

强担当。抓落实，首先要担当。我们将坚定为全局担当，做到“解放思想、开放发展、改革创新”，自觉把本地本部门工作融入全市、全省乃至全国大格局中，既为一域争光，更为全局添彩。我们将坚定为事业担当，推行全领域政务督查、全过程工作闭环，推动政府干部善于谋大事、乐于做小事、敢于碰难事。我们将坚定为基层担当，持续深入开展“三服务”活动，亲力亲为、用心用情，为企业群众办实事、解难题。

重能力。抓落实，关键在能力。我们将着力提升谋划能力，强化系统思维，从经济发展、社会稳定、民生共富、改革创新等多方考量工作，努力实现政治效果、经济效果与社会效果有机统一。我们将着力提升专业能力，深度参与干部专业素养提升计划，准确把握经济走势、政策脉络、发展方向，努力成为经济社会管理的行家里手。我们将着力提升攻坚能力，深化实施“攻坚克难一件事”行动，直面矛盾、直面问题、直面困难，奋力在攻坚克难中开创高质量发展新局面。

优作风。抓落实，就要锤炼过硬作风。我们将强化纪律意识，持之以恒落实中央八项规定精神，支持纪检监察机关监督执纪，强化行政审批、招投标、政府采购等重点领域监管，让廉洁从政贯穿抓落实的各个方面。我们将强化实干导向，把工作项目化、项目清单化、清单责任化、责任时效化，用数据说话、凭实绩交卷、以成效论英雄，让实干实效引领抓落实的坚实脚步。我们将强化法治思维，切实做到依法决策、依法用权、依法接受监督，让依法行政贯穿抓落实的全过程。

总之，我们将一以贯之、久久为功打造以勤学善政为主题的学习型政府，以依法行政为准则的法治型政府，以高效施政为追求的效能型政府，以为民理政为宗旨的服务型政府，以从严治政为底线的廉洁型政府，努力建设人民满意政府。

各位代表，为民办实事是市政府长期坚持的一项制度。2022年十方面民生实事已经全面完成。今年政府民生实事项目继续实行人大代表票决制。前期，经过广泛征集、仔细遴选、充分论证，市政府确定了13项民生实事候选项目，提请大会票决10项。我们将认真组织实施，确保把实事办好、好事办实。

各位代表，新时代孕育新机遇，新目标开启新征程。让我们更加紧密地团结在以习近平同志为核心的党中央周围，高举中国特色社会主义伟大旗帜，在中共诸暨市委的坚强领导下，解放思想再出发，开放发展谋新篇，为推进中国式现代化诸暨实践而努力奋斗！

中国人民政治协商会议
诸暨市第十五届委员会常务委员会
工作报告

（2023年1月8日）

——在政协诸暨市第十五届委员会第二次会议上

诸暨市政协主席　孟国锋

2022年工作回顾

2022年是十五届市政协的开局之年。市政协在市委的坚强领导和市政府的大力支持下，紧紧围绕“两放三争”决策部署，牢牢把握团结和民主两大主题，坚持建言资政和凝聚共识双向发力，切实发挥协商民主重要渠道和专门协商机构作用，政协工作主动有为、务实有效。

一、突出党建引领，思想政治基础更加巩固

加强理论学习。坚持开局之年重抓学习，着力从思想上、政治上扣好履职第一粒扣子。完善以政协党组理论学习中心组为引领的学习制度，组织各类各层次集中学习讨论，深入学习党的二十大精神和习近平

新时代中国特色社会主义思想，认真贯彻《中国共产党政治协商工作条例》《关于加强和改进新时代市县政协工作的意见》，不断巩固拓展党史学习教育成果，营造学思用贯通、知信行合一的浓厚氛围，努力把学习成果转化为增强“四个意识”、坚定“四个自信”、做到“两个维护”的政治自觉和行动自觉。

强化党的领导。坚持旗帜鲜明讲政治，恪守党对政协工作全面领导的政治原则，严格执行重要工作、重大事项请示报告制度，确保政协一切重要工作都在党的领导下进行，一切重要安排都报请党委批准后实施；发挥政协党组领导核心作用，成立政协党建工作领导小组，建立党员委员履职临时党委和专委会履职临时党支部，制定实施党组成员联系党员委员和党员委员联系党外委员制度，全面落实“党的组织对党员委员全覆盖，党的工作对政协委员全覆盖”的要求。

注重凝心聚力。坚持以画好最大同心圆为目标，深化合作共事机制，加强政协协商与政党协商的有效对接，制度化组织各党派团体参与政协履职活动；拓展履职触角，出台《关于加强和促进凝聚共识工作的实施意见》，推进委员会客厅标准化建设、常态化履职，发挥文史资料“存史、资政、团结、育人”功能；运用渠道优势，密切同党外知识分子、非公有制经济人士、新的社会阶层人士的沟通联络，常态化开展界别活动月活动，引导和支持委员深入基层群众，协助党委政府做好强信心、聚民心、暖人心、筑同心工作。

二、紧扣中心大局，助推经济社会发展更加有力

围绕中心助推发展。坚持把促进发展作为政协履职的第一要务。一年来，两次就市委全会报告及相关决定开展专题政治协商；全体会议期间，通过联组座谈、小组讨论等方式，就“一府两院”工作报告及“高质量发展建设共同富裕新高地”等重大议题开展集中协商；常委会议和主席会议分别就“优化营商环境”“强化工业全域治理”等议题开展重点协商；专委会围绕“制造业高质量发展”“香榧产业提升发展”“同山烧产业高质量发展”“高层次创新创业人才引聚”等议题开展对口协商和民主监督。建立在充分调研、广泛协商基础上的议政成果得到市委、市政府高度重视，获主要领导批示 10 次，“调整完善香榧产业管理体制”“设立同山烧产业发展基金”等建议被市政府采纳并付诸实施。

凝聚民心助力民生。坚持把反映民意诉求、增进民生福祉作为政协的基础性工作。一年来，分别就社会关注、群众关心的“深化医联体医共体建设”“全面落实三孩生育政策及配套支持措施”“深化推进义务教育‘双减’工作”“优化提升人居环境”“推进文化标识建设”“擦亮‘枫桥经验’金名片”等议题开展调研协商、视察监督，为补齐民生短板、提升民生品质建言献策。注重发挥提案服务民生的重要作用，全年共立案 116 件，其中民生类提案 59 件，推进生活垃圾分类处理、加大公办幼儿园建设力度、促进乡村劳动力就近就业、完善居家养老服务体系等一大批提案在部门、镇街的重视努力下得到了解决落实，提案办理满意率达 100%；充分发挥社情民意信息“直通车”作用，一年来共受理社情民意信息 126 篇，编报 105 篇，被省、绍兴市录用 26 篇，较好地发挥了政协的民意功能。

三、聚焦主责主业，专门协商机构效能更加凸显

健全平台网络。按照省政协统一部署，深入推进“民生议事堂”、委员工作室和社情民意信息联系点“三位一体”建设，推动村级“协商驿站”全覆盖。目前已建成“1 个‘请你来协商’平台 +25 个‘民生议事堂’+502 个‘协商驿站’”的三级协商平台体系，有力促进了政协协商向基层延伸。此项工作得到了市委、市政府和镇乡（街道）、相关部门的高度重视和大力支持，市委主要领导对平台建设提出了具体指导意见；各镇乡（街道）作为建设主体，加强组织领导，积极探索实践，有力有序推进，呈现出“一镇一品”、百花齐放的协商特色。

完善运行机制。遵循“规范、务实、管用”的原则，制定出台“民生议事堂”“协商驿站”建设实施意见、操作细则，建立政协领导分工负责和镇乡（街道）主体运作、界别联系联动、委室服务保障的工作机制，落实“市政协统一出题 + 工委自主选题”的模式，规范选题定题、制订方案、组织调研、开展协商、报送意见、办理反馈、结果评价的“七步走”工作流程，形成“会前调查研究、会中建言献策、会后跟踪落实”的工作闭环，推动平台协商活跃有序、规范有效。

提升协商质效。注重平台协商与党政中心工作相结合、与政协日常履职相融合，坚持“不调研不协商”的

原则和规矩，提升协商议事质效。全年开展“民生议事堂”协商活动186场，“协商驿站”活动超过1000场。其中市领导及镇街、部门主职参与达529人次，政协委员参与超1500人次；收集意见建议1618条，被采纳1261条，一批诸如特色农业发展、美丽城镇建设、古村落保护、夜经济发展、红色资源挖掘利用、安置小区消防维修等党政要事、民生实事、治理难事，通过平台充分协商，得到有效落实。

四、强化自身建设，履职基础更加厚实

完善组织功能。充实镇乡（街道）工委力量，实现工委主任进入委员队伍全覆盖，修订完善工委工作规则，建立工作联动机制，提升工委履职规范性；加强专委会建设，将委员全员编入对应专委会，发挥专委会在政协日常履职中的组织、协调、统筹、落实作用；重视发挥界别独特作用，整合调整界别活动组设置，建立健全界别工作制度，加强日常工作联络、协调和服务，推动界别工作活起来、实起来。

强化委员管理。实行市政协领导联系委员制度，加强与委员的经常性联系；修订完善《委员履职工作规则》，有计划组织委员参加市政协各类履职活动，促进委员知情明政；切实加强委员培训教育，强化委员履职量化考核和动态管理；对标“懂政协、会协商、善议政，守纪律、讲规矩、重品行”要求，持续倡导“不调研不履职”“提质增效”等履职理念，提高委员队伍的素质标准和履职水准。

加强机关建设。坚持数字赋能，建成政协门户网站，完善委员履职系统，提升工作信息化水平；全面梳理、制订完善协商工作规则、加强和改进调查研究工作意见等25项制度规定，形成以协商制度为主干，覆盖党的建设、履职工作、组织管理、内部运行等的制度体系，提升工作规范化程度；坚持以服务委员为中心，全面推进党建引领的“五型机关”建设，提升统筹协调和服务保障水平。

各位委员，十五届政协依托历届政协打下的良好基础，恪尽职守、主动作为，实现了良好开局，得到了各界认可。这些成绩的取得，彰显了中共诸暨市委的正确领导，融汇了市人大、市政府和社会各界的大力支持，体现了各部门和镇乡（街道）的密切配合，饱含了广大政协委员的辛勤付出。在此，我代表市政协常委会表示衷心感谢！

与此同时，我们也清醒地认识到，工作中还存在不少差距和不足，如政协协商与基层协商有待进一步融合，民主监督工作有待进一步深化，履职成果的转化落实有待进一步推进，委员主体作用有待进一步发挥，等等。这些都需要我们在新一年工作中持续加以研究、探索和改进。

2023年工作安排

新一年政协工作的总体要求是：坚持以党的二十大精神为统领，紧扣市委十七届三次全会“一个指向、三个重点、五大工程”的决策部署，着力强化思想政治引领，推进协商民主建设，提升双向发力质效，强化委员责任担当，努力推动政协事业高质量发展。

一、贯彻一条主线

坚持把贯彻落实党的二十大精神作为首要政治任务和贯穿政协工作的主题主线，自觉在忠诚拥护“两个确立”中提高站位，在新时代新征程党的使命任务中找准方位，在发展全过程人民民主进程中把握定位，在落实二十大作出的决策部署中干出地位，努力推动二十大精神在全市政协系统落地生根、见行见效。

二、抓住两个中心环节

一是建言资政献智力。坚持围绕中心、服务大局的工作基调，自觉把党政工作取向作为政协工作指向，把党政工作中心作为政协履职重心，紧紧围绕事关未来发展的前瞻性战略性问题议政建言，围绕党政正在谋划和推进的重点工作服务助推，充分发挥人民政协协商民主重要渠道和专门协商机构作用，助力党政增强决策科学性和施政有效性，确保政协工作始终与党委同向同行、同频共振。

二是凝聚共识增合力。紧紧把握团结奋斗的时代要求，始终坚持团结和民主两大主题，牢牢固守共同思想政治基础这个“圆心”，努力画长凝心聚力这个“半径”，着力在多元中立主导、在多样中谋共识、在多变中把方向，最大程度地使市委、市政府的重大决策和中心工作成为社会各界的共识，最大程度地将社会方方面面的智慧和力量凝聚到发展的旗帜下，形成心往一处想、劲往一处使、智往一处聚的生动政治局面。

三、聚焦三大重点领域

一是助力"高质量发展"。二十大报告擘画了"加快构建新发展格局,着力推动高质量发展"新蓝图,我们要全面贯彻新发展理念,聚焦推动高质量发展、竞争力提升、现代化先行和共同富裕示范,围绕"现代产业体系构建""城市品牌打造""建筑业高质量发展""'大交通'建设""民宿经济提质"等议题,积极开展前瞻调研、深度协商、有效监督,为创新发展模式、提高发展质量、破解发展难题聚智建言、助力助推。

二是助力"增进人民福祉"。"江山就是人民,人民就是江山"。我们要始终牢记政协前面有"人民",始终坚持以人民为中心的发展思想,在工作思路上更加体现群众观点、工作安排上更加突出民生权重,重点围绕"打造未来乡村""建设健康诸暨""完善农村物流体系""'爱心食堂'扩面提质"等议题,开展协商议政、民主监督;扎实做好提案和社情民意信息工作,继续组织并创新拓展"下乡""走亲"活动,鼓励支持委员参与社会公益事业,不断拓展协商于民、服务于民、造福于民的履职实效,切实把助力民生的工作做在社会需要之时、落到群众期盼之处,努力在履职中践行初心使命、厚植为民情怀。

三是助力"完善社会治理体系"。坚持和发展新时代"枫桥经验"写入党的二十大报告,被赋予全面提升社会治理效能的重大使命任务。我们要坚决扛起"枫桥经验"发源地的责任担当,聚焦塑造治理变革、提升治理效能,围绕高水平打造平安诸暨、高标准创建"枫桥式"品牌、高质量举办"枫桥经验"60周年纪念活动等内容开展调研协商、视察监督,积极为创新和完善社会治理体系谋良策、出实招;发挥政协作为党委政府联系基层群众、团结社会各界的重要桥梁纽带作用,主动协助党委政府做好宣传政策、理顺情绪、化解矛盾、增进团结的工作;积极推动政协协商与基层协商有效衔接、政协工作向基层延伸,深化人民政协参与基层社会治理的实践探索,切实把人民政协制度优势转化为治理效能。

四、夯实四项履职基础

一是加强党建引领。认真贯彻落实新时代党的建设总要求,自始至终将政协工作置于党的领导之下,充分发挥政协党组把方向、管大局、保落实的领导作用,完善政协党组、机关党组、机关党支部和委员履职临时党委、党支部"五位一体"党建工作新格局,充分发挥党支部战斗堡垒作用和党员委员先锋模范作用,持续推动政协党的组织和党的工作从"有形覆盖"向"有效覆盖"转变,促进党建与履职深度融合、同向发力。

二是优化平台建设。牢牢把握"主要工作是协商、工作方式是搭台"的实践要求,健全完善以全体会议为龙头,以专题议政会为重点,以界别协商、对口协商、提案办理协商等为常态的协商议政格局;持续推进"请你来协商""民生议事堂""协商驿站"三级协商平台建设,重点在加强阵地建设、注重数字赋能、常态规范运行、提升协商质效、营造浓厚氛围等方面加强探索实践,进一步深耕特色、提升成色、彰显亮色,构建协商为民、双向发力的常态化空间,打造具有鲜明辨识度和广泛影响力的履职品牌。

三是强化基层基础。持续关注并探索破解"两个薄弱"问题,健全专委会与对口部门、界别、镇乡(街道)工委的联系联动机制,突出专委会活动的经常性和专业性,提高界别活动的特色化和组织化程度,创新镇乡(街道)工委履职的有效形式和载体,发挥在政协履职中的基础性作用;对标"五型机关"建设要求,聚焦加快变革型组织建设,强化党建引领、责任担当、制度保障,打造一流政协机关和干部队伍,为政协高质量履职提供坚实保障。

四是突出委员主体。政协作用发挥在委员、活力展现看委员、事业发展靠委员。全体政协委员要始终牢记习近平总书记"为国履职、为民尽责"的教诲,全面落实"懂政协、会协商、善议政,守纪律、讲规矩、重品行"的要求,不断提高政治把握能力、调查研究能力、联系群众能力、合作共事能力,把事业放在心上,把责任扛在肩上,努力做到建言见水平、聚识有影响、言行守规矩,书写高质量"委员作业",展现新时代委员风采。

各位委员,新征程的伟业需要我们接续奋斗,合力共为;新时代的责任要求我们担当奋进,和衷共济。让我们在中共诸暨市委的坚强领导下,忠诚履职、勤勉尽责,为开创我市政协工作新局面、加快推进"中国式现代化"县域实践而不懈努力!

2022 年诸暨市国民经济和社会发展统计公报

诸暨市统计局

2022 年，面对严峻复杂的宏观形势和超出预期的压力挑战，全市上下在市委市政府的坚强领导下，贯彻落实党的二十大精神和省委十五届二次全会精神，锚定“两个先行”，奋进“五个率先”，聚力“两放三争”，坚定信心，砥砺奋进，顶住了“需求收缩、供给冲击、预期转弱”三重压力，办好了“疫情要防住、经济要稳住、发展要安全”三件大事，经济社会平稳运行，交出了稳中有进、提质增效的高分答卷。

一、综合

初步核算，2022 年全市实现地区生产总值(GDP) 1658.84 亿元，按可比价格计算，比上年(下同)增长 4.6%。其中，第一产业增加值 57.54 亿元，增长 3.4%；第二产业增加值 809.28 亿元，增长 5.2%；第三产业增加值 792.02 亿元，增长 4.1%。按户籍人口计算，全市人均生产总值为 153884 元，增长 4.9%，按 2022 年平均汇率 1:6.726 折算为 22879 美元。三次产业增加值结构为 3.5:48.8:47.7。

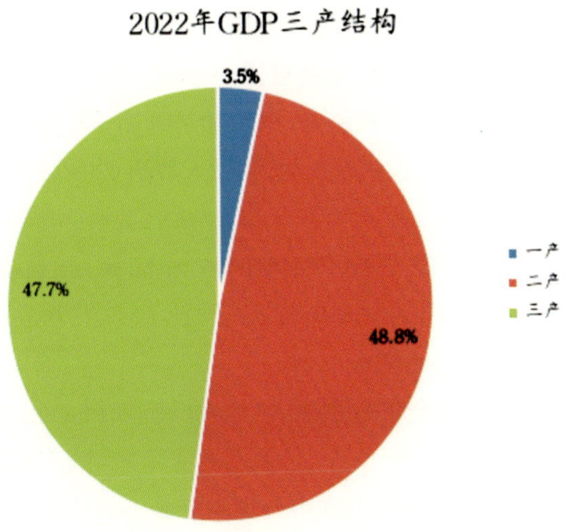

图1 2022年GDP三产结构图

全年实现财政总收入 131.66 亿元；其中一般公共预算收入 90.28 亿元，占财政总收入的 68.6%；税收收入 61.38 亿元，占一般公共预算收入的 68.0%。全年一般公共预算支出 123.36 亿元，其中财政八项支出 94.28 亿元，民生支出 94.36 亿元，占一般公共预算总支出的 76.5%。教育、社会保障和就业等支出分别增长 9.3% 和 15.5%。2022 年全市城镇新增就业 50330 人，帮助就业困难人员实现就业 3132 人。

二、农业和农村建设

按可比价计算，全年农林牧渔业增加值增长 3.5%，农林牧渔服务业增加值增长 8.6%。据粮食监测数据推算，全年实现粮食种植面积 51.72 万亩，粮食总产量 21.58 万吨，获评“第四届‘河姆渡杯’粮食生产先进县”金奖。年末生猪存栏 13.52 万头，同比下降 6.7%，出栏 16.46 万头，同比增长 6.2%。家禽存栏 175.98 万头，同比减少 4.9%；出栏 192.83 万头，同比减少 20.9%。

深入实施农业“双强”行动，落实种业振兴行动，试验示范作物新品种 50 余个。加快农业科技创新步伐，省市县联动派遣科技特派员 60 余人，新申报省重点农业企业研究院 1 家，农业科技贡献率达 69%。提升农机装备研发应用水平，新增补贴机具 3458 台(套)，诸暨里联现代化农事服务中心入选首批省级现代化农事服务中心创建单位，主要农作物耕种收综合机械化率达 86.6%，成为省级“赛马”激励表彰 13 个县(市、区)之一。

三、工业和建筑业

按可比价计算，2022 年工业增加值增长 5.6%，其中规上工业增加值 359.32 亿元，增长 10.1%。全市规上工业装备制造、高新、战略性新兴产业和数字经济增加值分别增长 11.2%、7.9%、10.7% 和 3.9%，占规上工业增加值的比重分别为 48.2%、48.0%、33.0% 和 9.5%。规上工业实现利税 83.55 亿元。规上工业企业新产品产值 805.78 亿元，增长 16.9%。

从工业主导行业看，我市环保新能源、智能装备制造、铜加工及新型材料、纺织服装、袜业和珍珠业等主导行业企业 978 家，合计产值增长 9.5%，占全市规上工业企业总产值的 74.1%；六大主导行业合计利润 31.3 亿元。

全市实现建筑业上缴税收 11.19 亿元，占全市税收比重 10.04%；兑现政策资金 2200 万元，建筑业服务中心实体化运行；全市新开工装配式建筑 32 只，建筑

规上工业主导行业2022年主要经济指标进度表

表1

行业名称	企业家数（家）	产值（亿元）	同比 ±%	利润（亿元）
环保新能源	43	97.8	36.8	5.6
智能装备制造	313	280.9	7.0	15.4
铜加工及新材料	141	411.5	7.7	4.3
袜业	280	241.8	5.8	0.9
纺织服装	193	128.9	10.0	1.9
珍珠	8	4.8	44.8	—
主导行业合计	978	1165.7	9.5	31.3
主导行业占比%	78.7	74.1		59.6
规上工业合计	1243	1572.5	9.1	52.5

面积72.59万平方米，其中新开工民用建筑装配式占比达60.5%，二星级及以上绿色建筑占新建民用建筑比达99.3%，荣呈建设、八达建设获评绍兴市建设行业市级企业技术中心。

四、固定资产投资和房地产业

全市固定资产投资增长10.2%，分三次产业看，第一产业投资下降30.6%，第二产业投资增长24.1%，第三产业投资增长3.8%；从重点领域看，其中民间投资下降4.4%，交通投资增长24.5%，生态环保和公共设施投资增长43.2%，高新技术投资增长31.4%。

全年实现房地产开发投资171.98亿元，增长3.4%，其中住宅投资134.45亿元，下降2.3%。全年实现商品房销售面积167.74万平方米，其中住宅销售113.37万平方米；商品房销售额212.80亿元，其中住宅销售173.98亿元。

五、商贸流通

全年实现社会消费品零售总额526.35亿元，增长5.2%。其中限上社会消费品零售总额157.76亿元，增长8.2%，按经营地统计：城镇市场消费品零售额145.52亿元，增长9.6%；乡村市场消费品零售额12.23亿元，下降5.3%。从限上批零贸易和限上住宿餐饮看：限上批发业372家，实现商品销售额1320.43亿元，增长30.1%；限上零售业204家，实现商品销售额152.38亿元，增长16.1%。限上住宿业32家，实现营业额4.35亿元，增长15.2%；限上餐饮业161家，实现营业额12.55亿元，增长23.4%。

全市网络零售额283.2亿元，同比增长7.6%。全年新增纳统电商企业25家，新增1个省级直播基地（新动能直播基地），1个数字生活新服务特色镇（安华镇），36家省级电商专业村。新长乐村直播共富工坊、农创直播共富工坊被评为典型案例。诸暨农创共富直播站提供共享直播空间及相应服务800余人次，1000余人直播零基础人员初步掌握了直播技能。直播总站已开展常规直播180场次，专题直播34场次，节会直播10场次，产生订单65000余单，销售额总计超100万元。单场直播点赞超过30万人次，观看人数超12000人。

六、对外经济

全市完成进出口总值697.95亿元，同比增长13.2%，其中出口618.40亿元，同比增长15.0%，进口79.55亿元，同比增长1.3%。

2022年，全市共引进50亿元以上项目2个，10亿元至50亿元项目13个，亿元以上项目72个；实际利用外资7535万美元；实到市外境内资金148.49亿元。加快发展海铁联运，开通诸暨—上海港海铁通道，诸暨—上海港、诸暨—宁波港两大海铁联运专线覆盖我市95%以上的外贸集装箱；全年海铁联运共承运重箱16406标箱，同比增长119.68%。累计推介各类展会130余场，参展企业598家次。举办中国(店口)水暖博览会、第十六届中国大唐国际袜业博览会、山下湖珍珠大会暨国际珠宝展(诸暨站),两大特色产业展会共计参展企业295家,摊位超700个。组织155家单位386人参加第五届进口博览会,签订进口订单超65亿元。

七、交通运输和旅游

2022年全市拥有境内公路总里程2803.243公里,其中高速公路162.53公里。2022年公路客运量155.98万人,周转量16717.03万公里。全年公路货运量3565.21万吨,同比上升2.1%;周转量299514.13万吨公里,同比上升22.95%。全年水运客运量19.35万人次,周转量160.053万人公里;水运货运量574.51万吨,周转量127186.2059万吨公里。全年累计快递企业业务量累计完成62074.8万件,增长9.4%;业务收入累计完成163606.4万元,增长24.7%。

交通建设工作进展顺利,重大交通项目完成投资36亿元,完成年度投资计划的165%,235国道项目被评定为省"红旗"项目。店口高架建成通车,合温高速诸暨段、诸义高速、诸建高速、诸永高速改扩建工程、柯诸高速等项目纳入了国家"十四五"规划102重大工程项目库。数字化改革获场景省级试点3个,成功创建2个"四好农村路"示范乡镇,年度新改建农村公路8.6公里,完成绍兴市民生工程农村公路大中修88公里,新建农村公路亮化约60公里,农村公路安全保障能力提升约70公里。开通华都纺织定制公交线路2条,东和乡助农"共富公交"1条。

据初步测算,全市旅游总人次(新口径)达417.86万人次,旅游总收入达61.95亿元。启动诸暨市文化和旅游资源普查工作,初步摸排全市资源单体394个。做好"百千万"工程创建工作,创成AAA级景区村4家、AAAA级景区镇1家、智慧景区1家、浙江省三级旅游驿站2家。推进珍珠小镇、西施故里"一江两岸"等27只重点文旅项目建设,"云溪九里"浙江文旅康养小镇、春风十里项目、三贤文化馆等14只项目列入2022年浙江省"四十百千"文化和旅游重大项目库。

八、金融和证券

年末全市金融机构本外币存款余额2430.62亿元,增长17.8%,其中住户存款余额1465.65亿元,增长20.6%;贷款余额2226.02亿元,增长21.2%,其中住户贷款891.49亿元,增长4.3%;存贷款合计4656.64亿元,增长19.4%,增速居绍兴第二,创五年来新高;不良率0.82%,处于全省平均水平,创五年来新低。推动省工行来诸签订5年300亿元政府性项目专项融资和200亿元制造业企业专项融资协议,与8家企业签订授信协议合计330亿元;推动省国开行来诸签订建设共同富裕示范区战略合作协议,为全市9个重大政府性项目提供融资支持。全省首推宅改"权票"质押贷、"留抵退税贷"和知识产权质押融资保险保证,已向48家企业放贷1.18亿元,为5家企业提供融资保障。引导金融机构特色产业的金融创新支持,为同山烧、珍珠、香榧、草莓等地方富民产业授信20余亿元。

浙江帕瓦新能源股份有限公司成为绍兴市首家科

2022年末金融机构本外币存贷款情况

表2

指　标	余额(亿元)	比上年末增长%
各项存款	2430.62	17.8
住户存款	1465.65	20.6
非金融企业存款	677.33	27.4
各项贷款	2226.02	21.2
住户贷款	891.49	4.3
非金融企业及机关团体贷款	1334.52	37.7

创板上市企业，上市公司总数从全省第13位上升至第10位。实现报会企业2家、辅导备案企业1家、股份公司49家。成功调解金融纠纷1079件，其中线上化解跨国纠纷2件，全年调解金额合计4.8亿元。

九、科学技术和教育

全市一般公共预算支出中用于科学技术支出1.49亿元，占一般公共预算支出的1.2%。完成高新技术产业投资118.07亿元，增长31.4%，占固定资产投资比重24.1%。2021年全社会R&D经费投入36.66亿元，增长18.9%。2022年新增高新技术企业91家，其中规上企业占比69%，全市有效高企突破五百家(510家)，新认定省科技型中小企业256家。建成投运浣江实验室、中俄(诸暨)国际实验室，与西安交通大学管晓宏院士团队签约共建西交网络空间安全研究院。新增省级研发机构15家、绍兴市级企业研发机构56家、诸暨市企业研发机构227家，实现规上工业研发机构设置率45%以上。完成开发区(高新区)空间和产业规划调整，获评省级高新区，智能视觉“万亩千亿”新产业平台入选省级培育名单；完成科技城航空航天产业发展规划编制，全国首个县级欧美同学会海归小镇揭牌启用；高水平推进科创大走廊建设，18只重点项目全年完成投资51.86亿元。建设省级标杆型产业服务平台，新增绍兴市级以上众创空间3家，建成2家(珍珠、金属加工)创新联合体，推进碳足迹碳标签创新联合体建设。全年共发放创新券1096.04万元，为27家科技型和人才创业企业发放“科创贷”共计1.7亿元。开展首届诸暨市关键核心技术“揭榜挂帅”项目攻关，为全省率先通过“科技攻关在线”场景应用开展“揭榜挂帅”活跃度高的县市，共征集技术需求44只，发布榜单1.38亿元，带动科研攻关项目总投入超3亿元。多渠道向省内外600多家科研院所征榜，同济大学等55家参与揭榜，31家达成合作。2023年度省级“尖兵”“领雁”研发攻关立项5只。

全市共有中小学(幼儿园)271所，其中普通高中17所、中职学校4所、初中35所、小学90所、幼儿园124所、特殊教育学校1所。在校中小学生151512人，在园幼儿30962人，在职教职工16300余人。2022年新(扩)建中小学、幼儿园10所。县域教育现代化发展水平监测位列全省A等。与杭州西湖区建立全面战略合作关系，设立教育人才孵化基地3个，与15所高职院校合作招收新生1205名。入选年度省教育领域数字化改革创新试点项目5个，数量绍兴市第一。新增优质普惠托幼学位1470个，发放各类困难学生资助经费813.71万元，资助10064人次。高考特殊控制线(重点)上线1652人，同比增长17.58%，创历史新高，居绍兴首位、全省前列，“清北”录取13人，高水平大学上线182人。获评省特级教师3名、绍兴市学科带头人27名，入选浙派名师名校长、长三角中小学名校长培养对象7名，荣获全国、省优质课一等奖7个，一名教师获评首届省中小学思政课教师年度人物，入选省产教融合工程项目2个。

十、文化、卫生和体育

全市深入推进书香暨阳品牌建设，全年共开展阅读推广活动370场，服务读者达35万人；开展讲座、展览等活动123场，吸引观众达35余万人；市图书馆及浣江书房累计接待读者181万人次，借还图书84万册次，送书下乡3.4万册。完成市博物馆提升改造工程，完成1个文化驿站、4个城市书房、140个“15分钟品质文化生活圈”建设任务并通过验收认定。建成乡村图书馆3家，创成浙江省乡村博物馆6家，图书分馆实现乡镇全覆盖。全年开展爱心食堂演出105场、“周末剧场”52场、送电影下乡7296场次，免费市民培训1万人以上。完成10只文保工程、名人故居激活三年行动计划年度任务，完成16个省级及以上文保单位安装监控171只，实现省保以上天网工程全覆盖。策划文博展览12个，开展品牌活动52场。

全市拥有各类医疗卫生机构920家(所)，其中，三级甲等综合医院1家、三级甲等中医医院1家、二级甲等综合医院2家、二级甲等妇保院1家、二级乙等综合医院3家、按二级甲等标准建设的精神专科医院1家，民营医院17家，乡镇卫生院(社区卫生服务中心)17家，社区卫生服务站75家，村卫生室406家、医务室保健所89家、营利性门诊部7家、个体诊所284家。全市医疗机构实际开放床位8005张，有卫生专技人员10049人。新增村卫生室10家，新建智慧化村卫生室23家；引进省名医工作室5家。新增4个镇街托育机构，新增托位数 952 个，其中普惠性托位 652 个，千人托位数达 3.54。市人民医院三期、暨南分院开工建设。加快推进老年健康服务体系建设，浙江省“老年友善医疗机构”比例达 91%，全市基层医疗机构老年康复护理床位数占比达 30.5%。

出台《诸暨市公共体育设施管理办法》《诸暨市全民健身实施计划(2022—2025 年)》，建成 20 项年度基层体育设施升级改造项目，人均体育场地面积达 3.03 ㎡以上，国民体质合格率 95% 以上。总投资超 8 亿元的市篮球中心项目动工兴建。高质量办好 2022—2023CBA 联赛第二阶段比赛和全明星周末，承办省级以上体育赛事活动 9 项。引进高水平篮球教练 1 名、优秀退役运动员当教练员 4 名、篮球运动员苗子 13 名。选送的运动员万济圆夺得女子三人篮球世界杯铜牌、亚洲杯金牌，再次书写浙江篮球新的历史，杨志华获得全国羽毛球冠军赛混合团体赛冠军，实现该赛事金牌零的突破。斩获第十七届省运会五人制篮球(丙组)金牌，全国 U15、U17 青少年篮球联赛双亚军，绍兴市首届中学生田径运动会团体奖第二名。成功列入 2022—2024 年浙江省体育现代化县市创建单位和年度浙江省体育数字化改革试点单位，获评年度浙江省基层体育场地设施建设成绩突出单位。

十一、城市建设、杭绍同城、特色小镇

城乡人居环境持续提升。2022 年全市城镇化率 63.6%，东盛未来社区实现全省首批挂牌，3 个社区入选全省首批“一老一小”服务场景名单，完成第五批和第六批共 5 个社区一体化方案编制并启动项目实施。创成省级城乡风貌样板区 2 个、省级美丽城镇 8 个，其中“枫江明珠 · 榧乡古镇”县域样板区获评“新时代富春山居图样板区”，陶朱街道、店口镇为美丽城镇省级样板镇，山下湖镇、同山镇获评“我心中的最美小镇”全省 50 佳。创成省级美丽宜居示范村 2 个，其中 1 个获评省级优秀。成为美丽浙江建设优秀县市。圆满完成两期“三改”房屋征收，征收面积 170 余万平方米。城市基础设施不断完善，推进二环线智慧快速路改造，新建城区道路 2.46 公里。完成供水管网新(改)建 5.1 公里、污水管网新(改)建 24.786 公里、雨水管网建设及提标改造 21 公里。加快推进城区内涝综合整治工程，实施 4 座新建电排站及配套渠系建设，完成城区重点道路雨水管(渠)清淤 440 公里。完成城镇生活小区“污水零直排区”建设 2 个、老旧小区改造 6 个、邻里中心建设 3 个，加装既有住宅电梯 44 台。完成两个口袋公园建设和省级绿道建设贯通任务，顺利承办省第四届“绿道健走大赛”绍兴分会场特色活动，新增绿地 30.7 公顷。完成城市公厕“五化”提升改造 15 座，打造“席地而坐”精细保洁示范区 2 个。实现城区所有主次干道(40 条)和 75 个小区“定时定点”工作，实施易腐垃圾收运扩面。完成污水厂清洁排放 5 座，提升改造农污设施 46 个，标准化运维农污设施 1112 个、新建开工农污设施 31 个。

“杭绍同城”纵深发展。诸暨 G60 创新港 18 只重点项目完成总投资近 40 亿元，完成率为 99% 以上；诸暨岛“飞地”模式再深化，新建投运紫金港诸暨岛，签约落地项目 3 个，落地高端人才 2 人。探索民生共享新模式，新组建友好学校 6 对，累计杭绍结对学校增至 40 所，与中国美术学院、杭州电子科技大学等在杭高校共建研学基地 5 个。人民医院与浙二医院签订高质量发展协议，中医医院与杭州市一医院续签合作协议，绍兴护士学校与浙江长征职业技术学院开展合作办学；持续推进“跟着西施游诸暨”全域旅游形象广告投放进入杭金衢高速萧山服务区、高铁杭州东站等，与杭州西湖(郭庄、岳王庙)、绍兴柯桥(安昌古镇)等旅游景区组成联合套票。

聚焦聚力特色小镇高质量、现代化。三家小镇全年完成固定资产投资近 20 亿元。袜艺小镇全年建成数字化车间 14 个，工业互联网平台与辖区内 5000 余台智能袜机实现联云上网；赋能袜业产业大脑应用建设，13 个应用场景成功落地，手机版 APP 在第十六届中国 . 大唐国际袜业博览会正式发布；建强袜业工程师协同创新中心工程师人数已超过 200 人。环保小镇打造大气除尘、水环境处理、新能源新材料、家用节能环保产业等四大板块的全产业链，高效稳妥完成全市第一只大型国有工业用地收储(天洁新乐厂区 511 亩)，落地总投资 25 亿元微纳晶生态产业园项目一只。珍珠小镇一举创成全国珍珠知名品牌示范区，山下湖淡水珍珠区域品牌价值达 560 亿元；完善工程师协同中心运营模式，集聚全产业链工程师 500 余名，累计申报入选国家级领

军人才 2 人，国家级特支计划人才 1 人；成功举办 2022 世界珍珠大会和上海珠宝首饰展览会，诸暨珍珠媒体总曝光量达 6000 余万，累计客流量 40 万人次，各类珠宝销售额达 2 亿元。

十二、生态环境、社会稳定

全力打好生态环境巩固提升持久战。2022 年全市 $PM_{2.5}$ 年平均浓度为 27.83 微克 / 立方米，优良天数比率为 93.7%，臭氧浓度为 142 微克 / 立方米，均优于年度考核目标；17 个县控及以上断面水质全部达到或优于Ⅲ类水，功能区达标率保持 100%，2 个县级以上和 7 个千吨万人及乡镇级集中式饮用水水源地水质达标率保持 100%；重点建设用地安全利用率为 100%；环境质量总体保持稳定。印发《诸暨市山塘系统治理工作方案》，开展水库除险加固 20 个，山塘综合整治 33 个，美丽山塘创建 19 个。中小河流综合治理 4.17 公里，提升改造泵站堰坝 70 座，农村供水管网改造 22.37 公里。省级幸福河湖试点县项目通过验收，创建 6 个水美乡镇、16 个美丽池塘，新增征天水库、珍珠湖、浦阳江上游、马剑溪等 4 条省级美丽河湖，累计创建数量居全省县市区第一。全年完成国土绿化 3359 亩，管护新增森林 8827 亩，建成一村万树示范村 5 个，建成油茶基地 500 亩，创建省级森林城镇 1 个，森林人家 2 个、生态文化基地 2 个、森林氧吧 1 个。

推进应急管理体系和能力建设。全市共发生各类生产安全事故 12 起，死亡 9 人，同前三年同期平均数相比分别下降 38.99%、32.48%，成功防御应对台风“轩岚诺”“梅花”，未发生较大及以上生产安全事故和有较大社会影响事故。有效开展第二轮生产安全综合治理三年行动，在 13 个重点领域完成 611 项治理工作任务，完成重大事故隐患挂牌整治企业 29 家。建立镇街综合应急救援队伍 23 支 1163 人，村级应急突击队 451 支 1.2 万余人，组织开展应急演练 600 余场。完成 55 个避灾安置场所规范化建设。

十三、人口、人民生活和社会保障

年末全市户籍人口 107.64 万人，其中男性人口 53.67 万人，女性人口 53.97 万人；城镇户籍人口 46.58 万人，乡村户籍人口 61.06 万人。

2022 年我市全体居民人均可支配收入 67810 元，增长 4.7%；城镇常住居民人均可支配收入 80438 元，增长 3.8%，人均生活消费支出 44138 元，增长 6.9%；农村常住居民人均可支配收入 49695 元，增长 6.8%，人均生活消费支出 32327 元，增长 8.1%。

2022 年末全市参加基本养老保险、失业保险、工伤保险人数分别为 83.18 万人、24.20 万人、31.19 万人，户籍法定人员基本养老保险参保率为 99.69%。调整企业退休人员基本养老金，惠及 19.19 万人，人均每月增长 108 元；提高城乡居民基本养老保险基础养老金标准至每人每月 290 元。落实社保助企纾困政策，全年阶段性降低社保费 1.60 亿元、缓缴 0.35 亿元。

年末全市共有最低生活保障对象 10288 人，其中城镇 247 人，农村 10041 人；全年最低生活保障资金支出 10508.5 万元，其中城镇 269.62 万元，农村 10238.88 万元。全市共有养老机构 30 个，床位 5090 张，在院人数 1737 人。

注：1. 生产总值、各产业增加值均为年度快报数据，绝对数按现价计算，增长速度按可比价计算。

2. 所涉的行业内容分别由农业农村局、发改局、经信局、教育体育局、科技局、公安局、民政局、财政局、人力社保局、交通运输局、水利局、商务局、招商投资促进中心、文广旅游局、自然资源和规划局、卫生健康局、建设局、绍兴市生态环境局诸暨分局、市场监督管理局、统计局、金融办、应急管理局、国家统计局诸暨调查队、邮管局、人民银行等相关部门提供。

2022 年诸暨市环境状况公报

根据《中华人民共和国环境保护法》第 54 条规定，现发布《2022 年诸暨市环境状况公报》。

绍兴市生态环境局诸暨分局

2023 年 6 月 5 日

综述

2022 年以来，绍兴市生态环境局诸暨分局深入学习贯彻落实党的二十大精神，以持续改善生态环境质量为核心，坚持减污降碳协同增效，全力打好生态环境巩固提升持久战，扎实推进生态文明示范创建，抓好生态环境保护督察问题整改，深化生态环境数字化改革，为持续擦亮“枫桥经验”金名片、打造“重要窗口”、建设共同富裕赋予更多的绿色底蕴。2022 年，我市 $PM_{2.5}$ 年平均浓度为 27.83 微克 / 立方米，优良天数比率为 93.7%，臭氧浓度为 142 微克 / 立方米，均优于年度考核目标；17 个县控及以上断面水质全部达到或优于Ⅲ类水，功能区达标率保持 100%，2 个县级以上和 7 个千吨万人及乡镇级集中式饮用水水源地水质达标率保持 100%；重点建设用地安全利用率为 100%；环境质量总体保持稳定。

水环境状况

地表水环境质量

（一）省控及以上重点断面水质状况

2022 年街亭断面、浣纱桥断面、安华断面水质均为Ⅱ类水质，湄池断面水质为Ⅲ类水质，各断面水质均与 2021 年持平。2022 年浦阳江水质主要污染因子为高锰酸盐指数、总磷、氨氮，与上年相比，氨氮年均值浓度与上年持平，总磷、氨氮年均值浓度有所上升。

浦阳江安华断面　Ⅱ类水质　高锰酸盐指数年平均浓度为 3.1 毫克 / 升，总磷年平均浓度为 0.08 毫克 / 升，氨氮年平均浓度为 0.16 毫克 / 升。

浦阳江浣纱大桥断面　Ⅱ类水质　高锰酸盐指数年平均浓度为 3.0 毫克 / 升，总磷年平均浓度为 0.08 毫克 / 升，氨氮年平均浓度为 0.25 毫克 / 升。

浦阳江湄池断面　Ⅲ类水质　高锰酸盐指数年平均浓度为 4.2 毫克 / 升，总磷年平均浓度为 0.11 毫克 / 升，氨氮年平均浓度为 0.28 毫克 / 升。

开化江街亭断面　Ⅱ类水质　高锰酸盐指数年平均浓度为 2.0 毫克 / 升，总磷年平均浓度为 0.05 毫克 / 升，氨氮年平均浓度为 0.10 毫克 / 升。

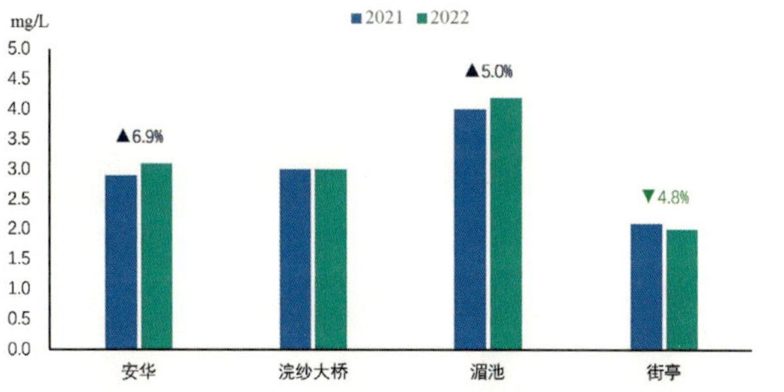

图 1　2022 年与 2021 年重点断面水质高锰酸盐指数年平均浓度对比示意图

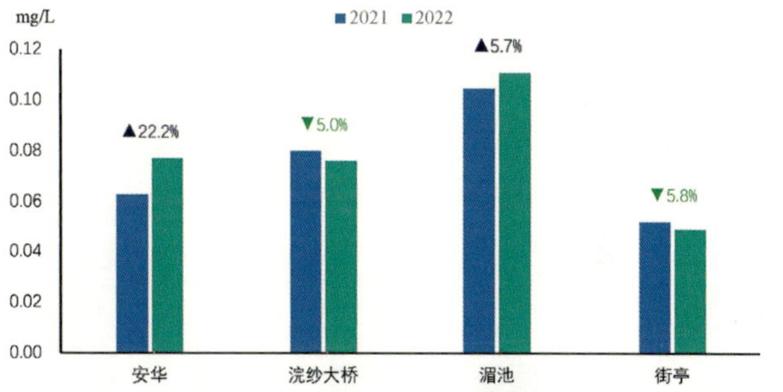

图 2　2022 年与 2021 年重点断面水质总磷指数年平均浓度对比示意图

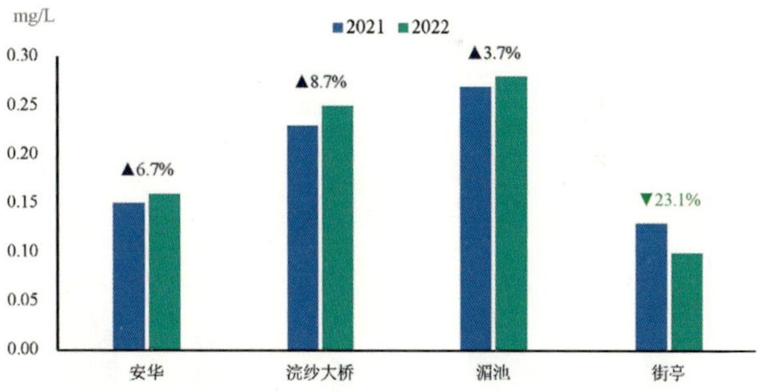

图 3　2022 年与 2021 年重点断面水质氨氮指数年平均浓度对比示意图

（二）水库水质状况

根据 2022 年石壁、五泄、安华、青山、征天等五大水库水质监测统计结果，石壁水库为Ⅱ类水质，青山水库、五泄水库、征天水库为Ⅲ类水质，安华水库为Ⅴ类水质。石壁水库水质达到相应的水功能区划要求，五泄水库、青山水库、安华水库、征天水库水质未达到相应的水功能区划要求，影响水库水质的主要污染因子为总磷。与上年相比，五泄水库水质有所下降，其余水库水质均保持稳定。安华水库营养化状况为轻度富营养，石壁、五泄、征天、青山水库营养化状况均为中营养。陈蔡水库因加固工程不具备监测条件，2022 年未监测。

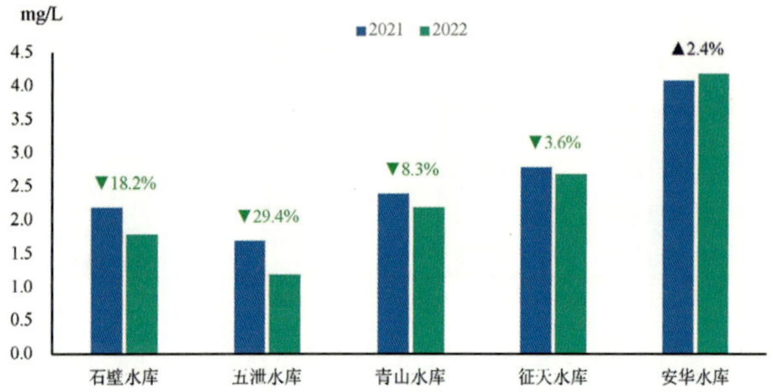

图 4　2022 年与 2021 年水库水质高锰酸盐指数年平均浓度对比示意图

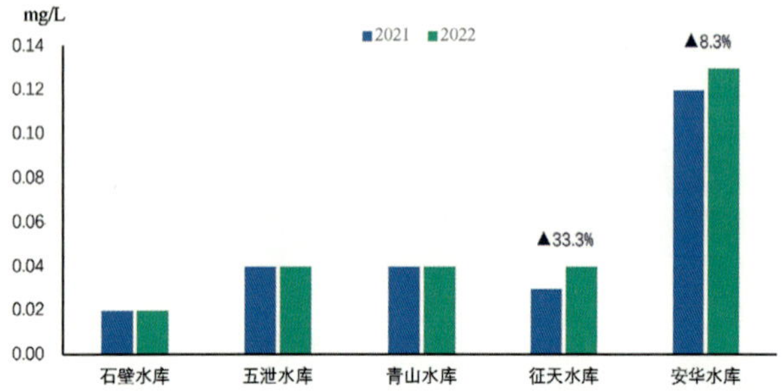

图5　2022年与2021年水库水质总磷年平均浓度对比示意图

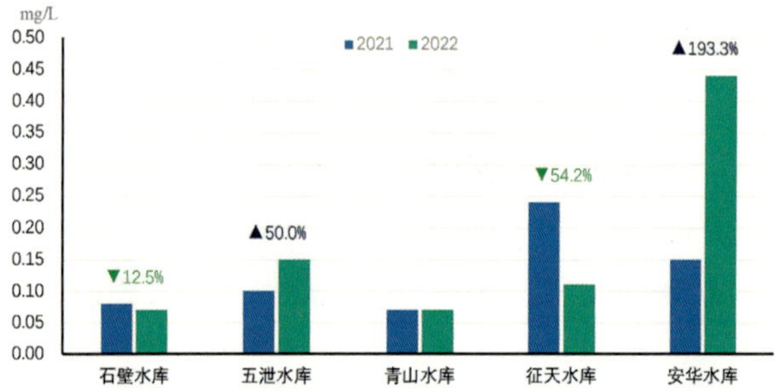

图6　2022年与2021年水库水质氨氮年平均浓度对比示意图

（三）饮用水源水质状况

根据对应店街镇（幸福水库）、应店街镇（上游水库）、岭北镇（岭脚水库）、五泄（里石坞水库）、东和乡（金家湾水库）、东和乡（卫星水库）、青山水库、石壁水库、征天水库等 9 个饮用水源地水质监测结果，2022 年全市饮用水源地水质均满足地表水Ⅲ类水质要求。

措施与行动

严格执行国家产业政策、环保项目审批要求，2022 年全年审批备案建设项目环境影响报告书（表）301 只，其中报告书 10 只，报告表 291 只；申请排污权抵质押贷款的企业 6 家次，共涉及银行贷款 52759.455 万元。

完成强制性企业清洁生产报告编制 6 家；全面推进工业园区（工业集聚区）"污水零直排区"建设，完成 25 个工业园区的"回头看"工作；完成 9 个集中式饮用水水源地勘界定标工作；做好钱塘江流域水生态保护情况专项审计整改工作；配合做好浦阳江安华、浣纱大桥断面走航监测分析报告；加强浦阳江流域污染治理，做好水质监测和蓝藻防控工作。新建山下湖、赵家埠 2 个水质监测自动站。

大气环境状况

城市环境空气质量

（一）城市环境空气

2022 年，在城东杨树畈和青少年宫分别设有一个环境空气质量自动监测站，对城市环境空气质量进行 24 小时自动监测，监测项目为 SO_2、NO_2、$PM_{2.5}$、PM_{10}、CO、O_3。2022 年我市市区环境空气有效监测天数为 365 天，按照《环境空气质量标准》（GB3095—2012）评价，环境空气质量优良天数为 342 天（优 137 天、良 205 天），优良天数占 93.7%，较 2021 年下降 1.9 个百分点；轻度污染天数为 21 天，占 4.1%；中度污染天数为 2 天，占 0.5%；重度污染天数为 0 天。

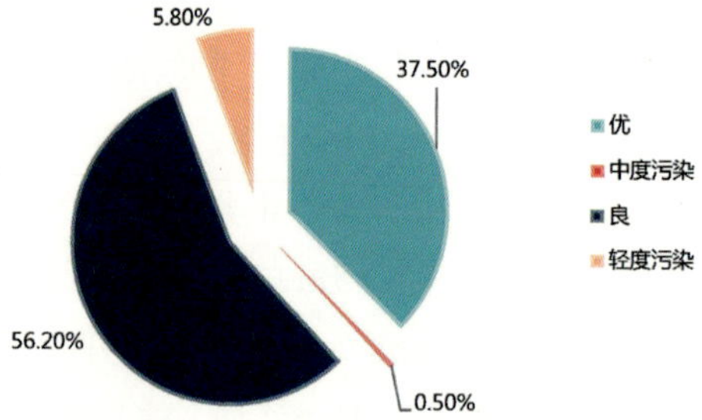

图7　2022年诸暨市城市环境空气质量状况示意图

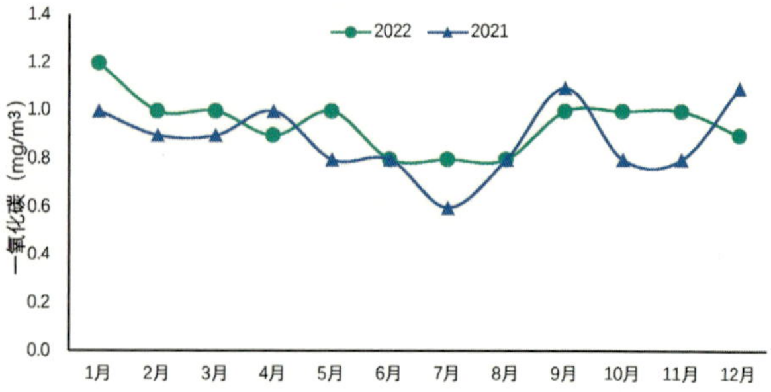

图8　2022年与2021年一氧化碳月均值变化图

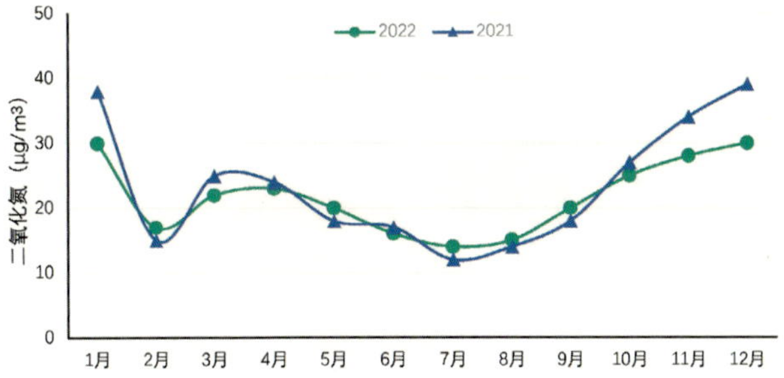

图9　2022年与2021年二氧化氮月均值变化图

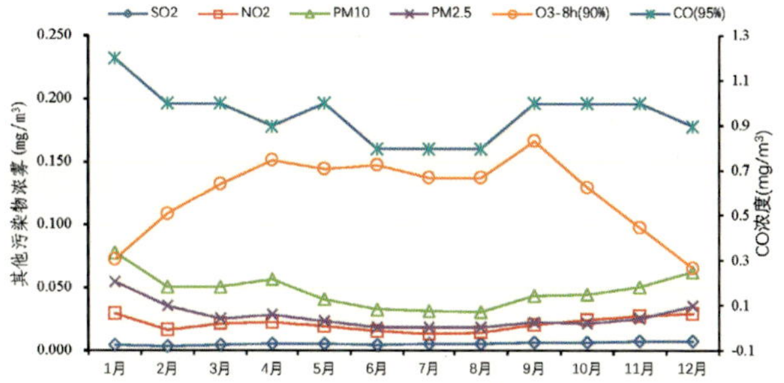

图13　2022年全市环境空气各项污染物浓度月度变化图

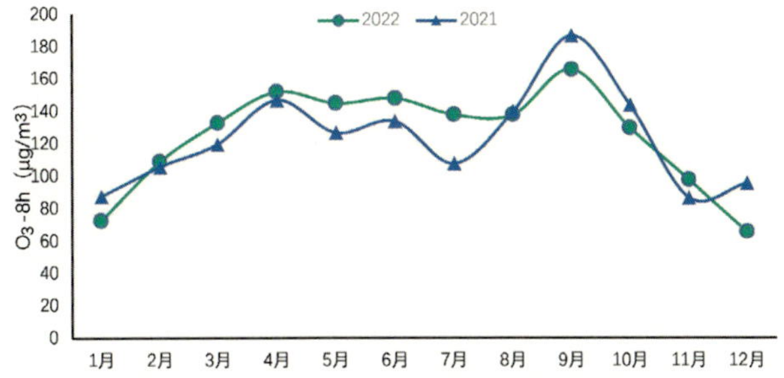

图10　2022年与2021年臭氧月均值变化图

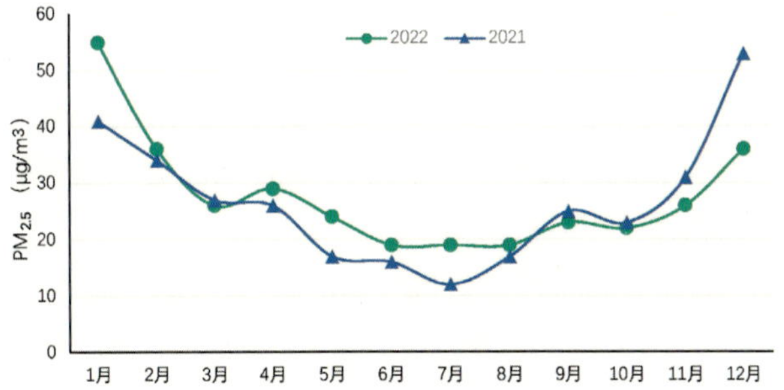

图11　2022年与2021年$PM_{2.5}$月均值变化图

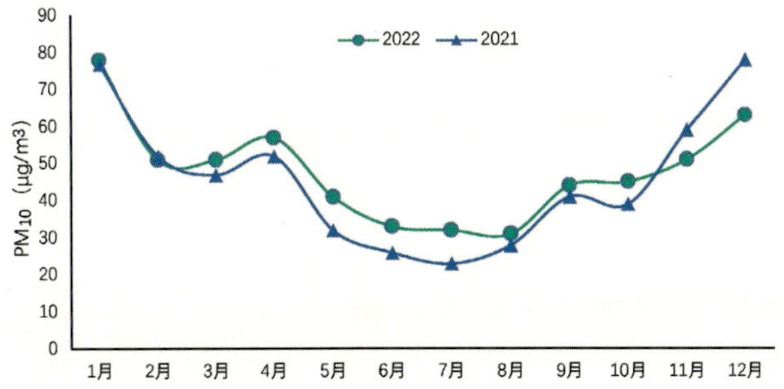

图12　2022年与2021年PM_{10}月均值变化图

（二）大气降尘

2022年城区降尘月均值范围为1.80—3.35吨/平方公里·月，年平均值为2.59吨/平方公里·月，较上年上升0.01吨/平方公里·月，低于浙江省大气降尘控制标准(8吨/平方公里·月)。

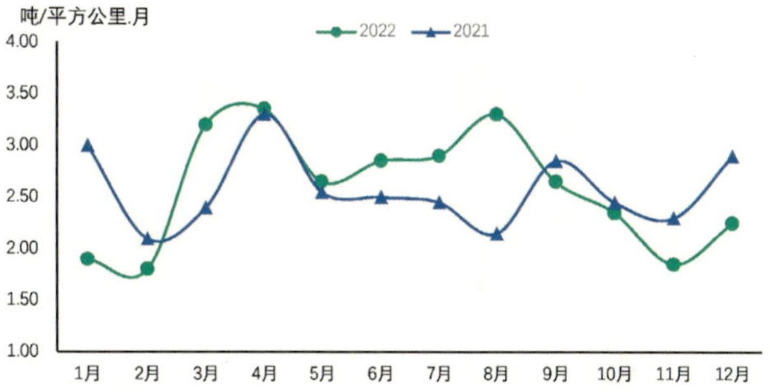

图14　2022年与2021年降尘月均值变化图

（三）大气降水

2022年全市降水pH均值5.92，与上年相比下降0.05；酸雨率0，为非酸雨区。

措施与行动

空气质量巩固行动。一是以蓝天办为运作实体，实施大气污染防治行动方案和考核办法，细化出台秋冬季攻坚行动方案和“一点一策”精细化管控方案，协调推进全市大气污染防治工作。加强扬尘管控治理，利用“绍兴蓝天”小程序共巡查290000余次，整改扬尘问题约3500个。加强露天禁烧管控治理，重点区域实施蹲点式定时巡查，发现处置露天焚烧2700余起。二是加强工业废气治理，完成低效设施升级49家、源头替代15家，完成VOCs突出问题整改155个。三是推进移动源污染防控，完成非道路移动机械编码登记和上牌500辆、绿色化改造45辆、新能源替代61台。四是做好应对气候变化工作，完成温室气体清单编制，督促23家碳排放重点企业完成温室气体排放报告。开展省级“零碳低碳”试点建设工作，成功申请低碳镇试点1个，低碳村试点7个。

新建城西工业区空气自动监测站1个，次坞物流通道空气自动监测站1个。

声环境质量

（一）城市功能区噪声

2022年全市各类声环境功能区噪声均存在不同程度的超标现象，其中，昼间噪声点次达标率在87.5%～100%之间，夜间噪声点次达标率在50.0%～75.0%之间，昼间点次达标率总体好于夜间。

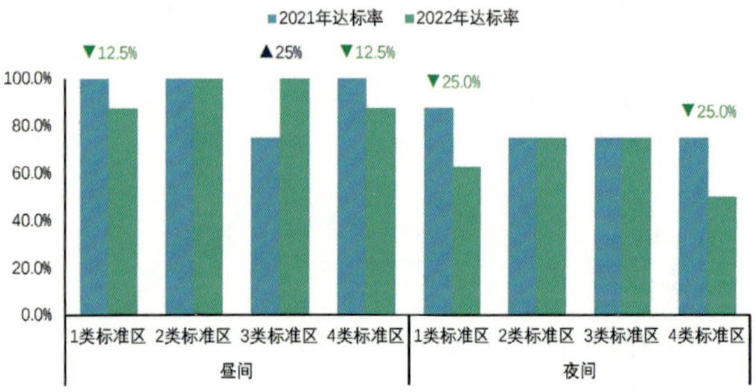

图15　2022年与2021年各功能区昼夜等效达标率对比图

（二）城市道路交通噪声

2022年全市城市道路交通噪声（昼间）平均等效声级值（路长计权）为61.2分贝，低于国家70分贝的控制要求，总体水平为“好”，与上年相比下降2.2分贝。路长超标率为1.8%，与上年相比上升1.8个百分点。

（三）城市区域环境噪声

2022年全市区域环境噪声（昼间）平均等效声级值（面积计权）为53.1分贝，总体水平等级为“较好”，与上年相比下降1.5分贝。按暴露在不同等效声级下的面积分布情况分析，全市区域噪声等级为“好”的区域面积占21.8%，为“较好”的区域面积占41.8%，为“一般”的区域面积占35.4%，为“较差”的区域面积占0.9%，为“差”的区域无。

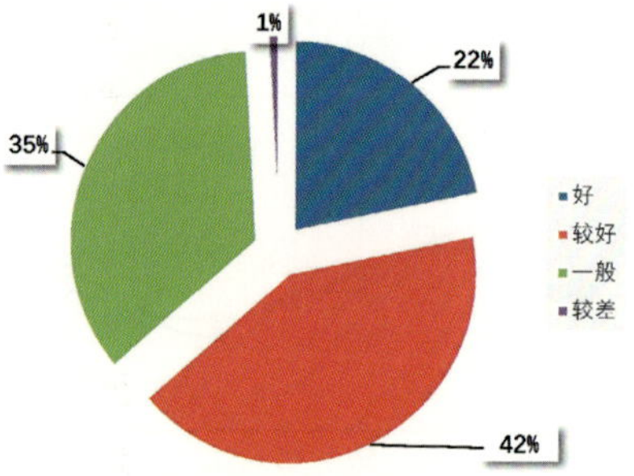

图16　2022年暴露在不同等效声级下的面积分布图

措施与行动

完成声环境功能区划评估工作。多部门联动加强中高考期间的噪声专项整治；继续实施道路改造降噪工程；继续实行城区禁鸣喇叭和禁止拖拉机进城；实施烟花爆竹禁售禁放工作。

土壤污染防治情况

（一）工业固废污染防治情况

2022年，我市工业固体废物产生量30.94万吨，其中危险废物产生量为6.69万吨。工业固体废物利用处置量为30.92万吨（含利用处置往年贮存量0.51万吨）。全市医疗废物产生量为1358.9吨，无害化处置率为100%。

按照《浙江省土壤、地下水和农业农村污染防治2022年工作计划》《浙江省全域“无废城市”建设实施方案（2022—2025年）》等文件要求，以全域“无废城市”建设为契机，着力完善工业固体废物收运体系，着力提升工业危险废物环境监管能力、利用处置能力、风险防范能力，加快推进清废工作。进一步扩大小微企业危险废物统一收运体系覆盖面，2022年共计收运小微企业危险废物1000余吨。稳步推进各类利用处置设施项目建设，浙江兆山环保科技有限公司3万吨／年水泥窑协同处置扩建项目、浙江科超环保有限公司2万吨／年活性炭利用项目、浙江黑猫神环境科技有限公司2万吨／年废包装桶（包括废机油滤芯）、废乳化液处置项目均完成浙江省危险废物经营许可证申领工作并投入使用。浙江八方热电有限责任公司垃圾焚烧炉技改项目、浙江科超环保有限公司新增5万吨／废酸、1万吨／年废碱综合利用项目、诸暨市锦辉再生资源有限公司年处置

10万吨炉渣生产线项目均完成建设。持续扩大浙江省固体废物管理信息系统覆盖面,实时填报工业固体废物产生、转移、利用和处置等数据,实现信息化监管,截至2022年12月底,已有2000余家企业完成在线申报工作。

(二)农业面源污染防治情况

化肥农药使用量控制情况。全面推进测土配方施肥,完成“浙样施(诸暨)”智慧施肥系统的全部软件建设,全年推广应用配方肥和按方施肥2.10万吨,有机肥1.93万吨,发放施肥建议卡6.12万张,重点建设化肥定额制示范区16个,取土化验1549个,主要农作物测土配方施肥率93.4%,化肥利用率43%,减少化肥不合理施用319吨。2022年农药减量6.12吨。

畜禽养殖污染治理情况。成功创建2家省级美丽生态牧场,粪污资源化利用和无害化处理率为96.31%。约3.4万亩规模水产养殖场,实现养殖尾水100%零直排。建成水产“用药减量”示范点2个,水产用兽药减量同比减少5%,抗生素类水产用兽药减量同比减少35%。

农药废弃包装物及废弃农膜回收处理进展情况。2022年回收处理废旧农膜53吨,回收率达100%,处置率100%;已收集农药废弃包装物达130.61吨,回收率达104.3%,处置率100%。

(三)土壤、地下水污染防治情况

土壤污染重点监管单位责任落实情况。2022年我市共39家土壤重点监管单位,其中1家关停,37家单位完成用地土壤自行监测并主动公开;38家单位完成有毒有害物质排放情况报告;2家新增企业完成污染隐患排查;1家单位开展设施设备拆除活动,均按要求编制拆除方案,落实拆除污染防治要求;5家单位申报地下储罐,累计报备11个地下储罐。

建设用地土壤污染风险管控和修复制度落实情况。根据我省下发的污染地块安全利用核算方法,2022年我市污染地块安全利用率为100%。全年共开展用地性质变更为住宅、公共管理与公共服务地块场调评审18场次;不定期更新污染地块名录并在政府网站上主动公开。

措施与行动

进一步加强固废监督管理工作,对重点固废产生企业开展定期检查,促使相关企业做到规范储存、运输、处置。开展全域“无废城市”建设工作,进一步巩固提升一般工业固废、危险废物、生活垃圾、农业废弃物、建筑垃圾等五大类固体废物管理水平,持续改善环境质量。同时发挥多部门联动作用,持续保持环境执法高压态势,严厉打击各类固废违法犯罪行为,坚决杜绝固废污染环境事件发生,全力保障我市生态环境安全。

动态更新污染地块(含疑似)名录,加强对暂不开发利用污染地块风险管控,强化污染地块安全利用。做好宣传工作,组织《土壤污防防治法》《固体废物污染环境防治法》的宣传和培训,落实工矿用地、污染地块土壤环境管理的政策标准。

生态环境建设

坚持以习近平生态文明思想为指导,继续深入践行“绿水青山就是金山银山”理念,扎实推进生态文明示范创建工作,为打造高质量发展建设共同富裕示范区县域范例作出新的贡献。成立诸暨市生态文明示范创建工作领导小组,全面领导生态文明示范创建工作。开展“绿水青山就是金山银山”实践创新基地建设,发布《诸暨市“绿水青山就是金山银山”实践创新基地建设实施方案(2022—2025)》。完成省级生态文明建设示范市复核、国家生态文明建设示范市自查工作。诸暨市香榧博物馆被命名为第十二批浙江省生态文明教育基地。创建成功省级绿色家庭2户、绍兴市级绿色家庭10户。作为全省29个、绍兴唯一省级生物多样性调查评估重点区域,历时两年完成全域12大类生物的调查与评估工作。实地调查并记录物种1946种,其中列入中国物种红色名录的珍稀濒危物种42种;国家一级、二级重点保护野生植物28种,重点保护野生动物17种;省重点保护野生植物19种,重点保护野生动物25种;鉴定出大型真菌中国新记录种22种,省新记录种41种。诸暨市中国香榧自然博物馆入选省级生物多样性特色体验地培育名单。重启浦阳江上下游生态补偿工作,同上游浦江县、下游萧山区签订《浦阳江流域水污染防治协作协商机制合作备忘录》和浦阳江流域水环境补偿协议。全面实施市镇两级生态环境状况报告制度。《诸暨市山下湖镇以华丽珍珠助力共同富裕示范区建设》评选为第三批全省生态环境系统共同富裕最佳实践。诸暨市2022年度全省生态环境公众满意度调查总得分87.19，位列绍兴各县市区第二，创近三年新高。获2021年度“五水共治”（河长制）工作“大禹鼎”银鼎，美丽浙江建设（生态文明示范创建行动计划）、美丽绍兴建设（生态文明示范创建行动）工作考核优秀单位。

污染事故与经济损失

全年未发生重特大环境污染事故。

环境管理与信访调处

（一）生态环境保护督察

做好省委生态环境保护专项督察综合调度、资料调阅、信访办理等各项工作，累计办理督察转办信访9件，均已完成整改。

（二）七张问题清单

贯彻落实“七张问题清单”省委一号工程决策部署，履行好重大生态环保督察清单主管部门职责，累计办理省、市、县三级问题62个，完成整改销号46个，入选绍兴市整改示范案例1件。“重大生态环境督查问题清单”年度指数排名绍兴第三位，全省排位第46位。

（三）环境监管

开展“绿剑2022”“清朗”等系列专项执法行动，全年累计出动执法人员9535人次，检查企业4077家次，立案171件，处罚125件，处罚金额750.0977万元，没收违法所得1.08万元，停产限产2件，查封5件。累计移送公安机关5件6人，其中行政拘留移送3件4人，涉嫌环境犯罪刑事移送2件2人；申请法院强制执行10件。

（四）环境信访

坚持信访处理与行政执法、专项整治工作有机结合，2022年全年共受理环境信访512件，调处率100%。

放射性污染管理

至2022年底，全市有放射性同位素与射线装置使用单位99家，有放射性同位素10枚，射线装置252台。对核技术利用单位实行辐射许可证管理，对辐射单位实施双随机监督管理，确保所有辐射工作单位安全、合法运营，有效遏制辐射事故的发生。

2023年“6·5”世界环境日中国主题：

建设人与自然和谐共生的现代化

2023年“6·5”世界环境日诸暨市主题：

共创无废亚运　共享生态诸暨

重要文件目录

2022年中共诸暨市委及其办公室重要文件目录

2022年市委市政府工作要点

中共诸暨市委批转市总工会《关于评选表彰2021年诸暨市疫情防控劳动模范的工作方案》的通知

关于市委常委分工的通知

中国共产党诸暨市委员会工作规则

中共诸暨市委 诸暨市人民政府 关于2021年镇乡（街道）、市级机关工作目标责任制考核结果的通报

关于表彰奖励和通报表扬2021年度诸暨市各类突出贡献单位和个人的决定

关于诸暨市第十八届人大常委会组成人员、市人民政府市长、副市长，市监察委员会主任，市人民法院院长，市人民检察院检察长候选人的推荐书

关于诸暨市出席绍兴市第九届人民代表大会代表候选人的推荐书

关于促进中医药传承创新发展的实施意见

关于印发《诸暨市全面从严治党责任追究办法》的通知

中共诸暨市委员会关于推荐优秀年轻干部初步人选的报告

关于印发《“枫桥经验”60周年暨习近平总书记指示坚持发展“枫桥经验”20周年纪念活动六大任务清单》的通知

中共诸暨市委关于落实省委巡视组反馈意见的整改方案

关于印发《〈2022年镇乡（街道）工作目标责任制考核办法〉和〈2022年市级机关工作目标责任制考核办法〉》的通知

关于忠实践行“八八战略”坚决做到“两个维护”高水平谱写“两个先行”诸暨篇章的决议

关于印发《加快推进慈善事业高质量发展任务清单》的通知

关于印发《〈中国共产党诸暨历史〉第三卷(1978.12—2003.02)编纂方案》的通知

关于开展2022年春节“送温暖”活动的通知

关于对2021年诸暨市人大代表建议和政协提案办理工作考核结果的通报

关于公布2021年度“零上访镇”“零上访村(社区)”的通知

印发《关于进一步推进数字化赋能制造业高质量发展的若干政策意见》的通知

印发《关于开展“守初心践使命”大整顿大提升五大专项行动的实施方案》的通知

关于印发《诸暨市应急管理综合行政执法改革实施方案》的通知

关于印发《诸暨市深化“四责协同”落实“五张责任清单”要求推动基层矛盾化解的实施办法(试行)》等6个办法的通知

关于印发《诸暨市深化“四责协同”落实“五张责任清单”推动全面从严治党向纵深发展的实施办法》的通知

中共诸暨市委办公室关于市委巡察反馈意见整改落实情况的报告

关于明确省委巡视“回头看”工作联络组成员的通知

关于聘请赵林中等12名同志为诸暨市清廉建设顾问团成员的通知

关于印发《诸暨科技城建设管理办公室职能配置、内设机构和人员编制规定》的通知

印发《关于明确干部执行力标准的若干规定》的通知

关于建立深化“四责协同”落实“五张责任清单”定期报告评议机制的通知

关于开展2022年度“三改”专项行动的实施意见

贯彻落实中共浙江省委办公厅浙江省人民政府办公厅《关于全面加强“共享法庭”建设健全“四治融合”城乡基层治理体系的指导意见》的通知

关于调整党委信息化相关职能的请示

关于印发《诸暨高湖建设管理办公室职能配置、内设机构和人员编制规定》的通知

关于印发《加强对“一把手”和领导班子监督“五张责任清单”》的通知

关于印发诸暨市全国法治政府建设示范创建实地评估迎检工作方案的通知

关于成立和调整有关市级议事协调机构的通知

关于进一步健全完善“七张问题清单”工作机制的通知

关于印发《中共诸暨市委诸暨市人民政府政协诸暨市委员会2022年度协商工作计划》的通知

印发《关于加强新时代廉洁文化建设的意见》的通知

印发《关于高水平推进新时代文化诸暨建设的实施意见》的通知

关于印发《诸暨市2022年优化营商环境实施方案》的通知

关于明确2022年绍兴市对我市工作目标责任制考核职责任务的通知

关于印发《中共诸暨市委巡察工作规划(2022—2026年)》的通知

中共诸暨市市委办公室关于印发巡察反馈意见整改落实情况的通报

关于印发《进一步推动诸暨经济高质量发展的若干意见》等政策的通知

关于印发《诸暨市党委(党组、工委)理论学习中心组学习实施意见》的通知

印发《关于深化“县乡一体、条抓块统”改革推进基层智治系统建设的实施方案》的通知

关于印发《关于落实最严格的耕地保护制度全面推行田长制的实施意见》的通知

关于在2022年度“三改”专项行动中增补浦阳江综合治理工程征收工作组的通知

关于印发《诸暨西施故里省级旅游度假区管理委员会职能配置、内设机构及人员编制规定》的通知

关于《诸暨市“七张问题清单”工作专项考评办法》

的通知

关于印发《诸暨市贯彻落实 2021 年省委生态环境保护专项督察报告问题整改方案》的通知

印发《关于进一步加强统计基层基础建设的意见》的通知

关于印发《2022 世界珍珠大会暨上海（夏季）珠宝首饰展览会（诸暨站）方案》的通知

关于印发《诸暨市镇乡（街道）小额工程建设项目交易管理办法》的通知

关于印发《第十六届中国・大唐国际袜业博览会暨 2022 上海国际袜业采购交易会（诸暨站）总体方案》的通知

关于印发《诸暨市推进“大综合一体化”行政执法改革方案》的通知

关于印发《全市扩大有效投资“百日攻坚”专项行动实施方案》的通知

关于印发《2022 年党风廉政建设和反腐败工作组织领导与责任分工》的通知

关于高水平推进应急救护工作的通知

诸暨市人大代表建议和政协提案办理工作考核办法

关于印发《2022 诸暨发展大会实施方案》的通知

关于印发《诸暨市事业单位管理岗位职员等级晋升制度工作实施方案》的通知

关于开展 2023 年春节“送温暖”活动的通知

中共诸暨市委党校（诸暨市行政学校）创建全省标杆引领类县级党校（行政学校）的实施意见

2022 诸暨市人民政府及其办公室重要文件目录

诸政发〔2022〕1 号　关于给予赵鑫同志记个人三等功的决定

诸政发〔2022〕2 号　市政府工作规则

诸政发〔2022〕3 号　关于给予蔡祖宁同志记个人三等功的决定

诸政发〔2022〕4 号　关于重新明确市政府领导分工的通知

诸政发〔2022〕5 号　关于 2022 年市政府民生实事有关事项的报告

诸政发〔2022〕6 号　关于对次坞镇改造项目范围内国有土地上房屋实施征收的决定

诸政发〔2022〕7 号　关于对旧厂区改造项目范围内国有土地上房屋实施征收的决定

诸政发〔2022〕8 号　关于对市委党校改造扩建项目范围内国有土地上房屋实施征收的决定

诸政发〔2022〕9 号　关于对城市更新调理项目范围内国有土地上房屋实施征收的决定

诸政发〔2022〕10 号　关于对城中村改造项目范围内国有土地上房屋实施征收的决定

诸政发〔2022〕11 号　关于对柯诸高速建设项目范围内国有土地上房屋实施征收的决定

诸政发〔2022〕12 号　关于对西施故里景区二期项目范围内国有土地上房屋实施征收的决定

诸政发〔2022〕13 号　关于提请任免方铭等同志职务的议案

诸政发〔2022〕14 号　关于公布诸暨市综合行政执法事项扩展目录〔2022 年〕的通告

诸政发〔2022〕15 号　关于提请审议调整公共卫生临床中心建设工程名称和内容的议案

诸政发〔2022〕16 号　关于印发《关于进一步深化府院联动机制的工作意见》的通知

诸政发〔2022〕17 号　关于公布第八批市级文物保护单位的通知

诸政发〔2022〕18 号　关于实行城市化管理区域的通告

政府令第 57 号　禁火令

诸政发〔2022〕19 号　关于提请任免寿浩波等同志职务的议案

诸政发〔2022〕20 号　关于给予周钢同志记个人三等功的决定

诸政发〔2022〕21 号　诸暨市人民政府关于对浦阳江综合治理工程范围内国有土地上房屋实施征收的决定

诸政发〔2022〕22 号　关于开展第三次土壤普查工作的通知

诸政发〔2022〕23 号　关于提请任命张国锄同志

职务的议案

诸政发〔2022〕24号　诸暨市人民政府关于印发《诸暨市开展省第二批婚俗改革实验县〔市、区〕试点工作实施方案》的通知

诸政发〔2022〕25号　诸暨市人民政府关于将部分县级部门行政处罚权交由暨阳街道等5个街道办事处行使及动态调整店口镇等9个乡镇人民政府行政执法事项的公告

诸政发〔2022〕26号　诸暨市人民政府关于公布《诸暨市新增综合行政执法事项统一目录〔2022年〕《诸暨市综合行政执法建设领域调整事项目录》的通告

诸政发〔2022〕27号　关于提请任免高嵩等同志职务的议案

诸政发〔2022〕28号　诸暨市人民政府关于提请审议2022年财政预算调整方案〔草案〕的议案

诸政发〔2022〕29号　诸暨市人民政府关于提请审议2022年市级新增地方政府债务限额方案〔草案〕的议案

诸政发〔2022〕30号　诸暨市土地资源利用联席会议议事规则

诸政发〔2022〕31号　关于印发《诸暨市"绿水青山就是金山银山"实践创新基地建设实施方案》

诸政发〔2022〕32号　诸暨市人民政府关于印发《诸暨市全民健身实施计划〔2022—2025〕》的通知

诸政发〔2022〕33号　诸暨市人民政府关于公布第三批历史建筑保护名录的通知

诸政办发〔2022〕1号　关于印发《诸暨市既有住宅加电梯工作实施意见》的通知

诸政办发〔2022〕2号　关于印发《诸暨市扶持茶叶公用品牌建设实施方案〔2022—2024〕》的通知

诸政办发〔2022〕3号　关于印发扶持律师业发展的若干政策意见的通知

诸政办发〔2022〕4号　关于印发《诸暨市水系连通及水美乡村建设试点县实施方案》的通知

诸政办发〔2022〕5号　关于印发《诸暨市全民科学素质行动规划纲要实施方案〔2021—2025年〕》的通知

诸政办发〔2022〕6号　诸暨市第一季度重大项目重点企业重要指标"早准备、抢开局、稳增长"行动方案

诸政办发〔2022〕7号　关于印发《诸暨农商银行暨阳支行支持科技企业和人才创业企业发展的若干意见》

诸政办发〔2022〕8号　关于公布诸暨市人民政府及办公室行政规范性文件清理结果的通知

诸政办发〔2022〕9号　关于印发《诸暨市政府性资金竞争性存放管理办法》的通知

诸政办发〔2022〕10号　关于印发2022年政府重点工作责任清单的通知

诸政办发〔2022〕11号　关于印发《诸暨市山洪灾害防御预案》的通知

诸政办发〔2022〕12号　关于印发《诸暨市大中型水库放水预警方案》的通知

诸政办发〔2022〕13号　关于进一步加强国家调查工作的通知

诸政办发〔2022〕14号　关于印发《诸暨市建设浙江省健康促进县〔区〕实施方案》的通知

诸政办发〔2022〕15号　关于开展第三次全市城镇房屋调查登记工作的通知

诸政办发〔2022〕16号　关于陈钢等同志职务任免的通知

诸政办发〔2022〕17号　关于陈华锋等同志职务任免的通知

诸政办发〔2022〕18号　关于重新明确主任、副主任等分工的通知

诸政办发〔2022〕19号　关于公布2022年市政府重大行政决策事项目录的通知

诸政办发〔2022〕20号　关于印发市政府领导领办市人大代表建议和政协提案的通知

诸政办发〔2022〕21号　关于印发《诸暨市渔业资源保护综合整治工作方案》的通知

诸政办发〔2022〕22号　2022年诸暨市城乡交通平安畅通综合治理工程实施方案

诸政办发〔2022〕23号　涉密

诸政办发〔2022〕24号　关于印发《诸暨市充分运用"枫桥经验"实现行政诉讼"双下降"的实施意见》的通知

诸政办发〔2022〕25号　关于建立诸暨市全面推

行河湖长制工作联席会议制度的通知

诸政办发〔2022〕26号　印发《诸暨市推进分布式光伏规模化开发工作方案》

诸政办发〔2022〕27号　关于印发诸暨市防洪防台抗旱应急预案的通知

诸政办发〔2022〕28号　关于香榧产业高质量发展的实施意见

诸政办发〔2022〕29号　关于印发《新一轮制造业"腾笼换鸟、凤凰涅槃"攻坚行动方案》的通知

诸政办发〔2022〕30号　关于成立稳进提质十大攻坚行动专班的通知

诸政办发〔2022〕31号　印发《关于制造业高质量发展政策的补充意见》等政策的通知

诸政办发〔2022〕32号　关于印发《诸暨市基层卫生健康综合试验区建设实施方案》的通知

诸政办发〔2022〕33号　关于进一步加强全市工业用地出让管理的通知

诸政办发〔2022〕34号　关于印发诸暨市突发公共卫生事件应急管理"十四五"规划的通知

诸政办发〔2022〕35号　关于印发《诸暨市未来乡村建设实施方案〔2022—2025〕》的通知

诸政办发〔2022〕36号　关于进一步优化诸暨招商选资项目全生命周期服务机制的意见

诸政办发〔2022〕37号　关于印发《诸暨市加快发展保障性租赁房实施方案》的通知

诸政办发〔2022〕38号　涉密

诸政办发〔2022〕39号　关于印发《关于进一步落实在建工程"六项制度"的实施意见》的通知

诸政办发〔2022〕40号　关于印发《诸暨市耕地"非农化"问题处置工作实施方案》的通知

诸政办发〔2022〕41号　关于印发诸暨市2022年粮食生产功能区"非粮化"整治工作实施方案的通知

诸政办发〔2022〕42号　关于印发进一步加强国有企业投资项目规范化管理的实施意见的通知

诸政办发〔2022〕43号　关于印发《诸暨市基层公共体育设施管理的办法》的通知

诸政办发〔2022〕44号　关于印发诸暨市城镇排水与治水处理应急预案的通知

诸政办发〔2022〕45号　关于杨丹映等同志岗位聘用的通知

诸政办发〔2022〕46号　诸暨市人民政府办公室关于印发《诸暨市一般不可移动文物保护管理办法〔试行〕》的通知

诸政办发〔2022〕47号　关于印发《诸暨市迎接国家节水型城市复查工作实施方案》的通知

诸政办发〔2022〕48号　关于印发《诸暨市2022—2025年山塘系统治理工作方案》的通知

诸政办发〔2022〕49号　关于印发诸暨市全面推进人防工程产权制度综合改革实施方案的通知

诸政办发〔2022〕50号　关于印发诸暨市市容环境卫生责任区制度实施办法的通知

诸政办发〔2022〕51号　关于印发《关于加快发展诸暨市人力资源服务业的实施意见〔试行〕》的通知

诸政办发〔2022〕52号　关于支持诸暨国际商贸城发展会展经济的实施意见

诸政办发〔2022〕53号　关于何加路等同志任职的通知

诸政办发〔2022〕54号　关于印发《诸暨市创建浙江省体育现代化县〔市区〕实施方案》的通知

诸政办发〔2022〕55号　关于印发《诸暨市住宅小区配套幼儿园建设管理办法〔2022修订〕的通知

诸政办发〔2022〕56号　关于印发《诸暨市未来社区建设实施方案〔2022—2026〕》的通知

诸政办发〔2022〕57号　关于既有住宅加装电梯工作的实施意见

诸政办发〔2022〕58号　关于废止《关于进一步完善股权投资行业发展环境的若干意见〔诸政办发[2020]37号〕通知

共同富裕视野下农村居民增收难点及对策

党的十八大以后，中共中央总书记习近平把扎实推进共同富裕摆在了更加突出的位置，强调消除贫困、改善民生、实现共同富裕，是社会主义的本质要求，是中国式现代化的基本特征。在推进共同富裕的伟大征程中，扩大中等收入群体、改善收入分配格局，统筹城乡发展、缩小城乡差距是必经之路，也是关键所在。扩大中等收入群体的难点、重点在农村，只有持续提高农村居民收入水平，加快缩小城乡差距，才能推动共同富裕取得实质性进展。因此，在新发展阶段要切实、真正有效扩大中等收入群体比重，才能实质性推进全民共同富裕。

一、全市层面的实践探索

诸暨市坚持以习近平新时代中国特色社会主义思想为指导，以实施乡村振兴战略为总抓手，牢牢把握新时代"三农"发展新使命、新趋势、新特征，围绕高质量发展推进共同富裕主题，进一步调整优化农业结构，培育壮大乡村产业，加快美丽乡村建设，农村居民收入持续增长，城乡统筹发展水平显著提升。

（一）农业产业提质增效

积极出台一产扶持政策，突出做好稳粮保供工作，开展粮食高产攻关，每年安排粮食生产专项资金，扶持规模化生产、粮食创牌达标等各环节发展。2021 年本市完成种植面积 51.68 万亩，居全省县（市、区）第二位，粮食总产量 2.32 亿公斤，居全省首位，获"2021 年度浙江省产粮大县"称号。积极培育新型经营主体，截至 2021 年，全市拥有县级以上农业龙头企业 61 家、农民专业合作社 934 家、家庭农场 631 家，其中市级以上示范性家庭农场 139 家，较 2016 年增长 83.0%。搭建产业聚合平台，以国家现代农业产业园为龙头引领，探索园区化、品质化、融合化的发展道路，成功培育诸暨市短柄樱桃省级农产品优势区和诸暨市绿剑茶产业化省级联合体，创成赵家香榧省级特色农业强镇，不断推动全产业链融合发展，增强优势产业发展动能。

（二）美丽乡村全域推进

按照"城乡一体、全域覆盖，上下联动、整体推进"工作思路，全面打响农村人居环境整治提升集中攻坚战，农村生活垃圾分类、农村生活污水治理、"三线"整治实现行政村全覆盖，获评省农村生活污水治理先进县市、省农村生活污水治理先进县市，农村生活垃圾分类"亮灯 + 亮分"全链条智慧模式、"三线"整治"1+4+N"分片协作机制等工作经验在全国、全省推广。整体推进美丽乡村示范县、示范镇、精品村、美丽庭院等"四级联创"，累计创成浙江省新时代美丽乡村达标村 211 个、五星达标村 402 个、3A 示范村 37 个、省级美丽乡村示范镇 10 个、省级特色精品村 27 个、美丽庭院 99732 户，31 个村入库省级历史文化（传统）村落保护名单，顺利创成浙江省新时代美丽乡村示范县。

（三）文旅产业多元发展

诸暨市持续引入社会投资 133 亿元，打造"云溪九里"浙江文旅康养小镇、尧舜度假养生谷、春风十里小镇、珍珠小镇等 21 个乡村文旅重点项目。实践文旅 IP 打造和市场化运营模式，推出"江城子""十四郎""牛传枫"等乡村振兴先行村特色主题 IP 形象，设计制作相关主题文创产品。世界珍珠大会、五泄荷花节、赵家香榧节、枫桥杜黄新村柯鱼节、应店街银杏节、同山水果节等乡村旅游节会活动品牌逐步打响。培育"七彩五泄""浪漫东白湖""时尚珠都"等一批特色镇村品牌，成功打造产业园风情线、珠乡湿地梦幻之旅、枫桥经验文化之旅、"千年香榧林，百岁养生地"等多条农旅结合精品线，有力推动山水资源向经济资源转变。2021 年乡村旅游接待游客总量达 668 万人次，乡村旅游经营总收入达 9.79 亿元。

（四）农村改革落地见效

以推进全国农村集体产权制度改革及国家农村宅基地制度改革试点为契机，进一步激发农村内生驱动力，实现路径变革、观念变革，不断增加农民财产性收益。2017 年后，从挖掘存量、引进增量上双向发力，高效盘活农村闲置资产，共激活闲置农房 3000 余幢，吸纳投资 18.1 亿元。创新设计出"三权三票"制度体系，探索出可落地、能推广、惠民生、利修法的改革模式。同时加大金融支农力度，累计发放"产权 + 信用"贷款 15 亿元，完成全部行政村的整村授信，创新推出"农房抵押贷款""美丽乡村贷""富民贷"等信贷产品，全市涉农贷款余额达 1342 亿元。2021 年，全市村集体经济总收入 9.85 亿元，村均 214 万元，经营性收入 4.14 亿元，村均 90 万元。353 个村经营性收入达 50 万元以上，占总村数(460 个）的 76.7%。

二、本市农村居民收入情况分析

（一）优势表现

1. 农村居民收入增速高于城镇。从近十年的居民收入情况看，农村居民增收形势持续稳定向好，人均可支配收入增速均高于城镇。"十二五"期间，农村居民人均可支配收入平均增速为 13.9%，高于城镇居民人均可支配收入平均增速 4.4 个百分点；"十三五"期间，农村居民人均可支配收入平均增速为 8.7%，高于城镇居民人均可支配收入平均增速 1.3 个百分点。"十四五"开局之年，农村居民人均可支配收入增速高出城镇 0.5 个百分点。

图 1 "十二五"以后城乡居民人均可支配收入增速情况示意图(%)

2. 绝对值处于全省领先。据资料统计，2016—2019 年诸暨农村居民人均可支配收入连续 4 年位列全省县级市第二（第一为义乌）。2020 年诸暨农村居民人均可支配收入首次突破 4 万元大关，以 42296 元反超义乌市（42158 元）跃居全省第一，2021 年更是以 46535 元领跑全国县域，取得瞩目成绩。

3. 收入倍差持续缩小。得益于统筹城乡共进、深入实施乡村振兴战略，全市上下立足新发展阶段，贯彻新发展理念，服务和融入新发展格局，坚持稳中求进的工作总基调，统筹城乡发展，城乡收入倍差连续 9 年持续缩小，从 2012 年的 2.09 缩小至 2021 年的 1.66。

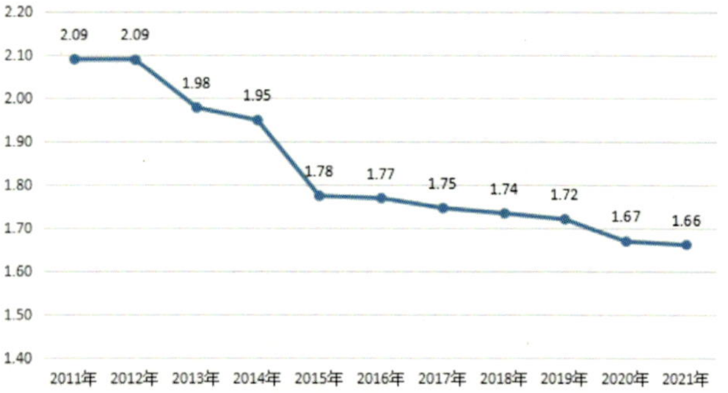

图2 "十二五"规划以后城乡收入倍差示意图

（二）值得关注的问题

1. 城乡绝对值差距不断扩大。"十二五"以后，

"十三五"规划以后农村居民收入全省排名情况表

表 1　　　　**单位 :元**

年份	绝对值	不含区	含区
		绝对值排名	绝对值排名
2016	30224	2	6
2017	33073	2	5
2018	36053	2	7
2019	39380	2	6
2020	42296	1	5
2021	46535	1	5

"十三五"规划以后农村居民收入、增速全省排名情况表

表 2

年份	绝对值(元)	增速(%)	不含区	含区
			增速排名	增速排名
2016	30224	8.4	39	51
2017	33073	9.4	31	40
2018	36053	9.0	41	67
2019	39380	9.2	35	52
2020	42296	7.4	16	21
2021	46535	10.2	36	57

虽然农村居民人均可支配收入增速均高于城镇,收入倍差不断缩小,但绝对值差距逐年拉大,从 2011 年的 18637 元扩大至 2021 年的 30938 元。

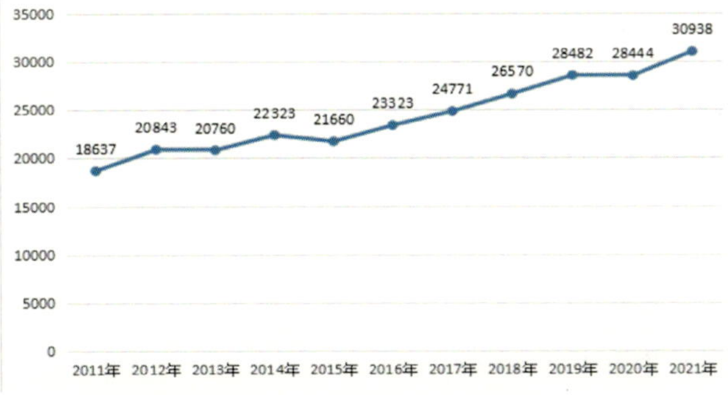

图3　"十二五"以后城乡收入绝对值差距示意图（元）

2. 全省领先优势逐渐减弱。"十三五"期间,农村居民人均可支配收入绝对值从 2016 年的全省第二(不含区)跃升至 2020 年的全省第一,2021 年继续保持领跑态势。但从增速来看,2016—2021 年间均在 30—40 位徘徊(除 2020 年排在全省 16 位),在全省县级市中处于中等偏后位次,农村居民增收优势不够明显。

3. 收入结构不够优化。农村居民收入总体增长较快,但是四大类收入的占比多年保持 49:36:3:12,居民收入主要靠工资性收入和经营净收入拉动,财产净收入和转移净收入在收入构成中占比较小,尤其是财产性收入较少,对整体收入的拉动作用不强。

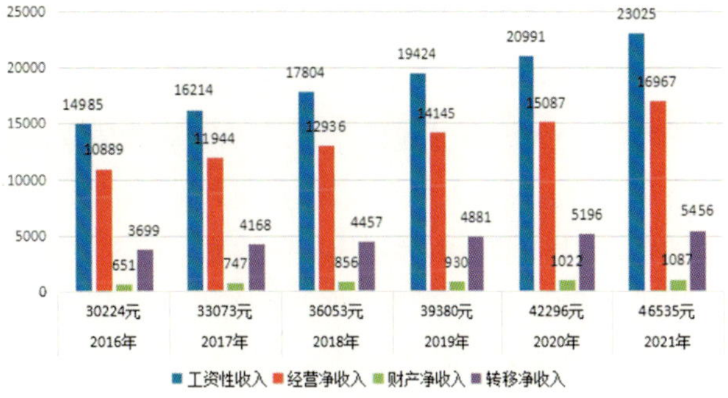

图 4　2016 年以后诸暨农村居民人均可支配收入构成示意图(元)

与强区市的农村居民收入对比一览表

表 3　　　　单位 :元

年份	诸暨	萧山	差距	余杭	差距	鄞州	差距	柯桥	差距	义乌	差距
2016	30224	31849	1625	31608	1384	31568	1344	31490	1266	30570	346
2017	33073	34588	1515	34358	1285	32743	−330	34316	1243	33393	320
2018	36053	37770	1717	37691	1638	36589	536	37345	1292	36389	336
2019	39380	41132	1752	41347	1967	39953	573	40655	1275	39529	149
2020	42296	43847	1551	44117	1821	42794	498	43459	1163	42158	−138
2021	46535	46657	122	48705	2170	47093	558	48029	1494	46121	−414

4. 与强区市的差距不断拉大。从与萧山区、余杭区、鄞州区、柯桥区、义乌市等强区市的农村居民收入对比来看，2016 年以后诸暨与萧山、鄞州、义乌的差距正逐步缩小甚至实现反超，但与余杭、柯桥等强区市的绝对值差距不断扩大。

三、调研情况

为进一步了解本市居民对共同富裕的展望和期盼，国家统计局诸暨调查队于 2022 年组织快速调研。调研选取部分农村住户样本、各乡镇农村常住居民和有关局办为对象，以发放问卷结合实地走访的形式开展。调研结果表明：诸暨市多数农村家庭对目前的收入水平基本满意，对未来农村发展预期较高，并且对诸暨实现共同富裕充满信心。在收入方面，农村家庭收入构成较为单一，影响农村居民增收因素较多，希望政府拓宽农民增收渠道、强化社保保障、缩小城乡差距呼声较高。

（一）整体收入水平较高，但收入构成不够丰富多元

在参与调研的 97 位对象中，六成家庭年收入超过 10 万元，其中 10 万 ~ 20 万元的占 45.4%，20 万 ~ 50 万元的占 12.4%，50 万元以上占 2.1%。从数值来看，诸暨市农村居民收入水平较高，实现共同富裕的经济基础较好，中等收入群体占比持续提升。而在家庭收入构成一题中，选择工资性收入频次为 80，经营性收入频次为 32，财产性收入和转移性收入频次分别为 17 和 14。在家庭收入占比最高的两项一题中，选择工资性收入的频次达 78，占调研对象的 80.4%，其次是经营性收入，选择频次为 27，选择财产性收入和转移性收入的频次仅为 14 和 7。可见农村居民收入最主要的表现形式仍为工资性和经营性收入，与住户收支监测情况一致，财产性收入和转移性收入基数较小，尚有较大的增长空间。

（二）对家庭收入满意超六成，但增长动力略显不足

农村居民对于共同富裕最直观的感受往往体现在家庭收入上，58.8% 的调查对象对目前家庭收入水平“基本满意”，4.1% 表示“很满意”，35.0% 的人表示“不太满意”，选择“很不满意”仅为 2 人，占比 2.1%，在收入满意度方面多数调查对象持正面回应。在与去年收入水平的对比一题中，认为今年“收入下降”的占 50.5%，选择“基本没变化”和“收入增加”分别占 38.1% 和 11.4%，可见有大半居民对今年的增收形势持不乐观的态度。在影响收入的因素方面，疫情、职业技能、文化程度排在前三，占比分别为 47.4%、26.8% 和 11.3%，而资金技术、农产品价格过低或成本太高也是影响农业经营收入的重要原因。在问及增加收入方面，创业或者扩大规模、外出务工、出租闲置房屋土地等成为农村居民较为集中的选择。

（三）农村发展成效显著，但农业产业竞争力不强

随着乡村振兴专项行动深入实施，农村基础设施、村居环境、乡风文明等得到明显改善，农村居民收入不断增加，生活水平显著提升。但从农产品发展现状看，农业综合效益不高、竞争力不强。全市除传统的珍珠和香榧产业外，其他优势农产品不突出，尚未形成规模

优势和集聚优势。尽管如蓝莓、烧酒、茶叶、藤羹、笋干等农产品种类丰富，但名优稀缺产品偏少，缺少品牌加持，附加值不高，一定程度上处于"产业大而不强、产品多而不优"的现状，市场竞争优势和价格优势不强。调研中，近一半农村居民希望政府通过降低农业生产成本、出台扶持政策、扩大农产品销售渠道和大力发展本地特色产业来实现增收，同时有三成的调研对象表示希望政府能加强农民职业技能培训。

（四）乡村旅游发展较快，但综合统筹服务能力不足

推动农旅融合在优化产业结构调整、促进农村经济发展、增加农民收入具有十分重要的意义。诸暨农耕文化悠久，农业资源丰富，民营经济发达，块状特色明显，具有发展乡村旅游的优越条件。诸暨的乡村旅游业起步较晚但发展很快，近年涌现了米果果小镇、春风十里小镇、白塔湖湿地公园、沉香湖、香榧森林公园等具有鲜明特色和时代特点的乡村旅游项目。但值得注意的是，诸暨目前开发的农业旅游资源多以观光型、采摘体验型为主，产品结构较为单一，可替代性高。整体来看，数量不少但统筹协调不足，普遍规模较小又缺乏长期规划，高质量、高层次的生态旅游产品不多。同时基础设施不全，综合服务能力不强，无论从规模、产品、服务、从业人员素质、综合配套等都不能满足观光休闲、住宿餐饮、实践拓展、购物消费、商务会议等多层次需求。业态重叠、吸引力不足，留宿率低、重游率低，旅游对农村经济发展的拉动作用尚未有效体现。

（五）村级经济总量较大，但自身造血功能仍然不足

2020 年、2021 年，全市村集体总收入分别为 8.16 亿元、9.85 亿元，其中经营性收入分别为 3.34 亿元、4.14 亿元，占比分别为 41.0%、42.0%，而绍兴市平均水平为 44.0%，反映出诸暨市村集体自身造血功能偏低。同时村与村之间发展不平衡问题较为突出，而区域位置差异、政策、环保、村级班子等都是造成村级集体经济发展失衡的重要因素。2020 年、2021 年经营性收入低于 50 万元的分别为 240 个村、107 个村，村均分别为 38.50 万元、35.85 万元，下降 6.9%。2020 年、2021 年经营性收入高于 100 万元的分别为 60 个村、79 个村，村均分别为 226.01 万元、244.47 万元，增长 8.2%，强村增收幅度明显高于弱村，呈现"强村愈强"、差距越拉越大的趋势。

（六）对农村发展预期较高，但高频诉求需及时回应

调研中，将近七成对象对全市乡村振兴、促进农民增收相关工作比较关注，超过八成调研对象对诸暨市实现共同富裕很有信心，九成调研对象认为农村发展会越来越好。相对于农村发展和实现共同富裕的高预期，农村居民的高频诉求更值得关注。在最期盼解决的问题一题中，农民社会保障问题、劳动力就业出路问题、农村教育问题高居前三。在未来几年最希望在哪个方面得到明显改善一题中，选择子女教育、养老、居住条件位列前三，占比分别为 27.8%、22.7%、22.7%，同时食品安全、农村公共事业也成为了老百姓较为关注的方面。在 6 月开展的全市共同富裕重点民生领域短板问题调研中，居民医疗负担较重、公共服务资源不均衡，养老、就业、住房是居民最为关注和期盼解决的问题，需政府和社会各界持续关注，及时回应广大群众期盼。

四、进一步提升农村居民收入水平的思考

实现共同富裕是中国特色社会主义本质要求，在这场伟大而深刻的历史变革中，人民群众是直接受益者，让广大的农村居民不掉队更是关键所在。要把群众的呼声作为第一信号，切实做到民有所呼、政有所应、民有所盼、政有所为，才能在促进人民共同富裕的道路上接续奋进，行稳致远。

（一）稳住经济基本盘，夯实农村居民增收基础

稳住经济基本盘，才能确保经济平稳有序健康发展，才能稳定就业、稳定民生、稳定社会。今年 6 月，诸暨市出台《贯彻落实扎实稳住经济一揽子政策措施实施方案》，按照"顶格承接、精准施策、优质高效"的原则，实施包括财政、金融、扩投资、促消费、稳外贸稳外资等 8 个方面 41 条措施，既有顶格承接上级稳经济一揽子政策的配套措施，也有诸暨因地制宜的特色条款。在经济下行压力加大叠加疫情、国际局势紧张等因素下，要巩固农村发展成果，稳定就业形势十分关键。调研过程中，不少农村居民反映受多种因素影响，工厂效益不佳，2022 年工资收入减少，生活负担加重，消费意愿减弱。有关部门要高效统筹疫情防控和经济社会发展，不断兑现政策供给，采取有力举措保障经济健康发展

和就业局势总体稳定，把党中央“稳定和扩大就业”的要求落到实处。同时要加大对低收入农户防返贫监测和帮扶力度，压实“一户一策”干部帮扶责任，加大公益岗位开发力度和产业帮扶基地培育力度，促进低收入农户就业增收。

（二）培育乡村发展动能，增强农业产业竞争优势

要坚持把产业发展作为乡村振兴的重要发力点，围绕农业增效益提效率的目标，大力实施科技强农、机械强农“双强”行动，进一步提高农业生产效率，提升重要农产品稳产保供能力，降低农业生产成本，提高农产品附加值。积极探索和引导网络直播营销领域数字化改革举措，打造品牌、培育和拓宽农产品销售途径，促进农产品标准化、规模化、品牌化发展，做强珍珠、香榧、同山烧、茶叶、次坞打面等名优特产，推动直播经济与乡村产业融合发展。因地制宜、发挥特色，推进农业新基建和发展休闲农业、乡村旅游新业态，抵御来自工业化、城镇化的冲击影响。同时要加强对农村居民的就业指导和农业生产技能培训，为农业产业发展培养新型农民，多点发力提升竞争优势。

（三）增强自身“造血”功能，推进集体经济巩固提升

近年，本市村级集体经济走出了城镇化、产业化的特色发展道路，为农服务、改善民生的能力显著提升。对于集体经济相对薄弱的村居，要向外取经，更要注重打造本地亮点。坚持集体经济巩固提升“五年行动”，充分挖掘本地农产品资源、生态资源、旅游资源、历史资源、乡贤资源等，积极探索村级集体经济发展新思路、新模式。以“五星 3A”迭代升级为总抓手，重点支持“乡村振兴先行村”与共同富裕新时代美丽乡村示范带建设，打造独具特色的乡村经营品牌。同时在国土空间规划编制中，继续统筹考虑并预留农业农村发展空间，优先安排农村基础设施和公共服务用地，扶持村级集体经济发展，实现城乡要素的平等交换、基本公共服务的均等化、基础设施向农村延伸。

（四）选优配强村级班子，锻造乡村振兴生力军

农村要发展，选好带头人很重要。诸暨市多年全面推行村级组织负责人“一肩挑”政策，推进村级班子规范高效运行、增强头雁队伍内生动力，进一步夯实农村基层组织堡垒。接下来，要着眼长期发展需要，加快打造建设一支数量充足、素质优良的年轻干部队伍，加强村级干部的业务培训，不断激发“领头雁”的干事创业热情和履职尽责能力，切实增强村级班子的为民服务实效，为乡村振兴提供强有力的政治保障。

（国家统计局诸暨调查队提供）

索引

索引说明

一、本索引有主题索引和图表索引两部分。

二、标目按首字汉语拼音排序，汉语拼音声母韵母声调均相同的，比较首字的总笔画数。

三、标目后的阿拉伯数字为索引地址标示，数字后的字母 a、b、c 表示栏别。

四、索引范围不包括目录、凡例、重要文件目录。

主题索引

A

B

C

D

E

F

G

H

J

M

N

O

P

Q

R

S

T

W

X

Z

图表索引

B

C

D

E

F

G

H

J

L

Q

S

W

X

Y

Z